Politik

David Horowitz

Kalter Krieg

Hintergründe der US-Außenpolitik
von Jalta bis Vietnam

Aus dem Englischen von
Wilfried Sczepan

Politik 13/14 Wagenbach

19.-21. Tausend 1983

Satz und Druck Poeschel & Schulz-Schomburgk, Eschwege
Printed in Germany.
ISBN 3 8031 1013 0

Inhalt

Die vorliegende Arbeit wurde auf Veranlassung der schwedischen liberalen Organisation Verdandi in Uppsala unternommen. Die Forschungsarbeiten sowie die Niederschrift erfolgten jedoch unabhängig von irgendwelchen Institutionen, so daß meine Dankesschuld rein persönlicher Natur ist und sich nicht in angemessener Form ausdrücken läßt. Mein besonderer Dank gilt Ralph Miliband und D. F. Fleming, deren wertvolle Kritik mir zuteil wurde und die mich bei der Abfassung des Manuskripts unterstützten, sowie Christian Bay und Sven Hamrell, ohne deren Freundlichkeit diese Arbeit nie geplant, geschweige denn geschrieben worden wäre. D. H.

Vorwort

> Der vielleicht größte Verlust, den Amerika im Kalten Krieg erlitten hat, ist die Vorstellung von Geschichte. Diese Wunde im amerikanischen Denken ist meistenteils unbemerkt geblieben; doch sie vernachlässigen, heißt den Krebsschaden des Zynismus riskieren. Die Vorstellung von Geschichte ist nämlich das säkulare Gewissen des Westens, der moralische und geistige Impuls, der uns befähigt, die Folgerungen aus Audens klassischen Zeilen über den Niedergang Hongkongs in den Spätdreißigerjahren hinzunehmen:
> ›Wir können nicht einen Höheren Willen postulieren; was wir sind, das haben wir uns selber zuzuschreiben.‹
> Geschichtsschreibung ist die Aufzeichnung der Bemühungen des Menschen, das Wirkliche ins Ideelle zu transformieren. Sie ist daher ein Spiegel, in welchem der Mensch sich selber ins Auge blicken kann. Somit ist die Vorstellung von Geschichte nichts Geringeres als ein Begriff von Rechtschaffenheit, der uns dazu bewegt, unsere Leistung zu messen.
>
> William Appleman Williams

Jeder Krieg erzeugt Mythen, die zu seiner Rechtfertigung und Fortsetzung dienen; der Kalte Krieg bildet hierin keine Ausnahme. In beiden Lagern wurde das Bewußtsein der Öffentlichkeit lange durch historische Legenden beherrscht, die die entscheidenden Aktionen der eigenen Seite mit dem Mantel unanfechtbarer Rechtschaffenheit umgeben und die eigene Sache mit der Sache der ganzen Menschheit identifizieren.

Natürlich erscheinen die Mythen des einen Lagers nur dann in einwandfreierem Licht, wenn sie von Angehörigen des anderen Lagers einer Prüfung unterzogen werden; von der eigenen Seite aus betrachtet, halten sie unerschüttert den Schein der Wahrheit aufrecht. In einer solchen Situation werden Historiker der beiden Lager zu den Trägern einer möglichen Erleuchtung von »innen«, was von mehr als nur akademischer Bedeutung ist. Diese Mythen werden nämlich dazu verwendet, Unterdrückung im Namen der Freiheit zu rechtfertigen und Konflikte im Namen des Friedens zu schüren oder auszuweiten. Wenn darüber hinaus die Mythen von zwei Jahrzehnten des Kalten Krieges nicht durch fester in der Wirklichkeit verwurzelte Prämissen ersetzt werden können, dann dürften die durch die Entspannung zwischen den USA und der UdSSR sich bietenden Möglichkeiten wahrscheinlich vertan sein, und die Friedensaussichten werden sich weiter verringern.

Es sind die Historiker, die – der eine mehr, der andere weniger – Zugang zu bestimmten Unterlagen haben, mit deren Hilfe sie derartige Fiktionen zu untergraben und eine Basis zu schaffen imstande sind, auf der wahre Gerechtigkeit und echte Lösungen sich entwickeln können. Außerdem stehen solche historischen Dokumente vor allem in den westlichen Ländern zur Verfügung, in denen eine neuerliche Wertung auch die unmittelbarste Wirkung haben dürfte. Daß ein darauf abzielendes Bemühen hier nicht nur möglich, sondern notwendig ist, läßt sich am besten durch die amerikanische Haltung zur Zeit der Kuba-Krise im Jahre 1962 veranschaulichen.

Am 23. Oktober 1962 hielt Adlai Stevenson in einem Augenblick großer internationaler Gefahr eine Rede vor dem UNO-Sicherheitsrat. Die Vereinigten Staaten hatten soeben gegen die Republik Kuba eine Seeblockade verhängt, um die Sowjets zum Abzug ihrer Raketengeschosse von der Insel zu veranlassen. Bei dieser Maßnahme hatten die USA die UNO übergangen und das Grundprinzip der UN-Charta verletzt, das den Mitgliedstaaten vorschreibt, Kontroversen durch friedliche Verhandlungen beizulegen.

Stevensons Rede stellte deshalb einen Versuch dar, das Vorgehen der USA zu erklären und zu rechtfertigen. Dazu hielt er Rückschau auf die Geschichte des Kalten Krieges und bemühte sich nachzuweisen, daß die Russen sich der Zerstörung der in der UN-Charta geplanten Weltordnung verschworen hätten, um daraus die Behauptung abzuleiten, daß man mit ihnen nicht immer in dem durch die Charta gesetzten Rahmen verfahren könne:

»Der historische Tatbestand ist klar: Verträge, Abkommen, Zusicherungen und internationale Beziehungen waren für die Sowjetunion unter Stalin nie ein Hindernis ... Niemand kann bestreiten, daß Chruschtschow viele Dinge in der Sowjetunion geändert hat ... Doch es gibt eine Sache, die er nicht geändert hat, nämlich das Bestreben, die Welt der Charta zu vernichten, die Hoffnung auf eine pluralistische Weltordnung zu zerstören ... die Welt hat bisher noch keine Veränderungen in der sowjetischen Außenpolitik feststellen können.

Dieser Sachverhalt ist es, der die Welt seit dem Ende des zweiten Weltkriegs überschattet, der unsere Hoffnungen auf Frieden und Fortschritt getrübt, der die zur Verteidigung ihrer Freiheit entschlossenen Völker gezwungen hat, Abwehrmaßnahmen zu ergreifen. In diesem Bemühen ist die führende Rolle zwangsläufig den USA zugefallen.«

Somit ist nach Stevensons Ansicht die Sowjetunion einseitig für die »getrübten Hoffnungen auf Frieden und Fortschritt« seit dem zweiten Weltkrieg verantwortlich zu machen. Die USA selbst werden in einem ganz anderen Lichte gesehen:

»Unsere Antwort auf die rücksichtslose Expansionspolitik der Sowjetunion hat viele Formen angenommen.

Wir haben uns um loyale Unterstützung der Vereinten Natio-

nen bemüht, wir sind bestrebt gewesen, uns an ihre Charta zu halten und im übrigen ein funktionsfähiges System zu schaffen, das im Interesse des Friedens eingreift und nicht viele Worte macht.
Wir haben uns nie geweigert zu verhandeln. Wir haben uns zu einer Konferenz nach der anderen zusammengesetzt und nach friedlichen Lösungen für drohende Konflikte gesucht.«
Stevensons Behauptungen können mit Sicherheit lediglich als ein weiteres Beispiel für die leeren Phrasen angesehen werden, die in der Politik üblich geworden sind, oder auch als das Schlußplädoyer eines tüchtigen Anwalts für seinen Klienten. Da jedoch ein solches Plädoyer vor dem Gerichtshof der internationalen Meinung zu einem Zeitpunkt gehalten wurde, als die Welt am Rande einer atomaren Katastrophe schwankte, gewannen Stevensons Worte an Tragweite und Bedeutung: Sie bildeten die Begründung, mit der die amerikanische Regierung ihr Vorgehen rechtfertigte, als sie den Fortbestand der Menschheit bedenkenlos aufs Spiel setzte, und verkörperte damit die eigentliche Ursache des amerikanischen Kalten Krieges.
Es besteht geringer Zweifel, daß die meisten führenden Politiker der USA und die Mehrheit der Amerikaner Stevensons Version vom Kalten Krieg und von der Entwicklung des Konflikts vorbehaltlos billigen. Die Notwendigkeit, die vorliegende Studie über die amerikanische Außenpolitik während des Kalten Krieges zu veröffentlichen, mag daher durch eine kurze Untersuchung des Stevensonschen Hauptarguments für das Vorgehen der USA bei der Kuba-Krise beleuchtet werden, nämlich seiner Behauptung, Amerika habe es nie abgelehnt, seine Meinungsverschiedenheiten mit einer sich widerspenstig gebärdenden und Obstruktionspolitik treibenden Sowjetunion auf dem Verhandlungswege beizulegen. Dieser Standpunkt ist nämlich angesichts der historischen Fakten kaum haltbar.
Zunächst ist anzumerken, daß es Präsident Truman und nicht Stalin war, der im November 1945 die Zusammenkünfte der Großen Drei einseitig beendete und damit einen Zeitabschnitt von zehn Jahren einleitete, in dem kein Treffen zwischen dem amerikanischen und dem sowjetischen Staatsoberhaupt stattfand. Darüber hinaus war es der amerikanische Außenminister Dean Acheson, der 1950 sein Veto gegen den Vorschlag für eine Gipfelkonferenz zwischen Truman und Stalin einlegte, ein Vorschlag, der von Churchill und anderen Politikern zu einem Zeitpunkt gemacht worden war, als der sowjetische Diktator seine Bereitschaft zur Teilnahme schon angedeutet hatte. Von weitaus entscheidenderer Bedeutung als diese einzelnen Begleitumstände (die sich leicht vermehren lassen) [»Zweiergespräche zwischen Amerika und Rußland waren lange ein Ziel der Kremlpolitik, und ihre Umgehung war ebenso lange eines un-

serer Ziele« (*New York Herald Tribune* vom 12. Dezember 1949, zitiert in D. F. Fleming, *The Cold War and Its Origins* [Der Kalte Krieg und seine Entstehung], 1961).] war die grundlegende Voraussetzung, auf der die amerikanische Außenpolitik in den kritischen Jahren des Kalten Krieges – 1947 und danach – beruhte.

»Der Anschauung [des State Department[1]] über die russisch-amerikanischen Beziehungen und sämtlichen Vorstellungen der Truman-Doktrin liegt ein Zweifel an der Möglichkeit zugrunde, die durch diesen [Kalten] Krieg heraufbeschworenen Probleme zu lösen ... [Das State Department] ist zu dem Schluß gelangt, daß das einzige, was wir tun können, darin besteht, Rußland ›in seine Schranken zu verweisen‹, bis Rußland sich ändert, nicht mehr unser Rivale ist und unser Partner wird.

Diese Schlußfolgerung ist, will mir scheinen, völlig ungerechtfertigt. Die Geschichte der Diplomatie ist die Geschichte der Beziehungen zwischen rivalisierenden Mächten, die keinen politisch vertrauten Umgang miteinander pflegten und auf Appelle an gemeinsame Ziele nicht reagierten. Dennoch hat es Beilegungen von Kontroversen gegeben ... Der Gedanke, daß rivalisierende und einander unfreundlich gesinnte Mächte nicht zu einer Lösung ihrer Probleme durch Verhandlungen gebracht werden können, heißt die eigentliche Aufgabe der Diplomatie verkennen[2].«

Als den Demokraten 1952 die Republikaner folgten, gelangte die Außenpolitik in die Hände von John Foster Dulles, ein Mann, dessen Abneigung gegen auf dem Verhandlungsweg zustande gekommene Lösungen bekannt ist, so daß hier eine Dokumentation mit genauen Belegen nicht erforderlich ist.

So unterlag Botschafter Stevenson bei seiner Charakterisierung der amerikanischen Grundhaltung im Kalten Krieg nicht nur einem großen Irrtum, sondern – und das ist viel wichtiger – das einseitige Vorgehen der USA während der Kuba-Krise war ein geradezu typisches, nicht etwa außergewöhnliches Beispiel für amerikanische Aktionen im Kalten Krieg. Hätten sich die USA wirklich der UN-Charta verpflichtet gefühlt, wie Stevenson behauptete, dann hätten die USA nicht schon zwei Jahre vor der Krise über Kuba ein Embargo verhängt, es abgelehnt, über offene Meinungsverschiedenheiten zu verhandeln, Sabotagestoßtrupps finanziell und ideell unterstützt und eine umfassende Invasion der Zuckerinsel durch Exilkubaner organisiert. Alle diese Handlungen stellten eine Verletzung der UN-Charta dar, und es kann trotz allem, was man den Schachzügen der Sowjets zuzuschreiben geneigt sein mag, nicht behauptet werden, daß Kuba sich in ähnlicher Weise gegen die Vereinigten Staaten verhalten hätte.

Die Unfähigkeit Amerikas, sich selbst richtig einzuschätzen, ist weder auf den Bereich ausgehandelter Vereinbarungen und des internationalen Rechts noch auf Ausführungen amerikanischer Fürsprecher vor der UNO beschränkt. Im Jahre 1960 hatte der ermordete Präsident John F. Kennedy, als er sich um das höchste Amt bewarb, erklärt: »Die Sache der ganzen Menschheit ist die Sache Amerikas ... Wir sind für die Aufrechterhaltung der Freiheit in der ganzen Welt verantwortlich.«

Ein Jahr später hielt der bekannte britische Historiker Arnold Toynbee in den USA eine Reihe von Vorlesungen, in deren Verlauf er diese Ansicht gründlich bezweifelte:

»... Amerika ist heute die Führungsmacht einer weltweiten antirevolutionären Bewegung zur Verteidigung wohlerworbener Rechte. Amerika spielt heute die Rolle, die Rom einst innehatte. Rom hat konsequent die Reichen gegen die Armen in allen ausländischen Gemeinden, die in seinen Machtbereich fielen, unterstützt; und da die Armen bis heute stets und überall weitaus zahlreicher als die Reichen gewesen sind, förderte Roms Politik Ungleichheit, Ungerechtigkeit und glücklose Verhältnisse unter den Angehörigen der größeren Zahl. Amerikas Entschluß, die Rolle Roms zu übernehmen, ist, wenn ich es recht beurteile, mit voller Absicht erfolgt[3].«

Zwischen den Ansichten Kennedys und Toynbees besteht ein Unterschied, der für die meisten Amerikaner, ja vielleicht für die meisten Bewohner der westlichen Hemisphäre schwer zu verstehen ist. Sofern sie nicht einfach einem Mangel an Informationen zugeschrieben werden kann, hat diese Abweichung der Meinungen ihren Ursprung in den mythischen Konzeptionen, die der Beurteilung des Kalten Krieges durch die Amerikaner zugrunde liegen. Durch eingehende Prüfung der fiktiven Basis des westlichen Mythos vom Kalten Krieg soll in vorliegendem Essay versucht werden, das Fundament für ein genaueres Verständnis der Rolle zu legen, die Amerika während der letzten zwei Jahrzehnte im Kalten Krieg gespielt hat.

Die widersprüchlichen Weltanschauungen Kennedys und Toynbees schaffen den richtigen Ausgangspunkt für ein solches Vorhaben, weil sie in wesentlicher Form ein Problem aufwerfen, dessen Existenz, wenn nicht Bedeutung von westlichen Beobachtern bereits allgemein anerkannt wird. Dieses Problem ist die offensichtliche Disparität zwischen dem Kalten Krieg der USA in Westeuropa und der Rolle, die die USA in den wirtschaftlich unterentwickelten Ländern (einschließlich Griechenlands, Portugals und Spaniens) spielen. Denn während in Westeuropa die USA sich für den Wiederaufbau und die Verteidigung demokratischer Gesellschaftsformen einsetzten, stellten sie sich in den unterentwickelten Ländern – von wenigen Ausnahmen abgesehen – mit ihrem ganzen Machteinfluß hinter rücksichtslose Diktaturen, die selbst gegen ein Mindestmaß an

sozialem Fortschritt und gesellschaftlichen Veränderungen entschieden Front machten. So war es auch 1960 der Fall, als Kennedy seine Ansicht über die Verantwortlichkeit der USA für die Aufrechterhaltung der Freiheit in der ganzen Welt bekanntgab. Amerikanische Hilfsprogramme waren wahrscheinlich der ausschlaggebende Faktor bei der Unterstützung der Diktaturen in Spanien, der Türkei, Thailand, Formosa, Südvietnam, Südkorea und Pakistan. Zu einem nicht geringen Teil arbeiteten die USA auch mit anderen Diktaturen und Polizeistaaten zusammen, und zwar in Iran, Saudi-Arabien, im Libanon, in Marokko, Südafrika, Nicaragua, Paraguay und Haiti. Außerdem übten die USA fünfzehn Jahre nach Hiroshima und acht Jahre nach dem japanischen Friedensschluß ihre eigene Militärdiktatur über Okinawa und die angrenzenden Inseln aus.
Der durch diese Tatsachen geschaffene Widerspruch wird im allgemeinen unter Hinweis auf die ›Rückständigkeit‹ der unterentwickelten Gebiete ›beseitigt‹; diese ›Rückständigkeit‹, so wird behauptet, sei die wahre Ursache für die reaktionären diktatorischen Regierungsformen, die sich in diesen Gebieten unter dem Schutz der USA zu höchster Blüte entfalten konnten. Abgesehen von der recht fragwürdigen Überheblichkeit und Geisteshaltung, die aus einer solchen Behauptung sprechen, kann eine ›Rückständigkeit‹ im eigenen Land durch jene amerikanischen Umtriebe in zahlreichen unterentwickelten Ländern nicht beseitigt werden, was die These Toynbees bestätigt.
In Südvietnam beispielsweise ist die Verantwortung der USA für die Errichtung des repressiven Diem-Regimes im Jahre 1954 ganz offenkundig. Ngo Dinh Diem war kein Diktator, der den USA zur Last fiel, sondern vielmehr einer, den die amerikanische Regierung wählte und dessen brutale Machtkonsolidierung gegen demokratische Oppositionsgruppen die USA nicht nur sanktionierten, sondern durch ihre Unterstützung erst ermöglichten (vgl. die Diskussion um die Intervention in Vietnam in Kap. 9). Im Jahre 1957, als die Isolierung Diems vom vietnamesischen Volk bereits Auswirkungen zu zeigen begann, schrieb der Korrespondent der konservativen Blätter *Economist* und *Sunday Times*:
»... Diems Problem ist, daß er kein Staatsmann ist, dem vom Westen lediglich *geholfen* wurde; er ist vom Westen *eingesetzt* worden. Der Kaiser, Bao Dai, ernannte ihn zwar, aber das war nur ein formeller Akt. Bidault und Dulles warer es, die ihn wählten und in sein Amt einsetzten. Die nicht ganz einwandfreie Bezeichnung ›Marionette‹, die von beiden Seiten im Propagandakrieg so häufig verwendet wird, trifft im Falle Diem buchstäblich zu ... Die Tatsache, daß er bei einigen Gelegenheiten gegen die Weisungen des Westens handelte, steht dazu nicht im Widerspruch[4].« [Hervorhebung vom Autor.]

Ein noch bezeichnenderes Beispiel ist vielleicht Guatemala. Denn in Guatemala war es nicht die ›Rückständigkeit‹ der einheimischen Bevölkerung, die einer zehnjährigen ununterbrochenen demokratischen Herrschaft ein Ende machte, sondern ein von den USA inszenierter Staatsstreich. In den elf Jahren seit dem Staatsstreich hat die guatemaltekische Armee die absolute Herrschaft im Lande ausgeübt, und zwar zunächst durch eine Diktatur, dann durch ein geschickt eingefädeltes Wahlmanöver und nach dem Frühjahr 1963 durch eine Militärjunta, die jeweils von den USA anerkannt und durch erhebliche wirtschaftliche und militärische Hilfe unterstützt wurde.
Vorstehende Ausführungen mögen dazu dienen, die Zielsetzung dieser Untersuchung zu umreißen, d. h. die Aktionen der USA im Kalten Krieg (vom Tode Roosevelts bis zum Tode Kennedys) einer kritischen Prüfung zu unterziehen und einige Fragen aufzuwerfen, die sich aus diesen Aufzeichnungen ergeben. Insbesondere soll gezeigt werden, daß die beiden oben erwähnten Beispiele nicht vereinzelte Vorfälle darstellen, sondern einen integrierenden Bestandteil der amerikanischen Außenpolitik in den unterentwickelten Gebieten bilden. Darüber hinaus kann diese außenpolitische Konzeption zu den politischen Absichten der USA in Europa in Beziehung gesetzt werden (besonders zu dem Widerstand gegen eine auf dem Verhandlungswege herbeigeführte Lösung strittiger Probleme) und erweist sich trotz oberflächlicher Widersprüche als mit ihren politischen Zielen durchaus vereinbar.
Der erste Teil des Buches enthält eine Schilderung der Entstehungszeit des Kalten Krieges in Europa, die von den üblichen Schilderungen und Berichten ganz erheblich abweicht, und prüft die Zweckmäßigkeit der übereinstimmenden Ansicht, die in der amerikanischen Politik in erster Linie eine Reaktion auf das rücksichtslose sowjetische Expansionsstreben sieht. Der zweite Teil verfolgt die wesentlichen Aktionen der USA im Rahmen des Kalten Krieges von Korea bis Kuba, wobei die Stichhaltigkeit der Toynbeeschen These dargelegt und das Unvermögen der amerikanischen Politik unterstrichen wird, mit ihren vorgeblichen Zielen konform zu gehen. Der dritte Teil des Buches behandelt schließlich das, was diese Ereignisse und die gegenwärtige Phase des Kalten Krieges am meisten beeinflußt hat, nämlich die Entwicklung der amerikanischen Einstellung zur Sowjetunion und zum Problem eines geteilten Europa in der Nachkriegswelt. Nur auf Grund dieser Analyse ist es möglich, die Ergebnisse der drei Teile dieser Untersuchung zu integrieren und die grundsätzliche Einheitlichkeit der amerikanischen Außenpolitik im Kalten Krieg festzustellen.
Die im dritten Teil vorgenommenen Analysen berücksichtigen einen Faktor, der in seiner Rolle als bestimmendes Element der

Politik vorher noch nicht gebührend behandelt worden ist, obwohl er eine entscheidende Wirkung auf die Dynamik des Kalten Krieges ausübte[5]. Gemeint sind die Atombombe und alle späteren Kernwaffen. Schon die Entwicklung dieser Waffen, ihre zahlenmäßige Zunahme und der steigende Grad ihrer Zerstörungsfähigkeit haben einen tiefgehenden Einfluß auf die politischen Entwicklungen der Zeit nach dem zweiten Weltkrieg ausgeübt. Der erste, der die volle Bedeutung dieses Faktors erkannte und analysierte, war P. M. S. Blackett, Mitglied der Royal Society, Inhaber des amerikanischen Verdienstordens für seine Mitwirkung an der alliierten Verteidigung während des zweiten Weltkrieges und Nobelpreisträger für Physik. 1948 veröffentlichte er eine ausgezeichnete Studie unter dem Titel *Military and Political Consequences of Atomic Weapons*[6] (Militärische und politische Folgen nuklearer Waffen); seitdem hat er einige bemerkenswerte Beiträge auf diesem so wichtigen Gebiet geliefert.

Der technische Fortschritt seit 1948 hat zu neuen militärischen Möglichkeiten, neuen strategischen Konzeptionen und zu veränderten politischen Situationen geführt. Die bedeutsamste technische Leistung war zweifellos der Start des Sputnik im Oktober 1957. Dadurch wurde auf dramatische Weise das wissenschaftliche Potential der Sowjetunion auf dem Gebiet der Interkontinentalraketen bestätigt und damit die Tatsache, daß die Vereinigten Staaten zum erstenmal eindeutig verwundbar geworden waren.

Bisher hat man nicht versucht, die aus Untersuchungen der strategischen Entwicklungen gewonnenen Erkenntnisse in die diplomatischen Geschichte des Kalten Krieges zu integrieren, eine Integration, auf der Blackett selber bestand. Die weitreichende Bedeutung einer solchen Integration läßt sich an Hand der im dritten Teil des Buches gegebenen Analysen der »Containment«- oder Eindämmungspolitik (1947) (um die Ausbreitung des Kommunismus in Grenzen zu halten), des Disengagement (1957) und der Kuba-Krise (1962) ermessen. Unabhängig davon, ob solche Analysen den Anschein der Richtigkeit erwekken, geht aus ihnen eindeutig hervor, daß keine entscheidende Wende der Weltereignisse richtig verstanden werden kann, wenn man die bestehende nukleare Gleichung nicht berücksichtigt.

Unter den Punkten, die ich in der vorliegenden kritischen Abhandlung zu erarbeiten versucht habe, gibt es einen sehr wichtigen, der in früheren Untersuchungen über den Kalten Krieg ebenfalls völlig unberücksichtigt geblieben ist, nämlich, daß die Machtsituation in der ersten Nachkriegszeit den Vereinigten Staaten fast ein Monopol auf die *strategischen* Entscheidungen einräumte, das die Struktur der internationalen Beziehungen

bestimmen sollte. Umgekehrt waren die Herrscher im Kreml *unabhängig von ihren auf weite Sicht geplanten Schachzügen* durch die gleiche Unausgewogenheit des Kräfteverhältnisses gezwungen, Maßnahmen von vornehmlich *taktischer* Bedeutung zu ergreifen.
Das soll nicht heißen, daß die sowjetischen Aktionen sich auf die Entwicklung des Kalten Krieges nicht ausgewirkt hätten. Es soll aber auch nicht heißen, daß die Führung der USA unbegrenzte Beweglichkeit in der Wahl ihrer strategisch-politischen Linie besaß. So war die Regierung Truman 1950 gezwungen, ihre ganze Chinapolitik völlig umzustellen, weil sie in der politischen Atmosphäre, die durch die frühere Europataktik entstanden war (vgl. Kap. 7), Druck erzeugt hatte.
Ich habe mich bemüht zu zeigen, daß die Struktur des Kalten Krieges (als »kalter Krieg«) durch eine Reihe politischer, in Washington zwischen 1945 und 1947 getroffener Entscheidungen bestimmt wurde, die ihre »klassische« Formulierung in der Truman-Doktrin erhielten. Das heißt, wenn Washington zum Beispiel Walter Lippmanns strategisch-politische Empfehlungen als Alternative zur Eindämmungspolitik akzeptiert hätte, dann wäre mit Sicherheit (innerhalb der Grenzen aller derartigen Hypothesen) Europa heute nicht geteilt. Außerdem konnte zu einem Zeitpunkt, als die später in die Truman-Doktrin aufgenommenen maßgeblichen strategischen Entscheidungen gefällt wurden, der angebliche sowjetische Expansionsdruck lediglich ein Vorwand für die eingeschlagene Politik, nicht aber deren Ursache gewesen sein (wie schon durch die Tatsache bewiesen wird, daß Lippmann ein Alternativprogramm vorlegen konnte). Schließlich konnte die Sowjetunion wegen ihrer schwachen Machtposition – was auch immer ihre Pläne auf lange Sicht sein mochten – nicht gut von sich aus das Risiko eingehen, als Reaktionen genau die Maßnahmen zu provozieren, die diese Politik der USA vorschrieb. In diesem Sinne spreche ich von den strategischen Möglichkeiten, die den amerikanischen Politikern wahlweise zur Verfügung standen und ihren Kollegen im Kreml versagt waren.
Ein weiterer Hinweis zur Klarstellung: Infolge der Entscheidung, diese Untersuchung mit der Konferenz von Jalta und der Auflösung der Kriegskoalition zu beginnen, bleibt das Verhältnis zwischen der US-Politik vor und der Politik nach dem zweiten Weltkrieg (lediglich im Gegensatz zur Zeit vor und nach Jalta) etwas unklar und deshalb vielleicht ein wenig irreführend. Daß im Frühjahr 1945 ein Wechsel in der amerikanischen Politik tatsächlich erfolgte, wie es in dieser Studie behauptet wird, ist, glaube ich, nicht mehr ernstlich anfechtbar. Da sich andererseits mit der Niederlage Deutschlands und der Entwicklung der Atombombe auch die politische Machtsitua-

tion entscheidend veränderte, ist es im Rahmen der vorliegenden Untersuchung nicht möglich, zu Schlußfolgerungen über das Verhältnis der amerikanischen Außenpolitik in den Nachkriegsjahren zur amerikanischen Außenpolitik während der Zeit des New Deal und davor zu gelangen. Den an diesem Problem interessierten Leser verweise ich auf die Bücher *The Tragedy of American Diplomacy* (Die Tragödie der amerikanischen Diplomatie) von William Appleman Williams (1962) und *Economic Aspects of New Deal Diplomacy* (Ökonomische Aspekte der New-Deal-Diplomatie) von Lloyd C. Gardner (1964). Beide Werke treten überzeugend für die enge Verbindung zwischen der amerikanischen Vorkriegs- und Nachkriegsaußenpolitik ein und sehen im Kalten Krieg die Folge eines konventionellen amerikanischen Vorstoßes in seinen auswärtigen Angelegenheiten auf die veränderte internationale Lage, die durch den zweiten Weltkrieg und das Auftreten der UdSSR als Weltmacht geschaffen wurde.

Auf den folgenden Seiten kommt mein Dank, den ich zahlreichen Schriftstellern und Gelehrten schulde, deren Forschungsarbeiten und Auffassungen ich benutzen durfte, in, wie ich hoffe, gebührender Form zum Ausdruck. Meinen besonders herzlichen Dank möchte ich jedoch D. F. Fleming aussprechen, dessen gewissenhafte Rekonstruktion des Kalten Krieges in seinem Buch *The Cold War and Its Origins, 1917–1960* (Der Kalte Krieg und seine Entstehung, 1917–1960) sich bei der Abfassung der vorliegenden Arbeit als unentbehrlich erwies.

Teil I *Vom Verbündeten zur kriegsführenden Macht*

... es waren die Vereinigten Staaten und Großbritannien, die als erste mit Gewaltanwendung drohten, die als erste gemeinsam gefaßte Beschlüsse mißachteten ...

Elliot Roosevelt, 1946

Das Bild von einem scheinbar gelassenen stalinistischen Rußland, das darauf aus ist, den Westen anzugreifen, und nur durch unseren Besitz nuklearer Waffen davon abgehalten wird, ist zum großen Teil ein Produkt der westlichen Phantasie, gegen das eigene von uns, die mit den russischen Interessen vertraut waren, sich im Laufe der Jahre vergeblich Gehör zu verschaffen suchten.

George Kennan, 1956

Die schriftlich belegten Tatsachen ... zerstören die allgemein verbreitete Legende gründlich. Sie beweisen mit vielleicht fast zu starker Eindringlichkeit, daß der Kalte Krieg von Truman und seinen Beratern vorsätzlich begonnen wurde.

A. J. P. Taylor, 1966

Chronologie

4.–11. Februar 1945	Konferenz von Jalta
12. April 1945	Tod Roosevelts
23. April 1945	Truman und Molotow treffen sich im Weißen Haus
25. April 1945	UNO-Konferenz in San Francisco eröffnet
8. Mai 1945	»Victory Day«
25. Mai 1945	Ankunft Harry Hopkins' in Moskau
5. Juli 1945	Anerkennung der polnischen Regierung durch die Westmächte
16. Juli 1945	Erfolgreicher Atombombenversuch bei Alamogordo in Neu-Mexiko
17. Juli 1945	Eröffnung der Konferenz von Potsdam
6. August 1945	Hiroshima
8. August 1945	UdSSR erklärt Japan den Krieg
9. August 1945	Nagasaki
14. August 1945	Kapitulation Japans
18. August 1945	Byrnes verurteilt Wahlschiebungen in Bulgarien
September 1945	Treffen des Außenministerrats in London
Dezember 1945	Treffen des Außenministerrats in Moskau
5. März 1946	Churchills Fulton-Rede (»Eiserner Vorhang«)
Oktober 1946	UdSSR verläßt den Iran nach Druck durch die UNO
Mai 1946	Friedensverträge für Nazi-Satellitenstaaten gebilligt

10. März 1947	Moskauer Konferenz
12. März 1947	Rede Trumans (Truman-Doktrin)
März–August 1947	Kommunisten zerschlagen führende Partei Ungarns
5. Juni 1947	Marshall-Plan verkündet
2. August 1947	Marshall-Plan von UdSSR abgelehnt
5. Oktober 1947	Gründung der Kominform
25. Februar 1948	Staatsstreich in der Tschechoslowakei
Juni 1948	Kominform schließt Jugoslawien aus
Juni 1948–Mai 1949	Berliner Blockade
März–August 1949	Gründung der NATO

Einleitung

Jeder Versuch, die unmittelbaren Hintergründe des Kalten Krieges aufzudecken, muß mit der Tatsache beginnen, daß die USA und die Sowjetunion zusammen mit Großbritannien 1945 Bündnispartner aus der Kriegszeit waren und daß innerhalb dieses Bündnisses die USA oft eine Mittlerrolle zwischen den beiden anderen Mächten spielten. Die Existenz dieses aktiven Bündnisses ist für das Verständnis der folgenden Ereignisse ein Faktum von zentraler Bedeutung, zeigt es doch, daß die USA und die UdSSR bei einem gefährlichen und schwierigen Unternehmen nicht nur zusammenarbeiten *konnten*, sondern auch wirklich zusammenarbeiteten, und zwar zu einem Zeitpunkt, als Stalin die sowjetische Außenpolitik fest in der Hand hielt. Obwohl durch die Not der Stunde zustandegekommen, blieb diese Zusammenarbeit während einer Zeit großer nationaler Gefahr für die beteiligten Mächte, ja sogar inmitten von Ereignissen bestehen, die die ganze Zukunft Europas beeinflußten. Unter diesen Umständen sollte es nicht überraschen, daß das Bündnis erheblichen Spannungen und Belastungen ausgesetzt war.

Nur einen Monat vor Roosevelts Tod schien der schlimmste dieser Konflikte, der berühmte ›Zwischenfall von Bern‹, den Bestand des Bündnisses ernsthaft zu gefährden. Als die Russen erfuhren, daß Feldmarschall Alexander General Kesselring in Bern treffen sollte, um mit ihm die Bedingungen der deutschen Kapitulation in Italien auszuhandeln, gewann die sowjetische Führungsspitze die Überzeugung, daß die Alliierten einen Separatfrieden schließen wollten, der eine Verlagerung der deutschen Truppen an die Ostfront möglich machen würde. Roosevelt fühlte sich durch die Anschuldigungen Stalins tief gekränkt, aber noch mehr durch die Tatsache, daß der Diktator die Wahrheit seiner Behauptungen angesichts eines sofortigen Dementis durch den Präsidenten aufrechthielt.

Schließlich wurde eine in drastischen Worten abgefaßte Botschaft Roosevelts, in der er Stalin versicherte, der ganze »Zwischenfall« sei das Werk der Nazis, akzeptiert. Stalin schrieb zurück, daß er Roosevelts Ehrlichkeit und Zuverlässigkeit nie bezweifelt habe. Am 11. April, einen Tag vor seinem Tode, dankte Roosevelt Stalin für sein Vertrauen und schrieb:

»Keinesfalls darf es ein gegenseitiges Mißtrauen geben, und geringfügige Mißverständnisse dieser Art sollten in Zukunft nicht vorkommen ...«

Ein durchaus brauchbares Verhältnis zu den Russen war also noch im April 1945 trotz des tiefwurzelnden Mißtrauens und trotz des Vorhandenseins von Bereichen möglich, in denen es zu erheblichen Konflikten von nationalem Interesse kommen konnte. Was verursachte demnach den Zusammenbruch dieser Koalition? Der Bericht, den Botschafter Stevenson im Oktober 1962 über die politischen Ereignisse vorlegte, gibt auf diese Frage eine unumwundene und einfache Antwort.

Nach Stevenson begann der Konflikt,

»noch ehe die Völker in San Francisco [zur UNO-Konferenz im April 1945] zusammenkamen. Sobald die Niederlage der Nazis sicher erschien, begann die Sowjetunion, ihre Politik der kriegsbedingten Zusammenarbeit, der sie sich zu ihrem eigenen Schutz zugewandt hatte, aufzugeben ... Der historische Tatbestand ist klar. Als die Sowjetunion keine militärische Notwendigkeit sah, die Kriegskoalition fortzusetzen, nahm sie sich vor, auf expansionistische Abenteuer auszugehen ... [Dies] zwang die zur Verteidigung ihrer Freiheit entschlossenen Völker, Maßnahmen zu ihrer Selbstverteidigung zu ergreifen[1]«.

Ein Aufrechterhalten der These, daß ausschließlich die sofortige, unzweideutige und »gewissenlose« Expansionspolitik der Sowjetunion noch vor dem Waffenstillstand für die folgenden Ereignisse verantwortlich zu machen sei, erweist sich insofern als schwierig, als diese These bestimmte maßgebliche Sachverhalte nicht zu erklären imstande ist und von bestimmten unhaltbaren Voraussetzungen abhängt. Die These vermag beispielsweise nicht die Tatsache zu erklären, daß die Russen vier Jahre (von 1945 bis 1949) brauchten, um eine gewissenlose Expansion *hinter ihren eigenen militärischen Linien* durchzusetzen.

In ähnlicher Weise übersieht die vorerwähnte These den Gegensatz zwischen dem russischen Verhalten in Ungarn, wo 1945 freie Wahlen abgehalten werden konnten, und in Rumänien, wo die Rote Armee fast sofort ihr eigenes Regime errichtete. Das Intrigenspiel der Sowjets in Rumänien erfolgte sogar gemäß den Bedingungen eines die Einflußsphären betreffenden Abkommens, das Churchill und Stalin im Oktober 1944 geschlossen hatten. Während Stalin auf Grund des Abkommens in Rumänien praktisch freie Hand erhielt, erhielt Churchill freie Hand in Griechenland, was sich so auswirkte, daß er die antifaschistische Widerstandsbewegung gewaltsam unterdrückte und sein eigenes, von ihm bevorzugtes Regierungssystem errichtete, das sich aus Monarchisten des rechten Flügels zusammensetzte. Die Tatsache, daß Stalin seinerseits das Abkommen einhielt, ist von höchster Bedeutung, da Churchill in keinem Fall die Dinge in Rumänien beeinflußt haben konnte, während Stalins Weigerung, die griechischen Kommunisten und die Anhänger der linksgerichteten Kräfte in ihrem Kampf gegen die Engländer zu unterstützen, eine entscheidende Bedeutung zukam.

Abgesehen davon, daß sie diese unbequemen Tatsachen nicht bewältigen können, beruhen die landläufigen Thesen über die Entstehung des Kalten Krieges im allgemeinen auf zwei weiteren zweifelhaften Vermutungen, nämlich auf der einseitigen Demobilisierung der amerikanischen Kriegsmaschinerie und dem Vorhandensein eines das russische Expansionsstreben begünstigenden politischen Kräftegleichgewichts. Theoretisch führte die Demobilisierung zu einem Vakuum, das auszunutzen die Sowjets nicht gut versäumt haben konnten[2].

»... Nach wie vor fühlen wir uns an die UN-Charta gebunden ... Auf Grund dieser Bindung bauten wir die mächtigste Militärmacht ab, die wir je aufgebaut hatten. Ganze Armeen wurden aufgelöst .... Innerhalb von zwei Jahren nach Kriegsende waren unsere Verteidigungsausgaben um fast 70 Milliarden Dollar gesunken. Die Stärke unserer Streitkräfte wurde drastisch reduziert ... In der Geschichte hat es, glaube ich, keinen umfassenderen Beweis für die Hoffnung eines großen Volkes auf Frieden und Freundschaft gegeben[1].«

Die Bedenken, dieser Version der Dinge Glauben zu schenken, leiten sich aus drei Quellen her. Erstens erfolgte die ›Abrüstung‹ der USA keineswegs in außergewöhnlichem Umfang, sondern läßt sich im großen und ganzen mit den Abrüstungsbemühungen der Sowjetunion vergleichen:

»Entgegen der im Westen häufig anzutreffenden Meinung nahm die Sowjetunion nach dem Krieg eine sehr rigorose Verringerung ihrer Streitkräfte vor, nämlich um 25 % des Standes von 1945, gegenüber einer Truppenreduzierung der USA um lediglich 13 %. In Anbetracht dessen, daß die UdSSR in Europa sowie im Mittleren und Fernen Osten langgezogene Grenzen zu potentiellen Feindländern besaß, während die USA über Atombomben verfügten und ihr Gebiet an kein Land eines möglichen Gegners unmittelbar angrenzte, dürfte die Gesamtkriegsstärke der Sowjetunion von 1948 in Höhe von 2,9 Millionen Mann vom rein militärischen Standpunkt aus kaum unangemessen hoch erscheinen verglichen mit den 1,5 Millionen der

USA.« (P. M. S. Blackett, *Studies of War*, 1962, S. 242. Vgl. dazu Edgar O'Ballance, *The Red Army*, 1964, S. 179. Großbritannien hatte damals 750 000 Mann unter Waffen.)

Zweitens läßt sich das militärische Potential der USA nicht genügend an den Landstreitkräften ermessen, da die USA in erster Linie eine Luft- und Seemacht sind. Die Tatsache, daß die USA während des ersten Friedensjahres Schritte zur Errichtung von Stützpunkten im Pazifik unternahmen (bis zum Jahre 1949 gab es um die Sowjetunion herum verteilt vierhundert amerikanische Stützpunkte), die Tatsache, daß die USA die Atombombe erprobten, *bevor* die ersten Vorschläge zur Atomkontrolle erörtert wurden, sowie die Tatsache, daß die USA die Produktion von Bombenflugzeugen des Typs B-29 fortsetzten und die Herstellung von Bombern des Typs B-36 planten – alle diese Tatsachen weisen auf eine Absicht hin, die von dem vorgeblichen Ziel einseitiger Abrüstung völlig abweicht.

Schließlich führt der wahre Zustand der im Kriege verwüsteten Sowjetunion im Jahre 1945 schon die Vermutung, die sowjetischen Führer trügen sich mit Aggressions- und Eroberungsabsichten, ad absurdum. Es folgt ein Augenzeugenbericht von Edward Crankshaw:

»Die übertrieben langsame Fahrt mit dem Zug auf der neu eröffneten Eisenbahnstrecke von Moskau zur neuen Grenze bei Brest-Litowsk in den ersten Nachkriegstagen gleicht einem Alptraum. Auf Hunderte, auf Tausende von Meilen war nicht ein einziger aufrechtstehender Gegenstand zu sehen. Jeder Marktflecken, jede Stadt war dem Erdboden gleichgemacht. Es gab keine Scheunen. Es gab keine Maschinen. Es gab keine Bahnhöfe, keine Wassertürme. In der weiten Landschaft war nicht ein einziger Telegraphenmast stehengeblieben, und breite Waldstreifen waren zu beiden Seiten längs der Eisenbahnlinie als Schutz gegen Partisanenüberfälle aus dem Hinterhalt abgeholzt worden.

Neben der Strecke lagen die verbogenen Schienen, die die Deutschen bei ihren Rückzugsbewegungen nach Westen mittels riesiger, auf Spezialzügen montierter Reißhaken aus ihrem Bett gerissen hatten. Auf den verwahrlosten Feldern waren nur Frauen, Kinder und sehr alte Männer zu sehen, die nur mit primitiven Handwerkzeugen arbeiteten[3].« (Nach russischen Unterlagen waren zwischen 15 und 20 Millionen sowjetische Bürger getötet worden; die Deutschen hatten 15 Großstädte, 1710 Kleinstädte sowie 70 000 Dörfer völlig oder teilweise zerstört; sie hatten 6 Millionen Gebäude niedergebrannt bzw. verwüstet und 25 Millionen Menschen obdachlos gemacht; sie zerstörten 31 850 Industriebetriebe, 65 000 Kilometer Eisenbahnstrecke, 4100 Bahnhöfe, 36 000 Post-, Telegraphen- und Fernsprechämter, 56 000 Meilen Hauptstraßen, 90 000 Brücken

und 10 000 Kraftwerke; sie vernichteten 1135 Kohlenbergwerke und 3000 Ölquellen und transportierten nach Deutschland 14 000 Dampfkessel, 1400 Turbinen und 11 300 Dynamomaschinen; sie plünderten 98 000 Kolchosen und 2890 Maschinen- und Traktorenstationen; sie schlachteten oder verschleppten 7 Millionen Pferde, 17 Millionen Stück Rindvieh, 20 Millionen Schweine, 27 Millionen Schafe und Ziegen, 110 Millionen Stück Geflügel; sie plünderten und zerstörten 40 000 Krankenhäuser und Polikliniken, 84 000 Schulen und Universitäten sowie 43 000 öffentliche Bibliotheken mit 110 Millionen Bänden; sie zerstörten 44 000 Theater, 427 Museen und 2800 Kirchen. [Amtliche Feststellung des Staatl. Sonderkomitees der UdSSR, zitiert in dem Werk von Fleming auf S. 923.]
George Kennan, der damals in der amerikanischen Botschaft in Moskau Dienst tat und 1946 Leiter des Politischen Planungsstabes im State Department wurde, hat sich dazu wie folgt geäußert: »Jedem, der das damalige Rußland auch nur annähernd kannte, war es vollkommen klar, daß die sowjetische Führung keinen Versuch beabsichtigte, die Sache des Kommunismus über die Grenzen des Landes hinaus durch militärische Operationen der eigenen Streitkräfte voranzutreiben[4].«
Derartige Beobachtungen lassen darauf schließen, daß es noch viele Fragen gibt, auf die die landläufigen Anschauungen über die erste Nachkriegszeit keine Antwort wissen, und daß eine kritische Untersuchung der amerikanischen Politik bei Ende des Krieges, besonders im Hinblick auf die Auflösung des Militärbündnisses, eine Vorbedingung für das Verständnis späterer Ereignisse darstellt. So vorbereitet wenden wir uns nun der Aufgabe zu, den Zeitabschnitt unmittelbar nach der Konferenz von Jalta sowie die Vorgänge gewissenhaft zu prüfen, die rasch zum Ausbruch des ›Kalten Krieges‹ führen sollten.

1. *Spannungen und die Gründung der UNO*

Roosevelt starb am 12. April 1945. Seine letzten Worte auf die Frage nach den Beziehungen zur Sowjetunion wurden noch eine Stunde vor seinem Tode Winston Churchill übermittelt. Sie waren maßvoll und zuversichtlich:
»Ich möchte das allgemeine sowjetische Problem als so geringfügig wie möglich gesehen wissen, weil solche Probleme in der einen oder anderen Form anscheinend jeden Tag auftauchen, wobei die meisten von ihnen geklärt werden wie im Falle des Berner Treffens. Wir müssen jedoch fest bleiben, und unser Kurs hat sich bisher als richtig erwiesen[1].«
Da die Kriegskoalition vornehmlich auf Betreiben Roosevelts

erfolgt war, der sie sicher durch Tiefen und Höhepunkte geführt hatte, kommt seinen Worten eine besondere Bedeutung zu, um so mehr als sie als Ausgangspunkt einer Untersuchung über die allmähliche Verschlechterung und den schließlichen Zusammenbruch dieses Militärbündnisses dienen. Denn schon zwei Wochen nach Roosevelts Botschaft wurde klar, daß die Rußlandpolitik der neuen Regierung auf einer Reihe völlig anderer Voraussetzungen basierte. Als Präsident Truman am 23. April 1945 im Weißen Haus bei der berühmten ersten Konfrontation mit Außenminister Molotow sich in die amerikanisch-sowjetische Diplomatie einführte, machte sich bereits eine auffallende Verschiebung der Akzente bemerkbar, die mit dem Versuch Roosevelts, »das allgemeine sowjetische Problem als geringfügig darzustellen«, nichts mehr gemein hatte.

Bei der Ankunft des sowjetischen Außenministers im Weißen Haus »verlor Truman keine Zeit, Molotow sehr deutlich unser Mißfallen darüber zum Ausdruck zu bringen, daß die Sowjets sich im Hinblick auf die Art der polnischen Regierung nicht an die auf der Konferenz von Jalta vereinbarten Abmachungen gehalten hätten«. Trumans »barscher Ton ließ die höfliche Ausdrucksweise der Diplomatie völlig vermissen[2]«. Der Leitartikler Drew Pearson schrieb später, daß Molotow »die Sprechweise eines Maultiertreibers vom Missouri« zu hören bekommen habe, und Charles Bohlen, ein hartgesottener Diplomat, der bei dem Treffen als Dolmetscher fungierte, wußte zu berichten, daß »er noch nie Ohrenzeuge einer derartigen Abkanzelung eines hohen Regierungsbeamten gewesen sei[3]«.

»In meinem ganzen Leben hat mir niemand derart die Meinung gesagt«, äußerte Molotow am Ende der Unterredung.

»Erfüllen Sie gefälligst Ihre Verpflichtungen«, entgegnete Truman, »und niemand wird Sie tadeln[4].«

Somit hatte Harry Truman »von der hohen Warte seiner elf Tage an der Macht« den im Umgang mit den Russen anzuschlagenden Ton festgelegt[5].

Die Episode ist um so bemerkenswerter, weil Stalin Molotow zur Gründungsversammlung der UNO in die USA entsandt hatte, »um dem amerikanischen Volk die Gewißheit zu bringen, daß er – Stalin – trotz Roosevelts Tod die Zusammenarbeit mit den USA fortzusetzen wünsche«. Das anfängliche Zögern Stalins, Molotow in die USA zu schicken, wich erst den eindringlichen Vorstellungen W. A. Harrimans, des US-Botschafters in der UdSSR, daß ein solcher Besuch Molotows als Geste höchsten Wohlwollens dem amerikanischen Volk gegenüber gewertet werden würde[6].

Wie dieser plötzliche Umschwung der amerikanischen Politik zustande kam, haben Präsident Trumans militärische und diplomatische Berater festgehalten, die an der dem Treffen Truman–Molotow vorausgegangenen Konferenz im Weißen Haus teilnahmen. Zu Beginn der Konferenz informierte Außenminister Stettinius die Gruppe (anwesend waren Kriegsminister Stimson, Marineminister Forrestal, Admiral King, General Marshall, Admiral Leahy, Generalmajor John R. Deane, der Abteilungsleiter im Außenministerium James Dunn, der US-Botschafter in Rußland, Harriman, und Charles Bohlen), daß die Russen, so verheißungsvoll die Verhandlungen mit Molotow begonnen hätten, nunmehr ihre in Jalta mit Präsident Roosevelt getroffene Vereinbarung über die polnische Frage gebrochen hätten; die Russen bestünden weiterhin auf einem UNO-Sitz für die Lubliner Regierung, die von ihnen als Regierung Polens anerkannt worden sei.

»Seiner [Stettinius']Meinung nach stand dies in direktem Gegensatz zum Übereinkommen von Jalta, nach welchem Rußland gemeinsam mit Großbritannien und den USA für völlig freie und demokratische Wahlen in Polen eintreten sollte. Er sagte, daß nach absolut zuverlässigen Informationen des State Department die Lubliner Regierung *in keiner Weise das polnische Volk vertrete*, daß vielmehr jede freie Wahl die Aufnahme von Männern wie Ministerpräsident Mikolajczyk und anderen Mitgliedern der polnischen Exilregierung in die neue Regierung erzwingen würde[7].« [Hervorhebung im Original]

Das zentrale Problem war also, wie man sich in der polnischen Frage Molotow gegenüber verhalten sollte. Im Grunde ging es darum, ob die Russen das Abkommen von Jalta eindeutig und vorsätzlich verletzt hatten. Die Russen übten, wie erinnerlich sein dürfte, in Polen eine militärische Kontrolle aus. Sie hatten der Bildung einer neuen Regierung im befreiten Polen vorbehaltlich bestimmter Grundsätze zugestimmt. Falls sich die Russen an diese Abmachungen hielten, würde es ein deutliches Anzeichen ihrer Ehrlichkeit sein, weil der Westen wegen mangelnder Präsenz in Polen keine Möglichkeit hatte, die Russen dazu zu zwingen. Falls die Russen aber die Abmachungen zu hintertreiben versuchten, würde ein energischer Protest des Westens den Interessen sowohl einer künftigen als auch der gegenwärtigen Zusammenarbeit dienen.

Sollten jedoch die Russen sich an die Vereinbarungen halten, *so wie sie sie verstanden*, und der Westen ein übriges tun, die Sowjets unredlicher Absichten zu beschuldigen, dann würde sich das auf die gegenseitigen Beziehungen stark entzweiend auswirken. (Die Vereinbarungen waren höchst unklar formuliert. Darüber hinaus besteht berechtigter Grund zu der Annahme, daß sie Rußland einen Einflußbereich in Osteuropa garantierten. Vgl. Gar Alperovitz, *Atomic Diplomacy: Hiroshima and Potsdam*, 1965, S. 134–136.) Es würde einem Versuch des einen der Partner gleichkommen, dem anderen seinen Willen aufzuzwingen. Wie Molotow es tatsächlich Truman gegenüber bei seinem Zusammentreffen mit ihm ausdrückte, als die Anschuldigung unlauterer Absichten erhoben wurde: »Die drei Regierungen hatten [in Jalta] als gleichrangige Partner verhandelt, und nicht ein einziges Mal hatte einer oder zwei der drei Gesprächspartner versucht, seinen Willen dem anderen aufzuzwingen und ... als Basis für eine Zusammenarbeit war dies die einzige für die sowjetische Regierung akzeptable Möglichkeit[8].«

Bei der taktischen Besprechung im Weißen Haus war es Kriegsminister Stimson, der die Frage stellte, wie die Russen das Abkommen eigentlich auffaßten. Stimson war seit 1911 Kabinettsmitglied unter vier Regierungen entweder als Kriegsminister oder als Außenminister gewesen und war zweifellos der erfahrenste der anwesenden Politiker. Als Stimson darauf hinwies, daß die russische Vorstellung von Freiheit, Demokratie und freien Wahlen ganz erheblich von der amerikanischen oder britischen Auffassung abweiche, sagte er, »er hoffe, wir würden vorsichtig vorgehen und einen offenen Bruch vermeiden. Er sagte, die Russen hätten ihre militärischen Verpflichtungen getreulich erfüllt, und es täte ihm leid, wenn es auf Grund dieses einen Vorfalls zu einem Bruch zwischen beiden Ländern komme«. Stimson sagte ferner, »er glaube, daß die Russen im Hinblick auf ihre eigene Sicherheit vielleicht realistischer dächten als wir[9]«.

Die Frage der Sicherheit stand für die Russen natürlich an erster Stelle, was sie auch ohne Umschweife bekanntgaben. »In den letzten dreißig Jahren sind unsere Feinde, die Deutschen, zweimal durch diesen Korridor in unser Land eingefallen«, hatte Stalin in Jalta gesagt. »Es liegt im Interesse Rußlands, daß Polen stark und mächtig ist, damit es die Tür dieses Korridors aus eigener Kraft zuzuriegeln vermag[10].« Die Russen hätten daher verlangt, daß die neue polnische Regierung der Sowjetunion »freundlich gesinnt« sein müsse. Nun konnte eine solche Forderung natürlich so weit ausgedehnt werden, daß der Begriff »freie Wahlen« praktisch bedeutungslos wurde. Bestenfalls war das Abkommen, wie es genannt wurde, ein Kompromiß zwischen dem Unmöglichen und dem Unvermeidlichen. Was jedoch die Frage der Sicherheit betrifft, ist es wichtig, sich daran zu erinnern, daß die polnische Regierung von 1939 (aus der die Londoner Exilpolen hervorgegangen waren) gegen die Russen einen offenen »unfreundlichen« Akt begangen hatte, indem sie ihnen die Stationierung ihrer Truppen auf polnischem Boden zur Zurückschlagung der erwarteten Nazi-Invasion verweigerte.

Flottenadmiral William D. Leahy, Stabschef beim Oberbefehlshaber, wurde auf der Konferenz im Weißen Haus ebenfalls um seine Meinung gebeten. Einer von Trumans Hauptberatern nach Roosevelts Tod, wurde Leahy in der Folgezeit als »einer der Hauptverfechter einer ›unnachgiebigen Politik‹ gegenüber Rußland bekannt[11]«. Dennoch glaubte Leahy, »daß die Abmachungen zwei verschiedene Auslegungen zuließen« und gab der Hoffnung Ausdruck, daß die [vorliegende] Angelegenheit den Russen in einer Weise mitgeteilt werden könne, die die Tür zur Verständigung offenläßt[12]«. Diese Auffassung stand in Einklang mit Leahys ursprünglicher Reaktion auf die Unterzeichnung des Abkommens in Jalta. Damals hatte er sich beim Präsidenten darüber beklagt, daß das Abkommen »so dehnbar sei, daß die Russen seine Klauseln geradewegs von Jalta bis nach Washington strapazieren könnten, ohne sie genaugenommen jemals zu brechen«. »Ich weiß, Bill – ich weiß das«, hatte Roosevelt darauf geantwortet[13].

Aber hier lag das Problem. Wenn die Russen sich keinen eklatanten Bruch des Abkommens zuschulden kommen ließen, wenn man mit der Möglichkeit rechnen konnte, daß sie ehrlich handelten (d. h. gegenüber den Koalitionspartnern, nicht unbedingt gegenüber den Polen), dann würde ein zu unnachgiebiges Vorgehen nicht nur zwecklos sein (da Polen im Machtbereich der Russen lag), sondern auch gefährlich. Es überrascht daher nicht, daß der dritte der anwesenden Präsidentenberater, General George C. Marshall, »noch vorsichtiger« als Leahy oder Stimson war und »zu der Ansicht neigte, daß das Risiko eines Bruches mit der Sowjetunion durchaus ernst zu nehmen sei«.

Befürworter der einzunehmenden festen Haltung waren Generalmajor Deane, Leiter der Militärmission in Rußland, Botschafter Harriman (der in seinen Telegrammen in den Wochen vor der Konferenz beharrlich auf die Notwendigkeit hingewiesen hatte, den Russen gegenüber eine »unnachgiebige« Haltung einzunehmen) und Marineminister Forrestal, nach dessen Ansicht »die Russen schon seit einiger Zeit der Meinung seien, wir würden nicht eingreifen, wenn sie ganz Osteuropa in ihren Machtbereich mit einbezögen. Er sagte, er sei zutiefst davon überzeugt, daß, wenn die Russen ihre unbeugsame Haltung beibehalten sollten, wir es lieber jetzt als später auf eine Kraftprobe mit ihnen ankommen lassen sollten«.

Truman nahm kein Blatt vor den Mund, als er seiner Überzeugung Ausdruck verlieh, daß »unsere bisherigen Abkommen mit der Sowjetunion eingleisig gewesen seien und daß es so nicht weitergehen könne; ›jetzt oder nie‹ laute die Devise. Er beabsichtige, mit seinen Plänen für San Francisco fortzufahren, und falls die Russen mit uns nicht gemeinsame Sache machen wollten, könnten sie sich zum Teufel scheren[14]«.

Es war typisch für den neuen Präsidenten, daß er seine Ansichten unverblümt und ziemlich derb formulierte, doch gerade diese Offenheit erleichtert ihre Beurteilung. In diesem Fall bietet sich der Geschichtsschreibung keine Unterlage für Trumans Beurteilung der Lage an, auf Grund deren er beschloß, die Russen vor die Wahl zu stellen, entweder mit ihm zusammenzugehen oder sich zum Teufel zu scheren. Aus den Dokumenten geht lediglich hervor, daß die Verträge von Jalta keine »Einbahnstraße« bzw. ausschließlich alliierte Konzessionen an sowjetische Forderungen darstellten. Nach den Worten von Stettinius, der Roosevelt nach Jalta begleitete, »machte die Sowjetunion mehr Zugeständnisse an die USA und Großbritannien, als von uns an die Sowjetunion gemacht wurden[15] ...« Darüber hinaus waren alle erzielten Vereinbarungen gewissermaßen sowjetische Konzessionen: »*Infolge der militärischen Lage ging es nicht darum, was Großbritannien und die USA der Sowjetunion in Polen zu tun oder zu lassen gestatteten, sondern vielmehr darum, in welchen Punkten es beiden Ländern gelang, Rußland zur Annahme zu bewegen*[16]...« [Hervorhebung im Original.]

Diese Ansicht teilte auch Winston Churchill, der sicherlich wie kein zweiter Staatsmann wegen seiner Antipathie gegen das sowjetische Regime bekannt war, dessen Nachkriegseinfluß in Osteuropa er befürchtet und durch strategische Pläne während des ganzen zweiten Weltkriegs zu verhindern versucht hatte. Am 27. Februar 1945, zwei Monate vor der Konferenz im Weißen Haus, hatte Churchill dem Unterhaus berichtet:

»Der Eindruck, den ich von der Krim und von all meinen anderen Kontaktgesprächen mitgebracht habe, ist, daß Marschall Stalin und die Sowjetführung in ehrlicher Freundschaft und Unvoreingenommenheit mit den westlichen Demokratien zu leben wünschen. Auch bin ich davon überzeugt, daß sie sich an ihr Wort gebunden fühlen. Ich kenne keine Regierung, die fester zu ihren Verpflichtungen steht als die sowjetrussische Regierung. Ich lehne es ab, mich hier in eine Diskussion darüber einzulassen, ob es die Russen ehrlich meinen. Es ist doch ganz klar, daß diese Dinge die Zukunft der ganzen Welt berühren. Düster freilich wäre das Geschick der Menschheit, wenn zwischen den westlichen Demokratien und der Sowjetunion eine nicht wiedergutzumachende Spaltung einträte, wenn alle zukünftigen Weltorganisationen auseinanderbrächen und neue unvorstellbare Akte von Gewalttätigkeit all das zerstörten, was von den Kulturschätzen und Freiheiten des Menschen übriggeblieben ist[17].«

Entgegen den warnenden Meinungen der Regierungsbeamten, die über besondere Erfahrung auf dem Gebiet der amerikanisch-sowjetischen Beziehungen verfügten, wurde auf der Konferenz im Weißen Haus beschlossen, in der Unterredung mit Molotow über die polnische Frage ›schweres Geschütz‹ aufzu-

fahren. Die gleiche Haltung sollte auch bei den ersten Debatten auf der Gründungsversammlung der neu gegründeten Organisation der Vereinten Nationen in San Francisco beibehalten werden. Die Taktik der von Churchill so gefürchteten »nicht wiedergutzumachenden Spaltung« begann sich bereits abzuzeichnen.
Trumans Verhalten gegenüber dem sowjetischen Außenminister wurde von einem der einflußreichsten Mitglieder der US-Delegation auf der Konferenz von San Francisco, Senator Arthur H. Vandenberg, wärmstens unterstützt. Am 10. Januar 1945 hatte Vandenberg vor dem Kongreß eine außergewöhnliche Rede gehalten, die ihn über Nacht von seiner Position im rechten Minderheitenflügel der Republikaner zu der eines Sprechers und maßgeblichen Verfechters der auf dem Zweiparteiensystem beruhenden amerikanischen Außenpolitik der Nachkriegszeit hinaufkatapultierte. Die meisten Beobachter sahen die Rede Vandenbergs als einen Beweis für seine Abkehr vom Isolationismus an. Eine besser reflektierte Auffassung von D. F. Fleming charakterisiert sie »in erster Linie als eine Forderung nach ›Gerechtigkeit‹ für Polen«. Vandenberg selber hat gesagt, er sei »durch seine tiefe Überzeugung« inspiriert worden, »daß es an der Zeit sei, dem zuvorzukommen, was schließlich ›die drohende Gefahr aus Moskau‹ wurde«. (Vgl. Arthur H. Vandenberg, Jr. und V. A. Morris [Herausg.] *The Private Papers of Senator Vandenberg*, 1953, S. 130). Eine eingehendere Analyse der damaligen Haltung Vandenbergs ist in dem früher zitierten Werk Flemings auf den Seiten 273 ff. zu finden.
Vandenbergs Reaktion auf die Nachricht von der Unterredung zwischen Truman und Molotow hat er in seinem Tagebuch festgehalten:
»Dienstag, den 24. April 1945 (San Francisco)
Stettinius traf heute früh aus Washington kommend hier ein ...
... Er setzte sich sofort mit unserer Delegation zusammen und gab uns einen aufregenden Bericht. Der neue Präsident [Truman] hat es abgelehnt, vor Stalins Forderung nach einer UNO-Vertretung der Lubliner Polen auch nur im mindesten zu kapitulieren. Er hat lediglich eine unmißverständliche Botschaft an Stalin gesandt, die eine allgemeine Aufforderung zur Zusammenarbeit auf der Konferenz von San Francisco enthielt. Stettinius sagte, Eden wollte seinen Augen nicht trauen, als er eine Abschrift zu Gesicht bekam – und in lauten Beifall ausbrach. Stettinius fügte hinzu, er habe Molotow erklärt, daß die Unterstützung Rußlands durch Amerika in Zukunft einzig und allein von der Laune und Stimmung und dem Gewissen des amerikanischen Volkes abhänge – und daß San Francisco seine letzte Chance sei, zu *beweisen*, daß er diese Hilfe verdiene. Dies ist die beste Nachricht seit Monaten. F. D. R.'s Beschwichtigungspolitik gegenüber Rußland ist vorbei ... Stettinius weiß nicht,

wie die Sache ausgehen wird... Aber die Entscheidung wird fallen, sobald Stalins Antwort vorliegt. Vielleicht macht Rußland einen Rückzieher. In diesem Fall *findet die Konferenz eben ohne Rußland statt.* Das einzig Richtige jetzt[18]!« [Hervorhebung durch den Senator.]

So war also Trumans Delegierter auf der Konferenz von San Francisco über die Aussicht, daß die Russen die UNO verlassen könnten, keineswegs bestürzt. Weder Vandenberg noch der Präsident schien zu begreifen, was hinter Churchills Prophezeiungen steckte, die er in seiner Rede vor dem Unterhaus erst vor zwei Monaten gemacht hatte.

Zu diesem Zeitpunkt war Vandenberg bereits zu einer Schlüsselfigur in der amerikanischen Außenpolitik geworden. Vandenberg war es, der für alle wichtigen Entscheidungen und Gesetzesvorlagen Trumans, die sich auf den Kalten Krieg bezogen, die Unterstützung der isolationistischen Opposition verlangte. Seine Rolle bei der Ausarbeitung und Verabschiedung des Marschall-Plans war von so großer Bedeutung, daß Marshall die Bezeichnung Marshall-Vandenberg-Plan vorschlug. Einen weiteren Einblick in Vandenbergs Ansichten gewährt eine Tagebucheintragung vom 7. März 1945. Unter diesem Datum, einen Monat vor Roosevelts Tod und anderthalb Monate vor dem Gespräch mit Molotow, hatte Vandenberg geschrieben:

»Nichts könnte mir eine größere persönliche Genugtuung bereiten als eine öffentliche Verurteilung der Konferenz von Jalta... Doch... durch die Umstände bin ich gezwungen anzunehmen, daß wir zu keinerlei Ergebnissen kommen können, wenn wir versuchen, die von unserer eigenen Regierung und vom britischen Parlament befürworteten Beschlüsse insgesamt zu bekämpfen... Wir müssen einen anderen Weg finden... Ich muß in erster Linie auf dem Weg über die Frisco-Konferenz tätig werden und nicht in einer öffentlichen Brandmarkungskampagne.« (Unter anderem war Vandenberg der Meinung, die Curzon-Linie als Ostgrenze Polens sei »unhaltbar«.)

Hier also formulierte Vandenberg seine Absichten, die er in San Francisco zu verwirklichen gedachte. Und was waren diese Absichten? Die in Jalta gefaßten Beschlüsse rückgängig zu machen – d. h. genau jene Beschlüsse, deren Verletzung Truman sechs Wochen später den Russen vorwerfen sollte! Und die Nachricht, daß Truman Molotow wegen angeblicher Verletzung dieser Beschlüsse eine Zurechtweisung erteilt hatte, fand Vandenberg aufregend!

Gleich nach seiner Ankunft in San Francisco versuchte Vandenberg Vorkehrungen für eine Änderung der Beschlüsse von Jalta zu treffen in der Absicht, sie zukünftig in eine bessere Übereinstimmung mit seiner eigenen Vorstellung von Gerechtigkeit zu bringen. Er schlug nicht weniger als acht Zusatzbestimmungen zum Entwurf von Dumbarton Oaks vor. Zusatzbestimmung Nr. 7 sah vor, daß, falls der Sicherheitsrat mit Unrechtssituationen konfrontiert werde, er »geeignete Maßnahmen empfehlen solle, die auch eine Revision von Verträgen und früher gefaßten internationalen Beschlüssen beinhalten können ...«

Molotow akzeptierte alle britischen und amerikanischen Änderungsanträge mit »wohlwollender Haltung« bis auf den Vorschlag Vandenbergs. »Er war der Meinung, solche Empfehlungen würden den Deutschen die Möglichkeit geben, unaufhörlich für die Revision der Abmachungen zu ihren Gunsten Propaganda zu machen, wie sie es auch nach dem ersten Weltkrieg getan hätten[19].«

Trotz dieser grundsätzlichen Spannungen herrschte während des größten Teils der UNO-Konferenz eine herzliche und auf gute Zusammenarbeit bedachte Atmosphäre, so daß erhebliche Fortschritte erzielt wurden. Die USA und die Sowjetunion gerieten jedoch heftig aneinander, als Washington der US-Delegation die Weisung erteilte, die Aufnahme Argentiniens in die UNO durchzusetzen[20].

In Jalta hatte Roosevelt Stalin zweimal versprochen, daß er die Aufnahme Argentiniens in die Vereinten Nationen nicht unterstützen würde[21]. Roosevelts Außenminister Cordell Hull zufolge war Argentinien »in der westlichen Hemisphäre die Zufluchtsstätte und der bevorzugte Aufenthaltsort aller ehemaligen Faschisten«, wobei er offenbar auf die »argentinische Hegemonie in Südamerika« anspielte[22].

Als die Frage der Aufnahme Argentiniens zur Sprache kam, erwähnte Molotow Roosevelts und Hulls scharfe Kritik an der argentinischen Regierung und sagte:

»Bisher sind alle Einladungen zu dieser Konferenz einstimmig durch die vier verantwortlichen Regierungen, die hier eine gleichrangige Stellung einnehmen, gebilligt worden ... Die sowjetische Delegation schlägt vor, die Frage einer Einladung Argentiniens zur Teilnahme an dieser Konferenz zwecks weiterer Prüfung für einige Tage zu verschieben. Dies ist die einzige Bitte der sowjetischen Delegation.«

Außenminister Stettinius sprach sich gegen diesen Antrag aus, der mit 28 gegen 7, dann mit 31 gegen 4 Stimmen abgelehnt wurde; danach wurde Argentinien in die Organisation der Vereinten Nationen aufgenommen[23].

Hull gehörte zwar auch zur US-Delegation, war aber zu krank, um an den Sitzungen teilzunehmen. Vom Krankenbett teilte er Stettinius telephonisch mit, daß durch die Abstimmung »ein nicht wiedergutzumachender Schaden angerichtet« worden sei und daß »wir, falls die amerikanische Delegation nicht behut-

sam vorgehe, Rußland zu einer Haltung treiben würden, in der es die Meinung vertreten könnte, seine Sicherheit sei durch die UNO in Zukunft nicht mehr hinreichend garantiert[24]«.
Hulls Auffassung wurde auch von anderen Beobachtern geteilt. Die *New York Herald Tribune* stellte fest, daß die USA sich in der UNO der »Dampfwalzentaktik« bedienten, und Walter Lippmann meinte warnend, daß wir »uns eine Verhaltensweise zugelegt hätten, die, falls sie zur Regel werde, höchst verhängnisvolle Folgen zeitigen würde«. In einem späteren Aufsatz nannte Lippmann dieses Vorgehen »einen rücksichtslosen Hetzgalopp durch eine Weltkonferenz mit einem Block von zwanzig Stimmen [die lateinamerikanischen Länder]«; er bedauerte, daß die USA »ihre zentrale Position als Vermittler« verloren hätten, besonders seitdem die englisch-sowjetischen Spannungen sich in einem »weiten Bogen über den Balkan bis zum Mittleren Osten und weiter bis nach Persien erstreckten[25]«.
Es war völlig klar, daß die USA mit den lateinamerikanischen Regierungen im Schlepptau stets eine antisowjetische Mehrheit zusammenbringen konnten. Sollten die USA dieses Ziel konsequent zu verfolgen suchen, würde die noch in den Kinderschuhen steckende Organisation ihren potentiellen Wert als Instrument des Kompromisses und der internationalen Zusammenarbeit verlieren und sich statt dessen zu einer Stätte für die öffentliche Anprangerung der Sowjetunion entwickeln. (Tatsächlich wurde im ersten Jahrzehnt die UNO unter amerikanischem Druck fast zu einem bloßen Instrument der amerikanischen Außenpolitik: »In den Jahren 1946–1953 nahm die Vollversammlung über 800 Entschließungen an. Die USA erlitten in nur drei von hundert Fällen eine Niederlage – und wiederum in keinem Fall, wo wichtige Sicherheitsinteresssen auf dem Spiel standen. In diesen acht Jahren wurden lediglich zwei von uns unterstützte Entschließungen nicht angenommen« (E. Gross in *Foreign Policy Bulletin* vom 15. September 1954). Während dieser Jahre stimmten die diktatorischen Regimes von Nicaragua, Haiti, Paraguay, Honduras, Thailand, Taiwan, Venezuela sowie der Dominikanischen Republik, der Türkei, Griechenlands und Perus zusammen mit den USA neunzig Prozent der Zeit oder noch mehr über nichtkoloniale politische Fragen ab. Dagegen stimmten Länder wie Israel im Sinne der USA nur 57 Prozent der Zeit, während Indien nur 33 Prozent der Zeit im Sinne der USA stimmte (E. Riggs, *Politics in the UN*, 1958). Eine Darstellung des amerikanischen Einflusses auf die UNO in späteren Jahren findet man bei Conor Cruise O'Brien, *To Katanga and Back*, 1962. Die sowjetischen Befürchtungen in dieser Beziehung hatten ihren Ursprung in der Tatsache, daß Rußland das einzige Land war, das (wegen seines Angriffs ge-

gen Finnland) aus dem Völkerbund ausgeschlossen worden war, und zwar, wie erinnerlich, auf Betreiben Argentiniens. Natürlich hatte der Völkerbund keine ähnlich harten Maßnahmen über die früheren Interventionen des faschistischen Italiens und Nazi-Deutschlands in Äthiopien und Spanien verhängt.
Angesichts dieser Tatsachen wies Hull warnend darauf hin, daß Rußland, falls es in den Vereinten Nationen sein Sicherheitsbedürfnis nicht verwirklicht sehe,
»sich trotz eines Lippenbekenntnisses zur Organisation, Aufrechterhaltung der Mitgliedschaft und Zahlung seiner Beiträge entschließen könnte, aus der UNO auszuziehen und vorgeschobene Posten, Stützpunkte usw. an vielen Stellen zu errichten, Puffergebiete hinzuzufügen und auch sonst seine eigene äußere Verteidigung genauso umfassend vorzubereiten, als gäbe es die Vereinten Nationen überhaupt nicht[24]«.
Trotz der Kontroverse über Argentinien gelang es der Konferenz von San Francisco, die Organisation der Vereinten Nationen ins Leben zu rufen. Der konservative Kolumnist Arthur Krock schrieb in einem Kommentar, daß Molotow Stalin melden konnte, Rußland habe sich auf der Konferenz »als Großmacht gegeben und sich an einer Mitarbeit an der vorliegenden Aufgabe ganz allgemein interessiert gezeigt[26]«. James Reston dokumentierte dieses Werturteil in der *New York Times* vom 12. Juni: »Die Konferenzprotokolle weisen aus und die Delegierten heben besonders hervor, daß Rußland zehn Zugeständnisse gemacht hat, die einen wesentlichen Beitrag zur Liberalisierung der in Dumbarton Oaks gemachten Vorschläge geleistet haben.«
Bezeichnend jedoch für die Entwicklung der amerikanischen Volksmeinung über den Kalten Krieg hatten große Teile der USA-Presse eine ganz andere Version der Konferenz abgedruckt. »Die Delegierten hier wissen von Berichten, daß die Sowjetunion hergekommen sei, verlangt habe, was sie wollte, und auch bekommen habe, was sie verlangte«, fügte Reston hinzu, »und es herrscht allgemein die Auffassung, daß diese Berichte keinen genauen Eindruck von den wirklichen Geschehnissen vermitteln[27].«
Die amerikanische und die sowjetische Delegation verließen San Francisco, nachdem sie abgesehen von der Polenfrage über nur einen wichtigen Punkt keine Einigung erzielen konnten. Im Hinblick auf die Handhabung der Aufnahme Argentiniens in die UNO durchaus verständlich, hatten die Russen auf einer Erweiterung des Vetorechts bestanden, dahin gehend, daß eine gegen ein ständiges Mitglied des Sicherheitsrates vorgebrachte Klage erörtert werden sollte. Dadurch würde die Möglichkeit, die UNO als öffentliche Stätte für die Verunglimpfung und Anprangerung der Sowjetunion zu mißbrauchen, zwar endgültig

aufhören, aber auch die Arbeitsfähigkeit und Wirksamkeit der Organisation erheblich eingeschränkt werden.

»Als Außenminister Stettinius am Telephon die russische Haltung zum Vetorecht ständiger Mitglieder des Sicherheitsrats erläuterte«, schrieb Cordell Hull später, »sagte ich, daß die russische Haltung meines Erachtens die Funktionsfähigkeit der UNO entschieden schmälern würde und daß wir mit großer Geduld – ich betonte dies ausdrücklich – unsere Bemühungen fortsetzen müßten, die Russen zu einer Änderung ihres Standpunkts zu bewegen[28].«

2. *Die alten und neuen Beziehungen*

Die Unfähigkeit der militärischen Bündnispartner, eine Einigung über das Vetorecht und die Lubliner Polen zu erreichen, hatte auf die Konferenz von San Francisco einen Schatten geworfen. Da die Chefdelegierten zurückfuhren, konnte man den Eindruck gewinnen, daß die Konferenz selber auf einem toten Punkt angelangt sei. Am 4. Mai bat dann Truman Roosevelts früheren Adjutanten Harry Hopkins, in diplomatischer Mission nach Moskau zu reisen (Eine Erklärung des Hopkinsschen Auftrages als kluges taktisches Manöver, um eine Machtprobe mit der Sowjetunion bis zur Explosion der Atombombe hinauszuschieben, findet sich in dem zitierten Werk von Gar Alperovitz, S. 68 ff.). Hopkins war von dem Ersuchen Trumans überrascht, war er doch die Schlüsselfigur gewesen, die Roosevelts Annäherungsversuche an die Sowjetunion praktisch verwirklicht hatte, Bemühungen freilich, die bereits zunehmend in Verruf gerieten.

Harriman beeilte sich, auf der ersten Sitzung in Moskau am 26. Mai Stalin gegenüber zu betonen, daß Hopkins »Präsident Roosevelt nicht nur sehr nahegestanden habe, sondern daß er auch einer der führenden Verfechter einer Politik der Zusammenarbeit mit der Sowjetunion sei[1]«. Zu jenem Zeitpunkt jedoch war Harriman einer der Hauptbefürworter der Auffassung, daß die gegenwärtige auf Zusammenarbeit mit den Sowjets gerichtete Politik unmöglich fortgesetzt werden könne und daß die Taktik Roosevelts und Hopkins' eingeschränkt bzw. geändert werden müsse, bis »unsere Haltung gegenüber der Sowjetunion durch viel größere Festigkeit und Entschlossenheit gekennzeichnet ist[2]«.

Versucht man, die Differenzen zwischen den Anschauungen Harrimans und Hopkins' richtig zu beurteilen, so ist kein Vorfall lehrreicher als die berühmte Aufhebung des Leih- und Pachtgesetzes am 8. Mai 1945, nur drei Wochen vor den Unterredungen Hopkins' mit Stalin. Die Unterbrechung der Pacht- und Leihlieferungen erfolgte so plötzlich, daß Schiffe sogar unterwegs umkehrten und zur Löschung der Ladung wieder den Ausgangshafen ansteuerten. Truman behauptete später, er habe die Anordnung nicht gelesen und falls er sie gelesen hätte, würde er sie nicht unterschrieben haben (*Memoirs*, I, S. 221–222). Der Befehl war offensichtlich dazu bestimmt, die Russen in der polnischen Frage unter Druck zu setzen (Alperovitz, S. 36–39, aber auch die bereits zitierten Werke von Gardner und Williams).

Bei dem Moskauer Treffen mit Hopkins bestritt Stalin zwar nicht das *Recht* der USA, die Leih- und Pachtlieferungen einzuschränken, betonte jedoch seine Auffassung, daß hier ein Abkommen zwischen zwei Regierungen »auf geringschätzige und abrupte Weise beendet worden sei. Stalin sagte, daß bei rechtzeitiger Benachrichtigung der Sowjetregierung ein derartiges Gefühl gar nicht aufgekommen wäre und daß eine Mitteilung über die bevorstehende Einstellung der Lieferungen von großer Wichtigkeit für die Sowjets gewesen wäre, da bei ihnen die Planwirtschaft eingeführt sei[3]«.

Hopkins Antwort an Stalin ist entscheidend für das Verständnis der tiefgreifenden Änderungen, die in der amerikanischen Außenpolitik vor sich gingen, als Roosevelt, Hopkins und Hull von der politischen Bühne abtraten:

»Mr. Hopkins antwortete, daß das, was ihn an den Worten Marschall Stalins am meisten beunruhigt habe, die überraschende Feststellung gewesen sei, seiner – Stalins – Überzeugung nach würden die USA das Leih- und Pachtabkommen als ein Mittel benutzen, um unser Mißfallen über die Sowjetunion zum Ausdruck zu bringen. Er wünsche dem Marschall zu versichern, daß er trotz des bedauerlichen Eindrucks, den diese Frage bei der Sowjetregierung hervorgerufen habe, überzeugt sein dürfe, daß seitens der USA weder der Versuch gemacht worden sei noch der Wunsch bestanden habe, das Pacht- und Leihgesetz als Druckmittel zu benutzen. *Er sagte, die USA seien eine starke Macht und unterstützten solche Methoden nicht.*« [Hervorhebung vom Autor.]

Man kann sich nur fragen, was Botschafter Harriman dachte, als er diese Ausflüchte und Stalins Antwort hörte, daß »er Mr. Hopkins Glauben schenke und über dessen Erklärung hinsichtlich des Leih- und Pacht-Abkommens völlig befriedigt sei«. Harriman war nämlich der beharrlichste Wortführer jener Einstellung gewesen, daß genau diese Art von Drucktaktik gegen die Sowjetunion angewendet werden *müsse*, um die Russen zur Zusammenarbeit zu zwingen. Auf seinen Wunsch waren »ein oder zwei Fälle« herausgegriffen worden, in denen er das sowjetische Vorgehen »untragbar« fand und »wirk-

same Gegenmaßnahmen« forderte, damit die Sowjets erkennen sollten, daß sich ihre gegenwärtige Haltung letztlich nur zu ihrem eigenen Schaden auswirken würde. »Am 4. April telegraphierte Harriman: ›... Jetzt haben wir genügend Beweise dafür, daß die Sowjetunion *alle* Angelegenheiten vom Standpunkt ihrer eigenen Interessen betrachtet....‹ Am 6. April sandte Harriman erneut ein Telegramm, in dem er ganz allgemein eine ›unnachgiebige‹ Politik Rußland gegenüber als einzig möglichen Weg zu einem vernünftigen freundschaftlichen Verhältnis zwischen beiden Ländern befürwortete...« (James V. Forrestal, *The Forrestal Diaries,* 1951, S. 39–41, 47, 49, 57. Vgl. C. Marzani, *We Can Be Friends: Origins of the Cold War,* 1952, und Alperovitz, S. 24 ff.)
Das russisch-amerikanische Militärbündnis war nie ganz reibungslos verlaufen, und es hatte schon vorher Situationen gegeben, wo die eine Seite das Vorgehen der anderen Seite für »untragbar« hielt. Dennoch hatten es Roosevelt und Hopkins stets verstanden, die Partnerschaft arbeitsfähig zu halten, indem sie Meinungsverschiedenheiten gleich im Entstehen beseitigten. Um Harrimans Ansicht über eine Reihe von – wie er vermuten mußte – neuen Zwischenfällen richtig einzuschätzen, d. h. *neu in ihrer Art,* so daß sie eine grundlegende Revision der bisherigen Politik erforderlich machten, ist es aufschlußreich, einen wichtigen konkreten Fall näher zu beleuchten. (Da die USA unvergleichlich stärker waren als die UdSSR, setzte eine Politik »wirksamer Gegenmaßnahmen« und auf Gegenleistungen beruhender Abmachungen mit den Russen voraus, diese nicht mehr als Partner, d. h. nicht mehr als Mitglieder des militärischen Bündnisses zu behandeln. Eine solche Politik bedeutete ferner, daß die USA die Sowjetunion nicht mehr als eine im Grunde befreundete Macht ansahen.)
Harriman nahm an der Konferenz im Weißen Haus am 23. April teil, auf der beschlossen wurde, den Russen die Nichterfüllung ihrer Verpflichtungen in der polnischen Frage mit Entschiedenheit entgegenzuhalten. Harriman war damals nicht nur US-Botschafter in Rußland, sondern war auch bei den Konferenzen von Teheran und Jalta zugegen gewesen, was seinem Urteil besonderes Gewicht verlieh. Nach Trumans Darstellung gab Harriman in einem Punkt Stimsons nach, nämlich daß Rußland seinen »großen« Verpflichtungen in militärischen Dingen nachgekommen sei. Doch Stimsons Schlußfolgerung (daß die Russen noch immer zuverlässige Partner seien, die es als Gleichberechtigte verdienten, daß man die vorhandenen Zweifel zu ihren Gunsten auslege) suchte er durch die Bemerkung zu begegnen, daß die ›großen‹ Verpflichtungen
»Entscheidungen waren, die die UdSSR bereits selber getroffen hatten, *doch in anderen militärischen Angelegenheiten konnte*

man unmöglich behaupten, daß sie ihre Verpflichtungen erfüllt hätten. So hatten sie sich beispielsweise vor über einem Jahr verpflichtet, mit Vorbereitungen für ein Eingreifen auf dem fernöstlichen Kriegsschauplatz zu beginnen, doch war keine dieser Vorbereitungen durchgeführt worden[4]. [Hervorhebung vom Autor.]

Selbst ein mit den Gegebenheiten des Krieges im Fernen Osten nicht vertrauter Beobachter dürfte davon überrascht sein, daß Harriman Rußlands verzögerte Vorbereitungen für den Kriegseintritt als Ausgangspunkt seiner allgemeinen Schlußfolgerung benutzt, die Russen seien nur verläßliche Partner in Entscheidungen, die sie bereits selber getroffen hätten (was besagt, daß sie überhaupt noch nie wirkliche »Partner« waren). Es hatte sich nämlich schon ein Parallelfall ereignet, bei dem die Rollen der USA und der UdSSR vertauscht waren.

Am 8. Juli 1941 hatte Litwinow die Forderung nach einer zweiten Front erhoben. Am 29. Mai 1942 kam Molotow nach Washington und erhielt die Zusicherung, daß die USA mit den Vorbereitungen für eine zweite Front beschäftigt seien und diese 1942 zu eröffnen hofften[5]. Die Eröffnung der zweiten Front war für die Russen im Jahr vor dem Sieg bei Stalingrad von weitaus entscheidenderer Bedeutung, als 1945 der Eintritt Rußlands in den japanischen Krieg für die USA (obwohl die amerikanische Führung an Rußlands Teilnahme sehr interessiert war). Die zweite Front wurde jedoch erst am 6. Juni 1944 eröffnet, d. h. über anderthalb Jahre später, als sie den Russen zugesagt worden war, und nachdem die Russen unter schweren Opfern ihre Hauptziele – die Zurückschlagung der Hitlerschen Invasionstruppen und die Abwendung der eigenen drohenden Niederlage – erreicht hatten. (Bis zu welchem Umfang der zweite Weltkrieg in Europa ein russisch-deutscher Krieg war, wird im Westen nicht immer erkannt. Erst 1943 sollte Churchill die Feststellung treffen, daß die westlichen Alliierten mit lediglich sechs deutschen Divisionen »herumspielten«, während die Russen mit 185 deutschen Divisionen fertig werden mußten[6].)

Ungeachtet dieser historisch belegten Entwicklung war Harriman gewillt, die scheinbar zögernde sowjetische Haltung auf dem fernöstlichen Kriegsschauplatz als schlüssigen Beweis dafür anzuführen, daß man in militärischen Fragen, die nicht unmittelbar ihre eigenen Interessen betrafen, »unmöglich behaupten konnte, die Russen hätten die Verpflichtungen erfüllt«, und daraus zu folgern, daß sie in Dingen, die den Frieden betrafen, sich ebenfalls als unzuverlässig erweisen würden. Es war jedoch nicht nur Harrimans Geschichtsauffassung, die sich als kurzsichtig herausstellen sollte: Die Ereignisse nach der April-Konferenz im Weißen Haus bewiesen zudem, daß auch seine

Beurteilung der politischen Lage völlig unrealistisch war und jeder Grundlage entbehrte.
Die Zusicherung, in den Krieg im Pazifikraum einzutreten, hatten die Sowjets formell auf der Konferenz von Jalta gegeben (daher ihre Bedeutung für die Konferenz im Weißen Haus). Stalin hatte zunächst geschätzt, daß er sechs Monate benötigen würde, um seine Armeen aus Deutschland in die Mandschurei zu verlegen. »In Jalta verkürzte er dann nach näherer Erwägung diese Frist auf drei Monate und verpflichtete sich, diese Frist einzuhalten[7].« Am 8. Mai 1945 erfolgte die Kapitulation Deutschlands (also zwei Wochen nach der Konferenz im Weißen Haus). Am 8. August, auf den Tag genau drei Monate später, erklärten die Russen wie versprochen Japan den Krieg[8].
Somit wurde also gerade jener Teil der Beschlüsse von Jalta, den Harriman als Beweis dafür aufgegriffen hatte, daß die Russen nicht zu ihren Verpflichtungen stünden, von den Sowjets *buchstabengetreu* erfüllt. Doch als Botschafter in Rußland war Harriman Chefberater des Weißen Hauses, der mit der Beurteilung der russischen Pläne betraut war. Während der Wochen unmittelbar vor der Aprilkonferenz behauptete Harriman in einer Reihe von Telegrammen (die der einflußreiche Forrestal wortwörtlich in sein Tagebuch eintrug) ohne jede Einschränkung, »unsere Erfahrung hat unwiderlegbar bewiesen, daß mit wohlwollender Haltung in Moskau unmöglich etwas auszurichten sei« und daß wir bei künftigen Abmachungen mit den Russen »stets auf der Basis der Gegenseitigkeit« vorgehen müssen[9]. Natürlich war Hopkins, den Harriman auf seiner derzeitigen Mission bei Stalin begleitete, absichtlich für diese Reise ausgewählt worden, um den Russen die »wohlwollende Haltung« der USA zu beweisen. Harriman wußte dies, und trotz seiner Behauptung, es sei »unwiderlegbar bewiesen«, daß mit gutem Willen in Moskau *nichts* auszurichten sei, setzte er alles daran, Stalin davon zu überzeugen, daß im Gegensatz zu seiner eigenen Meinung ein solcher Versuch ernsthaft unternommen werde. Harriman meldete den Erfolg dieses Versuchs sogar an das Weiße Haus. »Harrys Besuch in Moskau hatte das wachsende Mißtrauen Stalins und Molotows bereits zerstreut« (aus dem zitierten Werk von Forrestal, S. 68. Das eigentliche Zitat stammt von John J. McCloy).
In genau diesem Sinne richtete Hopkins seinen Appell an Stalin. Ohne die Unterstützung der amerikanischen öffentlichen Meinung, trug Hopkins dem Diktator vor, würde es für den neuen Präsidenten schwierig sein, Roosevelts Politik einer »Zusammenarbeit mit der Sowjetunion« fortzusetzen. Die öffentliche Meinung in den USA, sagte Hopkins, sei durch die jüngsten Entwicklungen ungünstig beeinflußt worden, besonders

durch die Unfähigkeit der Alliierten, »das Abkommen von Jalta über Polen zu verwirklichen«. Damit die USA das große Wohlwollen, das unter dem Eindruck von Rußlands »hervorragenden Leistungen« während des Krieges entstanden sei, uneingeschränkt aufrechterhalten könnten, sei es erforderlich, in dieser Frage Fortschritte zu erzielen.

In seiner Antwort gab Stalin zu verstehen, daß er sich vor den Briten und den Franzosen in acht zu nehmen gezwungen sei, insbesondere vor den Absichten der Engländer, was ihre Versuche zur Schaffung eines antisowjetischen Polens betreffe. Was er von den USA zu befürchten hatte, waren keine Feindseligkeiten, sondern ein den damaligen Realitäten viel näher kommender Sachverhalt. Sowjetische Regierungsbeamte hätten den Eindruck, sagte Stalin, »daß die amerikanische Haltung gegenüber der Sowjetunion merklich kühler geworden ist, seitdem Deutschlands Niederlage feststand, und *es ist, als wollten die Amerikaner zum Ausdruck bringen, daß die Russen nicht mehr benötigt werden*«. [Hervorhebung vom Autor]. Stalin hatte amerikanische Aktionen angeführt, die die Russen zu diesem Schluß geführt hätten, darunter die Unterbrechung der Leih- und Pachtlieferungen und die Aufnahme Argentiniens in die Vereinten Nationen (vgl. Marzani).

Genau dies *wollte* die amerikanische Führung natürlich zum Ausdruck bringen, d. h., daß sie mit ihren Plänen fortzufahren beabsichtigte, und daß »die Russen, falls sie nicht mit uns zusammengehen wollen, sich zum Teufel scheren können«.

Hopkins konnte den Russen in der Tat ein konkretes Zugeständnis machen (und zwar was die Grundlage betraf, auf der die polnische Regierung gebildet werden sollte)[10], während Stalin seinerseits mit zwei wichtigen Konzessionen aufwarten konnte. Stalin gab in zwei Punkten nach, die die USA als entscheidend und besonders dringlich bezeichnet hatten: die Zusammensetzung der polnischen Regierung und die Vetofrage in der UNO.

Im Abkommen von Jalta war eigens ein Passus vorgesehen, nach dem im Ausland lebende Polen bei der Neubildung der polnischen Regierung berücksichtigt werden sollten. Während der Konferenz von San Francisco waren die Russen in diesem Punkt recht eigensinnig geworden und bestanden auf Ablehnung aller Bewerber aus den Reihen der Londoner Exilpolen mit der Begründung, diese seien der Sowjetunion »nicht freundlich gesinnt«. In diesem kritischen Augenblick wurde der Beschluß gefaßt, Hopkins nach Moskau zu entsenden, um zu sehen, ob er einen Ausweg aus der festgefahrenen Situation finden könnte.

Die Frage einer Erweiterung der Lubliner Regierung war ebenfalls auf der Konferenz im Weißen Haus aufgeworfen wor-

den, obwohl die erzielte Entscheidung sich in der Hauptsache darauf bezog, ob die ursprüngliche Regierungsbildung (d. h. mit den Lubliner Polen als Ausgangsbasis) mit den Vereinbarungen von Jalta in Einklang stand. Kriegsminister Stimson warf die Frage nach den Motiven der Sowjets auf. Er stellte fest, daß die Sowjets in großen militärischen Angelegenheiten ihr Wort gehalten und oft mehr getan hätten, als von ihnen zugesagt worden sei. »Deshalb war es seiner Meinung nach wichtig herauszufinden, welches die Beweggründe der Russen im Zusammenhang mit diesen Grenzländern waren und was sie von Unabhängigkeit und Demokratie in Gebieten hielten, die sie für die Sowjetunion als lebenswichtig erachteten[11].«
Mit anderen Worten zielte die Frage darauf, inwieweit die Sowjets Einfluß auf die politische Linie des befreiten Polens nehmen wollten. Würden sie ihre Ziele darauf beschränken, die neue Regierung zu einer prosowjetischen Außenpolitik zu veranlassen oder würden sie die völlige Herrschaft über das Land anstreben?
Botschafter Harriman war um eine Antwort auf diese Frage nicht verlegen. Wie Truman berichtet, war Harriman davon überzeugt, daß »es im Grunde darum ging, ob wir uns an einem Programm zur Beherrschung Polens durch die Sowjets beteiligen sollten«. Weiter sagte Harriman, daß wir »offensichtlich vor die Möglichkeit gestellt wurden, mit den Russen zu brechen, daß jedoch seiner Meinung nach bei richtiger Einschätzung der Lage der Bruch noch einmal vermieden werden könnte[11]«. (Man beachte, daß der Tag, an dem der US-Botschafter in Rußland von einem Bruch spricht, der »vermieden werden *könnte*«, der 23. April 1945 ist.)
Die Analyse, über die Harriman zu einer solchen Schlußfolgerung gelangte, wird von Truman ebenfalls mitgeteilt:
»Bei seiner Antwort auf Mr. Stimsons Frage nach Meinungsverschiedenheiten und ihren Gründen sagte Botschafter Harriman, er sei der Meinung, daß Stalin und Molotow, nachdem sie von Jalta nach Moskau zurückgekehrt waren, mehr von der Situation in Polen erfahren und eingesehen hätten, auf wie schwachen Füßen die provisorische [Lubliner] Regierung stand. Deswegen hätten sie erkennen müssen, daß die Einsetzung eines wirklichen Vertreters der polnischen Interessen wie Mikolajczyk wahrscheinlich die Ausschaltung der von den Sowjets eigens auserwählten Führungsclique bedeuten würde. Daher war Harriman davon überzeugt, daß es im Grunde darum ging, ob wir uns an einem Plan der Sowjets zur Beherrschung Polens beteiligen sollten.«
Harrimans Analyse ist von mehr als einem Standpunkt aus interessant. Zunächst macht sie die Folgerichtigkeit seiner Denkweise deutlich. Die Sowjets hatten in Jalta ein Abkommen ge-

troffen, das ihnen, wie sie glaubten, bei der Verfolgung ihres Endziels – der Beherrschung Polens – keine Hindernisse in den Weg legen würde und sogar die Verwirklichung ihrer Absichten erleichtern könnte. Jetzt hatten sie eingesehen, daß dies nicht der Fall war. Sie konnten die Basis der Regierung nicht erweitern, ohne ihre Herrschaftspläne ernstlich zu gefährden. Ihre ureigensten Interessen, »das Prinzip der Machtpolitik in ihrer brutalsten und primitivsten Form« (so Harriman in einem Telegramm vom 14. Mai 1945 über das Verhalten der Sowjets [Forrestal]), geboten den Russen, die Beschlüsse von Jalta zu verletzen und eine Berufung von Politikern wie Mikolajczyk (früherer Ministerpräsident der Londoner Polen) in die neue polnische Regierung mit allen Mitteln zu verhindern. Die sowjetischen Motive waren klar und eindeutig, aber selbst hier irrte sich Harriman. Obwohl das Problem auf höchst unpassende Weise beigelegt wurde, unternahmen die Russen keine diplomatischen Gegenschritte.

Zweitens zeigt die Analyse wiederum die irrigen Annahmen, die Harriman seinem Standpunkt zugrunde legte (Harriman war ein Mitglied der Dreier-Kommission [Molotow und Sir A. Clark Kerr waren die beiden anderen Mitglieder], die durch die Beschlüsse von Jalta eigens dazu bestimmt war, die Bildung der neuen polnischen Regierung zu überwachen). In Moskau nämlich (einen Monat später), als Hopkins die polnische Frage »so klar und zwingend wie nur irgend möglich« formulierte, indem er sagte, »sie sei zu einem Symbol für unsere Fähigkeit geworden, Probleme gemeinsam mit der Sowjetunion zu lösen«, kam der *erste* konkrete Vorschlag von Stalin, der die Einsetzung von vier Ministern aus anderen demokratischen Gruppen als der der gegenwärtigen provisorischen Regierung anregte. »Er fügte hinzu, daß der bereits vorgeschlagene Mikolajczyk seiner Meinung nach annehmbar sei und es sich jetzt darum handle, wer sonst noch berufen werden könnte. Er erkundigte sich bei Mr. Hopkins, ob möglicherweise Professor Lange (von der Universität Chikago) willens sei, sich der neuen Regierung zur Verfügung zu stellen.«

Sowohl Lange als auch Mikolajczyk waren einverstanden, und bald hatte man sich auf eine Liste von Kandidaten geeinigt. Am 21. Juni erfolgte die Regierungsbildung mit Mikolajczyk als einem der stellvertretenden Ministerpräsidenten, und am 5. Juli gaben Großbritannien und Amerika ihre Anerkennung der neuen polnischen Regierung bekannt. So erwies sich abermals, daß Harriman in einem entscheidenden Punkt geirrt hatte. Trotzdem enthielt der Bericht, den Harriman nach der Begegnung mit Stalin an Truman sandte, keine Mäßigung oder gar Änderung seines Standpunktes; auch vermochte Stalins freundschaftliche Gesinnung nichts dagegen auszurichten, daß Har-

rimans Einstellung, die sich bereits andere Regierungsmitglieder zu eigen gemacht hatten, in Washington immer mehr die Oberhand gewann.
Das zweite Zugeständnis Stalins (hinsichtlich des Einspruchsrechts in der UNO) mag ebenfalls dazu dienen, den wesentlichen Unterschied in der amerikanischen Politik gegenüber der Sowjetunion vor und nach Roosevelts Tod zu beleuchten.
Am 2. Juni sandte Außenminister Stettinius eine »streng geheime« Botschaft an Hopkins in Moskau, in der er ihm mitteilte, daß die US-Delegation (mit Billigung des Präsidenten) zu dem Schluß gekommen sei, daß die sowjetische Haltung zur Frage des Vetorechts, falls sie akzeptiert werde, »aus der ganzen geplanten Weltorganisation eine einzige Farce machen würde«. »Bitte richten Sie ihm [Stalin] mit deutlichen Worten aus«, so wurde in der Botschaft betont, »daß Amerika nicht gut in einer Organisation mitwirken kann, die auf einer so unvernünftigen und durch nichts gerechtfertigten Auslegung beruht[12] ...«
Dieses Ultimatum wurde Stalin nie übermittelt. Als Hopkins am 6. Juni die Frage des Vetorechts aufnahm, erwähnte er den Inhalt der Mitteilung nur insoweit, als er sagte, er habe eine »dringende Botschaft« von Präsident Truman erhalten, in der dieser ihn angewiesen habe, die Frage des Vetorechts mit Stalin zu erörtern und »auf den Ernst der Angelegenheit hinzuweisen«. Das war alles, was Hopkins über den Inhalt der Botschaft von Stettinius mitteilte. Er fuhr dann fort und sagte, zu Stalin gewandt, »die USA seien der Auffassung, daß die in Jalta gefundene und vereinbarte Formulierung die Redefreiheit sicherstelle [die das fragliche Vetorecht verhindern würde]«. Hopkins hoffte, »der Marschall würde uns und den anderen Mächten und Frankreich, die in dieser Frage einer Meinung waren, zustimmen«. An dieser Stelle griff Molotow in die Diskussion ein, um den sowjetischen Standpunkt zu rechtfertigen, aber Stalin unterbrach ihn. Dann ... stellte Marschall Stalin fest, daß er bei Diskussionen über die friedliche Beilegung von Kontroversen gegen eine einfache Mehrheit nichts einzuwenden habe. Die Veto-Krise war vorüber.
Die Nachricht traf in San Francisco am nächsten Tag, dem 7. Juni, ein, und noch am selben Abend, ohne einen genauen Bericht über den Meinungsaustausch zwischen Hopkins und Stalin erhalten zu haben, schrieb Vandenberg in sein Tagebuch:
»*Amerika gewinnt!* Die Veto-Krise ist heute zu Ende gegangen – und sie ist so ausgegangen, wie *wir* es wollten ... Sie stellt eine einzige umfassende Kapitulation dar. Kein Versuch einer faulen Kompromißlösung. Ein rückhaltloses Bekenntnis zur ungehinderten Redefreiheit ... [Hervorhebung im Original]

Ich glaube, jeder ist davon überzeugt, daß die unmißverständliche Botschaft, die Stettinius nach Moskau sandte, zum Ziel geführt hat. Hoffentlich haben einige von uns daraus eine Lehre gezogen. Viele von ihnen begannen nämlich schon, unter dem Eindruck des »Nervenkrieges« tatsächlich die Nerven zu verlieren[12].« [Hervorhebung vom Autor]

So dienten also selbst Zugeständnisse der Russen dazu, die Befürworter einer unnachgiebigen Politik in ihrer neuen Haltung zu bestätigen. Harriman ging so weit, daß er die fruchtbaren Gespräche zwischen Stalin und Hopkins als weiteren Beweis für die neue politische Linie der Sowjets auslegte, die jeglichen Willen zur Zusammenarbeit vermissen ließ. Präsident Truman schrieb:

»Der russische Diktator, so berichtete Harriman später, gab zu verstehen, daß er den Grund für die Schwierigkeiten nicht ganz einsehe. Er *ergriff die Offensive*, indem er sich ›über unsere Untaten‹ beklagte, und deutete *in aggressivem Ton* an, daß die Sowjetunion, falls wir mit ihr nicht freundschaftlich verhandeln wollten, auch allein stark genug sei, um ihre Angelegenheiten selber in die Hand nehmen zu können[13].« [Hervorhebung vom Autor.]

In der öffentlichen Berichterstattung über die Gespräche zwischen Stalin und Hopkins war die einzige Bemerkung Stalins, auf die das zutreffen könnte, der schon im Hinblick auf die Leih- und Pachthilfe geäußerte Passus. In dem eindeutigen Versuch, Hopkins aus einer peinlichen Lage zu helfen, anerkannte der Diktator das Recht der USA, die Hilfslieferungen an die Sowjetunion nach Belieben einzustellen, und wies darauf hin, daß die Russen durch die plötzliche Unterbrechung sich längst nicht so gekränkt gefühlt hätten, wären sie von diesem Schritt rechtzeitig im voraus unterrichtet worden.

Es würde doch sehr überrascht haben, wenn Stalin »in aggressivem Ton« angedeutet hätte, daß die Russen notfalls mit ihren Problemen allein fertig würden. Die USA waren die einzige Großmacht mit einer völlig intakten Industrie. Die Russen dagegen machten kein Geheimnis aus den Verlusten, die sie während des Krieges erlitten hatten. Wenn überhaupt vom rein nationalen Standpunkt einem der beiden Länder die Bewältigung der Probleme aus eigener Kraft nichts ausgemacht hätte, dann den Vereinigten Staaten. Und tatsächlich waren die einzigen Bemerkungen, die mit der von Harriman erwähnten Formulierung wirklich eine Ähnlichkeit aufwiesen, die, in denen Stalin seine Befürchtungen äußerte, die Meinung der USA-Führung könne doch nur so verstanden werden, daß die Sowjets, falls sie mit den Plänen der USA nicht konform gingen, sich zum Teufel scheren sollten.

Hopkins selber hatte von diesen und ähnlichen Ereignissen, d. h.

von der Änderung der amerikanischen Haltung gegenüber der Sowjetunion, eine einsichtsvollere und leider auch vorausschauendere Auffassung. Kurz vor seinem Tode, etwa ein halbes Jahr nach den Moskauer Gesprächen, warnte er: »*Unsere Rußlandpolitik darf nicht von Leuten diktiert werden, die bereits beschlossen haben, daß eine Zusammenarbeit mit den Russen nicht möglich sei und daß unsere Interessen zwangsläufig in Widerspruch zueinander stehen und letztlich zum Kriege führen müssen. Von meinem Standpunkt aus ist dies eine unhaltbare Einstellung, die in die Katastrophe führen kann*[14].«

3. *Die Auflösung der Koalition*

Nach den Gesprächen zwischen Stalin und Hopkins wurden Vorbereitungen für die letzte militärische Begegnung der ›Großen Drei‹ getroffen, auf der u. a. die Besetzung Deutschlands erörtert werden sollte. Es war die erste und die letzte persönliche Begegnung zwischen Stalin und Truman.

In der Zeit vor den Gesprächen nahm Truman eine Reihe von Änderungen in seinem Kabinett vor. Von zehn Mitgliedern des Roosevelt-Kabinetts traten sechs entweder zurück oder wurden zwischen dem 30. Juni und der Eröffnung der Potsdamer Konferenz am 18. Juli ersetzt. Von den restlichen vier Mitgliedern des Kabinetts Roosevelt waren zwei bis Ende 1945 und die letzten zwei bis Ende 1946 aus der Regierung ausgeschieden. »Von den wichtigsten, durch Truman in den ersten zwei Nachkriegsjahren geschaffenen 125 Regierungsämtern waren 49 durch Bankiers, Finanzmänner und Großindustrielle, 31 durch Militärs und 17 durch Juristen besetzt, die meistens über Beziehungen zur Finanzwelt verfügten. Der eigentliche Regierungssitz schien sich von Washington nach einem Ort zu verschieben, der von Wall Street und West Point gleich weit entfernt war« (Howard K. Smith, *The State of Europe*, 1949, S. 83, vgl. auch S. 95). Von den sechs durch Truman Ernannten (darunter solche Demokraten des rechten Flügels wie Tom Clark und Fred Vinson) stammten vier aus Staaten westlich des Mississippi und schafften dadurch nach Trumans eigener Beschreibung eine »noch nie dagewesene Situation«, was die regionale Vertretung im Kabinett betraf. Die Gegend, der Truman eine so überwältigende Mehrheit von Vertretern in seinem Kabinett zubilligte, war natürlich der Teil des Landes, dessen Bewohner sich durch eine besonders isolationistische und nationalistische Gesinnung auszeichneten.

Zu den zwei restlichen Kabinettsänderungen gehörte die Ablösung des Schatzministers Henry Morgenthau jr. Morgenthaus berühmter Plan zur Demontage der deutschen Industrie hatte im vorigen September die Unterstützung Churchills und Roosevelts gefunden, doch war der Plan auf Grund eines starken Widerstandes britischer und amerikanischer Kreise schließlich aufgegeben worden. Stalin selber stand unter dem Eindruck, daß die westlichen Alliierten sich gegen eine Zerstückelung ausgesprochen hatten[1]. Die Ablösung Morgenthaus brachte nicht so sehr die Opposition gegen einen bereits aufgegebenen Plan, sondern vielmehr die in Washington herrschende neue Stimmung im Hinblick auf die russischen Reparationsforderungen und ihre Bitte um Gewährung einer Anleihe von mehreren Milliarden Dollar zum Ausdruck. (Am Vorabend von Jalta schrieb Morgenthau: »Ich bin überzeugt, wenn wir den Russen jetzt einen konkreten Plan zu ihrer Unterstützung während der Zeit des Wiederaufbaus vorlegten, könnten wir einen großen Teil der Schwierigkeiten beseitigen, die uns die Probleme und die Politik der Sowjets schon seit einiger Zeit verursachen« (zitiert in William A. Williams, *American-Russian Relations* [Die amerikanisch-russischen Beziehungen], 1952, S. 274). Zu diesem Zeitpunkt hatte Washington bereits damit begonnen, die in Jalta in der Frage der Reparationsleistungen eingenommene Haltung völlig in ihr Gegenteil zu verkehren (Alperovitz, S. 159 ff.)

Trumans letzte Kabinettsänderung bestand darin, daß er James F. Byrnes, einen Anhänger der demokratischen Minderheit aus South Carolina, an die Stelle von Stettinius auf den Posten des Außenministers berief. »Ich hielt es für meine Pflicht«, schrieb Truman später, »unverzüglich einen Außenminister auszusuchen, der über entsprechende Qualifikationen verfügte, um gegebenenfalls die Nachfolge als Präsident anzutreten. Damals hielt ich Byrnes für den geeignetsten Mann[2].«

Kaum hatte die Potsdamer Konferenz begonnen, brachte Truman sofort zwei Anträge ein, die von der amerikanischen Delegation ausgearbeitet worden waren. Der erste Antrag sah die Schaffung des Außenministerrats vor und wurde so rasch angenommen, daß die Amerikaner, als sie »zum Mittagessen gingen[3]«, in einen Zustand freudiger Erwartung versetzt wurden. Der zweite amerikanische Vorschlag wird vielleicht am besten durch Byrnes selber beschrieben. »Unser Arbeitspapier behauptete rundweg, daß die in den Beschlüssen von Jalta eingegangenen Verpflichtungen nicht erfüllt worden seien, und schlug »ein gemeinsames Vorgehen bei der Umbildung der Regierungen Bulgariens und Rumäniens vor, um eine Teilnahme aller demokratischen Gruppen zu ermöglichen«.

Die von Molotow vorgetragene Antwort auf dieses Arbeitspapier stellte einen Angriff auf die britische Intervention in Griechenland dar. Die Engländer stritten die Behauptungen der Sowjets ab und behaupteten ihrerseits, es hätten freie Wahlen stattgefunden. Molotow zitierte daraufhin englische und amerikanische Presseberichte, nach denen »es in Griechenland zu größeren Ausschreitungen gekommen sei als in Rumänien oder in Bulgarien[4]«.

So begann ein Prozeß aus Behauptung und Gegenbehauptung, aus Beschuldigung und Gegenbeschuldigung, der für die Beziehungen zwischen den früheren Verbündeten in der folgenden Zeit so kennzeichnend war. Obwohl in Potsdam in einer Reihe von Punkten Übereinstimmung erzielt wurde, einschließlich der Einsetzung eines Außenministerrats und einer gemeinsamen Formel für die Besetzung Deutschlands, waren diese Erfolge doch durch den veränderten Geist innerhalb der Koalition überschattet. Sumner Welles, Roosevelts Unterstaatssekretär im Außenministerium, ging so weit, den Grund für die Veränderung genau zu bezeichnen[5]. Mit dem Tode Roosevelts, schrieb er, »war die Richtung der amerikanischen Politik in andere Hände übergegangen. Die unheilvolle Veränderung, die dadurch in den sowjetisch-amerikanischen Beziehungen eintrat, war für jeden objektiven Beobachter, der an der Potsdamer Konferenz teilgenommen hatte, offensichtlich«. Es war nicht gerade überraschend, daß das Potsdamer Abkommen sich als kurzlebig erwies. Aber es waren auch nicht nur die Russen, die ihre daraus resultierenden Verpflichtungen nicht einhielten: »Potsdam ist in den Westzonen Deutschlands heute zum großen Teil mit einer längst außer Kraft gesetzten Bestimmung identisch« (Barbara Ward, *The West at Bay* [etwa: Der Westen in Bedrängnis], 1948, S. 28).

Doch bald wurde Potsdam als ein Symbol für die Verschlechterung der sowjetisch-amerikanischen Beziehungen durch Ereignisse auf der anderen Seite des Erdballs verdunkelt: durch den Atombombenabwurf über Hiroshima und Nagasaki.

Am 9. August, dem Tag, als die zweite Atombombe auf japanisches Gebiet abgeworfen wurde, erklärte Präsident Truman, daß diese Bomben eingesetzt worden seien, »um den Krieg abzukürzen, um das Leben Tausender und aber Tausender von jungen Amerikanern zu retten«. Die Rechtfertigung für seine Behauptung schien in der Tatsache zu liegen, daß Japan nicht kapitulieren wollte. 70 000 Amerikaner hatten fallen müssen, um im Frühjahr zuvor Iwo Jima und Okinawa einnehmen zu können. Jeder Versuch einer Invasion der japanischen Inseln würde Hunderttausenden von Amerikanern das Leben kosten.

Doch sollte laut Plan keine Landinvasion dieser Inseln vor dem 1. November 1945 stattfinden[6]! Die USA hatten darüber hinaus Kenntnis davon erhalten, daß die japanische Regierung bereits einen Monat vor Abwurf der Bombe über ihren Botschafter in Moskau um Frieden ersucht hatte. Man vergleiche dazu in den

Forrestal Diaries die Eintragung vom 13. Juli 1945: »Der erste wirkliche Beweis für den Wunsch der Japaner nach einer Beendigung des Krieges wurde heute durch eine abgefangene Nachricht Togos an Sato, den japanischen Botschafter in Moskau, erbracht. In der Mitteilung wurde Sato angewiesen, Molotow aufzusuchen, und zwar möglichst noch vor seiner Abreise zur Konferenz der ›Großen Drei‹ ..., um ihm den lebhaften Wunsch des Kaisers nach einer Beendigung des Krieges zu unterbreiten ... Togo sagte weiter, daß die vorbehaltlosen Kapitulationsbedingungen der Alliierten wohl den einzigen Weg zur Beendigung darstellten ...« Nach dem Lagebericht Nr. 4 der strategischen US-Bomberflotte »hätte Japan bestimmt noch vor dem 31. 12. 1945 kapituliert, auch wenn die beiden Atombomben nicht abgeworfen worden wären, Rußland nicht in den Krieg eingetreten und die Invasion nicht geplant worden wäre«. Schon vorher, am 28. Mai, hatte Harry Hopkins an Truman telegrafiert:

»Bis zum 8. August wird die sowjetische Armee ihre Stellungen in der Mandschurei ordnungsgemäß bezogen haben [d. h. um in das Kriegsgeschehen einzugreifen] ... Japan ist verloren und die Japaner wissen es.

Von bestimmten Kreisen in Japan werden Friedensfühler ausgestreckt, und *wir sollten uns daher unsere gemeinsame Haltung* [d. h. die der Sowjets und Amerikaner] *gut überlegen und im Hinblick auf die Kapitulation der Japaner ebenfalls gemeinsam handeln.* Stalin drückte seine Befürchtung aus, die Japaner würden versuchen, einen Keil zwischen die Alliierten zu treiben[7]«. [Hervorhebung vom Autor.] Hopkins' Rat, in der Frage der japanischen Kapitulation das Vorgehen der einzelnen Regierungen aufeinander abzustimmen, wie es unter Verbündeten üblich gewesen wäre, blieb unbeachtet. Stalins Befürchtung, die Alliierten würden sich entzweien, erwies sich als richtig, doch war der Grund dafür nicht in einer japanischen Initiative zu suchen.

Hopkins' Telegramm zufolge hatte Stalin einen Vorschlag für die Behandlung der Japaner parat. Seiner Meinung nach war es notwendig, die Einwirkungsmöglichkeiten infolge der bedingungslosen Kapitulation konsequent wahrzunehmen, d. h. den Kaiser und die Kriegsherren auszuschalten, damit sie keinen Revanchekrieg beginnen konnten. Er glaubte jedoch nicht, daß die Japaner sich einer bedingungslosen Kapitulation unterwerfen würden. Wenn daher die Japaner eine Kapitulation mit Einschränkungen anboten, sollten die Alliierten seiner Meinung nach auf diese Bedingungen eingehen und dann ihren Willen auf dem Weg über die Besatzungstreitkräfte durchsetzen. Doch Truman war an Stalins Vorschlag nicht interessiert.

Am 26. Juli, genau dreizehn Tage vor dem festgesetzten Kriegseintritt der Russen und drei Monate bevor überhaupt eine Invasion geplant war, die das Leben amerikanischer Soldaten hätte aufs Spiel setzen können, stellten Großbritannien, China und die USA den Japanern ein Ultimatum, in dem sie sie aufforderten, bedingungslos zu kapitulieren; andernfalls hätten sie die »sofortige und totale Vernichtung« zu gewärtigen. Das Ultimatum enthielt nicht die geringste Andeutung, daß gegen die Japaner eine neue Waffe von bisher unvorstellbarer Wirkung eingesetzt werden sollte.

»Die Erklärung wurde sofort zur Veröffentlichung freigegeben«, schreibt Byrnes, »und eine Kopie wurde durch Spezialkurier Mr. Molotow zugeleitet.« Molotow rief später am Abend an und bat darum, die Erklärung »für zwei oder drei Tage zurückzuhalten«. Als ihm mitgeteilt wurde, sie sei bereits veröffentlicht worden, schien er beunruhigt. Am nächsten Tag erklärte Byrnes Molotow, daß die Sowjetunion von dem Ultimatum an die Japaner deshalb nicht unterrichtet worden sei, »weil wir die Lage der Sowjetunion nicht komplizieren wollten, indem wir ihr eine Erklärung zuleiteten, die ein Land betraf, mit dem sie sich noch nicht im Kriegszustand befand«. (Die Tatsache, daß die USA mit den Russen in Jalta ein Abkommen geschlossen hatten, das den Kriegseintritt der Sowjetunion vorsah, und ferner die Tatsache, daß die Russen sich binnen dreizehn Tagen dazu bereit erklärt hatten, spielte dabei offenbar keine Rolle.) Molotow antwortete »schlicht«, daß die »Alliierten ihn hätten konsultieren sollen[8]«. Stalin hatte übrigens Truman von den japanischen Bemühungen unterrichtet, die Russen in ihrem Auftrag zu einer diplomatischen Intervention zu veranlassen und sie für die Rolle des Friedensvermittlers zu gewinnen.

Am 29. Juli rief Molotow wieder an und sagte, daß Stalin ihn beauftragt habe (mit Truman und Byrnes) »die unmittelbare Ursache des Kriegseintritts der Sowjetunion« zu erörtern. »Dies Ersuchen«, schrieb Byrnes später, »stellte für uns ein Problem dar«. »Die Sowjetunion«, erklärte Byrnes, »hatte mit den Japanern einen Nichtangriffspakt... Wir waren nicht der Meinung, daß die Regierung der USA in die Lage gebracht werden sollte, von einer anderen Regierung ohne gute und ausreichende Gründe den Bruch ihres Abkommens zu verlangen... Der Präsident war beunruhigt[8].«

Diese pedantische Besorgnis um Feinheiten der Auslegung im internationalen Recht scheint kaum glaubhaft angesichts der Tatsache, daß die US-Regierung gewillt war, 400 000 Angehörige der Zivilbevölkerung von Hiroshima und Nagasaki durch Abwurf von Atombomben zu einem Zeitpunkt auszurottten, als die japanische Regierung Friedensfühler ausstreckte. Eine deutlichere Erklärung für die Bestürzung Trumans und Byrnes'

lieferte Byrnes selber, als er freimütig schrieb: »Was mich betrifft, so muß ich offen zugeben, daß ich im Hinblick auf das, was wir über sowjetische Maßnahmen in Ostdeutschland und die Verletzung des Jalta-Abkommens in Polen, Rumänien und Bulgarien erfuhren, zufrieden gewesen wäre, wenn die Russen sich entschlossen hätten, nicht in den Krieg einzutreten[8].«
Dieses Eingeständnis wird durch ein historisches Dokument bestätigt. Am 28. Juli, dem Tag vor Molotows Telefonanruf, notierte Forrestal in seinem Tagebuch eine Unterredung mit Byrnes: »Byrnes sagte, *ihm liege sehr viel daran*, die japanische Angelegenheit erledigt zu wissen, ehe die Russen sich einmischen, besonders im Hinblick auf Dairen und Port Arthur. Säßen sie erst einmal dort, würde es seiner Meinung nach nicht leicht sein, sie wieder hinauszudrängen ...« [Hervorhebung vom Autor.] In der Retrospektive erscheint diese Äußerung durchaus wie die realistische und vorausschauende Auffassung eines nüchtern denkenden Staatsmannes, der die finsteren Absichten des russichen Imperialismus zu durchkreuzen sucht. Von nicht geringer Bedeutung ist bei der Abgabe eines solchen Urteils jedoch die Tatsache, *daß Rußland das Recht garantiert worden war*, in Dairen und Port Arthur präsent zu sein, und zwar auf Grund eines gegenseitigen Abkommens in Jalta. Dairen sollte als Handelshafen unter internationale Kontrolle gestellt werden (wobei den Russen freier Zugang garantiert wurde), während Port Arthur den Russen als Marinestützpunkt verpachtet werden sollte. In Wirklichkeit entsprach dies nicht einmal einer bescheidenen Wiederherstellung der Rechtsansprüche, die Rußland auf diese Häfen bereits besessen und im Russisch-Japanischen Krieg von 1905 verloren hatte[9].
Byrnes wollte Rußland aus dem japanischen Kriegsschauplatz also heraushalten, nicht weil die Russen die Verträge von Jalta verletzt hatten, sondern vielmehr, um den Vereinigten Staaten die Möglichkeit zu geben, das Abkommen zu ignorieren oder zumindest zu umgehen.
Zurückschauend dürfte der Wunsch, die Russen aus dem Krieg herauszuhalten, der primäre Grund für den Einsatz von Atombomben gewesen sein[10]. Nur so läßt sich die Eile erklären, mit der sie abgeworfen wurden (ohne die Wirkung des russischen Kriegseintritts abzuwarten) sowie das Fehlen eines angemessenen zeitlichen Abstandes oder eines zweiten Ultimatums zwischen beiden Abwürfen. Tatsächlich fiel die zweite Bombe am 9. August, dem Tag, an dem russische Truppen in die Mandschurei einmarschierten. Am 10. August boten die Japaner eine modifizierte, keineswegs bedingungslose Kapitulation an. Nach der Antwort der Alliierten erfolgte die Kapitulation der Japaner am 14. August.
Am 18. August, noch spürbar unter dem Eindruck der Atom-

bombe, erhob Byrnes in aller Öffentlichkeit den Vorwurf, die Wahlen in Bulgarien würden nicht demokratisch durchgeführt. Daraufhin wurden die Wahlen verschoben. Byrnes' Behauptung war es, die nach Ansicht eines guten Rußlandkenners zu der »tragischen Sackgasse in den sowjetisch-amerikanischen Beziehungen« führte[11]. Die Bedeutung des Byrnesschen Ausfalls liegt darin, daß die Russen, wiewohl sie das Abkommen von Jalta durch Manipulation der Wahlen in Bulgarien entschieden verletzten, dies nach den Klauseln eines Abkommens mit dem Westen bewußt taten, dessen Einhaltung ihnen – politisch gesehen – schon teuer zu stehen gekommen war. Es handelte sich um das bereits erwähnte Geheimabkommen über den Balkan, das im Oktober 1944 in Moskau zwischen Churchill und Stalin geschlossen worden war. Nach Churchills eigenem Bericht schlug er eine »90prozentige Mehrheit in Rumänien« für Rußland, die gleiche Mehrheit für Großbritannien in Griechenland und ein Verhältnis von 50 zu 50 für Jugoslawien vor. Dann fügte er die in den fünf Balkanländern beabsichtigte Aufteilung der Machtbereiche hinzu, wobei Ungarn zu 50 und Bulgarien zu 75 % von Rußland und zu 25 % durch die anderen Mächte kontrolliert werden sollte[12].

Am 8. März 1945 sandte Churchill an Roosevelt (der das Geheimabkommen mißbilligte) ein Telegramm, daß »Stalin an dieser Vereinbarung absolut festhalte[13]«. Was Churchill zum Ausdruck bringen wollte, war, daß Stalin zugestimmt hatte, als die britischen Streitkräfte der griechischen antifaschistischen (aber auch antimonarchistischen und kommunistisch beherrschten) Widerstandsbewegung EAM-ELAS das Rückgrat brachen, um schließlich der reaktionären Monarchie in Griechenland wieder auf den Thron zu helfen. Als Gegenleistung für seine Zusammenarbeit durfte Stalin in den Satellitenländern der Achsenmächte, Rumänien und Bulgarien, die von ihm bevorzugte Regierungsform durchsetzen. In Ungarn dagegen gestattete Stalin im Herbst 1945 freie Wahlen[14], die er jedoch verlor. In Jugoslawien versuchte Stalin tatsächlich, Tito dazu zu bewegen, König Peter aus dem Exil zurückzuholen und die Monarchie wiederzuerrichten[15].

Byrnes' Protest gegen die Abwicklung der Wahlen in Bulgarien konnte also von den Russen lediglich als ein Versuch angesehen werden, sie vor den Augen der Welt eines Bruchs der von ihnen feierlich vor aller Welt eingegangenen Verpflichtungen zu überführen. Die Sowjetunion konnte mit Erklärungen über Griechenland aufwarten, doch aus einer internationalen Debatte mit dem Westen über freie Wahlen mußten sie am Ende als Verlierer hervorgehen. Die tiefere Bedeutung der Byrnesschen Erklärung gab den Russen zu verstehen, daß der Westen an einer Zusammenarbeit mit ihnen nicht mehr interessiert und

bereit war, seine Vormachtstellung einzusetzen, um die Sowjetunion an der Schaffung einer Einflußsphäre (entsprechend früheren Abmachungen) im entscheidenden ost- und mitteleuropäischen Raum zu hindern. Am selben Tag, als die zweite Atombombe auf Nagasaki fiel, und während Washington ganz offen seinen eigenen Einflußbereich im Pazifik absteckte, erklärte Präsident Truman, daß die osteuropäischen Länder »nicht Einflußsphären irgendeiner Macht werden sollten«. Damit war das Ende der Koalition besiegelt.
Es ist aufschlußreich, sich die Gründe zu überlegen, warum die amerikanische Führung gerade diesen Zeitabschnitt (26. Juli bis 18. August) wählte, um die Koalition zu beenden. Im Sinne von Jalta, das gewöhnlich als Vorwand angeführt wird, fiel in diese Zeit wahrscheinlich der Höhepunkt des russischen ›guten Willens‹, zumindest vom Standpunkt des Westens aus. Die Russen hatten sich soeben der mühevollen Aufgabe unterzogen, ihre Truppen aus Deutschland in die Mandschurei zu verlegen, um die »zweite Front« zu eröffnen, die für die Amerikaner in Jalta eine höchst dringende Angelegenheit war. In Polen hatten sie die Zahl der Regierungsmitglieder erweitert, indem sie Mikolajczyk und anderen Polen aus dem Ausland Posten im Kabinett gaben, und der Westen hatte die neue polnische Regierung ordnungsgemäß anerkannt.
Falls also kein Schritt der Russen zu diesem Zeitpunkt einen Bruch rechtfertigte, kann die einzige Erklärung nur sein, daß die USA die Russen für gemeinsame Unternehmungen nicht mehr benötigten[16]. Der entscheidende Faktor, der zwischen dem 23. April (als Marshall und Stimson sich durch die Aussicht auf einen Bruch und durch dessen mögliche Auswirkung auf den japanischen Krieg beunruhigt fühlten) und dem 26. Juli (als das Ultimatum ohne Konsultation der Russen gestellt wurde) diese Veränderung bewirkte, konnte nur der erste erfolgreiche Atombombenversuch in Alamogordo am Tag vor der Eröffnung der Potsdamer Konferenz gewesen sein. Wie weit dieser Umschwung in der Haltung ging, läßt sich Churchills damaliger Äußerung entnehmen. »Wir standen vor einem neuen, das Leben der Menschen bestimmenden Faktor«, sagte er in bezug auf die Bombe. »Wir besaßen Kräfte, denen man keinen Widerstand entgegensetzen konnte ... unsere Zukunftsaussichten hatten sich gewandelt[17].« Der Beweis, der die obenerwähnte Auslegung der Ereignisse bestätigt, wurde von Byrnes im Lauf einer Fernsehdokumentarsendung geliefert, die am 5. Januar 1965 unter dem Titel *The Decision to Drop the Bomb* [Die Entscheidung, die Bombe abzuwerfen] ausgestrahlt wurde. Der Presseagentur Reuter zufolge ... »sagte Mr. James Byrnes, der damalige Außenminister, daß Präsident Truman sich in einer schwierigen Lage befunden und einfach nicht

gewußt habe, wieviel Information er nach dem ersten erfolgreichen Atombombenversuch der USA Stalin zukommen lassen sollte ... Mr. Byrnes sagte, er und der Präsident hätten beschlossen, Einzelheiten über die Bombe Stalin vorzuenthalten, weil sie die Russen nicht zum Eintritt in den Krieg gegen Japan ermutigen wollten. Hinsichtlich der damaligen Behandlung des sowjetischen Verbündeten erwog Mr. Byrnes ferner, ob man im frühen Stadium der Kernwaffenentwicklung mit den Russen zusammenarbeiten sollte »oder ob wir versuchen sollten, sie bei dem Wettrennen ›abzuhängen‹«. Arneson zufolge, der damals Protokollsekretär des Ausschusses war, in dem streng geheime Beschlüsse über den Einsatz der Atombombe gefaßt wurden, »entschied er sich gegen eine Zusammenarbeit«.

Am 11. September trat in London der Außenministerrat zusammen, der »in keinem Punkt eine Einigung erzielte«. Nach den Worten von Sumner Welles bezog Außenminister Byrnes »eine starre, unversöhnliche Haltung«. Seine politische Linie der Unnachgiebigkeit wurde von einem anderen Mitglied der Delegation, John Foster Dulles, unterstützt, den man auf Vorschlag Senator Vandenbergs eingeladen hatte[18]. Das Ergebnis war, wie Welles es ausdrückte, »eine der katastrophalsten internationalen Konferenzen der Neuzeit[19]«. Nach dem Scheitern der Londoner Außenministerratskonferenz verkündete Truman, die Großen Drei würden nicht mehr zusammentreffen.

Die Außenminister sollten jedoch noch alle drei Monate zusammenkommen. Als Byrnes ein zweites Treffen vorschlug, waren die Russen einverstanden, und im Dezember reiste er nach Moskau. Durch drei Privatgespräche mit Stalin unterstützt, erreichte er wesentliche Vereinbarungen über eine Reihe wichtiger Fragen und bewies damit, daß sogar nicht befreundete Mächte verhandeln konnten. Die erzielten Abkommen betrafen unter anderem die Liberalisierung der politischen Verhältnisse in Bulgarien und Rumänien (die Russen akzeptierten den entsprechenden Vorschlag der USA ohne Einschränkung[20]) sowie Friedensvertragsentwürfe für die ehemaligen deutschen Satellitenstaaten. Diese Vertragsentwürfe wurden ohne wesentliche Änderungen von 21 Nationen auf der Friedenskonferenz ratifiziert, die im Oktober des folgenden Jahres beendet wurde.

Nach seiner Rückkehr in die USA mußte Byrnes jedoch feststellen, daß ein Teil der Presse die Moskauer Abmachungen als »Beschwichtigungsmanöver« bezeichnet hatte. Darüber hinaus war der Präsident verärgert. Auch Senator Vandenberg war verärgert und äußerte die Befürchtung, Byrnes habe der Preisgabe von Atomenergiegeheimnissen zugestimmt, ohne daß die Gegenseite ihr Einverständnis mit Inspektionen und Kontrollen zugesichert habe. Trumans Zorn kostete Byrnes schließlich seine Stellung. In einem Memorandum an Byrnes beklagte sich der Präsident darüber, daß Byrnes ihn während der Moskauer Gespräche nicht hinreichend auf dem laufenden gehalten und nicht gegen das russische Vorgehen im Iran protestiert habe. Dann schrieb er:

»Meines Erachtens besteht nicht der geringste Zweifel, daß Rußland eine Invasion der Türkei und die Inbesitznahme der Straße vom Schwarzen Meer zum Mittelmeer beabsichtigt. Wenn man Rußland nicht mit eiserner Faust und unmißverständlicher Sprache gegenübertritt, wird es zu einem weiteren Krieg kommen. Die Russen verstehen nur eine Sprache – ›wieviele Divisionen habt ihr?‹

Nach meinem Dafürhalten sollten wir uns nicht mehr mit Kompromissen abgeben. Wir müssen uns so lange weigern, Rumänien und Bulgarien anzuerkennen, bis sie sich unseren Forderungen fügen; wir müssen unsere Haltung in der Iranfrage eindeutig formulieren, wir müssen weiterhin darauf bestehen, daß der Nord-Ostsee-Kanal, der Rhein-Donau-Schiffahrtsweg und die Schwarzmeerenge unter internationale Kontrolle gestellt werden, und wir müssen die unumschränkte Kontrolle über Japan und den Pazifik aufrechterhalten ...

... wir müssen auf die Rückkehr unserer Schiffe aus Rußland bestehen und eine Begleichung der aus den Pacht- und Leihlieferungen erwachsenen Schulden Rußlands erzwingen.

Ich habe es satt, die Sowjets zu verhätscheln[21].« (Übrigens läßt sich Trumans Anwendung des Wortes »verhätscheln« in bezug auf die Sowjets besser verstehen, wenn man sie neben seine Erklärung vom Juli 1941 setzt, als die Nazi-Wehrmacht in Rußland einmarschierte: »Wenn wir sehen, daß Deutschland den Krieg gewinnt, sollten wir Rußland helfen, und wenn Rußland gewinnt, sollten wir Deutschland helfen und die Deutschen auf diese Weise so viele wie möglich umbringen lassen ...« [New York Times vom 24. Juli 1941]). Trumans Memorandum an Byrnes stellte nicht nur eine Zurechtweisung seines Außenministers dar, sondern, wie es der Präsident selber ausdrückte, »den Ausgangspunkt der amerikanischen Politik[21]«.

Das Memorandum datierte vom 5. Januar 1946. Anderthalb Monate später traf ein 8000 Wörter zählendes Telegramm von der amerikanischen Botschaft in Moskau ein. Die Depesche, die von einem Gelehrten und Diplomaten abgefaßt worden war, stellte ein perfektes moralisches Mäntelchen für die bereits eingeschlagene Politik des »harten Kurses« dar. Der Diplomat, George Frost Kennan, wurde nach Washington beordert.

Kennans Telegramm war besonders beim Marineminister Forrestal auf wärmste Befürwortung gestoßen. »Es war genau das, wonach Forrestal überall in Regierungskreisen vergeblich gesucht hatte«, schreibt Walter Millis, der Herausgeber der Forrestal-Tagebücher, und die sich aus dem Telegramm ergebenden

Schlußfolgerungen, wie man mit den Sowjets zu verfahren habe, »stimmten sehr genau mit denen überein, die Forrestal sich schon selber zurechtgelegt hatte«. Die Art der Forrestalschen Schlußfolgerungen wird in einer Anmerkung zur vorerwähnten Tagebucheintragung durch den Herausgeber Millis betont: »Von diesem Zeitpunkt an hatte er, wie eindeutig feststeht, immer stärker das Gefühl, daß die Politik nicht mehr auf der Voraussetzung beruhen konnte, eine Lösung des russischen Problems sei auf friedlichem Wege möglich.« »Für jeden aufmerksamen Beobachter«, schreibt Millis,

»mußte [Kennans] Analyse, falls sie angenommen wurde, alle Hoffnungen auf die Herstellung üblicher oder ›normaler‹ internationaler Beziehungen zu dieser finsteren, von den Gespenstern der russischen Vergangenheit wie von einem Alp gequälten Diktatur begraben; die Idee von der Schlichtung aller Kontroversen durch Zugeständnisse, durch Begegnungen der ›Staatsoberhäupter‹ oder durch ähnliche Formen eines vernünftigen Meinungsaustausches um einen friedvollen Konferenztisch – eine Idee, die sich in der Öffentlichkeit noch lange halten sollte – wurde durch Kennans Analyse ad absurdum geführt[22].«

Kennan lieferte also wie gesagt das moralische Mäntelchen und die schönen Phrasen für die Eindämmungspolitik gegenüber der Sowjetunion; bei seiner Ankunft in Washington lief die Durchführung des Programms bereits auf vollen Touren. Am 28. Februar 1946 bat Marineminister Forrestal den Außenminister um die Erlaubnis, eine Einsatzflottille ins Mittelmeer zu entsenden, »um den türkischen Widerstand gegen das schleichende Vordringen des sowjetischen Machtbereichs zu stärken[23]«. Bis zum Juli war der amerikanische Propagandafeldzug so weit gediehen, daß Wallace in einer am 23. Juli 1946 gemachten privaten Eingabe an den Präsidenten schreiben konnte:

»Wie stehen eigentlich andere Völker zu den Maßnahmen, die die USA seit dem Sieg über die Japaner ergriffen haben? Unter Maßnahmen verstehe ich konkrete Dinge wie die 13 Milliarden Dollar für das Kriegs- und Marineministerium, die Atombombenversuche auf dem Bikini-Atoll, die Fortsetzung der Atombombenproduktion, den Plan, die lateinamerikanischen Länder mit unseren Waffen auszurüsten, die Produktion von Bombern des Typs B-29 und die geplante Produktion von Bombenflugzeugen des Typs B-36 sowie das fieberhafte Bemühen, um den halben Erdball Luftstützpunkte zu errichten, von denen aus dann die andere Hälfte der Erde bombardiert werden kann. Ich vermag mich des Gefühls nicht zu erwehren, daß solche Schritte der USA in den Augen der übrigen Welt zwangsläufig den Eindruck hervorrufen müssen, als würden wir uns am Konferenztisch nur äußerlich zum Frieden bekennen.

Diese Tatsachen erwecken eher den Anschein, daß wir uns entweder (1) darauf vorbereiten, den Krieg zu gewinnen, den wir für unvermeidlich halten oder (2) daß wir versuchen, unsere Vormachtstellung auszubauen, um die übrige Menschheit abzuschrecken. Wie würde es uns vorkommen, wenn Rußland die Atombombe besäße und nicht wir, wenn Rußland über Bomber mit einem Aktionsradius von 10 000 Meilen sowie über Luftstützpunkte verfügte, die nicht mehr als 1000 Meilen von unseren Küsten entfernt sind, und nicht wir? . . .[24].«

Als Wallace diese Fragen im folgenden September in der Öffentlichkeit stellte, verlangte Truman seinen Rücktritt. Später schrieb Truman, Wallace habe zwar auf einer Änderung der US-Außenpolitik bestanden, um plausible Gründe der Russen für ihre Furcht und ihr Mißtrauen zu zerstreuen, habe jedoch »keine qualifizierten Vorschläge gemacht, wie dies geschehen solle, ohne sich den Russen in jeder Beziehung auszuliefern[25]«.

In einem früheren Memorandum, das Wallace dem Präsidenten im März zur Kenntnis gebracht hatte, war freilich von einem bestimmten Vorschlag die Rede, der offenbar ohne eine Preisgabe von Prinzipien zugunsten der Sowjets auskam. Zunächst spürte Wallace eine Hauptursache für die Schwierigkeiten im Umgang mit den Sowjets auf. »Wir wissen«, schrieb er,

»daß das Verhalten der Sowjetunion in letzter Zeit, das wir mit großer Sorge beobachten, die Folge der katastrophalen wirtschaftlichen Notlage Rußlands und seines gestörten Gefühls für Sicherheit ist. Die Ereignisse der letzten Monate haben die Russen auf ihre vor 1939 gehegten Befürchtungen einer ›kapitalistischen Einkreisung‹ und auf ihre irrige Annahme zurückgeworfen, daß die westliche Welt einschließlich der USA als ständiger und einstimmiger Feind anzusehen sei.«

Angesichts dieser Situation machte Wallace diesen Vorschlag:

»Ich glaube, wir können die Sowjets eines Besseren belehren und ihr Vertrauen in unsere ehrlichen Friedensbemühungen am besten dadurch stärken, daß wir ihnen beweisen, wie sehr uns daran gelegen ist, mit ihnen Handel zu treiben und unsere wirtschaftlichen Beziehungen zu festigen. Dazu ist es notwendig, mit den Russen Gespräche in verständnisvoller Atmosphäre zu führen und dabei einerseits ihre schwierige Situation nicht zu verkennen, andererseits aber mit allem Nachdruck auf ihre mangelnde realistische Einstellung bei vielen ihrer Vermutungen und Schlußfolgerungen hinzuweisen, die einer friedlichen Zusammenarbeit im Wege stehen[25].« [Hervorhebung vom Autor.]

Trumans Reaktion auf diese Initiative läßt sich am besten mit seinen eigenen Worten wiedergeben: »Ich nahm von diesem Wallace-Brief keine Notiz[5].«

»Ich hatte meine politische Linie in einem Gespräch mit Bedell Smith [dem neuen US-Botschafter in Rußland] zum Ausdruck gebracht«, fuhr Truman fort, »und hatte die Haltung angedeutet, die er gegenüber dem Kreml einnehmen sollte.« Trumans Haltung war von ihm selber aber schon zwei Monate früher in dem Memorandum an Byrnes umrissen worden (»Wenn man Rußland nicht mit eiserner Faust und unmißverständlicher Sprache gegenübertritt, wird es zu einem weiteren Krieg kommen ... Nach meinem Dafürhalten sollten wir uns nicht mehr mit Kompromissen abgeben«). Obwohl diese Politik mehr oder weniger bereits seit dem 23. April 1945 und durchweg seit dem 18. August praktiziert worden war, wurde sie der Öffentlichkeit erst neun Tage vor dem ersten Wallace-Memorandum, d. h. am 5. März 1946 in Fulton (Missouri) bekanntgegeben. Dort war Truman allerdings nur Zuhörer, während Winston Churchill seine berühmten Worte intonierte (»Von Stettin an der Ostsee bis Triest an der Adria hat sich ein eiserner Vorhang* über den Kontinent herabgesenkt«) und zu einer Allianz aller englischsprechenden Völker aufrief, die durch gemeinsame Anstrengungen und mit Hilfe ihrer Flotten- und Luftstützpunkte »in der ganzen Welt« den Völkern auf dieser Seite des Vorhangs »eine überwältigende Sicherheitsgarantie« bieten könnten. Die russischen Maßnahmen seit dem Krieg hatten die Öffentlichkeit so wenig auf diese Meinung vorbereitet, daß man auf beiden Seiten des Atlantiks gegen sie laut Stellung bezog. In Amerika war die Reaktion so heftig, daß Truman – entgegen der Wahrheit – den Vorwurf, er habe den Inhalt der Rede Sir Winstons gekannt, dementieren mußte[26].

4. *Bürgerkrieg in Griechenland*

Um die Ereignisse des Jahres 1947 zu verstehen, das sich als der entscheidende Wendepunkt der Nachkriegszeit erwies, muß man sie vor dem Hintergrund des Bürgerkrieges in Griechenland betrachten. Dieser Bürgerkrieg war es nämlich, der Truman die Gelegenheit bot, zu erklären, daß die Welt in zwei alternative »ways of life« aufgeteilt sei, und einen Kreuzzug gegen die unamerikanische Lebensart zu proklamieren.
Als der zweite Weltkrieg 1944 in Griechenland zu Ende gegan-

* Der Ausdruck ›eiserner Vorhang‹ stammt aus einer Rede von Goebbels, in der er die Abmachungen von Jalta verurteilte. Das Zugeständnis, die Russen Ost- und Südosteuropa besetzen zu lassen, würde dazu führen, daß sich, wie er sagte, ein »eiserner Vorhang« über diese Gebiete herabsenkt. »Hinter diesem Vorhang würde dann eine Massenabschlachtung von Völkern beginnen, wahrscheinlich unter dem Beifall der Judenpresse in New York« (23. Februar 1945. John Lukacs, *Decline and Rise of Europe* [Niedergang und Aufstieg Europas], 1955, S. 47).

gen war, hatte die EAM oder die Nationale Befreiungsfront fast das ganze Land unter Kontrolle. Ein anerkannter Fachmann auf diesem Gebiet schreibt darüber:
»Bis zum Zeitpunkt der Befreiung zählte die EAM unter mehr als sieben Millionen Einwohnern etwa zwei Millionen Mitglieder. Sie waren sowohl in ihrer Organisation als auch in ihrer Begeisterungsfähigkeit allen rivalisierenden Gruppen weit überlegen und hatten allen Grund zu der Annahme, daß sie nach Vernichtung der Deutschen die uneingeschränkte Macht würden übernehmen können. Es schien nichts und niemanden zu geben, dem eine Erhebung gegen die EAM auch nur die geringste Aussicht auf Erfolg gelassen hätte[1].«
Unter den EAM-Führern gab es viele Liberale und Sozialdemokraten, doch waren die Kommunisten eindeutig in der Mehrzahl. Hätte man die Frage nach der höchsten Macht in Griechenland dieser Organisation und der zurückkehrenden (von monarchistischen Offizieren kontrollierten) griechischen Armee zur Entscheidung überlassen, wäre die EAM aus diesem Kampf als Sieger hervorgegangen. Doch sollte dieser Sieg der EAM nicht zuteil werden. Denn gegen sie standen nicht nur die Monarchisten, denen man das Vertrauen entzogen hatte, sondern auch die britischen Streitkräfte. »Die entscheidende Rolle im folgenden Kampf um die Macht spielte die britische Armee, die nach dem Rückzug der Deutschen in das Land einmarschierte.« (Man vergleiche das zitierte Werk von Smith, S. 232–234, auch Hugh Seton-Watson, *The Pattern of Communist Revolution,* 1960. »Dies war eine Niederlage für die griechischen Kommunisten, die nicht auf innergriechische Machtverhältnisse, sondern auf die Intervention der Engländer zurückzuführen war; ohne das Eingreifen britischer Streitkräfte wäre Griechenland unter das gleiche Regime wie Jugoslawien geraten« [S. 217].) Die EAM war 1944 in das Kabinett einer Regierung der Nationalen Einheit eingezogen und trat erst zurück (am 2. Dezember), als der britische kommandierende General (Scobie) den Befehl erließ, sämtliche Widerstandsbewegungen und vor allem die größte von ihnen, die EAM, zu entwaffnen. Am 4. Dezember eröffnete die Polizei das Feuer auf eine genehmigte öffentliche Demonstration von Anhängern der EAM, an der »vorwiegend Frauen und Kinder teilnahmen«, wobei einige Demonstranten getötet wurden. Dieser Vorgang löste den Bürgerkrieg aus[2]. Verstärkt durch zwei Divisionen aus Nordafrika, eröffneten die Engländer eine Großoffensive unter Einsatz von Panzern und Flugzeugen, und am 12. Februar 1945 kapitulierten die geschlagenen Griechen.
»Wie gern möchte man den Engländern edle Gesinnung bescheinigen und behaupten können, sie hätten versucht, die vorhandenen gemäßigten und demokratischen Kräfte zu unterstüt-

zen, um einen Kompromiß zu schließen und eine Grundlage zur Errichtung der Demokratie zu schaffen. Leider gibt es für eine solche Behauptung wenig Beweise, so daß man zwangsläufig zu dem Schluß gelangt, daß die Engländer entschlossen waren, die EAM zu zerbrechen und der verrufenen Monarchie sowie ihren auf Rache sinnenden reaktionären Anhängern zur Macht zu verhelfen[3].«
Durch die Kämpfe kopflos geworden, hatte Ministerpräsident Papandreou jedem Freiwilligen die Reihen der Nationalgarde geöffnet. »Sämtliche früheren Angehörigen der nazistischen ›Sicherheitsbataillone‹ traten geschlossen ein ...« Eine britische Militärkommission stellte königstreue Offiziere an die Spitze der griechischen Armee, bei deren Wiederaufbau sie mithelfen sollten, während eine andere, mit der Neubildung der griechischen Polizei betraute Kommission bei der Durchführung dieser Aufgabe scheiterte, so daß »sich die Polizei größtenteils aus denselben Polizisten rekrutierte, die bereits unter den Nazis ihren Dienst versehen hatten«. Nach Ausschaltung der linksgerichteten Kräfte schickten die Engländer durch das ganze Land Truppeneinheiten, in deren Gefolge die Nazi-Schergen der Nationalgarde auftauchten, um das Land zu »befrieden«. »Tausende junger Leute flohen in die Berge; andere flohen nach Jugoslawien und baten dort um Asyl. Die Reaktion des Auslands auf die Exzesse des konservativen rechten Flügels schlug solche Wogen, daß Premierminister Attlee sich genötigt sah, öffentlich Protest zu erheben[4].«
Nachdem das Land auf diese Weise befriedet war, wurden am 31. März 1946 gegen die Einwände von Ministerpräsident Sophoulis und trotz eines Boykotts durch die Linken Wahlen abgehalten. Die Monarchisten gewannen (obwohl nur 49 % der registrierten Wähler ihre Stimme abgegeben hatten), und sieben Monate später brachte ein Volksentscheid König Georg wieder auf den Thron, wodurch das Wiederaufflammen des Bürgerkriegs »unvermeidlich« wurde.
Der Boden, auf dem dieser Bürgerkrieg festen Fuß fassen und sich ausbreiten konnte, war das unglaubliche soziale und wirtschaftliche Elend des griechischen Volkes und die Unfähigkeit der monarchistischen Herrscher, Maßnahmen zur Linderung der Not zu ergreifen. Das Programm, das der neu gewählte Ministerpräsident Tsaldaris verkündete, »legte das Schwergewicht auf die Wiedereinsetzung des Königs. Alles andere war, gemessen an dieser Aufgabe, zweitrangig. In der Außenpolitik versprach er, Anstrengungen zu unternehmen, um von Albanien und Bulgarien neue Gebiete für Griechenland zu annektieren. Über die wirtschaftliche Wiedergesundung des Landes ging er leichtfertig hinweg ...[5]«
In den ersten drei Nachkriegsjahren sandten die Engländer Lie-

ferungen im Werte von 760 Millionen Pfund Sterling nach Griechenland, doch »wurde auch nicht ein Stein auf den anderen geschichtet, um die furchtbaren Kriegsschäden zu beseitigen«. Während »75 % aller griechischen Kinder an Unterernährung litten«, wälzten die von den Engländern eingesetzten Regierungen »alle steuerlichen Belastungen auf die Armen« ab; eine Regierung verkaufte die griechischen Goldreserven an private Käufer – 500 000 Goldsovereigns pro Monat – und entblößte damit das griechische Kapital um riesige Summen. »Nach Schätzungen der UNRRA verließen damals mehr Vermögenswerte das Land, als die UNRRA einführte, um das griechische Volk vor dem Verhungern zu retten[6].«
»Die Hälfte aller Ausgaben der Tsaldaris-Regierung diente der Stärkung der Armee und der Polizei, lediglich sechs Prozent wurden für den Wiederaufbau verwendet[7].« Typisch für die Methoden dieser Regierung war ihre Behandlung der Gewerkschaften:
»... Bei Kriegsende wurden in ganz Griechenland unter den wachsamen Blicken britischer Gewerkschaftsführer Gewerkschaftswahlen abgehalten. Die Linken mit den Kommunisten an der Spitze siegten. Nach ihrer Machtübernahme beseitigte die royalistische Regierung die gesamte rechtmäßig gewählte Verwaltung und setzte einen Beauftragten für den griechischen Gewerkschaftsbund mit sechzehn ausgesuchten Leuten der Rechten zur Beherrschung der fünf Linken ein sowie Fotios Makris als Vorsitzenden, einen Gewerkschaftsfunktionär aus der Zeit der Quisling-Regierung unter deutscher Besatzung. Die fünf linksgerichteten Vorstandsmitglieder stellten ihr Amt zur Verfügung. Mit einer derart geschwächten Gewerkschaftsorganisation war die Lage der Arbeiterklasse äußerst schlecht ... Es gibt in neuerer Zeit wenige Parallelen zu einer derart schlechten Regierung[8].«
Dies war das Griechenland, das Truman dem Kongreß in seiner ›Doktrin‹-Rede im März 1947 als eines der »freien Völker« beschrieb, »deren Unterstützung in die Politik der USA mit einbezogen werden muß.« »Griechenland und die Türkei«, schrieb er später, »waren damals noch freie Länder, die durch Drohungen der Kommunisten von innen und von außen herausgefordert wurden.« (Daß die Rebellen vom Ausland unterstützt wurden, war natürlich eine »unbestreitbare Tatsache«. Jugoslawien und Bulgarien boten ihnen die Versorgung und die Sicherheit ihres Territoriums an »für den Fall, daß sie durch eine Offensive der griechischen Regierung in Bedrängnis geraten sollten«. Diese Unterstützung war im Vergleich zu der von den Engländern den Rechten gewährten Hilfe wesentlich geringer. Außerdem wurden die Aufständischen durch weite Kreise des Volkes untertützt. Als der griechische Kommunist Vafiades,

der später als »Titoist« aus der Partei ausgeschlossen wurde, im Herbst 1946 seinen Aufstand begann, hatte er nach Schätzungen von *Time* etwa 2500 Mann zur Verfügung. 1948 verfügte die ELAS, der militärische Arm der EAM, über eine Truppenstärke von schätzungsweise 25 000 Mann, d. h. über das Zehnfache der ursprünglichen Zahl, obwohl die griechische Regierung behauptete, daß ein Mehrfaches dieser Zahl entweder getötet oder gefangengenommen worden sei [Smith, S. 236–237].) »Diese freien Völker standen jetzt in tapferem Kampf, um ihre Freiheit zu verteidigen und sich ihre Unabhängigkeit zu bewahren[9].«

Erst vor diesem Hintergrund wird es möglich, die entscheidenden Ereignisse der Jahre 1946/47, in deren Mittelpunkt die Verkündung der Truman-Doktrin und die Spaltung der Welt in zwei feindliche Lager standen, richtig zu beurteilen.

5. *Offener Konflikt*

Im Herbst 1946 hatte es vielversprechende Anzeichen dafür gegeben, daß der wachsende Bruch zwischen Ost und West noch geheilt werden könnte. Die Friedensverträge mit den ehemaligen Nazi-Satellitenstaaten (Italien, Bulgarien, Finnland, Ungarn und Rumänien) waren abgeschlossen und unterzeichnet, und für ein paar Wochen lag wirklich eine »Friedensstimmung« in der Luft. Die USA hatten einen unerquicklichen Streitfall dadurch beigelegt, daß sie sechshundert Donauschleppkähne und Dampfschiffe, die in Deutschland mit Beschlag belegt worden waren, ihren Besitzern – verschiedenen Donaureedereien – zurückgaben, während bulgarische und rumänische Regierungsbeamte in Reden die Freundschaft und das Geld der Amerikaner begrüßten und die USA und die Tschechoslowakei ihr erst kürzlich noch gespanntes Verhältnis zueinander ins reine brachten. »Endlich geht die Sonne des Friedens auf«, ließ sich der britische Außenminister Bevin in New York vernehmen[1].

Dann brach in den letzten Januartagen des Jahres 1947 über England der schlimmste Schneesturm seit 1894 herein, der das Land völlig lahmlegte. Innerhalb von vier Monaten wurde der Welt anschaulich vor Augen geführt, daß da, wo einmal der Thron des mächtigen britischen Weltreichs gestanden hatte, jetzt der bloße Schemen einer Macht übriggeblieben war, deren finanzieller Ruin es ihr nicht einmal mehr ermöglichte, die zur Durchsetzung ihres Willens erforderlichen Werkzeuge, nämlich die Armee und die Flotte, zu unterhalten (Für eine kurze Zeit gegen Ende des Jahres 1947 betrug die aktive Gesamtstärke der Marine sage und schreibe 1 Kreuzer und 4 Zerstörer.

[Smith, S. 28]). Daher wurden Indien, Burma und Palästina aus britischer Oberherrschaft entlassen (und Palästina unter die Verwaltung der UNO gestellt); Südafrika, Guatemala, Argentinien, der Irak und Ägypten durften ungestraft die Überreste britischer Macht herausfordern.

Diese Krise veranlaßte Großbritannien, die USA am 24. Februar davon in Kenntnis zu setzen, daß es seine Truppen in Griechenland nicht mehr bezahlen und die Hilfslieferungen für die Türkei nicht mehr fortsetzen könne. Am 12. März 1947 verkündete Truman die Truman-Doktrin und versuchte, vom Kongreß militärische und wirtschaftliche Hilfe für die beiden Länder zu erhalten, insbesondere für Griechenland, wo noch immer der Bürgerkrieg tobte. Anstatt jedoch vorzuschlagen, bei der Lösung der wirklichen sozialen und wirtschaftlichen Krise Griechenlands mitzuhelfen, benutzte Präsident Truman die Gelegenheit des Abzugs der britischen Truppen dazu, einen ideologischen Kreuzzug gegen totalitäre Regimes zu unternehmen. Truman erklärte, jedes Volk stehe vor der Wahl, sich für die eine von zwei ›Lebensarten‹ zu entscheiden.

»Die eine Art zu leben gründet sich auf den Willen der Mehrheit und zeichnet sich durch freie Institutionen, eine repräsentative Regierungsform, freie Wahlen und durch garantierte Freiheit der Person, der Rede und des religiösen Bekenntnisses sowie durch Freiheit von politischem Zwang aus.

Die zweite Art zu leben basiert auf dem Willen einer kleinen Minderheit, der der Mehrheit gewaltsam aufgezwungen wird. Sie beruht auf Terror und Unterdrückung, einem kontrollierten Presse- und Rundfunkwesen, vorher festgelegten Wahlergebnissen und auf der Unterdrückung persönlicher Freiheiten ...«

Theoretisch betrachtet, ist der hierin ausgedrückte Wertekonflikt einer der entscheidendsten Konflikte, denen sich der Politiker gegenübersieht. Im Zusammenhang mit der Welt des Jahres 1947 gesehen, war Trumans Feststellung eine bewußt forcierte Vereinfachung einer sehr komplexen Reihe von Wahlmöglichkeiten in einem sehr komplexen Weltsystem. Im Zusammenhang mit der besonderen Situation in Griechenland (aber auch in der Türkei mit ihrer ebenfalls diktatorischen Staatsform) konnte von Trumans Antithese bestenfalls behauptet werden, daß sie belanglos war. Griechenland unter Tsaldaris war ganz offensichtlich ein totalitäres Regime, und die wirtschaftlichen und militärischen Hilfsmaßnahmen der USA galten eindeutig der Unterstützung totalitärer Kräfte. Der andere Punkt in Trumans Rede – die Sorge um die Unabhängigkeit Griechenlands – kann wohl kaum zu der Entscheidung passen, zwecks Umgehung der Vereinten Nationen die Hilfe beiden Seiten zu gewähren. Was die Folgerung betrifft, daß der Bürgerkrieg in Griechenland einen Teil von Stalins gewissenlosem Expansionsprogramm darstelle, so liegt der Beweis klar auf der Hand, daß Stalin, wie z. B. in Jugoslawien, alle Anstrengungen machte, den Versuch der griechischen Linken, als erste die Macht zu ergreifen, zu verhindern, und ihr dann nach entbranntem Machtkampf jede Unterstützung versagte. (Vgl. L. S. Stavrianos, *The Balkans Since 1453*, 1961, S. 825)

Diese allgemein festgestellte Lücke zwischen Trumans Schönfärberei und der konkreten Wirklichkeit überraschte kaum, da Truman sich mit der Doktrin schon lange, bevor sie verkündet wurde, intensiv beschäftigt hatte. Schon auf der Londoner Außenministerkonferenz hatte er beschlossen, das Vorhandensein einer weltweiten Spaltung in zwei Lager und die Entschlossenheit der USA zu verkünden, gegen eines dieser Lager einen Kreuzzug zu führen. »Er entschloß sich damals, bei passender Gelegenheit, die der Kongreß und das Volk als solche erkennen würden, die neue Doktrin verkünden«, schrieb Arthur Krock, der gutunterrichtete Washingtoner Leitartikler der *New York Times*[2]. »Verschiedene Male glaubte er, die Zeit sei gekommen, doch jedesmal konnten einige seiner einflußreichen Berater ihn davon abbringen.« Als die Engländer die USA von ihrem Rückzug aus Griechenland informierten, entstand eine Situation, die Truman für seinen »lange gehegten Entschluß« geeignet hielt; Clark Clifford wurde mit der Ausarbeitung einer »globalen antikommunistischen Politik« beauftragt[3].

So entstand das vielleicht wichtigste Dokument der amerikanischen Offensive für den Kalten Krieg: eine Ideologie, die zu ihrer Bestätigung auf eine Reihe von Tatsachen wartete (übrigens, wie es sich traf, auf die falschen Tatsachen). Es nimmt kaum wunder, daß der wissenschaftlich gebildete Kennan über diese Version der Eindämmung des Kommunismus bestürzt war.

Die Rede, in der Truman seine Doktrin verkündete, hatte unmittelbare und tiefgreifende Auswirkungen. Am 10. März waren auf der Moskauer Außenministerkonferenz Verhandlungen über die beide Großmächte berührenden Hauptprobleme eröffnet worden. Nach W. W. Rostow, der Leiter des Politischen Planungsstabes im State Department unter der Kennedy- und Johnson-Regierung und von 1947 bis 1949 Sonderbeauftragter beim Exekutivrat der Europäischen Wirtschaftskommission war, stellte das Scheitern dieser Konferenz den irreversiblen Wendepunkt in den Nachkriegsbeziehungen zur Sowjetunion dar. Rostow schrieb:

»Die USA setzte sich mit einer Reihe klarer, detaillierter Verhandlungspositionen an den Moskauer Verhandlungstisch, um festzustellen, ob die sowjetischen Absichten mit den amerikanischen Interessen in den Fragen der Einheit und Abrüstung

Deutschlands sowie der Beendigung der Besetzung Österreichs in Einklang zu bringen waren[4].«

Die US-Delegation war geneigt, »bis zum Äußersten zu gehen, um den berechtigten russischen Sicherheitsinteressen in der Struktur Deutschlands und Europas entgegenzukommen«, und handelte »in reiflicher Erkenntnis der Folgen eines Scheiterns ihrer Mission in Moskau: ein geteiltes Deutschland in Europa, dessen Wiedervereinigung sich durch den Nebel einer gefährlichen und spannungsgeladenen Zukunft nur verschwommen, wenn überhaupt abzeichnete«.

Hier nun war die entscheidende Wende der Nachkriegszeit erreicht: das Bemühen der USA, alle Anstrengungen zu unternehmen, um im Geiste der Verständigung ein Übereinkommen mit den Sowjets zu erzielen. Jetzt ließ sich, wenn überhaupt jemals, die »Spaltung« noch verhindern. Doch leider »war die von den sowjetischen Verhandlungsführern eingenommene Haltung völlig eindeutig: Stalin weigerte sich, einer endgültigen Lösung in Europa auch nur einen Schritt näher zu rücken«. Als die Amerikaner ihre sorgfältig geplanten Schritte zur Verhinderung des Kalten Krieges auf diese Weise vereitelt sahen, »kehrten sie aus Moskau mit der festen Entschlossenheit zurück, daß die USA nie wieder von einer Position der Schwäche aus verhandeln sollten«. Berichte über die katastrophale Wirtschaftslage Europas in Verbindung mit »den aus der Moskauer Konferenz gezogenen Schlußfolgerungen im Hinblick auf Stalins Haltung und Absichten gaben die politische Bühne für die Inszenierung des Marshallplans frei[4]«. »Am 29. April, dem Tag nach seinem Bericht über das Scheitern der Moskauer Konferenz, wies Marshall den Politischen Planungsstab an, einen allgemeinen Plan für amerikanische Hilfsmaßnahmen für den Wiederaufbau *West*europas auszuarbeiten.« [Hervorhebung vom Autor] (W. W. Rostow, *The United States in the World Arena*, 1960, S. 209–210)

Damals wurde der Marshallplan als eine »Gegenoffensive« (Ausdruck Rostows) gegen die Maßnahmen der Sowjetunion in Osteuropa und als eine Reaktion auf Stalins bei der Moskauer Konferenz protokollarisch festgehaltenen Entschluß konzipiert, alle Gesten einer Verständigungsbereitschaft zur Lösung des Problems der Spaltung Europas zurückzuweisen. In Übereinstimmung mit dieser parteilichen Konzeption umging der Marshallplan die Wirtschaftskommission der UNO für Europa, der alle europäischen Staaten angehörten und die ihren Mitgliedern kein Vetorecht einräumte:

»... es bestand sogar eine Organisation, die sich der europäischen Zusammenarbeit auf wirtschaftlichem Gebiet widmete – die Wirtschaftskommission für Europa ... Die WKE war jedoch eine Organisation der Vereinten Nationen und zählte die

Sowjetunion und andere osteuropäische Länder zu ihren Mitgliedern. Schon das Vorhandensein dieser Organisation warf ein grundlegendes Problem auf. Sollte man darauf hin arbeiten, ganz Europa in einem neuen Wiederaufbauunternehmen zu erfassen, oder sollte man die Lektion der Moskauer Konferenz als Hinweis auslegen, daß die einzige realistische Alternative für den Westen darin bestand, sich mit der Spaltung abzufinden und das noch außerhalb von Stalins Machtbereich befindliche Gebiet zu stärken[4]?« [Hervorhebung vom Autor.]
Man entschloß sich natürlich, »die Spaltung zu akzeptieren« und womöglich noch zu vertiefen. In einer am 8. Mai gehaltenen Rede, die Truman als »Auftakt zum Marshallplan« bezeichnete, erläuterte Dean Acheson die Weltanschauung, auf der der Plan basierte, und seine Übereinstimmung mit den Nachkriegsprogrammen der USA: »Diese Hilfs- und Wiederaufbaumaßnahmen wurden nur zum Teil aus humanitären Gründen erwogen. Die Politik der Gewährung von Beihilfen für den Wiederaufbau wird heute hauptsächlich unter dem Aspekt des nationalen Interesses vom Kongreß gebilligt und von der Regierung durchgeführt... *Freie Völker, die ihre Unabhängigkeit, ihre demokratischen Institutionen und die Freiheit des einzelnen gegen totalitären Druck von innen oder außen zu bewahren suchen, werden mit Vorrang in den Genuß amerikanischer Hilfe kommen*« [Hervorhebung im Original] (zitiert in Kenneth Ingram, *History of the Cold War*, 1955, S. 58–59).
Im Mittelpunkt der Beweisführung Rostows, die Schuld an der Spaltung auf die Sowjetunion abzuwälzen, stand seine Behauptung, daß auf der Moskauer Konferenz eine ernst gemeinte und gut vorbereitete Geste amerikanischer Verständigungsbereitschaft auf die starre Haltung der Sowjetunion gestoßen sei. Als Antwort darauf hätten die USA die Position des Kalten Krieges beziehen und eine Gegenoffensive beginnen müssen.
In Anbetracht der Umstände, unter denen Rostows Buch geschrieben wurde, gibt seine These offenbar die damals im State Department vorherrschende Auffassung wieder. Die Schwierigkeit bei dieser Darstellung der Ereignisse ist die Außerachtlassung der Tatsache, *daß Truman in seinen »Schlachtruf«[5] vom 12. März genau zwei Tage nach dem Beginn der Moskauer Konferenz ausbrach!* Der Augenzeugenbericht von Howard K. Smith schildert die niederschmetternde Wirkung der Truman-Doktrin-Rede auf die Verhandlungsatmosphäre:
»Noch in Hochstimmung über den Abschluß von Friedensverträgen mit den ehemaligen Nazi-Satellitenstaaten in New York vor zwei Monaten, waren sie [die Russen] entschlossen, reizende und liebenswürdige Gastgeber zu sein. Wyschinskij schüt-

telte John Foster Dulles vor den Fotografen die Hand, als sei er als Delegierter beim Verband Proletarischer Rechtsanwälte zu Besuch und nicht eine faschistische Bestie aus Wall Street ...
In den ersten Tagen der Konferenz waren die Berichte in der sowjetischen Presse ausführlich gehalten und frei von ihren üblichen sarkastischen Nebenbemerkungen über die Motive des Westens. Molotow zeigte sich in der Eröffnungsdiskussion über die Verfahrensordnung von einer überaus konzilianten Seite und ging zunächst auf die Vorschläge Marshalls, dann auf die Bevins ein.
Zweifellos nahmen die Russen an, daß alles in Ordnung sei und daß die Dinge ordnungsgemäß verlaufen würden. Aus den Verhandlungen über die Friedensverträge mit den Satellitenstaaten hatten sie gelernt, welches Verfahrensrezept anzuwenden sei, und sie waren bereit, danach zu handeln, diesmal freilich mit größerer Gelassenheit, denn inzwischen kannten sie die Schliche: zwei Jahre Streiten, Feilschen und Unter-Druck-Setzen, bis man auf einem toten Punkt angelangt war, dann auf dieser Basis verhandeln[6].«
Stalin teilte Marshall im Lauf der Konferenz sogar mit, dies seien »nur die ersten Geplänkel und Scharmützel von Aufklärungsstoßtrupps ... Nachdem die Leute sich in Debatten erschöpft haben, sehen sie die Notwendigkeit ein, einen Kompromiß zu schließen ... daß Kompromißlösungen in allen wesentlichen Fragen möglich sind ... Man muß nur Geduld haben und nicht pessimistisch werden ...« Doch sollte die Geduld gar nicht erst auf die Probe gestellt werden.
»Ausgerechnet auf dem Höhepunkt der Konferenz, zwei Tage nachdem sie begonnen hatte, platzte die Bombe der Truman-Doktrin. Präsident Trumans Ausführungen, daß fast jede Nation sich zwischen zwei Welten entscheiden müsse, klangen für das übrige Europa wie ein Ultimatum, entweder mit uns zu sein oder zu unseren Gegnern gerechnet zu werden. Das Lächeln auf den Gesichtern der Russen verschwand. Während Amerika seinen Einmarsch in Griechenland vorbereitete, griff Rußland in Ungarn durch und ließ zur Begleitmusik von Protesten aufgebrachter westlicher Diplomaten die Führer der demokratischen Parteien verhaften.
... Die vier Männer setzten sich in einer Welt voller Unruhe an einen Tisch und versuchten weiterzuverhandeln, so als ob diese Vorfälle nichts mit ihrer Konferenz zu tun hätten. Es war unmöglich[6].«
Aus dieser Sackgasse kehrte Marshall nach Amerika mit Plänen für eine Stärkung der westlichen Verhandlungsposition zurück, da es, um mit Rostow zu sprechen, »nutzlos war, die sowjetischen Absichten zu prüfen, bevor die Stärke des Westens und die Entwicklung von Alternativen zu den sowjetischen Vor-

schlägen alle Chancen Moskaus auf eine Reihe von Lösungen eingeschränkt hatten, die mit den amerikanischen Interessen vereinbar waren«.

Im State Department blieben jedoch »die Auffassungen über eine Beteiligung osteuropäischer Länder und der Sowjetunion« am Marshallplan geteilt. Infolge dieser Meinungsverschiedenheiten wurde kein offizieller Beschluß gefaßt, die kommunistischen und andere osteuropäische Staaten von den geplanten Hilfsmaßnahmen auszuschließen. Darüber hinaus wurde besonderer Wert auf eine phrasenhafte Formulierung der Ziele des Marshallplans gelegt, damit die durch seine Struktur bedingten eindeutigen Absichten nicht enthüllt wurden. In seiner berühmten Rede vom 5. Juni, in der er die Initiative zu den Hilfsmaßnahmen verkündete, erklärte Außenminister Marshall: »Unsere Politik richtet sich nicht gegen irgendein Land oder irgendeine Doktrin, sondern gegen Hunger, Armut, Verzweiflung und Chaos.«

Die Sowjets ihrerseits nahmen eine abwartende Haltung ein und gingen so weit, der Tschechoslowakei, Polen und Jugoslawien zu gestatten, sich der angebotenen Marshallplanhilfe des Westens zu bedienen[7].

Nach den Klauseln des Marshallplans sollten die europäischen Mächte ihr eigenes Programm für den Wiederaufbau Europas ausarbeiten, das dann jeweils von den USA (das Einverständnis eines republikanischen Kongresses vorausgesetzt) finanziert würde. Um einen solchen Plan auszuarbeiten, kamen die europäischen Staaten im Sommer 1947 in Paris zusammen. Die Sowjets wurden von den Briten eingeladen, doch Rostow zufolge »waren Bevin und das britische Außenministerium (wie auch einige amerikanische Regierungsbeamte) besorgt, daß Stalin zusagen würde, und machten nicht die geringsten Anstrengungen, für Molotow in Paris eine aufgeschlossene Atmosphäre zu schaffen«. (Rostow, S. 211: »Eine Befürchtung war übrigens, daß, falls die Russen den Plan akzeptierten, der amerikanische Kongreß ihn nicht finanzieren würde.«)

Molotow kam zu der Konferenz mit einem Aufgebot von 89 Wirtschaftsexperten und Beratern. Die Sowjets, deren wiederholte Bitte um Gewährung eines Sechs-Milliarden-Dollar-Kredits in Washington »verlorengegangen« war, äußerten sich in ihrer vor der Konferenz gegenüber dem britischen Vertreter in Moskau abgegebenen Erklärung sehr vorsichtig[9].

Während der entscheidenden zwei Tage, die Molotow in Paris weilte, wurde ihm ein Plan vorgelegt, den Bevin und Bidault ausgearbeitet hatten und dem das Prinzip einer Integration der Wirtschaft aller Länder zugrunde lag. Aber

»eine Integration in einen einzigen Plan bedeutet, daß jedes Land das produzieren muß, was es am besten produziert. Für

Mr. Molotow sah das so aus, als habe man die osteuropäischen Länder aufgefordert, ihre verschiedenen nationalen Industrialisierungs›pläne‹ über Bord zu werfen und statt dessen die landwirtschaftliche Kornkammer des Westens zu werden; dies wäre die ideale Integration. Die Bindung an eine Industrienation macht ein Land, dessen Schwerpunkt auf Landwirtschaft liegt, stets zur schwächeren abhängigen Schwester[10]«.

Molotow lehnte den Plan ab und verließ die Konferenz in einem Akt unverhohlener Feindseligkeit, der diejenigen verblüffte, die den Marshallplan – aus welchem Irrtum heraus auch immer – als einen ersten Schritt zur Wiederherstellung der europäischen Einheit ansahen. Die Art und Weise der Ablehnung des Plans durch Molotow war in der folgenden Zeit für die sowjetische Diplomatie bezeichnend:

»... der Abbruch von Gesprächen in einer Anwandlung von Reizbarkeit ohne Angabe von Gründen außer bissigen, im Polit-Jargon gehaltenen Angriffen gegen Amerika, die wenig plausibel klingen, um voreilig den phantastischen Schluß zu ziehen, der Plan komme seiner Anlage nach einem Angriffskrieg gegen die Sowjetunion gleich, und die Aufforderung an die Kommunisten in aller Welt, den Plan bis zum Sturz ihrer Regierungen zu sabotieren ...[10]«

Vom Standpunkt der Sowjets aus stellte die »Gegenoffensive« des Marshallplans eine ernsthafte Bedrohung ihrer Interessen dar. Man muß sich erinnern, daß nach Rostows Bemerkungen

»Osteuropa im Frühsommer 1947 noch keineswegs den Status eines sowjetischen Satellitenmachtblocks erreicht hatte. Es gab eine demokratische Regierung in Prag; in Warschau waren die polnischen Nationalisten innerhalb und außerhalb der kommunistischen Partei noch nicht zum Nachgeben gezwungen worden; in Jugoslawien inspirierte Tito ohne Wissen des Westens die bulgarischen und ungarischen Kommunisten, eine kommunistische Allianz der Balkanstaaten, gleichsam unabhängig von Moskau, zu gründen[11].«

Die sowjetische Führung brauchte nur Rückschau auf die Ereignisse des vorigen Frühjahrs in Westeuropa zu halten, um die volle Bedeutung des von Rostow gebrauchten Ausdrucks »Offensive« in Verbindung mit dem Marshallplan zu erfassen.

Die durch Kriegseinflüsse verursachten Zerstörungen hatten eine höchst ungleichmäßige Verteilung des Weltindustriepotentials bewirkt. Drei Viertel des Anlagekapitals der Welt und zwei Drittel ihrer Industriekapazität waren in einem einzigen Land, den Vereinigten Staaten, konzentriert, der Rest verteilte sich auf die anderen 95 Prozent der bewohnten Erdoberfläche. »Ein einziges Land besaß fast eine Monopolstellung auf diesen, für die Erhaltung des Lebens so wichtigen Faktor[12].«

Vor diesem Hintergrund einer wachsenden europäischen Wirtschaftskrise konnte ein Versagen der USA, ihre Hilfsmaßnahmen über internationale Organisationen in die richtigen Kanäle zu leiten, offenbar große Folgen haben. Die Krise war »vor allem eine Dollarkrise. Die Waren und Versorgungsgüter, die die Welt am meisten benötigte – Weizen, Fleisch, Kohle, Stahl, Maschinen –, waren nur in der westlichen Hemisphäre vorhanden, und während die Völker diese Güter eifrig kauften, schwanden ihre Dollarreserven dahin ... Etwa Mitte des Sommers 1949 war es klar, daß die USA entweder mehr Dollarkredite gewähren mußten oder aber die westeuropäischen Völker nicht mehr imstande sein würden, überhaupt irgend etwas zu kaufen[13]«.

In Frankreich wies der sozialistische Ministerpräsident Ramadier warnend darauf hin, daß der Zeitpunkt kommen werde, »da jeder Kredit durch politische Realitäten diktiert sein wird. Mit jeder Anleihe, die wir aufnehmen, verlieren wir ein wenig von unserer Unabhängigkeit«. Er richtete dann einen Appell an Amerika, Frankreich einen weiteren Kredit zu gewähren. Im Mai 1947 entließ Ramadier die Kommunisten aus seinem Kabinett. Dasselbe geschah in Italien. Sowjetische Taktiker begriffen schnell, daß ein Angebot von Marshallplanhilfe die nichtkommunistischen Mitglieder der herrschenden Koalitionsregierung in der Tschechoslowakei verlocken könnte, dem Beispiel Frankreichs und Italiens zu folgen (obwohl dies unwahrscheinlich war). Jedenfalls konnte die politische Bedeutung der wirtschaftlichen Macht der USA nicht ignoriert werden.

Am 2. Juli verließ Molotow die Pariser Konferenz; am 10. Juli wurde zwischen der Sowjetunion und Bulgarien ein Handelsabkommen geschlossen, am 11. Juli mit der Tschechoslowakei, am 14. Juli mit Ungarn, am 25. Juli mit Jugoslawien, am 4. August mit Polen und am 26. August mit Rumänien[15]. Dies war ein wichtiger Schritt zur wirtschaftlichen Konsolidierung Osteuropas; die politische Teilung des Kontinents kam als nächstes an die Reihe.

Im November veröffentlichte die wieder aktiv gewordene Kominform, die aus den KPs der osteuropäischen Länder, Italiens und Frankreichs bestand, eine Erklärung, die in weniger verschleierter Form, wenn auch von der anderen Seite des Vorhangs, den wesentlichen Inhalt der Truman-Doktrin wiederholte:

»... Es haben sich zwei entgegengesetzte politische Linien herausgebildet: auf der einen Seite die von der UdSSR und den demokratischen Ländern verfolgte Politik, deren Ziel der Sturz des Imperialismus und die Festigung der Demokratie ist; auf der anderen Seite die Politik der USA und Englands, die auf eine Stärkung des Imperialismus und eine Unterdrückung der Demokratie abzielt ...

Der Truman-Marshallplan bildet dabei nur einen Bestandteil, den europäischen Abschnitt im Generalplan der von den USA in allen Teilen der Welt fortgesetzten Expansionspolitik ...[16]«
Mit der Veröffentlichung der Kominformerklärung waren die Fronten des Kalten Krieges klar abgesteckt. Die kommunistischen Parteien Europas begannen einen Feldzug, um den Marshallplan mit allen ihnen zu Gebote stehenden Mitteln zu bekämpfen. Es war beabsichtigt, die Furcht vor Sabotageakten und Umsturzbestrebungen zu nähren und einem Plan entgegenzuarbeiten, von dem die wirtschaftliche Wiedergesundung Westeuropas abhing und der dazu beitrug, die politische Macht überall dem rechten Flügel in die Hände zu spielen. Der entscheidende Ausdruck dieser Veränderungen in der Lage der Dinge und in der Machtstruktur war der Staatsstreich in der Tschechoslowakei im Februar 1948.
Gerade der unblutige Verlauf dieses Staatsstreichs, der ohne Hinrichtung, mit nur wenigen Verhaftungen und ohne aktiven Widerstand weder von Außenminister Masaryk noch von Staatspräsident Benesch, den zwei geachtetsten und einflußreichsten Demokraten im Lande, über die politische Bühne ging, hätte dem Westen zeigen müssen, daß hier keineswegs ein Musterbeispiel für das übrige Europa vorexerziert worden war, da dort eine Machtübernahme nicht ohne einen Bürgerkrieg hätte durchgeführt werden können. »Anders als bei sonstigen Erhebungen in osteuropäischen Ländern trug dieser Umsturz das Kennzeichen einer Revolution ›von unten‹, obwohl er Stalin gelegen kam. Die Kommunisten brachten die Revolution aus eigener Kraft zustande, unterstützt durch die große Mehrheit der Arbeiter; sie brauchten nur ihre bewaffnete Miliz durch die Straßen marschieren zu lassen, um jede Gegenaktion im Keim zu ersticken. Die sowjetischen Besatzungstruppen hatten lange das Land verlassen, und die bloße Furcht vor ihrer Rückkehr reichte aus, um die Tätigkeit der bürgerlichen Parteien zu lähmen ... Benesch und Masaryk, überwältigt und deprimiert zugleich durch den handgreiflichen Beweis, daß das Volk die Revolution unterstützte – die Straßen Prags wimmelten von bewaffneten Arbeitern, die zum Sitz der Regierung marschierten – beugten sich den Siegern. Wenige Tage später jedoch fand man Masaryk tot auf dem Pflaster unter einem offenen Fenster liegen ... und es wurde nie festgestellt, ob er aus diesem Fenster gesprungen oder gestürzt worden war« (Isaac Deutscher, *Stalin*, 1966, S. 572).
Am 12. März 1948 erhob sich im US-Senat der Konservative Robert A. Taft, um den damals von Washington protegierten Eindruck in Frage zu stellen, und zwar in dem Sinne, daß der Westen durch die »Rote Gefahr« unmittelbar bedroht sei: »Ich verstehe nicht ganz die Erklärungen, die gestern von

Außenminister Marshall und Präsident Truman abgegeben wurden. Sie besagen nicht, daß wir ihrer Überzeugung nach tatsächlich vor die Frage Krieg oder Frieden gestellt sind; und dann benutzen sie die entstandene Besorgnis und Unruhe offenbar dazu, um die Verabschiedung dieses Sonderprogramms [des Marshallplans] voranzutreiben ...
Ich glaube, daß der Tonfall in der Erklärung des Präsidenten, sein Vertrauen in den endgültigen Weltfrieden sei erschüttert, unglücklich gewählt ist... Ich selber weiß von keinem Anzeichen, das auf Absichten der Russen schließen ließe, eine militärische Aggression über den ihnen ursprünglich zugewiesenen Einflußbereich hinaus zu unternehmen. Die Situation in der Tschechoslowakei kann zwar als tragisch bezeichnet werden, doch war der russische Einfluß dort seit Kriegsende vorherrschend. Die Kommunisten konsolidieren lediglich ihre Position in der ČSSR, aber eine militärische Aggression ist seit dem Ende des Krieges nicht vorgekommen.«
Der von Senator Taft und anderen vorgetragene Standpunkt konnte sich jedoch nicht durchsetzen, und der Staatsstreich in der Tschechoslowakei (wie auch die Berliner Blockade kurz danach) wurden von Washington ausgenutzt, um die öffentliche Meinung zugunsten einer massiven Remobilisierung der Wirtschafts- und Militärmacht des Westens hochzupeitschen. Die allgemeine geopolitische Lage selber lieferte natürlich einen gewissen Anschein von Glaubwürdigkeit für diese Kampagne, auf deren Höhepunkt das atlantische Bündnis geschlossen wurde. Damit waren die Russen das erste Mal seit dem Aufstieg der Bolschewiki zur Macht in Europa in Erscheinung getreten.
»Russische Truppen lagen in den Außenbezirken Hamburgs, dem einst größten Hafen des Kontinents, in Garnison, nicht einen Kanonenschuß weit von den westlichen Meeren entfernt... Keine Nation beherrschte in dem Maße Europa mit Zustimmung der anderen Großmächte. Rußland hatte in Europa ein Gebiet von mehr als 250 000 km² unmittelbar annektiert – ein Gebiet größer als das Frankreichs, der Schweiz, Hollands, Belgiens und Dänemarks zusammen. Acht weitere osteuropäische Länder und Teile zweier anderer Länder waren zu Satellitenstaaten der Sowjetunion geworden[17].«
Hier handelte es sich nicht um irgendein Rußland, das sich derart ausgedehnt hatte, es war das stalinistische Rußland, das Rußland der politischen Säuberungen und der Zwangsarbeitslager, das Rußland, das sich die baltischen Staaten einverleibt hatte.
Ohne daß ein europäischer Staat, der ein Gegengewicht hätte bilden können, in der Nähe war, unmittelbar nach massiven Streiks, die die kommunistischen Parteien Frankreichs und Italiens ausgerufen hatten, stürzten die Sowjets die demokratisch

gewählte prosowjetische Regierung eines mitteleuropäischen Staates, der zum Symbol für den Sturz in die Katastrophe des zweiten Weltkriegs geworden war.

Falls es je ein Symbol für die Beschwichtigungspolitik gab, dann war es der Ausverkauf der Tschechoslowakei durch die Westmächte auf der Konferenz von München im Jahre 1938. Falls es je einen psychologischen Sammelpunkt für die Schaffung einer neuen europäischen Armee in den Nachkriegsjahren geben konnte, erwies er sich als neuer Schlag gegen dieses unglückliche Volk. Keine Beschönigungen, keine noch so sorgfältige Analyse der falschen Analogien zwischen 1948 und den Ereignissen zehn Jahre früher konnten im Bewußtsein der Öffentlichkeit das scheinbar unantastbare Bild der sich selbst wiederholenden Geschichte auslöschen.

Die Auswirkungen dieses Vorfalls lassen sich vielleicht an der Reaktion in den skandinavischen Ländern abschätzen. Dort war eine große Bewegung im Sinne einer Einigung und Neutralitätspolitik entstanden. Dänemark, Schweden und Norwegen hatten sich aus zwingenden wirtschaftlichen Gründen dem Marshallplan angeschlossen. Doch als in Brüssel eine Konferenz der »Westlichen Union« tagte (der Marshallplan war im Januar 1948 von Bevin verkündet worden), äußerten die drei skandinavischen Länder Bedenken und erklärten öffentlich, daß sie sich an einem von Rußland mißbilligten Projekt nicht beteiligen würden.

Der schwedische Finanzminister Dr. Ernst Wigforss schockierte die Amerikaner durch eine öffentliche Erklärung, in der er behauptete, daß die Gefahr des Kalten Krieges nicht so sehr in einer Aggressionshandlung der Russen, sondern vielmehr in einem möglichen Präventivkrieg der Vereinigten Staaten zu sehen sei. Dann kam der Staatsstreich in der Tschechoslowakei.

»Der Vorfall ließ ganz Skandinavien erschauern. Fast über Nacht schlug in den drei Ländern die freundschaftliche Einstellung gegenüber Rußland in ihr Gegenteil um. Norwegens Ministerpräsident Gerhardsen, der einmal selber für einen fanatischen Roten gehalten wurde, richtete im Storting einen erbitterten Angriff gegen die norwegischen Kommunisten. Am 1. Mai 1948 folgte Schwedens sozialistischer Ministerpräsident Erlander dem Beispiel seines norwegischen Kollegen. »Der Staatsstreich in der Tschechoslowakei«, sagte er, »war ein Testfall nicht nur für Prag, sondern auch für Stockholm«. Es ist bezeichnend für den wechselhaften Lauf der Zeit, daß das Oberhaus im dänischen Parlament, der Landsting, nach dem Staatsstreich in der Tschechoslowakei eine außenpolitische Debatte veranstaltete, die erste seit über hundert Jahren. Ein Rundfunksender in Kopenhagen forderte tatsächlich Bürger auf, verdächtige Beobachtungen, die auf den Versuch einer

Machtergreifung schließen lassen könnten, dem nächsten Polizeirevier zu melden[18].«
Trotz der langjährigen Friedens- und Neutralitätspolitik »wurde ein dem schwedischen Parlament vorgelegter Gesetzesentwurf zur Kürzung des Militärbudgets durch einen Entwurf ersetzt, in dem um eine 50prozentige Erhöhung der Flugzeugproduktion und um eine 100prozentige Verstärkung des Luftwaffenpersonals ersucht wurde«. Norwegen und Dänemark taten dasselbe und schlossen sich außerdem der NATO an (wobei Schweden seine Neutralität wahrte, um Rußland keinen Vorwand für die Sowjetisierung Finnlands zu liefern).
So erschien der Staatsstreich in der Tschechoslowakei als eine Bestätigung der apokalyptischsten Prophezeiungen jener Kreise, die den Sowjetstaat fürchteten und haßten, und stärkte das Bewußtsein jedes reaktionären Antibolschewisten und eingefleischten Nationalisten im westlichen Lager. (Die Berliner Blockade, die vier Monate später begann, hatte eine ähnliche politische Wirkung.) Nach diesem Ereignis verbündete sich die liberale Linke mit der konservativen Rechten, ein folgenschweres Bündnis, von dem sich weder die Tschechoslowakei noch der Westen bisher erholt haben. Russische »Aggressionsgelüste« obwohl auf Gebiete hinter dem Eisernen Vorhang beschränkt, dienten der Bestätigung und Rechtfertigung jeder neuen verhängnisvollen Maßnahme des Westens im Zuge einer massiven Wiederaufrüstung und ermöglichten überhaupt erst den Aufstieg von Politikern wie Dulles und Adenauer zur Macht.
Jetzt, da sich die beiden Fronten klar abzeichneten, war die Spaltung in zwei militärisch aufgerüstete Lager nur noch eine Frage der Zeit, da die Sowjets dem Westen bei der Durchführung seiner vordringlichsten und schwierigsten Aufgabe geholfen hatten: bei der Gängelung und Ausrichtung der öffentlichen Meinung. (Es ist fraglich, ob selbst der Marshallplan vom amerikanischen Kongreß ohne den Anstoß durch den Staatsstreich in der Tschechoslowakei verabschiedet worden wäre.) Immerhin erwies sich die Wiederaufrüstung in Ländern wie Großbritannien als ein schwieriges und die Wirtschaft des Landes belastendes Unternehmen. Im Osten, ohne die enorme Überproduktion der USA, führte die Wiederaufrüstung zu einer Katastrophe. Unter dem Druck, eine 1,6 Millionen Mann starke Armee für Stalins Verteidigungspläne zu unterhalten, kam der bis dahin eindrucksvolle wirtschaftliche Aufschwung Osteuropas [Osteuropa, »das zweimal soviel Menschen verlor und im Kriege fast doppelt soviel Zerstörungen erlitt wie Westeuropa« hatte in der Zeit nach dem Kriege den Stand der Vorkriegsproduktion zuerst überschritten (Smith, S. 282; vgl. auch S. 332–335)] zu einem jähen Stillstand, und es begann eine Zeit

großer Härten und Entbehrungen und der Aufbau des Stalinismus. Die Folge waren die Revolten von 1956.
Vor Gründung der NATO und vor der Wiederaufrüstung Osteuropas trat jedoch ein Ereignis ein, das einige der Vorwände schonungslos entlarvte, unter denen diese gesteigerte Phase des Kalten Krieges geführt werden sollte. Im Juni 1948 kam es zu der großen Trennung zwischen Tito und Stalin, an die sich eine umfangreiche Säuberung der kommunistischen Parteien Osteuropas von titoistischen Ketzern und Abtrünnigen anschloß.
Für den Osten widerlegten diese Vorgänge die Behauptungen Moskaus, die sowjetischen Maßnahmen trügen rein defensiven Charakter und seien im Interesse des Weltsozialismus erforderlich. Die Entfernung von Männern wie Gomulka und Hunderttausenden von Mitgliedern der kommunistischen Partei, die des Titoismus beschuldigt wurden, war nichts weiter als eine Säuberung aller nunmehrigen Satellitenstaaten von politisch noch aktiven nationalbewußten Kräften. Waren die Sowjets während der Zeit geringerer Spannungen zwischen 1945 und 1948 noch gewillt, ein gewisses Maß an Unabhängigkeit und nationaler Eigenständigkeit zu dulden, so stellten sie jetzt als Antwort auf die Unnachgiebigkeit des Westens die Verteidigung Rußlands über alle anderen Interessen, auch wenn dies die brutale Unterdrückung ihrer eigenen kommunistischen Verbündeten bedeutete.
Auf der anderen Seite entkräftete die politisch abweichlerische Haltung Titos und die Reaktionen, die sie auslöste, gleich zu Anfang die wichtigste Begründung des Westens für den Ausbau seiner Streitkräfte, die Schaffung der NATO und die Wiederbewaffnung der deutschen Kriegsmaschine. Denn die Tatsache, daß weder die Rote Armee noch eine der Satellitenarmeen in den abtrünnigen Staat einmarschierte (»Ich brauche nur meinen kleinen Finger zu rühren, und es gibt keinen Tito mehr. Tito wird fallen«, hatte Stalin gesagt), konnte doch nur zwei Gründe haben. Entweder wollten die Sowjets nicht in ein Land mit einer starken nationalen Front einmarschieren – oder *die bereits vorhandene amerikanische Militärmacht* reichte aus, um Stalin von einer bewaffneten Aggression in Europa abzuhalten. Kürzlich wurden uns noch weitere Beweise dafür zur Kenntnis gebracht, daß Stalins konservative Grundsätze und die Tatsache, daß er sich der Schwäche Rußlands kritisch bewußt war, ihn daran gehindert hätten, in Europa einen bewaffneten Angriff zu unternehmen. Sechs Tage nach dem Staatsstreich in der Tschechoslowakei war Milovan Djilas im Kreml Zeuge des folgenden Gesprächs: »Stalin kam dann auf den Aufstand in Griechenland zu sprechen. ›Der Aufstand muß zusammenbrechen ... Glauben Sie‹ – er wandte sich an Kardelj [den stellvertretenden Ministerpräsidenten Jugoslawiens] – ›an den Er-

folg des Aufstandes in Griechenland?‹ Kardelj antwortete: ›Wenn die Intervention des Auslands nicht zunimmt und wenn nicht schwerwiegende politische und militärische Fehler begangen werden.‹
Stalin fuhr fort, ohne auf Kardeljs Meinung einzugehen: ›Wenn, wenn! Nein, sie haben überhaupt keine Aussicht auf Erfolg. Glauben Sie denn, daß Großbritannien und die USA – die USA, das mächtigste Land der Welt – Ihnen gestatten werden, ihren Verbindungsweg im Mittelmeer zu unterbrechen? Unsinn. Und wir haben keine Flotte. Der Aufstand in Griechenland muß beendet werden, und zwar so schnell wie möglich‹.«(*Conversations with Stalin,* 1962, S. 164.) Die Blockade Berlins, die von Juni 1948 bis Mai 1949 dauerte, dürfte die oben geäußerte Ansicht bestätigen. Vom ersten Tag an beschränkten die Russen sich auf ihre Ziele und Mittel. Sie machten keinen Versuch, in die Luftbrücke einzugreifen und hoben die Blockade genau zu einem Zeitpunkt auf, da sie ohnehin nicht länger durchführbar gewesen wäre.
Vor Gründung der NATO, *vor* der Wiederaufrüstung des Westens und Westdeutschlands, *bevor* das spiralig verlaufende und nervenaufreibende Wettrüsten auf Europa übergegriffen hatte, wurde also der kommunistische Machtbereich durch die größere und weiter ausgedehnte Macht der USA hinreichend und wirksam ›eingedämmt‹. Und diese Tatsache – darauf sei hier besonders hingewiesen – wurde von den amerikanischen Strategen durchaus richtig erkannt, ja sogar von dem Mann, der der erste Befürworter einer wiederaufgerüsteten und remilitarisierten Welt war, der so weit ging, daß er das militärische Vermächtnis Japans – zwei durch atomare Vernichtungsmittel ausgelöschte Städte – wieder in Kraft treten lassen wollte. Im März erklärte John Foster Dulles:
»Soweit eine solche Beurteilung menschlich möglich ist, beabsichtigt die sowjetische Regierung unter den gegenwärtig herrschenden Bedingungen nicht, den Krieg als Instrument ihrer nationalen Politik anzuwenden. *Ich kenne keinen Militär- oder Zivilbeamten in dieser oder irgendeiner Regierung, der davon überzeugt wäre, daß die sowjetische Regierung sich zur Zeit mit Eroberungsabsichten in Form einer offenen militärischen Aggression trägt*[19]. [Hervorhebung vom Autor.] Die Erklärung von Dulles wird durch Ansichten bekräftigt, die mehr als ein halbes Dutzend Persönlichkeiten der amerikanischen Führung zwischen 1946 und 1949 äußerten und die in den Forrestal-Tagebüchern zitiert sind (Forrestal wurde 1947 zum Verteidigungsminister ernannt). Am 10. Juni 1946 schrieb Forrestal selber, er glaube nicht, daß »die Russen sich in diesem Sommer und überhaupt irgendwann in Bewegung setzen« würden. Am 3. August 1948, zwei Monate nach Beginn der Ber-

liner Blockade, berichtete General Walter Bedell Smith, US-Botschafter in der Sowjetunion, dem Kriegsrat über seinen Eindruck, »daß die Russen keinen Krieg wünschen«. Und natürlich äußerte sich auch Kennan, der Vorsitzende des Politischen Planungsstabes im State Department war und den man vermutlich in die entsprechenden Berichte des Geheimdienstes eingeweiht hatte, zu dieser Frage kategorisch. »Ich weiß von keinem Zeitpunkt, da die sowjetische Regierung den Wunsch nach einer solchen Auseinandersetzung [Krieg mit dem Westen] hegte oder die Anzettelung eines Konflikts plante oder ihre Hoffnungen und Aussichten auf einen Sieg des Sozialismus in der Welt mit den Auswirkungen eines solchen Konflikts hätte erkaufen wollen.« (*Russia and the West under Lenin and Stalin,* 1961, S. 389)

6. *Neue Einschätzung*

Die vorhergehenden Seiten mögen dazu dienen, bestimmte wichtige Tatsachen klarzumachen, die in den meisten westlichen Berichten über den Ursprung des Kalten Krieges kaum beachtet worden sind. Sie zeigen insbesondere, daß die Russen sich vom 23. April 1945 an mit einer neuen und unfreundlich gesinnten amerikanischen Führung konfrontiert sahen, die bereit war, aus der Kriegskoalition auszutreten und gegen ihre früheren Verbündeten offenen Druck auszuüben, sobald die eigentlichen Kriegshandlungen vorüber waren. Außerdem mußten die Russen rasch erkennen, daß die neue amerikanische Führung nicht gewillt war, dem sowjetischen Aufbauprogramm ihre Unterstützung zu gewähren, ja daß sie sogar direkt den Bemühungen der Sowjets entgegenarbeitete, die Materialien, die sie zur Verwirklichung ihrer Wiederaufbaupläne für erforderlich hielten, sich in Form von Reparationen zu beschaffen.

Während dieser und der unmittelbar voraufgehenden Zeit wurde die russische Regierung darüber hinaus Zeuge einer amerikanischen Expansion riesigen Ausmaßes. Einige Aspekte dieser Machtentfaltung hatten nach dem Krieg einen unmittelbaren und entscheidenden Einfluß auf die sowjetische Haltung. »Im Juli 1945 erklärte Präsident Truman ... mit Nachdruck, daß die USA auf Grund der Rolle, die sie bei der Erringung des Sieges gespielt hätten, auch nicht einen Zollbreit zusätzliches Gebiet beanspruchen würden. Daraufhin wurden im Kongreß von seiten der Heeres- und der Marineführung energische Proteste laut, die dahin gingen, daß die USA sämtliche von amerikanischen Streitkräften eroberten strategischen Stützpunkte im Pazifik als ihr ausschließliches Eigentum behalten müßten. Der

Präsident gab daraufhin bekannt, daß er seine Worte nicht so genau gemeint habe ... Die Wirkung dieser an und für sich nebensächlichen Umstände reichte sehr viel weiter, als im allgemeinen zugegeben wird. Viele dieser Pazifik-Stützpunkte waren von den sibirischen Gebieten der Sowjetunion nur wenig entfernt. Der Anspruch der USA auf einen ständigen Besitz dieser Stützpunkte konnte auf seiten der Sowjetregierung nur ein tiefwurzelndes Mißtrauen erzeugen« (Sumner Welles, *Where Are We Heading?* [Wohin steuern wir?], 1946, S. 365). Da Amerika den Krieg gewonnen und die Friedensbedingungen diktiert hatte, lagen die neuen Einflußgebiete der USA 7000 Meilen von den eigenen Grenzen entfernt und umfaßten Japan, die stärkste Macht in Asien, sowie die potentiell stärkste Nation Europas, Deutschland. Seit 1942 hatte Amerika Großbritannien als den Beherrscher der Meere einschließlich »des britischsten aller Meere«, des östlichen Mittelmeeres, verdrängt. 1946 waren amerikanische Truppen noch in 56 Ländern und auf jedem Kontinent stationiert. Bis 1949 soll Amerika Anspruch auf über vierhundert Flotten- und Luftstützpunkte in aller Welt erhoben haben. Dies bedeutete, »daß jeder Machtbereich, der mit seinem Mutterland durch Wasser verbunden ist, nur unter stillschweigender Duldung der USA besteht, so wie er im vorigen Jahrhundert nur mit Duldung der Briten existierte – eine Tatsache, deren tiefgreifender Einfluß auf die Politik noch nie betont zu werden brauchte«. Abkommen zur Standardisierung von Waffen banden praktisch ganz Nord- und Südamerika an die Vereinigten Staaten. (Die gleiche Vereinbarung wurde bald auch mit Westeuropa getroffen.) Dadurch war es den angeschlossenen Nationen so gut wie unmöglich, ohne Zustimmung der USA in einen Krieg einzutreten bzw. sich aus einem Krieg herauszuhalten.

Zum Teil als Folge des Krieges, zum Teil aber auch als Folge amerikanischer Initiative erreichte die wirtschaftliche Durchdringung der Welt durch die USA in der Nachkriegszeit riesige Ausmaße. Der wirtschaftliche Aufschwung Amerikas hielt während des Kalten Krieges unvermindert an. 1950 betrugen die direkten Vermögenswerte amerikanischer Firmen im Ausland insgesamt 11,8 Milliarden Dollar. Bis zum Jahre 1963 waren diese Werte auf 40,6 Milliarden Dollar gestiegen, was einer Zuwachsrate von 244 Prozent in dreizehn Jahren entspricht (*Monthly Review*, Januar 1965. Die Zahlen sind dem *Survey of Current Business* vom Oktober 1964 entnommen). Um nur ein Gebiet zu erwähnen: Amerika besaß eigene Konzessionen auf »fast die Hälfte der Reichtümer des Mittleren Ostens«, der lebenswichtigen Landbrücke dreier Kontinente. Durch Subventionen und Kredite »wurden die Wirtschaftsadern eines großen Teils der Welt an das unermüdlich arbeitende Herz der amerikanischen Industrie und Landwirtschaft angeschlossen«. Viele Länder waren auf die USA nicht nur wegen der gewährten Hilfe angewiesen, ohne die es ihnen erheblich schlechter ergangen wäre, sondern »um überhaupt leben zu können«. »Durch den Beschluß, den Geld- und Güterstrom mit einer beliebigen Begründung einzuschränken oder ganz einzustellen, konnte Amerika Fabriken stillegen, Krawalle und Aufstände inszenieren und Regierungen stürzen[1].«

Obwohl die Führung der USA sich in dieser Zeit taktischer Vorsicht befleißigte (und dadurch unnötige Reaktionen auf ihre Vormachtstellung vermied), legte sie sich keinerlei Hemmungen auf, aus der ihr zu Gebote stehenden Macht Kapital zu schlagen, wenn sie dies für erforderlich hielten. Ein zutreffender Fall waren die Wahlen von 1948 in Italien. Es handelte sich um die ersten Nachkriegswahlen in Italien, und westliche Beobachter räumten dem kommunistisch-sozialistischen Block »gleiche Chancen« ein, mit einer Mehrheit von 51 Prozent zu gewinnen. Nach Abgabe der Stimmzettel erhielten die prowestlichen Christlichen Demokraten 53 Prozent aller Stimmen – ein überlegener Sieg –, während der prokommunistische Block nur 30 Prozent der Stimmen auf sich vereinigen konnte.

»Was die Wendung des Blattes am entscheidendsten beeinflußte [schrieb Howard K. Smith], war der unverhüllte offene Eintritt Amerikas in die Wahlkampagne ... Gleichsam als Eröffnungssalve schlugen Amerika, Großbritannien und Frankreich gemeinsam der Sowjetunion vor, Triest – den durch den Friedensvertrag mit Italien in eine ›freie Stadt‹ umgewandelten früheren italienischen Hafen an der Adria – an Italien zurückzugeben ... Nach diesem Ereignis verging nicht ein Tag, ohne daß die antikommunistische Mehrzahl der Presseorgane in ihren Schlagzeilen mit einer wirksamen amerikanischen Geste aufzuwarten hatte. Präsident Truman machte Italien 29 Handelsschiffe, die dringend benötigt wurden, zum Geschenk; von den Nazis aus Italien geraubtes Gold wurde zurückerstattet; die ersten Schiffe mit Marshallplanhilfe liefen ein und wurden nach einer Ansprache des amerikanischen Botschafters feierlich entladen; das State Department gab bekannt, daß allen Italienern, von denen bekannt sei, daß sie die Kommunisten gewählt hätten, die Erfüllung ihres Traums, die Auswanderung nach Amerika, versagt würde; das Kriegsministerium verkündete, daß die amerikanischen Flottenkontingente im Mittelmeer verstärkt würden; amerikanische Besatzungstruppen in Triest hielten ihre erste Parade seit Kriegsende in Galauniform mit Panzern und schweren Geschützen ab; während der Wahlkampagne lagen amerikanische und britische Kriegsschiffe in italienischen Häfen vor Anker[2] ...«

Im März gab Außenminister Marshall der italienischen Regierung und allen anderen am Europahilfe-Programm (dem Marshallplan) teilnehmenden Ländern unumwunden bekannt, daß »die Vergabe von ERP-Mitteln sofort eingestellt werde, wenn ein Land durch seine Wahlen *[sic!]* dem Kommunismus zur Macht verhelfe[3]«. Unter Berücksichtigung der in Europa herrschenden Dollarkrise, von der die Italiener besonders hart betroffen waren, dürfte diese Drohung allein ausgereicht haben, um die Wahlen zu manipulieren.

Angesichts einer derart unverhüllten Einmischung der USA erwiesen sich die Versprechungen der Truman-Doktrin, daß die USA die freien Völker gegen Druck von außen unterstützen und »den freien Völkern bei der freien Entscheidung über ihr Schicksal behilflich sein würden«, als leere Phrasen. Diese Ereignisse werfen jedoch einiges Licht auf eine weitaus bedeutsamere Tatsache als das Versagen der USA, ihr Vorgehen mit ihren Idealen in Übereinstimmung zu bringen. Die offene, doch relativ friedliche Art, in der die USA zum Schutz ihrer strategischen Interessen sich einmischen konnten, stellte in der Entwicklung der Frühstufe des Kalten Krieges einen wichtigen Faktor dar.

Der Schauplatz des interessantesten und historisch bedeutsamsten Gegensatzes zwischen den damaligen Bemühungen der USA und der UdSSR, ihre jeweiligen ›Sicherheitszonen‹ zu erweitern, war der Iran. Die Vorfälle im Iran, die von November 1945 bis Mai 1946 in der Welt Aufsehen erregten, verdienen besondere Aufmerksamkeit, weil sie gewöhnlich als das erste offenkundige Beispiel für die rücksichtslose Expansionspolitik der Sowjetunion nach dem Kriege hingestellt werden[4].

Während des Krieges hatten die drei Großmächte den Iran besetzt, um die kriegswichtigen Öllieferungen nach Rußland sicherzustellen: ein kluger Schritt im Hinblick auf die Tatsache, daß die iranische Regierung mit den Nazis kokettierte. Nach dem Kriege sollten alle drei Mächte gleichzeitig abziehen, doch die Russen blieben über die vereinbarte Frist. Während dieser Zeit schürten sie in dem von ihnen besetzten Gebiet des nördlichen Iran einen Aufstand gegen die iranische Zentralregierung und setzten dort eine ihnen freundlich gesinnte »autonome« Regierung ein. Durch diesen Druck konnten sie die Zentralregierung zwingen, ihnen im Nordteil des Iran Ölverwertungsrechte zu übertragen. Die Russen strebten den Erwerb von Ölquellen an, um die Produktion ihrer eigenen schwer beschädigten Petroleumfelder im Kaukasus zu erweitern.

Die Westmächte verurteilten dieses Vorgehen der Sowjets im Sicherheitsrat, und im Mai sahen die Russen sich unter dem Druck der öffentlichen Meinung gezwungen, sich aus dem Iran zurückzuziehen. Dann entsandte die iranische Zentralregierung Truppen, um die autonome aserbeidschanische Regierung zu

stürzen. Danach wurde das Ölabkommen mit Rußland vom iranischen Parlament gekündigt.
Das Nachspiel dieser Ereignisse ist nicht ganz so bekannt. Als die Russen das Land verließen, rückten die Amerikaner ein – nicht mit Truppen und Revolution – »sondern auf leisen Sohlen mit Dollars zur Aufrechterhaltung des Status quo«. Außer amerikanischen Geldmitteln erhielt die iranische Regierung amerikanische Zivil- und Militärberater, so daß der Iran in der Tat zu »einem Satellitenstaat der USA« wurde. Falls die USA dort noch über keine Militärstützpunkte verfügten, konnten sie diese jetzt zu jedem beliebigen Zeitpunkt einrichten[5].
Die Wirkung dieses Vorfalls auf die russische Mentalität läßt sich leicht denken. Die USA hatten genau das erreicht, was die Russen vergeblich versucht hatten, aber es gab keine Möglichkeit, den Fall vor die Vereinten Nationen zu bringen. Darüber hinaus lag »dieser ›Verteidigungs‹stützpunkt, den Amerika nur einzunehmen brauchte«, wie ein westlicher Korrespondent zutreffend bemerkte, einerseits sechstausend Meilen von den USA entfernt, andererseits aber an Rußlands empfindlichster Grenze. Die Russen konnten sich also ganz legitim die Frage zu eigen machen, die der Westen an sie gerichtet hatte: Endet das Sicherheitsbedürfnis erst mit der Eroberung der ganzen Welt? »Wenn Rußland im Ausland seine Sicherheitszone erweitert, erfordert dies fast unvermeidlich den Umsturz des Status quo, denn der Status quo der Welt ist kapitalistisch; dies bedeutet viel Lärm und unerfreuliche Szenen. Falls dagegen Amerika seinen Einflußbereich im Ausland aus demselben Grund – daß nämlich die übrige Welt kapitalistisch ist – erweitert, braucht dazu lediglich der Status quo aufrechterhalten zu werden: keine Szenen, kein Lärm« (Smith, S. 93).
Aus dieser kurzen Übersicht über die Reichweite und die Anwendung amerikanischer Macht in den ersten Nachkriegsjahren geht hervor, daß die Russen im Frühjahr 1947, als der Kalte Krieg zu einer öffentlich bekannten Realität wurde, echten Grund zur Sorge über die Absichten und Pläne der USA sowie über den künftigen Einsatz der amerikanischen Wirtschafts- und Militärmacht hatten. Dann explodierte die Bombe der Truman-Doktrin, in deren Gefolge sich die wirtschaftspolitische »Gegenoffensive« des Marshallplans in Europa befand. Erst zu diesem Zeitpunkt nahmen die Sowjets ernstlich den Kampf gegen die in der Öffentlichkeit ausgetragene Phase des Kalten Krieges auf, indem sie auf die Initiative Trumans und Marshalls mit dem Sturz der nichtkommunistischen Regierungen Ungarns und der Tschechoslowakei und mit raschen Maßnahmen zur völligen Integration der wirtschaftlichen und politischen Struktur der osteuropäischen Länder reagierten, um diese zu Satellitenstaaten im Dienste der Aufrüstung gegen den

Westen zu machen. Selbst in den Jahren 1948/49 war der Widerstand gegen eine Sowjetisierung innerhalb der kommunistischen Parteien Osteuropas (ganz zu schweigen von den nichtkommunistischen Gruppen) noch so erheblich, daß eine große Anzahl von »Titoisten« und nationalbewußten Mitgliedern aus der Partei ausgestoßen werden mußte.

Eine solche Einordnung der Folge von Ereignissen in die richtige Perspektive wirft die unvermeidliche Frage nach dem casus belli des Kalten Krieges auf: War die Sowjetisierung Osteuropas eine logische Entwicklung nach dem Abkommen von Jalta im Februar 1945? Oder war sie das Ergebnis einer Wechselwirkung zwischen der amerikanischen Nachkriegspolitik und den entsprechenden Reaktionen Stalins? Mit anderen Worten: Würde die Taktik Stalins allein, d. h. unabhängig von der Politik der amerikanischen Führung nach dem Kriege, zu einer versuchten Sowjetisierung Osteuropas geführt haben?

Es gibt Präliminargründe zu der Annahme, daß die Politik der USA in der Entwicklung der Beziehungen zwischen den USA und der UdSSR eine sehr wichtige und wahrscheinlich entscheidende Rolle gespielt hat. Zunächst verschaffte ihre Vormachtstellung den Amerikanern eine gewisse Flexibilität sowie eine Reihe von Alternativen, über welche die Russen einfach nicht verfügten. Zweitens bestanden in höchsten amerikanischen Regierungskreisen Meinungsverschiedenheiten über die gegen die Sowjetunion nach dem Krieg zu unternehmenden Schritte, und so wurde ein bewährter politischer Kurs, der sich in der vorhergehenden Zeit als praktikabel erwiesen hatte, bei Kriegsende durch eine nicht funktionierende, weil unerprobte Politik abgelöst.

Durch das, was wir später über Vorgänge hinter der Linie Stettin–Triest in den Jahren 1945–1949 erfuhren, werden die obenerwähnten Vermutungen nicht nur bestätigt, sondern noch erweitert. Die Bedeutung dieser Tatsachen für eine Beurteilung der damaligen amerikanischen Außenpolitik läßt es gerechtfertigt erscheinen, die hauptsächlichsten Ereignisse kurz zu umreißen.

Mitte der zwanziger Jahre wurde Stalins These vom »Sozialismus in einem einzigen Land« zum Dogma der Revolution und zum Leitprinzip der sowjetischen Außenpolitik bis zum Ende des zweiten Weltkriegs; auf dieses Konzept gründete sich auch das militärische Bündnis während des Krieges. Mit den Worten von Isaac Deutscher »war die selbstauferlegte Eindämmung des sowjetischen Einflußgebiets die Voraussetzung einer gemeinsamen alliierten Politik, die in den Vertragsklauseln der Abkommen von Teheran, Jalta und Potsdam festgelegt war«. Durch diese Abkommen wurden die Einflußsphären zwischen den Alliierten aufgeteilt, wobei ganz Osteuropa und ein großer

Teil Mitteleuropas Rußland zufiel, aber es gleichzeitig zur Bedingung gemacht wurde, daß dies die Einflußsphäre Rußlands, nicht des Kommunismus sein sollte[6].

»In der Retrospektive«, bemerkt Deutscher, »erscheint die Annahme der großen Staatsmänner des Westens, daß gleichsam die Persönlichkeit Rußlands auf diese Weise gespalten und sein nationales Machtstreben von seinen gesellschaftlichen und politischen Anschauungen getrennt werden könnte, als ungewöhnlich kurzsichtig. Aber dieser Täuschung unterlagen nicht nur Roosevelt und Churchill, sondern auch Stalin selber.« Nun kann man natürlich einwenden, daß Stalins Haltung im Kriege ein Täuschungsmanöver seinerseits war und daß er mit seiner Zusage, sich nicht in die inneren Angelegenheiten der Nachbarländer einzumischen, »seinen Verbündeten lediglich Sand in die Augen streuen wollte«. Doch Stalins damalige großartige Leistungen auf militärischem Gebiet verliehen seinen Versprechungen Gewicht, und »sowohl Churchill als auch Roosevelt lagen stichhaltige Beweise vor, daß Stalins Politik tatsächlich auf die Selbsteindämmung seines Machtbereichs gerichtet war«.

»Sie sahen Stalin handeln – nicht nur sprechen –, wie es jeder nationalbewußte russische Staatsmann an seiner Stelle getan hätte – sie sahen ihn gleichsam seines kommunistischen Charakters beraubt. Er packte das Problem der russischen Einflußzone in einer Weise an, die darauf berechnet war, die nationalen Ansprüche und Bestrebungen der Sowjets zu befriedigen und die Chancen für eine kommunistische Revolution in diesen Gebieten zu vereiteln.

Er war bereit, Ungarn, Bulgarien, Rumänien, Finnland und Ostdeutschland schwere Reparationen abzupressen und preßte sie ihnen auch ab. Dadurch würde, wie er wußte, der Kommunismus wie auch der Name Rußlands den Völkern dieser Länder verhaßt werden, denen nicht einmal der Gedanke kam, zwischen beiden Begriffen zu unterscheiden. Mit einem Eifer, der einer besseren Sache würdig gewesen wäre, bestand er darauf, von Polen, Ungarn und Deutschland Gebietsteile abzutrennen und viele Millionen von Bürgern aus ihrer Heimat zu vertreiben.«

Stalins Politik in den ersten Nachkriegsjahren ergab also nur dann einen Sinn, wenn er annahm, daß diese Länder kapitalistisch bleiben würden, d. h., »wenn er keine Absicht hatte, ihnen kommunistische Regierungen aufzuzwingen«. Er glaubte natürlich, daß Rußland in den durch befreundete Regierungen beherrschten Ländern eine diplomatische und wirtschaftliche ›Vormachtstellung‹ einnehmen würde, doch glaubte er ebenso, daß diese Länder im wesentlichen kapitalistisch bleiben würden. »Falls Stalin diese Länder wirklich als zukünftige Provinzen seines Machtbereichs angesehen hätte, wäre es wohl der

Gipfel der Torheit seinerseits gewesen, unerbittlich Reparationsleistungen zu erpressen und die Durchführung von Vertreibungen zu erzwingen.«

In der Zeit zwischen dem ersten und dem zweiten Weltkrieg war Stalin zu der Überzeugung gelangt, daß die revolutionären Möglichkeiten des Kommunismus im Ausland gleich Null waren. Dementsprechend tat er alles in seiner Macht Stehende, die kommunistischen Parteien davon abzuhalten, sich um die Macht zu bewerben und dadurch die Beziehungen zu seinen Bündnispartnern zu gefährden:

»... Er wies die französischen Kommunisten an, sich nach General de Gaulle zu richten, und zwar zu einem Zeitpunkt, als sie die treibende Kraft der französischen Widerstandsbewegung waren. Er forderte die italienischen Kommunisten auf, mit dem Hause Savoyen und mit der Regierung Marshall Badoglios Frieden zu schließen und für die Wiederinkraftsetzung von Mussolinis Lateranverträgen mit dem Vatikan zu stimmen. Er tat sein Bestes, um Mao Tse-tung dazu zu bringen, sich mit Tschiang Kai-schek zu einigen, weil er, wie er in Potsdam sagte, davon überzeugt sei, daß die Kuomintang als einzige Macht imstande sei, in China zu regieren. Er machte Tito wegen seiner revolutionären Umtriebe heftige Vorwürfe und verlangte seine Zustimmung zur Wiederherstellung der Monarchie in Jugoslawien ...

Ungläubig und furchtsam starrte er auf die steigende Flut der Revolution, die den Felsen des »Sozialismus in einem einzigen Land« wegzuspülen drohte, auf dem er seinen Tempel errichtet hatte. Der sogenannte Prophet des Marxismus-Leninismus erscheint im Augenblick als der konservativste Staatsmann der Welt.«

Dieses Bild Stalins, der sich in bezug auf die Weltrevolution konservativ gibt, ist unter Kennern der Sowjetunion allgemein anerkannt: »Von der bourgeoisen Welt genauso wie von seiner politischen Umgebung in der Welt des Kommunismus verlangte Stalin nur eins: Schwäche. Dies war nun mit Revolution überhaupt nicht mehr gleichzusetzen ... Stalin wollte nicht, daß andere Staaten kommunistisch waren. Seine einzige Sorge galt ihrer Schwäche, oder daß sie ihre Stärke zumindest nicht gegen ihn und sein Regime, sondern in Auseinandersetzungen untereinander verausgabten ...« (Kennans zitiertes Werk, S. 253). (Über den Zeitraum 1944/45 vergleiche man das Werk von Alperovitz, S. 131–132, 139, auch Deutschers Stalin-Buch, S. 506 ff.)

Das spätere Scheitern von Stalins Nachkriegspolitik der Selbsteindämmung, »teils auf Grund von Kräften, denen Stalin nicht gewachsen war, teils durch Stalins eigenes Versagen«, ist eine komplizierte Geschichte, von der erst ein geringer, aber wichtiger Teil bekannt ist. Von den europäischen Ländern, die in dieser Zeit kommunistisch wurden, war Jugoslawien während der Verhandlungen im Kriege nicht der sowjetischen Einflußsphäre zugewiesen worden, sondern sollte zwischen dem britischen und dem russischen Einflußbereich eine Art Pufferzone bilden. Stalin lag daher viel daran, die jugoslawischen Revolutionäre in Schach zu halten, um seine Beziehungen zu den Alliierten nicht aufs Spiel zu setzen:

»... Lange verunglimpfte er Titos Partisanen und pries die konterrevolutionären Tschetniks von Drasha Mihajlowitsch als die vermeintlichen Helden des Widerstandes gegen die Nazis. Der verbitterte Tito, noch immer einer der treuesten Vertreter der Stalinschen Komintern, beschwor ihn: ›Wenn Sie uns schon nicht Hilfe senden können, dann behindern Sie uns wenigstens nicht.‹ Stalin, so berichtet Tito, ›stampfte vor Wut auf‹ und versuchte Tito zu bewegen, nicht nur der Wiederherstellung der Monarchie, sondern einer möglichen britischen Besetzung Jugoslawiens zuzustimmen ... Titos aufrührerische revolutionäre Umtriebe waren für Stalin ein ›Dolchstoß in den Rücken der Sowjetunion‹[7].«

Stalins Zorn ist verständlich, denn er begann die Kontrolle über seine eigenen kommunistischen Bruderparteien zu verlieren, wo er doch stets davon überzeugt war, sie als »Figuren in seinem großen diplomatischen Schachspiel« verwenden zu können. Diese »Schachfiguren« zeigten jedoch immer mehr ein »Eigenleben«, und Stalin »konnte sie nicht einmal in Besitz nehmen«. Außerdem konnte sich Stalin »das Odium eines offenen Verrats« an der Revolution nicht leisten. Inwieweit er in jedem einzelnen Fall lediglich dem Willen der Figuren auf seinem politischen Schachbrett nachgab und sich dabei einbildete, mit ihnen am Zuge zu sein, und inwieweit er selber sie für seine Züge verwendete, ist noch nicht bekannt. Erst der »Vorfall« des jugoslawischen Bruchs mit Moskau hat die uns vorliegenden Informationen enthüllt. »Sicher« ist jedoch,

»daß, während Stalin sich nur zögernd mit der aufstrebenden Macht des Kommunismus im Ausland zu identifizieren begann, seine westlichen Verbündeten ihrerseits begannen, Stalin mit diesen Kräften gleichzusetzen. Die Große Allianz wich der Großen Feindschaft. Stalin suchte damals eine Rückversicherung gegen den Westen, und die kommunistischen Regierungen in der russischen Einflußsphäre versprachen auch, sie ihm zu verschaffen. Und jetzt war es zweifellos Stalin, der die Schachfiguren bewegte.«

Von Tito selber stammt eine noch deutlichere Bestätigung der Art und Weise, wie dieses politische Kräftespiel Gestalt annahm; »denn Tito zufolge faßte Stalin«, wie Deutscher berichtet, »den endgültigen Entschluß, Osteuropa im Jahre 1947 unter sowjetische Kontrolle zu bringen, und zwar *zu der Zeit, als die Truman-Doktrin verkündet wurde*«. [Hervorhebung vom Autor.]

Der Anstoß zur Integration und Einverleibung Osteuropas zum Zeitpunkt der Truman-Doktrin rührte nicht nur ausschließlich von dem Zusammenbruch der Allianz und damit der Gründe Stalins für das Zurückhalten dieser Kräfte her. Wie wir gesehen haben, war das Bündnis bereits im Herbst 1945 ›gestorben‹. Das Drängen auf eine vollständige Integration Osteuropas in das sowjetische System nach der Truman-Doktrin scheint vielmehr dem zweifachen Wunsch entsprungen zu sein, Osteuropa nach der ›iranischen Methode‹ abzuriegeln und die militärische Verteidigung der Sowjetunion zu erleichtern.

Um die letztere Taktik richtig zu verstehen, müssen wir zu dem früher in diesem Kapitel umrissenen Bild der amerikanischen Nachkriegsregierung noch die Tatsache hinzufügen, daß die USA im Besitz der Atombombe war. Die sowjetische Militärführung dürfte nicht nur durch Amerikas Besitz dieser Waffe und ihren Einsatz gegen ein besiegtes Land beeindruckt gewesen sein, sondern vor allem durch das Schwergewicht, das die westliche Militärtheorie auf die strategische Luftmacht, auf die vielgepriesene Doktrin vom Präventivkrieg[8] und auf das Bestreben legte, an der Peripherie der Sowjetunion Luftstützpunkte zu errichten.

Die gegen die Möglichkeit eines atomaren Angriffs getroffenen Maßnahmen der Sowjetunion umfaßten ein Blitzprogramm zur Herstellung von Kernwaffen, ein umfangreiches Jagdflugzeug-Abwehrprogramm, den Aufbau von Landstreitkräften, um »der atomaren Schlagkraft des Westens die einzig mögliche militärische Antwort zu erteilen« und die Verhängung »strenger geographischer Geheimhaltung über die Landgebiete der Sowjetunion, um der strategischen Bomberflotte der USA keine Zielinformationen zugänglich zu machen[9]«.

Da die militärische Bedrohung der UdSSR in der Hauptsache von bemannten Atombombenflugzeugen ausging, schreibt P. M. S. Blackett, »war eine möglichst tief gestaffelte Luftverteidigung lebensnotwendig. Während des zweiten Weltkriegs hatte man festgestellt, daß die Wirksamkeit eines auf Jagdflugzeuge aufgebauten Verteidigungssystems rasch mit der Tiefe des Verteidigungsgürtels zunahm«. Daher »festigte die Sowjetunion auf politischer Ebene ihre vorgeschobene Verteidigungsstellung durch den politischen Staatsstreich in der Tschechoslowakei im Jahre 1948 und gliederte die anderen Satellitenstaaten noch enger in das sowjetische Verteidigungssystem ein«:

»Eine Bestätigung der Ansicht, daß der kommunistische Staatsstreich in der Tschechoslowakei nicht allein auf dem Wunsch nach einer Ausdehnung der Grenzen des sowjetischen Machtbereichs beruhte, sondern zumindest eine starke militärische Grundlage aufwies, ist darin zu sehen, daß die UdSSR sich in Finnland ähnlicher Maßnahmen enthielt. Der militärische Unterschied liegt auf der Hand. Die Tschechoslowakei in der westlichen Einflußsphäre hätte Rußlands militärische Stärke erheblich geschwächt. Dank der geographischen Lage Finnlands war es nicht erforderlich, einen kommunistischen Staatsstreich zu inszenieren, um Finnland aus der militärischen Interessensphäre des Westens herauszuhalten. Wäre jedoch Schweden der NATO beigetreten, hätte das sowjetische Oberkommando möglicherweise die vollständige Integration Finnlands verlangt[9].«

So erwies sich die Truman-Doktrin einer in zwei gegnerische Lager gespaltenen Welt als eine sich selbst erfüllende Prophezeiung: In Anbetracht der Mentalität der russischen Führung bot die gesamte Nachkriegspolitik der USA, nämlich den Sowjets mit »eiserner Faust« und »unmißverständlicher Sprache« entgegenzutreten und ihnen die Durchführung ihrer Wiederaufbauarbeiten absichtlich so schwer wie möglich zu machen, geradezu die Gewähr für jene »Expansion«, die durch diese Politik angeblich verhindert werden sollte.

Teil II *Führungsmacht der freien Welt*

Die Freiheit des Menschen ist eine Abstraktion, die von den Mächtigen profaniert worden ist. Sie haben diese Idee profaniert, nicht nur weil sie ihr Gewalt angetan, sondern weil sie an sie appelliert haben. Bertrand Russell

Chronologie

12. März 1947	Verkündung der Truman-Doktrin
25. Februar 1948	Staatsstreich in der Tschechoslowakei
Juni 1948–Mai 1949	Blockade Berlins
10. November 1949	Revolution in China
25. Juni 1950	Ausbruch des Korea-Krieges
1. Oktober 1950	MacArthurs Truppen marschieren in Nordkorea ein
24. November 1950	MacArthur greift den Jalu-Fluß an; Kriegseintritt Chinas
11. April 1951	Abberufung MacArthurs aus dem US-Oberkommando
8. Juli 1951	Beginn der Waffenstillstandsgespräche in Korea
November 1952	Eisenhower zum Präsidenten gewählt
27. Juli 1953	Waffenstillstand in Korea
19. August 1953	Staatsstreich der USA im Iran
16. Juni 1954	Die USA setzen Diem in Saigon ein
18.–28. Juni 1954	Intervention der USA in Guatemala
21. Juli 1954	Genfer Abkommen in Vietnam
20. Juli 1956	Termin für die Wahlen zur Wiedervereinigung in Vietnam verstreicht
Oktober–November 1956	Sowjetische Intervention in Ungarn; britisch-französisches Eingreifen am Suez-Kanal
15. Juli 1958	Intervention der USA im Libanon
1. Januar 1959	Revolution auf Kuba
Mai 1960	Syngman Rhee in Südkorea gestürzt
November 1960	Kennedy zum Präsidenten gewählt
Dezember 1960	Gründung der Nationalen Befreiungsfront in Südvietnam
13. März 1961	Allianz für den Fortschritt verkündet
17. April 1961	Invasion Kubas unter verantwortlicher Regie der USA

September 1961	Putsch gegen Juan Bosch in der Dominikanischen Republik
November 1961	Massive Verstärkung der US-Hilfe für Nordvietnam
22. Oktober 1962	Kuba-Krise um Lagerung sowjetischer Raketen
1. November 1963	Putsch gegen Diem in Saigon
22. November 1963	Ermordung Kennedys. Johnson wird Präsident
2. April 1964	Staatsstreich in Brasilien
November 1964	Johnson wieder zum Präsidenten gewählt
7. Februar 1965	USA beginnen mit der Dauerbombardierung Nordvietnams
April 1965	US-Intervention in der Dominikanischen Republik

7. *Verschwörung zur Eindämmung*

> Es gibt im Lande Halb-Trotzkisten, Ein-Achtel-Trotzkisten und ... Leute, die uns ... aus Liberalismus halfen.
>
> Karl Radek

> ... Von Männern, die nicht einsehen konnten, daß das, was ihrer festen Überzeugung nach Liberalismus war, den Sozialismus ausmachte, konnte kaum erwartet werden, daß sie erkannten, was den Kommunismus ausmachte ...
>
> Whittaker Chambers

> Die unverschämteste Lüge des Jahrhunderts wurde von leichtfertigen Demagogen unter den Republikanern in die Welt gesetzt: daß nämlich die Demokraten zu weich gegenüber den Kommunisten seien ...
>
> Harry S. Truman

Im November 1946 gewannen die Republikaner zum erstenmal seit 1928 die Kongreßwahlen. Die meisten politischen Beobachter teilten die Auffassung des Kolumnisten Marquis Childs, daß die »von den Republikanern im ganzen Land ausgerufene Losung ›Schlagt die Kommunisten‹« beim Sieg der Grand Old Party eine wichtige Rolle gespielt habe. Den Republikanern wurde, wie Childs bemerkt, bei der Hochspielung des »Roten Problems« eine wesentliche Unterstützung von J. Edgar Hoover zuteil, der einen Monat vor den Wahlen »lautstark zum Kampf gegen die Kommunisten in den USA geblasen und dabei mehr oder weniger direkt behauptet hatte, daß sie auf jeder Ebene und in allen Organisationen tätig seien«[1]. Hoover sagte, er würde sich keine Sorgen machen, wenn es sich nur um 1000 000 Kommunisten handelte, aber »ihre Gefolgsleute, ihre Mitläufer und ihre sogenannten fortschrittlichen und pseudoliberalen Gesinnungsgenossen« stellten eine entschiedene Bedrohung dar[2].

Genau fünf Monate nach seiner Wahl trat Truman in Aktion, um den Republikanern die Trümpfe aus der Hand zu nehmen. In seiner Rede vom 12. März, in der er seine Doktrin verkündete, sagte er dem internationalen Kommunismus den Kampf an; dreizehn Tage später leitete er die interne Phase seines strategischen Plans ein, indem er eine Verfügung erließ, nach der sich zweieinhalb Millionen Regierungsangestellte einer erneuten Überprüfung durch die Sicherheitsbehörden unterziehen mußten. Nach dieser Anordnung galt als Prüfstein für Untreue gegenüber dem Staat »Mitgliedschaft in bzw. sympathisierende Verbindung zu ... irgendeiner ... Organisation, Gesellschaft, Bewegung, Gruppe oder Vereinigung von Personen, die vom Justizminister als totalitär bezeichnet werden«. Die Motive des Präsidenten für diesen Erlaß ließen sich kaum verbergen. »Dadurch dürfte endlich der kommunistische Schmutzfleck auf der weißen Weste der Demokratischen Partei beseitigt werden!« rief Truman aus.

Offenbar ist Truman nie der Gedanke gekommen, daß dieser Schachzug außerdem eine Unterhöhlung der Vertrauensbasis in der Öffentlichkeit zur Folge haben würde. »Mit einem Federstrich war die Voraussetzung, daß alle Amerikaner loyale Staatsbürger sind, zerstört. Alle Regierungsangestellten wurden zu Bürgern zweiter Klasse, die fortan im Schatten von Akten des FBI lebten, deren Inhalt ihnen jedoch nie mitgeteilt werden durfte, um nicht geheime Informanten preiszugeben[3].«

So begann die Ära des Loyalitätseides. 1947 schrieb die Durchführungsverordnung Präsident Trumans den Loyalitätsausschüssen vor, daß für eine Entlassung »berechtigte Gründe« vorliegen müßten; 1950 wurde diese Fassung abgeändert in »berechtigte Zweifel«, und im Jahre 1953 stellte Präsident Eisenhower neue und noch unbestimmter gefaßte Richtlinien auf, nach denen die zu entscheidende Frage lautete, ob die Beschäftigung eines Beamten im öffentlichen Dienst »mit der Sicherheit der Nation vereinbar« sei.

Als Truman die Verfügung unterschrieb, galt sie für zweieinhalb Millionen Regierungsangestellte, doch bald darauf wurde ihr Geltungsbereich auf drei Millionen Angehörige der Streitkräfte und auf die rund drei Millionen Beschäftigten der Betriebe ausgedehnt, die im Auftrage des Verteidigungsministeriums arbeiteten.

»Somit stehen wenigstens acht Millionen Amerikaner unter der ständigen Belastung, ihre Loyalität beweisen zu müssen, wenn ein anonymer staatlich geschützter Informant sie in Zweifel zieht. Die Familienangehörigen dieser acht Millionen mit eingeschlossen, sind es rund zwanzig Millionen amerikanische Bürger, gegen die jederzeit ein Untersuchungsverfahren angestrengt werden kann. Da Arbeitnehmer in das untersuchte Beschäftigungsverhältnis neu eintreten bzw. aus diesem wieder ausscheiden, nimmt die Gesamtzahl der Bürger, von denen bei der Geheimpolizei Akten angelegt sind, von Jahr zu Jahr zu[3] ...«

Am 6. November 1953 hatte sich der Kreis verdächtiger Personen geschlossen, und die Loyalität des Mannes, der die Loyalitätskontrolle eingeführt hatte, geriet unter Beschuß. An diesem Tage erhob der den Republikanern angehörende Justizminister der USA, Herbert Brownell Jr., gegen Truman selber Anklage, wissentlich einen russischen Spion gedeckt zu haben (nämlich Harry Dexter White, Abteilungsleiter im Schatzministerium der Truman-Regierung und früherer geschäftsführender Direktor des Internationalen Währungsfonds. Die Anschuldigungen gegen White, der drei Tage nachdem er 1948 vor einem Ausschuß des Kongresses bestritten hatte, Kommunist zu sein, an den Folgen eines Herzanfalls starb, wurden nie bestätigt. Truman weigerte sich, der Vorladung, vor einem Ausschuß des Kongresses 1953 im Zusammenhang mit diesem Fall zu erscheinen, Folge zu leisten).

Um eine komplexe Folge von Ereignissen auf die einfachste Form zu bringen: Der McCarthyismus, als dessen erste größere Manifestation sich der Truman-Erlaß erwies, beherrschte das politische Leben der USA nach dem Prinzip einer strengen Scheidung von Gut und Böse. Der McCarthyismus definierte die Welt als ein vage konzipiertes sowjet-kommunistisches Verschwörernest und als ein ebenso vage postuliertes amerikanisch-antikommunistisches Lager der Rechtschaffenheit. Die sämtliche Bevölkerungsschichten durchdringende Allgegenwart dieses Systems sowie seine Möglichkeiten, irreparablen Schaden zu stiften, lassen sich durch bloßes Aufzählen der Personen, die vor Untersuchungskomitees zitiert oder unter Polizeiaufsicht gestellt wurden, nur unzureichend andeuten; der Hauptprüfstein für seinen Erfolg wie für den jedes anderen politisch orthodoxen Systems ist das Maß, in dem es ihm gelang, die Vermutungen seiner Opfer und selbst seiner lebhaftesten Gegner zu unterwandern.

Eines der Hauptangriffsziele der republikanischen McCarthyisten war Präsident Truman, der, in die Enge getrieben, gele-

gentlich Mut und, wenn er sich gegen seine Kritiker zur Wehr setzte, sogar eine gewisse Redegewandtheit bewies:
»Die Demagogen, die Neunmalklugen und die Berufspatrioten hatten ihren großen Tag, als sie nach Leibeskräften Furcht und Schrecken in das amerikanische Volk hineinpumpten ... Viele biedere Leute glaubten tatsächlich, daß die Gefahr einer Machtübernahme durch die Kommunisten unmittelbar bevorstehe und daß unsere Regierung in Washington von Kommunisten durchsetzt sei. Einen solchen Umfang hatte dieser antikommunistische Feldzug angenommen, daß es schien, als sei niemand vor einem Angriff sicher. Dies war die Tragödie und die Schande unserer Zeit[4].«
Diese Zeilen wurden auf dem Höhepunkt der McCarthy-Ära geschrieben und sind insofern bezeichnend, als sie die Hauptverantwortung für die »Tragödie und Schande« den Republikanern zuschreiben und völlig über die Tatsache hinweggehen, daß die Demokraten im wesentlichen eine ähnliche Auffassung teilten und unterstützten. Als er seine eigene Doktrin rechtfertigte – um nur ein Beispiel unter vielen zu nennen –, zeigte Truman offen seine am McCarthyismus orientierte Gesinnung.
»Die Reaktionen auf diese Doktrin in aller Welt bewiesen, daß der eingeschlagene Weg der richtige war. In der ganzen Welt wurden zustimmende Äußerungen laut, während die Kommunisten und ihre Mitläufer wütend über mich herfielen[5].«
Aus Trumanscher Sicht läßt sich die Welt in zwei Sorten von Menschen einteilen: in Kommunisten und Antikommunisten. Die, die gegen die Doktrin sind, müssen eo ipso Kommunisten sein und umgekehrt, weil die Kommunisten gegen die Doktrin sind, muß sie eo ipso gut sein.
Ein flüchtiger Blick in vorhandene Dokumente zeigt jedoch, daß die Doktrin auf den heftigen Widerstand zahlreicher Diplomaten aus nichtkommunistischen Ländern, der britischen Labour Party und vieler englischer Zeitungen sowie amerikanischer Kolumnisten stieß, darunter Walter Lippmann, William L. Shirer, Samuel Grafton, Drew Pearson, Thomas L. Stokes und Marquis Childs[6]. Die Chicagoer Blätter, an der Spitze sogar die streng antikommunistische *Chicago Tribune*, »waren einmütig dagegen«, während aus einer öffentlichen Meinungsumfrage des Gallup-Instituts vom 27. März hervorging, daß 55 Prozent der Bevölkerung nicht damit einverstanden waren, daß die Doktrin die Vereinten Nationen umgangen hatte. Selbst der Rußlandexperte George Kennan äußerte starke Bedenken. »Wenn man sagen wollte, Kennan habe gegen die Doktrin einiges einzuwenden gehabt, so ist das sehr gelinde ausgedrückt«, schrieb Joseph M. Jones, der für die Ausarbeitung der Doktrin verantwortlich war. »Er protestierte in scharfer Form gegen den Ton der Botschaft und gegen die vorgeschlagenen Sonder-

maßnahmen.« Kennan sprach mit einer Reihe von Leuten im State Department, darunter mit Dean Acheson, um den Plan noch rückgängig zu machen, aber »es war schon zu spät«[7].
So ließ sich eine Grenzlinie nicht so genau oder einfach ziehen. Das Kernproblem war zu vielschichtig. Wenn man Trumans Memoiren liest, würde man nie vermuten, daß es zwischen den wütenden Ausfällen der Kommunisten und den weltweiten »Äußerungen der Zustimmung« auch noch mittlere Töne gab, die der Beachtung wert sind. Dennoch wurden auch außerhalb der kommunistischen Bewegung kritische Stimmen grundlegender Natur zu akuten Problemen laut, die später den Verlauf des Kalten Krieges bestimmen sollten.
Aber das Denken in Schwarzweißbegriffen läßt keinen Raum für derartige Mittelgruppen; es erfordert die Errichtung einer orthodoxen Entweder-Oder-Position in allen Bereichen. Und während der Loyalitätseid dazu diente, im Bereich der Innenpolitik eine solche orthodoxe Auffassung durchzusetzen, versuchte die Truman-Doktrin, das Schwarzweißdenken für die ganze Welt einzuführen: »In meiner Rede habe ich gesagt, daß jede Nation jetzt vor die Wahl gestellt ist, sich für die eine oder die andere Lebensart zu entscheiden.« Truman hatte die Welt hochmütig in die zwei Lager Demokratie und Totalitarismus eingeteilt und dadurch die große und überaus wichtige Mitte aus seinem System ausgeschaltet. (In früheren und späteren Erklärungen zur Politik setzten Truman und die amerikanische Führung »freie Wirtschaft« mit Demokratie und jede Variante des Sozialismus mit Totalitarismus gleich.) Indem sie die Revolution durch »bewaffnete Minderheiten« für ungesetzlich erklärte, tat die Truman-Doktrin jede Revolution in Acht und Bann, denn wenn auch echte Revolutionen am Ende wenigstens die heimliche Unterstützung des Volkes gewinnen, werden sie doch meistens durch kleine Gruppen entschlossener Männer begonnen und gewöhnlich auch durchgeführt.
Vorausschauend warnte Walter Lippmann vor der Gefahr einer Politik globaler Eindämmung, die von der Truman-Doktrin ebenfalls verkündet wurde. Lippmann wies darauf hin, daß die USA nicht die Truppenstärke habe, um die Sowjetunion einzukreisen, und folgerte daraus, daß diese Politik nur »mittelbar« durchgeführt werden könne, d. h. durch
»Bereitstellung, finanzielle und moralische Unterstützung eines heterogenen Aufgebots von Satelliten, Vasallen, Abhängigen und Marionetten ... um die Grenzen der Sowjetunion herum ...
Ein nach den Erfordernissen dieser Politik, d. h. ein indirekt geführter diplomatischer Krieg bedeutet, daß wir unsere eigene Sicherheit und den Frieden der Welt Satelliten, Marionetten, Vasallen und Agenten überlassen müssen, über die wir nur sehr

wenig wissen können. Häufig handeln solche Satelliten usw. aus eigenen Motiven, nach eigenem Ermessen, und konfrontieren uns mit Krisensituationen, auf die wir nicht vorbereitet sind. Die ›unangreifbaren Schranken‹ [die um die Grenzen der Sowjetunion errichtet sind] werden uns vor eine nicht endende Reihe auswegloser Situationen stellen. Wir werden entweder unsere Marionetten verleugnen müssen, was einer Beschwichtigung, einer Niederlage, einem Verlust des Gesichts gleichkäme, oder wir müssen sie auf das unberechenbare Risiko eines nicht beabsichtigten, unvorhergesehenen und vielleicht unerwünschten Ausgangs hin unterstützen[8].«

Ohne auf diese Fallgruben zu achten (die jetzt die vertrauten Namen Korea, Vietnam, Laos, Formosa ... tragen), drängte Truman mit einem Programm nach vorn, das im wesentlichen die Empfehlungen des rechten Flügels der Republikaner widerspiegelte: die Welt aus der Sicht »unserer Lebensart« zu begreifen, gegenüber der Sowjetunion einen unversöhnlich »harten Kurs« einzunehmen und gleichzeitig alle Bemühungen, den Status quo mit Gewalt zu ändern, als kommunistisch und daher schädlich zu interpretieren. Aber dies ersparte ihm nicht die Kritik seiner politischen Gegner, die ihn nur zu beschuldigen brauchten, die Sache des Antikommunismus nicht mit genügendem Nachdruck vorangetrieben zu haben. Ihre Drohungen und Beleidigungen steigerten sich zu einem massiven Angriff, als die Mauer zur Eindämmung des Kommunismus durch die gewaltige Revolution in China durchbrochen wurde.

1948 war in Amerika ein Wahljahr und das erste Jahr eines wirklichen Kalten Krieges in Europa. Der Staatsstreich in der Tschechoslowakei erfolgte im Februar, die Blockade Berlins folgte im Juni und der Kongreß stimmte zum erstenmal in der Geschichte der USA für die Einführung der Wehrpflicht in Friedenszeiten. Während der zunehmenden Anstrengungen im Rahmen des Wahlfeldzuges hielt der von den Republikanern beherrschte Ausschuß für unamerikanische Tätigkeit nach entsprechender Ankündigung öffentliche Hearings ab, um die kommunistische Unterwanderung der Regierung aufzudecken. Unter den von Informanten des Ausschusses als Kommunisten Bezeichneten befand sich Alger Hiss.

Hiss, ein früherer Beamter im State Department der Roosevelt-Regierung, war Leiter der Carnegie-Stiftung für Internationalen Frieden. Er wies die Anschuldigungen sofort zurück und strengte gegen seinen Ankläger, Whittaker Chambers, einen Verleumdungsprozeß mit einer Schadensersatzforderung in Höhe von 75 000 Dollar an. Inzwischen stempelte Truman die gesamte Reihe von Untersuchungen zu einem politischen Tarnmanöver, das lediglich dazu diente, die Aufmerksamkeit der Bevölkerung vom Versagen des von den Republikanern kon-

trollierten Kongresses während der vorhergehenden Sitzungsperiode abzulenken.
Zwei Verhöre waren erforderlich, um Hiss des Meineides zu überführen, als er sich gegen eine spätere Anklage, er habe Spionage getrieben, verwahrte. Er beteuerte seine Unschuld bis zum Ende. Die folgenschwere Bedeutung dieses Falles hatte jedoch wenig damit zu tun, ob Hiss wirklich schuldig oder unschuldig war[9]; die Bedeutung des Falles leitete sich vielmehr aus seiner Symbolik her, aus der Absicht, diesen Vorfall von den Massenmedien aufgreifen zu lassen, und daraus, daß er sich in einer spannungsgeladenen politischen Umgebung abspielte:
»... Die Verbindung von New-Deal-Politik und Kommunismus war für einen amerikanischen Wirrkopf leicht, fast axiomatisch. Waren es nicht die Verfechter der New-Deal-Politik ebenso wie die Kommunisten, die von der Erhebung der Massen, vom Kampf gegen die Geschäftsleute, über die Einrichtung von Wirtschaftskontrollen über die Gesellschaft sprachen und das Traditionelle, das Herkömmliche in allen Lebensbereichen in Frage stellten? Waren es nicht die Reformer in der Heimat, die während des Krieges dazu aufgerufen hatten, den Bolschewisten im Ausland die Hand zu reichen? War nicht Alger Hiss genau der Typ, auf den die Anhänger des New Deal so stolz waren[10]?«
Die Jahre, über die sich der Fall Hiss hinzog, erwiesen sich als die Wasserscheide des McCarthyismus und als die Jahre der Vorherrschaft des republikanischen rechten Flügels. Der auf Schwarzweißmalerei beruhende McCarthyismus (der bis zur Zeit vor dem Senator zurückreichte, nach dem er benannt ist) lieferte das perfekte begriffliche Gerüst für jene nationalistisch eingestellten Kreise, die das, was sie von der Weltgeschichte sahen, nur als Erfolge und Niederlagen der USA sahen. Für diese Leute stellte die Explosion einer russischen Atombombe im Jahre 1949 nicht die Krönung russischer Forschungsbemühungen dar, sondern einen Verrat an den USA durch amerikanische Spione. Es war »unsere« Bombe, und »sie«, die Russen, hatten sie gestohlen. Die Revolution in China, die im gleichen verhängnisvollen Herbst mit so niederschmetternder Wirkung über das Bewußtsein der amerikanischen Öffentlichkeit hereinbrach, war keine Errungenschaft der Chinesen, sondern ein »Verlust« für die Amerikaner. Der Faden, der diese Weltanschauung in der McCarthy-Ära zusammenhielt (und zu einem großen Teil noch zusammenhält), war die Verschwörungstheorie:
»Im Mittelpunkt der emotionellen Beweggründe für diese ganze Verschwörungstheorie stand genau die Tatsache, daß es eine Verschwörungstheorie *war*. Die verhaßten Entwicklungen hätten alle verhindert werden können, sie waren sämtlich das Werk einiger böser Menschen, die unter dem Deckmantel der

Heuchelei operierten ... Der Aufstieg des Kommunismus in der ganzen Welt war nicht die Folge lange einwirkender historischer Kräfte; die Fortschritte der Roten waren vielmehr Leuten wie Alger Hiss zu verdanken, die es fertiggebracht hatten, den Kommunisten zu ihren Erfolgen zu verhelfen.« (Eric F. Goldman, *The Crucial Decade and After* [Das entscheidende Jahrzehnt und danach], 1961, S. 123: »Die damaligen schweren Drohungen waren hauptsächlich gegen Alger Hiss gerichtet, weil er an den Konferenzen von Dumbarton Oaks und Jalta teilgenommen hatte. Trotz der geschichtlich nachweisbaren Tatsachen war Jalta damals schon zum Symbol der amerikanischen ›Kapitulation‹ und der Zugeständnisse Roosevelts geworden, der den Sowjets Polen ›geschenkt‹ und ihnen ›gestattet‹ hatte, eine pazifische Macht zu werden.«

Für die amerikanischen Nationalisten, die der Verschwörungstheorie in ihrer extremen Form völlig ergeben waren, bildete das zeitliche Zusammentreffen der chinesischen Revolution mit den Enthüllungen im Hiss-Fall ein sie besonders verwirrendes Erlebnis. »Seit vielen Jahrzehnten hatte sich in Amerika ein Gefühl entwickelt, daß die USA nach dem Gesetz der Geschichte an den Asiaten eine besondere Mission zu erfüllen hätten.« Wie es Senator Wherry im Jahre 1940 vor einer laut jubelnden Menge verkündet hatte: »Mit Gottes Hilfe werden wir Shanghai hoch emporheben, hoch und immer höher, bis es genau wie Kansas City ist[11].« General Douglas MacArthur formulierte die emotionelle und politische Quintessenz dieses Standpunktes mit etwas apokalyptischen Worten, als er während des zweiten Weltkrieges einmal sagte: »Europa ist ein sterbender Kontinent. Er ist verbraucht und ausgelaugt und wird unter die wirtschaftliche und industrielle Hegemonie Sowjetrußlands geraten ... Die an den Pazifik grenzenden Länder mit ihren Milliarden Einwohnern werden den Lauf der Geschichte in den nächsten zehntausend Jahren bestimmen[12]!«

Der »Verlust« Chinas war für derartige Gefühle ein schwerer Schlag. In der darauffolgenden Panikstimmung richtete der nationalistische rechte Flügel seine ganze Wut gegen den einzigen Feind in Reichweite: den »inneren Feind«. Die Baumeister und Vollstrecker der gescheiterten Eindämmungspolitik, an Europa orientierte Demokraten, die zum großen Teil an der Ostküste aufgewachsen waren und als Angehörige der exklusiven Studentenvereinigung Ivy League ihre Ausbildung erhalten hatten, waren in einer ganzen Reihe von Punkten besonders verwundbar, die ihren höchsten Ausdruck in der symbolreichen Figur von Alger Hiss fanden. Dean Acheson, der am Ruder der amerikanischen Außenpolitik stand und daher vor allen anderen für den »Verlust« Chinas verantwortlich war, paßte gut zu dem Bild, das Hiss verkörperte (Acheson und Hiss waren langjährige Kollegen). »Wenn ich mir diesen Burschen betrachte«, explodierte Senator Hugh Butler aus Nebraska, »wenn ich mir sein neunmalkluges Gehabe, seine nach englischer Mode geschnittenen Anzüge und diese New-Deal-Masche ansehe, von vorne bis hinten New Deal in allem, was er sagt und tut, dann möchte ich ihn anbrüllen: ›Machen Sie bloß, daß Sie hier verschwinden! Sie sind Symbol für alles, was seit Jahren mit den Vereinigten Staaten schiefgegangen ist[14]‹.«

Ein weiteres Ziel der Anwürfe war General George C. Marshall, der während des Krieges Generalstabschef und unter Truman Verteidigungs- und Außenminister gewesen war. Der Präsident hatte ihn als den »größten lebenden Amerikaner« bezeichnet, aber das ließ McCarthy kalt. Marshall hatte sich natürlich mit Trumans Fernostpolitik exponiert; während seiner Mission in China hatte er versucht, das bereits hoffnungslos zum Untergang verurteilte Regime Tschiang Kai-scheks künstlich aufrechtzuerhalten, indem er ihn überzeugte, zusammen mit den Kommunisten – unter für die Nationalchinesen günstigen Bedingungen – eine Regierung zu bilden.

In einer rund sechzigtausend Wörter umfassenden Rede klagte McCarthy am 14. Juni 1951 Marshall an, er habe an »einer so riesengroßen Verschwörung teilgenommen und dabei eine so abgrundtiefe Ehrlosigkeit an den Tag gelegt, daß das ungeheure Maß seiner Schuld alles in der Geschichte des Menschen bisher Dagewesene in den Schatten stellt... (eine Verschwörung, die darauf abzielte), uns in Schach zu halten, uns auszuschalten und uns schließlich das Opfer sowjetischer Intrigen von innen und der Militärmacht Rußlands von außen werden zu lassen[14]«.

Andere Chinaexperten im State Department, die ähnliche Pläne zur Vermeidung eines amerikanischen Prestigeverlusts in China unterstützt hatten, wurden in McCarthys Rede bezichtigt, ihren ganzen Einfluß »in die Waagschale der roten Verschwörung zum Sturz unseres Verbündeten, der chinesischen Regierung, geworfen zu haben[15]«.

Der Erfolg der Angriffe McCarthys läßt sich an der Tatsache ermessen, daß sowohl Acheson als auch Marshall sich gezwungen sahen, vor dem Senat zu beteuern, daß sie die Anerkennung Rotchinas nicht einmal in Erwägung ziehen würden, ja daß die USA *nie und nimmer* daran dächten. Und in der Tat: Die damals eingeschlagene politische Linie ist im Laufe dreier aufeinanderfolgender Regierungen die wesentliche Chinapolitik der USA geblieben. Diese grundlegende Kontinuität einer Politik (obwohl auf einem Sondergebiet) ist schwer in Einklang zu bringen mit der von vielen vertretenen Ansicht, der McCarthyismus sei einfach eine zeitweilige Verirrung eines bestimmten, nämlich des republikanischen Teils der amerikanischen Gesellschaft gewesen, und nicht eine spezifische, wenn auch übertriebene Manifestation der amerikanischen Einstellung zum Kalten Krieg. Gewiß, es trifft beispielsweise zu, daß McCarthy und seine Gesinnungsgenossen ihre Wut am State Department *nach* dem Sieg der Republikaner im Jahre 1952 ausließen, doch muß man dabei berücksichtigen, was in den letzten Jahren der Truman-Regierung aus dem China-Dienst geworden war:

»Das Schwergewicht in der Berichterstattung des China-Dienstes während der kritischen Jahre (1944–1949) lag darauf, daß bei dem unvermeidlichen Konflikt zwischen den chinesischen Kommunisten und Tschiang Kai-schek Tschiang der Verlierer sein würde. Mit dieser richtigen Beurteilung der Lage konnte der China-Dienst jedoch keine Ehre einlegen. China ist kommunistisch geworden. In gewisser Weise hat man die Männer des China-Dienstes dafür verantwortlich gemacht. Der China-Dienst besteht daher nicht mehr. Von den zweiundzwanzig Beamten, die ihm vor Beginn des zweiten Weltkrieges angehörten, fanden 1952 nur noch zwei im State Department Verwendung. Die meisten anderen Beamten standen zwar noch immer im Dienst der amerikanischen Regierung, aber nicht auf einem Posten ..., wo sich ihre Kenntnisse eines China, gegen das wir in Korea Krieg führten, als nützlich erweisen könnten[16].«

Somit hatten die Demokraten, noch bevor sich McCarthy den Einfluß der Republikaner überhaupt zunutze machte, die Dienststelle der Männer aufgelöst, die China »verloren« hatten, als seien sie dafür wirklich verantwortlich gewesen. (Unter Verletzung seiner eigenen Bestimmungen entließ Dean Acheson 1951 John Stewart Service aus seiner Stellung in der Fernostabteilung des State Department, und zwar trotz der Tatsache, daß Service, als Acheson ihn entließ, bereits achtmal von jedem Verdacht entlastet worden war: einmal durch ein großes Geschworenengericht, einmal durch ein Untersuchungskomitee des Senats und sechsmal durch Loyalitäts- bzw. Sicherheitsausschüsse. 1957 hob das Oberste Gericht der USA diese Entfernung aus dem Amt auf und entschied, daß Service nicht nur wieder in den Staatsdienst eingestellt wurde, sondern auch eine Gehaltsnachzahlung erhielt [Fleming, S. 883].) Man kann nun natürlich einwenden, daß die Demokraten dies taten, um einem Angriff McCarthys »vorzubeugen«, d. h. als ein rein »defensives« Manöver; mit Bestimmtheit läßt sich sagen, daß diese Verkettung von Umständen Truman 1947 als Begründung für seine Einführung des Loyalitätseides diente. Doch in diesem Falle sollte er sich rasch als vernichtend für die Demokraten erweisen, denn um diese Verteidigungsstellung zu beziehen, mußten sie im wesentlichen die gleichen Grundvoraussetzungen wie die Republikaner teilen und zum Ausdruck bringen (wozu sie auch bereit waren). Warum sollte das amerikanische Volk, ohne deutliche Alternativvorstellung von den hinter den Ereignissen wirkenden Kräften, den Anschuldigungen der Republikaner, die Demokraten seien für den ›Schlamassel‹ verantwortlich, eigentlich keinen Glauben geschenkt haben?

Das China-Problem und das Schicksal Dean Achesons stellen einen geradezu klassischen Fall dar. Im August 1949 veröffentlichte das State Department ein Weißbuch, in dem vorausgesagt wurde, China werde bald in die Hände der Kommunisten fallen, das aber gleichzeitig die Chinapolitik der Regierung verteidigte. Im Vorwort schrieb Acheson:

»Man hat geltend gemacht, daß relativ geringfügige zusätzliche Hilfsmaßnahmen der USA auf militärischem und wirtschaftlichem Gebiet der Nationalregierung die Vernichtung des Kommunismus in China ermöglicht hätten. Unserer Regierung vorliegende höchst zuverlässige Informationen militärischen, wirtschaftlichen und politischen Inhalts bestätigen diese Auffassung freilich nicht . . . Die einzige Alternative, die sich den USA bot, war eine groß angelegte Intervention zugunsten einer Regierung, die das Vertrauen der eigenen Truppen und des eigenen Volkes längst verloren hatte.« (General Joseph Stilwell, Oberbefehlshaber der amerikanischen Streitkräfte in China während des zweiten Weltkrieges, schrieb 1944: »Wir kämpfen gegen Deutschland, um das System der Nazis zu vernichten – eine von der Gestapo unterstützte Einparteienregierung . . . China, unser Verbündeter, wurde ebenfalls von einer Einparteienregierung [der Kuomintang] mit Unterstützung einer Gestapo [Tai Lis Organisation] regiert . . . Um ein solches System zu beseitigen, muß man es buchstäblich in Stücke reißen . . .« [J. W. Stilwell, *Stilwell's Papers*, New York, 1948, S. 320].)

Aus seiner Erklärung, daß das Regime Tschiang Kai-scheks korrupt und unfähig war und sich den gerechten Forderungen der Massen des chinesischen Volkes verschloß, folgerte Acheson, daß »die verhängnisvollen Auswirkungen des Bürgerkrieges in China durch die Regierung der USA nicht mehr gesteuert werden konnten . . . *Der Bürgerkrieg war das Ergebnis innerchinesischer Kräfte*, Kräfte, die Amerika zu beeinflussen suchte, aber nicht zu beeinflussen vermochte[17]«. [Hervorhebung vom Autor.]

Bei der Rückschau auf die letzten Phasen von Tschiangs Sturz zitiert das Weißbuch Aufzeichnungen des Auslandsdienstes, die ausdrücklich betonen, daß die Kuomintang in den Jahren 1943/1944 angesichts der japanischen Invasion einen selbstmörderischen Kurs verfolgte, wogegen die Kommunisten Wege beschritten, die »historisch und entwicklungsmäßig vernünftig« waren. Während Tschiang nämlich darauf bestand, den Bürgerkrieg gegen die Kommunisten voranzutreiben, standen diese

gegen die Japaner in einem Kampf, der »von einer total mobilisierten Bevölkerung als Angriffskrieg geführt wurde«.
Diese Mobilisierung wurde durch eine »ökonomische, politische und gesellschaftliche Revolution ermöglicht«; zum erstenmal war dem Volk »etwas gegeben worden, für das es sich zu kämpfen lohnte«. Wegen dieser »Massenunterstützung, dieser Massenbeteiligung« hatte sich die kommunistische Bewegung so ausgedehnt, daß sie ein Gebiet von 850 000 km² und neunzig Millionen Menschen umfaßte. Die Kommunisten, so schlossen die Aufzeichnungen, »sind in China, um dort zu bleiben. Und Chinas Geschick wird nicht von Tschiang, sondern von ihnen bestimmt[18]«.
Der Zusammenbruch Tschiang Kai-scheks im Jahre 1949 erfolgte nach den langen, zweiundzwanzigjährigen Anstrengungen der Kommunisten ziemlich schnell. Ganze Städte und Armeen ergaben sich, ohne nennenswerten Widerstand zu leisten, während Tschiangs Truppen massenweise zu den Kommunisten überliefen. Die Kuomintang-Jahre üppig blühender Korruption, ungehemmter Brutalität, leichtfertiger Geringschätzung von Menschenleben, der Abneigung, sich gegen die japanischen Invasoren zu verteidigen, und vor allem des permanenten Widerstandes gegen die Agrarrevolution hatten schließlich ihr unvermeidliches Opfer gefordert.
Dennoch bestanden einige vom nationalistischen rechten Flügel angestachelte Amerikaner darauf, dieses historisch bedeutsame Ereignis als eine Palastrevolution anzusehen, eine fernöstliche Version des Staatsstreichs in der Tschechoslowakei, als eine Katastrophe, die durch verstärkte Waffenlieferungen durchaus vermeidbar gewesen wäre. Daß diese Auffassung sich rasch zur vorherrschenden amtlichen Auffassung Amerikas entwickelte, wurde sichergestellt, als Acheson sich von dem im Weißbuch vertretenen Standpunkt – der einzigen Grundlage einer vernünftigen Chinapolitik – distanzierte und sich die allzu einfache Verschwörungstheorie McCarthys, wenn auch in etwas verfeinerter Form, zu eigen machte.
Am 16. Februar 1950, sieben Tage nach McCarthys berüchtigtem Angriff gegen das State Department, hielt Acheson eine wichtige politische Rede. Als eine der ersten offiziellen Erklärungen zur politischen Lage nach der Explosion der russischen Atombombe im Herbst umriß sie das Programm des State Department, um den veränderten Bedingungen der Weltsituation Rechnung zu tragen[19]. Für Politiker wie Winston Churchill, der darauf hinwies, daß die Zeit gekommen sei, sich mit den Sowjets an einen Tisch zu setzen und sich um eine Kontrolle des zunehmenden Wettrüstens und um eine Beendigung des Kalten Krieges[20] zu bemühen, hatte Acheson wenig übrig:
»Wir hören immer wieder sagen, daß, wenn wir Harry Tru-

man nur dazu bewegen könnten, seine ›Beine mit Joseph Stalin unter einen Tisch zu strecken‹ – das ist die benutzte Wendung – wir jede internationale Schwierigkeit zu beseitigen imstande sein würden... Wir müssen jedoch erkennen, daß es für die gegenwärtige Lage in der Welt keine leichte Lösung gibt. Die einzige Art und Weise, mit der Sowjetunion fertig zu werden, besteht nach unseren Erfahrungen darin, Situationen der Stärke zu schaffen[21].«

Auf den neuen Sachverhalt im Zusammenhang mit der Atombombe übertragen, konnte unter der Schaffung von Situationen der Stärke nur der Bau einer Wasserstoffbombe verstanden werden, deren Vernichtungskraft größer als die der sowjetischen Atombombe war. Um dieses verstärkte Wettrüsten zu rechtfertigen, beschwor Acheson das Bild eines derart verschlagenen und derart »unversöhnlichen, ernst zu nehmenden« Feindes herauf, daß »wir in der Tat gegen ihn verlieren könnten, ohne jemals einen Schuß abgegeben zu haben«. Den Beweis für das Wesen dieses geheimnisvollen und mächtigen Gegners lieferte die chinesische Revolution:

»... Die Kommunisten übernahmen die Macht in China zu einem lächerlich geringen Preis. Sie luden einfach einige mit der Entwicklung in ihrem Land unzufriedene chinesische Führer nach Moskau ein. Dort wurden sie so gründlich geschult, daß ihnen bei ihrer Rückkehr nach China jedes Mittel recht war, um die Herrschaft der Kommunisten durchzusetzen. Sie waren der Moskauer Regierung sklavisch ergeben... Diese Agenten mischten sich dann unter die Leute und machten ihnen die persönlichen materiellen Vorteile des Kommunismus schmackhaft...[21]«

Dies war in der Tat eine revidierte Erklärung für die chinesische Revolution (ein knappes halbes Jahr nach der Veröffentlichung des Weißbuches). Acheson machte nun seinen ganzen Einfluß geltend, um eine Version historischer Ereignisse zu verbreiten, der wohl niemand mit seiner Erfahrung in weltpolitischen Dingen ernsthaft Glauben schenken konnte, nämlich daß nach achtundzwanzig Jahren revolutionären Kampfes (davon zweiundzwanzig in einem blutigen Bürgerkrieg) die chinesischen Kommunistenführer die Zügel der Macht in einem Land von fünfhundert Millionen Einwohnern einfach nichtchinesischen Herrschern überlassen würden, Männern, die an dem langen Kampf nicht einmal teilgenommen und sich in seinen entscheidenden Phasen sogar dagegengestellt hatten. Das einzige kommunistische Staatsoberhaupt in Osteuropa, dessen Partei ohne Intervention der Roten Armee zur Macht gelangt war, nämlich Tito, hatte die Abhängigkeit von Stalin bereits als unerträgliche Belastung empfunden. Darüber hinaus war Titos Stellung gegenüber Moskau viel schwächer als die Mao Tse-tungs, nicht zuletzt, weil Mao schon viele Jahre, ehe er die Macht über ganz China erlangte, der wirkliche Herrscher über Millionen Chinesen in den kommunistisch besetzten Gebieten gewesen war.

Die Absurdität von Achesons revidierter Version der chinesischen Geschichte wurde durch Stalins fortgesetzte Blindheit gegen den Charakter und die Möglichkeiten der Revolution noch unterstrichen. Selbst nach dem Krieg, als es den meisten Beobachtern klar war, daß Tschiang Kai-schek abgewirtschaftet hatte, hielt Stalin nicht viel von den Aussichten des chinesischen Kommunismus. Als die chinesischen Kommunisten kurz nach der Niederlage Japans Vertreter nach Moskau entsandten, »teilte Stalin ihnen kurz mit, daß seiner Meinung nach die Weiterentwicklung der Revolution in China keine Aussichten habe[2]«. Er riet den chinesischen Kommunisten, sich der Regierung Tschiang Kai-scheks anzuschließen und ihre Armee aufzulösen. Sie waren damit einverstanden, kehrten nach China zurück und »handelten völlig anders«.

Während des ganzen Krieges hatten die Russen ihre Hilfsmaßnahmen für China der Kuomintang und nicht den Kommunisten zur Verfügung gestellt, und die Kuomintang verwendete dieses Material in ihrem Kampf gegen die Kommunisten. Nach dem Krieg plünderten die Russen die Mandschurei, Chinas industrielles Kernland, aus, so daß schwere Mißstände auftraten und die chinesischen Volksmassen einen Proteststurm entfachten[23]. Die chinesisch-sowjetischen Differenzen waren dem Auslandsdienst bekannt und wurden von diesem auch mitgeteilt. Dennoch erklärte am 18. Mai 1951 der Unterstaatssekretär für Fernostangelegenheiten, Dean Rusk (der nie im Fernen Osten gewesen war):

»Das Peiping-Regime kann nur eine russische Kolonialregierung sein – ein slawisches Mandschukuo in größerem Maßstab. Es ist nicht die Regierung Chinas. Es besteht nicht einmal die erste Probe. Es ist nicht chinesisch. Es ist nicht berechtigt, für China zu sprechen... Die Nationalregierung der Republik China [Formosa]... vertritt weitaus glaubwürdiger die Meinung des Großteils der chinesischen Bevölkerung[24].«

Wie das Regime Tschiang Kai-scheks nach zweijähriger Herrschaft auf Formosa die »große Masse des chinesischen Volkes« vertrat, nachdem es 1949, als es noch das Festland besaß, von Dean Acheson als eine Regierung beschrieben worden war, die die »Unterstützung des Volkes verloren hatte[25]«, das erklärte Rusk nicht.

Die Erklärungen Rusks und Achesons enthüllten ganz deutlich die neuen »fundamentalen« Voraussetzungen, auf denen die Chinapolitik der USA beruhte. Hier lag schwarz auf weiß die Theorie einer monströsen Verschwörung vor, nichts anderes. Mit keinem Wort wurden die gewaltigen historischen

Kräfte anerkannt, die über China hinweggefegt waren, Kräfte, die die chinesischen Kommunisten über zwanzig Jahre hinweg gegen ein hoffnungslos despotisches und korruptes Regime organisiert, mobilisiert und angeführt hatten.
Wenn darüber hinaus »die Kommunisten die Macht in China zu einem lächerlich geringen Preis übernahmen«, wie Acheson sich auszudrücken beliebte, dann mußte man fragen, warum die Regierung der Vereinigten Staaten mit ihren in die Milliarden gehenden Hilfsmaßnahmen, ihren auf dem chinesischen Festland stationierten hunderttausend Mann sowie ihren technischen Beratern und Gesandten nicht imstande war, China zu »retten«. Genau diese Frage stellten nun die Republikaner. Die Wirkung war verheerend. (Acheson wird von einigen bis auf den heutigen Tag als der Mann angesehen, der China »verlor«.) Doch hätte die Frage der Republikaner für die Regierung nie so niederschmetternd sein können und der McCarthyismus wäre nie die mächtige Bedrohung gewesen, die er war (und bleibt), wenn er in seiner Grundkonzeption und Weltanschauung nicht gerade von den Leuten unterstützt worden wäre, die er attakkierte: von den vermeintlich neunmalklugen Befürwortern der Eindämmungspolitik.

8. *Von der Eindämmung zur ›Befreiung‹: Korea*

> Dieses Kapitel ist für Inso, dessen Verbitterung nie besänftigt werden kann, dessen Geist aber ungebrochen bleibt.
>
> Die Koreaner waren nicht die ersten, die erfuhren, daß, obgleich Freiheit ein kostbares Gut ist, ›Befreiung‹ ein hoher Preis ist, den man dafür entrichten muß.
>
> Sir Anthony Eden

Korea wurde 1945 von der Sowjetunion und den USA in Übereinstimmung mit den zwischen beiden Ländern in Kairo, Jalta und Potsdam getroffenen Abmachungen besetzt[1]. Am 10. August war der größte Teil Nordkoreas in russischer Hand. Am 8. September landeten amerikanische Truppen in Südkorea, und die USA schlugen eine Demarkationslinie am 38. Breitengrad vor. (Dean Acheson erklärte in den *MacArthur Hearings* [Teil 3, S. 2, 104] als Zeuge, daß die Teilung Koreas am 38. Breitengrad vom Kriegsminister empfohlen und von den Vereinigten Stabschefs, vom Koordinierungsausschuß zwischen Regierung, Heer, Flotte und Luftwaffe sowie vom Präsidenten gebilligt wurde.) Auf die Erfordernisse einer militärischen Lage gegründet, erwies sich die Wahl des 38. Breitengrades als Demarkationslinie als besonders unglücklich, weil die von den Japanern erbauten Industriewerke Koreas im Norden des Landes lagen, während das Gros der Bevölkerung im Süden wohnte. Eine unparteiische Politik hätte Bemühungen unterstützt, die ausländischen Streitkräfte in diesem frühen Stadium abzuziehen, und auf eine sofortige Wiedervereinigung des Landes hingewirkt. Aber auf der im Dezember 1945 (ohne Hinzuziehung der Koreaner) abgehaltenen Konferenz beschlossen die Außenminister, Korea fünf Jahre unter der gemeinsamen Treuhandverwaltung der Besatzungsmächte zu belassen.

Nach vierzigjähriger Besetzung durch die Japaner war Korea 1945 willens und bereit, wieder die Aufgaben einer Selbstregierung zu übernehmen. Im ganzen Land gab es eine Widerstandsbewegung, die nach der Kapitulation Japans überall in Korea Revolutionskomitees gegründet hatte. Obwohl Kommunisten Mitglieder fast aller dieser Komitees waren (sie bildeten die einzige Partei mit einer nennenswerten Mitgliederzahl), waren in den Komitees alle politischen Gruppen vertreten. In der bedeutenden Provinz Cholla Nam Do stand an der Spitze des Komitees ein proamerikanischer christlicher Pastor[2].

Eine Repräsentativversammlung dieser Komitees zur Vorbereitung der nationalen Unabhängigkeit fand in Seoul am 6. September 1945 statt und bildete eine nationale Regierung mit einer für ganz Korea, den Norden und den Süden, geltenden Zuständigkeit. »Wenn die Volksrepublik radikale Tendenzen zeigte, dann spiegelten sich in ihnen mit ziemlicher Genauigkeit lediglich die Ansichten der koreanischen Mehrheit wider[2].« Diese radikalen Ansichten umfaßten den »Ruf nach Wiedervereinigung, eine Bodenreform, die Entfernung japanischer Kollaborateure aus allen Ämtern, die Erweiterung des Stimmrechts und die Bildung von Genossenschaften« (W. Douglas Reeve, *The Republic of Korea*, 1963, S. 24). Zwei Tage später landete die amerikanische Besatzungsmacht unter der Führung von General John R. Hodge, nahm von der soeben gebildeten Regierung der Volksrepublik Korea nicht die geringste Notiz und bediente sich an ihrer Stelle japanhöriger Quislinge; am 5. Oktober ernannte die Besatzungsmacht einen Beirat, in dem zahlreiche »bekannte Kollaborateure« vertreten waren[3].

In diesen wenig bekannten Ereignissen der unmittelbaren Nachkriegszeit lag der Keim der koreanischen Tragödie verborgen. Auf der anderen Hälfte des Erdballs trat in diesen Jahren an die Stelle des einstigen Militärbündnisses der Kalte Krieg, dessen Auswirkungen in Korea die Möglichkeit vereinter Bemühungen, die blutenden Wunden des koreanischen Volkes zu verbinden, von vornherein ausschließen sollten.

Am 10. Oktober ernannte sich die Amerikanische Militärregierung in Korea (USAMIGIK) zur einzigen Regierung in Südkorea und forderte eine Beendigung der Proklamationen

»unverantwortlicher politischer Splittergruppen«. Interessanterweise sprach nicht ein einziges Mitglied der USAMIGIK koreanisch. (Vgl. Alfred Crofts, »Our Falling Ramparts – the Case of Korea«, *The Nation*, 25. Juni 1960, S. 545. Croft selber gehörte der USAMIGIK an.) Ein derartiges Vorgehen »ließ die Denkweise eines Großteils der Koreaner in eine antiamerikanische Stimmung umschlagen« und gab den Leuten das Gefühl, daß »die Befreier zu Unterdrückern geworden waren[4]«. Als am 20. November 1945 ein Kongreß der Volksrepublik tagte und es ablehnte, sich selbst aufzulösen, erklärte General Hodge die Tätigkeit des Kongresses für ungesetzlich. Am 14. Februar 1946 wurde ein von der amerikanischen Militärregierung unterstützter Parlamentarischer Demokratischer Rat gebildet, in dem der soeben zurückgekehrte Syngman Rhee den Vorsitz führte. (Von seinen siebzig Lebensjahren hatte Syngman Rhee siebenunddreißig in den USA verbracht.) In diesem Zusammenhang sei eine Bemerkung aus dem oben erwähnten Werk von Croft zitiert: »Mitte Oktober hieß die USAMIGIK Syngman Rhee, während des Krieges Leiter der Korea-Kommission in Washington, willkommen ... Seine Rückkehr fand im allgemeinen wenig Beachtung, obwohl er offenbar vom ersten Augenblick an die Gunst der kollaborationistischen Gruppen gewonnen hatte.« Dieser Parlamentarische Rat war stark rechtsorientiert, gründete er sich doch auf die Unterstützung von Großgrundbesitzern, Kapitalisten und anderen konservativen Elementen, während führende Liberale eine Mitarbeit ablehnten[5]. (Crofts: »Vor der Landung der Amerikaner konnte eine politisch rechtsgerichtete Partei, die in der Vorstellung des Volkes mit der Kolonialherrschaft assoziiert wurde, nicht bestehen; doch kurz danach sollten wir wenigstens drei konservative Parteicliquen unterstützen.« (Vgl. auch das Werk von Reeve, S. 25.)

Als es im Mai 1946 den sowjetischen und amerikanischen Mitgliedern der gemeinsamen Kommission nicht gelang, ein Abkommen über die Wiedervereinigung zu erzielen, füllten sich die Gefängnisse in der amerikanischen Zone »bis unter das Dach« mit Gegnern des Rhee-Regimes[6]. Der Grund für die festgefahrene Situation zwischen den Besatzungsmächten war einfach. Während die USA im Süden des Landes ihr eigenes Marionettenregime eingesetzt hatten, war den Russen auf ähnliche Weise eine Kontrolle des nordkoreanischen Gebiets gelungen. Statt jedoch die ursprüngliche koreanische Regierung zu ignorieren, verwendeten die Russen »äußerste Sorgfalt« darauf, sich im Hintergrund zu halten (so wurde keine Militärregierung eingesetzt) und gleichzeitig sicherzustellen, daß der kommunistisch Flügel in den Regierungsausschüssen seine Kontrollfunktion ausüben konnte. Es wurde eine Regierung gebildet,

an deren Spitze Kim Il-Sung stand, ein führender koreanischer Kommunist und Revolutionär im Kampf gegen die japanischen Machthaber. Im März 1946 führte die Regierung Kims eine Bodenreform durch, bei der die eine Hälfte des zur Verfügung stehenden Ackerlandes unter 725 000 grundbesitzlose Bauern aufgeteilt wurde; diese Maßnahme sicherte Kim von Anfang an unter der Bevölkerung ein Gefühl der Loyalität[7].
Im Süden des Landes erließ die amerikanische Militärregierung zwei Jahre nach der Agrarreform im Norden eine Verfügung, nach der rund 700 000 Morgen aus früherem japanischem Grundbesitz an 600 000 Pächterfamilien verkauft wurden. Diese Reformmaßnahme war so beliebt, daß bei den Wahlen vom 10. Mai 1948 fast alle Kandidaten für eine weitere Verteilung von Land in Privatbesitz die Propagandatrommel rührten. Aber die Regierung Syngman Rhees schob die neue Bodenreformgesetzgebung wiederholt auf; inzwischen wurden die Pächter von ihren Gutsherren gezwungen, entweder die Landparzellen, die sie bebauten, unter ungünstigen Bedingungen zu kaufen oder sie wurden aus der Pacht gewaltsam vertrieben[8].
1947 sah sich sogar der stellvertretende amerikanische Außenminister wegen des diktatorischen und reaktionären Regimes in Südkorea veranlaßt zuzugeben, daß »viele Koreaner der Meinung sind, es gehe ihnen jetzt schlechter als unter den Japanern«. Dies wurde durch eine von amerikanischen Behörden durchgeführte öffentliche Meinungsumfrage bestätigt, die ergab, daß die Mehrheit der Südkoreaner die Besetzung ihres Landes durch Japaner der durch Amerikaner vorzog (A. Wigfall Green, *Epic of Korea*, 1950, S. 95). In Ergänzung dieser Ansicht schrieb ein früherer Beamter der amerikanischen Militärregierung:
»Den Koreanern im amerikanisch besetzten Gebiet fehlte es an Lebensmitteln, Kleidung und Unterkunft, und deshalb waren sie überzeugt, daß es ihren Landsleuten im russisch besetzten Gebiet nicht so schlecht gehen könne wie ihnen selbst. Während der amerikanischen Besetzung verschlechterten sich ihre Lebensbedingungen sogar noch ... aber der Hauptgrund für das Scheitern der amerikanischen Besatzungspolitik in Korea dürfte der Untätigkeit der amerikanischen Behörden bei der Verteilung von Land und Unterkünften sowie anderem unbeweglichem Besitz an die Koreaner zuzuschreiben sein.«
Im September 1947 schlugen die USA vor, das Koreaproblem aus der Verantwortung der vier Großmächte den Vereinten Nationen zu übertragen, obwohl bei anderen ungelösten Fragen, die im Zusammenhang mit der Niederlage der Achsenmächte auftauchten, ein derartiger Weg nicht beschritten worden war. Gleichzeitig wurde von dem US-Delegierten John Foster Dulles als erstem der Antrag gestellt, in der UNO einen Interims-

ausschuß bzw. eine »Kleine Versammlung« zu gründen, um das sowjetische Veto im Sicherheitsrat zu verhindern. Dies stellte die Russen vor ein echtes Problem. »Wenn nämlich die USA die Koreafrage der UN-Vollversammlung zur weiteren Behandlung ›überließen‹, wo sich die überwältigende Mehrheit gegen die Stimmen des Sowjetblocks mit Sicherheit dafür aussprechen würde, was sollte die USA daran hindern, das Deutschlandproblem der UNO ... in gleicher Weise zu ›überlassen[10]‹?«
Am 14. November 1947 beschloß die UN-Vollversammlung die offizielle Gründung einer Provisorischen Kommission für Korea mit dem Ziel, seine Unabhängigkeit zu beschleunigen. Die Sowjetunion verweigerte der Kommission die Genehmigung, nach Nordkorea einzureisen, so daß letztlich der Beschluß gefaßt wurde, Wahlen nur in Südkorea abzuhalten. Diese Entscheidung wurde von den Vertretern Australiens und Kanadas energisch abgelehnt. Sie wurde ebenfalls von den unabhängig-neutralen und den linken Gruppen in Südkorea mit der Begründung abgelehnt, daß eine Separatwahl die Spaltung des Landes zu einem Dauerzustand machen würde und daß dann eine freie Atmosphäre nicht gegeben sei. »Nur die Rechtsextremen sprachen sich für eine Separatwahl aus[11].« Kommunisten und Rechtsparteiler organisierten vor den Wahlen (die am 10. Mai 1948 abgehalten werden sollten) Terrorbanden, die sich gegenseitig blutige Kämpfe lieferten: In den sechs Wochen vor der Stimmabgabe wurden 589 Menschen getötet. Die Rechten siegten, und die UN-Kommission bestätigte, daß die Wahlresultate »ein gültiger Ausdruck des Willens der Wähler in den Teilen Koreas sind, die der Kommission zugänglich waren«. Nicht allzu viele Teile des Landes konnten jedoch der Kommission zugänglich gewesen sein, da sie nur über dreißig Leute verfügte, um die Wahlen beobachten zu lassen. Eine gegenteilige Meinung besagt, »daß die Wahlen den Willen der Koreaner keineswegs frei zum Ausdruck brachten[12]«.
Am 12. Dezember 1948 verabschiedete die UN-Vollversammlung mit 41 gegen 6 Stimmen eine Resolution, in der erklärt wurde, daß die Regierung Syngman Rhees eine »gesetzmäßige Regierung« sei, die »über den Teil Koreas, den die Provisorische Kommission zu inspizieren imstande war, wirksame Machtbefugnis hat ... daß diese Regierung aus Wahlen hervorgegangen ist, die einen gültigen Ausdruck des freien Willens der Wähler in jenem Teil Koreas darstellen ...« und ferner, »daß dies die einzige derartige [d. h. gesetzmäßige und frei gewählte] Regierung in Korea ist«. Die Resolution unterstützte wohlweislich *nicht* den späteren Anspruch der Rhee-Regierung, die einzige rechtmäßige Regierung für *ganz* Korea zu sein, sondern hatte lediglich die Behandlung der Frage nach der rechtmäßi-

gen Regierung in dem Teil Koreas zum Inhalt, der für die Provisorische Kommission zugänglich war[13].
Trotz der von den USA eingefädelten UN-Sanktion war die Regierung Syngman Rhees so unbeliebt, daß ihre Chancen, am Ruder zu bleiben, höchst zweifelhaft waren. Das (am 27. Juni 1947) verabschiedete Wahlrechtsgesetz sah einschränkende Bestimmungen vor, so daß beispielsweise die große Gruppe der ungebildeten Bevölkerungsschichten von der Wahl ausgeschlossen war. Die Folge war, daß in der Regierung »Großgrundbesitzer und Mitglieder der alten Aristokratie den Ton angaben« (Reeve, S. 31). 1948 brachen zwei Aufstände aus, in Yosu und Cheju Do. »Wenn auch die Nervosität der Regierung angesichts der Gerüchte von einer unmittelbar bevorstehenden Invasion durch Nordkorea verständlich ist und in jeder Weise berücksichtigt werden muß, drückten die ›fast vollständige Abschaffung der bürgerlichen Freiheiten‹, die auf den [Yosu-] Aufstand folgte, sowie solche Gewaltmaßnahmen wie die restlose Zerstörung von Dörfern ›in großem Maßstab‹ nach einem Aufstand in Cheju Do im April 1948 dem Regime den Stempel des Faschismus auf« (Reeve, S. 32, vgl. ferner Fleming, S. 592). Außerdem war die Spitze der koreanischen Halbinsel vom strategischen Standpunkt aus nicht wichtig. Diese Realitäten veranlaßten amerikanische Taktiker, Korea nicht in den äußeren Verteidigungsring der USA mit einzubeziehen, der von den Alëuten über Japan sich bis zu den Philippinen erstreckte. Erst im Januar 1950 sagte Außenminister Acheson in der Öffentlichkeit von diesem äußeren Verteidigungsring, daß er Korea nicht mit umfasse, eine Erklärung, die später eine massive Kritik seitens der Republikaner auslöste, daß nämlich die Nordkoreaner gerade dadurch zur Invasion herausgefordert worden seien[14].
1950 sahen sich die USA erheblichen Schwierigkeiten gegenüber. Unter Zuhilfenahme der gegenseitig abhängigen Verschwörungs- und Eindämmungstheorien hatte es die Truman-Regierung tatsächlich unmöglich gefunden, den »Verlust« Chinas zu »erklären«, eine Situation, die der rechte Flügel für sich gründlich ausnutzte. Jetzt türmten sich neue Schwierigkeiten auf. Die chinesischen Kommunisten ließen nicht locker in ihren Bemühungen, ihre Revolution durch Vernichtung der restlichen Kuomintang-Streitkräfte, die sich nach Formosa geflüchtet hatten, zum endgültigen Sieg zu führen.
Die USA hatten die Wahl, sich in chinesische Angelegenheiten einzumischen, um Tschiang Kai-schek zu verteidigen und dadurch den Keil zwischen dem neuen China und den amerikanischen Interessen noch tiefer zu treiben. (Zu diesem Zeitpunkt verfügte Acheson über genügend Weitblick, um zu erkennen, daß es zwischen Rußland und China grundlegenden Konflikt-

stoff gab, der sich ausnutzen ließ[15].) Oder die USA konnten ruhig zusehen, während die Kommunisten sich die hoffnungslos korrupten und skrupellosen Überbleibsel des nationalistischen Regimes einverleibten.

Achesons Erklärungen vom Januar 1950, daß Formosa und Korea in den Verteidigungsring der USA nicht mit einbezogen seien, können als Versuch gewertet werden, den Sturz Tschiangs vom strategischen Standpunkt aus zu rechtfertigen. Am 23. Dezember 1949 hatte das State Department an alle Diplomaten im Ausland ein privates Rundschreiben gesandt, in dem es sie auf den Fall Formosas und auf das Nichteingreifen der USA vorbereitete. Der rechte Flügel trat sofort in Aktion. Am 2. Januar verlangten der frühere Präsident Hoover und Senator Taft den Einsatz der Flotte, um Tschiang zu verteidigen, und am 3. Januar war der Inhalt des vertraulichen Rundschreibens aus Tokio, wo MacArthur sein Hauptquartier hatte, in die Öffentlichkeit durchgesickert.

Am 5. Januar bekräftigte die Regierung erneut ihren Standpunkt in einer schriftlichen Erklärung des Inhalts, daß »die USA keinerlei räuberische Absichten gegen Formosa oder irgendein anderes chinesisches Territorium hegten ... Auch beabsichtigen die USA nicht, ihre Streitkräfte einzusetzen, um in der gegenwärtigen Situation zu intervenieren. Die Regierung der Vereinigten Staaten wird keinen Kurs verfolgen, der zu einer Ausweitung des Bürgerkriegs in China führt[15]«. Außerdem, so erklärte Acheson, handle es sich im Grunde nicht um eine strategische Entscheidung; vielmehr gehe es »um die fundamentale Integrität der Vereinigten Staaten und darum, in der Welt die Überzeugung aufrechtzuerhalten, daß, wenn die USA einmal einen Standpunkt beziehen, sie diesen Standpunkt beibehalten und ihn nicht auf Grund einer vorübergehenden Zweckmäßigkeit oder zugunsten eines Vorteils ändern«. Acheson bezog sich dabei auf die Tatsache, daß die USA in Kairo, Jalta und Potsdam feierliche Versprechungen gemacht hatten, daß Formosa an China zurückgegeben würde, d. h. an die Regierung des chinesischen Festlandes[15].

Innerhalb von sechs Monaten wurde die Nichteinmischungspolitik von Grund auf umgestellt, und die feierlichen Versprechungen, Formosa an China zurückzugeben, wurden gebrochen. Trotz der immer lauter werdenden Kritik seitens des republikanischen und demokratischen rechten Flügels konnte sich Acheson halten, indem »er Politik gegen Zeit eintauschte«, wie Walter Lippmann bemerkte.

Im Mai äußerte Senator Tom Connally, der Vorsitzende des Senatsausschusses für Auslandsarbeit, in einem Interview, viele Leute glaubten, daß »manipulierte Ereignisse bekannt werden, die einen ›Zwischenfall‹ provozieren, der uns zum Gegenschlag zwingt. Viele Leute sagen: ›Wir müssen sowieso irgendwann losschlagen – warum nicht jetzt?‹[16]« Zu denen, die ein deutliches Interesse an einem Zwischenfall hatten, der ein militärisches Eingreifen der USA auslösen würde, gehörten Tschiang Kai-schek und Syngman Rhee.

Rhees Interesse an einem möglichen Eingreifen amerikanischer Streitkräfte zur Verteidigung Südkoreas war beträchtlich. Am 30. Mai, knapp vier Wochen bevor die Feindseligkeiten ausbrachen, erlitt Rhee eine entscheidende Wahlniederlage (Reeve, S. 42: »Im Verlauf der Wahlkampagne erfolgten immer mehr Verhaftungen von Wahlkandidaten und ihren Anhängern wegen Verletzung des Gesetzes zur Wahrung der nationalen Sicherheit; dennoch zeigten die Wahlresultate, daß die meisten Wähler Kandidaten bevorzugten, die mit den Parteien der alten Nationalversammlung keinen offenen Kontakt hatten, denn von insgesamt 210 Mitgliedern wurden 133 Unabhängige gewählt... Die Zahl der Anhänger des Präsidenten... sank von 56 auf 12.«) Aus Mangel an Vertrauen, sowohl in Korea selber als auch im Ausland, geriet das Regime ins Wanken[17]. Ungeachtet der sich verschlechternden politischen Lage hatten Rhee und sein Verteidigungsminister monatelang mit einer Invasion Nordkoreas gedroht und erklärt, sie seien bereit, »Pjöngjang in ein paar Tagen zu erobern« und »alle erforderlichen Kampfhandlungen zu unternehmen«[18]. Da die USA Rhees Unzuverlässigkeit kannten, hatten sie Vorsorge getroffen, die südkoreanische Armee lediglich mit leichten Waffen für Verteidigungszwecke auszurüsten, um sie von jedem Versuch, in Nordkorea einzufallen, abzuhalten. Diese Maßnahme schloß freilich provokatorische Handlungen nicht aus. (State Department, Weißbuch, *U. S. Policy in the Korean Crisis,* S. 21–22.) Am Tage des Kriegsausbruchs, so berichtete John Gunther, wurde im Hauptquartier MacArthurs, »ein wichtiges Mitglied der Besatzungsmacht unerwartet ans Telefon gerufen. Der Betreffende kam zurück und flüsterte: ›Soeben ist eine tolle Geschichte passiert! Die Südkoreaner haben Nordkorea angegriffen!‹[19]« Nach Meinung des zum rechten Flügel gehörenden Leitartiklers Holmes Alexander war Außenminister Acheson »nie ganz sicher, daß Rhee den Angriff der Kommunisten im Jahre 1950 nicht provoziert hat[20]«.

Falls Nordkorea mit den Feindseligkeiten wirklich begann, dürfte es kaum glaubhaft erscheinen, daß MacArthurs militärischer Nachrichtendienst von dem bevorstehenden Angriff nicht unterrichtet war, wie im allgemeinen berichtet wird. Das Oberkommando in Tokio soll »völlig überrascht« gewesen sein ebenso wie Präsident Truman und die gesamte Regierung. Und dieser Sachverhalt wiederum wird als Erklärung dafür angeführt, daß zum Schutz des 38. Breitengrades keine Gegenmaßnahmen ange-

ordnet wurden. Doch MacArthurs Geheimdienstchef, Generalmajor Charles A. Willoughby, hat dieses »angebliche ›Überraschungsmanöver‹ der nordkoreanischen Invasion« abgeschwächt, indem er sagte, daß die von seinem Nachrichtendienst in Korea zusammengetragenen Informationen »nach Washington weitergeleitet wurden; bereits im März, also drei Monate vor dem Einfall in Südkorea, wiesen diese Informationen auf eindeutige Kriegsvorbereitungen Nordkoreas hin«. (John Gunther zufolge wurde der nordkoreanische Angriff von vier Stellen aus vorgetragen, und zwar mit siebzigtausend Mann und siebzig Panzern, deren Bereitstellung seiner Meinung nach einen bis anderthalb Monate gedauert haben muß.) Als der Leiter des CIA, Admiral Hillenkoetter, von Reportern nach dem Tag des Angriffs gefragt wurde, gab er zur Antwort, der amerikanische Geheimdienst habe wohl gewußt, daß in Korea »eine Situation herrschte, die in dieser oder der nächsten Woche zu einer Invasion führen konnte«. Am 10. Mai hielt der südkoreanische Verteidigungsminister in Seoul eine Pressekonferenz ab, auf der er erklärte, »daß sich nordkoreanische Truppen in großer Stärke auf den 38. Breitengrad zubewegen und daß die drohende Gefahr einer Invasion aus Nordkorea besteht[21]«.
Tatsache ist, daß alle diese Berichte (und viele andere) in Washington nicht beachtet wurden, weil sie bereits von MacArthurs Hauptquartier in Tokio angezweifelt und entsprechend abgewertet wurden. Zu einem Bericht vom 10. März 1950, der besagte, daß »die Volksarmee im Juni 1950 in Südkorea einfallen wird«, äußerte sich MacArthurs Hauptquartier unverblümt: »Wir schenken dieser Behauptung keinen Glauben.« Dieser fortgesetzten Abwertung von Berichten des Geheimdienstes über nordkoreanische Truppenzusammenziehungen durch MacArthur entsprach ein ebenso verdächtiges Schweigen in Seoul nach der Warnung des südkoreanischen Verteidigungsministers vom 10. Mai.
Ein weiterer merkwürdiger Aspekt der Situation unmittelbar vor dem Ausbruch des Koreakrieges war der Beschluß der Oberbefehlshaber Großbritanniens, Australiens und der USA, im Pazifik Militärkonferenzen abzuhalten, die sich mit den militärischen Problemen in diesem Gebiet befassen und zufällig eine Woche vor Eröffnung der Feindseligkeiten stattfinden sollten. Der Verteidigungsminister der USA (Louis A. Johnson), der Generalstabschef und John Foster Dulles (der sich für die Einhaltung aller Verpflichtungen gegenüber Tschiang und Rhee ausgesprochen hatte) trafen in Tokio mit General MacArthur zusammen. Nach ihrer Ankunft gaben die US-Beamten bekannt, ihnen seien »Tatsachen zu Ohren gekommen, ›die die Sicherheit der USA und den Frieden der Welt gefährdeten‹«. Doch obwohl Südkorea noch immer als außerhalb des amerikanischen

Verteidigungsringes liegend bezeichnet wurde, obwohl drohende Anzeichen für eine militärische Aktivität Nordkoreas zugenommen hatten und obwohl die Militärchefs die Möglichkeit eines Krieges mit Rußland in Asien erörterten, hielten sie es nicht für erforderlich, auch nur mit einem Wort die öffentliche Meinung von den Gefahren in diesem Gebiet zu unterrichten (wie es z. B. bei Jugoslawien geschehen war) oder eine allgemeine Warnung an einen potentiellen Aggressor zu richten[22].

Das sich aus diesen Tatsachen ergebende Bild ist verwirrend. Wie jedoch von I. F. Stone bemerkt wird, »würde die Hypothese, daß die Invasion in politischer Hinsicht durch hartnäkkiges Schweigen unterstützt, in militärischer Beziehung durch Verteidigungsmaßnahmen herausgefordert und schließlich durch kleinere Vorstöße über die Grenze hinweg ausgelöst wurde, eine Menge erklären[23]«. Insbesondere würde sie das Verhalten von MacArthur, Johnson und Dulles erklären, die unter anderen Umständen keineswegs abgeneigt waren, vor den Gefahren einer Aggression durch den kommunistischen Machtblock ausgiebig zu warnen. Johnson zeigte sich später als Befürworter der Auffassung, daß ein sofortiger Krieg mit China besser sei als ein späterer Krieg, den er wie MacArthur für unvermeidlich hielt. Am 25. August 1950 erklärte Marineminister Matthews: »Wir müssen ohne Rückhalt den Weltfrieden als unser unleugbares Ziel proklamieren. Wir sollten uns friedenswillig zeigen und unsere Absicht kundtun, jeden Preis, selbst den eines Krieges, zu zahlen, um eine Zusammenarbeit für den Frieden zu erzwingen ... [Diese] Friedenspolitik, obwohl sie uns die für eine wahre Demokratie neue Rolle zuweist, einen Angriffskrieg begonnen zu haben, würde uns eine stolze und volkstümliche Bezeichnung einbringen: Wir würden die ersten ›Friedensaggressoren‹ werden.« Nach wenigen Tagen enthüllte die *New York Times*, daß diese Rede ein ›Versuchsballon‹ gewesen sei, der von Matthews' Vorgesetztem, Verteidigungsminister Louis A. Johnson, gestartet worden war; dieser hatte schon seit einiger Zeit die gleiche These von einem Präventivkrieg in Privatgesprächen um Washington schmackhaft zu machen versucht« (I. F. Stone, *The Hidden History of the Korean War* [Die Geheimgeschichte des Koreakrieges], 1952, S. 94 ff.). MacArthurs Verhaltensweise (und die seiner mächtigen Anhänger) in der Folgezeit stand im Einklang mit einer Strategie, die darauf abzielte, in Asien einen Krieg anzuzetteln und dann zu eskalieren.

Während der relativ ungehinderte Zugang zu dokumentarisch belegtem Tatsachenmaterial eine gewisse, wenn auch beschränkte Einsicht in die treibenden Kräfte hinter der Situation in Washington und im Fernen Osten vor Ausbruch des Krieges ermöglicht, macht es der Mangel an entsprechenden Informationen äußerst schwierig, die auf der anderen Seite der Demarkationslinie wirkenden Faktoren in Erfahrung zu bringen. Dennoch läßt die unbestreitbar umfassendere Perspektive, die eine distanzierte Haltung zu einer einst gespannten politischen Situation vermittelt, die grundlegende These des Westens, die nordkoreanische Invasion sei vom Kreml als Teil eines allgemeinen Expansionsplanes gesteuert worden, als höchst unglaubwürdig erscheinen.

Zunächst erforderte ein solches Ziel kaum größere militärische Operationen, weil, wie Acheson später zugeben mußte, »die Kommunisten die Möglichkeiten zur Durchsetzung ihrer Ziele mittels Guerillataktik und psychologischer Kriegsführung, durch politischen Druck und Einschüchterung bei weitem noch nicht erschöpft hatten[24]«. Dies wurde hinreichend bewiesen durch die Ergebnisse der Mai-Wahlen und die näher rückende Abdankung der Rhee-Regierung.

Die Taktik des Kreml war zu diesem Zeitpunkt außerdem bekanntlich sehr konservativ und gegenüber einer »Abenteurerpolitik« sehr skeptisch eingestellt, ein Faktor, der im Hinblick auf die unbeständige Lage im Süden besonders wichtig gewesen wäre. Als Folge des Kriegsausbruches büßten die Kommunisten vier konkrete Vorteile ein, nämlich »ein günstiges Wiederaufrüstungsverhältnis; die Neutralität gewisser Leute; das Element der Überrumpelung und die bevorstehende Anerkennung der rotchinesischen Delegation durch die Vereinten Nationen[25]«. Die These von der durch den Kreml gesteuerten Invasion paßt nicht zu der Tatsache, daß die Sowjetunion sich für eine Boykottierung der Vereinten Nationen genau zu diesem Zeitpunkt aus Protest gegen die Anwesenheit Taiwans im Sicherheitsrat entschied. Falls der Kreml die Invasion geplant hatte, so ist schwer einzusehen, warum der Angriff nicht um einen Monat verschoben wurde, d. h. bis der sowjetische Delegierte Vorsitzender im Sicherheitsrat geworden wäre und etwa eingebrachte Anträge so lange hätte verhindern können, bis die Nordkoreaner der schlecht ausgerüsteten südkoreanischen Armee eine Niederlage beigebracht hatten.

Aber auch die nordkoreanische Armee war im September 1950 ungenügend ausgerüstet, um, wie Joseph Alsop aus Korea berichtete, eine Invasion durchzuführen. Beispielsweise besaßen die USA keine Luftkontrolle über das Kampfgebiet. Es hätte viele Gelegenheiten geben können, bei denen »selbst zwei eingedrungene feindliche Jagdflugzeuge, die am hellichten Tage unsere schier endlosen Nachschubkolonnen auf den schrecklichen koreanischen Straßen angriffen, ausreichend gewesen wären, um ein vierundzwanzigstündiges Durcheinander auszulösen« und bei denen »wir unsere sichere Stellung in Korea hätten verlieren können«. Aber es kamen einfach keine feindlichen Flugzeuge, weil die Russen nicht »bereit waren, überhaupt mitzuspielen[26]«. Selbst die sowjetische Propaganda wurde durch den Angriff überrumpelt. Die kommunistischen Zeitungen brachten zwar in großer Aufmachung den Ausbruch des Krieges, hatten aber keine Erklärung dafür parat, eine unwahrscheinliche Situation, wäre die Invasion sorgfältig geplant gewesen.

Ein früheres Mitglied der amerikanischen Militärregierung in Korea hat diese und andere mit der westlichen These nicht zu vereinbarenden Tatsachen analysiert und gelangt zu dem Schluß, daß der Angriff auf Südkorea von Kim Il-Sung in Nordkorea befohlen wurde, und zwar ohne Instruktionen aus Moskau und sogar ohne Wissen des Kreml. Das unmittelbare Ereignis, das die Entscheidung Kims auslöste, mag die Tatsache gewesen sein, daß drei Bevollmächtigte, die am 11. Juni nach Seoul gesandt worden waren, um die Wiedervereinigung des Landes zu erörtern, verhaftet und wahrscheinlich erschossen worden waren. (Es gibt natürlich keine Grundlage, die nordkoreanische Behauptung zu widerlegen, die Invasion sei eine Antwort auf drei südkoreanische Angriffe gegen die Stellungen der Nordkoreaner gewesen.) Eine neue russische Waffenlieferung war kürzlich eingetroffen, Rhee hatte sich bei den Wahlen eine Abfuhr geholt, und eine ungewöhnlich reiche Reisernte wartete im Süden zum erstenmal seit dem zweiten Weltkrieg[27].

Aber selbst diese Version bringt vielleicht immer noch übertrieben zum Ausdruck, inwieweit die Invasion von Nordkorea geplant wurde. Einen Monat nach Beginn der Kampfhandlungen teilte nämlich ein hoher Nachrichtenoffizier Reportern bei einer Einsatzbesprechung im Hauptquartier MacArthurs in Tokio mit, daß »die nordkoreanische Armee ihren Mobilisierungsplan am 25. Juni, dem Datum des Kriegsausbruchs, nicht durchgeführt hatte ... lediglich sechs volle Divisionen waren bei Invasionsbeginn kampfbereit, obwohl die Pläne Nordkoreas für den Kriegsfall dreizehn bis fünfzehn Divisionen vorsahen[28]«. Falls die Nordkoreaner die Invasion im voraus geplant hatten, würden sie den Angriff wohl kaum begonnen haben, ehe ihre Mobilisierung abgeschlossen war.

Welches auch der unmittelbare Grund für den Kriegsausbruch gewesen sein mag, fest steht, daß es sich im Grunde um einen Bürgerkrieg handelte, an dem ausländische Mächte am Ende immer mehr beteiligt waren. Daß es sich tatsächlich um einen Bürgerkrieg handelte, wurde besonders deutlich, als beispielsweise in den ersten Wochen die Nordkoreaner drei Viertel des südkoreanischen Landesteils glattweg überrannten:

»Die russischen Panzer der Invasoren hätten in den Bergen von einer entschlossenen Verteidigung leicht aufgehalten werden kön-

nen ... Die kommunistische Doktrin macht wenig Eindruck auf eine Bevölkerung, der die gräßlichen Berichte nordkoreanischer Flüchtlinge bekannt waren. Andererseits begrüßten Millionen von Südkoreanern die Aussicht auf Wiedervereinigung des Landes, selbst unter den Bedingungen der Kommunisten. Diese Menschen hatten die Brutalität der Polizei, geistige Unterdrükkung und politische Säuberungen erlebt. Nur wenige waren bereit, für Kriegsgewinnler und Schieber zu kämpfen oder für Syngman Rhee zu sterben. Nur zehn Prozent der Bevölkerung von Seoul verließen die Stadt; zahlreiche Truppen desertierten, und Persönlichkeiten des öffentlichen Lebens, darunter Kimm Kiu Sic, liefen zu den Nordkoranern über[29].« Kimm Kiu Sic war neben Kim Ku, Liu Wun Hjöng und Rhee eine der führenden Persönlichkeiten im politischen Leben Südkoreas. In Amerika ausgebildet, hatte er eine Oppositionspartei gegen die Republik der linken Mitte von Liu Wun Hjöng gegründet. Kim Ku, »der hervorragendste unter den heimkehrenden Emigranten«, dessen Exilregierung 35 000 Mann an der Front unterhalten hatte, bemühte sich um eine friedliche Wiedervereinigung mit dem Norden, bis er 1949 in Südkorea einem Mordanschlag zum Opfer fiel. Liu Wun Hjöng war bereits 1947 in Südkorea ermordet worden.
Nach dem eigentlichen Ausbruch der Kampfhandlungen wurde von der Provisorischen UN-Kommission für Korea (die zu dieser Zeit keine Beobachter am 38. Breitengrad unterhielt), ein Telegramm abgesandt, in dem lediglich erklärt wurde, daß allem Anschein nach ein ausgewachsener Krieg im Gange sei, jedoch niemandem die Verantwortung für den Beginn der Kampfhandlungen zugeschoben wurde, ja in dem sogar die Meldung des nordkoreanischen Rundfunks zitiert wurde, daß die Südkoreaner im Laufe der Nacht in das Land eingedrungen seien und nun in südlicher Richtung zurückgedrängt würden. Der Bericht schlug eine Einberufung des Sicherheitsrates vor[30]. Mit diesem (und keinem anderen) Telegramm in der Hand nahm der Sicherheitsrat eine Resolution der USA an, in der der bewaffnete Angriff gegen die Republik Korea verurteilt und ein sofortiger Rückzug der nordkoreanischen Streitkräfte auf den 38. Breitengrad verlangt wurde sowie sämtliche Mitglieder des Sicherheitsrates aufgefordert wurden, der UNO bei der Durchführung der Resolution jede nur mögliche Hilfe zu gewähren[31]. Auf diese Weise wurde die Frage nach der Verantwortlichkeit für den Krieg mit Hilfe der im Sicherheitsrat »eingebauten« Mehrheit des Westens an Hand spärlicher Fakten »beantwortet« und die Rechtsgrundlage für die spätere »Polizeiaktion« gelegt. (Übrigens stellten neben NATO-Mächten, Neuseeland und Australien nur Südafrika, Thailand, die Philippinen, Kolumbien und Äthiopien ihre Streitkräfte bereit).

Die Entscheidung des Sicherheitsrates wurde am 27. Juni gefällt, also zwei Tage nach Ausbruch des Krieges. Am Tage zuvor sandte die UN-Kommission in Korea, die die unmittelbare Ursache des Konflikts nicht hatte feststellen können, ein Telegramm, in dem eine Vermittlung statt Sanktionen vorgeschlagen wurde. Das Telegramm hatte folgenden Inhalt: »Rat soll erwägen, ob Einladung an beide Parteien zwecks Einigung auf neutralen Vermittler von Friedensverhandlungen oder Ersuchen an Mitgliedsregierungen, sofortige Vermittlung zu unternehmen.« Dieses Verfahren war in Kaschmir eingeschlagen worden. Am selben Tag, dem 26. Juni, ließ sich der *Manchester Guardian* in einem Leitartikel wie folgt aus:

»Die Invasion stellt ein klassisches Beispiel für die Art von Zwischenfällen dar, die den Weltfrieden gefährden, wenn die Welt in zwei Lager gespalten ist. Das Verfahren zur Beilegung des Konflikts ist von früher her bekannt. Vordringliche Ziele sind die Einstellung der Feindseligkeiten, Abzug der Truppen und vor allem Heraushalten der Großmächte aus dem Konflikt. Dies müssen die Ziele des Sicherheitsrates sein.

Glücklicherweise sind weder die USA noch die Sowjetunion direkte militärische Verpflichtungen eingegangen, sich an der Verteidigung Nord- oder Südkoreas zu beteiligen. Es würde für jede der Großmächte äußerst gefährlich sein, auf die Abneigung der anderen zu spekulieren, einen Krieg heraufzubeschwören. Jahrhundertelang galt Korea als strategisch wichtiges Gebiet in Asien.«

Ob gefährlich oder nicht, am nächsten Tag, dem 27. Juni, gab Präsident Truman um die Mittagszeit jedenfalls den amerikanischen Luft- und Seestreitkräften den Befehl, »der koreanischen Regierung Schutz und Unterstützung zu gewähren«[32]. Ferner ordnete er an, daß die Siebente Flotte zwischen Formosa und dem chinesischen Festland operieren sollte (womit er die Politik der Nichteinmischung im chinesischen Bürgerkrieg völlig über den Haufen warf) und verstärkte die Militärhilfe für die Philippinen und die französischen Truppen, die ihre Kolonialherrschaft über die aufständischen Vietnamesen aufrechtzuerhalten versuchten. Am selben Tag forderten die USA den Sicherheitsrat auf, Sanktionen gegen Nordkorea zu beschließen; der vor die vollendete Tatsache einer US-Intervention gestellte Sicherheitsrat empfahl, »der Republik Korea die Hilfe zu gewähren, die gegebenenfalls erforderlich ist, um den bewaffneten Angriff abzuwehren und in ihrem Gebiet den Frieden und die Sicherheit wiederherzustellen[33]«. Diese Resolution wurde mit der durch die UN-Charta vorgeschriebenen Zahl von sieben Stimmen (von elf) gebilligt. Jugoslawien jedoch stimmte dagegen, weil es der Meinung war, daß dem Sicherheitsrat nicht ausreichend konkrete Informationen

vorlägen, während Ägypten und Indien sich der Stimme enthielten.
Die Eile, mit der diese Schritte unternommen wurden, war bezeichnend, da, wie Fleming bemerkt, »bis zu diesem Zeitpunkt die Geltendmachung bzw. Berufung auf die UN-Charta in Washington noch nie ein zwingender Beweggrund gewesen war«.
»Die UNO wurde in Griechenland beiseite gefegt und zur Besiegung der kommunistischen Guerillas selbständige Maßnahmen ergriffen. In Indonesien hatten die USA im Sicherheitsrat auf die Niederlande starken moralischen Druck ausgeübt, aber es wurden weder Truppen noch Flugzeuge gegen die Holländer eingesetzt, als sie sich einem Feuereinstellungsbefehl der UNO widersetzten. Die USA mobilisierten aber auch nicht die UNO, um die junge Republik Israel zu retten, als fünf arabische Staaten 1948 in Palästina einfielen, um den von der UN-Vollversammlung gebilligten Teilungsplan gewaltsam zu vereiteln. Die offene Mißachtung der UNO hätte nicht ungeheuerlicher sein können, aber die USA entsandten weder Truppen noch Flugzeuge, um die Opfer des Hitlerschen Hasses zu retten, die sich nach Israel geflüchtet hatten und durch die von allen Seiten auf sie eindringenden Streitkräfte von Mitgliedsländern der UNO ganz offensichtlich dem Untergang preisgegeben waren. Letztlich rettete sich Israel durch seinen heldenmütigen Kampf selber, wobei die Waffen zum großen Teil aus der kommunistisch regierten Tschechoslowakei stammten. Die USA gewährten Israel als dem besonderen Schutzbefohlenen der UNO nicht die geringste bewaffnete Unterstützung[34].«
Washingtons Entscheidung, sich in den Koreakonflikt einzumischen, hatte viele Nachwirkungen, vor allem eine Kriegshysterie, die in den USA rasend schnell um sich griff. Es war das Jahr des meteorgleichen Aufstiegs Senator McCarthys, einer systematisch betriebenen Wiederaufrüstung und des ersten öffentlichen Versuchs, die deutsche Militärmaschine wieder anzukurbeln. Die Stimmung läßt sich an der Tatsache abschätzen, daß am 12. Juli, als die nordkoreanischen Streitkräfte sich in Richtung Süden auf Pusan zubewegten, das Repräsentantenhaus einem Kongreßmitglied Beifall klatschte, das den Vorschlag gemacht hatte, die Städte der Nordkoreaner mit Atombomben zu belegen, falls sie sich nicht innerhalb einer Woche zurückzögen[35].
Dann landete MacArthur am 15. September nach einem dramatischen Truppentransport die Marineinfanterie bei Inchon, von wo aus es ihr gelang, die nordkoreanische Offensive zu zerschlagen. Am 30. September, als der Feind bereits auf dem Rückzug war, erreichten amerikanische UN-Streitkräfte wieder den 38. Breitengrad. Dieser rasche, zum Greifen nahe Sieg in Korea und Anzeichen aus dem Kreml, daß die Russen zu Ver-

handlungen im Sinne einer allgemeinen Entspannung bereit sein würden[36], verursachte in Washington nicht geringe Bestürzung. Am 27. September soll General Bradley, Chef der vereinigten Generalstäbe, erklärt haben, »die größte Gefahr, der sich der Westen gegenübersieht, liegt in der Möglichkeit, daß die USA nach dem Sieg in Korea ›in ihrer Wachsamkeit nachlassen‹ könnten«. Und am 29. September verlautete, daß auf einer am Tage von MacArthurs triumphaler Rückkehr nach Seoul abgehaltenen Pressekonferenz

»Präsident Truman prophezeite, daß infolge des nahe bevorstehenden totalen Sieges in Korea ehrliche Anstrengungen gemacht würden, um die ganze Mobilmachung und das Wiederaufrüstungsprogramm rückgängig zu machen, die auf eine langfristige Bereitschaft gegen die Bedrohung durch die Militärmacht und die Aggressionspolitik Rußlands abgestellt waren. Er sagte, er hoffe, daß diese Anstrengungen nicht erfolgreich sein würden[37].«

Eine solche Gefahr, die aus einem plötzlichen Friedens›ausbruch‹ entstehen konnte, bestand keineswegs. Am 1. Oktober stellte MacArthur den Nordkoreanern ein Ultimatum, die Waffen niederzulegen und die Feindseligkeiten» unter militärischer Kontrolle nach meinen Anweisungen« zu beenden[38].

Wie Dean Acheson unlängst bemerkt hatte, »besteht der einzige Streitpunkt, über den zu verhandeln so gut wie unmöglich ist, in dem Wunsch des einen Kontrahenten, die Existenz des anderen Kontrahenten völlig auszulöschen«. MacArthurs Aufforderung an Nordkorea, bedingungslos zu kapitulieren, sorgte nur für eine Fortsetzung der Feindseligkeiten[39]. MacArthurs Truppen bereiteten sich bereits darauf vor, ihren Fuß auf nordkoreanischen Boden zu setzen.

Die Invasion Nordkoreas durch MacArthur hatte mehr als zwei Wochen davor (am 11. September) die volle Zustimmung und Billigung Präsident Trumans gefunden. Dies hinderte Truman jedoch nicht daran, auf einer Pressekonferenz am 21. September zu behaupten, daß er keine Entscheidung getroffen habe [ob amerikanische Truppen den 38. Breitengrad überqueren sollten]; »schließlich ist diese Entscheidung Sache der Vereinten Nationen, da amerikanische Truppen nur einen Teil der gesamten UN-Armee bilden ...« (Stone, S. 108). Am 26. September informierten die vereinigten Stabschefs MacArthur, daß sein Ziel die Vernichtung der nordkoreanischen Streitkräfte sein müsse – ein Ziel, das größeren Ehrgeiz erforderte als die Wiederherstellung des Status quo ante –, und ermächtigten ihn zu diesem Zweck, »militärische Operationen nördlich des 38. Breitengrades durchzuführen[40]«.

Am 30. September trug US-Botschafter Warren Austin den

Standpunkt der USA der UNO vor. »Den Streitkräften des Aggressors darf nicht gestattet werden, sich hinter eine imaginäre Trennungslinie zu flüchten ... Diese künstliche Grenze [die wohlweislich von den Amerikanern vorgeschlagen worden war] zwischen Nord- und Südkorea hat weder de jure noch de facto eine Existenzberechtigung[41].«

Am 1. Oktober überschritten südkoreanische Streitkräfte unter Führung MacArthurs den 38. Breitengrad und stießen rasch tief in nordkoreanisches Gebiet vor[42]. Sechs Tage später, einen ganzen Monat nachdem Präsident Truman dieses Vorgehen gebilligt hatte, gab die UN-Vollversammlung ihre Zustimmung zu einer britisch-amerikanischen Resolution, die den Einfall in nordkoreanisches Gebiet zwar guthieß, aber nicht als unumgänglich forderte. Die Invasion Nordkoreas durch UN-Truppen hatte die Grundsätze der Vereinten Nationen zu einem Zerrbild werden lassen.

»Das bedeutete, daß die Vereinten Nationen nicht mehr nur die Abwehr der Invasion und die Säuberung Südkoreas von Feindtruppen als ihre Aufgabe betrachteten. Sie hatten sich nunmehr auf einen Krieg gegen die Nordkoreaner festgelegt, auf die Invasion nordkoreanischen Gebiets. Und sie führten dies Unternehmen durch, ohne sich zunächst die Argumente der Nordkoreaner angehört zu haben. Die Vereinten Nationen wichen vom Grundsatz ab, die Schlichtung des Streits mit friedlichen Mitteln zu versuchen und wendeten jetzt Gewalt an. Sie beteiligten sich jetzt an der Auseinandersetzung und hatten sich als Verbündete auf die Seite einer der sich bekämpfenden Parteien geschlagen.« (Ingram, S. 196: »Die Behauptung der USA, es gebe nur ein Korea, Nordkorea existiere nicht und der 38. Breitengrad sei eine ›künstliche Grenze‹, die ›weder de jure noch de facto eine Existenzberechtigung hat‹, paßt natürlich nicht zu der ursprünglichen UN-Resolution, in der die Nordkoreaner aufgefordert wurden, sich hinter diese Grenze zurückzuziehen.«)

So wurde das, was bei der ursprünglichen UN-Intervention noch implizit gewesen war, unter dem Druck der USA zu einem expliziten Sachverhalt. Der Versuch einer gewaltsamen Wiedervereinigung Koreas, den die amerikanischen UN-Truppen damals unternahmen, war also genau das, was man den Nordkoreanern, als sie das gleiche zu tun versuchten, als grobe Unrechtshandlung angekreidet hatte. Wie Präsident Eisenhower im Juni 1953 zu Syngman Rhee sagte, um ihn vom Bruch des bevorstehenden Waffenstillstandes abzuhalten: »Es war wirklich ein Verbrechen, daß [Nordkorea] Gewalt anwandte, um Korea zu vereinen. Aber ich möchte dringend empfehlen, daß Ihr Land nicht einen ähnlichen Kurs einschlägt[43] ...« Damit unterstrich Eisenhower, ohne es zu wissen, 1953 die Schuld-

haftigkeit der Aktionen, die die von den Vereinigten Staaten beherrschte UNO zwei Jahre früher unternommen hatte.
Hätten die UN-Streitkräfte am 38. Breitengrad haltgemacht, dann wäre in jedem Fall das Hauptziel der UNO, wie es in ihrer Resolution vom 27. Juni zum Ausdruck kam, erreicht und das Prinzip der kollektiven Sicherheit, vorausgesetzt, daß es ursprünglich überhaupt bedroht war, wirksam verteidigt worden. So wie die Dinge lagen, ereigneten sich *vier Fünftel* aller amerikanischen Verluste, *nachdem* das ursprüngliche Ziel der UNO, den Status quo wiederherzustellen, erreicht worden war. Nimmt man ähnliche Verhältnisse für die Verluste der Nordkoreaner, Chinesen und der UN-Truppen an, fielen dem Versuch, Nordkorea zu »befreien« – ein Vorhaben, das eindeutig außerhalb der Zuständigkeit der UNO lag – vier Millionen Menschen zum Opfer. (Fleming, S. 656. Eine bedeutend kleinere, aber immer noch erschreckend hohe Schätzziffer gibt Robert Leckie in seinem Buch *The Korean War* [Der Koreakrieg], 1962: insgesamt 2 415 601 Opfer, nordkoreanische Zivilisten nicht mitgerechnet.) Korea selber lag völlig in Trümmern, die Felder waren verwüstet, die Industriezentren durch amerikanische Bomben dem Erdboden gleichgemacht, die Dörfer niedergebrannt, die Bewohner fürchterlich entstellt und mit Narben bedeckt und abermals unter dem Stiefelabsatz militärischer Besatzungstruppen: Die Teilung des Landes war hoffnungsloser als zuvor.
Dies war der entsetzliche Preis, den Korea für eine von den USA mit der Verhinderung »künftiger Aggressionen« gerechtfertigte militärische Operation zu zahlen hatte. (»Die Streitkräfte des Aggressors dürfen sich nicht hinter eine imaginäre Linie flüchten, weil dadurch eine erneute Bedrohung des Friedens in Korea und in der Welt entstehen würde[44].«) Dieselbe Doktrin wurde geltend gemacht, um den Versuch zu rechtfertigen, die Nordkoreaner über den Jalu-Fluß zu treiben, selbst nachdem ihre Armeen bereits zerschlagen waren[45]; und der gleiche Gedankengang lag der von MacArthur vorgeschlagenen Taktik zugrunde, nämlich die Mandschurei zu bombardieren. Die gleichen Argumente hätten sogar zur Rechtfertigung eines Feldzuges ausgereicht, um alle »Bedrohungen des Friedens« gleich bis nach Moskau aus dem Wege zu räumen. Eine Politik der Eindämmung, die schließlich eine militärische und keine diplomatische Doktrin war, konnte immer erst erfüllt werden, wenn sie in eine »Befreiung« übergegangen war. Die beste Verteidigung ist nach einer militärischen Definition der Wirklichkeit immer der Angriff, denn das militärische Ziel ist die Vernichtung des Gegners, nicht das Bemühen, einen Modus vivendi mit ihm zu finden.
Daß das Überschreiten des 38. Breitengrades von höchst zwei-

felhafter Legalität war, ging aus dem Verhalten der amerikanischen Führung selber hervor. Als am 30. September US-Streitkräfte den 38. Breitengrad erreicht hatten, telegraphierte MacArthur an Verteidigungsminister Marshall, daß er der Achten Armee den Befehl zu geben beabsichtige, den Norden des Landes gemäß der UN-Resolution vom 27. Juni zu befreien. Marshall telegraphierte zurück: »Wir wünschen, daß Sie mit Ihren Operationen ohne weitere Erklärung oder Ankündigung fortfahren und die Sache durch Kampfhandlungen zur Entscheidung bringen. Unsere Regierung möchte vermeiden, es über den 38. Breitengrad zu einer Kontroverse kommen zu lassen, bis wir unseren Auftrag erfüllt haben[46] ...« MacArthur wußte die natürliche Neigung des Präsidenten, die anderen in der UNO vertretenen Regierungen vor eine vollendete Tatsache zu stellen, wohl zu würdigen[47]. John Spanier ist der Meinung, daß diese »vollendete Tatsache« in Wirklichkeit das Werk einiger »führender Mächte des Westens« einschließlich Großbritanniens war. (Vgl. sein Buch *The Truman–MacArthur Controversy and the Korean War*, 1959, S. 100.)
Die Taktik erwies sich als überaus erfolgreich. Südkoreanische Truppen überschritten die Grenze am 1. Oktober, und am 7. Oktober lieferte die UN-Vollversammlung notgedrungen die Genehmigung nach. Indien und sechs andere afroasiatische Nationen enthielten sich der Stimme, weil »das Vertrauen in die Vereinten Nationen geschmälert würde, falls wir die Wiedervereinigung Koreas durch Gewaltanwendung gegen Nordkorea gutheißen sollten, nachdem wir uns gegen den Versuch Nordkoreas, Korea durch Gewaltanwendung gegen Südkorea zu vereinen, behauptet haben[48]«. Die Resolution der USA, die Maßnahmen in Nordkorea zu billigen, wurde mit 47 gegen 5 Stimmen angenommen, ein sehr umstrittener moralischer Sieg, wenn man bedenkt, daß die USA wie stets die Stimmen des südamerikanischen Blocks, die mehr als vierzig Prozent der Vollversammlung ausmachten, die Stimmen der von den USA finanziell stark abhängigen westeuropäischen Staaten sowie anderer von den USA abhängiger Länder, wie der Türkei, Thailands, Formosas und der Philippinen in der Tasche hatten.

Während moralische und rechtliche Überlegungen bei der Entscheidung der USA, den 38. Breitengrad zu überschreiten, durchaus vernachlässigbare Faktoren darstellten, gaben machtpolitische Erwägungen um so mehr den Ausschlag. Die Hauptfrage war natürlich, ob China in den Krieg eintreten würde.

Dean Acheson war vom Gegenteil überzeugt. »Ich möchte den Leuten in Peiping genügend Intelligenz zutrauen, die Dinge abzuwarten«, sagte er am 10. September.

»Warum sie zu ihrer eigenen Zerstückelung und Vernichtung beitragen sollten, indem sie sich mit allen freien Völkern der

Welt überwerfen, die den Chinesen im Gegensatz zu den imperialistischen Bestrebungen der Sowjetunion freundlich gesinnt sind und stets freundlich gesinnt waren, vermag ich nicht einzusehen. Und da es für sie dabei nichts zu holen gibt, sehe ich auch nicht ein, warum sie dem deutlichen Druck des kommunistischen Lagers, in den Koreakrieg einzutreten, sich fügen sollten[48].«

Obwohl sich Berichte des Geheimdienstes häuften, die auf chinesische Kriegsvorbereitungen hindeuteten, blieb Acheson bei seiner Einstellung naiver Leichtgläubigkeit.

Sogar nach dem Kriegseintritt der Chinesen erklärte Acheson, daß den Behörden des kommunistischen China »auch nicht die mögliche Spur eines Beweises für die Absichten der UN-Streitkräfte vorgelegen haben kann. Wiederholt wurde von Anbeginn der Operationen klargestellt, daß die einzige Aufgabe der UN-Streitkräfte darin bestand, die Aggressoren zurückzuwerfen und dem koreanischen Volk seine Unabhängigkeit wiederzugeben[49]«. Mit anderen Worten, die Chinesen sollten glauben, daß diese hilfsbereiten Truppen Korea bis unmittelbar zu ihrer Grenze befreien, dort stehenbleiben und die chinesischen Interessen am Jalu-Staudamm und den dortigen Kraftwerken schützen würden, die das industrielle Hinterland Chinas mit Energie versorgten. Daß die Chinesen sich nicht überzeugen ließen, erscheint kaum verwunderlich.

Natürlich wurde nach dem Überschreiten des 38. Breitengrades durch amerikanische UN-Truppen »Peking eine Sicherheitsgarantie nach der anderen angeboten[50]«, die besagten, daß die chinesischen Interessen respektiert würden. Aber die Chinesen konnten eindrucksvolle Beweise erbringen, die ausreichten, um solchen Versprechungen wenig Glauben zu schenken. So hatte Präsident Truman beispielsweise am 5. Januar 1950 schriftlich erklärt, daß die USA »gegen Formosa keine räuberischen Absichten hegten ... Auch beabsichtigen die USA nicht, ihre Streitkräfte einzusetzen, um in der gegenwärtigen Situation zu intervenieren«. Sechs Monate später ließ Truman die Siebente Flotte zwischen Formosa und dem chinesischen Festland kreuzen und begann mit einem militärischen und wirtschaftlichen Hilfsprogramm zur Unterstützung der Armee Tschiang Kai-scheks. Am 10. Juli 1950 sagte Acheson selber, daß die USA in Korea ausschließlich kämpften, »um in der Republik Korea *den Zustand vor der Invasion durch Nordkorea wiederherzustellen*[51]«. [Hervorhebung vom Autor.] Drei Monate später taten die Vereinigten Staaten genau das, was sie nach Achesons Erklärung nicht tun wollten, nämlich eine gewaltsame Änderung des früheren Status quo zu versuchen.

Am 23. Oktober (einen Monat vor dem Kriegseintritt Chinas) verkündete ein Sprecher des Ersten US-Armeekorps, daß »ausländische Truppen vierzig Meilen südlich des Jalu-Flusses zum Stillstand gebracht würden«. Achtundvierzig Stunden später wurde dieser Plan von der Achten Armee in Korea und von MacArthurs Hauptquartier dementiert, das der Meinung war, ein solches Vorgehen würde »einen neuen ›38. Breitengrad‹ schaffen ... Auch würde dadurch der nordkoreanischen Regierung ein Gebietsabschnitt überlassen, wo sie sich ungehindert für neue Angriffe gegen die Republik Korea vorbereiten könnte«. (John Spanier gibt in seinem Buch auf S. 123 zu bedenken: ›MacArthurs Hauptquartier fand keine Erklärung dafür, wie ein fast völlig besiegter Feind seine Armee für derartige Angriffe wiederaufbauen sollte.‹)

So brauchte die chinesische Führung keineswegs erst eine paranoide Verhaltensweise an den Tag zu legen, um das Vorgehen der USA als ein klassisches Beispiel von Aggression zu interpretieren. Am 28. November erhob ein chinesischer Sprecher vor der UNO eine entsprechende Anklage, indem er sagte,

»das chinesische Volk weiß sehr wohl, daß die Regierung der USA diese Serie von Angriffshandlungen mit dem Zweck unternommen hat, ihr fanatisches Streben nach Beherrschung Asiens und der ganzen Welt zu verwirklichen. Einer der Chefplaner der japanischen Aggression, Tanaka, sagte einmal: ›Um die Welt zu erobern, muß man zuerst Asien erobern; um Asien zu erobern, muß man zuerst China erobern; um China zu erobern, muß man zuerst Korea und Taiwan erobern ...‹ Der amerikanische Imperialismus ... plagiiert Tanakas Bemerkung und folgt den ausgefahrenen Geleisen der imperialistischen Aggressoren Japans[52]!«

Zumindest auf MacArthurs Aktionen bezogen, war die Anschuldigung gar nicht so weit hergeholt. Im August 1948 hatte der Oberkommandierende in Seoul erklärt: »Diese Grenze [der 38. Breitengrad] muß und wird niedergerissen werden. Nichts soll die endgültige Einheit Ihres Volkes als freie Menschen eines freien Landes verhindern ...«

Und auf Formosa lobte der Oberbefehlshaber im Juli 1950 Tschiang Kai-schek, dessen »unbeugsame Entschlossenheit, dem kommunistischen Herrschaftsanspruch entgegenzutreten, meine ehrliche Bewunderung erregt. Seine Entschlossenheit kommt den gemeinsamen Interessen und Absichten der Amerikaner gleich, daß alle Völker im Pazifik frei und nicht Sklaven sein sollen.«

Schließlich mußte MacArthur seiner Stellung enthoben werden, um zu verhindern, daß er durch Übernahme der Truppen Tschiang Kai-scheks und Bombardieren der Mandschurei den Krieg auf China ausdehnte. Bei seiner Rückkehr nach Amerika kam seine Beliebtheit beim Volk in einem Empfang zum Ausdruck, wie ihn die USA noch nie zuvor erlebt hatten.

Als Anfang Oktober die UN-Truppen in Nordkorea eindran-

gen, warnte die chinesische Führung in aller Öffentlichkeit davor, daß China »sich mit der Vernichtung seines Nachbarn nicht untätig abfinden« werde. Aber der von den USA angeführte Vormarsch ging unaufhaltsam weiter. In der letzten Oktoberhälfte lagen Berichte vor, daß 250 000 chinesische Truppen längs der koreanischen Grenze konzentriert waren. Ende Oktober wurden die ersten chinesischen ›Freiwilligen‹ gefangengenommen. (Bei den MacArthur-Hearings erklärte Generalstabschef General Collins, daß die Informationen über die Absicht der Chinesen, sich zu diesem Zeitpunkt militärisch zu engagieren, »einen beträchtlichen Umfang« angenommen hätten.)
Am 5. November, nachdem ein chinesischer Angriff die UN-Streitkräfte zum Rückzug gezwungen hatte, behauptete MacArthur noch immer, daß die Chinesen wahrscheinlich nicht offiziell in den Krieg eintreten würden. (Spanier, S. 118–121. Die Chinesen behaupteten damals, ihre Truppen seien Freiwillige.) Selbst bei seinem letzten verhängnisvollen Angriff, der den Kriegseintritt der Chinesen »mit beiden Beinen« zur Folge hatte, hielt er an der Auffassung fest, seine Dreistigkeit würde Peking davon überzeugen, daß Koreas Schicksal bereits besiegelt war, besonders seit er öffentlich bekanntgegeben hatte, daß die »neuartigen und nervenzermürbenden Eindrücke« von der Feuerkraft einer modernen Armee und vom Bordwaffenbeschuß durch tieffliegende Kampfflugzeuge die Streitkräfte der chinesischen Kommunisten demoralisiert hätten[53]. MacArthur verfuhr zu dieser Zeit – und während des ganzen Krieges – nach der These, die er mit äußerster Offenheit zum Ausdruck gebracht hatte: »... Es liegt im Wesen der Psychologie des Asiaten, eine aggressive, entschlossene und dynamische Führung zu respektieren und ihr zu folgen[54].«
Nach der Schlappe vom 5. November, die MacArthur durch die Chinesen einstecken mußte, trat an der Front eine ›plötzliche Ruhe‹ ein, und eine Reihe diplomatischer Schritte begann. Großbritannien empfahl den USA dringend, die Chinesen eine Pufferzone besetzen zu lassen; Churchill unterstützte diese Bemühungen[55]. Inzwischen sollten die Chinesen bei den Vereinten Nationen in New York eintreffen. Am 22. November wiesen »gut informierte Kreise« in Washington darauf hin, daß eine Verständigung über einen Plan für eine Pufferzone längs der mandschurischen Grenze nahe bevorstehe und daß man nur noch die »grundsätzliche Billigung der militärischen Details durch General Douglas McArthur« erwarte. Die endgültige Zustimmung wurde jeden Augenblick erwartet[56].
Am 24. November, *dem Tage, an dem der Vertreter der rotchinesischen Regierung in New York eintraf*, um an der Debatte im UN-Sicherheitsrat teilzunehmen, startete MacArthur mit 100 000 Mann eine Offensive gegen den Jalu-Fluß. Daß

dies kein bloßer Zufall war, wird durch die Tatsache bestätigt, daß, wie sich später zeigen sollte, sowohl die Offensive als auch die Ankunft des chinesischen Delegierten ursprünglich auf den 15. November festgesetzt worden waren. Als der Delegierte sein Eintreffen auf den 24. November verschob, wurde auch der Termin für die Offensive auf dieses Datum verlegt.
»Er startete die Offensive, obwohl er wußte, daß wenigstens 100 000 Mann ihm gegenüberstanden und 40 000 Guerillas hinter ihm waren. Er wußte auch, daß die Stärke seiner Angriffstruppen für einen Frontalangriff nicht ausreichte; daher spaltete er sie in zwei Teile [wobei die beiden Flügel so weit voneinander entfernt und die Verbindung zwischen ihnen so schwierig war, daß sie statt dessen über Tokio aufrechterhalten wurde[56]], *so daß in der Mitte seiner Frontlinie ein verlockendes und gefährliches Vakuum entstand.*«[57] [Hervorhebung vom Autor.]
Im Hinblick darauf konnte der Angriff MacArthurs nur ein Ziel gehabt haben: eine Friedensregelung zu verhindern und China zum Kriegseintritt zu provozieren. Er hatte auf der ganzen Linie Erfolg. Die Chinesen traten am 26. November offen und massiv in den Krieg ein. Die UN-Streitkräfte wurden völlig aufgerieben. Der Punkt ohne Umkehr war erreicht worden; der wirkliche Aderlaß, das große Zerstörungswerk hatte begonnen. Während sich die stark dezimierten UN-Truppen im Lauf des Dezembers in südlicher Richtung zurückzogen, wandten sie die Taktik der verbrannten Erde an und machten Millionen von Koreanern obdachlos und lieferten sie dem Hungertod aus. Im Januar ließen die Chinesen in der eindeutigen Absicht, ihre Aktionen nicht weiter auszudehnen, die Offensive im Sande verlaufen. (Obwohl dies im Widerspruch zu der offiziellen Version eines unaufhaltsamen chinesischen Vormarsches steht, der von einer Gegenoffensive amerikanischer UN-Truppen zum Stillstand gebracht wurde, scheint mir der von Stone geführte Beweis zur Erhärtung dieser These jetzt durchaus überzeugend zu sein und zu den in orthodoxen Texten präsentierten Tatsachen keineswegs in Widerspruch zu stehen.)
Am Neujahrstag richteten zahlreiche Persönlichkeiten wie der Papst und neun Minister des britischen Commonwealth Appelle an die kriegführenden Parteien, endlich Verhandlungen aufzunehmen. Das Problem des Friedens, sagten sie, liege in der Beseitigung der Ursachen des Krieges, im Abbau der Spannungen und in der Förderung des gegenseitigen Verstehens, vor allem aber »in der ständigen Bereitschaft, unsere Meinungsverschiedenheiten offen zu erörtern, ohne törichterweise anzunehmen, daß alle Versuche, den Frieden zu sichern, eine Form von Beschwichtigung seien[58]«.
Aber die amerikanische Führung war kaum in der Verfassung,

sich mit der Erörterung von Meinungsverschiedenheiten abzugeben. Sie war zu einem neuen, feierlichen Kreuzzug im Dienste der Freiheit aufgebrochen: *China als den Aggressor zu brandmarken.* Am 20. Dezember hatte Herbert Hoover von den Vereinten Nationen verlangt, »das kommunistische China als Aggressor zu verurteilen« und am 5. Januar schickten die USA an neunundzwanzig Regierungen eine Erklärung, in der sie warnend darauf hinwiesen, daß die UNO zusammenbrechen (!) könnte, wenn nicht China als Aggressor gebrandmarkt würde. Nehru gab zu bedenken, daß eine solche Brandmarkung »die Tür zu einer friedlichen Regelung im Fernen Osten endgültig zuschlagen« würde, aber derartige Warnungen ließen die USA kalt.

Am 19. Januar verabschiedete das Repräsentantenhaus mit nur zwei Gegenstimmen eine Resolution mit der an die Vereinten Nationen gerichteten Forderung, China zum Aggressor zu erklären und es von der weiteren Mitgliedschaft in der UNO auszuschließen. Vier Tage später verabschiedete der amerikanische Senat eine ähnliche Resolution.

Am 11. Januar war in der UNO ein Vorschlag für den Abzug aller ausländischen Truppen nach einem ›angemessenen Stufenplan‹ und für eine Konferenz zwischen den Großmächten eingebracht und diskutiert worden. Die Chinesen hatten auf diesen Vorschlag eine Antwort gesandt, die die USA als Ablehnung bezeichneten. Doch die meisten Länder des asiatisch-arabischen Blocks und einige der europäischen Verbündeten hielten die chinesische Antwort nicht für eine Zurückweisung, sondern für einen ersten Schritt zu Verhandlungen[59].

Der Druck der USA auf die Vereinten Nationen ging so weit, daß James Reston zufolge »US-Botschafter Austin es ablehnte, einer achtundvierzigstündigen Vertagung der Debatte zuzustimmen, um dem indischen Delegierten die Möglichkeit zu geben, sich Informationen zu verschaffen, die dieser für die Entscheidung von Belang hielt«. Der Delegierte Indiens, Sir Benegal Rau, benötigte diese Zeit, um zusätzliche Informationen einzuholen, die einen neuen in zwei Stufen abzuwickelnden Friedensplan Mao Tse-tungs betrafen, der der indischen Regierung als Antwort auf einen unmittelbaren Friedensappell Nehrus übermittelt worden war.

In der Debatte, die diesem Antrag folgte, hielten die USA ihre Forderung nach Maßnahmen gegen die Chinesen aufrecht und brachten eine asiatisch-arabische Resolution zu Fall, die sich für die Aufnahme von Gesprächen einsetzte. Schließlich boxten die USA ihre Resolution durch, in der China zum Aggressor erklärt wurde, wobei die westlichen Verbündeten, wie es das *Wall Street Journal* formulierte, nur »unter dem drohenden Peitschenhieb« der USA dafürstimmten. (»Keine [der europäischen

Nationen] konnte es sich leisten, sich die Gunst der USA in einer Machtprobe zu verscherzen«, kommentierte das *Journal*, »aber die meisten machten aus ihrer Opposition kein Hehl« [zitiert in *The Nation* vom 10. Februar 1951]. Vgl. Sherman Adams, *Firsthand Report* [Bericht aus erster Hand], 1961, S. 127: »Als die Engländer 1954 auf die Eisenhower-Regierung Druck ausübten, um diese zu zwingen, China anzuerkennen und seine Aufnahme in die UNO als einen Schritt zur Verringerung der Spannungen und der Kriegsgefahr zu unterstützen, äußerte Eisenhower Bedenken und sagte: ›Wie können wir der Aufnahme eines Landes zustimmen, das die Vereinten Nationen als Aggressor gebrandmarkt haben?‹«)
Diese Ereignisse erinnerten Walter Lippmann an den September des Jahres 1950, als Mr. Acheson »Mr. Austin befahl, sein weißes Streitroß zu besteigen und die Heerscharen der Rechtschaffenheit über den 38. Breitengrad zu führen«, ohne eine klare Vorstellung von dem zu haben, was nach der Stimmengleichschaltung durch die USA folgen würde. Als Lippmann die Opposition der asiatischen Länder bemerkte, nannte er die Abstimmung eine »selbstbeigebrachte Niederlage«, weil die USA »den ganzen Apparat der Vereinten Nationen eingesetzt hatten, um auf sensationelle Weise den Nachweis zu führen, daß Asien nicht auf unserer Seite steht[60]«.
Die USA gingen dann von ihrem Vorstoß in der UNO zu einem militärischen Kreuzzug auf dem Schlachtfeld über, indem sie ihre neue Koreataktik »Operation Killer« nannten, ein blutiges Gemetzel ohne Sinn und Zweck, durch das, wie Pearl S. Buck schrieb, »uns verlorenging, was wir zu verlieren uns nicht leisten können – den Geist des asiatischen Menschen«. (Pearl S. Buck, »What Asians Want« [Was die Asiaten wollen], *The Christian Century* vom 27. Juni 1951. Vgl. auch den Aufsatz von James Michener in *Life* vom Juni 1951: »... Nie in der Geschichte unseres Volkes wurden wir so gefürchtet und verachtet ... China, Indien, Burma und Indonesien verurteilen uns heute als reaktionär und imperialistisch. Wir ... selber sind als vorsätzliche Aggressoren gebrandmarkt.«)
Aber die eigentliche Zerstörung der koreanischen Halbinsel war dem chinesischen Kriegseintritt vorausgegangen. General Emmet (Rosie) O'Donnell, Chef des US-Bomberkommandos im Fernen Osten, drückte es kurz und bündig so aus: »Ich würde sagen, daß die ganze, fast die ganze Halbinsel Korea ein einziger großer Schutthaufen ist. Alles ist zerstört. Nichts Nennenswertes ist stehengeblieben. Kurz bevor die Chinesen in den Krieg eintraten, wurden von unseren Bombern keine Angriffe mehr geflogen. Es gab in Korea keine Ziele mehr[61].«
Als die Chinesen in den Krieg eintraten, verlangte General O'Donnell, daß sofort die Atombombe gegen sie eingesetzt

werden sollte. »Sie spüren den Hieb erst, wenn er wirklich gegen sie geführt wird[62].« Die amerikanischen UN-Truppen kamen nicht dazu, die Atombombe einzusetzen, aber sie experimentierten in Korea mit einer neuen Waffe: Napalm (durch Natriumpalmitat eingedicktes Benzin). Die Wirkung dieser Napalmbomben beschrieb der Korea-Korrespondent der BBC so:
»Vor uns stand eine merkwürdige, etwas vorgebeugte Gestalt mit gespreizten Beinen und seitwärts gestreckten Armen ... Er hatte keine Augen, und seinen ganzen Körper, der fast überall durch verbrannte Stoffetzen hindurch sichtbar war, bedeckte eine harte schwarze, mit gelbem Eiter gesprenkelte Kruste ... Der Mann mußte stehen, weil sein Körper keine Haut mehr hatte, sondern von einer leicht zerbrechlichen mürben Kruste überzogen war ... Ich dachte an die Hunderte von niedergebrannten Dörfern, die ich persönlich gesehen hatte, und stellte mir die Verlustliste vor, die an der Koreafront ins Unermeßliche wachsen mußte[63].«
Während die Nordkoreaner unter den Schlägen der größten Industrienation der Welt schwere Verluste erlitten, erging es den Südkoreanern nicht viel besser. Eine maßgebende britische Militärveröffentlichung schrieb 1951:
»Der Krieg wurde ohne Rücksicht auf die Südkoreaner geführt, und ihr unglückseliges Land wurde als Kampfplatz, als Arena statt als ein Gebiet angesehen, das befreit werden sollte. Infolgedessen wurden die Kampfhandlungen mit aller Grausamkeit ausgetragen, und es ist durchaus nicht übertrieben zu behaupten, daß Südkorea als Land nicht mehr existiert. Seine Städte sind zerstört, viele Existenzmöglichkeiten dem Erdboden gleichgemacht und seine Bewohner sind zu einer dumpf vor sich hinbrütenden Masse geworden, die auf Almosen angewiesen ist[64] ...«
Für diejenigen Südkoreaner, die unter dem Regime Syngman Rhees weiterleben durften, war das Leben nach dem Ende der Kampfhandlungen nicht »freier«, als es unter der ursprünglichen Besatzung durch amerikanische Truppen gewesen war. Nach dem Krieg besuchte Rhee die USA und setzte sich weiterhin für die Sache der »Befreiung« ein. Am 28. Juli 1954 forderte er in einer Rede vor dem Kongreß die USA auf, mit ihm gemeinsam einen Krieg gegen Rotchina zu führen. In Philadelphia beschwor er die USA, endlich ihre Furcht vor dem Atomzeitalter zu überwinden und »als absolute und furchtlose« Führungsmacht der freien Welt Rußland entgegenzutreten[65].
Als Rhee nach Korea zurückgekehrt war, ging er mit unnachsichtiger Härte gegen seine Gegner vor. Am 14. Oktober verfügte er, die Zahl der Zeitungen um 85 Prozent zu reduzieren, weil sie seine Regierung zu scharf kritisierten. Am 28. November erzwang er durch die gesetzgebende Versammlung ein ver-

fassungsänderndes Gesetz, das ihn ermächtigte, Präsident auf Lebenszeit zu bleiben. Ein Versuch seiner Anhänger, die Schriftführer an der Bekanntgabe zu hindern, daß dem Antrag eine Stimme zur notwendigen Zweidrittelmehrheit fehlte, endete zwar mit einer Schlägerei, aber der Antrag auf lebenslange Amtszeit Rhees als Präsident ging durch.

Rhees Polizeiapparat »hielt das Volk fest im Griff, den er in den Jahren 1958 und 1959 dadurch aufrechterhielt, daß er die wachsende Opposition aus dem Parlament hinauswarf und zusätzliche ›Gesetze‹ zur weiteren Festigung seiner Herrschaft durchdrückte[66]«. Im Frühjahr 1960 stürzte ein durch Studentendemonstrationen ausgelöster Volksaufstand Syngman Rhee von dem Sockel, auf den die USA ihn gestellt hatten.

Die neue Regierung von John M. Chang, die einige beschränkte, aber notwendige Reformen durchführte, wurde nach einem erfolgreichen Staatsstreich am 16. Mai 1961 bald durch eine Militärjunta abgelöst. In einem Telegramm aus Seoul vom 31. Januar 1963 beschrieb der Korrespondent A. M. Rosenthal einen wachsenden Machtkampf innerhalb der Junta und das Bemühen amerikanischer Regierungsbeamter, den Ausbruch eines Bürgerkrieges (im Süden) zu verhindern. Was die Haltung der USA gegenüber der Militärjunta betraf, wußte Rosenthal folgendes zu berichten:

»Seit dem Staatsstreich haben die USA alles daran gesetzt, der Junta-Regierung zum Erfolg zu verhelfen. Dies war ein mit einkalkuliertes Risiko, das den Verzicht auf die Wertschätzung einiger Koreaner bedingte, die Washington bittere Vorwürfe machten, eine Diktatur zu finanzieren.

Aber die USA waren davon überzeugt, daß die Junta-Regierung, insbesondere General Park, die einzig mögliche Alternative darstellte, um Beständigkeit und Fortschritt und den allmählichen Übergang zu einer verhältnismäßig freien Gesellschaftsform zu garantieren.«

Welcher Überzeugung die USA-Regierung in Wirklichkeit auch gewesen sein mag, die Tatsachen rechtfertigten einen völlig anderen Schluß:

»Die Bestandsaufnahme der ersten Monate einer Militärherrschaft läßt wenig Hoffnung, daß hier die Führung am Werk ist, nach der Korea verlangt hat ... Die gesamte ausübende, gesetzgebende und richterliche Gewalt im Lande ist in General Parks Oberstem Rat für den Nationalen Wiederaufbau zusammengefaßt. Nicht nur die Nationalversammlung, sondern alle beratenden Körperschaften bis herunter auf Dorfebene wurden aufgelöst und alle gewählten Beamten entlassen.« (E. W. Wagner, »Failure in Korea«, *Foreign Affairs*, Oktober 1961, S. 133. Vgl. auch Reeve, S. 151 ff.: »Verwaltungsmäßig war die Junta ein autoritäreres Regierungssystem als das Syngman Rhees.«)

In wirtschaftlicher Beziehung war das Bild keineswegs erfreulicher. Trotz der zweieinviertel Milliarden Dollar, die die USA seit 1954 als Subventionen in das Land gepumpt hatten, lag die Arbeitslosenziffer 1960 bei schätzungsweise 25 Prozent. Das Bruttosozialprodukt lag unter zwei Milliarden und das Pro-Kopf-Einkommen beträchtlich unter hundert Dollar. Die Gesamtausfuhr belief sich im Durchschnitt auf zwanzig Millionen Dollar pro Jahr. Der durchschnittliche Bauernhaushalt mit mehr als sechs Familienangehörigen bebaute lediglich zwei Morgen Land, und 40 Prozent aller Bauernfamilien mußten von den Erträgen eines Morgens oder noch weniger ihr Leben fristen[67].

Im Vergleich dazu hatte die Wiederaufbauarbeit der Kommunisten seit dem Ende des Koreakrieges zu einigen beachtlichen Erfolgen geführt:

»Zwar veröffentlichen die nordkoreanischen Behörden Wirtschaftsnachrichten in einer Form, die darauf berechnet ist, Eindruck zu machen; doch aus anderen Quellen stammende Beweise bestätigen diese Nachrichten und verleihen zahlreichen Behauptungen der Nordkoreaner Glaubwürdigkeit. In verschiedenen Schlüsselindustriezweigen, so z. B. in der Erzeugung elektrischer Energie, ist Nordkorea mit seinen Pro-Kopf-Werten in die Nähe Italiens oder Japans gerückt. Die Produktion in allen Wirtschaftsbereichen hat die früher erzeugten Gesamtmengen übertroffen, in den meisten Fällen sogar mit einem erheblichen Überschuß, und das wirtschaftliche Wachstum ist in einem ungewöhnlich raschen Tempo erfolgt. Die Früchte dieser Aufwärtsentwicklung wurden dazu verwendet, den zehn Millionen Einwohnern Nordkoreas einen höheren Lebensstandard zu geben, als sie ihn je gekannt haben. Und da diese Menschen nie unter freien Institutionen, wie wir sie kennen, gelebt haben, müssen ihnen die unangenehmen Seiten der kommunistischen Herrschaft weniger entscheidend erscheinen als ihre materiellen Fortschritte[67].«

Nach Ansicht des bekannten Wirtschaftswissenschaftlers Professor Joan Robinson von der Universität Cambridge werden in der Tat »alle Wirtschaftswunder der Nachkriegswelt durch diese Leistungen [Nordkoreas] in den Schatten gestellt[68]«.

Obwohl diese Tatsachen im Westen verhältnismäßig unbekannt sind, haben sie sich um so mehr bei den Koreanern herumgesprochen. Etwa 70 000 in Japan lebende Koreaner haben sich für eine Repatriierung nach Nordkorea entschieden[69]. Außerdem stammen, wie ein prowestlich eingestellter Beobachter mitgeteilt hat, »alle Koreaner, die sich für eine Repatriierung nach dem Norden des Landes entschieden haben, bis auf einen geringen Prozentsatz aus dem Süden. Die von ihnen getroffene Wahl spiegelt daher unverfälscht ihre Meinung darüber wider, welche Hälfte der geteilten Halbinsel ihnen die besseren

Zukunftsaussichten bietet[70]«. In einer tragischen Nachbemerkung zu seinem bereits zitierten Werk kommt Professor Wagner von der Abteilung für Asiatische Sprachen an der Harvard-Universität zu dem Schluß: »Die kommunistische Bedrohung Südkoreas ist heute zu einer Umsturzdrohung durch neiderregende Vergleiche geworden. Auf die Dauer werden die Südkoreaner nicht zwischen Washington und Moskau, sondern zwischen Seoul und Pjöngjang wählen.« (Vgl. Joan Robinson, »The Korean Miracle«, *Monthly Review* vom Januar 1965: »... Man gibt sich große Mühe, die Südkoreaner im ungewissen zu lassen. Die Demarkationslinie wird ausschließlich durch amerikanische Truppen – bis herunter zum Reinigungspersonal – besetzt gehalten; dahinter erstreckt sich ein unbewohnter Gebietsstreifen. Kein Südkoreaner darf einen Blick in den Norden des Landes werfen. Es besteht keine Postverbindung. *Diese* Mauer wird zu Weihnachten nicht geöffnet, damit auseinandergerissene Familien sich wieder begegnen können.«)

9. *Intervention in Vietnam*

> Es spielt keine Rolle, wer behauptet, daß unser Ziel der Frieden sei, selbst wenn es der Präsident der Vereinigten Staaten von Amerika ist. Unsere Taten sprechen lauter als Worte, und unsere Taten in Asien sind heute eindeutig kriegerischer Natur.
> ... Seit 1954, als die USA das Genfer Abkommen nicht unterzeichneten, sondern statt dessen den Weg einseitiger militärischer Operationen in Südvietnam beschritten, haben wir in Südostasien militärische Konflikte provoziert und uns von der Erfüllung unserer Verpflichtungen im Rahmen der UN-Charta immer weiter entfernt ...
>
> Senator Wayne Morse (5. August 1964)

Am 11. April 1951 enthob Präsident Truman MacArthur wegen Insubordination seines Postens, weil der General auf eigene Faust nichts unversucht gelassen hatte, den Koreakrieg auf China auszudehnen. Als Truman die militärische Unausführbarkeit einer Ausweitung des Konflikts[1] eindringlich zum Bewußtsein kam, legte er den Kurs der USA auf einen begrenzten und somit ausweglosen Konflikt fest, der mit dem vierfachen Ausmaß an Menschenopfern praktisch zu den gleichen Ergebnissen führen sollte, die am 30. September 1950 erreicht worden waren[2].

Diese Entscheidung, den Krieg zu begrenzen, d. h. sich mit einer Politik der Eindämmung zufriedenzugeben und auf eine »Befreiung« zu verzichten, wurde von den Republikanern mit

Erfolg als defätistisch angegriffen und als ein Ausscheren der Demokraten aus ihrem Privat›krieg‹ gegen die Kommunisten in Europa gewertet. Senator Taft erklärte:

»... Ich wende mich gegen diejenigen, die in Europa ›auf die Tube drücken‹ möchten ..., die sich aber gleichzeitig weigern, unser allgemeines politisches Programm und unsere Strategie auf Asien anzuwenden ... [In Korea] lehnte es die Regierung ab, den Krieg mit allen ihr zu Gebote stehenden Mitteln zu führen, und zwar auf Grund der Theorie, daß wir Rußland dazu bringen könnten, einen dritten Weltkrieg zu beginnen. Doch in Europa haben wir nicht einen Augenblick gezögert, immer und immer wieder einen dritten Weltkrieg zu riskieren[3] ...«

MacArthurs Verteidigung seiner Angriffstaktik lag das alles rechtfertigende und alles entschuldigende Prinzip vom Kalten Krieg Amerikas gegen die kommunistische ›Expansion‹ zugrunde, und es ist kein Zufall, daß sechzig Prozent der Bevölkerung ihn an diesem Punkt seiner militärischen Laufbahn unterstützten[4]:

»... Die Geschichte lehrt mit unfehlbarer Deutlichkeit, daß eine Beschwichtigungspolitik nur einen neuen und blutigeren Krieg gebiert. In keinem einzigen Fall heiligte der Zweck die Mittel, in keinem einzigen Fall hat eine Beschwichtigung zu mehr als einem Scheinfrieden geführt ... Warum, fragten mich meine Soldaten, sollen wir dem Feind einen militärischen Vorteil überlassen? Ich wußte auf diese Frage keine Antwort.« (Spanier, S. 216.) Es erscheint wichtig, darauf hinzuweisen, daß MacArthurs Einstellung zu China mit den an die Eindämmungspolitik und den Zusammenbruch der Kommunisten geknüpften Erwartungen übereinstimmte: »Ich glaube, es vergeht in China kein Jahr, in dem nicht fünf bis zehn Millionen Menschen verhungern oder an den Folgen von Unterernährung sterben. China hat ein auf Armut gegründetes Wirtschaftssystem; in dem Augenblick, da man es auseinandersprengt, schafft man unter großen Teilen der Bevölkerung Verwirrung und Unzufriedenheit [fünfzig Millionen Menschen könnten auf Grund seines Plans verhungern, gab MacArthur später bekannt], und die inneren Spannungen würden dazu beitragen, Chinas Kriegspotential zu zerschlagen ...«

MacArthur spielte seinen Trumpf auf der Verschwörerseite des innenpolitischen Tisches aus: »Ich war immer imstande, den Feind vor mir zu erledigen«, sagte er, »bin aber nie imstande gewesen, mich gegen den Feind in meinem Rücken zu schützen[5].«

Gegen diese Anschuldigung eines inneren Verrats, die von den Republikanern weidlich ausgenutzt wurde, errichtete Truman die Verteidigungsposition der Demokraten. Mit den Worten

General Bradleys würde MacArthur die USA »am falschen Ort, zur falschen Zeit in den falschen Krieg gegen den falschen Feind« verwickelt haben. Aber Truman konnte oder wollte seine Kontroverse mit MacArthur, die zu einer Beilegung des Koreakrieges geführt hätte, nicht bis zum Ende durchstehen. Diese Einigung wurde erst nach der Wahl Präsident Eisenhowers im Juli 1953 erzielt, und zwar unter den gleichen Bedingungen, auf die Truman schon viele Monate früher und mit einigen hunderttausend Opfern weniger hätte eingehen können. (»Präsident Truman und Außenminister Acheson ... konnten es sich offenbar nie leisten, unter den einzigen für die Chinesen annehmbaren Bedingungen Frieden zu schließen, d. h. unter den Bedingungen, denen Eisenhower effektiv zustimmte. Die Demokraten waren für Attacken des ... gesamten rechten Flügels der Republikanischen Partei zu anfällig« [Walter Lippmann, zitiert in Spanier, S. 270].)

Es gehört zur Ironie jener Zeit, daß, während Eisenhowers Nominierung für den gemäßigten Flügel der Republikaner einen Sieg darstellte, seine Wahl zum Präsidenten dem rechten Flügel einen Zuwachs an Einfluß verschaffte. Eisenhowers Antrittsrede bei seiner Amtsübernahme schuf einen Präzedenzfall, indem sie mit einem Gebet begann (»Unsere Regierung ist sinnlos, wenn sie nicht auf einen tiefempfundenen religiösen Glauben gegründet ist, gleichgültig welcher Richtung«) und mit der Darstellung der amerikanischen Vision von der Apokalypse des Kalten Krieges fortfuhr, wobei Eisenhower sich Truman der Begriffe des klassischen Manichäismus bediente:

»Hier ist kein Platz für ein vermittelndes Argument zwischen zwei geringfügig voneinander abweichenden philosophischen Systemen. Dieser Konflikt zielt unmittelbar auf den Glauben unserer Väter und das Leben unserer Söhne. Kein Grundsatz, an dem wir festhalten, keinen Schatz, den wir besitzen, vom geistlichen Wissensborn unserer Freischulen und Freikirchen bis zur schöpferischen Magie freien Unternehmertums und freier Arbeiterschaft, nichts ist sicher vor dem Zugriff des Gegners. *Hier stehen sich Freiheit und Sklaverei gegenüber; hier kämpft das Licht gegen die Finsternis.*« [Hervorhebung vom Autor.]

Auf weniger hohem Niveau war es ein grundlegendes Ziel der Republikaner, die Regierungsausgaben zu kürzen. Dieses Ziel kollidierte offenbar mit der Verpflichtung und dem Bekenntnis zu einer globalen Eindämmungspolitik, die nur mit einem riesigen Rüstungsbudget durchgeführt werden konnte. Die Lösung dieses und des durch den Wunsch der breiten Öffentlichkeit, »die Jungs zu Hause zu lassen«, aufgeworfenen Problems bestand in einer neuen militärischen Strategie, die ihr Urheber, John Foster Dulles, *massive Vergeltung* nannte[6].

1947 hatte Walter Lippmann vorausgesehen, daß die an eine

Politik der Eindämmung zu stellenden militärischen Anforderungen eine unerträgliche Belastung der amerikanischen Fähigkeiten darstellen würden:
»Die Streitkräfte der USA zeichnen sich durch ihre Beweglichkeit und Schnelligkeit, ihren Aktionsradius und ihre Angriffsschlagkraft aus. Sie können nur das Instrument einer Politik sein, deren Ziel es ist, eine Entscheidung und ein Abkommen herbeizuführen; sie sind weder bestimmt noch geeignet für eine Taktik des In-Schach-Haltens, des Abwartens, Abwehrens und Abriegelns, ohne ein spezifischeres Ziel im Augen zu haben als die ›Vereitelung‹ der gegnerischen Absichten[7].«
Als Lippmanns Prophezeiung sich fünf Jahre später bewahrheitete, stellte John Foster Dulles seinen Plan für ein »maximales Abschreckungsmittel« zu einem »annehmbaren Preis« vor. Dulles begründete seinen Plan so: »Eine Politik, die in Asien nicht die Freiheit verteidigt, erweist sich in verhängnisvoller Weise als unzulänglich. Wie sollen wir sie aber verteidigen? Offensichtlich können wir nicht eine 20 000 Meilen lange Maginot-Linie bauen ...« Die Antwort war nach Dulles' Ansicht, daß die ›freie Welt‹ den Willen und die Mittel aufbringen müsse, um Vergeltungsschläge gegen »offene Aggression durch kommunistische Armeen« führen zu können, so daß, wo immer eine solche Aggression auftritt, »wir mit Mitteln unserer eigenen Wahl zurückzuschlagen imstande wären und auch zurückschlagen würden[8]«.
Ein ungünstiges Zusammentreffen von Umständen bewirkte jedoch, daß Dulles' Theorie, noch bevor er sie in die Praxis umsetzen konnte, ihre Glaubwürdigkeit einbüßte. Obwohl Dulles seine Ansichten das erste Mal vor den Wahlen von 1952 entwickelte, konnte er erst am 12. Januar 1954 die Doktrin als offizielle Politik der USA verkünden. Er tat dies, einen Monat bevor der französische General Navarre seinen Plan für einen »Sieg« in Indochina vorlegte, den die USA als Vorbedingung verstärkter Hilfsmaßnahmen gefordert hatten. Ein halbes Jahr früher war jedoch Rußlands erste Wasserstoffbombe explodiert.
Mit einer über tausendmal größeren Sprengkraft als die Hiroshima-Bombe macht die Wasserstoffbombe die USA und besonders ihre Verbündeten mit ihren großen Bevölkerungszentren und ihrer Nähe zu Rußland noch viel verwundbarer als die Sowjetunion. Zu dem Zeitpunkt, als Dulles seine Politik der »massiven Vergeltung« verkündete, war sie mit den Worten von P. M. S. Blackett bereits »militärisch sinnlos« geworden (nicht zuletzt wegen der Größe des sowjetischen Vorrats an spaltbarem Material). Dieser Sachverhalt hinderte aber den Außenminister nicht daran, die Politik der massiven Vergeltung mit der Strategie einer Politik »am Rande des Abgrunds«

zu untermauern, ja sogar jeden nur möglichen Versuch zu unternehmen, in den Jahren, als er am Ruder der amerikanischen Außenpolitik stand, alle Bemühungen um eine Stabilisierung und Entspannung der internationalen Lage zu vermeiden, zu blockieren, zu unterbrechen und unwirksam zu machen[9]. Diese Politik und die Einstellung, durch die sie unterstützt wurde, führten George Kennan zu der Feststellung, daß die Amerikaner »von ihrem Machtstreben derart in Anspruch genommen sind, daß sie jede Diskussion über internationale Angelegenheiten, die darüber hinaus etwas anderes zu berücksichtigen versucht, unerträglich finden[10]«. Diese »Übermilitarisierung« der amerikanischen Denkweise und ihre Folgen wurden nirgends deutlicher als in der Vietnam-Politik der USA[11].

Bei Ende des zweiten Weltkrieges war Vietnam eine französische Kolonie. Im Gegensatz zu Großbritannien, das Indien, Burma und Ceylon die Unabhängigkeit gab, suchte Frankreich die Abhängigkeit der Vietnamesen mit Hilfe des Marionettenkaisers Bao Dai, der mit den Japanern kollaboriert hatte, aufrechtzuerhalten. An der Spitze der Widerstandsbewegung gegen die japanische Besetzung hatten der Kommunist Ho Tschi-Minh und seine Guerilla-Armee gestanden. Gegen Kriegsende war die Vietminh Ho Tschi-minhs zu »einer breiten nationalen Bewegung geworden, die zahlreiche Vietnamesen unabhängig von ihrer politischen Einstellung vereinte und bis in die Massen des Volkes hineinreichte[12]«. Die gleiche Auffassung brachte Edwin O. Reischauer, Botschafter der Kennedy-Regierung in Japan, zum Ausdruck, als er schrieb, »die ganze Geschichte des kommunistischen Vietminh-Aufstandes ... weist darauf hin, daß er wegen der Unterstützung durch breite Massen des Volkes wohl eher auf Nationalbewußtsein als auf kommunistischer Dialektik beruhte[13]«.

Am 2. September 1945 wurde von Ho Tschi-Minhs Nationalkongreß eine nach dem amerikanischen Vorbild verfaßte Unabhängigkeitserklärung herausgegeben, und Bao Dai legte sein Amt nieder. Ho Tschi-Minhs Republik wurde bald darauf von Frankreich als »freier Staat« anerkannt, und ein Referendum sollte darüber entscheiden, ob die drei Teile Vietnams vereinigt werden sollten. Im Süden war das Gros der französischen Kapitalinvestitionen konzentriert, weshalb die Franzosen entschlossen waren, diesen Teil des Landes von dem übrigen Gebiet zu trennen. Sie bestanden ferner auf einer Kontrolle der Armee und der diplomatischen Beziehungen Vietnams sowie seiner Währung und Wirtschaft[14].

Unter diesen Bedingungen brachen Kampfhandlungen aus, und die Franzosen gründeten einen »Staat Vietnam« mit Bao Dai an der Spitze einer Marionettenregierung. (Dieses durch und durch künstliche Regime bildete auch die ›rechtliche‹ Grundlage aller folgenden Saigoner Regierungen.) 1951 meldete die *New York Times* am 12. Februar, daß zu Ho Tschi-Minhs Armee etwa siebzigtausend leichtbewaffnete Soldaten gehörten, von denen zwanzig Prozent Kommunisten, die übrigen stark nationalistisch eingestellt seien. Die Franzosen ihrerseits konnten den Kampf nur auf Grund der amerikanischen Finanz- und Militärhilfe fortsetzen, die gewaltige Ausmaße angenommen hatte. Gegen die leichtbewaffneten Vietnamesen setzten die Franzosen Artillerie und (von den Amerikanern geliefertes) Napalm ein, das die Opfer unter der Zivilbevölkerung »unvermeidlich« machte[15].

1951 besuchte Senator John F. Kennedy den Fernen Osten; nach seiner Rückkehr schrieb er: »In Indochina haben wir uns mit den verzweifelten Anstrengungen der französischen Regierung verbündet, sich an die Überreste ihres einstigen Imperiums zu klammern. Die einheimische Regierung Vietnams [d. h. die Bao Dais] findet bei der Masse des Volkes in diesem Gebiet keine Unterstützung[16].«

Eine rasche Verschlechterung der militärischen Lage veranlaßte die Franzosen im Februar 1954, einer Beilegung des Konflikts auf dem Verhandlungswege zuzustimmen, und so wurde für den 26. April eine Friedenskonferenz nach Genf einberufen. Doch noch ehe die Konferenz zusammentrat, wurde mit amerikanischer Hilfe ein letzter verzweifelter Versuch unternommen, die militärische Situation der Franzosen zu retten, indem diese 20 000 Mann ihrer Elitetruppen mit Fallschirmen im Talkessel von Dien Bien Phu mitten in feindliches Gebiet absetzten. Während General Navarre diese Offensive begann, hielt die Führung der USA bereits Konferenzen auf höchster Ebene ab, um Mittel und Wege zur Stärkung der Franzosen zu finden und damit einen »auf dem Verhandlungswege erreichten Frieden zu verhindern[17]«.

Am 14. März wurden Navarres Truppen, wie vorherzusehen war, von einer 25 000 bis 45 000 Mann starken Vietminh-Armee angegriffen, und die Lage in der amerikanischen Führung wurde von Stunde zu Stunde gespannter. Admiral Radford, Vorsitzender der vereinigten Stabschefs (der zuvor vor einem Ausschuß des Kongresses geäußert hatte, Rotchina müsse vernichtet werden, und wenn dazu ein fünfzigjähriger Krieg erforderlich sei), trat für den Einsatz von fünfhundert Flugzeugen ein, die taktische Atombomben auf Vietminh-Truppen abwerfen sollten, um den Fall Dien Bien Phus zu verhindern. (Er und Dulles wurden in diesem Punkt von Eisenhower überstimmt.) Falls China offen auf die Bildfläche trat, sollte Peking »atomar behandelt« werden[18]. Am 29. März erklärte Dulles, daß die kommunistische Beherrschung Indochinas und Südostasiens »eine ernste Bedrohung der ganzen freien Welt darstellt«.

In Saigon, der Hauptstadt Südvietnams, waren sich amerikanische Beamte darin einig, daß die Welle antiamerikanischer Gefühle eindeutig zugenommen hatte. Fünf verschiedene politische Gruppen von Nichtkommunisten gab es, von denen bekannt war, daß sie sich gegen die wachsende »Einmischung« der USA zusammenschlossen[19].

Und die »Einmischung« der USA wuchs von Tag zu Tag. Am 7. April erläuterte Eisenhower der Öffentlichkeit die strategische Bedeutung Indochinas, indem er das Prinzip des »fallenden Dominosteins« zitierte: der Fall Indochinas würde zum Fall Burmas, Thailands, der Malaiischen Halbinsel und Indonesiens führen; Indien würde dann vom Kommunismus eingeschlossen sein, was wiederum eine ernsthafte Bedrohung Australiens, Neuseelands, der Philippinen, Formosas und Japans wäre[20]. Ein unmittelbarer Grund für Eisenhowers Bereitschaft, die zur Stützung des französischen Imperiums erforderlichen ungewöhnlich hohen Hilfsmaßnahmen bewilligt zu erhalten, wurde später durch Sherman Adams, Eisenhowers ›Stabschef‹, enthüllt:

»Die Franzosen standen der Europäischen Verteidigungsgemeinschaft (EVG) ablehnend gegenüber, weil sie ihre natürliche Aversion gegen eine erneute Wiederaufrüstung Deutschlands nicht unterdrücken konnten ... Mit Unterstützung des Nationalen Sicherheitsrats erhöhte Eisenhower den amerikanischen Anteil an den Kosten des Indochina-Krieges von 400 Millionen auf 785 Millionen Dollar, d. h. praktisch auf die Höhe der Gesamtkosten für das militärische Unternehmen der Franzosen. Durch diese Entscheidung hoffte er, daß die Franzosen nach Erhalt des Schecks in Indochina zur Unterzeichnung des EVG-Vertrages in Paris bereit sein würden[20].«

Am 16. April 1954, als es klar war, daß die französischen Streitkräfte bei Dien Bien Phu hoffnungslos in der Falle saßen, erklärte Vizepräsident Nixon, daß, falls die Franzosen einen Rückzieher machten, die USA Truppen entsenden würden. Zur Abgabe dieser Erklärung war er nach Adams' Worten »im Kongreß verurteilt worden, weil er sich lautstark für den Krieg eingesetzt hatte«. Dulles beeilte sich, seinerseits eine Erklärung abzugeben, daß der Einsatz amerikanischer Soldaten in Südostasien »unwahrscheinlich« sei[20].

»In Wirklichkeit [fährt Adams fort] hatte sich Eisenhower zwei Wochen vorher bei einer Sonntagabendzusammenkunft in dem im ersten Stock des Weißen Hauses gelegenen Arbeitszimmer mit Dulles und Radford auf einen Plan geeinigt, unter bestimmten strikten Bedingungen amerikanische Streitkräfte doch nach Indochina zu entsenden. Es sollte sich in erster Linie um eine gemeinsame Aktion mit den Briten einschließlich australischer und neuseeländischer Truppen handeln, an der nach Möglichkeit auch Einheiten aus fernöstlichen Ländern wie den Philippinen und Thailand teilnehmen sollten, damit auch Asien vertreten war ...[20].«

Dem vietnamesischen und dem amerikanischen Volk wurde dieses zweite Korea zeitweilig dadurch erspart, daß sich die Engländer (unter Sir Anthony Eden mit voller Unterstützung Winston Churchills) weigerten, einen Plan zu akzeptieren, den sie für militärisch undurchführbar hielten, da die USA nicht bereit waren, genügend Landstreitkräfte zur Verfügung zu stellen, um die Operation zum Erfolg zu führen. Eden und Churchill bezweifelten den Einsatz von Luft- und Seestreitkräften ohne Unterstützung durch entsprechende Landstreitkräfte[21].

Von nicht geringer Bedeutung war der Zeitpunkt, an dem der Plan für die bewaffnete Intervention zur Ausführung kommen sollte. In zehn Tagen sollte die Friedenskonferenz in Genf stattfinden. Die Franzosen waren bestrebt, zu einer Einigung zu gelangen, weil die Katastrophe von Dien Bien Phu die Truppen demoralisiert hatte. (Bidault, der erste an den Verhandlungen teilnehmende französische Ministerpräsident, hätte andere Alternativlösungen vorgezogen, aber Mendès-France, der ihn als Ministerpräsident ablöste, hatte sich verpflichtet, innerhalb von dreißig Tagen Frieden zu schließen oder sein Amt niederzulegen.) Das französische Volk verlangte die Beendigung eines Krieges, in dem unter anderem im Jahr ebenso viele französische Offiziere den Tod fanden, wie die französische Militärakademie nach der Ausbildung verabschiedete. Außerdem bot sich vielleicht die Möglichkeit, nach einem Friedensschluß vorteilhafte wirtschaftliche Beziehungen anzuknüpfen.

Den Engländern lag daran, eine Übereinkunft zu erreichen, die in Vietnam eine politisch stabile Lage und »eine wirksame Grenze soweit nördlich [von der Malaiischen Halbinsel] wie möglich garantierte[22]«. Was die Russen betraf, vertrat Eden, der abwechselnd mit Molotow den Vorsitz der Konferenz führte, die Ansicht, daß der sowjetische Außenminister »ernsthaft an der Erzielung eines Abkommens interessiert« sei[23].

Die Chinesen und Vietnamesen (die in einigen Punkten nicht nur mit den Russen, sondern auch mit sich selber uneins waren) zeigten sich wie auch andere Mitgliedstaaten der indochinesischen Halbinsel für eine Zusammenarbeit sehr aufgeschlossen. Der einzige Konferenzteilnehmer, den die Notwendigkeit, dem vietnamesischen Volk nach achtjährigem brutalem Krieg den Frieden zu bringen, unbeeindruckt ließ, war der amerikanische Außenminister John Foster Dulles.

Dulles, der es »peinlich vermied, auch nur einen Blick in die Richtung des rotchinesischen Ministerpräsidenten zu werfen[24]«, verließ die Konferenz inmitten der Verhandlungen und versuchte, das endgültige Friedensabkommen dadurch zu boykot-

tieren, daß er sich weigerte, seine Unterschrift darunter zu setzen. Zwei Wochen vor Abschluß des Genfer Abkommens sagte Präsident Eisenhower auf einer Pressekonferenz: »Ich will nicht an einem Vertragswerk beteiligt sein, das jemand zum Sklaven macht; das ist alles, was ich dazu zu sagen habe[25].« Die USA wurden jedoch von Molotow und Eden gleichsam überlistet, die darin übereinstimmten, »zur Beseitigung des Unterschriftsproblems der Erklärung eine Liste aller teilnehmenden Länder voranzustellen«, die auch die Vereinigten Staaten enthielt[26].
Dulles mangelndes Interesse an einer Friedensregelung (ihm lag unter anderem daran, seinen Plan für einen Südostasienpakt [SEATO] zu verwirklichen) überraschte angesichts seiner Tätigkeit vor der Genfer Konferenz nicht im mindesten. Am 18. Februar 1954 hatte man die Übereinkunft erzielt, eine Konferenz in Genf abzuhalten. Zwei Monate später und drei Wochen vor dem geplanten Beginn der Friedenskonferenz

»trat die amerikanische Regierung [berichtet Eden] ... an die Franzosen und an uns selber mit einem neuen Vorschlag heran. Er besagte im wesentlichen, daß alle betroffenen Länder vor der Genfer Konferenz eine feierliche Erklärung abgeben sollten, daß sie bereit seien, gegen die fortgesetzte Einmischung Chinas in den Indochina-Krieg in Übereinstimmung mit Artikel 51 der UN-Charta gemeinsam vorzugehen. Wir wurden davon informiert, daß die vorgeschlagene Warnung eine Androhung von Maßnahmen der See- und Luftstreitkräfte gegen die chinesische Küste und eines aktiven Eingreifens in Indochina selber nach sich ziehen würde[27]«.

Am 12. und 13. April, zwei Wochen vor Eröffnung der Konferenz, führte Dulles Routinegespräche mit Eden und kam wieder auf den Interventionsvorschlag zu sprechen. Diesmal war das Ultimatum an China (daher der Vorwand einer chinesischen Intervention) im Plan fallengelassen worden:

»Was die Frage der Intervention betraf, war Mr. Dulles davon überzeugt, daß Indochina der richtige Ort für eine solche Aktion sei, sollte sie sich als notwendig erweisen, vorausgesetzt, daß zwei Vorbedingungen erfüllt würden: 1. eine eindeutige Erklärung der französischen Regierung hinsichtlich der Unabhängigkeit für die assoziierten Staaten und 2. dem Konflikt eine internationale Basis zu geben ... Ich wurde durch Mr. Dulles' damalige Behauptung nicht überzeugt, daß nämlich die Situation in Indochina ihre Entsprechung in der japanischen Invasion der Mandschurei im Jahre 1931 und in Hitlers Wiederbesetzung des Rheinlandes habe[28].«

Am 26. April begann die Friedenskonferenz, aber Dulles war nicht der Mann, der sich so leicht von seinem Weg abbringen ließ:

»Die Kontroverse um die Intervention verfolgte uns während

der Eröffnungsphase der Konferenz mit einer Beharrlichkeit sondersgleichen. Kaum war ich in Genf angekommen, suchte mich auch schon Mr. Dulles auf, um den Standpunkt der britischen Regierung zum Vorschlag der USA zu erfahren. Ich sagte ihm noch einmal, daß, falls auf der Konferenz ein Abkommen erzielt würde, Großbritannien auch bereit sein würde, dafür mit die Garantie zu übernehmen. Im Falle eines Scheiterns der Konferenz würden wir bereit sein, die Situation erneut zu prüfen, doch waren wir zum gegenwärtigen Zeitpunkt nicht bereit, uns an einer bewaffneten Intervention zu beteiligen[29].«

Nachdem Dulles nichts unversucht gelassen hatte, die Friedenskonferenz noch vor ihrem Beginn scheitern zu lassen und nachdem er ihren wirklichen Verlauf mit einem nicht zu überbietenden Maß an Oberflächlichkeit und Interesselosigkeit verfolgt hatte, ging er nun dazu über, das erzielte Abkommen und damit die langgesuchte Stabilität der Lage zu torpedieren. Dieser negative politische Kurs der USA war von erheblicher Bedeutung, besonders weil das Genfer Abkommen auf ein echtes Bemühen um eine internationale Entspannung hoffen ließ.

Im Juni äußerte sich Winston Churchill über den Ost-West-Konflikt in unmißverständlichen Worten, die in krassem Gegensatz zu den strategischen Voraussetzungen der USA standen. »Reden ist immer besser als Kriege führen ...«, erklärte er. »Ich bin der Meinung, daß wir die friedliche Koexistenz ausprobieren, wirklich ernsthaft ausprobieren sollten ... Ich bitte Sie, geben Sie ihnen die Chance, die Aussichten auf großen materiellen Wohlstand zu ergreifen, und ich bin geneigt anzunehmen, daß sie eine solche Gelegenheit nicht versäumen werden[30].«

Jedoch Amerikas weltumspannender Kreuzzug fand seinen Ausdruck in streng militärischen Begriffen von Sieg und Niederlage, die für evolutionäre Konzeptionen, wie sie sich hinter dem von Churchill vorgeschlagenen Kurs verbargen, keinen Platz ließen. Für die Politik der USA bedeutete Stärke und Beständigkeit das A und O; folglich konnten die USA nicht umhin, ihr Vertrauen in diktatorisch gelenkte Regierungssysteme und Militärregimes sowie in die Aufrechterhaltung des gesellschaftlichen und ökonomischen Status quo zu setzen. In diesem Zusammenhang liefen die Ereignisse in Südvietnam nach der Genfer Konferenz mit der folgerichtigen Präzision eines Uhrwerks ab.

Der am 21. Juli ausgehandelte Waffenstillstand sah die provisorische Teilung Vietnams am 17. Breitengrad vor sowie innerhalb von zwei Jahren freie Wahlen zwecks Wiedervereinigung des Landes, eine Klausel, der die Vereinigten Staaten zustimmten. Am 21. Juli sagte Unterstaatssekretär Walter Be-

dell Smith, der für die US-Delegation sprach: »Im Zusammenhang mit der Behauptung in der Erklärung über freie Wahlen in Vietnam wünscht meine Regierung ihre Haltung, die in einer in Washington am 29. Juni 1954 abgegebenen Erklärung zum Ausdruck kam, wie folgt klarzustellen: ›Völker, die zur Zeit gegen ihren Willen geteilt sind, werden wir weiterhin durch freie Wahlen zu vereinen suchen, die freilich von der UNO überwacht werden müssen, um ihre korrekte Durchführung zu gewährleisten. Im Hinblick auf die vom Vertreter des Staates Vietnam geäußerte Behauptung wiederholen die USA ihren traditionellen Standpunkt, daß die Völker dazu berechtigt sind, ihre Zukunft selber zu bestimmen, und daß die USA sich keiner Vereinbarung anschließen werden, die diesen Grundsatz verletzen würde‹.« (Bulletin des State Department vom 2. August 1954, S. 162). Man nahm allgemein an, daß die Vietminh aus gesamtvietnamesischen Wahlen als Sieger hervorgehen würden. (In seinen Memoiren schrieb Eisenhower 1963: »Ich habe nie mit jemandem gesprochen oder korrespondiert, der auf Grund seiner Kenntnisse der Lage in Indochina nicht mit mir der Meinung gewesen wäre, daß möglicherweise achtzig Prozent der Bevölkerung für Ho Tschi-Minh gestimmt hätten, wenn die Wahlen zur Zeit der Kämpfe abgehalten worden wären.«) Als John F. Kennedy im April vorigen Jahres [1963] vor dem Senat sprach, hatte er diese allgemein vorherrschende Meinung zum Ausdruck gebracht:
»Trotz allen gegenteiligen Wunschdenkens muß Klarheit darüber bestehen, daß die Beliebtheit und die Vormachtstellung Ho Tschi-Minhs und seiner Anhänger in ganz Indochina entweder eine Teilung des Landes oder eine Koalitionsregierung bewirken und schließlich zur Herrschaft der Kommunisten führen würde[31].«
Da sich die USA somit mit einem beim Volk überaus beliebten Gegenspieler konfrontiert sahen, schlugen sie einen Kurs ein, der die Verhinderung der Wahlen und der Wiedervereinigung zum Ziel hatte.
Am 17. und 22. Januar 1955 berichtete C. L. Sulzberger über die ersten Phasen eines französisch-amerikanischen Vietnamkonflikts. Die USA versuchten, den Norden vom Süden des Landes hermetisch abzuriegeln, indem sie die Wirtschaft des Nordens boykottierten und französische Firmen, die eine entgegengesetzte Politik verfolgten, auf die schwarze Liste zu setzen drohten. Die Politik Frankreichs war der der USA »direkt entgegengesetzt«, deren einzige Rechtfertigung für ihre Präsenz in Vietnam lediglich in der Unterstützung Frankreichs bestand. Jean Sainteny[32] »arbeitete auf gute politische und wirtschaftliche Beziehungen zum kommunistischen Regime hin«. Die Franzosen »wollten sich die Tür offenhalten, die wir zuzu-

schlagen versuchten«. Die Franzosen waren nämlich der Auffassung, daß Südvietnam bei den Wahlen von 1956 von den Kommunisten übernommen würde, daß aber Russen und Chinesen nur unbedeutende Wirtschaftshilfe gewähren könnten, so daß Frankreich ein guter Absatzmarkt erhalten bliebe[33].

Während dieser Zeit vor den Wahlen zur Wiedervereinigung hielten die USA die Fäden über die neue Regierunt von Ngo Dinh Diem fest in der Hand, der am 16. Juni 1954, einen Monat vor Abschluß der Genfer Konferenz, auf Anordnung von Dulles durch Bao Dai eingesetzt worden war. Diem, ein Katholik, hatte sich von 1950 bis 1953 in den Vereinigten Staaten aufgehalten, »wo sein Auftreten und seine Fähigkeit zur Bekleidung eines öffentlichen Amtes offensichtlich durch den einflußreichen Kardinal Spellman bemerkt wurde[34]«. Die Franzosen machten aus ihrer Abneigung gegen Ngo Dinh Diem kein Hehl[35], doch die USA, die ihm zur Macht verholfen hatten, machten für ihn (und seine Familie) ihren ganzen Einfluß geltend, so daß er im Amt blieb. Diems Beliebtheit als Staatsmann läßt sich aus Senator Mike Mansfields Bericht über die »unglaublich ernste« Situation in Südvietnam im Jahre 1955 entnehmen. »In diesen unüberschaubaren Tagen war der nahezu einzige dünne Faden, der die Vielzahl widerstreitender Kräfte in Vietnam miteinander verband, ihre allgemeine Übereinstimmung darin, daß Ngo Dinh Diem verschwinden mußte[36].«

Diem behauptete sich jedoch, und am 8. Juni 1955 meldete C. L. Sulzberger, daß der Ministerpräsident mit einer Teilnahme Südvietnams an den im Genfer Abkommen vorgesehenen gesamtvietnamesischen Wahlen nicht einverstanden sei. Ngo Dinh Diem wehrte sich »bereits gegen den bloßen Gedanken an eine solche Abstimmung«. Offenbar hatten die USA ihren Syngman Rhee für Südvietnam gefunden. Spätere Appelle der Vietminh an die Vorsitzenden der Genfer Konferenz, Molotow und Eden, nützten nichts, und die Wahlen fanden nie statt.

Ngo Dinh Diems Sieg über die Opposition, zu der nicht nur die Armee gehörte, sondern »die große Mehrheit jener Vietnamesen, deren Dienste für die nationale Sache sie dazu berechtigt hätte, bei der Schaffung eines unabhängigen Staates eine Rolle zu übernehmen«, war nicht schwer zu erklären. Denn trotz der Tatsache, daß die politischen Chancen eines römisch-katholischen Mandarins aus Hue, der »eine angeborene Unfähigkeit zu Kompromissen bzw. zum Handeln« an den Tag legte, gering zu sein schienen, hielt Diem einen Trumpf in der Hand: die Zusicherung einer »uneingeschränkten und entschlossenen Unterstützung durch die Amerikaner«. Mit dieser Unterstützung konnte Diem seine Herrschaft binnen drei Jahren konsolidieren[39]. Die Ergebnisse dieser Machtkonsolidierung faßte der

Korrespondent der *Sunday Times* und des *Economist*, der Augenzeuge der Ereignisse war, wie folgt zusammen:
»Statt den Süden zu vereinen, hat Diem ihn geteilt. Statt lediglich seine legitimen Feinde, die Kommunisten, zu vernichten, hat er jegliche Opposition, wie antikommunistisch sie auch sein mochte, vernichtet. Dabei vernichtete er sogar die Fundamente, auf die seine Regierung sich gründen sollte. Er konnte dies tun einfach und allein auf Grund der reichlich fließenden Dollarhilfe, die ihm von jenseits des Pazifiks zuteil wurde und die einen Mann an der Macht hielt, der nach allen gesellschaftlichen und politischen Gesetzen schon längst gestürzt worden wäre. Diems Gönner und Helfershelfer sind in Nordamerika zu suchen, nicht im Freien Vietnam ...[40].«
Die Konsolidierung der Macht Diems bedeutete ferner, daß im Süden der französische durch amerikanischen Einfluß abgelöst wurde. Während des Etatjahres 1957–1958 trug die amerikanische Hilfe für Vietnam die Gesamtkosten der vietnamesischen Streitkräfte, das sind fast achtzig Prozent aller anderen Regierungsausgaben und fast neunzig Prozent aller Importe. Aber das war noch nicht alles:
»Personalmäßig reichen die Verpflichtungen der USA gleichfalls sehr weit. Die USOM (US Operations Mission) sichert die technische Unterstützung der USA in jedem Tätigkeitsbereich. Die Staatsuniversität von Michigan, die der ICA (International Co-operation Administration) mit einer Million Dollar im Jahr vertraglich verpflichtet ist, unterhält die Verwaltungsakademie und bildet die Polizei aus; amerikanische Lehrer schreiben die Lehrbücher des Landes ... und eine große Gruppe von amerikanischen Militärberatern, deren genaue Zahl im Interesse der öffentlichen Sicherheit geheim bleiben muß, die sich aber wohl aus mehr als tausend Offizieren und Mannschaften zusammensetzen, bildet die Angehörigen der vietnamesischen Armee, Marine und Luftwaffe aus.« (Bernard B. Fall, »Anti-Americanism: Will South Viet Nam be Next?«, *The Nation* vom 31. Mai 1958, S. 490. Die Präsenz der amerikanischen Militärberatergruppe »mit wohl mehr als tausend Offizieren und Mannschaften« stellte eine eindeutige Verletzung des Genfer Abkommens dar.)
Am 1. Juni 1956 sprach Senator Kennedy auf einer Tagung der Amerikanischen Freunde Vietnams und erklärte, die USA müßten dem vietnamesischen Volk »eine politische, wirtschaftliche und gesellschaftliche Umwälzung im Sinne von Neugestaltung bieten, die dem, was der Kommunismus zu bieten hat, weit überlegen sein muß – weitaus friedlicher, weitaus demokratischer«. Aber die USA unternahmen nichts, um unter der Eisenhower- oder Kennedy-Regierung auch nur einem dieser Ziele näher zu kommen, geschweige denn es zu verwirklichen.

Im Jahre 1959 schrieb David Hotham:
»Was wurde bisher im Süden getan, um das Interessse der dortigen Massen zu fesseln? So gut wie nichts! Vier Jahre nach Dien Bien Phu, drei Jahre nach Diems Auflösung der Sekten und mit 250 Millionen Dollar, die pro Jahr in das Land fließen, wurde kaum ein einziges Haus gebaut, ließ die Bodenreform noch immer auf sich warten, war nicht ein einziger nennenswerter neuer Industriezweig geschaffen worden[41].«
Die Bodenreform war ein Problem, dem besondere Bedeutung zukam. Aber selbst wenn die Bodenreform unter Diem durchgeführt worden wäre, hätte sie die Lage der Bauern nicht verbessert. Vor diesem Programm gab es in Südvietnam 600 000 Bauern ohne Grundbesitz[42]; zweieinhalb Prozent der Landbesitzer besaßen fünfzig Prozent des Bodens, während siebzig Prozent nur zwölfeinhalb Prozent besaßen. Als Diems Agrarreform 1959 in Kraft trat, blieb die grundbesitzlose Bevölkerung ohne Land, doch wurde ein maximaler Pachtzins festgesetzt, der 25 Prozent der Ernteerträge ausmachte.
Die amerikanischen Berater waren offensichtlich mit dieser Maßnahme zufrieden, aber die Bauern in den zuvor von den Vietminh besetzten Gebieten – die Vietminh hatten ihre eigene Bodenreform durchgeführt – waren alles andere als zufrieden:
»In diesen Gebieten hatten ... die Grundbesitzer manchmal acht Jahre lang keinen Pachtzins erhoben. Deshalb betrachteten die Grundbesitzer Diems Vertragsprogramm als eine Möglichkeit, die ihnen wenigstens 25 Prozent der Ernteerträge sicherte. Auf der anderen Seite widersetzen sich die Gutspächter in diesen Gebieten dem Programm, da sie bisher überhaupt keinen Pachtzins bezahlt hatten[43].«
Außer ihrem Versuch, die von den Vietminh durchgeführte Bodenreform rückgängig zu machen, begann die Diem-Regierung mit einer Unterdrückungs- und Verhaftungswelle, die bald zu einem erneuten Aufstand im Süden des Landes führen sollte.
Im Genfer Abkommen war ausdrücklich festgelegt worden, daß die Beteiligten »sich jeglicher Vergeltungsmaßnahmen oder Benachteiligung von Personen bzw. Organisationen auf Grund ihrer Tätigkeit während der Feindseligkeiten enthalten und ihre demokratischen Freiheiten garantieren« würden. 1957 startete die Diem-Regierung eine Reihe von »Menschenjagden« auf frühere Vietminh-Mitglieder. Verdächtige wurden zusammengetrieben und »in Konzentrationslager oder politische Umerziehungslager«, wie sie euphemistisch genannt wurden, geschickt, und zwar unter Bedingungen, die einem Staat, der sich als einen Wahrer der Würde des Menschen bezeichnete, gewiß nicht zur Ehre gereichten. Bald lösten die vom Diem-Regime und seinen Helfershelfern verübten Greueltaten Gegen-

reaktionen aus, und 1958 »begannen die Kommunisten, die sich bereits zur Strecke gebracht sahen, zurückzuschlagen[44]«.

Es muß klar herausgestellt werden, daß Hanoi, das den sowjetischen Kurs einer »friedlichen Koexistenz« verfolgte, in dieser Phase der Entwicklung und selbst später nicht bereit war, Schritte zu unternehmen, die über die Überreichung diplomatischer Protestnoten hinausgingen. Unter diesen Umständen sahen sich Angehörige des alten Widerstandes im Süden gezwungen, aus eigener Initiative zu handeln, um stufenweise einen neuen Widerstand zu organisieren, bis sie im Dezember 1960 die Nationale Befreiungsfront gründen konnten. Die eigentliche Ursache für die Gründung dieser Organisation macht darüber hinaus klar, daß sie nicht, wie das US-State Department später behaupten sollte, ein Produkt Hanois als Bestandteil eines angeblichen Planes war, Vietnam durch Sturz der Diem-Regierung zu vereinen. Eine solche Hypothese läßt, wie ein hervorragender (antikommunistisch eingestellter) französischer Gewährsmann bemerkt,

»die Tatsache außer acht, daß der Aufstand schon ausgebrochen war, ehe die Kommunisten beschlossen, sich daran zu beteiligen, und daß sie einfach mitzumachen gezwungen waren. Und selbst unter den Kommunisten kam der erste Anstoß nicht aus Hanoi, sondern aus dem einfachen Landvolk, dessen Menschen von Diem buchstäblich dazu getrieben wurden, in Notwehr zu den Waffen zu greifen[44]«.

Die Nationale Befreiungsfront bestand vorwiegend aus Nichtkommunisten. (Vgl. dazu Barry Zorthian vom US-Informationsdienst in *Life* vom 27. November 1964, auch die *New York Times* vom 6. Dezember 1964, ferner Dennis Bloodworth im *Observer* vom 21. Februar 1965: »In den vergangenen elf Jahren haben die USA eine Folge von gleichsam diktatorischen, bisweilen ausgesprochen tyrannischen Regierungen in Saigon unterstützt, die vom vietnamesischen Volk verachtet oder sogar gehaßt wurden ... Die meisten Guerillaführer der Vietkong sind nicht Kommunisten, sondern aufrechte Nationalisten, die im Indochinakrieg mit den Vietminh gegen die französische Kolonialmacht kämpften, um für Vietnam die Unabhängigkeit zu erringen ... Quellen in der Befreiungsfront selber haben bestätigt, daß nur zehn Prozent ihrer Anhänger Kommunisten sind.«) Diese Tatsache spiegelte sich in ihrem Programm wider, das zur Bildung einer demokratischen Mehrparteienregierung aufrief, doch waren die Kommunisten wahrscheinlich von dominierendem Einfluß. Während Diems militärische Position sich verschlechterte, vollzog sich in Washington der Regierungswechsel, der eine Neueinschätzung der Lage in Südvietnam mit sich brachte. Auf den Rat von General Maxwell D. Taylor und W. W. Rostow verfügte Präsident Kennedy Maßnahmen,

um das militärische Engagement der USA in Vietnam zu eskalieren. Die Stärke der US-Truppen wurde um das Zwölffache erhöht, und Raketenhubschrauber sowie spezielle Methoden der Kriegführung gegen die Guerillas wurden während der Kämpfe eingesetzt.
Angesichts dieser Entwicklung trat der Krieg in eine noch brutalere Phase ein. Im Jahre 1962 flog die US-Luftwaffe 50 000 Einsätze, bei denen sie ganze Gebiete systematisch mit Bordwaffenfeuer bestrich und mit Napalmbomben belegte (New York Times, vom 9. Februar 1963 und vom 20. November 1962: »Die einen sagen, daß die Amerikaner dreißig Prozent der Kampfaufträge fliegen. Andere sagen, daß es noch mehr sind.«) Am 19. Juni berichtete die *New York Times*, daß fast eintausendvierhundert Dörfer zerstört wurden. In einem Versuch, die Befreiungsfront ihrer Nahrungsmittelvorräte zu berauben, wurden chemische Kampfmittel eingesetzt, um die Ernten und das Vieh zu vernichten, so daß der bäuerlichen Bevölkerung, bei denen Angehörige der Befreiungsfront untergebracht waren, der Hungertod drohte. (*New York Times*, Internationale Ausgabe vom 21. März und 10. April 1963: »Ich erhebe meine Stimme ... nicht nur, weil ich mit den Einwänden der USA gegen soziale Veränderungen in Indochina absolut nicht einverstanden bin, sondern weil der gegenwärtig geführte Krieg eine ununterbrochene Folge von Greueltaten darstellt. Napalm-Benzingeleebomben werden ohne Warnung gegen ganze Dörfer eingesetzt. Chemische Kampfmittel werden verwendet, um die Ernten und den Viehbestand zu vernichten und die Bevölkerung dem Hungertod preiszugeben« [Bertrand Russell].) »Dieser Krieg ist ein schmutziger, grausamer Krieg«, meldete das Torontoer Blatt *Telegram*, »ebenso schmutzig und ebenso grausam wie der von den Franzosen in Algerien geführte Krieg, der das Gewissen Amerikas so erschütterte. Gegenwärtig beläuft sich die wöchentliche Zahl der Todesopfer, darunter auch an den Kämpfen nicht beteiligte Personen, auf fünfhundert[45]«. Ende 1962 beherrschten nach vorsichtigen Schätzungen 10 000 bis 20 000 aktive Aufständische (ihre Reservestärke wurde auf 100 000 Mann geschätzt) achtzig Prozent der Zehn-Millionen-Bevölkerung im südlichen Deltagebiet und neunzig Prozent der Landmasse. Am 19. Januar 1963 schrieb *The Nation:* »Was von noch größerer Bedeutung ist ..., die Rebellen haben es geschafft, den Transport von Reis aus dem Flußdelta in knappen zwei Jahren um ein Viertel zu reduzieren.« Niedriger liegende, aber gleichfalls noch immer eindrucksvolle Werte wurden von amerikanischen Beamten nach dem Sturz des Diem-Regimes bekanntgegeben. Ein Leitartikel im gleichen Blatt zog die einleuchtende Schlußfolgerung: »Jetzt sollte es völlig klar sein, daß die amerikanischen Streitkräfte in Südvietnam nicht eingesetzt sind,

um die ›Freiheit‹ zu schützen, sondern ausschließlich, um das widerwärtige Geschäft der Unterdrückung eines massiven Bauernaufstandes gegen das Diem-Regime zu betreiben[46].«
Die hinter dieser Schlußfolgerung steckende Vermutung, daß der Aufstand in erster Linie von einheimischen Kräften unterstützt werde, wurde von General Paul D. Harkins, dem Oberbefehlshaber der amerikanischen Streitkräfte in Vietnam, bestätigt. Auf einer Pressekonferenz im Frühjahr 1963 soll Harkins geäußert haben, daß »die Guerillakämpfer offenbar weder aus Nordvietnam noch aus China oder sonstwoher systematisch verstärkt oder mit Nachschub versorgt werden. Er sagte, daß sie
»in bezug auf Waffen hauptsächlich auf das angewiesen sind, was sie erbeuten«. (*Washington Post* vom 6. März 1963; vgl. auch den Bericht von David Halberstam in der *New York Times* vom 6. März 1964: »Es ist keine Gefangennahme von Nordvietnamesen im Süden bekannt geworden.«)
Die Tatsache, daß es sich um einen Eingeborenenaufstand handelte, und die daraus resultierende Unmöglichkeit, die Guerillas von der Bevölkerung durch physische Mittel zu isolieren, führten zum Scheitern der von der Kennedy-Regierung eingeführten Taktik. Es handelte sich um das von den Briten auf der Malaiischen Halbinsel mit Erfolg angewandte und dann vom Bruder des Staatspräsidenten, Ngo Dinh Nhu, übernommene und in Südvietnam praktizierte Programm der »strategischen Dörfer«. Dieses Programm sah vor, ländliche Dörfer zu »befestigen«, um sie politisch und militärisch uneinnehmbar zu machen. In dem reisreichen Mekongdelta, um nur ein Gebiet zu nennen, »wurden Zehntausende von Bauern gezwungen, ihre Heimstätten zu verlassen und beim Bau neuer, von Stacheldrahtbarrikaden umgebener Dörfer mitzuhelfen[47]«. Bis zum Mai 1963 lebten acht Millionen Menschen in solchen »befestigten« Dörfern. »Es ist doch wohl bittere Ironie, wenn man die Massen der Bauern, um sie vor dem Kommunismus zu schützen, hinter Stacheldrahtzäunen unter Polizeiaufsicht zusammenpfercht, wenn man sie einer intensiven Schulung unterzieht und ihre Dörfer niederbrennt. Wenn die Vietnamesen auch arm sind, so sind sie doch keine Haustiere« (Tran Van Tung im Bericht der Demokratischen Partei Vietnams, September 1963, zitiert im *Extract of Data Compiled on War in Vietnam* der Bertrand-Russell-Friedensstiftung). Selbst amerikanische Beamte gaben zu, daß die Beschuldigung, die strategisch befestigten Dörfer seien durch »Zwangsarbeit« errichtete »Konzentrationslager«, »in vielen Fällen nur allzu genau zutraf[47]«.
Die politische Kontrolle in diesen »Festungsdörfern« erfolgte nach totalitären Gesichtspunkten, die das Diem-Regime bereits in den unter seiner Herrschaft stehenden Städten und Gemein-

den anwandte. Die 1962 im Freien Vietnam herrschenden Bedingungen wurden von dem im Exil lebenden antikommunistischen Führer der Vietnamesischen Demokratischen Partei so zusammengefaßt:

»In den acht Jahren, die Diem im Amt ist, hat er nicht eine einzige der von den USA erbetenen und von den Vietnamesen dringend benötigten Reformen durchgeführt. Statt dessen entledigte er sich aller fähigen antikommunistischen Führer, steckte 50 000 antikommunistische vietnamesische Nationalisten ins Gefängnis, beraubte die Bevölkerung aller Rechte und Freiheiten, zwang die Menschen in grausam verwaltete Konzentrationslager, ließ massenhaft unschuldige Familien im Namen des ›Antikommunismus‹ ermorden und gestattete den Vietkong, das Land bis unmittelbar an die Stadtgrenze Saigons zu beherrschen und zu terrorisieren! ... Von achtzig Prozent der Bevölkerung gehaßt und gefürchtet, setzt Diem seine Innenpolitik fort, die einen Hitler beschämt hätte, und bleibt weiterhin im Amt, nur weil er von den USA unterstützt wird.« (Brief Tran Van Tungs vom 12. Oktober 1962 aus Paris an die *New York Times*. Foltermethoden, die die französischen Praktiken in Algier zum Vorbild hatten, wandte das Diem-Regime gegen Andersdenkende unter der Zivilbevölkerung, wie auch gegen die Nationale Befreiungsfront, an.)

Tran Van Tungs Hinweis auf die weiterbestehende Verantwortlichkeit der USA für die Herrschaft Diems wurde in etwas abgewandelter Form von einem hohen Beamten des State Department wiederholt, als er das Land 1963 besuchte. »Was mir an dieser Regierung nicht gefällt«, sagte er, »ist, daß die einzigen Leute, die sie unterstützen, Amerikaner sind[48].« Zwei Monate später wurde eine Reihe von Ereignissen ausgelöst, die Diem und seiner Familie die Gunst und Unterstützung der USA entzogen und so seinen Sturz herbeiführten.

Das überwiegend katholische Diem-Regime hatte jahrelang die buddhistische Mehrheit, etwa siebzig Prozent der Bevölkerung, unterdrückt und verfolgt. Am 8. Mai 1963 wurde im Buddhistischen Zentrum von Hue eine Demonstration veranstaltet, um Buddhas Geburtstag zu feiern und gegen das Verbot der Regierung zu protestieren, die buddhistische Fahne zu zeigen. Als die Teilnehmer sich versammelt hatten, wurde den Veranstaltern der Demonstration mitgeteilt, daß die Versammlung illegal sei. Bald trafen Regierungslastwagen mit Soldaten ein, und als die Menge in panischer Angst auseinanderzulaufen begann, eröffneten die Truppen das Feuer und töteten neun Personen, darunter sieben Frauen und Kinder. Ein westdeutscher Psychiater, der Augenzeuge des Vorfalls war, schrieb später:

»Ich bin einer der wenigen europäischen Zeugen für das, was heute die ›Revolution der buddhistischen Mönche‹ genannt wird. In Hue, der religiösen Hauptstadt der Buddhisten Indochinas, sah ich Maschinengewehre, die das Feuer auf die Menge eröffneten und dabei Kinder töteten. Auch sah ich Truppen mit Giftgas gegen Studenten vorgehen, die in der Nähe einer Pagode demonstrierten[49].«

Die Regierung stritt die Verantwortung für den Überfall sogleich ab und erklärte, die neun Menschen seien der Nationalen Befreiungsfront zum Opfer gefallen[50]. Angesichts der unnachgiebigen offiziellen Haltung dehnte sich der buddhistische Aufstand rasch aus und wurde zum Stoßkeil andersdenkender nichtkommunistischer Gruppen. Am 11. Juni verbrannte sich Thich Quang Duc, ein alter buddhistischer Priester, aus Protest gegen die Situation im »Freien Vietnam«. Dieser spontane Akt des Protestes ließ die Weltöffentlichkeit aufhorchen. Als der »Aufstand« weite Kreise erfaßte, antwortete die Regierung mit verschärften Maßnahmen. Am 21. August wurden die buddhistischen Pagoden von Ngo Dinh Nhus (vom CIA mit einem Aufwand von 25 000 Dollar pro Monat unterstützten und ausgebildeten[51]) Spezialsicherungstruppen überfallen, die Nonnen, Mönche und Priester aus den Tempeln schleiften, sie verprügelten und auf Lastwagen in die Gefängnisse abtransportierten[52]. Diem verhängte über das Land den Ausnahmezustand, ernannte General Ton That Dinh zum Militärgouverneur von Saigon und ordnete ein achtstündiges nächtliches Ausgehverbot an.

Jetzt begannen die USA – vergeblich –, auf Diem Druck auszuüben, sich von den antibuddhistischen Ausschreitungen zu distanzieren und Ngo Dinh Nhu sowie dessen Frau (eine ausgesprochene Befürworterin ungezügelter Unterdrückung) aus der Regierung zu entfernen. An die Stelle des für Diem eingenommenen Nolting trat ein neuer Botschafter, Henry Cabot Lodge. Präsident Kennedy erklärte öffentlich, daß »in den letzten zwei Monaten die (Diem-)Regierung den Kontakt mit dem Volk verloren« habe. Diese Entwicklung könnte, wie er hinzufügte, »durch entsprechende Änderungen in der Politik und vielleicht auch durch personelle Veränderungen« rückgängig gemacht werden.

Am 30. August schlug Präsident de Gaulle vor, die einzige gangbare Lösung des Vietnamproblems sei die Befreiung des Landes von ausländischem Einfluß und seine Wiedervereinigung unter einer neutralen Regierung. Dieser Vorschlag, der im wesentlichen mit den Klauseln des Genfer Abkommens von 1954 übereinstimmte, war zuvor sowohl von der Nationalen Befreiungsfront als auch von Ho Tschi-Minh gemacht und von ihnen nach de Gaulles Erklärung erneut bestätigt worden.

In Wirklichkeit hatten die Franzosen insgeheim bereits Schritte zur Verwirklichung dieses Vorschlags unternommen. Über den französischen Botschafter Lalouette wurden zwischen Diem und Ho Tschi-Minh Kontakte hergestellt, um die Möglichkeit zu erörtern, Vietnam für ein neutrales Land zu erklären und den Abzug der amerikanischen Truppen zu fordern. Gegen Ende August brachte Lalouette Ngo Dinh Nhu mit dem polnischen Vertreter beim Internationalen Kontrollrat zwecks weiterer Erörterung des Vorschlags zusammen; später trafen sich Nhus Vertreter mit nordvietnamesischen Beauftragten in einer Küstenstadt nördlich von Saigon[53].

Für Beobachter der Situation in Vietnam auf lange Sicht waren diese Begegnungen nicht schwer zu deuten. Der Korrespondent des *Economist*, David Hotham, hatte bereits sechs Jahre früher geschrieben:

»Die Geschichte Vietnams in den letzten dreißig Jahren wurde durch seinen Kampf um nationale Unabhängigkeit bestimmt... Das allesbeherrschende Motiv im Freien Vietnam ist nicht und war nie der Antikommunismus; es ist ein ausgeprägtes Nationalgefühl. Dadurch, daß man Vietnam die Strategie des Kalten Krieges aufzwang und es zu einem Brennpunkt in der Auseinandersetzung zwischen der Freien Welt und dem Kommunismus machte, gab der Westen dem Land eine politische Struktur, die dem ganzen Verlauf der jüngsten Geschichte Vietnams zuwiderläuft. Es ist, als überschichte man Pilze mit Zement, um sie am Wachsen zu hindern, aber schließlich wachsen sie durch den Zement hindurch[54].«

Washington reagierte auf de Gaulles Vorschlag für die Wiedervereinigung und Neutralisierung Vietnams sehr verärgert; in der Presse konnte man lesen, daß der französische Präsident den gleichen Vorschlag ja bereits vor zwei Jahren – ebenfalls ohne Ergebnis – gemacht habe[55]. Andererseits hatten die jüngsten Ereignisse ihre Wirkung auf Washington nicht verfehlt, das immerhin anderthalb Millionen Dollar pro Tag an Diem zahlte, damit er den Krieg zur Unterdrückung der Nationalen Befreiungsfront fortsetze. Genau an dem Tag, als de Gaulle seinen Vorschlag zur Lösung des Vietnamkonflikts machte, verlautete, daß amerikanische für die Vietnampolitik verantwortliche Regierungsbeamte den Entschluß gefaßt hatten, »daß keine Regierung, in der Ngo Dinh Nhu und seine Frau vertreten sind, den Krieg gegen den Kommunismus gewinnen kann, daß die Nhus aber nicht aus der Regierung gedrängt werden können«. Gut informierten diplomatischen Quellen zufolge waren die USA daher »bereit, Aktionen einzuleiten, die gegebenenfalls zum Sturz der Regierung führen«. »Amerikaner (so verlautete) sollen unlängst bereits Kontakte zu führenden Militärs aufgenommen haben[55].«

Am 1. November 1963 wurde nach wiederholtem diplomatischem Druck seitens der USA die Regierung Ngo Dinh Diems

durch einen Staatsstreich des Militärs gestürzt[56]. Diem und sein Bruder wurden erschossen.
Der Putsch wurde von Männern ausgeführt, die Diems treueste Generale gewesen waren, darunter Ton That Dinh, Militärgouverneur von Saigon während des brutalen Vorgehens gegen die Buddhisten, und Tran Van Don, Sohn eines wohlhabenden Grundbesitzers und Chef des vereinigten Generalstabes. Der Anführer der Generäle war Duong Van Minh, dessen Eifer bei Diems Bemühungen, die Opposition während der Jahre 1955–1957 zu vernichten, ihn zu einem »Helden in den Augen der amerikanischen Militärs« gemacht hatte. Er fiel später bei Diem in Ungnade, »weil er zu eng mit General Maxwell Taylor, dem damaligen persönlichen Militärberater Mr. Kennedys und jetzigem Generalstabschef, zusammengearbeitet hatte[57]«. Der Mann, der zum Ministerpräsidenten der neuen Regierung ernannt wurde, war Nguyen Ngoc Tho, ein Buddhist, der Ngo Dinh Diems Vizepräsident und vorher unter der französischen Kolonialregierung und unter den japanischen Besatzungsstreitkräften in amtlicher Stellung tätig gewesen war. Die neue Regierung erklärte sogleich, daß eine Wiedervereinigung mit dem kommunistisch beherrschten Norden des Landes nicht in Frage komme.
In den nächsten zwanzig Monaten folgten in Saigon neun Regierungen aufeinander. Jede einzelne dieser Regierungen setzte sich im Grunde aus den gleichen konservativen gesellschaftlichen und politischen Elementen wie die vorhergegangenen zusammen, und jede von ihnen blieb nur kurze Zeit im Amt. »Zu Beginn des Jahres 1965«, urteilte Walter Lippmann, »hatte nicht nur die Saigoner Armee die Herrschaft über das Land mit Ausnahme von fünf oder sechs Städten verloren, sondern auch die Regierung in Saigon war in der Auflösung begriffen und nahe daran, mit Hanoi ein Abkommen zu treffen[58]«. Um dies zu verhindern, wurde in Washington eine neue Taktik entwickelt, die eine offene Intervention der USA und eine Eskalation des Krieges forderte. Am 7. Februar 1965 begannen die USA mit der Bombardierung Nordvietnams.
Schon am 11. Dezember 1964 hatte Senator Wayne Morse vor einem solchen Eventualfall gewarnt:
»Noch vor wenigen Wochen lachten die Leute, als Präsidentschaftskandidat Barry Goldwater vergnügt davon sprach, die von Nordvietnam nach Südvietnam führenden ›Verbindungswege zu stören‹ ... Aber heute liegt der Beweis vor, daß der amerikanische Botschafter aus Washington nach Saigon mit Weisungen zurückgekehrt ist, die dem Goldwaterschen Rezept für den Bürgerkrieg in Südvietnam sehr ähnlich sind. Ein schon traditioneller Wegweiser, der zu diesem Schluß führt, ist das erhöhte Gewicht, das dem Einsickern von Trup-

pen und Material aus Nordvietnam über Laos nach Südvietnam beigemessen wird.« (Im Februar versuchte ein unter dem Titel *Aggression from the North* herausgegebenes Weißbuch, die Eskalation des Krieges durch die USA zu rechtfertigen, indem diese Art einer angeblichen Unterwanderung genau »dokumentiert« wurde. Doch ein Vergleich der Zahlen im Weißbuch mit den Angaben des Pentagons über erbeutete Waffen der Nationalen Befreiungsfront NLF zeigt, daß von 15 100 Waffen, die in den Jahren 1962–1964 von der NLF erbeutet wurden, nur 179, d. h. etwas mehr als ein Prozent, nicht inländischer oder amerikanischer Herkunft waren. In ähnlicher Weise wurden die Behauptungen über das Eindringen von Soldaten aus dem Norden nicht bestätigt und in den Fällen, wo sie bestätigt werden konnten, mangelte es ihnen an Beweiskraft. Vgl. I. F. Stone, »A Reply to the White Paper« [Eine Antwort auf das Weißbuch] in *Vietnam*, herausg. v. Marvin E. Gettleman, 1966.) »Diese nachdrückliche Hervorhebung eines Sachverhalts steht in völligem Widerspruch zu den früheren offiziell bezeugten Berichten darüber, die dem Ausschuß für Auswärtige Beziehungen vorlagen. Es wurde in der Tat kein neuer Beweis erbracht, der die Auffassung ändern könnte, daß die große Masse der Vietkongrebellen im Süden des Landes ansässige Bewohner sind, daß nahezu neunzig Prozent ihrer Waffen aus Regierungsquellen erbeutet wurden und daß ihr Bürgerkrieg andauern würde, ob er nun aus Nordvietnam Unterstützung und Führungskräfte erhält oder nicht. Aber die hundertprozentige Expansion der südvietnamesischen Luftwaffe und das »Auf-die-Pauke-Hauen« in Washington und Saigon wegen einer angeblichen Infiltration aus Nordvietnam geben mir zu verstehen, daß von amerikanischen und vietnamesischen Piloten mit amerikanischen Düsenbombern geflogene Luftangriffe auch bald in Laos beginnen werden, wie sie vielleicht in der entmilitarisierten Zone Nordvietnams schon begonnen haben[59].«

Zwei Monate nach der prophetischen Rede von Senator Morse begann Washington mit dem Luftkrieg gegen Nordvietnam. Obwohl diese eindeutige Aggression die Spannungen des Kalten Krieges wiederaufleben ließ und sich sogar zu einem Krieg mit China auszuweiten drohte, bewirkte sie nichts weiter als eine zeitweilige Stabilisierung der Kämpfe im Süden. Bald wurde es klar, daß nur ein massives Eingreifen amerikanischer Bodenstreitkräfte die Saigoner Armee vor der totalen Niederlage möglicherweise bewahren konnte.

Unmittelbar vor dieser neuen Entwicklungsphase des Krieges wies Mao Tse-tung (in einem Gespräch mit Edgar Snow) auf den wahren Grund für die amerikanischen Fehlspekulationen bei der Eskalation ihres Engagements seit 1961 hin. Mao erwähnte Snow gegenüber, daß er mit dem amerikanischen Mili-

tärschrifttum über die Bekämpfung von Aufständischen vertraut sei, das seine eigenen Ideen über die Guerillakriegführung im umgekehrten Sinne anzuwenden bestrebt sei. Die Schwäche der USA lag Mao zufolge darin, daß diese »die entscheidende politische Tatsache ignorieren…, daß Regierungen, die zu der Masse des Volkes den Kontakt verloren haben, gegen Befreiungskriege nicht den Sieg davontragen können«.
Ironischerweise hatte John F. Kennedy, auf dessen Anordnung das erste größere Kontingent amerikanischer Truppen 1961 nach Südvietnam eingeflogen wurde, sieben Jahre früher den Kampf in Indochina ähnlich beurteilt: »Ich bin, offen gestanden, davon überzeugt, daß keine noch so große Militärhilfe der USA in Indochina einen Feind besiegen kann, der überall und zur gleichen Zeit nirgends ist, einen Feind des Volkes, der gleichzeitig die Sympathie und die heimliche Unterstützung des Volkes genießt.«

10. *Staatsstreich in Guatemala*

> Das Recht eines Volkes auf eine Regierung und ein Wirtschaftssystem eigener Wahl ist *unveräußerlich* … Der Versuch eines Volkes, anderen Völkern seine Regierungsform aufzuzwingen, ist *unentschuldbar.*
>
> Dwight D. Eisenhower (16. April 1953)

Am 16. Juni 1954 brachten die USA Ngo Dinh Diem in Südvietnam an die Macht. Zwei Tage später, am 18. Juni, fiel Oberst Carlos Castillo Armas aus Honduras in die benachbarte mittelamerikanische Republik Guatemala mit der Absicht ein, die verfassungsmäßig gewählte Regierung von Jacobo Arbenz zu stürzen. Zehn Tage später war ein Jahrzehnt sozialdemokratischer Herrschaft in Guatemala vorbei, und eine zehn Jahre währende Diktatur des rechten Flügels hatte begonnen.
»Tatsache ist«, erklärte Clement Attlee im Unterhaus am 14. Juli, »daß hier eine deutliche Aggressionshandlung vorlag… Ich gestehe, daß mich die Freude des amerikanischen Außenministers über das Gelingen des Putsches ziemlich schokkierte[1].« Außenminister Dulles hatte genügend Grund zur Freude über das Gelingen des Putsches, der nach seinen Worten »der schon großartigen Tradition der Vereinigten Staaten ein weiteres glorreiches Kapitel hinzufügte …[2]«, weil er gegen den Beschluß der UNO von der USA-Regierung selber geplant, finanziert, durch Waffenlieferungen unterstützt und protegiert worden war[3].
Die Verantwortlichkeit für den Staatsstreich wurde natürlich

allenthalben den USA zugeschrieben, doch wurden genaue Einzelheiten erst neun Jahre später bekannt, als der Republikaner Thurston B. Morton im Fernsehen auftrat und den Erfolg in Guatemala erwähnte, während er das Versagen Präsident Kennedys, ähnliche Ergebnisse in Kuba zu erreichen, heftig kritisierte.

»Legt man Mortons Erinnerung dem Vorgang zugrunde, prüfte Präsident Eisenhower die vom CIA für den Sturz der Regierung des guatemaltekischen Präsidenten Jacobo Arbenz Guzmán ausgearbeiteten Pläne. Dann sagte Ike: ›Ihr alle müßt euer Bestes hergeben, dann wird der Erfolg nicht ausbleiben.‹

Außer Morton waren Außenminister John Foster Dulles, Verteidigungsminister Charles E. White ... wie auch Allen Dulles, der damalige Leiter des CIA, und die vereinigten Stabschefs anwesend ... Ike ist mit Morton befreundet ... und wird sich wahrscheinlich deswegen mit Morton nicht streiten ...[4]«

Als Begründung für den Sturz der demokratisch gewählten Arbenz-Regierung (bei den Wahlen von 1950 hatte Arbenz von 370 000 abgegebenen Stimmen 267 000 erhalten) wurde angegeben, daß es dem »internationalen Kommunismus« gelungen sei, in der dortigen Hemisphäre »politisch Fuß zu fassen«.

Weder Außenminister Dulles noch irgendein anderer höherer Regierungsbeamter behauptete direkt, daß Guatemala ein kommunistischer Staat sei; diese Unterlassung war nicht zufällig, da Arbenz' Reformprogramm nach dem Vorbild Mexikos entworfen worden war. Auch behauptete Dulles nicht, Guatemala sei ein Polizeistaat, der seinen Bürgern die politische Freiheit versage. Im Gegenteil, in dem vom State Department veröffentlichten Weißbuch *Intervention des internationalen Kommunismus in Guatemala* wird Arbenz angeklagt, *zuviel* politische Freiheit gewährt zu haben:

»Die Reden und Handlungen des Staatspräsidenten in der Öffentlichkeit weisen ihn als einen durch die marxistische Denkweise beeinflußten Linkspolitiker und als einen extremen Nationalisten aus, aber er selber hat seine persönliche ideologische Ausrichtung am Kommunismus nicht genau abgegrenzt ... Seine offizielle Haltung ließe sich als die eines Mannes definieren, der bestreitet, daß seine Regierung kommunistisch ist, der aber gleichzeitig den Kommunisten wie allen anderen Bürgern die Freiheit einräumt, sich zu organisieren und politisch zu betätigen. Er akzeptiert damit – in der Öffentlichkeit zumindest – die Kommunisten als eine echte innenpolitische Partei und nicht als einen Teil der weltweiten sowjetkommunistischen Verschwörung.« (Das Weißbuch zitiert Arbenz' Erklärung: » ...

Wir haben die Achtung vor den demokratischen Prinzipien bewahrt, durch die das Recht auf freie Religionsausübung, freie Meinungsäußerung und auf Formen des organisierten Zusammenschlusses aus allen, aus absolut allen gesellschaftlichen Bereichen und Klassen hinreichend gewährleistet ist« [S. 69].)

Das Ausmaß des kommunistischen Einflusses in der Gesellschaft und dem organisierten politischen Leben Guatemalas während der zehnjährigen demokratischen Regierungsperiode (die kommunistische Partei war bis 1952 sogar verboten) ist mehr als reichlich untersucht und dokumentiert worden (was sogar bis zum Vermerk der Tatsache ging, daß Arbenz' persönliche Bibliothek Werke von Marx und Lenin enthielt[5]) und braucht hier nicht noch einmal ausführlich dargestellt zu werden. Es ist jedoch wichtig, beurteilen zu können, was diese Untersuchungen zeigen und was nicht.

Die kommunistische Partei Guatemalas konnte selbst auf ihrem Höhepunkt im Jahre 1954 kaum eine Massenorganisation genannt werden. Laut Weißbuch des State Deparment hatte sie im Mai 1954 in einem Land von drei Millionen Einwohnern schätzungsweise drei- bis viertausend Mitglieder, nachdem sie 1932 aufgelöst und erst am 28. September 1947 neu gegründet worden war. Das Durchschnittsalter der Mitglieder des Zentralkomitees betrug sechsundzwanzig Jahre[6]. Außerdem hatte sie nur vier der sechsundfünfzig Sitze im Kongreß inne[7]. Alle Kabinettsmitglieder waren keine Kommunisten, so daß ihnen die entscheidenden Hebel der Macht (insbesondere die Polizei und die Armee) aus der Hand genommen waren. Interessant ist hierzu im Vergleich, inwieweit die Armee in der Regierung vertreten war: »Im Jahre 1954 waren der Präsident des Kongresses und sieben andere Abgeordnete, der Leiter der Staatlichen Agrarabteilung, der Generaldirektor des Straßenbauwesens und sämtliche zweiundzwanzig Departmentsgouverneure Armeeoffiziere« (Ronald M. Schneider, *Communism in Guatemala*, 1959, S. 43). Zwei Ministerposten waren ebenfalls durch Offiziere besetzt. »Selbst ein so unerschütterlicher Nichtkommunist wie Oberst Elfego Monzon wurde von Arbenz als Minister ohne Portefeuille im Amt belassen, um die konservativer eingestellten Offiziere davon zu überzeugen, daß seine Regierung nicht radikal war« (ebenda).

Dennoch hatten die Kommunisten wichtige Posten in bestimmten Verwaltungsgremien der Regierung inne und übten auch einen beträchtlichen wenn auch nicht unbegrenzten persönlichen Einfluß auf Arbenz selber aus. Die kommunistisch besetzten Verwaltungsposten betrafen das Erziehungswesen, das Propaganda- und Informationswesen, die Sozialversicherung und die Bodenreform. In dem letzterwähnten Ressort, in dem sich ihr

Einfluß am stärksten bemerkbar machte, waren von 350 Stellen etwa zwei Dutzend durch Kommunisten besetzt (Weißbuch, S. 70). Außenminister Dulles zufolge »beherrschten sie [die Kommunisten] die gesamte Organisation der Sozialversicherung...« (Weißbuch, S. 31). Doch laut Weißbuch, S. 71 »ist das guatemaltekische Sozialversicherungsinstitut (IGSS) offenbar eine Hochburg der ›nicht parteigebundenen‹ Kommunisten ...«. In einer privaten Unterredung mit dem Offizierkorps (im Juni 1954) über die Frage der Kommunisten in den Verwaltungsstellen der Regierung verwies Arbenz auf Perón und äußerte sich dahingehend, daß der »Kommunismus wie Strychnin ist, wohltuend in kleinen Dosen, doch überaus gefährlich in großen Mengen[8]«. In einem zu siebzig Prozent aus Analphabeten bestehenden Volk, von dessen Einwohnern nur fünf Prozent eine Mittelschulbildung besitzen[9], waren die Kommunisten nützliche Leute, da sie für Arbenz die Befürworter und Administratoren des Bodenreformprogramms darstellten. Nach Ansicht des amerikanischen Politologen Philip B. Taylor »war Arbenz... gegenüber der Tätigkeit der Kommunisten durchaus positiv eingestellt, aber selbst unter bestmöglichen entgegengesetzten Umständen wäre die Entfernung von Kommunisten aus ihren Regierungsämtern äußerst schwierig gewesen und hätte die Regierung ihrer ausgebildeten, obgleich nicht notwendigerweise tüchtigen Beamten beraubt[10]«.

Einen Einblick in das Verhältnis zwischen Arbenz' Sympathie für eine gewisse begrenzte Tätigkeit der Kommunisten und seinem Wunsch, eine Bodenreform durchzuführen, gibt Dr. Ronald M. Schneider, ein Politologe im Dienste des State Department. Man wird sich erinnern, daß vor der Agrarreform zwei Prozent der Grundbesitzer siebzig Prozent des Ackerlandes besaßen, während zwei Drittel aller Grundbesitzer nur zehn Prozent der gesamten Kulturlandfläche besaßen[11]. (Zweiundzwanzig Familien besaßen insgesamt 1 250 000 Morgen Land.) Der Zweck des Arbenzschen Agrargesetzes war (wie es im Gesetz selber zum Ausdruck kam) »die Liquidierung des Feudaleigentums... um in der Landwirtschaft kapitalistische Produktionsmethoden... zu entwickeln und den Weg für die Industrialisierung Guatemalas frei zu machen[12]«.

»Als Arbenz 1953 beschloß, die Agrarreform als den wesentlichsten Punkt seines Regierungsprogramms zu beschleunigen, mußten die ›progressiven‹ Grundbesitzer, die den rechten Flügel von Arbenz' Anhängerschaft bildeten, ›auf Vordermann‹ gebracht werden, damit sie der Legislative widerstrebend ihre Unterstützung gaben, während die Kommunisten mit Gutiérrez den frührenden Verfechter der Agrarreform im Kongreß stellten und von sich wahrheitsgemäß behaupten konnten, daß sie an dem Problem fast fünf Jahre lang gearbeitet hatten...

Als zahlreiche Abgeordnete der revolutionären Parteien sich mit ihrer Unterstützung etwas zurückhaltend zeigten, erhoben sich die Kommunisten in Anwesenheit von Arbenz wie ein Mann. Durch ihre Kontrolle der Gewerkschaftsbewegung boten sie ihm ein wirksames Machtinstrument für die Durchführung der Agrarreform und die Aktivierung der Unterstützung durch die *Campesinos* an ...[13]«

Selbst die Kontrolle der Gewerkschaften durch die Kommunisten bedeutete nicht jene Macht, die sie in anderen Ländern bedeutet hätte:

»Die Ereignisse der letzten Woche des Arbenz-Regimes zeigten, daß der Kommunismus in Guatemala sich nicht zu einer erfolgreichen Volksbewegung entwickelt hatte. Obwohl die Kommunisten durch ihre Schlüsselstellungen, die sie in der ziemlich einfachen politischen Struktur des Landes erlangt hatten, einen großen Einfluß ausübten, hatten sie nicht genügend Zeit gefunden, um ihre Basis zu verbreitern oder Wurzel zu fassen ... Als es im Juni 1954 zur entscheidenden Machtprobe kam, war nur eine ... kleine Zahl von Arbeitern bereit oder willens zu handeln ...« (Schneider, S. 317–318. Der Einfluß der kommunistischen Partei in den verschiedenen politischen Parteien der revolutionären Koalition und unter der Landbevölkerung war ebenfalls unbedeutend.)

Somit stellten die Kommunisten, solange ihr Programm mit Arbenz' Vorstellungen übereinstimmte, zwar eine einflußreiche Partei dar, aber ihre Macht entbehrte jeder Grundlage. Die wirkliche politische Macht lag in Guatemala wie in den meisten lateinamerikanischen Ländern[14] in den Händen der Armee. Und die Armee war ganz offen und aktiv antikommunistisch eingestellt[15].

Arbenz selber war aus der Armee hervorgegangen und trat in der Krise, statt einen Bürgerkrieg zu riskieren (wie die Kommunisten vorschlugen) zugunsten des Armeestabschefs Oberst Díaz zurück. Díaz ging zum amerikanischen Botschafter Peurifoy, der »den Aufstand von innen koordinierte« und trug ihm das Verbot der kommunistischen Partei an[17], aber Peurifoy zeigte sich uninteressiert. Er wollte seinen eigenen Kandidaten, Oberst Elfego Monzon, einen Mann der Rechten[18], und Díaz wurde von dem Treffen mit vorgehaltener Pistole weg-eskortiert[19]. (Bei der Überprüfung ihrer Fehler im Jahre 1955 kamen die Kommunisten zu der Überzeugung, daß sie sich zu sehr auf den Mittelstand verlassen hatten, der sich als unfähig erwies, dem »imperialistischen Druck« standzuhalten ... »Außerdem waren die Parteiführer der Meinung, daß sie in Arbenz' revolutionäre Entschlossenheit zuviel Vertrauen gesetzt hatten. Die PGT (CP) kritisierte seine ›typisch bourgeoise Haltung‹, weil er die Rolle der Massen unterschätzt und sich zu sehr auf die Armee gestützt hatte.« Manuel Fortuny, der Generalsekretär der Partei und Hauptverbindungsmann zwischen den Kommunisten und Arbenz, wurde innerhalb der PGT aller Ämter entkleidet [ebenda, S. 319].)

Da Arbenz die Kommunisten in die Verwaltungsämter, die sie zur Zeit bekleideten, berufen hatte, erscheint es bemerkenswert, daß selbst seine Macht bald zu Ende sein sollte, nämlich 1957, als seine Amtszeit ablief, und daß die Zahl der auf seiten der Opposition stehenden Wähler (rund 105 000 von 235 000 Stimmen bei den Kongreßwahlen vom Januar 1953) erheblich zugenommen hatte[20]. Darüber hinaus wurde gegen Ende der Arbenz-Regierung kein Antrag eingebracht, einflußreiche Positionen mit Kommunisten zu besetzen. Und ohne Unterstützung der Armee oder eine Massenbasis waren die Aussichten der Kommunisten, sofort an die Macht zu gelangen, nicht gerade als gut zu bezeichnen.

Wenn also die kommunistische Partei Guatemalas außerstande war, sich ernsthaft um die Macht im Staate zu bewerben, welche Veränderungen in der Gesellschaftsordnung Guatemalas waren es dann, die den Staatsstreich des CIA erforderlich machten? Die Antwort liegt in der Geschichte der Sozialdemokratie in Guatemala.

1944 wurde die Diktatur des Generals Jorge Ubico gestürzt und durch eine revolutionäre Militärjunta ersetzt, der Guillermo Toriello, ein einflußreicher Geschäftsmann, Javier Araña, ein Panzerkommandant (1949 ermordet) und Jacobo Arbenz, ein Armeehauptmann und vermögender Grundbesitzer, angehörten. Die Junta führte Wahlen durch, aus denen im Dezember Juan José Arévalo, ein Sozialdemokrat und Schullehrer, mit 255 000 von 295 000 abgegebenen Stimmen als Sieger hervorging. Arévalo leitete sofort ein soziales Reform- und Industrialisierungsprogramm ein, um die rückständige Zweifruchtwirtschaft zu ändern und die Lebensbedingungen erträglicher zu machen. (Bananen und Kaffee machten neunzig Prozent der Gesamtausfuhr Guatemalas im Werte von 76 Millionen Dollar aus. Neunzig Prozent der im Lande erzeugten elektrischen Energie wurde in der Hauptstadt verbraucht. Vier Fünftel dieser Energiemenge wurden von einer ausländischen Gesellschaft geliefert [*Ausländisches Kapital in Lateinamerika*, Bericht der UN-Abteilung für wirtschaftliche und soziale Angelegenheiten, New York, 1955, S. 97].) Zu Arévalos Reformen gehörten die Abschaffung der Zwangsarbeit auf den Plantagen und die Erhöhung des Mindestlohnes auf sechsundzwanzig Cent pro Tag[21].

»Es ist ein stummes Zeugnis für die Stagnation und Rückständigkeit Guatemalas unter Ubico, daß ein im wesentlichen so gemäßigtes Programm wie das durch Arévalo unterstützte von

den guatemaltekischen Arbeitgebern für radikal oder gar ›kommunistisch‹ gehalten wird ...
Mehr als zwei Dutzend mißlungener Versuche, die Regierung zu stürzen, wurden in den ersten vier Jahren seiner [Arévalos] Amtszeit unternommen, desgleichen einige Versuche mit schwerwiegenderen Folgen in den Jahren 1949–1950[22].«
Außer der Opposition inländischer rechtmäßiger Interessenvertreter hatte Arévalo mit den stärkeren wirtschaftlichen Interessen amerikanischer Firmen zu kämpfen. Beispielsweise schränkte die United Fruit Company nach einem UN-Bericht wegen »Personalschwierigkeiten«, doch hauptsächlich auf Grund »der im Zuge der Agrarreformgesetzgebung von 1952 zu erwartenden Maßnahmen« ihren Betrieb ein[23]. Da nur zehn Prozent der Vermögenswerte des Unternehmens (die auf 579 342 000 Dollar geschätzt wurden) in Guatemala waren[24], hatte diese Betriebseinschränkung keine größere Gewinnverringerung zur Folge. Auf der anderen Seite war die Wirtschaft Guatemalas von der Tätigkeit der United Fruit Company stark abhängig. Im Jahre 1948 stellten 7,7 Millionen Stauden Bananen 41 Prozent der guatemaltekischen Gesamtausfuhren dar. 1952 war die Zahl der Bananenstauden auf 1,5 Millionen gesunken, was einem Rückgang um achtzig Prozent entspricht.
In ähnlicher Weise stießen Gesetze auf entschiedenen Widerstand, die Guatamala erlaubten, seine natürlichen Reichtümer auszubeuten (z. B. die in der Verfassung festgelegte Klausel, nach der 51 Prozent jedes Erdölverwertungsunternehmens in staatlichem Besitz sein müssen und nur Raffinerieprodukte ausgeführt werden dürfen):
»Einige Gesellschaften, die nach Erdöl bohrten, stellten ihre Tätigkeit ein, nachdem im Jahre 1949 ein Erdölgesetz verabschiedet worden war, das sie für ungünstig hielten. Keine ausländische Erdölgesellschaft soll sich seit dieser Zeit um eine Konzession bemüht haben[23].«
Auf Grund ihrer Macht und ihres Einflusses war es ausländischen Gesellschaften möglich gewesen, von früheren guatemaltekischen Regierungen beträchtliche Konzessionen zu erhalten, so daß sich der Umsatz bzw. Ertrag ihres Besitzes im Werte von 108 Millionen Dollar enorm steigerte. So waren beispielsweise die United Fruit Company und die International Railways of Central America (Guatemalas – von der United Fruit kontrolliertes – Hauptbeförderungssystem) »von Steuern auf die aus geschäftlichen Transaktionen erwirtschafteten Reinerträge befreit, mit Ausnahme solcher Gewinne, die aus dem Verkauf von Konsumgütern in unternehmenseigenen Geschäften resultieren«. Ein drittes Unternehmen in amerikanischem Besitz, die Elektrizitätsgesellschaft, wurde mit fünf Prozent

des Reingewinns aus dem Absatz elektrischer Energie und mit zwei Prozent des Bruttoenergieabsatzes besteuert[25].
Unter Berücksichtigung dieser Beschränkungen konnte die Regierung Arévalos (und später Arbenz') einige Fortschritte in der wirtschaftlichen Entwicklung Guatemalas verzeichnen:
»Unter Arévalo und später Arbenz erfolgte ein rascher Übergang Guatemalas zu einer Zeit bürgerlicher Reformen. Eine neue Verfassung gab den Menschen die Bürgerrechte, die sie in modernen westlichen Ländern längst genießen. Gewerkschaftsorganisationen und Bauernverbände erhielten eine gesetzliche Grundlage. Schritte wurden unternommen, um die Landwirtschaft des Landes abwechslungsreicher zu gestalten ... Ein von der Regierung gefördertes Institut wurde geschaffen ... um kapitalkräftigen Unternehmern zu helfen, die ihre bestehenden Betriebe vergrößern oder neue Firmen gründen wollten ...« (Bernard Rosen, »Counter-Revolution: Guatemala's Tragedy«, *The Nation* vom 31. Juli 1954. Vgl. auch den UN-Bericht, S. 100: »1948 gründete die Regierung das Institut für Produktionsentwicklung ... Mit einem Anfangskapital von 6,5 Millionen Dollar. Das Institut kann eigene Unternehmen gründen oder sich an Privatunternehmen mit Eigenkapital beteiligen. Die Investitionen des Instituts in ein Unternehmen sollen verkauft werden, sobald die Firma auf festen Füßen steht. Das Institut verwaltet bereits einige Unternehmen und plant die Gründung neuer Unternehmen.«)
Fünf Tage vor den Präsidentenwahlen im Jahre 1950 wurde ein Putschversuch von rechts unter der Führung des Obersten Carlos Castillo Armas zerschlagen und Armas ins Gefängnis gebracht; kurz danach gelang es ihm zu entfliehen. Arbenz ging aus den Wahlen als Sieger hervor, General Ydigoras Fuentes erlitt eine Niederlage. Da Arbenz Soldat und Grundbesitzer war, erwartete man von ihm, konservativer als sein Vorgänger zu sein. Diese Erwartung erwies sich als unbegründet, da er den Mindestlohn auf einen Dollar acht Cent pro Tag heraufsetzte und 1952 ein Bodenreformprogramm durchführte.
Es war ein Vorgang in Übereinstimmung mit den Verordnungen dieser Bodenreform, der die ersten Spannungen zwischen Guatemala und den USA heraufbeschwor. Es handelte sich vor allem um die Enteignung von brachliegendem Land im Besitz der United Fruit Company, die in der Vergangenheit »Politiker bestochen, auf Regierungen Druck ausgeübt und Gegner eingeschüchtert hatte, um äußerst günstige Konzessionen für sich selber zu erhalten[26]«.
Im März 1953 enteignete die Arbenz-Regierung 234 000 von 295 000 Morgen ungenutztem Land, das die United Fruit Company in der Gegend von Tiquiaste nahe der Pazifikküste besaß. Die dem Unternehmen angebotene Entschädigung (600 000

Dollar in mit drei Prozent verzinslichen Schuldverschreibungen auf fünfundzwanzig Jahre) gründete sich auf den 1952 »vom Besitzer selber« für Steuerzwecke festgesetzten Vermögenswert[27]. Diese Entschädigung wurde von der United Fruit Company als »unannehmbar« bezeichnet, die weder mit der vorgeschlagenen Summe noch mit den Zahlungsbedingungen (in Schuldverschreibungen) einverstanden war. Nun intervenierte die Regierung der USA auf diplomatischem Wege im Interesse des bedrohten Unternehmens, indem sie behauptete, daß die angebotene Entschädigung »nicht einmal den Mindestforderungen einer gerechten Entschädigung, wie sie vom internationalen Recht vorgeschrieben wird«, entspreche[27] ...

Im April 1953 erhob die USA-Regierung Klage und machte gegen Guatemala eine Forderung von sechzehn Millionen Dollar für den enteigneten Besitz geltend, von denen neun Millionen den an nicht enteigneten Vermögenswerten entstandenen Schaden decken sollten, der aus der Enteignung der anderen Grundstücke und Ländereien entstanden war. Im August 1953 leitete Guatemala ein Verfahren zur Enteignung von weiteren 173 000 Morgen Land ein, die die United Fruit Company bei Bananñera in der Nähe der Atlantikküste besaß.

Die Reaktion Lateinamerikas auf die Rolle der USA bei dieser Kontroverse war ungewöhnlich scharf. »Die nordamerikanische Regierung«, erklärte die im allgemeinen proamerikanisch eingestellte Zeitung *El País* in Montevideo am 29. Mai 1954, »ist, indem sie auf die Regierung Guatemalas Druck ausübt, die von der United Fruit Company gestellten Bedingungen ... nach einem am 30. April 1923 unter der Diktatur von General Lazaro Chacón geschlossenen, inzwischen morsch gewordenen Vertrag anzunehmen, auf dem besten Wege, zu einer Politik zurückzukehren, mit der die USA sich die Sympathie des ganzen Kontinents verscherzen und nichts als Mißfallen ernten werden«.

Als die USA andere antikommunistische Staaten aufforderten, die Waffenlieferungen nach Guatemala zu sperren, und auch einen wirtschaftlichen Druck auf das Land ausübten, indem sie ihre bereits eingeschränkten technischen Hilfsmaßnahmen völlig einstellten, stießen sie auf weitere Proteste. »Auf diese Proteste antwortete das State Department, daß es erstens die Interessen der United Fruit Company nicht mehr wahrnehme als andere amerikanische Interessen im Ausland und daß es zweitens sich nicht in die inneren Angelegenheiten Guatemalas einmische, sondern lediglich versuche, den Zielen der Sowjetunion in dieser Hemisphäre Einhalt zu gebieten[28].«

Ungeachtet der Versuche des State Department, den Sachverhalt zu dementieren, hatte die Regierung der USA bereits ein eindrucksvolles Beispiel ihres Interesses an der United Fruit

Company gegeben, das sich bald noch steigern sollte. Zur Erklärung dieses Interesses bietet sich die Tatsache an, daß John Foster Dulles sowohl Aktionär als auch langjähriger Firmenanwalt der United Fruit Company war und bei der Ausarbeitung der Verträge von 1930 und 1936 mit dem Diktator Ubico als Rechtsberater des Unternehmens fungiert hatte[29]. (Allen Dulles, sein Bruder und bei Ausführung des Staatsstreichs Leiter des CIA, war sogar Präsident der United Fruit Company gewesen, während John Moors Cabot, damaliger Unterstaatssekretär für interamerikanische Angelegenheiten, Großaktionär des Unternehmens war.)
Im März 1954 trat in Caracas, der Hauptstadt Venezuelas, die 10. Interamerikanische Konferenz der Organisation Amerikanischer Staaten zusammen, an der alle amerikanischen Republiken teilnahmen mit Ausnahme des kleinen demokratischen Staates von Costa Rica, der aus Protest gegen das diktatorische Regime des Gastlandes die Teilnahme ablehnte.
Dulles sprach auf der Konferenz mehrere Male und wurde dafür durch die Annahme seiner Resolution entschädigt, in der er erklärte, daß »die Beherrschung oder Kontrolle der politischen Institutionen irgendeines amerikanischen Staates durch den internationalen Kommunismus, der das politische System einer extrakontinentalen Macht bis auf diese Hemisphäre ausdehnt, eine Bedrohung der Souveränität und der politischen Unabhängigkeit der amerikanischen Staaten darstellen würde[30]«.
Dulles konnte seine Resolution zwar mit Erfolg durchbringen, aber es wurden auch Stimmen der Besorgnis und der Opposition laut. Eine Reihe von Delegierten war der Auffassung, daß »die Verurteilung einer bestimmten Art von politischem Arrangement in den amerikanischen Staaten – und sei es eine Vereinbarung, die vom Ausland unterstützt oder inspiriert wird – sich schwer mit dem Prinzip der Nichteinmischung in innere Angelegenheiten eines Landes in Einklang bringen läßt[31]«.
Andere Delegierte äußerten wieder die Ansicht, daß die vordringlichen Probleme Lateinamerikas nicht so sehr ausschließlich politischer als vielmehr sozialer und ökonomischer Natur seien: »Unsere Völker erwarten etwas mehr als eine neue Art der Bekämpfung des Kommunismus«, rief ein bolivianischer Delegierter aus, »und zwar geeignete Maßnahmen, die zur Hebung des Lebensstandards der Bevölkerung und im Interesse des Fortschritts dienlich sind[32].« In seiner Zusammenfassung der verschiedenen Reaktionen schreibt der Politologe Philip B. Taylor:
»Bezeichnenderweise waren diejenigen, die Dulles in den Debatten im Anschluß an die Vorlage der Resolution beisprangen, nicht die demokratischen, sondern die autoritär regierten Staa-

ten: Venezuela, die Dominikanische Republik, Kuba und Peru. Guatemalas Außenminister Guillermo Toriello, der den Dulles-Vorschlag als ›Internationalisierung des McCarthyismus‹ brandmarkte, erhielt den doppelten Beifall wie Dulles[33].«

Toriello, der zu Recht vermutete, daß die Resolution gegen Guatemala gerichtet war, erklärte, die Politik seiner Regierung entspreche »den von der UNO angenommenen Wirtschaftsresolutionen in bezug auf wirtschaftliche Entwicklung, Agrarreform, Kapitalinvestitionen, Sozialpolitik sowie die Ausbeutung und den Abbau der natürlichen Reichtümer im Interesse des Volkes[34]«. Doch diese nicht von den Kommunisten inspirierten Bestrebungen, Guatemalas halbfeudale Wirtschaft zu modernisieren, sagte Toriello, sei zu einer »kommunistischen Drohung gegen die amerikanischen Staaten« verdreht worden, weil sie den Interessen einiger amerikanischer Konzerne in Guatemala zuwiderliefen, »die den Fortschritt und die wirtschaftliche Entwicklung des Landes hemmen«. Diese Konzerne zahlten keine gerechten Steuern, hob Toriello anklagend hervor, und der von den USA im Interesse dieser Konzerne auf Guatemala ausgeübte Druck verletze das Prinzip der Nichteinmischung und stelle eine Rückkehr zur Politik »der starken Hand und der jämmerlichen ›Dollardiplomatie‹« dar[35].

Trotz der Rechtfertigung Toriellos und trotz der Sympathiekundgebungen, die sie auslöste, stimmte nur Guatemala gegen den Vorschlag, während Mexiko und Argentinien sich der Stimme enthielten. (*New York Times* vom 7. März 1954: »Sie waren durchaus bereit, [Toriello] Beifall zu klatschen, da es sie nichts kostete. Doch nicht viele waren bereit, gegen die USA zu stimmen, falls sie sich im weiteren Verlauf der Konferenz zu Wort melden und Wirtschaftshilfe beantragen müßten.«) Ein Delegierter aus Uruguay sagte: »Wir billigten den Vorschlag ohne Begeisterung, ohne Optimismus, ohne Freude und ohne das Gefühl, überhaupt zu einer konstruktiven Maßnahme einen Beitrag geleistet zu haben[36].«

Eine neue Situation entstand im Anschluß an das, was Dulles auf einer Pressekonferenz am 25. Mai 1954 »eine massive Waffenlieferung von jenseits des Eisernen Vorhangs« nannte[37]. Die Auslegung, die diese Waffenlieferung erfuhr, um die vom CIA eingefädelte Invasion Guatemalas durch Castillo Armas' Truppen zu rechtfertigen, klingt in Edwin Lieuwens Studie *Arms and Politics in Latin America* nach:

»Die Lieferung von Waffen aus dem Sowjetblock nach Guatemala gab den aus der Armee ausgestoßenen und Arañafreundlichen Militärs, die jetzt unter der Führung von Oberst Carlos Castillo Armas standen, die Gelegenheit zur Rückkehr, denn diese Waffenlieferung veranlaßte die Regierung der USA, die ihre strategischen Interessen in Gefahr sah, der russischen

Maßnahme dadurch zu begegnen, daß sie auf dem Luftwege Waffen an Guatemalas Nachbarn – Nikaragua und Honduras – lieferte, die rasch in die Hände Castillos gelangten[38].«

Lieuwens Bericht und Dulles' Erklärung sind in einigen Punkten irreführend. Zunächst bestand die »massive« Lieferung aus einem einzigen schwedischen Schiff, nämlich dem Motorschiff *Alfhem*[39]. Die Waffen wurden auch nicht, wie angedeutet, nach Guatemala »geschickt« noch gibt es irgendeinen Beweis dafür, daß die Russen ihre Hand im Spiel hatten; vielmehr wurden sie von Guatemala für zehn Millionen Dollar gekauft[40]. Außerdem ist der Gedanke an eine Bedrohung wichtiger strategischer Interessen der USA (auf seiner Pressekonferenz deutete Dulles an, daß die Waffen für die Schaffung eines kommunistischen Stützpunktes zur Beherrschung des Panama-Kanals Verwendung finden könnten) kaum glaubhaft, da das unterentwickelte Guatemala mit seinen drei Millionen Einwohnern tausend Meilen und vier Länder vom Panama-Kanal entfernt ist und zu der Zeit weder eine Flotte noch eine Luftwaffe besaß und seine Armee knappe achttausend Mann zählte[42]. Sir Anthony Eden schrieb: »Mir schien, daß die [amerikanische] Furcht vor einer kommunistischen ›Truppenzusammenziehung‹ in Guatemala wahrscheinlich übertrieben war; auch bestanden nach den uns vorliegenden Berichten die Lieferungen in der Hauptsache aus Handfeuerwaffen[43].«

Selbst dann hätte die Entscheidung der guatemaltekischen Regierung, tschechoslowakische Waffen zu kaufen, eine Wende in der Politik Guatemalas bedeuten können, da es bis dahin keinen nennenswerten Handel mit dem Sowjetblock gegeben hatte. (Während der Woche der Armas-Invasion gab der frühere Präsident Arévalo in Buenos Aires ein Interview und deutete seine Bereitschaft zur Unterstützung der Arbenz-Regierung an. Arévalo sagte: »Es gibt heute in meinem Land nicht einen einzigen Russen, aber 25 000 Amerikaner. Vielleicht würde es ratsam sein, unter ihnen nach heimlichen und gefährlichen Kommunisten zu suchen« [*The Nation* vom 26. Juni 1954].) Aber selbst diese Interpretation ist nicht möglich, da die guatemaltekische Regierung sich zwecks Lieferung von Waffen nicht aus freien Stücken an ein Land hinter dem Eisernen Vorhang wandte, sondern aus einer Notlage heraus:

»Jahrelang hatte die guatemaltekische Regierung vergeblich versucht, Waffen zu kaufen, zunächst in den USA, dann von anderen Quellen. Schließlich wandte sich Arbenz an ein Land hinter dem Eisernen Vorhang um Hilfe. Major Alfonso Martinez [›ein opportunistischer Nichtkommunist‹ – Weißbuch, S. 70], ein langjähriger Intimus des Staatspräsidenten, reiste Anfang Januar 1954 aus Guatemala nach Europa ab ... Martinez ging in die Schweiz, um über die Bezahlung der tschechischen

Waffen zu verhandeln, die von Szczecin in Polen aus auf Umwegen an Bord eines schwedischen Charterschiffes, der Alfhem, verschifft werden sollten.« (Schneider, S. 309. Auch Sir Anthony Eden schrieb 1960 in seinem Buch *Full Circle* auf den Seiten 134–135: »Wie die Vereinigten Staaten hatten auch wir ... ein Embargo über die Lieferung von Waffen nach Guatemala verhängt ... Unser Waffenembargo war seit einigen Jahren in Kraft, und die Kontrolle erwies sich als wirksam.«)
Daß die Arbenz-Regierung es im Januar 1954 schließlich für erforderlich hielt, sich zwecks Waffenkäufen an die Tschechoslowakei zu wenden, ist durchaus verständlich, weil sie am 30. Januar in einem offiziellen Kommuniqué zum erstenmal bekanntgab, daß ein geheimer Plan bestehe, Guatemala zu überfallen und die Regierung zu stürzen. Einige mittelamerikanische Staaten wurden der Teilnahme an der Verschwörung beschuldigt, desgleichen »die Regierung im Norden«, die United Fruit Company und verschiedene Einzelpersonen, darunter Castillo Armas und General Miguel Ydigoras Fuentes. (Vgl. Philip B. Taylors Aufsatz »The Guatemalan Affair: A Critique of United States Foreign Policy [Die Guatemala-Affäre: eine Kritik der amerikanischen Außenpolitik] in der Zeitschrift *The American Political Science Review*, 1956, S. 793, wo Donald Grant vom *St. Louis Post-Dipatch* zitiert wird: »... Dieser Schriftsteller ... war ein Augenzeuge zahlreicher entscheidender Vorgänge. Exilguatemalteken, die Regierungen von Nikaragua und Honduras, das amerikanische Außen- und Verteidigungsministerium, der amerikanische Geheimdienst CIA, der Nationale Sicherheitsrat der USA sowie andere Behörden und Einzelpersonen hatten ihre Hand im Spiel.«) Im Oktober des Vorjahres war John Peurifoy zum Botschafter ernannt worden: »Es war völlig klar, daß seine Instruktionen und seine Absichten nur ein Thema zum Inhalt hatten: die Kommunisten loszuwerden[44].«
Zu der Waffenepisode muß noch eine abschließende Bemerkung gemacht werden. Auf seiner Pressekonferenz in der Woche nach der Lieferung schien Außenminister Dulles dem Geheimnis, das das Unternehmen umgab, große Bedeutung beizumessen: »Wenn es sich bei dem Unternehmen um eine ehrliche und einwandfreie Sache handelt, kann man sich nur fragen, warum alle Einzelheiten so verschleiert wurden[45].«
Gewiß, in Anbetracht des Völkerrechts und der Freiheit der Meere dürfte ein solches heimlich durchgeführtes Unternehmen berechtigten Argwohn wecken. Doch scheint die Respektierung des Völkerrechts diesmal bestimmten Stellen unbekannt gewesen zu sein. Sir Anthony Eden schrieb aus der späteren Erinnerung an diese Ereignisse:
»Im Mai 1954 ... wurde unserem Botschafter in Washington,

Sir Roger Makins, von Mr. Dulles mitgeteilt, daß die Kriegsmarine der USA den Befehl erhalten habe, über die Küste Guatemalas eine Blockade zu verhängen. Alle verdächtigen Schiffe sollten auf Waffen untersucht werden, und zwar mit dem Einverständnis der betreffenden Regierungen, falls zur Einholung einer solchen Genehmigung genügend Zeit war, und Mr. Dulles ersuchte uns um Zusammenarbeit. Er sagte, er hoffe, daß wir unabhängig vom geltenden Recht und unserer zweifellos korrekten Einstellung in der Praxis allen Maßnahmen, die zur Verhinderung weiterer Waffenlieferungen nach Guatemala erforderlich seien, ohne Vorbehalte zustimmen würden.
Ich hielt dies für eine merkwürdige Art, die Bitte einer demokratischen Regierung an eine andere auszudrücken[46] ...«
Ironischerweise erzeugte der Protest der USA gegen die Waffenlieferung eine Solidarität der öffentlichen Meinung, die sich geschlossen hinter die guatemaltekische Regierung stellte[47].
Am 19. November richteten die USA in Nikaragua eine Militärmission ein, um die Streitkräfte der Somoza-Diktatur auszubilden; am 23. April wurde ein gegenseitiger Sicherheitspakt mit Nikaragua und am 20. Mai mit Honduras unterzeichnet. Am 19. Mai brach Nikaragua die diplomatischen Beziehungen zu Guatemala ab und versuchte, gemäß den Satzungen der Caracas-Resolution eine Außenministerkonferenz der Organisation Amerikanischer Staaten (OAS) einzuberufen. Als der Druck zunahm, bemühten sich die Guatemalteken, eine Kraftprobe zu vermeiden und schlugen am 23. Mai vor, Präsident Eisenhower und Staatspräsident Arbenz sollten gemeinsam die wegen der United Fruit Company und anderweitiger Privatinteressen der USA entstandenen Spannungen erörtern, um die Beziehungen zwischen den beiden Staaten zu verbessern.
Als Antwort schickten die USA über eine Luftbrücke Kriegsmaterial nach Nikaragua und Honduras (»genug Waffen und andere militärische Ausrüstungsgegenstände, um in jedem Land ein Infanteriebataillon auszurüsten[48]«); am 27. Mai statteten drei B-36-Bomber Managua, der nikaraguanischen Hauptstadt, einen »Höflichkeitsbesuch« ab[49]. Am 8. Juni wies Dulles auf einer Pressekonferenz die Unterstellung zurück, daß es bei der Kontroverse zwischen Guatemala und den USA um die United Fruit Company und andere private Interessen gehe:
»... [Dies] ist eine völlig falsche Darstellung der Lage. Es gibt in Guatemala ein Problem, das die anderen amerikanischen Staaten ebensosehr betrifft wie die USA, und es handelt sich dabei nicht um ein Problem, das die USA ausschließlich als ein Problem zwischen den USA und Guatemala betrachten.«
Am 8. Juni erklärte sich die guatemaltekische Regierung im Belagerungszustand.
Am 18. Juni drang Castillo Armas, aus Honduras kommend,

mit zweihundert Mann in Guatemala ein, unterstützt von sechs amerikanischen Flugzeugen (vier F-47-Jagdflugzeugen und zwei C-47-Transportflugzeugen), die von amerikanischen Piloten geflogen wurden. (*Time* vom 12. Juli 1954. Nach dieser Quelle betrugen die Kosten der Invasion etwa fünf Millionen Dollar, d. h. mehr, als sechzehn der zwanzig lateinamerikanischen Republiken 1954 an Wirtschaftshilfe erhalten hatten. Ähnlich lagen die Verhältnisse bei der Invasion Kubas im April 1961, wie in der internationalen Ausgabe der *New York Times* vom 13. März 1963 berichtet wird: »Heute wurde bekannt, daß die vier amerikanischen Flieger, die bei der Invasion Kubas in der Schweinebucht im Jahre 1961 den Tod fanden, die Besatzungsmitglieder von zwei bei Gefechtseinsätzen über der Insel abgeschossenen Bombern vom Typ B-26 waren. Maßgebliche Informanten äußerten, der Bericht vom Absturz eines C-46-Transportflugzeugs über dem Karibischen Meer sei lediglich eine ›Aufhängerstory‹ gewesen, die von der Tatsache ablenken sollte, daß Amerikaner während der Invasion Kampfeinsätze flogen.«) Die Kämpfe verliefen nach den vorliegenden Berichten ziellos. Castillos Flugzeuge, die auf keinen Widerstand stießen, richteten den größten Schaden an, während die Invasionstruppen, nachdem sie etwa zwanzig Meilen in das Landesinnere eingedrungen waren, durch reguläre Armee-Einheiten »festgehalten« wurden[50]. Am folgenden Tage ersuchte der guatemaltekische Vertreter bei den Vereinten Nationen um eine Einberufung des Sicherheitsrates, um Honduras und Nikaragua unter Druck zu setzen und auf diese Weise den Rebellen ihre Operations- und Versorgungsbasis zu nehmen[50]. Arbenz hatte offenbar die Tatsache außer acht gelassen, daß der für die Durchführung solcher Maßnahmen verantwortliche Vorsitzende des Sicherheitsrates damals der US-Delegierte Henry Cabot Lodge war.

Eine von Frankreich unterstützte Resolution, die eine sofortige Beendigung des Blutvergießens forderte, wurde am 20. Juni verabschiedet. Als daraufhin nichts erfolgte, schrieb der guatemaltekische Außenminister am 22. Juni an Lodge und bat ihn, der Sicherheitsrat möge Maßnahmen zur Verwirklichung der Resolution ergreifen. Lodge antwortete:

»... Die Sowjetunion ... hat ihren Wunsch unmißverständlich zum Ausdruck gebracht, in der westlichen Hemisphäre soviel Unruhe wie möglich zu stiften ... Viele werden sich fragen, ob das ganze Durcheinander um Guatemala nicht nur zu dem einzigen Zweck inszeniert wurde, um hier in der UNO kommunistische Propaganda zu treiben. Und dies möchte Mr. Toriello doch sicher nicht[51].«

Lodges Hinweis darauf, daß die Invasion Castillos Teil einer kommunistischen Verschwörung sein könnte, durfte kaum ernst genommen werden. Toriellos Bitte wurde dann auch mit einer ganz anderen Begründung abgewiesen:

»Die Tatsache, daß es sich bei der Lage in Guatemala in zunehmendem Maße um einen eindeutigen Bürgerkrieg und nicht um einen internationalen Konflikt handelt, läßt es geraten erscheinen, daß der Sicherheitsrat sich nicht weiter in die Angelegenheit einmischt.«

Lodges Behauptung, der Konflikt sei eine innere Angelegenheit und liege daher außerhalb der Zuständigkeit der Vereinten Nationen, spiegelte im Prinzip eine frühere sowjetische Stellungnahme zum Staatsstreich in der Tschechoslowakei im Jahre 1948 wider. Doch die der UNO vorliegenden Beweise machten klar, daß Castillos Streitkräfte in Honduras aufgestellt worden waren und die Grenze Guatemalas mit Wissen und Billigung der Regierung von Honduras überschritten hatten, die damit »faktisch eine Aggressionshandlung gegen Guatemala beging[52]«.

Als die guatemaltekische Regierung ihre Klage gegen Honduras und Nikaragua vor den Sicherheitsrat brachte, bestand Botschafter Lodge auch weiterhin darauf, daß es sich »auf Grund der den USA bisher vorliegenden Informationen bei der Situation nicht um eine Aggression, sondern um eine Revolte von Guatemalteken gegen Guatemalteken handelt[53]«.

Darauf bedacht, den Konflikt in der UNO nicht zur Sprache zu bringen, setzten die USA sich dafür ein, daß Guatemala seinen »Fall« zunächst der regionalen Organisation der Amerikanischen Staaten vortragen sollte, »wo die Lage rasch und wirksam ›behandelt‹ werden kann« und wo, wie Eden zugab, »Guatemala wahrscheinlich gegen die anderen Staaten allein dasteht[54]«. Ein Resolutionsentwurf, die Angelegenheit an die OAS weiterzuleiten, wurde jedoch durch ein sowjetisches Veto zu Fall gebracht. In der Debatte sagte Lodge:

»Das ist also das zweite Veto der Sowjetunion in drei Tagen. Wir hatten das 59. Veto am Freitag, und jetzt werden wir das 60. Veto am Sonntag zu hören bekommen. Und wogegen wird das Veto eingelegt? Gegen einen Antrag mit der Bitte an die Organisation der Amerikanischen Staaten, dieses Problem zu lösen, den Versuch zu unternehmen, diese blutende Wunde am Körper der Welt zu verbinden... Ich wende mich an Sie als den Vertreter der Sowjetunion und kann Ihnen nur sagen: Halten Sie sich aus der westlichen Hemisphäre heraus und versuchen Sie nicht, Ihre Pläne und Komplotte hier bei uns anzuzetteln[55].«

Inzwischen hatte sich die Lage der Arbenz-Regierung weiter verschlechtert. Bei andersdenkenden und konservativen Elementen in der Armee machten sich in zunehmendem Maße Anzeichen der Untreue und des Verrats bemerkbar (Schneider, S.

315: »Angesichts der Tatsache, daß viele der älteren Offiziere konservativ eingestellt waren, daß andere wieder die traditionelle privilegierte Stellung und den politischen Einfluß der Armee durch die stattfindenden umfangreichen Veränderungen gefährdet sahen [einer der ursprünglichen politischen Grundsätze der Revolution von 1944 war *civilismo*, die Ausschaltung der Armee als politische Macht – D. H.], ... war es nicht überraschend, daß bei Ausbruch der Krise die Armee nicht bereit war, sich eindeutig hinter die Regierung zu stellen.«)

»Am Freitag, dem 25., wies der Staatspräsident seinen loyalen Oberbefehlshaber der Streitkräfte, Oberst Carlos Enrique Díaz, an, die revolutionären Parteien [gemeint ist die Revolution von 1944] und die Massenorganisationen mit Waffen auszurüsten. Arbenz war mit Sicherheit davon überzeugt, daß ›wir im Vertrauen auf die bewaffneten Volksmassen durchaus imstande sein würden, nicht nur gegen die Invasoren, sondern auch gegen unsere eigene verräterische Armee zu kämpfen‹. Er war erschüttert, als er am Sonnabend von Oberst Díaz einen Bericht empfing, daß die anderen Offiziere ihm die Ausführung des Befehls, die Zivilisten mit Waffen auszurüsten, nicht gestatten wollten[56].«

Noch am selben Freitag *lehnte es der Sicherheitsrat ab, einen Antrag Guatemalas, endlich etwas zu unternehmen, auf die Tagesordnung zu setzen.* Die Aufnahme des Antrags wurde mit fünf gegen vier Stimmen abgelehnt. Frankreich und Großbritannien enthielten sich der Stimme. Die Sowjetunion, Neuseeland, der Libanon und Dänemark stimmten für eine Erörterung des guatemaltekischen Antrags, während die USA, Taiwan, die Türkei, Kolumbien und Brasilien dagegenstimmten.

Die Tatsache, daß zwei im Sicherheitsrat vertretene lateinamerikanische Länder gemeinsam mit den USA gegen den Antrag Guatemalas stimmten, während ein so treuer Verbündeter der USA wie Großbritannien die Auffassung vertrat, es könne nicht mit gutem Gewissen entsprechend handeln[57], mag einem zu denken geben. Ein flüchtiger Blick auf die innenpolitische Situation in diesen Ländern zeigt jedoch recht deutlich, warum ihre Regierungen wie die Taiwans und der Türkei von der Haltung der USA abhängig waren. Zur Zeit der Abstimmung war nämlich die normale Anfälligkeit dieser Länder gegen den (gewöhnlich wirtschaftlichen) Druck der USA dadurch gestiegen, daß die kolumbianische Regierung ein Jahr zuvor durch die von US-Hilfe abhängige Armee gestürzt worden war und daß die ebenfalls durch Material und Geldmittel unterstützte brasilianische Armee gerade im Begriff war, Staatspräsident Vargas abzusetzen.

Indem sie gegen die Aufnahme der guatemaltekischen Beschwerde in die Tagesordnung des Sicherheitsrates Einwände erhoben, machten die USA wieder einmal die Forderung geltend, daß die Vereinten Nationen bestehende regionale Organisationen nicht übergehen dürfe[59]. Es gehört zur Ironie der Geschichte, daß innerhalb von zwei Jahren die Sowjetunion ihrerseits zur nicht geringen Bestürzung der USA geltend machte, daß ein regionales Gremium, dem sie als Mitglied angehörte (der Warschauer Pakt), durchaus zuständig sei, sich mit einem »innerpolitischen« Problem in einem der Mitgliedstaaten (Ungarn) zu befassen.

Die Abstimmung der Vereinten Nationen fand Freitag, den 25. statt. Am Sonntag suchte Toriello Botschafter Peurifoy auf und deutete an, daß der Krieg in fünfzehn Minuten beendet werden könnte, »wenn eine Militärjunta gebildet und anerkannt« würde. Toriello sagte, daß er selber zurücktreten würde, schlug aber vor, daß Arbenz im Amt bleiben sollte. Peurifoy gab zur Antwort, daß seiner Meinung nach die einzige Lösung darin bestehe, »mit der Arbenz-Regierung reinen Tisch zu machen[60]«. An diesem Tage trat Arbenz zugunsten seines Stabschefs der Armee, Oberst Díaz, zurück. Aber Peurifoy hielt Díaz für »keinen Wechsel« in der Regierung und setzte sich mit dem rechts stehenden Oberst Monzon in Verbindung. Am Montag suchte Díaz Peurifoy auf und bot ihm das Verbot der kommunistischen Partei an[60], aber Peurifoy blieb ungerührt. Daraufhin wurde der guatemaltekische Stabschef von anderen Offizieren mit vorgehaltener Pistole wegeskortiert, und Oberst Monzon gab bekannt, daß Díaz zurückgetreten sei und er die Amtsgeschäfte übernommen habe. Diesmal lag ein »echter Regierungswechsel« vor, und Peurifoy machte sich eifrig an die Arbeit, um in San Salvador Friedensgespräche (mit Castillo) einzuleiten[61].

Jedoch kamen die Friedensgespräche in San Salvador nicht gut voran, und bald wurde Peurifoy aufgefordert, den Vorsitz bei der Bildung der »revolutionären« Junta zu übernehmen, eine Aufgabe, die er ebenso »erfolgreich« löste wie alles andere.

So endeten die neuneinhalb Jahre des gemeinsamen Programms von Arévalo und Arbenz. (Es gehört zu den groben Pflichtversäumnissen, die der Westen während der Zeit des Kalten Krieges sich auf kulturellem Gebiet zuschulden kommen ließ, daß, obwohl mehr als dreihundert Bücher über die historischen Hintergründe des Ungarnaufstandes von 1956 in Englisch, Französisch und Deutsch erschienen sind, offenbar nicht eine einzige guatemaltekische Darstellung der Intervention in Guatemala in die genannten Sprachen übersetzt wurde. U. a. sind darüber folgende Werke erhältlich: Guillermo Toriello (guatemaltekischer Außenminister) *La Batalla de Guatemala*, Mexiko, 1955; Raoul Osegueda (Erziehungsminister), *Operación Guatemala* **$$** *OK,* **$$** Mexiko 1955; Luis Cordoza y

Aragón, *La Revolución Guatemalteca,* Mexiko, 1955, sowie ein Buch des früheren Präsidenten Juan José Arévalo mit dem Titel *Guatemala, La Democracia y el Imperio,* Montevideo, 1954. Arévalos 1956 erschienene politische Fabel von den Vereinigten Staaten und den zwanzig lateinamerikanischen Republiken erschien 1962 bei Lyle Stuart in New York in englischer Sprache unter dem Titel *The Shark and the Sardines* [Der Haifisch und die Sardinen].) Dr. Ronald Schneider, der Gelehrte im State Department, würdigte die Früchte des Arévalo-Arbenz-Programms:

»... Der Antikommunismus war zum einzigen einigenden Band der verschiedenen Oppositionsgruppen geworden, doch blieb er ohne Bedeutung für die große Masse des guatemaltekischen Volkes, das in erster Linie an besseren und auskömmlicheren Lebensbedingungen interessiert war. Während die Guatemalteken im allgemeinen in den zehn Jahren von 1944 bis 1954 mehr Freiheiten genossen als je zuvor, hatte die Arbeiterklasse besonderen Grund, sich gegenüber der Revolutionsregierung loyal zu verhalten. Zum ersten Mal in der Geschichte Guatemalas stand den Arbeitern das Recht zu, sich frei zu organisieren, Kollektivverträge abzuschließen und zu streiken. Nie zuvor hatten sie ihre Meinung so frei äußern und ihren Gefühlen so uneingeschränkt Luft machen dürfen, geschweige denn auf verständnisvolles Gehör bei der Regierung hoffen können. Die unteren Volksschichten genossen das für sie neue und offiziell geförderte Lebensgefühl in einer veränderten Umwelt, in der man ihnen mit einem gewissen Maß an Achtung und Menschenwürde begegnete[62].«

Die Statistik kann mit ähnlich eindrucksvollen Resultaten aufwarten. Von zwölf lateinamerikanischen Republiken (Argentinien, Brasilien, Chile, Dominikanische Republik, Ekuador, Guatemala, Kolumbien, Kuba, Mexiko, Panama, Peru, Venezuela) erreichte Guatemala in dem Zeitraum von neun Jahren den höchsten Jahreszuwachs des Pro-Kopf-Volkseinkommens – 8,5 Prozent –, und zwar trotz eines jährlichen Bevölkerungszuwachses von drei Prozent (ebenfalls der höchste von allen Ländern). Der durchschnittliche Anstieg des Pro-Kopf-Einkommens in den anderen Ländern lag unter drei Prozent. Die Kapitalinvestitionen erhöhten sich von 1945 bis 1953 um 10,8 Prozent (dritthöchste Stelle), die Industrieproduktion stieg von 1950 bis 1955 um sechs Prozent (ebenfalls die dritthöchste Stelle), während die Lebenshaltungskosten im Zeitabschnitt 1945–1955 jährlich nur um 2,8 Prozent stiegen (gegenüber 17,2 Prozent in Argentinien, 13 Prozent in Brasilien und 24 Prozent in Chile), obwohl die Gesamtausfuhren im Zeitraum von zehn Jahren (infolge der Schwierigkeiten mit der United Fruit Company) pro Jahr um 1,9 Prozent sanken. (»Im Gegensatz dazu ... blieb während des gesamten Zeitraums seit der Konterrevolution im Jahre 1954 die Entwicklung der Wirtschaft Guatemalas hinter der zahlreicher anderer lateinamerikanischer Länder zurück und konnte kaum mit der jährlichen Bevölkerungszunahme um drei Prozent Schritt halten« [M. Brower, *The Correspondent*, Winter 1965].)

Während der ganzen Zeit, in der die Spannungen zwischen Guatemala und den USA fortbestanden, machte die guatemaltekische Regierung geltend, bei der vorliegenden Kontroverse handle es sich um das Eingreifen ausländischer Geschäftsinteressen in die wirtschaftliche Entwicklung Guatemalas sowie um die kleinliche Auslegung der Rechte der betreffenden Unternehmen. In seiner Rede vom 30. Juni nannte Außenminister Dulles dies einen Versuch

»der Regierung Guatemalas und kommunistischer Agenten in der ganzen Welt, ... den Kern des Problems – das Problem des kommunistischen Imperialismus – dadurch zu verschleiern, daß sie ständig behaupten, die USA seien lediglich daran interessiert, amerikanische Geschäftsinteressen zu schützen ... Ein wohlhabendes und fortschrittliches Guatemala ist für die westliche Hemisphäre lebenswichtig. Die USA verpflichten sich nicht nur zum politischen Widerstand gegen den Kommunismus, sondern auch, die Lebensbedingungen in Guatemala und überall in der westlichen Welt erträglicher zu machen. Wir wollen bemüht sein, nach Möglichkeiten zu suchen, unsere amerikanischen Staaten zu einem leuchtenden Beispiel für die Menschen in aller Welt zu machen[63].« (Miguel Ydigoras Fuentes berichtet, daß amerikanische Geheimagenten sich an ihn, als er 1954 im Exil lebte, auf folgende Weise heranmachten: »Ein früherer leitender Angestellter der United Fruit Company, der jetzt im Ruhestand lebt, Mr. Walter Turnbull, besuchte mich in Begleitung zweier Herren, die er als Agenten des CIA vorstellte. Sie gaben mir zu verstehen, daß ich beim guatemaltekischen Volk beliebt sei und daß sie beim Sturz der Arbenz-Regierung behilflich sein wollten. Als ich mich nach ihren Bedingungen für ihre Hilfe erkundigte, erwiesen sie sich als unannehmbar. Unter anderem sollte ich versprechen, mich gegenüber der United Fruit Company und der International Railways of Central America wohlwollend zu verhalten, die Eisenbahnergewerkschaft aufzulösen ... eine Regierung ›der starken Hand‹ nach dem Vorbild Ubicos zu bilden ...« [Ydigoras Fuentes, *My War with Communism*, 1963, S. 49–50].)

Um das von Dulles zitierte leuchtende Beispiel zu geben, pumpten die USA neunzig Millionen Dollar in Form von Anleihen, Waffen und Subventionen innerhalb von zwei Jahren nach Guatemala hinein (gegenüber 600 000 Dollar in dcn vergangenen zehn Jahren), in denen außerdem 10,2 Millionen Dollar ausgegeben wurden, um Guatemala bei der Fertigstellung seines Abschnitts der interamerikanischen Autostraße zu unterstützen. Die Gesetze, die die von den USA geförderte Regierung Castillo Armas in den ersten zwei Jahren der »Befreiung« erließ, waren höchst aufschlußreich, zeigten sie doch, worum es bei dem Kampf ging.

Um ihrerseits »ein leuchtendes Beispiel für die Menschen in aller Welt« zu geben, setzte die Junta zunächst die Agrarreform außer Kraft und entzog den »Massen der Analphabeten«, d. h. etwa siebzig Prozent der Bevölkerung, das Wahlrecht[65].

»Der Oberst beeilte sich nicht nur, Trujillo und Franco anzuerkennen, den Kongreß aufzulösen ... eine ›Befreiungssteuer‹ zu erheben und ein Gesetz gegen ›gefährliche Gedanken‹ zu verabschieden, sondern erstattete der United Fruit Company sämtliche enteigneten Ländereien zurück und schaffte die Besteuerung aller Zinsen, Dividenden und Gewinne ab, die an außerhalb des Landes wohnende Kapitalanleger zahlbar waren. Infolgedessen fielen einem einzigen Unternehmen in ausländischem Besitz elf Millionen Dollar mit einem Schlag in den Schoß ...[66]«

Binnen sechs Monaten begann Castillo, durch Präsidentenbeschluß die Erdölgesetze des Landes zu lockern, so daß es von jetzt an jedem möglich war, nach Erdöl zu bohren, es im Rohzustand zu exportieren und als Benzin wieder an Guatemala zu verkaufen. Wie vorauszusehen war, überstürzten sich die großen amerikanischen Ölgesellschaften förmlich, um Anträge auf Überlassung von Ölkonzessionen zu stellen. Eine Tochtergesellschaft der Signal Oil Company erhielt die erste Konzession: Anrechte auf 671 000 Morgen Land. Im Zeitraum von zwei Jahren waren Konzessionen für mehr als die Hälfte des Gebiets von Guatemala beantragt worden. (Während dieser Zeit setzte die Eisenhower-Regierung mit Erfolg die Regierungen Panamas, Nikaraguas, Boliviens, Kubas, Costa Ricas und Guatemalas unter Druck, um sie zu einer Änderung ihrer Gesetze zugunsten ausländischen Kapitals zu zwingen [Betty Kirk, Korrespondentin des *Guardian*, »U. S. in Latin America – Policy of the Suction Pump«, *The Nation* vom 5. Oktober 1957].)

In ähnlicher Weise brachte Castillo das von Arbenz und Arévalo aufgebaute Gewerkschaftsproblem zu Fall. Der Prozeß begann damit, daß die neue Regierung jeden Gewerkschaftsfunktionär im Lande seines Postens enthob. Um neu anfangen zu können, mußte eine Gewerkschaft Führer wählen, die der Diktatur Castillos genehm waren. Als Folge davon gerieten die Arbeitsbedingungen in einen katastrophalen Zustand: Regierungstribunale »lehnten höchst ehrerbietig abgefaßte Eingaben von Gewerkschaftlern rundweg als kommunistische Agitation ab«, während die Grundbesitzer »sich das Ackerland und die Habe der Bauern mit Gewalt aneigneten, indem sie sie ausräucherten[66]«. »Das Regime von Castillo Armas«, schrieben zwei amerikanische Sachverständige auf diesem Gebiet, »war trotz der guten Absichten des Präsidenten (!) eine brutale Diktatur. Hunderte, ja vielleicht Tausende von Bauern und Arbeitern wurden aus Rache von Grundbesitzern und Unternehmern umgebracht, die glaubten, während der Regierungszeit von Arévalo und Arbenz schlecht behandelt worden zu sein[67]«.

Im Sommer des Jahres 1957 wurde Castillo Armas ermordet. Präsident Eisenhower beklagte seinen Tod als »einen großen Verlust für sein Volk und die gesamte freie Welt«. Im Oktober wurden Wahlen abgehalten. Doch als ein »gemäßigter« Zivilist die meisten Stimmen auf sich vereinigen konnte, »widersetzte sich die von den Militärs angeführte, politisch rechtsgerichtete Parteienclique diesem Ergebnis dermaßen, daß die Streitkräfte sich verpflichtet fühlten, die Wahlen für ungültig zu erklären und wieder die Junta einzusetzen. Als im Frühjahr 1958 die Konservativen unter Führung von General Miguel Ydigoras Fuentes bei ihrem zweiten Versuch den Sieg davontrugen, machten sie den General zum Präsidenten[68]«. Es war General Ydigoras, ein früherer Minister der verabscheuten Ubico-Diktatur, der 1960 dem CIA gestattete, Guatemala als Stützpunkt für die Ausbildung der konterrevolutionären kubanischen Invasionstruppen zu benutzen, nachdem andere lateinamerikanische Länder den Mißbrauch ihres Territoriums für solche Zwecke abgelehnt hatten[69].

Ende März 1963 wurde Ydigoras selber durch einen Militärputsch des rechten Flügels gestürzt. Die Bedrohung, zu deren Abwehr der Putsch inszeniert wurde, war die angekündigte Rückkehr des früheren Staatspräsidenten Juan José Arévalo, um sich bei den bevorstehenden Präsidentenwahlen als Kandidat aufstellen zu lassen[70]. Da Ydigoras »verfassungsmäßig gewählt« worden war, stoppte die Kennedy-Regierung zwar augenblicklich die Hilfslieferungen, ließ sich aber erweichen, als die Junta versprach, in »Zukunft« Neuwahlen abzuhalten, und gestattete Guatemala somit, zum »Bündnis freier Regierungen« zurückzukehren. Was dies für das guatemaltekische Volk bedeutete, wurde in einem Bericht über die Zustände im Lande enthüllt, den die Interamerikanische Entwicklungsbank drei Jahre später veröffentlichte. Diesem Bericht zufolge hatte sich die ohnehin sehr schlechte Wohnungssituation »in letzter Zeit noch mehr verschlechtert«. Es bestanden »ernsthafte Probleme in der öffentlichen Gesundheitspflege«, und die Lebenserwartung betrug nicht mehr als fünfundvierzig Jahre. Das Analphabetentum erreichte mit 72 Prozent den höchsten Stand in Lateinamerika mit Ausnahme von Haiti. Obwohl in den Jahren 1960 bis 1964 die Wirtschaft Guatemalas einen Aufschwung nahm, »zogen lediglich die kleinen Geschäftsleute und die Grundbesitzer einen Nutzen daraus. Die Landbevölkerung – zwei Drittel der Gesamtbevölkerung – ist nach wie vor genauso arm und rückständig wie überall in Lateinamerika[71]«.

11. *Rückschau auf die Anfänge der Eindämmungspolitik*

> Wir haben ein paar verdammt gute Leistungen vollbracht – besonders in der Wirtschaft und auch in Übersee – Iran und Guatemala ... Dwight D. Eisenhower (1956)

Bei den im Rahmen des Kalten Krieges in Guatemala, Vietnam und Korea geführten Feldzügen setzten die USA ihre Macht entweder unmittelbar zur Bekämpfung sozialer oder ökonomischer Veränderungen ein oder sie unterstützten jene gesellschaftlichen Kräfte, denen die Aufrechterhaltung des Status quo besonders am Herzen lag. Die gleiche Tendenz war bezeichnend für die amerikanische Eindämmungspolitik in jenen Ländern der westlichen Einflußsphäre, in denen der Kalte Krieg seinen Ausgang genommen hatte.

Im November 1945 war es klar geworden, daß Rußland versuchte, die Kontrolle über die nordpersische Provinz Aserbeidschan zu erlangen; die russischen Besatzungstruppen zogen nicht nur innerhalb der festgesetzten Frist nicht ab, sondern unterstützten eine nach Autonomie strebende Bewegung und gingen sogar so weit, persische Truppen am Betreten der Provinz zu hindern. Das Ziel dieser russischen Schritte war offenbar die Kontrolle der persischen Ölvorkommen. Ein starker diplomatischer Druck der USA zwang die Sowjets, sich aus Persien zurückzuziehen, nachdem sie sich eine Ölkonzession mit einer Verteilung des Reinertrages im Verhältnis 51 zu 49 gesichert hatten, eine für die Engländer höchst peinliche Grundlage. Nach dem Abzug der Sowjets weigerte sich das persische Parlament jedoch, das Abkommen zu ratifizieren.

Trotz seiner reichen Hilfsquellen und Bodenschätze war Persien ein armes Land. Neunzig Prozent der Bevölkerung waren Analphabeten, und die Kindersterblichkeit lag bei 500 Todesfällen von 1000 Lebendgeburten. Siebzig Prozent des Landes waren im Besitz von zwei Prozent der Bevölkerung, obwohl Ackerbau die hauptsächlichste Erwerbsquelle war[1]. Obwohl die Jahresgesamtausfuhren an Erdöl sich auf 360 Millionen Dollar beliefen, wurde Persien selber lediglich weniger als ein Zehntel dieses Betrages in Form von Lizenzgebühren zugestanden, während die britische Regierung aus den Gewinnen sogar mehr Steuern erhielt als die persische. Da die Anglo-Iranian Oil Company, die das Monopol auf die Ölquellen besaß, sich hartnäckig weigerte, eine gerechtere Vereinbarung mit Persien zu treffen, überraschte es nicht, als der neu gewählte persische Ministerpräsident Mohammed Mossadeq die Gesellschaft verstaatlichte.

Das persische Volk, erklärte Mossadeq, öffnete »einen verborgenen Schatz, auf dem ein Drache liegt[2]«. Die Befürchtungen des Ministerpräsidenten bewahrheiteten sich bald, als persisches Erdöl, das bisher einen großen Teil der Deviseneinnahmen des Iran ausgemacht hatte, im Westen boykottiert wurde. Versuche, mit unabhängigen amerikanischen Gesellschaften Geschäfte abzuschließen, wurden vom US-State Department vereitelt; »das internationale Erdölkartell hielt fest zusammen – und Persien verlor alle seine aus dem Verkauf von Erdöl resultierenden Einnahmen[3]«.

In der nun folgenden Finanzkrise leiteten die USA Hilfsmaßnahmen ein (1,5 Millionen Dollar im Jahre 1951 für ein technisch-landwirtschaftliches Förderungsprogramm; 15 Millionen Dollar im Jahr 1952, die in erster Linie zum Ausgleich der Devisenknappheit Persiens verwendet wurden) und taten auf diese Weise ihre Meinungsverschiedenheiten mit den Engländern kund. Nach Sir Anthony Edens Worten

»... hielten es die USA für eine leichtfertige Politik, die Situation sich weiter verschlechtern zu lassen, was ihrer Meinung nach der Fall sein würde, falls Mossadeq keine Unterstützung erhielt.

Unsere Auslegung der Situation ist eine völlig andere. Das Argument, die einzige Alternative zu Mossadeq sei eine kommunistische Regierung, akzeptierte ich nicht. Ich war der Meinung, daß nach einem Sturz Mossadeqs an seine Stelle eine einsichtigere und besonnenere Regierung treten könnte, mit der der Abschluß eines befriedigenden Abkommens möglich sein sollte[4].«

Daß diese britisch-amerikanischen Meinungsverschiedenheiten lediglich taktischer Natur waren, wurde von Präsident Eisenhower bestätigt, als er (wie kurz darauf in Guatemala) die offizielle Unterstützung der gemeinsamen Interessen durch die USA klarstellte. »In den USA besteht die entschiedene Auffassung«, erklärte der Präsident,

»daß es gegenüber dem amerikanischen Steuerzahler nicht fair wäre, wenn die Regierung der USA Persien weiterhin eine beträchtliche Wirtschaftshilfe gewährt, solange dem Iran finanzielle Einnahmen zugänglich sind, die sich aus dem Verkauf seines Erdöls und seiner Erdölprodukte erzielen lassen, falls nur ein vernünftiges Abkommen über eine angemessene Entschädigung erreicht wird, so daß der Absatz persischen Erdöls in großem Umfang wieder aufgenommen werden könnte. Auch würden zahlreiche amerikanische Bürger heftige Einwände erheben, wenn die Regierung der USA trotz Nichtvorhandenseins eines Ölabkommens persisches Erdöl kaufen würde[5]«.

Eisenhower gab seine Erklärung im Juli ab. Zu Beginn des Jahres hatte er das Amt des Präsidenten übernommen und John Foster Dulles auf den Posten des Außenministers berufen, während er dessen Bruder Allen Dulles zum Leiter des amerikanischen Geheimdienstes CIA machte. Nach sieben Monaten wurde die Regierung Mossadeqs durch einen vom CIA geplanten und geleiteten Staatsstreich gestürzt[6]. *Wie* weit die USA bei diesem Staatsstreich ihre Hand wirklich im Spiel hatten, geht über die öffentlich bekannte Rolle des CIA um ein beträchtliches hinaus. Bei Hearings vor dem Kongreß im Jahre 1954 sagte der Leiter des Amtes für Militärhilfe im amerikanischen Verteidigungsministerium aus, daß

»wir, als die Krise akut wurde und die ganze Sache zusammenzubrechen drohte, unseren Richtlinien zuwiderhandelten und unter anderem die Armee sofort [mit Material] für den Ernstfall ausrüsteten ... Die Gewehre, die sie in den Händen hatten, die Lastwagen, in denen sie fuhren, die Panzer, die durch die Straßen ratterten und die Funkverbindungen, die ihren kontrollierten Einsatz ermöglichten, wurden sämtlich im Rahmen des Militärhilfe- und Verteidigungsprogramms geliefert ... Und hätte es dieses Programm nicht gegeben, so würde jetzt wahrscheinlich eine den USA unfreundlich gesinnte Regierung an der Macht sein[7]«.

Im Hinblick auf die Interessen der Dulles-Brüder an der United Fruit Company ein Jahr später ist es nicht ohne Bedeutung, daß die Anglo-Iranian Oil Company von der Persischen Industriebank finanziert wurde. Diese Bank wurde zu Beginn des Jahrhunderts von Baron Reuters und anderen gegründet, darunter das internationale deutsche Bankhaus von J. Henry Schroeder & Co, mit dem Allen Dulles später in Verbindung trat. »Das Stammhaus der Firma wurde von Baron Kurt von Schroeder geleitet, der eine Schlüsselrolle bei der Machtergreifung Adolf Hitlers spielte. In der Kölner Villa des Barons trafen sich am 7. Januar 1933 Hitler und von Papen und arbeiteten einen Finanzplan für die nationalsozialistische Machtergreifung aus ...« (Fred J. Cook, »The CIA«, *The Nation* vom 24. Juni 1961). Frank C. Tiarks, einer von Allen Dulles' Mitdirektoren in dem Schroederschen Bankunternehmen, war gleichzeitig auch als Direktor der Anglo-Iranian Oil Company tätig, und Sullivan Cromwell, in dessen Rechtsanwaltspraxis die Dulles-Brüder Teilhaber waren, fungierte lange Jahre als Firmenanwalt der Anglo-Iranian Oil Company[8].

Infolge des von den USA inszenierten Staatsstreichs verloren die Engländer ihr Erdölmonopol, und die persischen Erdölquellen wurden einem Vier-Länder-Konsortium, d. h. England, Frankreich, Holland und den USA (deren Anteil vierzig Prozent betrug) unterstellt, das sie im Rahmen eines Abkommens mit der persischen Regierung in Anlehnung an andere Ölabkommen mit Ländern im Mittleren Osten ausbeuten sollte. Die persische Regierung war außerdem damit einverstanden, an die Anglo-Iranian Oil Company zur Begleichung aller (aus der fehlgeschlagenen Verstaatlichung resultierenden) Ansprüche und Forderungen eine Entschädigungssumme von siebzig Millionen Dollar zu zahlen[9].

Das Geld dafür stammte vermutlich aus Mitteln, die die USA unmittelbar nach dem erfolgreichen Putsch vom 19. August in das Land einbrachten. Diese Geldmittel, die im Rahmen des gegenseitigen Sicherheitsprogramms gewährt wurden, betrugen fünf Millionen Dollar pro Monat für die nächsten drei Jahre und sollten angeblich »das Defizit im persischen Regierungshaushalt ausgleichen[10]«. Ein Ausschuß des Kongresses stellte 1957 jedoch fest, daß mit den dreihundert Millionen Dollar, die der Regierung im Jahr aus den Ölquellen zuflossen, Persien hätte imstande sein müssen, sein eigenes Regierungs- und Entwicklungsprogramm ohne die Unterstützung der USA zu finanzieren. In Wirklichkeit war »die vom CIA eingesetzte persische Regierung so korrupt, daß die Staatskasse sich ständig am Rande des Bankrotts bewegte«, und diese Korruptheit war für die ständig steigenden Defizite verantwortlich. Mit anderen Worten, »... die Hunderte von Millionen Dollar«, die nach Persien hineingepumpt worden waren, hatten »effektiv nichts für das persische Volk bewirkt; sie hatten nur die Schieber bereichert und die Kluft zwischen den sehr reichen und den sehr armen Schichten der Bevölkerung vertieft[10]«.

Ein großer Teil der US-Hilfe – rund fünfhundert Millionen Dollar – ging für die Unterstützung der 20 000 Mann starken persischen Armee drauf. Als er seine Zweifel am Zweck dieser Armee zu formulieren sich bemühte, rief Senator Hubert Humphrey aus: »Wissen Sie, was der Oberbefehlshaber der persischen Armee zu einem unserer Leute gesagt hat? Er sagte, die Armee sei jetzt dank der US-Hilfe gut in Form – sie sei jetzt imstande, mit der Zivilbevölkerung fertig zu werden. Diese Armee wird nicht gegen die Russen kämpfen. Sie plant, gegen das persische Volk zu kämpfen[11].« (Es ist jedoch bewiesen, daß dies der Grund war, warum Washington die Armee überhaupt bewaffnet hatte.)

Persien war nicht das einzige Land, bei dem Erdöl eine entscheidende Rolle in der amerikanischen Politik spielte. Am 5. Januar 1957 hielt Präsident Eisenhower vor dem Kongreß eine Rede, in deren Verlauf er einen Plan vorlegte, der als Eisenhower-Doktrin bekannt wurde: eine Ausdehnung der Truman-Doktrin auf den Mittleren Osten. Einsenhower bat den Kongreß um Zustimmung, den Präsidenten zum Einsatz bewaffneter Streitkräfte im Mittleren Osten zu ermächtigen, »um die territoriale Integrität und die politische Unabhängigkeit derjenigen Völker zu sichern und zu schützen, die gegen die offene bewaffnete Aggression eines vom internationalen Kommunismus beherrschten Landes Hilfe erbitten«. Angesichts der Situation, in der die Doktrin später zitiert wurde, stellen die Worte Eisenhowers eine Denkwürdigkeit dar.

Am 15. Juli 1958 landete amerikanische Marineinfanterie im Libanon, begleitet von einer »großen US-Kriegsflotte«, die plötzlich vor dem Hafen von Beirut auftauchte. Die Gründe für die Landung waren ein Putsch im Irak, der den prowestlichen Nuri es-Said zum Rücktritt gezwungen hatte, und ein unblutiger Bürgerkriegszustand im Libanon, der die Herrschaft Staatspräsident Chamouns gefährdete.

Chamoun hatte im Juni 1957 Wahlschiebungen gemacht, um ein Parlament zu bekommen, das sein Eintreten für die Eisenhower-Doktrin billigen sollte. Die Wahlmanöver waren so erfolgreich, daß »fast jede wichtige Persönlichkeit der Opposition« sich außerhalb des Parlaments wiederfand, das, wie man glaubte, dem Wunsch Chamouns nach einer Verfassungsänderung nachkommen würde, die ihm gestatten sollte, eine weitere Amtszeit, wenn nicht sogar auf Lebenszeit Staatschef zu bleiben. Der Patriarch der maronitischen Christen faßte die Ergebnisse so zusammen: »Die Arbeit von vierzig Jahren wurde in einem Monat zunichte gemacht, ein Land wider seinen Willen getrennt.«

Die von Chamoun erlassenen Gesetze »stürzten das Land in einen merkwürdigen bürgerkriegsähnlichen Zustand. Am 12. 5. brach in Beirut ein bewaffneter Aufstand aus. Eine Hauptölleitung wurde unterbrochen und die amerikanische Informationsbibliothek in Brand gesetzt. Die Regierung behauptete sofort, ausländische Agenten steckten dahinter, und appellierte an die USA, das Land zu schützen[12]«. Dulles beschloß unverzüglich, falls nötig Truppen zu entsenden. Es dauerte nicht lange, bis die »halbe« Hauptstadt und das »halbe« Land sich »in Feindeshand« befanden, d. h. in der Hand verschiedener Rebellenführer; der *Sunday Times* zufolge »handelte es sich um einen bewußt angelegten Widerstand von mindestens fünfzig Prozent der Bevölkerung gegen die staatliche Autorität«.

Zur gleichen Zeit übernahm Oberst Karim Kassem im Irak die Macht. Zunächst zog die Regierung der USA »ernsthaft in Erwägung«, den Putsch im Irak »durch eine militärische Intervention rückgängig zu machen«. US-Botschafter Gallman erhielt ein Telegramm des State Department, in welchem ihm mitgeteilt wurde, daß »Marineinfanterie, die auf libanesischem Gebiet zu landen beginne, zur Unterstützung der regierungstreuen irakischen Truppen zwecks Durchführung eines Gegenangriffs eingesetzt werden könnte«. »Aber es fand sich im Irak keiner, der zur Zusammenarbeit bereit war. Alle waren für die Revolution[13].«

»Die Kluft zwischen Reichen und Armen bildete ständigen Zündstoff für Aufruhr und Empörung ... Der Haß gegen Nuri [es-Said] und die landbesitzenden arabischen Scheichs sowie die kurdischen Agas, die seine Parteigänger waren, nahm geradezu pathologische Formen an. Es gab noch zwei andere Ziele, gegen die sich die Erbitterung und der Abscheu der Öffentlichkeit richteten: das mit der irakischen Erdölgesellschaft 1952 auf ›Fifty-Fifty-Basis‹ getroffene Ölabkommen und der Bagdad-Pakt.« (General H. G. Martin in *Middle Eastern Affairs* vom März 1959, zitiert in Fleming. Neunzig Prozent der Bevölkerung im Irak sind Analphabeten, das durchschnittliche Lebensalter beträgt sechsundzwanzig Jahre, und das Pro-Kopf-Einkommen liegt unter neunzig Dollar im Jahr. Der Bagdad-Pakt wurde 1955 geschlossen und umfaßte die USA, Großbritannien, die Türkei, Persien, Pakistan und den Irak. Der Irak schied 1959 aus, und der Pakt wurde in Central Treaty Organisation [CENTO] umbenannt.)

So sahen also die »Bedrohungen« aus, die die Landung von USA-Truppen im Libanon auslösten. »Dieses Vorgehen ...«, schrieb Sir Anthony Eden später, »verstieß unbestreitbar gegen die Charta der Vereinten Nationen ... Da die UN-Beobachter bereits an Ort und Stelle waren und öffentlich bekanntgaben, daß Gründe für eine Einmischung der Engländer und Amerikaner nicht vorlägen, erhielt die ganze Angelegenheit einen um so häßlicheren Anstrich[14]«.

Als die Landemanöver im Libanon stattfanden, verkündeten die Regierungen der USA und Großbritanniens, daß sie nicht in den Irak eindringen würden, sofern die Regierung des Irak es nicht versäume, wie die *New York Times* berichtete, »die westlichen Ölinteressen zu respektieren«. »Auf diese Weise versuchte die Machtelite«, schrieb C. Wright Mills in offizieller Formulierung, »die Unabhängigkeit und Integrität dieser zwei kleinen Länder zu garantieren« beziehungsweise, wie es in der inoffiziellen Diktion der *Times*-Reporterin Dana Adams Schmidt hieß, »das Prestige des Westens im Mittleren Osten ganz allgemein wiederherzustellen und die freundlich gesinnten erdölproduzierenden Regierungen in Saudiarabien und im Gebiet um den Persischen Golf zu stabilisieren[15]«. Am 8. Februar 1963 wurde Kassem durch einen Putsch gestürzt. Diesmal fanden keine Landungen von Truppen der Westmächte statt.

Unmittelbar vor dem Putsch hatte Kassem die Gründung einer nationalen Ölgesellschaft verkündet, die die Erdölgebiete ausbeuten sollte, welche er 1961 von ausländischen Ölkonzernen zurückerhalten hatte (bis zu 99 Prozent ihrer Konzessionsgebiete). In einem Sonderinterview mit der Zeitung *Le Monde* vier Tage vor dem Putsch teilte Kassem mit, daß er vom amerikanischen State Department eine Nachricht erhalten habe, in der ihm mit Sanktionen gedroht worden sei für den Fall, daß er seine Einstellung nicht ändere. Der Pariser Wochenzeitung *L'Express* vom 21. Februar 1963 zufolge (vgl. auch *Le Monde* vom 12. Februar) »wurde der Putsch im Irak vom CIA veranlaßt. Die britische Regierung und Nasser selber... waren in die Putschvorbereitungen eingeweiht, während die französische Regierung ahnungslos blieb«. Die Engländer hatten verlangt, daß die neue Regierung alle Ansprüche auf Kuweit aufgeben müsse und nicht in ihren Plänen fortfahren dürfe, die Erdölquellen in den unlängst vom Irak zurückerhaltenen Gebieten auszubeuten. Die Amerikaner erhielten die Zusicherung, daß »die Liquidierung der kommunistischen Partei nur auf dem Wege über die Kriegsgerichte und nicht durch summarische Hinrichtungen erfolgen« würde. (Die irakische kommunistische Partei war unter Kassem verboten worden und bildete am Ende seiner Herrschaft die Zielscheibe unverhohlener Angriffe.) In den Wochen nach dem Putsch wurden Tausende von Menschen ermordet. Zur Unterstützung der von *L'Express* und *Le Monde* angeführten Beweise diente die Tatsache, daß die erste Erklärung über die Absichten der neuen Regierung hinsichtlich des Erdölmonopols nicht aus Bagdad, sondern aus Washington kam. Während der dreitätigen Kämpfe und zu einem Zeitpunkt, als der neue irakische Außenminister sich auf Erklärungen zugunsten einer »antiimperialistischen« Bündnis- und Blockfreiheit beschränkte, versicherten amerikanische Regierungsbeamte den Presseleuten, daß die neue Regierung »an einer Verstaatlichung der riesigen irakischen Erdölgesellschaft nicht interessiert« sei (*Christian Science Monitor* vom 13. Februar). Und am 12. Februar meldete *Le Monde* aus Washington: »Während die Ereignisse im Jahre 1958 die USA veranlaßten, 10 000 Marineinfanteristen in den Libanon zu entsenden, wird der gegenwärtige Putsch nicht als eine Bedrohung der amerikanischen Interessen angesehen; im Gegenteil, er wird als eine prowestliche Neuorientierung im Mittleren Osten angesehen.«

Wenn Eisenhowers Ausdehnung der Truman-Doktrin zu den erklärten Intentionen eben dieser Doktrin (»Unterstützung der freien Völker, die sich der versuchten Unterjochung durch bewaffnete Minderheiten oder einem Druck von außen widersetzen«) auch in Widerspruch stand, so waren ihre Ergebnisse

– die Unterstützung diktatorischer Regime und die Aufrechterhaltung des gesellschaftlich rückständigen Status quo – im Grunde genommen identisch. Denn nach zehnjähriger Einmischung der USA in Griechenland und in der Türkei war darüber hinaus wenig erreicht worden.

Griechenland mit seiner Bevölkerung von neun Millionen erhielt in den Jahren 1946–1958 von den USA eine Wirtschaftshilfe in Höhe von 1 593 000 000 Dollar, von der lediglich 37 Millionen in Form von Anleihen gewährt wurden. Dies war das Dreifache der im gleichen Zeitraum an Indien oder Lateinamerika gezahlten Wirtschaftshilfen. Die Griechenland gewährte Militärhilfe belief sich – ebenfalls im gleichen Zeitraum – auf weitere 1 238 000 000 Dollar. Die Verwendung dieser Gelder war jedoch durch die gesellschaftliche Einstellung jener Elemente beschränkt, in deren Hände Briten und Amerikaner die politische Kontrolle des Landes gelegt hatten. So berichtete der *New Leader* im Jahre 1958:

»Wirtschaftliche Stabilität und günstige Umstände hatten nicht ... für alle Griechen die gleiche Bedeutung. Bisher begünstigten die Umstände lediglich die Interessen der privilegierten Klassen, deren einzige Sorge in weiterer Selbstbereicherung bestand. Die Interessen der Arbeiter, Handwerker und Angestellten wurden beständig einer ›Stabilisierung der Lage‹ geopfert. Das jeweils die Macht innehabende reaktionäre Regime erfüllte den Bevorrechtigten alle Wünsche, während es von den Kreisen der Unterdrückten nichts als Opfer forderte[16].«

Was die Freiheit in Griechenland betraf, meldete *Amnesty* 1963:

»Etwa 60 000 politischen Verbannten wurde die Staatsbürgerschaft aberkannt. Öffentliche Versammlungen finden nur in begrenztem Maß statt, und Zeitungen kann wegen ›Verleumdung‹ der Prozeß gemacht werden, ein Begriff, dessen Auslegungsspielraum nicht gerade eng gefaßt ist. Der Rundfunk steht unter völliger Kontrolle der Regierung, und Kriegsdienstverweigerer aus Gewissensgründen sind äußerst harten Maßnahmen ausgesetzt ...

... Alle diejenigen, die sich an Protesten gegen die Regierung beteiligt haben, müssen eine von der Polizei ausgestellte ›Bescheinigung über gesellschaftliches Wohlverhalten‹ vorlegen, wenn sie Arbeit erhalten wollen. Dies gilt nicht nur für Arbeit im öffentlichen Dienst, sondern auch in Privatfirmen. Sogar Kinder von [politischen] Gefangenen, die die Universität besuchen wollen, müssen solche Bescheinigungen beibringen[17].«

Der Türkei mit ihren 27 Millionen Einwohnern brachten die zwischen 1946 und 1960 von den USA gewährte Wirtschaftshilfe in Höhe von 1 158 000 000 Dollar und eine Militärhilfe in Höhe von zwei Milliarden Dollar ähnliche Resultate. Im

Frühjahr 1960 führten Studentendemonstrationen den Sturz der von den USA unterstützten Menderes-Diktatur herbei. Die Zeitung *Economist* wies am 4. Juni 1960 darauf hin, daß die türkische Regierung ein Riesenheer von fünfhunderttausend Mann unter Waffen gehalten habe, ohne auch nur den geringsten Beitrag zur »dringend benötigten Kapitalanlage in Straßen, Schulen, Staudämmen, Be- und Entwässerungsprojekten zu leisten«. Im Hinblick auf die der Türkei drohende Gefahr bemerkte der *Economist*:

»Die wirkliche Bedrohung liegt in der Tatsache, daß die türkischsprechenden sowjetischen Bürger auf der anderen Seite der Grenze einen Lebensstandard besitzen, der fast doppelt so hoch ist wie der der meisten anatolischen Bauern. Während wiederum die große Mehrheit der Türken in der Türkei Analphabeten sind und eine höhere Bildung (trotz amerikanischer Bemühungen) äußerst spärlich anzutreffen ist, gibt es unter den sowjetischen Türken nur wenige oder gar keine Analphabeten, und ihre höhere Bildung macht erstaunlich schnelle Fortschritte. Darüber hinaus stehen in Turkmenistan Kapitalbeteiligungen an landwirtschaftlichen Projekten inmitten einer immer rascher verlaufenden industriellen Entwicklung an oberster Stelle[18].«

Wie Walter Lippmann im Jahre 1958 scharfsinnig bemerkte:

»... Wir geben uns Illusionen hin, wenn wir nicht erkennen, daß die Hauptmacht der kommunistischen Staaten nicht in ihrer heimlichen Tätigkeit, sondern in der Wirkung ihres Vorbildes liegt, in der sichtbaren Demonstration dessen, was die Sowjetunion in vierzig Jahren oder was Rotchina in rund zehn Jahren erreicht hat[19].« (»Die Geschichte zeigt, daß unser Hilfsprogramm für die Türkei und Griechenland das entscheidende Element war, das die Türkei befähigte, sich gegen starken sowjetischen Druck zu behaupten, das Griechenland in die Lage versetzte, die kommunistische Aggression niederzuschlagen und das beiden Ländern ermöglichte, stabile Gesellschaftsordnungen zu schaffen und in der sozialen und wirtschaftlichen Entwicklung große Fortschritte zu erzielen.« [Präsident Kennedys Botschaft an den Kongreß über das Auslandshilfeprogramm, *New York Times* vom 3. April 1963.)

1961 unmittelbar nach der Invasion Kubas, entwickelte Walter Lippmann die andere Hälfte seiner These:

»Ich wage zu behaupten ... daß der Grund, warum wir uns an so vielen Orten in der Defensive befinden, darin liegt, daß wir seit nunmehr zehn Jahren genau das tun, was Mr. Ch[ruschtschow] von uns erwartet. Wir haben Geld und Waffen in einen langen aussichtslosen Versuch investiert, die Regierungen von Ländern zu unterstützen, die im Namen des Antikommunismus allen wesentlichen gesellschaftlichen Veränderungen ablehnend gegenüberstehen. Genau dies verlangt aber Mr. Ch.'s Dogma – daß nämlich der Kommunismus zum gegenwärtigen Status quo mit seinen seit unvordenklichen Zeiten überkommenen Begriffen von Armut und Reichtum die einzige Alternative sein soll[20].«

Die Richtigkeit der Lippmannschen Charakterisierung des gegenseitigen Sicherheitsprogramms zeigt sich in der Tatsache, daß ein Viertel aller von den USA im Zeitraum von 1946 bis 1961 gewährten Beihilfen an fünf Länder ging – die Türkei, Griechenland, Südkorea, Südvietnam und Formosa –, alles Länder mit reaktionären fortschrittsfeindlichen Regierungen, die gesellschaftliche Veränderungen um jeden Preis bekämpfen und – mit Ausnahme Formosas – in wirtschaftlicher Beziehung sämtlich hoffnungslos rückständig sind. (Obwohl Formosa wirtschaftlich nicht auf eigenen Füßen stehen kann, hat es nach Japan den höchsten Pro-Kopf-Verbrauch an Lebensmitteln, den es freilich schon immer gehabt hat.) Mit einer Gesamtbevölkerung von nur 75 Millionen Menschen erhielten die fünf Länder Wirtschaftshilfe im Gegenwert von 8,7 Milliarden Dollar, d. h. mehr als das vom Krieg verwüstete Europa, ohne daß sich diese Wirtschaftshilfe in nennenswert positiver Weise auf die Wirtschaft dieser Länder – wiederum mit Ausnahme Formosas – auswirkte. (Allerdings ging nicht die gesamte Europahilfe an vom Krieg zerstörte Gebiete. Spanien z. B. erhielt für mehr als eine Milliarde Dollar Wirtschaftshilfe und fünfhundert Millionen Dollar Zuschüsse für militärische Zwekke.) Im April 1963 sagte Präsident Kennedy: »Kein Sieg in Friedenszeiten hat in der Geschichte eine so weitreichende Wirkung gehabt und der Sache der Freiheit einen so guten Dienst erwiesen wie die Siege, die Amerika in den letzten siebzehn Jahren mit seinen gegenseitigen Verteidigungs- und Hilfsprogrammen errungen hat.« Doch im gleichen Jahr berichtete *Amnesty*: »In Spanien kann man von persönlicher Freiheit nicht sprechen, sondern nur von Verfolgung ... Spanien [ist] ein Polizeistaat in jeder Hinsicht« [Bericht von Ernest Davies, dem früheren Unterstaatssekretär für Auswärtige Angelegenheiten in Großbritannien].) An Militärhilfe erhielten die fünf erwähnten Länder Waffenlieferungen im Werte von 7,9 Milliarden Dollar (Koreas Anteil mit 1,7 Milliarden Dollar umfaßt nicht die Zeit des Korea-Krieges), wiederum mehr als Westeuropa (7,5 Milliarden Dollar, von denen Frankreich vier Milliarden erhielt, davon 2,5 Milliarden allein für seinen Indochina-Krieg) und 36 Prozent der für außereuropäische Länder aufgewendeten Gesamtsumme. Mit diesem Geld wurden fast zwei Millionen Mann kampfbereit gemacht, d. h. mehr als die doppelte Zahl von Soldaten, die die USA im Verhältnis zu ihrer Bevölkerung unter Waffen halten. Wenn China sich

im gleichen Verhältnis zu *seiner* Bevölkerung bewaffnen sollte, würde das ein stehendes Heer von zwanzig Millionen Mann bedeuten.
Die unverhältnismäßige Größe dieser Armeen kommt besonders deutlich im 600 000-Mann-Heer Tschiang Kai-scheks zum Ausdruck (Formosa hat eine Bevölkerung von zehn Millionen Menschen). Diese Armee ist eine Besatzungsarmee im buchstäblichen Sinne, da sie Ende der vierziger Jahre unter Zehntausenden von Opfern an Menschenleben auf Formosa die Macht ergriff, die bestehende Regierung beseitigte und noch heute Einheimische von öffentlichen Ämtern ausschließt.
Am 20. Juni 1958 erhob Senator Fulbright seine Stimme gegen das Militärhilfeprogramm der USA, als er mit eindringlichen Worten darauf hinwies, daß »in den nächsten fünfzig Jahren« das meiste Blutvergießen in der Welt »sich auf militärische Ausrüstungsgegenstände amerikanischen Ursprungs zurückführen lassen« werde. Doch dem Versuch Fulbrights, eine Verlagerung des Schwergewichts von der Militär- auf die Wirtschaftshilfe zu erreichen, blieb der Erfolg versagt[21].
Als am 25. Januar 1959 Abgeordnete des amerikanischen Kongresses gegen die Hinrichtung von fünfhundert angeklagten Folterknechten und Totschlägern der zwanzigtausend Kubaner Protest erhoben, die unter dem Regime Batistas ermordet worden waren, erinnerte Chester Bowles die Amerikaner daran, daß während der Batista-Diktatur »unsere in amerikanischen Fabriken hergestellten, vom amerikanischen Steuerzahler finanzierten und von der amerikanischen Regierung nach Kuba verschifften Panzer, Flugzeuge und Handfeuerwaffen den Rebellen und ihren Familien Tod und Vernichtung brachten«. (»Castro und Agramonte [kubanischer Außenminister, später im Exil] sollten vor ihrem Schöpfer auf die Knie fallen und um Vergebung bitten«, hatte Senator Wayne Morse bereits am 14. Januar pathetisch erklärt. »Wie kommt es« [fragten die Kubaner], – schreiben Tad Szulc und Karl E. Meyer in ihrem 1962 erschienenen Buch *The Cuban Invasion* auf S. 32–33 –, »daß amerikanische Kongreßabgeordnete und Leitartikler nicht gegen das Ausstechen von Augen, das Abschneiden von Hoden und Brüsten in den Gefängnissen des Batista-Regimes protestierten? Wie kommt es, daß nicht ein Wort darüber verloren wurde, als die Einwohner von Santiago jeden Morgen in Torwegen und auf öffentlichen Plätzen ihre ermordeten und grausam verstümmelten Söhne, Gatten und Brüder fanden? Warum wurde der Tod Tausender von Menschen unter dem Batista-Regime stillschweigend gutgeheißen, während amerikanische Touristen unbekümmert in die Spielkasinos und Nachtklubs von Havanna strömten?«)
Die amerikanische Republik hatte es in der Tat weit gebracht

seit den Tagen, als Metternich sich darüber beklagte, daß »[die Amerikaner] durch Begünstigung von Revolutionen, wo immer sie sich zeigen, durch Bedauern jener, die gescheitert sind und indem sie eine hilfreiche Hand all denjenigen hinstrecken, die Erfolg zu haben scheinen, den Aposteln des Aufruhrs neue Kraft geben und die Kühnheit jedes Verschwörers wiederbeleben«. [1824]

12. *Konterrevolution in Kuba*

> Ihr tötetet in Playa Giron [in der Schweinebucht] Frauen und Kinder. Ihr bombardiertet die ersten brauchbaren Häuser, die ersten Schulen, die ersten Krankenhäuser von Kubanern, die nie zuvor während der langen Schutzherrschaft der USA über Kuba ein Dach über dem Kopf besaßen, das Alphabet kannten, sich ihrer Gesundheit erfreuten. Und ihr tatet es im Namen der Freiheit, der Demokratie und der freien Wirtschaft. Was sollen wir von diesen hübsch klingenden Vokabeln halten, wenn in ihrem Namen eine ganze Bevölkerung ermordet wird und die ersten Beweise einer wirksamen Wohlfahrtspflege vernichtet werden? Wir denken dasselbe wie Simon Bolívar vor 150 Jahren: »Die USA sind offenbar von der Vorsehung dazu bestimmt, uns im Namen der Freiheit mit allen möglichen Übeln zu plagen.«
>
> Carlos Fuentes, Mexikanischer Schriftsteller

> ... Von dem Augenblick an, als es den amerikanischen Politikern klar war, daß Fidel Castro entschlossen war, eine echte soziale Revolution durchzuführen, wurde es das oberste Ziel der amerikanischen Kuba-Politik, seine Regierung zu stürzen.
>
> Huberman und Sweezy

Die feindliche Einstellung der USA zur kubanischen Revolution vor dem Sieg Fidel Castros beschränkte sich nicht auf die Batista gewährte Militärhilfe. Ein amerikanisches Waffenembargo trat zwar im März 1958 im Karibischen Meer in Kraft, doch wurde die amerikanische Militärmission nicht zurückgezogen, und Großbritannien lieferte weiter an Batista Waffen (Lieuwen, S. 268–69). In der ersten Dezemberwoche des Jahres 1958 unterbreitete William D. Pawley, ein früherer US-Diplomat, der Batista persönlich kannte, einer Gruppe von Beamten des State Department und des CIA einen Plan, der Castros Machtübernahme verhindern sollte. Seine Idee bestand darin, Batista zu überreden, »sich einer ihm nicht wohlwollend gesinnten, aber für uns befriedigenden Interimsregierung zu unterwerfen, die wir sofort anerkennen und militärisch unterstützen könnten, damit Fidel Castro nicht an die Macht gelangt«. Der Vorschlag gelangte unbeanstandet zu Dulles, der ihn offenbar telephonisch billigte. Pawley flog nach Havanna zu Batista und verbrachte am Abend des 9. Dezember drei Stunden mit ihm, doch Batista lehnte das Angebot ab.

Der Sieg der Revolution änderte die Einstellung der USA nicht. Batista floh am 1. Januar 1959 aus dem Land, und Castro verkündete die Bildung einer Regierung mit Manuel Urrutia Lleo als Präsident. Am nächsten Tag gestatteten amerikanische Beamte der Presse, ihrer »Besorgnis« über die Zukunft Kubas unter Castro Ausdruck zu geben. Verschiedene amerikanische Geschäftsunternehmen bezogen ebenfalls eine feindselige Haltung, und der diskreditierte, für Batista eingenommene US-Botschafter Earl T. Smith wurde bis zum 10. Januar auf seinem Posten belassen. Die USA erkannten die neue Regierung Kubas erst am 7. Januar an, »und es dürfte wohl für Washington zumindest eine Frage diplomatischer Schicklichkeit gewesen sein, einen Sonderbeauftragten mit einem offiziellen Schreiben zu entsenden[1]«.

Als Botschafter Smith zurücktrat, nahm Castro dies zum Anlaß einer öffentlichen Erklärung: »Ich habe den Eindruck, daß die USA ihre Haltung gegenüber Kuba ändern und die Dinge beseitigen werden, die [in der Vergangenheit] Spannungen verursacht haben, aber das bleibt den USA überlassen.« Die USA antworteten darauf nicht direkt, aber der neue Botschafter Philip Bonsal wurde erst am 21. Januar ernannt. Erst am 19. Februar 1959 traf er in Havanna ein, d. h. sechs Wochen nach dem Rücktritt von Botschafter Smith. Daß es sich hierbei um einen Akt handelte, der eigens darauf abgestellt war, das Mißfallen der USA über die Regierung Castros zu zeigen, wurde bereits am 15. Januar der Öffentlichkeit mitgeteilt, als die Presse berichtete, daß die Regierung Castro unter Druck zu setzen beabsichtigt habe (wegen der Hinrichtung von Offizieren des Batista-Regimes) und daß man sich schließlich – als geeignete Maßnahme – für die verspätete Entsendung eines neuen Botschafters entschlossen habe[2]. Darüber hinaus machte es die Ernennung des Botschafters selber klar, daß die USA an einer Beseitigung der »Dinge, die Spannungen verursacht haben«, nicht sonderlich interessiert war:

»Die Verbrechen der Regierung Batistas waren nicht nur gegen die Person und das Eigentum kubanischer Bürger gerichtet... Die Jauchegrube der Korruption unter Batista erweist sich als abgrundtief... Kaum ein Geschäft, ein Vertrag, eine Konzession wurde hier vermittelt, ohne daß nicht unglaublich große Provisionen Batista und seiner Umgebung zuflossen. Der [in amerikanischem Besitz befindlichen] Telefongesellschaft wurden die Gebühren erhöht; nach aufgefundenen Dokumenten

mußte die Gesellschaft an die Regierung eine Schuldentilgungssumme von drei Millionen Dollar zahlen ... Kein Wunder, daß die Bevölkerung am 1. November die öffentlichen Münzfernsprecher kurz und klein schlug.
Und jetzt ein amerikanischer Botschafter, der ... lange Jahre seines Lebens ... leitender Angestellter derselben kubanischen Telefongesellschaft war ... Und das in einer revolutionären Situation, wie sie hier vorliegt!« (Carleton Beals in *The Nation* vom 31. Januar 1959. Ein weiterer Schritt der USA im Karibischen Meer, den die Kubaner als Zeichen wiederauflebender amerikanischer Interventionsabsichten interpretierten, war die Entsendung einer Militärmission zum skrupellosen Duvalier-Regime auf Haiti. [Vgl. Lieuwen, S. 290–91].)

Die feindselige Haltung der USA gegenüber der kubanischen Revolution in ihren Anfängen war somit deutlich sichtbar, und zwar trotz der einhelligen Meinung maßgebender Stellen, daß »für eine erhebliche Zeitspanne der Geist der kubanischen Revolution insgesamt gesehen demokratisch, antidiktatorisch und antikommunistisch war« und daß man sie in der Stunde des Erfolgs ermutigen und ihr »jede Unterstützung zuteil werden lassen« sollte[3]. Die Suche nach der Quelle offizieller Bemühungen, die Revolution in ihrem frühen Stadium zu steuern, und die Bereitschaft des State Department, sie völlig los zu sein, beanspruchen nicht nur rein akademisches Interesse, zumal Karl E. Meyer und Tad Szulc in ihrer maßgeblichen Studie über die folgende Invasion Kubas darauf hingewiesen haben, daß »der Invasionsplan in gewissem Sinne eine logische Fortsetzung der vorherrschenden Einstellung gegenüber einer revolutionären Situation war[4]«.

Zwei Quellen für die anfängliche Antipathie der USA gegen die Revolution ergeben sich sogleich von selbst, nämlich die Furcht vor dem Kommunismus und die Furcht vor sozialen Reformen, die ein »ungünstiges Klima« für amerikanische Investitionen – genau wie in Guatemala – schaffen würden.

Die Furcht vor dem Kommunismus kann schnell fallengelassen werden, denn, wie Edwin Lieuwen bemerkt hat, »während der ersten sechs Wochen des Castro-Regimes ließen sich in der revolutionären Koalition nur geringe Anzeichen kommunistischer Tätigkeit feststellen. (Lieuwen, S. 276: »Bekannte Kommunisten bekleideten weder in der ersten noch in der zweiten ›Garnitur‹ der Regierung irgendwelche wichtigen Ämter.«) Bei den im März 1959 abgehaltenen Gewerkschaftswahlen unterstützten die Arbeiter mit überwältigender Mehrheit David Salvador und andere Miglieder der Bewegung des 26. Juli gegen die kommunistischen Kandidaten, *die in allen zur Wahl ausgeschriebenen 3800 Posten schwere Verluste erlitten*[5]. [Hervorhebung vom Autor.] Erst am 21. Mai sagte Castro öffentlich:

»Das große Problem, dem sich die Welt gegenübersieht, ist, daß sie wählen muß zwischen dem Kapitalismus, unter dem die Menschen Not leiden, und dem Kommunismus, der zwar wirtschaftliche Probleme löst, aber die vom Menschen so hoch geschätzten Freiheiten unterdrückt. Sowohl die Kubaner als auch alle anderen Lateinamerikaner unterstützen eine Revolution, die ihre materiellen Bedürfnisse zu erfüllen vermag, ohne jedoch diese Freiheiten zu opfern ...[6]«

Der zweiten möglichen Quelle für die feindselige Haltung der USA-Furcht vor den Auswirkungen der Revolution auf amerikanische Wirtschaftsinteressen – lagen gewichtigere Tatsachen zugrunde. Zunächst einmal kontrollierten amerikanische Bürger achtzig Prozent der kubanischen Versorgungsbetriebe, neunzig Prozent der Bergwerke, neunzig Prozent der Viehfarmen, fast hundert Prozent der Ölraffinerien, fünfzig Prozent der Staatsbahnen, vierzig Prozent der Zuckerindustrie und fünfundzwanzig Prozent aller Bankeinlagen. Kuba stand mit seinem Pro-Kopf-Einkommen an vierter und mit amerikanischen Investitionen an dritter Stelle unter den lateinamerikanischen Ländern. Amerikanische Firmen erhielten vierzig Prozent der Zuckergewinne, wobei die Zuckerernte achtzig Prozent der Gesamtausfuhren ausmachte; die Gesamteinnahmen dieser Firmen aus direkten Investitionen beliefen sich auf 77 Millionen Dollar (1957), doch beschäftigten diese Unternehmen nur 1,08 Prozent der kubanischen Bevölkerung[8]. Die Zahlungsbilanzen von 1950 bis 1960 schnitten für die USA im Hinblick auf Kuba mit einer Milliarde Dollar günstig ab.

Was Castros revolutionäres Programm betraf, so war es nicht in allen Einzelheiten genau festgelegt (revolutionäre Programme sind es nie aus dem offensichtlichen Grunde, weil die Unterstützung der Revolution auf ein Höchstmaß gebracht werden muß), sondern beinhaltete eine feste Bindung an die kubanische Verfassung von 1940. Wäre er bei seinem ersten Versuch, eine Revolution durchzuführen, erfolgreich gewesen, äußerte Castro 1953 vor Gericht, »dann hätte das erste revolutionäre Gesetz dem Volk die Souveränität wiedergegeben und die Verfassung von 1940 als das wahre oberste Gesetz des Staates proklamiert, bis das Volk sich für eine Modifizierung oder Änderung ausgesprochen hätte«.

Anders als bei ihrem amerikanischen Gegenstück stehen in der kubanischen Verfassung die politischen Rechte nicht an erster Stelle. Der Schwerpunkt der kubanischen Verfassung liegt vielmehr auf der sozialen Entwicklung des Landes vor den und – erforderlichenfalls – auf Kosten der politischen Freiheiten. Die Verfassung »definiert den Staat als den Träger der wirtschaftlichen Entwicklung, des Allgemeinwohls und der Justiz und legt ihm die Verantwortung für diese Funktionen sowie für die Wiedererlangung und den Schutz der staatlichen Souveränität Kubas auf«. (Williams, *The U. S., Cuba and Castro*, S. 64. Diese Tatsache hat Theodore Draper in seinem 1962 erschienenen Buch *Castro's Revolution: Myths and Realities* ebensowenig berücksichtigt wie die Tatsache, daß die Wahlen durch die gesamte revolutionäre Koalition (nicht durch Castro) um zwei Jahre verschoben wurden. Gemäß der Verfassung können alle politischen Rechte »im gesamten oder in einem Teil des Staatsgebietes für einen Zeitraum von nicht mehr als fünfundvierzig Kalendertagen aufgehoben werden, sobald es die Sicherheit des Staates erfordert«. Diese fünfundvierzig Tage lassen sich natürlich auf unbestimmte Zeit dadurch verlängern, daß man die Beschränkung alle sechs Wochen für vierundzwanzig Stunden unterbricht. Ein bestimmtes Verfahren für die Wahlen ist durch die Verfassung nicht festgelegt.)

Die Ausgabe der *Business Week* vom 12. Oktober 1940 begriff die sich aus dieser Verfassung ergebenden Folgerungen sowohl hinsichtlich der kubanischen Gesellschaftsordnung als auch der amerikanisch-kubanischen Beziehungen, und zwar zwanzig Jahre vor dem eigentlichen Ereignis:

»Ob sie nun jemals in Kraft tritt oder nicht, Kubas neue spektakuläre Verfassung ist ein mächtiges Werkzeug zur Durchführung sozialer und wirtschaftlicher Reformen ... Eine plötzliche und durchgreifende Anwendung der neuen Bestimmungen ist nicht zu erwarten. Kuba ist in wirtschaftlicher und politischer Hinsicht zu eng an die USA gebunden[8].«

»Es wäre schwierig gewesen, die Wahrheit noch treffender zu formulieren«, bemerkt William Appleman Williams. *»Die kubanische Verfassung von 1940 konnte nicht in Kraft treten, ohne den Grundcharakter der traditionellen amerikanisch-kubanischen Beziehungen zu stören.«* [Hervorhebung im Original.] In der Tat war die Einschränkung des amerikanischen Einflusses (obwohl sie nicht besonders erwähnt wurde) als deutliche Direktive in der Verfassung enthalten. (Vgl. Artikel 90: »Durch Gesetzeskraft wird der Erwerb und Besitz von Land durch ausländische Personen und Unternehmen Einschränkungen unterworfen; es sind Maßnahmen vorzusehen, die auf die Rücküberführung der Grundstücke an kubanische Besitzer abzielen.« Man vergleiche auch Artikel 3, 88, 272 usw. Williams, ebenda, S. 64)

Als Castro mit der Absicht, die Verfassung in die Tat umzusetzen, an die Macht kam, lag Kuba in verzweifeltem Kampf gegen eine soziale Katastrophe: eine unmittelbare Folge jahrzehntelanger korrupter und tyrannischer Regierungen unter amerikanischer Schutzherrschaft. Sechshunderttausend Kubaner waren arbeitslos, d. h. ebenso viele im gleichen Verhältnis, wie in den USA während der Weltwirtschaftskrise ohne Arbeit waren. Die Hälfte der Bevölkerung hatte keinen elektrischen Strom, und dreieinhalb Millionen Kubaner wohnten in Hütten, Baracken und Elendsvierteln ohne sanitäre Einrichtungen. In den Großstädten verschlang die Wohnungsmiete fast ein Drittel des Familieneinkommens. Nahezu vierzig Prozent der Bevölkerung waren Analphabeten; hunderttausend Menschen litten an Tuberkulose, und 95 Prozent der Kinder in ländlichen Gegenden waren von Ungeziefer befallen. Nur anderthalb Prozent der Grundbesitzer kontrollierten 46 Prozent der Gesamtfläche des Landes, während 85 Prozent der Kleinbauern fast ein Drittel ihres Einkommens für den Pachtzins aufwenden mußten.[9]

Die in Kuba vordringlich zu behandelnden Probleme wurden von Castro selber in seiner Rede von 1953 so formuliert:

»Das Problem des Grundbesitzes, das Industrialisierungsproblem, das Wohnungsproblem, das Arbeitslosenproblem, das Problem des Schulwesens sowie das Problem der Volksgesundheit; dies sind die sechs Probleme, zu deren Lösung wir – neben der Wiederherstellung der öffentlichen Freiheiten und der politischen Demokratie – sofortige Maßnahmen einleiten würden.«

Die ersten Maßnahmen der Revolutionsregierung bestanden darin, daß sie 25 000 Dollar in die Errichtung von Wohnungen, Schulen, Erholungs- und Freizeitheimen und anderen öffentlichen Bauten investierte. Die Gehälter wurden heraufgesetzt und die Strompreise gesenkt, die Mieten wurden um fünfzig Prozent ermäßigt und eine Steuerreform durchgeführt. Im Februar nannte Castro »als Hauptziel unseres Wirtschaftsprogramms die schnellstmögliche Durchführung der Industrialisierung[10]«. Bemerkenswert erscheint, daß er damals von einer Zwangsindustrialisierung Abstand nahm und sich lediglich auf Reformen beschränkte, die zu einer unmittelbaren Verbesserung der kubanischen Lebensbedingungen beitrugen. Nichtsdestoweniger führten diese Reformen »unter Konservativen und Gemäßigten zu nicht geringer Bestürzung ... Das Geld ist knapp geworden und Investitionen werden nicht vorgenommen[11]«. Diese Reaktion des Unternehmertums diente nur noch zur Verschärfung der bereits gespannten Wirtschaftslage. Da Kubas Dollarreserven auf siebzig Millionen zusammengeschrumpft waren, bestand eine große Nachfrage nach Kapital, um der Regierung die Förderung des Industrialisierungsprogramms zu ermöglichen. Zum Teil war dies der Grund, warum Castro im April 1959 in die USA reiste.

Daß Castro die Anleihe, um die er bat, nicht erhielt, erwies sich als ein entscheidender Wendepunkt in der Revolution. Nach zwei Gesprächsrunden zwischen Kuba und dem Internationalen Währungsfonds wurde die Anleihe mit einer Begründung abge-

lehnt, die nicht nur für die Revolution in Kuba, sondern für das Entwicklungsprogramm der unterentwickelten Gebiete ganz allgemein von Bedeutung war. Die Anleihe wurde abgelehnt, weil »die Castro-Regierung sich noch nicht bereit gezeigt hat, ein Stabilisierungsprogramm zu akzeptieren[12]«. Ein solches Programm war vom Währungsfonds verlangt und im Dezember 1958 und Januar 1959 von der Frondizi-Regierung Argentiniens bejaht worden; »ein dramatischer Rückfall in Schwindsucht, Arbeitslosigkeit, Lohnkürzungen, Streiks, polizeiliche Maßnahmen ... war die unausbleibliche Folge[13]«.
Es stand also fest:
»Castro konnte die erbetene Hilfe bekommen, doch nur wenn er in Bedingungen (Kreditbeschränkung und ein ausgeglichener Etat)[14] einwilligte, die ihn an der Durchführung der sozialen Revolution hinderten, indem sie ihm die Anwendung des Mittels der Defizitfinanzierung zwecks Industrialisierung und Agrarreform versagten und Wirtschaftskontrollen einführten, die geeignet sein würden, die Unruhe des Volkes gegen seine Regierung zu schüren. Die Stabilisierungsbedingungen zielten mit anderen Worten auf die Beibehaltung des kubanischen Status quo ab und ermöglichten lediglich die Durchführung einiger Randreformen.«
Falls Castro jedoch mit der Revolution vorankommen wollte, mußte er sich »für eine gelenkte Wirtschaft entscheiden« (wie es ein amerikanischer Wirtschaftswissenschaftler ausdrückte) und dem kubanischen Volk große Belastungen aufbürden[15].
Nachdem seine wiederholten Bitten um Gewährung einer Anleihe abschlägig beschieden worden waren, ging Castro vor den Wirtschaftsrat der Organisation Amerikanischer Staaten, der gerade in Buenos Aires zusammentrat, und hielt am 2. Mai eine Rede über die Probleme, denen sich die Lateinamerikaner bei ihren Bemühungen um die Neugestaltung ihrer Länder gegenübersahen. Seine Rede war »maßvoll und liberal gegen die USA«. Er untersuchte jede der verschiedenen Entwicklungsmöglichkeiten und fand sie unzulänglich (z. B. verstärkter Handel, aber die USA halten hohe Zollschranken aufrecht; verfügbare Anleihen, aber sie erfordern Stabilisierungsprogramme, usw.) Als Alternative ersuchte Castro die USA, den lateinamerikanischen Ländern dreißig Milliarden Dollar – zurückzahlbar in zehn Jahren – zu leihen. Er räumte ein, daß dies neue Opfer von den finanziell bereits stark belasteten amerikanischen Steuerzahlern fordern würde, aber er machte zwei Gründe für seine Bitte geltend, nämlich den Völkern Lateinamerikas zu helfen und um zu vermeiden, daß Lateinamerika gezwungenermaßen vor die Wahl gestellt wird, sich zwischen keiner (bzw. einer verzögerten) Entwicklung und einer Entwicklung unter der Willkürherrschaft von rechts und links zu

entscheiden. Castros Bitte wurde in den USA als lächerlich zurückgewiesen[16]. Zwei Jahre später verkündete Präsident Kennedy die Allianz für den Fortschritt, ein Hilfsprogramm für Lateinamerika mit einer Summe von zehn Milliarden Dollar über einen Zeitraum von zehn Jahren, das aber an eine Stabilisierung der Finanzpolitik (und damit eine Beibehaltung des Status quo) gebunden war.

Nach seiner Rückkehr aus Buenos Aires mußte Castro feststellen, daß die Konservativen und die Kommunisten seine Regierung und sein Programm unter Beschuß genommen hatten. Als erstes wies er die kommunistische Herausforderung zurück. Verärgert und in barschem Tonfall distanzierte er sich am 8. und 16. Mai von der kommunistischen Partei, von ihren Ideen und Programmen. Im Juni ging er einen Schritt weiter und blockierte den Einfluß der Kommunisten in der Gewerkschaftsbewegung[17].

Am 17. Mai, dem Tag nach seinem zweiten Angriff gegen die Kommunisten, verkündete Castro ein Agrarreformgesetz, an dessen Formulierung er entscheidend mitgewirkt hatte und das radikaler war als erwartet. Hart betroffen waren nicht nur die großen amerikanischen Unternehmen, von denen drei zusammen mehr als eine Million Morgen Land verloren, sondern auch zahlreiche kubanische Grundbesitzer. Durch die Bodenreform wurde die revolutionäre Koalition gespalten. Mit den Worten Edwin Lieuwens bewirkte die Bodenreform

»einen Bruch zwischen den Gemäßigten und den Linken und verwandelte die Revolution, zumindest teilweise, in einen Klassenkampf zwischen dem Proletariat und den besitzenden Bevölkerungsschichten. Im Juni-Juli 1959 wurden die Gemäßigten, darunter Präsident Manuel Urrutia und fünf Kabinettsmitglieder, gewaltsam aus der Regierung entfernt und durch radikale Linke ersetzt. Wie erwartet, folgte in der zweiten Hälfte des Jahres 1959 auf seiten der Gemäßigten eine Reihe von Treubrüchen, Verschwörungen, Terroranschlägen und konterrevolutionären Maßnahmen[18]«.

In dieser Lage machte die Revolution einen Ruck nach links; es wurde eine Volksmiliz aufgebaut und eine Geheimdienstorganisation ins Leben gerufen. Bis zum Juli hatte Castro jedoch keinen Schritt getan, um die von den Kommunisten angebotene großzügige Unterstützung anzunehmen, obwohl er einzelne Parteimitglieder auf Regierungsposten berufen hatte.

Es liegen Beweise vor, daß Castro zu diesem Zeitpunkt sich noch einmal um eine Anleihe bemühte. Am 9. August sollen amerikanische Beamte die Ansicht geäußert haben, daß Castro wegen der kubanischen Wirtschaftskrise in der Klemme sitze. Eine Anleihe würde diese Krise natürlich beheben, aber »die USA würden eine solche Anleihe nur gewähren, wenn das Ca-

stro-Regime einem Stabilisierungs-Programm zustimmt, wie es der Internationale Währungsfonds mit anderen Völkern in einer ähnlichen kritischen Situation vereinbart hat[19]«.
Am 14. Oktober überreichten die USA Kuba eine zweite Note, in der sie gegen die Enteignung und andere Maßnahmen im Rahmen der Agrarreformgesetzgebung protestierten. Unmittelbar nach Überreichung dieser Note entstand in der revolutionären Koalition eine weitere Krise, und Felipe Pazos wurde durch Che Guevara als Präsident der Nationalbank abgelöst, während Manuel Ray als Minister für öffentliche Arbeiten zurücktrat. Diese Krise spitzte sich durch die Verhaftung und Verurteilung von Major Huber Matos wegen Hochverrats zu. Dies war auch die Zeit der Salvador-Affäre, über die sehr entstellende Berichte veröffentlicht wurden. Eine korrekte Darstellung der Vorfälle findet man in dem Werk von Scheer und Zeitlin auf den Seiten 301 und 302. Am 17. Dezember verkündete Castro, daß die Kubaner im Jahre 1960 »die Revolution mit der Waffe in der Hand verteidigen« müßten.
Im Februar 1960 wurde ein Handelsabkommen unterzeichnet, und am 7. Mai wurden die diplomatischen Beziehungen zur Sowjetunion wieder aufgenommen. Im Juni weigerten sich die in amerikanischem Besitz befindlichen kubanischen Ölgesellschaften, sowjetisches Rohöl zu raffinieren, und der amerikanische Kongreß ermächtigte Präsident Eisenhower, das Zuckereinfuhrkontingent aus Kuba zu streichen. Am 7. Juli trat die Zuckereinfuhrsperre in Kraft. Am 9. Juli erklärte Chruschtschow, daß die UdSSR Raketen einsetzen würde, um die militärische Intervention der USA in Kuba zu unterbinden. Am 10. Juli gab die Sowjetunion ihre Zustimmung zum Ankauf von insgesamt 700 000 Tonnen Zucker, die von Kubas Kontingent gestrichen worden waren. Angesichts dieser Entwicklung der Dinge ist es kaum überraschend, daß die meisten Lateinamerikaner die USA dafür verantwortlich machen, daß sie Castro förmlich ins kommunistische Lager zwangen. Man vergleiche z. B. das in der *New York Times* vom 12. Dezember 1962 abgedruckte Interview von James Reston mit dem gegen Castro eingestellten mexikanischen Staatspräsidenten López Mateos, in dem Reston berichtet, daß der mexikanische Staatschef »die USA dafür verantwortlich machte, Fidel Castro in das kommunistische Lager gedrängt zu haben... Castro, sagte er, sei, nachdem er die Nachfolge Batistas als Oberhaupt der kubanischen Regierung angetreten habe, in große wirtschaftliche Schwierigkeiten geraten. Er sei nach Auffassung des mexikanischen Staatspräsidenten wie ein Ertrinkender in einem Schwimmbecken gewesen, der die amerikanische Seite um Hilfe gebeten habe; doch jedes Mal, wenn er auf unsere Seite des Beckens geraten sei, hätten wir ›ihm auf die Finger getreten‹

und schließlich sei Castro, um sich zu retten, nach Ansicht von López Mateos auf die kommunistische Seite übergewechselt. Außerdem, fügte López hinzu, habe es in der Kubakrise einen Zeitpunkt gegeben, wo die kubanische Revolution ohne Kommunismus hätte gerettet werden können, doch als Mexiko, Brasilien und Kanada zu vermitteln und eine Kompromißlösung zu finden sich bemühten, lehnte die Eisenhower-Regierung eine Zusammenarbeit ab, wodurch das Bündnis zwischen Havanna und Moskau zustande kam«.

Der erste offene Protest der USA gegen eine von der neuen kubanischen Regierung durchgeführte revolutionäre Reform bestand in der am 11. Juni 1959 überreichten Note zur Agrargesetzgebung, und zwar lange bevor Castros Revolution die Sowjetunion mit einbezog und Monate bevor der Ministerpräsident ein Bündnis mit den Kommunisten eingegangen war. In der amerikanischen Note wurde darauf hingewiesen, daß Kubas Recht zur Enteignung von ausländischen Grundstückseigentümern »eng mit der entsprechenden Verpflichtung zu unverzüglicher, angemessener und wirksamer Entschädigung verknüpft« sei. Doch offensichtlich besitzt kein Land, das arm und im Entwicklungsstadium begriffen ist, die Mittel für eine »unverzügliche, angemessene und wirksame Entschädigung«.

Somit war die amerikanische Forderung, wie Williams betont, nur als ein Werkzeug für die implizierte Drohung relevant, daß die USA zu anderen Mitteln greifen würden, falls ihrer Aufforderung zur Entschädigung nicht Folge geleistet würde. Die USA machten in ihrer Note ganz klar, daß sie sich »um Lösungen durch andere internationale Gepflogenheiten bemühen« würden, falls Kuba den amerikanischen Bedingungen nicht nachkomme. (Ein paar Abende nach Empfang der Note hielt Castro im Fernsehen eine Rede und sagte, die Note enthalte »versteckte Anspielungen, die dazu dienen, unser Volk aufzurütteln«. »Es gibt nur zwei Gruppen, die ich in Kuba kenne: diejenigen, die die Revolution vorbehaltlos unterstützen und die, die sich den Reaktionären anschließen«. [*Time* vom 22. Juni 1959].) Castro wußte natürlich, daß sein Angebot, eine Entschädigung in mit vier Prozent verzinslichen Schuldverschreibungen bei einer Laufzeit von zwanzig Jahren zu zahlen, wobei der Entschädigungssumme der von den amerikanischen Firmen selber für die kubanischen Steuerbehörden geschätzte Betrag zugrunde gelegt werden sollte, für die USA nicht akzeptabel sein würde. Es war ein vernünftiges Entschädigungsangebot, doch waren die gleichen Zahlungsbedingungen im Zusammenhang mit der guatemaltekischen Bodenreform und der United Fruit Company von den USA als ungerecht zurückgewiesen worden.

Die mit Guatemala gemachten Erfahrungen dienten auf beiden Seiten als Lehre und Richtschnur, denn »während CIA Beamte der Eisenhower- und dann der Kennedy-Regierung vertraulich versicherten, daß die Situation in Kuba mit Sicherheit zu einem zweiten Guatemala führen würde, begann Castro bereits im März 1960 in der Öffentlichkeit darauf hinzuweisen, daß sein Land *kein* zweites Guatemala werden würde[20]«. Castros Nachrichtendienst muß tüchtige Arbeit geleistet haben, denn es war genau im März 1960 (zwei Monate bevor Kuba wieder diplomatische Beziehungen zur Sowjetunion aufnahm und vier Monate vor der Beschlagnahme weiterer Grundstücke in amerikanischem Besitz), daß Präsident Eisenhower den Invasionsplan billigte[21]. (Die letztere Maßnahme stellte eine Vergeltungsaktion für 1. die Weigerung der amerikanischen Ölgesellschaften dar, sowjetisches Rohöl zu raffinieren, und 2. für die amerikanischen Streichungen des Zuckereinfuhrkontingents. Im Mai unternahm die kubanische Regierung Schritte, um die sich verschlechternde Situation zu erörtern; die USA aber lehnten das Angebot ab [Williams, S. 143].) Und dennoch: »Wie war die Situation in Kuba im März 1960? Ein privates Meinungsforschungsinstitut in Princeton berichtete zwei Monate *später*, daß 86 Prozent des kubanischen Volkes fest hinter Castro stünden. Die Zeitung *Bohemia*, deren Herausgeber Kuba im Juli verließ, veröffentlichte im Juni die Ergebnisse einer Meinungsumfrage, nach welcher wenigstens achtzig Prozent der Bevölkerung Castro unterstützten ... Der Einfluß der Kommunisten in Kuba war noch immer belanglos. Diplomatische Beziehungen zwischen Kuba und der UdSSR bestanden noch nicht. Die Blätter *Diario de la Marina, Bohemia* und *Prensa Libre* konnten sämtlich erscheinen. Mit anderen Worten, die USA arbeiteten darauf hin, eine nichtkommunistische, national eingestellte Volksregierung zu stürzen, die eine feindlich gesinnte Opposition duldete[22].«

Als erster hatte Vizepräsident Richard Nixon im April 1959 nach einem Gespräch mit Castro eine Invasion vorgeschlagen (Draper, S. 62; »Aber ... im Frühjahr 1959 waren die meisten Kubaner, die in den USA im Exil lebten, reumütige oder reuelose *Batistianos* [ebenda, S. 63].) Die Tatsache, daß Nixon begriff, was bei einem solchen Unternehmen völkerrechtlich auf dem Spiele stand, wurde am 21. Oktober klar, als er im Rahmen des Wahlfeldzuges für das Amt des Präsidenten zusammen mit John F. Kennedy im Fernsehen auftrat und sich »gegen eine Invasion aussprach« (um seinem späteren Eingeständnis zufolge einen Vorwand für die in Vorbereitung befindliche Invasion zu haben), indem er die UN-Charta und fünf Verträge mit Lateinamerika anführte, die eine Einmischung in die inneren Angelegenheiten anderer Länder untersagten. [Zitiert in dem Buch von Szulc und Meyer, S. 69. Nixon unterschlug wohlweislich andere Gesetze und Bestimmungen, die durch einen solchen Plan verletzt worden wären [und in der Tat verletzt wurden]; so sieht z. B. das amerikanische Strafgesetzbuch, Abschnitt 18, Paragraph 960 die strafrechtliche Verfolgung einer Person vor, die »wissentlich« ein militärisches Unternehmen gegen ein Land, mit dem die USA sich im Friedenszustand befinden, »beginnt... plant oder vorbereitet« [ebenda, S. 110].)

Am 3. April 1961 veröffentlichte das State Department ein von Arthur Schlesinger Jr. verfaßtes Weißbuch[23], das energisch gegen die Einmischung in die Angelegenheiten anderer Länder Stellung bezog. Am folgenden Tag, dem 4. April, trat der Nationale Sicherheitsrat der USA zusammen, um über den vom CIA vorgeschlagenen Invasionsplan eine Entscheidung zu fällen. An der Beratung nahmen teil Präsident Kennedy, Allen Dulles, Richard Bissel (CIA), General Lemnitzer, Außenminister Rusk, Verteidigungsminister McNamara. A. A. Berle jr., Arthur M. Schlesinger jr., McGeorge Bundy, der stellvertretende Außenminister Mann, der stellvertretende Verteidigungsminister Paul Nitze, Schatzminister C. Douglas Dillon und Senator William J. Fulbright, der Vorsitzende des Senatsausschusses für Auswärtige Angelegenheiten. »Die einzige Stimme, die bei der Hauptversammlung eine andere Meinung vertrat, war die von Senator Fulbright.« (Williams, S. 152–53. »In der vielleicht einzigartigen höchst scharfsichtigen und mutigen Handlungsweise im Laufe seiner bemerkenswerten politischen Karriere sagte Senator Fulbright dem Präsidenten unverblümt ins Gesicht, daß er – der Präsident – aus moralischen und pragmatischen Gründen auf einem Irrweg sei. Er tat dies nicht einmal, sondern zweimal. Fulbrights Leistung war eine brilliante Entfaltung staatsmännischen Weitblicks – sowohl im absoluten Sinne als auch im Vergleich etwa zur Leistung solcher Liberalen wie des Präsidentenberaters Arthur M. Schlesinger jr. Wie auch andere wertete Schlesinger in der Krise seinen zukünftigen Einfluß stärker als seine gegenwärtigen moralischen Grundsätze. Schlesingers Versagen ist besonders bemerkenswert, weil er gerade um jener Werteskala willen die Kommunisten so eifrig und überheblich kritisiert hatte und auch weil er [als Historiker] die Moralfrage der Sklaverei bei der Deutung der Entstehung des amerikanischen Bürgerkriegs betont hatte.«)

An jenem Abend fällte Präsident Kennedy die Entscheidung, die Verwirklichung des Invasionsplanes voranzutreiben[24]. Erst drei Wochen zuvor hatte er eine Rede über die von ihm vorgeschlagene »Allianz für den Fortschritt« für Lateinamerika mit den Worten beendet:

»Noch einmal wollen wir den Geist unserer amerikanischen Revolution zum Leben erwecken, bis sie den Völkern überall auf der Welt den richtigen Weg in ihrem Kampf weist – nicht mit einem auf Macht und Furcht gegründeten Imperialismus – sondern durch die Herrschaft des Mutes und der Freiheit und der Hoffnung auf die Zukunft des Menschen.«

In dem Weißbuch wurde ferner die »feste Entschlossenheit« der USA zum Ausdruck gebracht, »zukünftigen demokratischen Regierungen in Kuba uneingeschränkte Unterstützung in ihrem Bemühen zuteil werden zu lassen, dem kubanischen Volk Freiheit, Demokratie und soziale Gerechtigkeit zu bringen . . .« Aber Außenminister Dulles hatte eine derartige Entschlossenheit bereits Guatemala gegenüber geäußert, und erst die konkreten Ergebnisse der »Revolution« hatten dem guatemaltekischen Volk vor Augen geführt, was solche Worte in Wirklichkeit wert waren und was sie bedeuteten. Obwohl die gescheiterte Invasion keine ähnlichen »durchschlagenden« Beweise erbrachte, an Hand deren der Inhalt dieser Behauptungen beurteilt werden könnte, lassen die vorliegenden Tatsachen dennoch keinen Zweifel weder über den Ausgang der Invasion, wäre sie erfolgreich gewesen, noch über die Absichten derer zu, die sie organisierten.

Das Programm des Revolutionsrates, an dessen Spitze Dr. Miró Cardona stand, wurde am 22. März 1961 verkündet. Eine Klausel insbesondere machte die Haltung des Rates gegenüber der sozialen Revolution in Kuba klar: »Mit Nachdruck versichern wir, daß denjenigen, die zu Unrecht enteignet wurden, ihr gesamter Besitz zurückerstattet wird[25].« Gleichzeitig vertrat der von Manuel Ray angeführte linke Flüge des Revolutionsrates, der MRP, in zwei Punkten eine getrennte Auffassung, nämlich, daß in ausländischem Besitz befindliche Unternehmen, Betriebe und Banken, die verstaatlicht worden waren, auch verstaatlicht bleiben würden. Schließlich wurde Rays Gruppe, die in Kuba sozusagen den »Untergrund« bildete und somit den Kristallisationskeim eines Aufstandes im Lande abgegeben hätte, von der Invasion nicht einmal in Kenntnis gesetzt. Der CIA überließ bei der Planung *seiner* Revolution nichts dem Zufall:

»Am 18. Januar [1961] wurden die Rebellentruppen in den guatemalektischen Lagern von den zuständigen CIA-Agenten zusammengetrommelt und davon in Kenntnis gesetzt, daß die neue militärische Führung der gegen Castro eingestellten Armee in die Hände von Offizieren gelegt werde, die das besondere Vertrauen der USA hätten. Diese Offiziere waren . . . Hauptmann Artime, Hauptmann José P. San Román und Hauptmann Miguel Villafaña . . . San Román war früher Offizier unter Batista gewesen . . . Villafaña . . . war ein Erzreaktionär . . .

Anderen Offizieren, die sich mit der konservativen Denkweise identifizierten, einschließlich den *Batistianos*, wurde der Oberbefehl über zahlreiche Einheiten übertragen ...[27]«

In den ersten Monaten des Jahres 1961 gelangte eine vom CIA ernannte Gruppe unter Joaquín Sanjenis innerhalb des Invasionsunternehmens zu erheblicher Macht:

»Die Machtstellung wurde dem Vernehmen nach dazu benutzt, von den Invasionsvorbereitungen alle diejenigen auszuschließen, die mit Castro in den frühen Tagen der Revolution zusammengearbeitet hatten und die ziemlich fortschrittliche oder liberale Ansichten vertraten. An erster Stelle auf der ›Abschußliste‹ stand Manuel Rays MRP ...

In den Lagern auf guatemaltekischem Boden wurden über zweihundert Mann, die sich gegen den Staatsstreich im Januar gewandt hatten, auf der Stelle verhaftet ...[27]«

Nachdem die Führung der Invasionstruppen sicher in den Händen von Männern lag, die nicht einmal eine Spur von Liberalismus an sich hatten, hätte der CIA in der Gewißheit des Ergebnisses seiner Konterrevolution zufrieden sein und sich ausruhen können.

»Aber selbst die der Invasion vorausgehenden Säuberungen reichten offenbar den Beamten des CIA sowie ihren politischen und Geschäftsfreunden in Kuba nicht aus. Noch war insgeheim eine weitere Vereinbarung zu treffen, um sicherzustellen, daß die Regierung, die nach Castro an die Macht gelangen sollte, keine Unruhestifter enthielt ... Dieser streng geheime Plan wurde als ›Unternehmen Vierzig‹ bekannt ...«

›Unternehmen Vierzig‹ war als zivile Militärregierung gedacht, die »der Invasionsarmee auf dem Fuße folgen und die Kontrolle über die staatlichen und regionalen Regierungsstellen übernehmen sollte, noch ehe die Untergrundkämpfer (d. h. Rays MRP) begriffen, was sich überhaupt abspielte«. Die Männer, die diese Regierungsstellen ausfüllen sollten, »konnten bestenfalls unverbesserliche Konterrevolutionäre genannt werden«.

›Unternehmen Vierzig‹ hatte eine zweite Aufgabe, nämlich, die politischen Führer, die im Wege standen, zu ermorden. »Es wurde berichtet, daß der Plan eine sorgfältig ausgewählte Kampftruppe aus berufsmäßigen Totschlägern vorsah, die widerspenstige Elemente, denen eine Opposition gegen eine Rückkehr zur ›guten alten Zeit‹ zuzutrauen war, beseitigen sollten. Im Durcheinander der Kämpfe konnten solche Tötungen unbemerkt bleiben und die Opfer als Kommunisten dargestellt werden[28].

Somit hatten die USA, wie zuvor in Guatemala und aus ziemlich den gleichen wirtschaftlichen Gründen, eine »echte Konterrevolution« organisiert, geplant und durchgeführt. Selbst ohne die Vorkehrungen des CIA wäre dies der Fall gewesen. Außerdem kann man nicht einfach behaupten, daß Präsident Kennedys Unkenntnis einiger Schachzüge und Umtriebe des CIA ihn von der Verantwortung freisprechen. Im Januar 1963 begrüßte Kennedy die gleichen konterrevolutionären Invasionstruppen und sagte mit einer kubanischen Fahne in der Hand: »Ich kann Ihnen versichern, daß diese Fahne an diese Brigade in einem freien Havanna zurückgegeben werden wird.« Ferner stellte die Ablösung von Allen Dulles durch John A. McCone als Leiter des CIA nicht die geringste Veränderung in den politischen und sozialen Anschauungen des CIA dar. Schließlich war diese Konterrevolution nicht eine isoliert dastehende politische Verirrung, sondern eine logische Erweiterung der vorherrschenden amerikanischen Einstellung zu sozialen Revolutionen im allgemeinen und zur kubanischen Revolution im besonderen.

13. *Die USA und die Weltrevolution*

> ... Was das Problem der sozialen Gerechtigkeit betrifft – wo stehen die USA heute? Zwar kommt der Frage weltweite Bedeutung zu; doch ist Lateinamerika das Gebiet, das sich für die USA als Prüfstein erweisen wird.
>
> Arnold Toynbee (Februar 1962)

> ... Die Rolle Hiobs ziemt sich für einen Revolutionär nicht. Jedes Jahr, mit dem die Befreiung Amerikas beschleunigt werden kann, bedeutet, daß Millionen Kinder vor dem Tode errettet, daß Millionen Gehirne für den Lernprozeß befreit werden, daß den Völkern unermeßliches Leid erspart bleibt ...
>
> ›Deklaration von Havanna‹ (4. Februar 1962)

»Das bei weitem Größte und Bedeutendste, das heute in der Welt vor sich geht«, äußerte Arnold Toynbee 1962 vor lateinamerikanischen Zuhörern, »ist eine Bewegung, deren Tätigkeit darin zu erblicken ist, daß sie die Segnungen der Kultur jener großen Mehrheit des Menschengeschlechts vermittelt, die während der ersten fünf Jahrtausende des Bestehens der Kultur für eben diese Kultur bezahlt hat, ohne ihrer Segnungen teilhaftig zu werden[1].«

Die Wurzeln dieser weltumspannenden Bewegung für soziale Gerechtigkeit lagen nach Toynbee in dem historischen Versäumnis der Revolutionen des Mittelstandes und der Bourgeoisie, ihre Errungenschaften den »Parias« der Menschheit zugute kommen zu lassen. Sicherlich zerbrachen diese Revolutionen die Macht der »Großgrundbesitzeroligarchie«, die sich bisher ein Monopol auf den Wohlstand angemaßt hatten, und erhöhten gleichzeitig die Produktionskraft des ganzen Volkes. Doch als »Belohnung« eignete sich der Mittelstand

»fast die gesamte Mehrproduktion an, die die erste Phase der Industrierevolution ... erzeugt hatte; und folglich erbrachte die Revolution des Mittelstandes für die überwiegende Mehrheit der Menschen keine nennenswerten Vorteile. Vom Standpunkt der Mehrheit gesehen stellte das, was geschehen war, lediglich die Ablösung einer Großgrundbesitzeroligarchie durch eine Mittelstandsoligarchie dar[2]«.

Diese Situation hat die Bewegung für »soziale Gerechtigkeit« ins Leben gerufen, die heute bereits gewaltige Ausmaße erreicht hat. (Es war z. B. Nehru und nicht Mao Tse-tung, der gesagt hat: »Unweigerlich stoßen wir auf die einzig mögliche Lösung – die Errichtung einer sozialistischen Gesellschaftsordnung, zunächst innerhalb der nationalen Grenzen und schließlich in der Welt als Ganzes, mit kontrollierter Produktion und Besitzverteilung zum Wohle des Volkes ... Es ist klar, daß das Wohl eines Volkes oder der ganzen Menschheit nicht aufgehalten werden darf, nur weil einige Völker, die von der bestehenden Gesellschaftsordnung profitieren, gegen eine Veränderung sind. Falls politische oder gesellschaftliche Institutionen einer solchen Veränderung im Wege stehen, müssen sie beseitigt werden« [zitiert in Michael Edwardes, *Asia in the Balance*, 1962, S. 191].)

Welche Haltung nehmen die USA zur Frage der sozialen Gerechtigkeit ein, die »auf der gegenwärtigen Tagesordnung von wenigstens 75 Prozent aller Menschen die erste Stelle einnimmt[3]«? Die Antwort auf diese Frage ist keineswegs rein akademischer Natur. In der Nachkriegszeit (wie am Beispiel des Vorgehens der USA in Griechenland, der Türkei, dem Iran, Guatemala, Südvietnam, Südkorea, im Libanon, Laos und Kuba höchst eindeutig und in anderen Ländern, z. B. in Spanien, weniger offenkundig bewiesen ist) spielten die USA die Rolle eines Polizisten, der in der ganzen Welt über wohlerworbene Privilegien wacht. »Falls die USA unwiderruflich auf die Mehrung ihres Reichtums und die Wahrung ihrer Privilegien bedacht sein sollten«, erklärte Toynbee 1962, »bin ich der Auffassung, daß die Geschichte auf ihrem unaufhaltsamen Vormarsch über die Vereinigten Staaten hinweggehen und sie aus dem Weg räumen wird[4].«

Ob die USA sich unwiderruflich auf diese antirevolutionäre Rolle festgelegt haben, ist eine Frage, die hier nicht beantwortet werden soll. In Anbetracht der öffentlichen Erklärungen der Kennedy-Regierung während der kurzen Spanne des *›New Frontier‹* ist es jedoch nicht ohne Belang zu überlegen, ob tatsächlich bedeutsame Schritte unternommen wurden, um einen von Grund auf anderen Kurs zur Verteidigung der sozialen Gerechtigkeit einzuschlagen.

Der Bereich der Politik, in dem eine solche neue Initiative sich am deutlichsten hätte manifestieren können, war die Auslandshilfe; und in der Tat verkündete der Präsident in einer am 22. März 1961 an den Kongreß gerichteten Sonderbotschaft den Beginn eines »Jahrzehnts der Entwicklung« und erklärte:

»Die fundamentale Aufgabe unseres Auslandshilfeprogramms in den sechziger Jahren ist nicht negativ in der Bekämpfung des Kommunismus zu sehen; seine fundamentale Aufgabe ist vielmehr in einer geschichtlichen Beweisführung zu erblicken, daß im zwanzigsten Jahrhundert wie im neunzehnten – in der südlichen wie in der nördlichen Hemisphäre – wirtschaftliche Prosperität und politische Demokratie Hand in Hand gehen können.«

Dieser Versuch einer Neufassung der Zielsetzung des amerikanischen Auslandshilfeprogramms (von »gegenseitiger Sicherheit« zur »Wirtschaftshilfe«) war aus zwei Gründen wichtig: erstens, weil die soziale Gerechtigkeit keine Fortschritte machen konnte ohne eine entsprechende ökonomische Produktivität, und zweitens, weil während des vorhergehenden Jahrzehnts im Auslandshilfeprogramm ein wirtschaftliches Wachstum als eines der wesentlichen Ziele nicht vorgesehen war. Der letzte Punkt wurde durch Zahlenmaterial unterstrichen, das ein Mitglied des vom Präsidenten zur Überprüfung der Auslandshilfe im Jahre 1963 eingesetzten Sonderausschusses bekanntgab. Dieser Quelle zufolge waren 45 Milliarden oder *neunzig Prozent* der Auslandshilfeausgaben (die sich auf insgesamt fünfzig Milliarden beliefen) für »militärische Hilfe« bestimmt. Dreißig Milliarden von dieser Summe wurden unmittelbar für militärische Ausrüstungsgegenstände verwendet.

»Von den restlichen zwanzig Milliarden Dollar dienten 85 Prozent ebenfalls militärischen Zwecken, indem diese Mittel zur Stützung der Etats von Völkern hauptsächlich an der Peripherie des Eisernen Vorhangs bestimmt waren, die über ihre Mittel weit hinausgehende militärische Anstrengungen unternommen hatten. Korea, Taiwan, Pakistan und die Türkei sind gute Beispiele dafür ... Es bleiben demnach rund fünf Milliarden übrig, von denen 3,5 Milliarden für Entwicklungshilfeanleihen verwendet wurden. Die restlichen anderthalb Milliarden bzw. die Hälfte von einem Prozent der gesamten Auslandshilfemittel wurde für technische Hilfe auf dem Gebiet des Ausbildungs- und Unterrichts-, des Gesundheits-, Schul- und Wohlfahrtswesens ausgegeben[5].«

Da die amerikanische Hilfe etwa neunzig Ländern gewährt wurde, waren die für Entwicklungszwecke bestimmten fünf Milliarden Dollar offensichtlich nicht mehr als eine Proforma-Geste. Zur Ausführung des vom Präsidenten angeregten neuen Regierungsprogramms (um kommunistischen Revolutionen zuvorzukommen, indem die Überlegenheit demokratischer »Revolutionen« bei der Durchsetzung sozialer Gerechtigkeit demonstriert wird), hätte das bestehende Programm erheblich erweitert und die neuen Ziele vom Kongreß gebilligt und befolgt werden müssen. Keines von beiden trat ein.

Im Frühjahr 1963 beauftragte der Präsident den Ausschuß zur Stärkung der Sicherheit der freien Welt unter Leitung von General Lucius D. Clay, einem Republikaner des rechten Flügels, das Auslandshilfeprogramm einer Prüfung zu unterziehen. Er tat dies in der Hoffnung, daß der Zweiparteienausschuß die damals unternommenen Versuche, den Umfang der für Hilfsmaßnahmen bereitgestellten finanziellen Mittel einzuschränken, verhindern würde. Der Clay-Ausschuß empfahl jedoch eine *Kürzung* der von Kennedy erbetenen 4,9 Milliarden Dollar um 500 Millionen. Der Ausschuß schlug ferner vor, daß die Hilfe für solche Länder ausgesetzt werden sollte, die für die »Sicherheit« der USA ohne Bedeutung waren, und daß keine Finanzhilfe mehr gewährt werden dürfe, um »regierungseigene Industriebetriebe und Handelsunternehmen« zu gründen, die »mit bestehenden Bestrebungen der Privatwirtschaft konkurrieren[6]«.

In einer am 2. April vor dem Kongreß gehaltenen Rede billigte Kennedy diese Vorschläge in vollem Umfang einschließlich der Streichung der 500 Millionen Dollar. (Bei der Verteidigung des vorgeschlagenen Gesetzentwurfs gegen weitere mögliche Kürzungen erklärte er, daß die USA nur 0,35 Prozent ihres Volkseinkommens für die anderen Ländern gewährte Wirtschaftshilfe ausgäben.) Kurz danach wurde gemeldet, der übereilte »Rückzieher« des Präsidenten habe die Stimmung unter seinen Anhängern derart geschwächt, daß führende Persönlichkeiten des Kongresses eine zusätzliche Kürzung um eine Milliarde Dollar voraussagten, als der Gesetzentwurf zur Verabschiedung vorgelegt wurde[7]. Tatsächlich wurde der Auslandshilfeetat um 1,5 Milliarden Dollar, d. h. um rund vierzig Prozent der von Kennedy ursprünglich erbetenen Summe gekürzt; dadurch wurde jede Möglichkeit ausgeräumt, daß die unterentwickelten Länder der Welt mit einem nennenswerten Beitrag zur wirtschaftlichen Entfaltung rechnen konnten.

Als die Streichungen im November erfolgten, verteidigte Kennedy sein Programm, nicht von einer neugewonnenen günstigen Position aus, sondern auf durchaus herkömmliche Weise. Neunzig Prozent des Auslandshilfeprogramms würden, wie er erläuterte, für amerikanische Erzeugnisse ausgegeben (die zwölf Prozent der amerikanischen Gesamtausfuhren ausmachten)[9]; die Auslandshilfe, fügte er hinzu, habe 500 000 Arbeitsplätze geschaffen und den Unterhalt von 3,5 Millionen alliierter Truppen im Umkreis der kommunistischen Anrainerstaaten ermöglicht[10].

Zur Zeit der Empfehlungen des Clay-Ausschusses wurde die

Haltung des Kongresses in der *New York Times* einer Analyse unterzogen; die in dem Blatt vertretenen Ansichten beinhalteten wichtige stillschweigende Folgerungen nicht nur im Hinblick auf die Zukunft des Auslandshilfeprogramms, sondern auch auf Toynbees Frage nach bestimmten Privilegien. Dem Bericht in der *New York Times* zufolge erhob Senator George D. Aiken, Führer der Republikaner im Senat und unerschütterlicher Anhänger des Internationalismus, eine Flut von Einwänden gegen das Hilfsprogramm, »die ein vielfältiges Bild jener Ernüchterung zeichnen, die sich zahlreiche ehemalige Befürworter der Auslandshilfe zu eigen gemacht haben«:

»Warum sollten wir unsere Anstrengungen nicht auf die westliche Hemisphäre und bestimmte andere Gebiete konzentrieren, wo wir gegenseitige Interessen haben?

Warum sollten wir irgendeine Verantwortung in Afrika haben?

Warum sollten wir Wirtschaftshilfe an den Kongo zahlen, wo wir dort praktisch keine Kapitalinvestitionen besitzen?« (Amerikanische Firmen haben im Kongo ganz beträchtlich investiert. Kwame Nkrumah, *Neo-Colonialism,* 1965, S. 212 ff.) »Warum sollten wir uns eigentlich für ihre [die belgischen und die britischen] Investitionen verbürgen[11]?«

Senator Aikens Sorge um die amerikanischen Interessen in der westlichen Hemisphäre läßt es an dieser Stelle zweckmäßig erscheinen, sich der zweiten großen Initiative der Kennedy-Regierung im Hinblick auf das kritische Problem der sozialen Gerechtigkeit zuzuwenden. Am 13. März 1961 gab Präsident Kennedy sein Programm »Allianz für den Fortschritt« bekannt und erklärte: »Lassen Sie uns die amerikanischen Kontinente in einen riesigen Schmelztiegel revolutionärer Ideen und Anstrengungen verwandeln ... als ein Beispiel für die ganze Welt, daß Freiheit und Fortschritt Hand in Hand gehen.« (Es soll nicht unerwähnt bleiben, daß die Mittel für dieses Programm im Rahmen der neuen Auslandshilfebewilligung um nur 25 Prozent gekürzt wurden [*New York Times,* Internationale Ausgabe vom 23. Dezember 1963].)

Wie damals viele erkannten, war das »Allianz-Programm« ein lange überfälliger Plan. In den fünfzehn Nachkriegsjahren war dem von Armut heimgesuchten Kontinent Lateinamerikas weniger amerikanische Wirtschaftshilfe zugeflossen als Franco-Spanien in den ersten zwölf Jahren des gegenseitigen Sicherheitsprogramms (1951–1963). Der Anstoß zu dieser Änderung der amerikanischen Haltung war natürlich der durch die kubanische Revolution bewirkte Linksruck, der im Anschluß an die Rückkehr Castros von seinen Reisen in die USA und zur Konferenz von Buenos Aires deutlich spürbar wurde, wo er sich vergeblich um Entwicklungshilfe bemüht hatte. (Erst im Juli 1960, nachdem die Streichung des Zuckerkontingents und die Beschlagnahme amerikanischen Eigentums bekanntgegeben worden waren, schlug Eisenhower ein spezielles Hilfsprogramm für Lateinamerika vor, sozusagen den Vorläufer von Kennedys Allianz für den Fortschritt. Eisenhower machte sofort klar, daß für Kuba keine Finanzhilfe zur Verfügung stehe, daß sie aber auch längst nicht den gleichen Umfang wie die Marshallplanhilfe annehmen werde. Der eigennützige Charakter dieses Projekts war leicht zu durchschauen. Senator Mike Mansfield nannte die Geste »einen kaltschnäuzigen Versuch, um die Gunst Lateinamerikas zu einem Zeitpunkt zu werben, wo wir sie besonders dringend benötigen«. Die Lateinamerikaner gaben dem 500-Millionen-Dollar-Programm sogleich den Namen »Fidel-Castro-Plan« und antworteten – darauf angesprochen – mit der Bemerkung »Gracias Fidel« [Szulc und Meyer, S. 63].)

In einem Privatinterview kurz vor seiner Ermordung erörterte Präsident Kennedy freimütig die Gründe für die neue Politik. »Ich glaube, daß es kein Land auf der Welt gibt«, äußerte er zu Jean Daniel,

»... wo die wirtschaftliche Kolonisation, die Erniedrigung und die Ausbeutung schlimmer waren als in Kuba, zum Teil infolge der amerikanischen Politik während des Batista-Regimes. Ich bin davon überzeugt, daß wir, ohne uns dessen bewußt zu sein, die Castro-Bewegung planten und schufen, und zwar von Anfang an. Ich bin ferner der Meinung, daß diese Anhäufung von Irrtümern und Fehlern ganz Laeinamerika in Gefahr gebracht hat. Der Zweck der Allianz für den Fortschritt ist eine völlige Umstellung dieser verhängnisvollen Politik[12].«

Bevor wir das Programm der Allianz für den Fortschritt[13] daraufhin untersuchen, ob es wirklich eine Umstellung der früheren Politik beinhaltete, erscheint es angebracht, die lateinamerikanische Situation zu umreißen, die eine dramatische Erweiterung des Programms erforderlich machte.

Mit einem jährlichen Pro-Kopf-Einkommen, das unter zweihundert Dollar liegt, kann Lateinamerika leicht als eines der »unterentwickelten« Gebiete auf der Erde bezeichnet werden. Wie in vielen Gegenden, die im Lauf der Geschichte dem Einfluß des ökonomischen Imperialismus ausgesetzt waren, sind die Länder Lateinamerikas in erster Linie Erzeuger von Rohstoffen. Ihre Wirtschaft wird in der Hauptsache durch die Einfruchternte sowie durch den Mangel an Industriebetrieben und modernen Infrastrukturen beherrscht, die zur Erreichung einer autarken Entwicklung erforderlich sind.

Das Ackerland, das in diesem Gebiet die Hauptquelle des Wohlstandes sein sollte (»mehr hochergiebiger, tropischer Boden als in irgendeinem anderen Kontinent, wenigstens dreimal soviel Ackerland pro Kopf wie in Asien[14]«), wird durch das Latifundiensystem, das auf dem ganzen Kontinent vorherrscht, unproduktiv gehalten. Das Wesen dieses Systems kommt in der einfachen Tatsache zum Ausdruck, daß zehn Prozent der Bevölkerung Lateinamerikas neunzig Prozent des Landes besitzen[15]. Die großen Güter oder Latifundien werden von ihren Besitzern meistens in Reserve gehalten und zu Spekulationszwecken benutzt; die kleinen Grundstücke oder Minifundien sind zu klein, um wirtschaftlich produktiv zu sein, ja sie ernähren kaum die Familien, die diese Landparzellen bestellen.

Das Analphabetentum auf dem lateinamerikanischen Kontinent liegt über fünfzig Prozent. Die sanitären Einrichtungen und die Wohnbedingungen liegen hoffnungslos unter einem menschenwürdigen Mindestniveau, und die jährliche Anzahl von Todesfällen auf Grund heilbarer Krankheiten erreicht erschütternde Ausmaße. Darüber hinaus ist eine rasche Verschlechterung der wirtschaftlichen Situation festzustellen, die die Wurzel des ganzen Elends ist.

Seit 1952 ist der Weltmarktpreis von Rohstoffen ganz allgemein ständig gesunken, was sich in drastischer Weise auf das Volkseinkommen in diesen Gebieten ausgewirkt hat. Kaffee z. B. bringt sechs lateinamerikanischen Ländern (darunter das riesige Brasilien) mehr als die Hälfte ihrer Deviseneinnahmen ein. Durch die Handelsstatistik wird ausgewiesen, daß ein Fallen des Preises für ein Pfund Rohkaffee um einen Cent für die lateinamerikanischen Erzeuger einen jährlichen Verlust von fünfzig Millionen Dollar ausmacht. Seit 1954 ist der Kaffeepreis auf weniger als die Hälfte herabgesetzt worden[16]. Der Neunerausschuß des Interamerikanischen Wirtschafts- und Sozialrats hat vorsichtige Schätzungen veröffentlicht, daß während des Zeitraums von 1950 bis 1953 die Einbuße, die Lateinamerika auf Grund der fallenden Exportpreise und der steigenden Importpreise (für lebenswichtige Güter) erlitten hat, sich auf rund 1,5 Milliarden Dollar pro Jahr beläuft[17].

Hauptsächlich bedingt durch diese Einbuße an öffentlichen Einnahmen ist die durchschnittliche jährliche Wachstumsrate in dem Gebiet seit den Jahren 1940–1950, als sie 3,5 Prozent betrug, schnell gefallen, *obwohl* zwischen 1955 und 1961 ausländisches Kapital im Werte von acht Milliarden Dollar eingeführt wurde. Daher stieg im Jahre 1960/61, d. h. in dem Jahr vor der Allianz, die Wachstumsrate für Lateinamerika kaum über ein Prozent an (in den unmittelbar voraufgehenden Jahren war sie sogar noch niedriger). Gleichzeitig nahm die Bevölkerung des Gebietes um eine jährliche Rate von 2,8 Prozent zu.

Um mit dieser Situation fertig zu werden, schlug die Allianz, deren Charta am 17. August 1961 in Punta del Este offiziell unterzeichnet wurde, vor, während der nächsten zehn Jahre zur Finanzierung einer wirtschaftlichen Wachstumsrate von 2,5 Prozent zwanzig Milliarden Dollar in Form von Devisenkapital (einschließlich zehn Milliarden Dollar an amerikanischen Regierungsmitteln und dreihundert Millionen Dollar jährlich an privaten Kapitalinvestitionen) ferner von den Lateinamerikanern selber aufgebrachtes Kapital in Höhe von achtzig Milliarden Dollar zu verwenden. Ein wichtiges Element, das zum Gelingen des Plans beitrug, war die Durchführung jener sozialen und ökonomischen Reformen, die für die Freisetzung der Produktivkräfte des Kontinents notwendig waren.

In der Hauptsache forderten diese Reformen die Abstellung der offenkundigsten Unzulänglichkeiten und Mißstände im Ernährungs-, Wohnungs- und Gesundheitswesen, die Verbesserung der Landwirtschaft durch Fruchtwechsel, die Ausweitung des Grundbesitzertums, die Vergrößerung der Anbauflächen sowie die Intensivierung moderner Bewirtschaftungsverfahren, ferner eine Erhöhung der Zahl von Industriebetrieben, die Beseitigung des Analphabetentums und die Heranbildung von Technikern, der Ausbau des bestehenden Verkehrs- und Fernmeldenetzes, die Zusicherung gerechter Löhne und befriedigender Arbeitsbedingungen, eine Neufassung der Steuergesetze, eine Stabilisierung der Preise für die Grundexportgüter und eine beschleunigte wirtschaftliche Integration Lateinamerikas.

Mit wenigen Ausnahmen wurde dasselbe Programm für Kuba 1935 durch die Außenpolitische Vereinigung, 1950 durch die Weltbank und 1956 durch das Handelsministerium der USA vorgeschrieben[19]. Man kann daher die Bemerkung Arnold Toynbees verstehen (der seine Beobachtung auf einen einzigen, aber seiner Ansicht nach entscheidenden Punkt der Tagesordnung beschränkte): »Vielleicht bedarf es nicht einer revolutionären Machtexplosion von fünfzig Megatonnen, um die... Straßensperre in die Luft zu jagen, die bisher den ökonomischen und sozialen Fortschritt in Lateinamerika so sehr blockierte[20].«

In seiner Rede unterstrich Präsident Kennedy die absolute Notwendigkeit sozialer Reformen, falls die Ziele der Allianz für den Fortschritt erreicht werden sollen:

»Wenn nämlich die notwendigen sozialen Reformen einschließlich der Boden- und Steuerreform nicht frei und unabhängig durchgeführt werden, wenn wir nicht unserem ganzen Volk die gleichen Chancen einräumen, wenn nicht die große Masse der Amerikaner am wachsenden Wohlstand teilhat, dann werden unsere Allianz, unsere Revolution und unser Traum scheitern.«

Was die Bodenreform betraf, bekundeten Beobachter wie Toynbee eine noch spezifischere Bestimmtheit: »In Lateinamerika ist die Bodenreform der *notwendige Ausgangspunkt* für politische, ökonomische und soziale Veränderungen gleichermaßen.« [Hervorhebung vom Autor.] Toynbee schrieb dies im Jahre 1962 und stellte ferner fest, daß »der Widerstand gegen die Neuverteilung der Latifundien bisher überraschend und beunruhigend erfolgreich gewesen ist[21]«. So stand nach zwei Jahren die Bodenreform »in zehn Ländern zwar auf dem Papier«, aber »in der Praxis wurden keine wesentlichen Fortschritte gemacht[22]«. Von diesen zehn Ländern hatten fünf bereits vor der Allianz für den Fortschritt Bodenreformprogramme durchgeführt, Mexiko seit 1917, Bolivien und Guatemala seit 1953, Venezuela seit 1954 und Kolumbien seit 1961). Die Erfahrung dieser Länder und zweier Länder im besonderen – Guatemalas und Venezuelas – ließen auf noch trostlosere Zukunftsaussichten schließen, als es nach dem bloßen Zahlenmaterial den Anschein erweckte.

In Guatemala machte die amerikanische Regierung, wie wir gesehen haben, eine wirklich durchgreifende Bodenreform bereits in ihren Anfängen zunichte. Toynbee erkannte – das soll nicht unerwähnt bleiben – einen vielversprechenden Ansatz in der Tatsache, daß seit 1954 »die United Fruit Company ... einen großen Teil ihrer Bodenreserven ... dem gegenwärtigen konterrevolutionären Regime zur Fortsetzung ... der von der vorigen Revolutionsregierung in die Wege geleiteten Kolonisationsarbeit ... überlassen hat. Dies ist eine politisch kluge Anerkennung der in Guatemala sich behauptenden Macht, der Forderung nach sozialer Gerechtigkeit[23]«. Nach Ansicht eines Beobachters der Bodenreform »würde es bei dem Tempo, in welchem in Guatemala während der Jahre nach dem Sturz von Arbenz (1955–1961) die Landaufteilung vorgenommen wurde, 148 Jahre dauern, bis alle Bauernfamilien eigenen Grund und Boden erhalten hätten – sofern in der Zwischenzeit kein Wachstum der Bevölkerung eintritt[24]«.

Das Venezuela-Programm, das von manchen Stellen mit großem Aufwand verkündet wurde, zeigte ähnliche Resultate. Im März 1963 berichtete das Magazin *Time*, daß 50 000 Familien im Rahmen des Bétancourt-Programms 3,5 Millionen Morgen Land erhalten hätten. Jedoch

»geht aus einem kürzlich gemeinsam vom Staatlichen Venezolanischen Agrarinstitut, dem Landwirtschaftsministerium, der Landwirtschaftsbank und dem Staatlichen Planungsamt veröffentlichten Bericht hervor, daß in den letzten 25 Jahren insgesamt nicht mehr als 1,4 Millionen Morgen Land an 55 622 Familien aufgeteilt wurden ... Auf der anderen Seite trifft es zu, daß 3,5 Millionen Morgen Land enteignet und die Besitzer dafür entschädigt wurden, oft mit enormen Bargeldsummen, die weit über die gesetzlich vorgeschriebene Höchstforderung hinausgingen[24]«.

Ein charakteristischer Punkt des Bétancourtschen Bodenreformprogramms und der von den USA geförderten Bodenreformen ganz allgemein (z. B. der mißlungenen in Südvietnam) ist, daß es sich bei ihnen in der Hauptsache um *Wiederansied-*

*lungs*programme handelt. Sie sehen nicht die Aufteilung der großen Güter, sondern den Aufkauf von Ländereien mit jungfräulichem Boden, ihre Urbarmachung und die Umsiedlung der Bauern in diese ehemals unbewohnten Gebiete vor. Abgesehen von der Unverfrorenheit, einheimische Bauernfamilien dem Boden zu entreißen, auf dem sie seit Jahrhunderten seßhaft sind, besitzen solche »Reformen« erhebliche wirtschaftliche und politische Nachteile. Vor allem zerbrechen sie nicht die politische Macht der herrschenden Minderheit. Daher sind die Oligarchen imstande, sich einer angemessenen Bodensteuer und Bodennutzung zu widersetzen.

»Aus diesen Gründen [schreibt Toynbee] müßte im Interesse einer ökonomischen Rationalisierung und steuerlichen Gerechtigkeit ein Frontalangriff gegen die Latifundien unternommen werden, selbst wenn für alle grundbesitzlosen landwirtschaftlichen Arbeiter und alle Besitzer von wirtschaftlich nicht entwicklungsfähigen Minifundien durch die Freigabe und Erschließung potentiell fruchtbaren jungfräulichen Bodens gesorgt werden könnte[25].«

Mit der Steuerreform verhält es sich ähnlich. Am 30. Juni 1963 hatten elf lateinamerikanische Länder neue Steuergesetze zur Erhöhung ihrer Staatseinnahmen verabschiedet. Es wäre jedoch reichlich utopisch anzunehmen, daß die gleichen herrschenden Gruppen, die sich der Bodenreform widersetzten (selbst mit Entschädigung), nun sich selber entsprechend hohe Steuern auferlegen würden:

»[In Guatemala] tritt die neue Einkommenssteuer an die Stelle einer alten Körperschaftssteuer, die 44 Prozent betrug. Doch während die alte Steuer einfach war und relativ wenige Hintertürchen besaß, ist die neue Steuergesetzgebung von derartigen Hintertürchen geradezu durchlöchert. Amerikanische Experten und einheimische Rechtsanwälte sind sich darin einig, daß die Unternehmer sich mit dieser ›Steuerreform‹ eine wahre Goldgrube geschaffen haben, da sie in diesem Jahr weniger zu bezahlen haben als in den Jahren zuvor auf Grund der Körperschaftssteuer[26].«

Selbst da, wo Reformen sich nicht als ein solcher Betrug erwiesen, konnten die Steuern nicht zu sehr erhöht werden (die radikalste Reform wurde in Ecuador durchgeführt und sah eine 15⁰/₀ige Körperschaftssteuer vor), ohne zu einem der Hauptziele der Allianz in Widerspruch zu geraten, nämlich »die freie Wirtschaft zu beleben«. Denn einer der Hauptköder für privates Auslandskapital ist der äußerst niedrige Steuersatz.

Wenn die Allianz die Durchsetzung bedeutender Reformen schon nicht fördern konnte, überrascht es nicht weiter, daß auch die Mindestziele eines wirtschaftlichen Wachstums nicht einmal annäherungsweise erreicht wurden. Im Jahre 1962 sank der

Trend auf 0,5 Prozent, d. h. unter den Wert von 1961, und erreichte somit nur ein Fünftel des bescheidenen, im Rahmen der Allianz angestrebten Ziels von 2,5 Prozent. Die Werte für 1963 lagen erwartungsgemäß noch niedriger[27]. Außerdem befanden sich elf Länder im Würgegriff der Inflation, die privaten Deviseninvestitionen waren zurückgegangen (trotz der den Kapitalanlegern gegebenen »Garantien« gegen Revolution und Enteignung) und die Auslandsschulden hatten in einigen Ländern »ernste Ausmaße« angenommen. So war die Lage, wie sie der Präsident der Interamerikanischen Entwicklungsbank sah[28].

Im November 1963 wies der angesehene Demokrat und frühere Staatspräsident von Costa Rica, José Figueres, auf Ungerechtigkeiten in dem von »reichen Ländern« beherrschten Weltmarktsystem hin, die er als Hauptquelle der Probleme brandmarkte, denen sich die unterentwickelten Länder gegenübersahen. Zehn Jahre früher erzielte ein kaffeeerzeugendes Land wie Brasilien einen Kaffeepreis von neunzig Cent pro Pfund. Dieser Preis stand durchaus im Verhältnis zu dem, was arme Länder für eine »Düsenflugkarte oder ein internationales Telegramm« bezahlten. Untersuchungen haben gezeigt, daß »fünfzig bis sechzig Cent für die verschiedenen Kaffeesorten« das für die wirtschaftliche Entwicklung der Kaffeeländer erforderliche »Minimum« darstellten. (Im Hinblick auf Brasiliens Auslandsschulden, die, wie Herrera es darstellte, »ernste Ausmaße« angenommen hatten, gab Figueres zu bedenken, daß »allein bei Kaffee ein Unterschied von zwanzig Cent pro Pfund, auf die Menge der während der letzten sieben Ernten tatsächlich exportierten Säcke umgerechnet, für Brasilien die Gesamtsumme seiner Devisenschulden – nämlich rund drei Milliarden Dollar – darstellen.) Der gegenwärtige Preis, stellte Figueres fest, lag um 37 Cent unter dem Weltkaffeeabkommen. »Dies«, rief er aus, »bedeutet Stabilisierung des Hungers!«

Aber Preise waren nicht das einzige Gebiet des Weltmarktsystems, das für Unbilligkeiten verantwortlich war. »Die fortschreitende Technik auf dem Konsumgütersektor« erhöhte die Ausgaben der armen Länder, ohne ihr Einkommen zu verbessern. »Zölle in den wirtschaftlich erschlossenen Ländern« sowie unzweckmäßig verwaltete Auslandsinvestitionen (d. h. in Grundstoffe statt in Gebrauchsgüter und Dienstleistungen) waren dafür weitgehend verantwortlich zu machen. »Allgemein gesprochen«, schloß Figueres, »werden die armen Länder heute wie die europäischen Arbeiter vor hundert Jahren behandelt«.

»Es wird immer widersinniger«, fügte er hinzu, »wenn die reichen Nationen ihre starke Verhandlungsbasis gegenüber den armen Nationen ausnutzen und diese als ›gleichberechtigt‹ in einer ›freien Marktwirtschaft‹ behandeln, sie aber dabei unab-

sichtlich ausbeuten und dann noch ihre Fauxpas mit Hilfeleistungen und guten Ratschlägen wettzumachen versuchen[29].«
Der Finanzminister von Kolumbien hatte ein Jahr früher eine ähnliche Analyse unternommen und darauf hingewiesen, daß sein Land durch fallende Kaffeepreise zwei- bis dreimal soviel an Deviseneinkommen verloren habe, wie es an Krediten im Rahmen der Allianz für den Fortschritt erhalten hatte. Solange es kein langfristiges Weltkaffeeabkommen gab, hatte Señor Mejia behauptet, »stellt die uns gewährte Hilfe, wie großzügig sie auch sein mag, kein frisches Blut zur Belebung unserer Wirtschaft dar, sondern lediglich ein Beruhigungsmittel, um den totalen Zusammenbruch zu verhindern[30]«.
Diese Appelle (und viele andere gleichen Inhalts) konnten die USA zu keinen größeren Maßnahmen veranlassen, um die Weltwarenpreise zu stabilisieren; statt dessen hielt Präsident Kennedy anläßlich der Konferenz von São Paulo, auf der die ersten zwei Jahre des Allianz-Programms ausgewertet wurden, den Entmutigten vor, sie sollten sich doch an den Zustand Europas am Anfang des Marshallplans erinnern. Der Vergleich war jedoch ein zweischneidiges Schwert.
Auf einem im Juni 1962 veranstalteten Symposium wies Felipe Herrera, der Präsident der Interamerikanischen Entwicklungsbank, ebenfalls auf den Wiederaufbau des vom Kriege verwüsteten Europa hin, allerdings in der entgegengesetzten Absicht, um seine Zuhörer vor leichtfertigen Schlußfolgerungen zu warnen. Zunächst wies er darauf hin, daß der Marshallplan lediglich auf den Wiederaufbau wirtschaftlich bereits erschlossener Länder abzielte, deren Produktionskapazität durch den Krieg teilweise vernichtet worden war. Zweitens bildete der Marshallplan nur einen Teil der gesamten amerikanischen Hilfe für das Nachkriegseuropa, etwa 10,3 Milliarden Dollar der zwischen 1945 und 1951 gewährten 24 Milliarden Dollar. »In einem Zeitraum von sechs Jahren flossen daher an öffentlichen Mitteln im Durchschnitt rund vier Milliarden Dollar pro Jahr aus den USA nach Europa. Im Falle des Hilfsprogramm der Allianz für den Fortschritt im Laufe der zehn Jahre von 1960 bis 1970 dürfte die gewährte Gesamthilfe vermutlich rund 10 Milliarden Dollar bzw. durchschnittlich eine Milliarde Dollar pro Jahr betragen.« Darüber hinaus wurden, wie Herrera bemerkte, »etwa neunzig Prozent der in den Marshallplan investierten Gesamtmittel in Form ausgesprochener Subventionen gewährt, während die restlichen zehn Prozent aus Anleihen bestanden«. Im Rahmen der Allianz für den Fortschritt sollten nur dreißig Prozent der investierten Mittel als vorbehaltlose Subventionen gewährt werden, während siebzig Prozent aus Anleihen bestehen sollten[31].
Ein von Herrera ausgelassener, aber nichtsdestoweniger bedeut-

samer Unterschied war die Einstellung der Hilfsempfänger zum Erfolg des ganzen Plans. Die unter den führenden lateinamerikanischen Wirtschaftsexperten kursierenden Ansichten wurden im Mai 1962 von einem amerikanischen Geschäftsmann für einen Ausschuß des Kongresses wie folgt zusammengefaßt:

»Das fehlende Vertrauen der führenden lateinamerikanischen Unternehmen und der herrschenden Gruppen zeigt sich sehr deutlich an ihrem eigenen Kapitalexport, der während der letzten zehn Jahre über zehn Milliarden Dollar betrug. Beiläufig darf ich sagen, daß diese zehn Milliarden Dollar das Fluchtkapital lediglich auf Nummernkonten schweizerischer Banken darstellen. Meine mit mir befreundeten New Yorker Bankiers haben mir gesagt, daß das in New Yorker Banken deponierte bzw. in amerikanischen Wertpapieren oder Schuldverschreibungen investierte Fluchtkapitel wahrscheinlich noch einmal zehn oder 12 Milliarden Dollar beträgt[32].«

Dieses fehlende Vertrauen unter den führenden Geschäftsleuten Lateinamerikas war in der Tat ein permanentes Eingeständnis ihres mangelnden Interesses, sich selber Reformen aufzuerlegen, die für das Funktionieren der Allianz erforderlich wären. Mehr als ein Beobachter wies darauf hin, daß die Abhängigkeit der Allianz von solchen Männern in großem Maße für ihr Versagen bei der Durchsetzung von Reformen verantwortlich war:

»Wir haben eine ›Revolution‹ von ›oben nach unten‹ statt von ›unten nach oben‹ unterstützt. Wir haben die herrschende Minderheit immer wieder gebeten, ihr eigenes Todesurteil zu unterschreiben, indem sie der Bodenreform, der Steuerreform und anderen Neuerungen zustimmen sollte, die ihren eigenen Status herabsetzen würde. Sie hat auf unsere Sticheleien mit List und Betrug geantwortet[33].«

Doch warum, scheint es angemessen zu fragen, bestanden die USA darauf, eine »Revolution« von »oben nach unten« zu unterstützen? Die Antwort der Allianz-Befürworter – daß die Allianz eine Revolution einzukaufen versuchte, ohne dafür den Preis der Gewalt bezahlen zu müssen – konnte angesichts einer solchen Gleichgültigkeit gegenüber Reformen, wie sie die herrschende Minderheit in den lateinamerikanischen Ländern von Anfang an unter Beweis gestellt hatte, kaum bestehen. (Auch war diese Antwort in Anbetracht des Versuchs der Amerikaner, im April 1961 in Kuba einen Bürgerkrieg auszulösen, nicht recht glaubhaft. In Lateinamerika ist nämlich der Status quo selber permanente Gewalt, die Kindersterblichkeit ist viermal so hoch wie in den USA, die durch heilbare Krankheiten verursachten Todesfälle gehen pro Jahr in die Hunderttausende, und die, die an Hunger sterben (von vorzeitiger Altersschwäche und den durch die politische Polizei in Allianzländern wie Nikaragua und Haiti vorgenommenen Hinrichtungen ganz zu schweigen) tragen ebenfalls mit erschütternden Ziffern zur Gesamtzahl der Opfer bei. In Nordostbrasilien z. B. sterben jedes Jahr schätzungsweise 300 000 Kinder an Ernährungsstörungen.

Der Grund für die beharrliche Weigerung der USA, die bereits vorhandenen Strömungen einer revolutionären Volksfront zur Beseitigung der herrschenden Minderheit zu unterstützen, läßt sich in zwei wenig bekannten Aspekten des Allianzprogramms erkennen. Diese beiden Aspekte schließen von vornherein jede grundlegende Boden- und Steuerreform bzw. ein rasches wirtschaftliches Wachstum aus. Um außerdem das auszuschalten, was als zwei von den drei Hauptzielen der Allianz proklamiert worden war (wobei die politische Freiheit das dritte Ziel war), deuten sie vorsichtig an, daß es wohl auch noch wichtigere Aufgaben gebe, die das Programm zu erfüllen hat.

Das erste der beiden Hindernisse auf dem Wege zum Fortschritt in Lateinamerika ist ein Paragraph des amerikanischen Auslandshilfegesetzes von 1962, der jeder grundlegenden Boden- oder Steuerreform, die gegen amerikanische Firmen im Ausland gerichtet ist, vorbeugen soll. Da amerikanische Unternehmen in jedem wichtigen Gebiet Lateinamerikas investiert haben, ist ein derartiges Verbot von fundamentaler Bedeutung.

Gemäß Paragraph 620(e) des Gesetzes ist der Präsident angewiesen, einem Land jede Form von Auslandshilfe zu entziehen, das auf seinem Territorium befindliche Unternehmen, deren Aktienkapital zu über fünfzig Prozent im Besitz amerikanischer Bürger ist, verstaatlicht oder mit übermäßigen Steuerlasten belegt; der Präsident kann solchen Ländern eine Fortsetzung der Hilfe nur dann zugestehen, wenn »gerechte und prompte« Entschädigung geleistet wird oder eine Rückgängigmachung der Steuern innerhalb von sechs Monaten erfolgt. Die Gesichtspunkte, von denen sich Regierung und Kongreß der USA bei der Beurteilung solcher Kontroversen leiten lassen, besonders in bezug auf die Schlüsselbegriffe »gerecht« und »übermäßig«, sind offenbar von nicht zu unterschätzender Bedeutung. Ein ernüchternder Bericht über diese Kriterien findet sich in der *New York Times* vom 26. Dezember 1963 unter der Überschrift »Allianz vor Problem in Peru. Angedrohte Verstaatlichung kann US-Hilfspläne behindern«: »Die USA sehen sich bei der Durchführung der Allianz für den Fortschritt in Peru einem Problem gegenüber. Sollen die USA neue umfangreiche Hilfsmaßnahmen und Geldmittel für ein aussichtsreiches wirtschaftliches und soziales Entwicklungsprogramm in einem Land bereitstellen, das in eine noch ungelöste Kontroverse mit einer in amerikanischem Besitz befindlichen Erdölgesellschaft verwickelt ist? Der International Petroleum Company, einer Tochtergesellschaft der Standard Oil Company in New Jersey, droht die Verstaatlichung. Der Senat von Peru beschloß in der letzten Woche, die Gesellschaft zu verstaatlichen, sofern sie nicht einen Plan akzeptiert, der die Zahlung einer ›Prämie‹ in Höhe von fünfzig Millionen Dollar an die Regierung vorsieht, damit die Firma weiterhin geschäftlich tätig sein kann. Das Unternehmen, das hier Vermögenswerte von zweihundert Millionen Dollar besitzt, hat diesen Plan zurückgewiesen, der neue Steuern nach sich ziehen würde ... *Die Haltung der USA ist so, daß sie jeder für das Unternehmen befriedigenden Lösung zustimmen werden.* Beamte hier ... sind beunruhigt ... über die möglichen Auswirkungen der Kontroverse auf das Investitionsklima sowie *der Reaktion des amerikanischen Kongresses auf Maßnahmen, die die Firma als ungerecht ansieht.«* [Hervorhebung vom Autor.]

Nach den Bestimmungen dieses Gesetzes endete das Drei-Millionen-Dollar-Hilfsprogramm für Ceylon im Frühjahr 1963, sechs Monate nachdem dieses Land einige im Besitz von amerikanischen Staatsbürgern befindliche Erdölgesellschaften verstaatlicht hatte. Die Regierung von Ceylon hatte den Gesellschaften angeboten, eine Entschädigung in Schuldverschreibungen zu zahlen, aber sowohl die Höhe der Entschädigungssumme als auch die Art der Zahlung wurden von den betreffenden Gesellschaften als unannehmbar bezeichnet, und so wurde die Hilfe eingestellt[34].

Die Bedeutung dieses Gesetzes für die Allianz wurde schon vor dem Fall Ceylon sonnenklar, als die Regierung von Honduras am 30. September 1962 ein Bodenreformgesetz verabschiedete, von dem Grundstücke im Besitz der United Fruit Company betroffen gewesen wären, jenes Konzerns also, der die Wirtschaft dieser lateinamerikanischen Republik beherrschte[35]. Die United Fruit Company wurde unter anderem durch die Tatsache beunruhigt, daß die Zahlung der Entschädigung in verzinslichen Schuldverschreibungen und nicht in bar erfolgen sollte. Natürlich vermag kein unterentwickeltes Land Barzahlungen zu leisten; vielmehr ist es ja gerade das Ziel einer Bodenreform im Zusammenhang mit einem nationalen Entwicklungsprogramm, das Kapital aufzubringen, das im Augenblick so dringend benötigt wird. Daher ist es äußerst bezeichnend, daß die Senatoren, die sich am 2. Oktober, als die Honduras-Frage im Senat erörtert wurde, zu Wort meldeten, einmütig den Standpunkt der United Fruit Company unterstützten; der Vorsitzende des äußerst wichtigen Unterausschusses für lateinamerikanische Angelegenheiten, der liberale Senator Wayne Morse, drückte ihre übereinstimmende Meinung so aus:

»Der Senator aus Iowa (Hickenlooper) betonte, es werde in Erwägung gezogen, als Entschädigung für den enteigneten Besitz irgendeinen Gutschein oder eine Schuldverschreibung oder ein Wertpapier anzubieten. Herr Präsident, es gibt nur eine Entschädigung, die einen Wert hat, und das sind harte amerikanische Dollars[36].«

Angesichts der Tatsache, daß es ein öffentlich verkündetes Ziel der Allianz ist, den Kontinent zu revolutionieren, und zwar durch Förderung der Bodenreformbestrebungen, Mehrfachanbau in der Landwirtschaft, überhaupt durch Intensivierung der Produktion mit Hilfe von Genossenschaften, scheint die Erwartung nicht abwegig zu sein, die Allianz selber werde der Regierung von Honduras Mittel zur Verfügung stellen, um die United Fruit Company zu entschädigen. Die Bemerkung von Senator Morse machte es darüber hinaus in peinlicher Weise deutlich, daß eine solche Auffassung von der Allianz für den Fortschritt undenkbar sein würde, selbst für liberale Kongreßmitglieder.

»... Wir müssen den amerikanischen Investoren klarmachen, daß sie im Falle einer Beschlagnahme ihres Eigentums eine angemessene Entschädigung erhalten. Falls sie nicht angemessen entschädigt werden, beabsichtigen wir nicht, auf die Dollars der amerikanischen Steuerzahler zurückzugreifen und sie auf dem Wege über die Auslandshilfe in irgendein Land zu pumpen, damit die Herren dort einen doppelten Gewinn einstreichen – den Besitz amerikanischer Investoren und das Geld amerikanischer Steuerzahler.«

Weit davon entfernt, diese Haltung aufzugeben, fügte der Kongreß im folgenden Jahr eine Ergänzungsbestimmung hinzu, nach der ein Land, das mit den USA geschlossene Verträge kündigte, für die Gewährung von Auslandshilfe nicht in Frage kam. Die Zusatzbestimmung richtete sich gegen die nationalistischen Regierungen von Peru und besonders Argentinien, wo die von der Frondizi-Regierung 1958 illegal gewährten Erdölkonzessionen durch die neu gewählte Illia-Regierung 1963 wieder aufgehoben wurden[37].

Wenn die Allianz den Widerstand gegen Boden- und Steuerreformen gesetzlich verankert hatte (von der nationalen Entwicklung nationaler Hilfsquellen und Reichtümer ganz zu schweigen, da ein großer Teil der Hilfsquellen Lateinamerikas von ausländischen Privatfirmen ausgebeutet wird), so bestand ein ebenso drohendes und gefährliches strukturbedingtes Hindernis für das wirtschaftliche Wachstum. Dieses Hindernis wurde verkörpert durch das Gewicht, das die USA und die Banken der Allianz gleichermaßen einer Währungsstabilität – will sagen: ausgeglichenen Regierungsetats – beimaßen. Die Art einer Stabilisierung schloß nämlich, wie bereits früher im Falle Kubas angedeutet wurde, »die Anwendung des Mittels einer Defizitfinanzierung zur Durchführung der Industrialisierung und der Agrarreform« aus. Die Auswirkungen einer solchen Stabilisierung auf die wirtschaftliche Entwicklung wurden in einem in der New York Times (Internationale Ausgabe vom 25. März 1963) veröffentlichten Bericht über Kolumbien behandelt, das in den frühen Tagen der Allianz als aussichtsreiches »Schaufensterland« herausgestellt worden war:

»... wenn die USA ein starkes Interessse gezeigt haben, Kolumbien zu helfen, so war ein Hauptgrund seine relativ stabile Währung. Eine Hilfe aus dem Ausland wird für die Entwicklung des Landes als wesentlich angesehen.

Jetzt erkennt man jedoch die Schwierigkeiten, ja die Widersprüche, die eine Spar- bzw. Einschränkungspolitik in einem unterentwickelten Land, das sich zu entfalten bemüht ist, mit sich bringt.

Ein Diplomat bemerkte unlängst, daß die USA und die Internationale Bank für Wiederaufbau und Entwicklung die Regierung gedrängt hätten, ihr Budget als Vorbedingung für eine Gewährung von Entwicklungsgeldern auszugleichen.

Doch eine Kürzung der Ausgaben um die eine Milliarde Pesos des jährlichen [Regierungs-]Defizits würde eine Reduzierung des Sozialprodukts – wegen der sich vervielfachenden Wirkung der Regierungsausgaben – um zehn bis fünfzehn Prozent bedeuten.«

Diese offenbare Sorge, einen inflationistischen (wenn auch wirtschaftlich »gesunden«) Druck zu verhindern, ist natürlich durch die Hauptsorge motiviert, das richtige Klima für Auslandsinvestitionen zu schaffen, wie der Artikel in der Times durchblicken ließ. Doch die Forcierung des für ausländisches Privatkapital günstigen Klimas bis zu dem Punkt, wo es mit den Forderungen nach nationaler Integrität und wirtschaftlicher Entwicklung kollidiert, kann nur im Zusammenhang mit den eigenen vordringlichen Aufgaben der Allianz verstanden werden. Hier fällt endlich einiges Licht auf die negative Haltung, die die USA gegenüber grundlegenden Reformen und einer durch Defizite finanzierten Wirtschaftsentwicklung praktisch eingenommen hatten, aber auch auf die Beharrlichkeit der USA, eine »Revolution« von der Spitze ausgehend nach unten durchzuführen, gleichgültig wie reaktionär die Spitze selber sein mochte. [So gingen beispielsweise in den ersten zwei Jahren der Allianz Allianzmittel im Werte von achtzehn Millionen Dollar an den nikaraguanischen Staatschef Somoza. Die Somoza-Familie hatte Nikaragua seit 1936 gleichsam als ihr Privatreich verwaltet, als General Anastasio Somoza zuerst seine Diktatur errichtete. In diesen Jahren »gebrauchte er sein Monopol an Gewaltmitteln, um die Interessen seiner Familie durchzusetzen. Durch systematisch empfangene Schmiergelder häufte er einen riesigen Industriebesitz sowie umfangreiche Ländereien an und machte auf diese Weise die Somozas zu einer der reichsten Familien in den lateinamerikanischen Ländern« (nach einer im Auftrag des Rates für Auswärtige Beziehungen angefertigten Studie). Im gleichen Zeitraum bestand die Bevölkerung weiterhin zu siebzig Prozent aus Analphabeten, das Pro-Kopf-Einkommen lag weiterhin unter zweihundert Dollar, die Lebensbedingungen waren weiterhin menschenunwürdig (55 von 100 nikaraguanischen Kindern sterben vor ihrem fünften Geburtstag) und Demokratie gibt es praktisch nicht. Es bestand kein Grund anzunehmen, daß die Somoza-Familie (nach der Ermordung des Generals im Jahre 1956 übernahmen die Söhne die Macht) sich ändern würde, nur weil die Befürworter der Allianz in vagen Begriffen die Notwendigkeit einer »Reform« proklamierten. Inzwischen trug die im Rahmen der Allianz und bereits vor der Allianz gewährte Hilfe (einschließlich einer ausgedehnten Militärhilfe) wesentlich zur Festigung des Somoza-Regimes bei. Zyniker mögen jedoch anmerken, daß die Somozas durch ihre aktive Zusammenarbeit beim Staatsstreich in Guatemala und durch ihre Bereitstellung von nikaraguanischem Territorium für die Invasionstruppen des Unternehmens Schweinebucht im Jahre 1961 sich die amerikanischen Hilfsgelder redlich verdient hatten.]

In einer Rede vor der Vierten Jahresversammlung über Private Auslandsinvestitionen und Auslandshandel am 31. Mai 1962 machte der US-Koordinator der Allianz für den Fortschritt, Teodoro Moscoso, die vordringlichen Aufgaben des Programms unmißverständlich klar:

»... Ich möchte mit allem Nachdruck betonen, daß die Privatwirtschaft – sowohl die eigene als auch die im Ausland – mitarbeiten muß, wenn die Allianz ein Erfolg werden soll ... mitarbeiten, d. h. indem sie die Fabriken, die Absatzorganisationen und Versorgungsbetriebe aufbaut, die die Symptome voll entwickelter Wirtschaftssysteme darstellen. Wenn der private Sektor versagt, dann wird unser eigenes Hilfsprogramm nur geringe Wirkung haben. Wir können zwar während des Jahrzehnts der Allianz eindrucksvolle Bauwerke errichten: Staudämme, Autostraßen und Schulen; wenn aber der durch die Allianz gegebene Anstoß nicht auf den privatwirtschaftlichen Sektor übergreift ... sofern private und firmeneigene Sparanlagen in Lateinamerika ihren Weg nicht zu neuen produktiven Kapitalanlagen, sondern statt dessen zu Schweizer Banken und einem hohen Lebensstandard finden – dann, fürchte ich, werden die auf die Charta von Punta del Este gesetzten Hoffnungen bitter enttäuscht werden.«

Mit anderen Worten, der für die Beziehungen von Regierung zu Regierung geltende Aspekt des Programms, d. h. die staatliche Hilfe soll die Infrastruktur einer hochentwickelten Wirtschaft aufbauen, während der Ausbau dieser Infrastruktur dem Privatkapital zufällt.

Dies wird durch eine Aufschlüsselung der in den ersten zwei Jahren der Allianz beispielsweise Mexiko gewährten Hilfe bestätigt. Von den bereitgestellten 705 Millionen Dollar dienten 345 Millionen Dollar als Hilfskredite zur Stützung des Pesos, auf die man nur in einer ernsten Währungskrise zurückgreifen konnte. Weitere achtzig Millionen Dollar auf Kredit waren speziell für amerikanische Exportfirmen bestimmt, die mit Mexiko in Handelsbeziehungen standen, und vierzehn Millionen Dollar flossen privaten Kreditnehmern über die Export-Import-Bank zu. Schließlich wurden 266 Millionen Dollar für Entwicklungsprojekte zugesagt (Gesundheitswesen, Wohnungsbau, Schulen, Wasserversorgungsanlagen, Straßen usw.) Im November 1963 sollten zwei Allianz-Anleihen an Mexiko das »kritische mexikanische Wohnungsproblem« in Angriff nehmen. »Beide Darlehen werden dem ... staatlichen Kreditinstitut gewährt und sind zur Finanzierung einer Wohnungsbautreuhandgesellschaft zu verwenden. Das Geld wird an private Kreditinstitute für Darlehen an künftige Hausbesitzer ausgegeben« (*New York Times*, Internationale Ausgabe vom 28. November 1963). Die Allianz baute in den ersten zwei Jahren ihres Bestehens 140 000 neue Wohnungen. Doch nach einem Bericht der Organisation Amerikanischer Staaten von 1953 lebten achtzig Prozent der Landbevölkerung in Lateinamerika in Unterkünften, die nicht einmal den hygienischen Minimalforderungen entsprachen. (Vgl. William Manger [Herausg.] *The Alliance for Progress: A Critical Appraisal* [Die Allianz für den Fortschritt: Eine kritische Würdigung], 1963, S. 33.) Die Wohnungsnot ist nach den Worten der *New York Times* »grenzenlos« und »wächst jährlich um schätzungsweise eine Million Wohnungen, d. h. zwölfmal schneller als das Angebot der mit Allianzmitteln errichteten neuen Wohnungen« (Internationale Ausgabe vom 18. August 1963). Bemerkenswert erscheint, daß von den in den ersten zwei Jahren der Allianz ausgegebenen anderthalb Milliarden Dollar 600 Millionen in Form von Darlehen der Export-Import-Bank gewährt wurden, d. h. als Darlehen für den Kauf amerikanischer Waren, während 150 Millionen Dollar in Form von überschüssigen Lebensmitteln im Rahmen des Plans »Nahrung für den Frieden« geliefert wurden, »eines Programms, das häufig mit Dumpingpraktiken arbeitet, die den einheimischen Erzeugern unermeßlichen Schaden zufügen[38]«.

In einer weiteren Rede, diesmal vor dem Wirtschaftsklub in Detroit am 1. April 1963, wiederholte Mr. Moscoso die grundlegenden Aufgaben des Programms unter einem etwas anderen

Aspekt. Er ging auf den, wie er sagte, Mythus ein, demzufolge »alles, was Amerika benötigt, ein freundliches Klima für das private Unternehmertum ist ... und die Arbeit, die die Allianz für den Fortschritt zu tun sich bemüht, getan werden wird«, und sagte: »Diese Auffassung läßt die Notwendigkeit außer acht, Straßen, Häfen, Kraftwerke und Verkehrswege zu bauen, die zumindest zum großen Teil mit öffentlichen Mitteln gebaut werden müssen und die in zahlreichen Gebieten eine Vorbedingung für die wirksame und gewinnbringende Investierung von Privatkapital darstellen.«

Lateinamerika hatte natürlich sehr bittere Erfahrungen im Hinblick auf privates Kapital und die mangelnde Infrastruktur gemacht, die Mr. Moscoso mit keinem Wort erwähnte[39]. Um ein typisches Beispiel zu zitieren, blieben 1954 in Guatemala neunzig Prozent der erzeugten elektrischen Energie in der Hauptstadt. Vier Fünftel des in Guatemala benötigten Stroms wurden von einer in amerikanischem Besitz befindlichen Elektrizitätsgesellschaft erzeugt, die es ablehnte, das mit dem Transport der Elektrizität in das übrige Land verbundene Risiko zu übernehmen. In Brasilien legte die ebenfalls in USA-Besitz befindliche Telephongesellschaft eine solche Unfähigkeit an den Tag, daß 1962 700 000 Menschen auf der Warteliste für Telephonanschlüsse standen[40]. Als Gouverneur Leonel Brizola aus dem Staat Rio Grande do Sul eine der IT & T gehörende Telephongesellschaft enteignete, wurden im Repräsentantenhaus und im Senat Resolutionen eingebracht, die eine sofortige Einstellung der Hilfsmaßnahmen verlangten. Die Kontroverse wurde schließlich zwischen der zentralen brasilianischen Regierung und den USA beigelegt, nachdem man sich auf eine »angemessene« Entschädigung geeinigt hatte.

Aus dem Vorhergehenden dürfte klar geworden sein, daß der Konzeption der Allianz für den Fortschritt keine eindeutig formulierte, sondern vielmehr eine reichlich zweideutige Aufgabe zugrunde lag. Ihre zweideutige Aufgabe bestand darin, Lateinamerika durch den Zufluß von Privatkapital wirtschaftlich zu entwickeln und öffentliche Mittel nur in Gebieten zu verwenden, die sich nicht unmittelbar rentierten oder wo die Risiken für private Unternehmer zu groß waren. Darüber hinaus war es da, wo zwischen den Mitteln (Privatkapital) und dem Zweck (wirtschaftliche Entwicklung) ein Gegensatz bestand, schon von der Struktur des Programms her unvermeidlich, daß der Zweck, d. h. das »Ziel« selber, geopfert wurde. Und in der Tat kam ein brasilianischer Delegierter auf der Konferenz von São Paulo anläßlich des zweijährigen Bestehens des Programms auf die neue amerikanische Gesetzgebung gegen eine Verstaatlichung amerikanischer Ölgesellschaften im Ausland und sagte: »Es erweist sich als Tatsache, daß soziale Reformen und Privatkapital sich nicht vertragen.« In Anerkennung dieser Tatsache wurde beschlossen, die Allianzdarlehen über eine einzige interamerikanische Behörde fließen zu lassen, die sie dann zu im strengen Sinne wirtschaftlichen Entwicklungsprojekten weiterleiten sollte; soziale Reformen würden dann keine Vorbedingung mehr darstellen. Ein brasilianischer Kommentator zog folgenden Schluß: »Die *Alianza* wurde in Punta del Este geboren und starb in São Paulo[41].«

Nicht nur im Hinblick auf soziale Reformen führte das privaten Investitionen beigelegte Gewicht zu Widersprüchen innerhalb der Struktur des Programms und somit zu Fragen nach den wirklich vordringlichen Aufgaben. Die Expansion amerikanischer privater Investitionen, welche die Allianz zu fördern suchte, konnte kaum, wie beabsichtigt, einen Kapitalzufluß in das Gebiet bedeuten. Im Gegenteil. Während des Zeitraums 1950–1963 betrug der *Netto*kapitalfluß von amerikanischen Firmen in Übersee zurück in die USA 17,4 Milliarden Dollar[42]. Der *Netto*kapitalfluß von amerikanischen Firmen, deren Hauptsitz in lateinamerikanischen Ländern lag, belief sich in den Jahren 1951–1961 auf vier Milliarden Dollar[43]. Mit anderen Worten, die amerikanischen Privatinvestitionen in den unterentwickelten Ländern im allgemeinen und in Lateinamerika im besonderen wirkten als Saugpumpen, die der kapitalschwachen Wirtschaft dieser Länder genau jenes lebenswichtige Wachstumselement entzogen, das Wirtschaftshilfeprogramme wie die Allianz für den Fortschritt liefern sollten. Eine Verlagerung des Schwerpunktes auf die Aufrechterhaltung und Erweiterung dieser Investitionen konnte nur eine Zielsetzung beinhalten, die von dem erklärten Ziel der Allianz, nämlich das wirtschaftliche Wachstum Lateinamerikas zu fördern, unabhängig war (und dazu im Widerspruch stand). In der Vorrangskala amerikanischer Politiker war es außerdem unvermeidlich (und bereits offenkundig), daß zwischen den beiden Zielen das wirtschaftliche Wachstum Lateinamerikas eine untergeordnete Rolle spielen mußte.

Obwohl also die Allianz für den Fortschritt taktische Abweichungen von früheren Programmen in Lateinamerika mit sich brachte, blieb ihr strategisches Ziel – die Wahrung festbegründeter Privilegien und der Interessen des amerikanischen Privatkapitals im besonderen – unverändert. Erst durch die Erkenntnis, daß die primäre Funktion der Allianz im Schutz privater amerikanischer Interessen in Lateinamerika bestand, läßt sich das Versagen der USA begreifen, einen der Hauptgrundsätze des Allianzprogramms zu erfüllen, nämlich die Verpflichtung, politische Freiheit zu gewähren. Das diesbezügliche Versäumnis der USA war auch vor der Bekanntgabe des Allianzkonzeptes bereits lückenlos. »Obwohl die USA in Lateinamerika als Ver-

teidiger der politischen Demokratie auftraten«, schrieb ein engagierter Kenner des Kalten Krieges, »unterstützten sie in Wirklichkeit jeden militärischen Tyrannen, der zwischen 1945 und 1960 die politische Bühne betrat (oder bereits da war[44]).«
Der Grund für diese Unterstützung ist unschwer zu erraten. Als eine zuverlässig »konservative« gesellschaftliche Macht ist die Armee in Lateinamerika ein Garant wirtschaftlicher und sozialer, wenn nicht politischer Stabilität. Bestimmt ließen sich die siebenhundert Millionen Dollar, die die USA Lateinamerika seit dem zweiten Weltkrieg als Militärhilfe gewährt hatten[45], nicht ernstlich in die offizielle Sparte »Verteidigung der westlichen Hemisphäre« einordnen. 1955 protestierte der im Exil lebende Vorsitzende der kolumbianischen Liberalen Partei, Eduardo Santos, in den USA gegen die weitere Verbreitung von Waffen in Lateinamerika. »Gegen wen bewaffnen wir Lateinamerikaner uns eigentlich?« fragte er. »Wir bauen Armeen auf, die in der internationalen Waagschale kein Gewicht haben und die lediglich ein Schreckgespenst für das innenpolitische Leben jedes Landes darstellen. Jedes Land wird von seiner eigenen Armee besetzt gehalten[46].«
Santos' Einspruch hatte keine nennenswerte Wirkung auf die amerikanische Politik; der Waffenstrom nach Lateinamerika hielt unvermindert an, und 1960 war nicht nur ein Beobachter zu der Schlußfolgerung bereit, daß
»selbst da, wo die Förmlichkeit und Umständlichkeit [der Demokratie] toleriert wird, die Armee die oberste Autorität darstellt ... Wo die Linke die Wahlen gewonnen hat, haben sich die Früchte der Amtszeit in bittere Asche verwandelt. Wir haben bereits in Argentinien eine sogenannte extreme linke Regierung [Frondizis] erlebt, die einen Polizeistaat mit sich brachte, um eine von ausländischen Bankiers diktierte Deflationspolitik zu verfolgen. Das Gleiche läßt sich von Venezuela sagen, wo dem triumphalen Wahlsieg von Staatspräsident Bétancourts linker *Acción Democratica* soziale Stagnation und niederdrückende Enttäuschung folgten[47].«
Vor diesem Hintergrund traditioneller Hilfeleistungen der USA für Militärdiktaturen in Lateinamerika bezeichnete sich die Allianz für den Fortschritt als einen neuen Anfang. Sie sollte als »ein Bündnis freier Regierungen« verstanden werden, dessen Aufgabe darin bestand, »Willkürherrschaft aus einer Hemisphäre zu verbannen, in der sie keinen rechtmäßigen Platz hat«. In der Rede, in der Präsident Kennedy seine Allianz für den Fortschritt bekanntgab, hob er Kuba und Trujillos Dominikanische Republik als Länder hervor, die besonders unter diktatorischen Regierungssystemen zu leiden hätten. (Der Präsident hätte auch die Militärdiktaturen in Haiti, Nikaragua, Guatemala, El Salvador und Paraguay erwähnen können; er zog es

jedoch vor, sie als Partner der Allianz aufzunehmen, und lieferte ihnen für viele Millionen Waffen und Wirtschaftshilfe.)

Diese Zubilligung politischer Freiheit war trotz ihrer zweifelhaften Bedeutung kein bloßer rhetorischer Sammelplatz, sondern sollte eine strategische Bedeutung haben. Denn wie später berichtet wurde, »hatte Präsident Kennedy die Vorstellung entwickelt, daß, sofern nicht die wirtschaftliche Entwicklung mit einer demokratischen Regierung Hand in Hand geht, keine stichhaltigen Argumente gegen die totalitären Praktiken des marxistisch-leninistischen Regimes auf Kuba vorgebracht werden können, und daher hat der Westen nichts, was er Lateinamerika anbieten könnte, um dem Kommunismus ideologisch entgegenzutreten[48]«.

Trotz des entscheidenden Wertes, der demokratischen Spielregeln anhaftete, hielt es Präsident Kennedy für zweckmäßig, fünf der sieben Militärputsche gegen verfassungsmäßig gewählte Regierungen, die während seiner kurzen Amtszeit stattfanden, anzuerkennen und zu unterstützen, während Präsident Johnson die restlichen zwei Putsche binnen eines Monats nach seiner Amtsübernahme anerkannte. [Die Staatsstreiche fanden in El Salvador (Januar 1961), Argentinien (März 1962), Peru (Juli 1962), Guatemala (März 1963), Ekuador (Juli 1963), der Dominikanischen Republik (September 1963) und in Honduras (Oktober 1963) statt. Ein typischer Fall war Peru: »Zwischen 1945 und 1960 lieferten die USA an Peru 83 Millionen Dollar für die ›Verteidigung der westlichen Welt‹ ... im Etatsjahr 1962/63 wurden die militärischen Subventionen an Peru trotz der Prämissen der Allianz für den Fortschritt fast verdoppelt ... Symbolisch genug war es ein von den USA gelieferter Sherman-Panzer, der die Tore des Pizarro-Palastes niederwalzte, und der Offizier, der den Angriff leitete und den 72 Jahre alten Staatspräsidenten Prado verhaftete, war Oberst Gonzalo Briceno, ein Absolvent der amerikanischen Ranger School in Fort Benning, Georgia« (Prof. Samuel Shapiro, »Peru and the *Alianza*«, *Studies on the Left*, III, 2, 1962).]

Einer dieser Putsche war gegen die demokratische Reformregierung Juan Boschs in der Dominikanischen Republik gerichtet. Die Reaktion der Johnson-Regierung, aber auch eines großen Teils der US-Oberschicht war höchst aufschlußreich. Bosch war »frei gewählter« Staatspräsident[49] der Dominikanischen Republik gewesen, nachdem Trujillos Ermordung im Jahre 1961 einen Schlußstrich unter dessen dreißigjährige Diktatur gesetzt hatte. Bosch wurde im Februar 1963 in sein Amt eingeführt und im September des gleichen Jahres abgesetzt. Unmittelbar nach dem Putsch schilderte ihn die *New York Times* in ihrem Leitartikel »als einen links von der Mitte stehenden Intellektuellen in einer Linie mit der demokratischen Linken, die durch Politi-

ker wie Bétancourt in Venezuela und Gouverneur Muñoz Marin in Puerto Rico vertreten wird«. Bosch hatte nach Ansicht des Leitartikels »versucht, bei der Umwandlung einer auf das Kapital, den Großgrundbesitz und das Militär gestützten streng autokratischen sozialen und ökonomischen Struktur in eine demokratische Volksregierung zu schnell vorzugehen[50]«.
Bosch zeigte sich so reformfreudig, daß die Allianz für den Fortschritt »die Dominikanische Republik als ein leuchtendes Beispiel dafür hinzustellen begann, wie man einer einstigen Diktatur behilflich sein konnte, sich in eine blühende Demokratie zu verwandeln«. Die für Boschs Dominikanische Republik bereitgestellten Mittel gehörten zu den größten Summen, die einem lateinamerikanischen Land zur Verfügung gestellt wurden. Dann kam der Putsch. Sofort tauchten im ganzen Lande Guerillas auf[51], und die USA standen vor der Wahl, sich voll und ganz hinter das neue Regime zu stellen oder es fallenzulassen.
Zunächst brach die Kennedy-Regierung die diplomatischen Beziehungen ab, stellte die Wirtschafts- und Militärhilfe ein und beorderte alle amerikanischen Staatsangehörigen in die Heimat zurück. Doch als sich die USA ein paar Monate später der Aussicht auf eine vom Volke getragene und möglicherweise am Vorbild Fidel Castros orientierte Revolution gegenübersahen, entschieden sie sich für eine vorbehaltlose Unterstützung des neuen Regimes. In Lateinamerika gaben Kolumbien und Venezuela – »die erfolgreichsten demokratischen Regierungen innerhalb der Allianz« – bekannt, daß sie nicht dasselbe zu tun gedächten und eine Anerkennung verweigern würden. Kolumbien wies einem Bericht in der *Times* zufolge darauf hin, daß es mit den USA nicht in einer Politik konform gehen werde, die »eine Rückkehr zu den politischen Grundsätzen der Eisenhower-Ära« darstelle[52].
Gleichfalls bedeutend war das von der *New York Times* vorgetragene Argument zugunsten einer Wiederaufnahme der diplomatischen Beziehungen. Drei Monate nach der ersten Würdigung der Präsidentschaft Juan Boschs erklärte die *Times*, daß »Staatspräsident Bosch, der bei seinem Amtsantritt alle Vertreter der dominikanischen Gesellschaft, des Unternehmertums und der Politik hinter sich wußte, sich in den sieben Monaten seiner Regierung jedem einzelnen seiner Anhänger entfremdet hatte ... Darüber hinaus hatten die Offiziere binnen sechsunddreißig Stunden nach dem Putsch die Regierung einem zivilen Triumvirat übergeben, dem andere Zivilisten zur Seite standen ... Diese Zivilisten – ehrbare, fähige, patriotische und den USA freundlich gesinnte Bürger – stellen die traditionelle weiße Oberschicht aus Großgrundbesitzern und Geldaristokratie dar.« [Hinzufügung vom Autor.]
Die *Times* schloß ihren Aufsatz: »Normale Beziehungen zu den

übrigen Ländern der westlichen Hemisphäre dürften die Situation für die gegenwärtige gemäßigte und verhältnismäßig demokratische *[sic]* Regierung retten. Hilfsmaßnahmen müssen unverzüglich eingeleitet werden[52].«

Diese Vorfälle sollen unterstreichen, was die vorhergehende Analyse deutlich gemacht hat: Die Hauptsorge der amerikanischen Politik in Lateinamerika gilt der Aufrechterhaltung sozialer Stabilität. Solange nämlich die traditionellen herrschenden Gruppen in Lateinamerika ihre Macht behalten, ist den Interessen der USA gedient. Natürlich war man der Meinung, daß Reformen durchgeführt werden sollten und mußten, um das System selber zu erhalten. Oder wie Präsident Kennedy es ausdrückte: »Diejenigen, die in armen Ländern Reichtum und Macht besitzen, müssen die Verantwortung in eigener Regie übernehmen. Sie müssen den Kampf um jene grundlegenden Reformen führen, die allein *die Struktur ihrer eigenen Gesellschaftsordnung erhalten können.* Die, die eine friedliche Revolution unmöglich machen, werden eine gewaltsame Revolution unvermeidlich machen[53].« [Hervorhebung vom Autor.]

Auf der anderen Seite hatten die zwei Jahre seit Bestehen der Allianz deutlich gezeigt, daß sowohl die herrschenden Minderheiten Lateinamerikas als auch der amerikanische Kongreß lediglich die minimalsten Reformen zu tolerieren bereit waren. Sobald irgendeine lateinamerikanische Regierung auch nur den Versuch unternahm, die Grenzen ihrer Mindestreformen zu überschreiten, wurde sie durch einen Militärputsch gestürzt. (Am 25. Dezember kündigte Senator Wayne Morse an, daß er eine Untersuchung der Umstände plane, die zu Boschs Sturz geführt hätten. »Mr. Morse ... sagte, es gebe ›zuverlässige Beweise‹, daß bestimmte amerikanische Geschäftskreise zur Finanzierung des Militärputsches beigetragen hätten« [*New York Times*, Internationale Ausgabe vom 26. Dezember 1963.].) Die USA würden dann aufgefordert werden, die im Grunde unsichere (weil repressive und reaktionäre) politische Ersatzregierung zu unterstützen. Darauf, daß die USA die notwendige Unterstützung liefern würden, konnte man sich verlassen (wie sieben Staatsstreiche in drei Jahren bewiesen), weil Washington die soziale Instabilität mit der Hoffnung auf weitreichende Reformen mehr fürchtete als die Aussicht auf eine politische Diktatur sowie die traditionelle Armut unter dem Status quo.

Binnen zwei Monaten nach Amtsübernahme löste die Johnson-Regierung die Spannungen zwischen der reformistischen Taktik und Ideologie der Allianz und ihren konservativen strategischen Zielen, indem sie einfach die Reformbestrebungen zugunsten einer sogenannten pragmatischen Lösung aufgab. Am 18. März 1964 umriß der neue Unterstaatssekretär für interamerikanische Angelegenheiten, Thomas C. Mann, die vier Hauptziele der amerikanischen Politik in Lateinamerika: wirtschaftliches Wachstum, Schutz der amerikanischen Investitionen, Nichteinmischung in die innenpolitischen Angelegenheiten der lateinamerikanischen Länder und Widerstand gegen den Kommunismus. Die Unverträglichkeit der letzten beiden Punkte war nur scheinbar, wenigstens im Zusammenhang mit der Interpretation, die das State Department den Zielen gab. Mr. Mann machte klar, daß unter »Nichteinmischung« Duldung »antikommunistischer« Militärputsche verstanden werden sollte, selbst gegen verfassungsmäßig gewählte Regierungen. »Mr. Mann soll gesagt haben, ihm falle es schwer, zwischen dem mexikanischen Staatspräsidenten Adolfo López Mateos, dem bolivianischen Staatspräsidenten Victor Paz Estenssoro und dem Staatspräsidenten von Paraguay, Alfredo Stroessner [Diktator] zu unterscheiden[54].«

Zwei Wochen später, am 2. April, verdrängte in Brasilien ein Putsch von rechts die gemäßigt reformfreudige, doch in der Hauptsache opportunistische verfassungsmäßige Regierung von João Goulart. Zwölf Stunden nachdem die neue provisorische Regierung unter Vorsitz eines Armeegenerals die Regierungsgewalt übernommen hatte, sandte Präsident Johnson seine »wärmsten Wünsche« und ein Angebot zur »verstärkten Zusammenarbeit«. Am nächsten Tag begrüßte Außenminister Rusk höchst unglaubwürdig den Militärputsch als »eine Maßnahme, die die Fortsetzung der verfassungsmäßigen Regierung gewährleistet«.

Wenn Putsche rechtsgerichteter Kreise gegen verfassungsmäßige Regierungen den USA unter Johnson erwünscht waren, so wenig war es eine verfassungsmäßig garantierte Erhebung gegen eine Militärdiktatur. Als Offiziere in der dominikanischen Armee mit Unterstützung bewaffneter Volksmassen im April 1965 den abgesetzten Staatspräsidenten Bosch wiedereinzusetzen versuchten, schickten die USA 22 000 Marineinfanteristen, um die Revolution in Schach zu halten und womöglich in ihr Gegenteil zu verkehren. Um diese Aggression zu rechtfertigen, behauptete das State Department, daß durch die Intervention, die viertausend Dominikanern das Leben kostete, eine Machtübernahme durch die Kommunisten verhindert werden sollte. (Washington sprach zur Begründung seines Vorgehens sogar von dreiundfünfzig (*sic*) »bekannten« Kommunisten, die es in der Revolutionsarmee geben sollte.) Wie sich im Lauf der Intervention herausstellte, »bestand Washingtons Strategie im Grunde darin ..., die Militärkaste um jeden Preis zu retten«. (Sidney Lens, »The Unfinished Revolution«, *The Nation* vom 2. Mai 1966. Dies geht aus folgendem hervor: Erstens wurde die Intervention erst nach der Bewaffnung der Volksmassen angeordnet, d. h. erst als die Revolte aufhörte, ein bloßer Offiziersputsch zu sein. Zweitens wurde nach der Besetzung durch die USA von José Figueres eine Übereinkunft vorgeschlagen, nach der dreißig oder vierzig Kommunisten ins Exil geschafft werden sollten, und für jeden Kommunisten, der ins Exil ging, sollte auch je ein Trujillo-freundlicher Offizier gehen. Die USA sollten sich dann zurückziehen. Zunächst hatte es den Anschein, als würde das Weiße Haus den Plan akzeptieren; dann kam statt dessen jedoch der Vorschlag, die Kommunisten einzusperren, nur zwei Trujillo-Anhänger zum Verlassen des Landes zu zwingen und alle verfassungstreuen aufständischen Offiziere ins Ausland abzuschieben. Dieser Vorschlag war für die Aufständischen unannehmbar und wurde von ihnen zurückgewiesen.) Um Washingtons Besorgnis in diesem Punkt zu verstehen, braucht man sich nur daran zu erinnern, daß die Zerschlagung des Militärs in Kuba das Vorspiel zur sozialen Revolution gewesen war.

Die feindliche Einstellung der Johnson-Regierung nicht nur der sozialen Revolution, sondern sogar sozialen Reformen gegenüber zeigte sich im frühen Stadium der Intervention, als Washington auf Veränderungen in der dominikanischen Verfassung (von 1963) drängte. Washington erhob insbesondere Einwände gegen den Artikel 1, der den Arbeitern das Recht auf Gewinnbeteiligung in Industrie- und Landwirtschaftsbetrieben zubilligte; gegen Artikel 2, nach dem der Besitz großer Ländereien verboten war; gegen Artikel 3, der für Ausländer das Recht auf Landerwerb einschränkte, und gegen Artikel 4, der von den Großgrundbesitzern verlangte, daß sie ihre Grundstücke über dem gesetzlich festgelegten Höchstpreis verkauften. Washington bestand auf einer Zusatzbestimmung, nach der Besitzer großer Zuckerplantagen (zu denen hohe Regierungsbeamte aus Washington gehörten) und Viehfarmen von diesen Reformmaßnahmen ausgenommen waren[55].

Insgesamt wurden die in Kennedys Allianz für den Fortschritt enthaltenen taktischen Neuerungen von seinem Nachfolger aufgegeben, während das Gesamtziel – die Erhaltung des Gefüges der bestehenden Gesellschaftsordnung mit ihren Machtstrukturen und Privilegien – unverändert blieb. Eine retrospektive Betrachtung der Reaktion der amerikanischen Politik unter Kennedy und Johnson auf die Herausforderung der kubanischen Revolution kommt einer Anerkennung jener verständigen und klugen Bemerkungen gleich, die ein hoher Beamter der Organisation Amerikanischer Staaten zu John Gerassi in Punta del Este machte, als die Allianz für den Fortschritt im August 1961 verkündet wurde:

»Die USA versuchen, Castro Einhalt zu gebieten, nichts weiter. Vielleicht tun sie dies wirklich; Geld und Waffen können einen Mann an der Durchführung seiner Vorhaben hindern. Aber die

USA werden nie die Idee Castros aufhalten. Echte Reformen erfordern Planung, staatliche Planung auf allen Ebenen, ganz zu schweigen von Enteignungs- und Verstaatlichungsmaßnahmen, die die USA ja gerade zu vermeiden hoffen. Deshalb wird auch nichts den Castroismus aufhalten – es sei denn Besatzungstruppen. Der Castroismus trachtet danach, den abgewrackten Plunder loszuwerden, der in unseren Ländern tonangebend ist. Er bedeutet allgemeine Reformen von Grund auf. Mehr als das, er bedeutet ein neues Leben, zumindest für jene, die noch nie einen Arzt gesehen, noch nie ein Hähnchen gegessen, noch nie eine Schule besucht haben. Sie und ich, wir gehören zur Bourgeoisie, zur nicht anpaßbaren Klasse. Wir werden nicht überleben, wenn der Castroismus siegt, aber die Massen Lateinamerikas werden erst wirklich zu leben beginnen, wenn die Idee Castros gesiegt hat. Und was heute den Unterschied ausmacht, ist, daß die Massen dies wissen[56].«

Teil III Unter dem Damoklesschwert

Genossen, ich will mich kurz fassen: Wie ich bereits während der Sitzung des Obersten Sowjets der UdSSR ausgeführt habe, ist es nicht ratsam, es nach der anderen Welt so eilig zu haben.

Nikita Chruschtschow

Chronologie

Februar 1945	Konferenz von Jalta
August 1945	Ende des Zweiten Weltkriegs
11. Spetember 1945	Stimson-Memorandum
Juni 1946	UN-Gespräche über Atomenergiekontrolle
1. Juli 1946	Erster Nachkriegsatombombentest auf dem Bikini-Atoll
März 1947	Truman-Doktrin
März–August 1949	Gründung der NATO
September–November 1949	Sowjetische Atombombe; chinesische Revolution
April 1950	Papier 68 des Nationalen Sicherheitsrates gebilligt
Juni 1950	Koreakrieg
August 1952	Sowjetische Wasserstoffbombe
November 1952	Eisenhower zum Präsidenten der USA gewählt
März 1953	Tod Stalins
Juni 1953	Aufstand in Ostberlin; Waffenstillstand in Korea; »Neuer Kurs« in Ungarn
Juli 1954	Genfer Abkommen über Vietnam
März 1955	Erste Krise Quemoy-Matsu
April–Mai 1955	Österreichischer Friedensvertrag
6. Mai 1955	Westdeutschland tritt der NATO bei
Juli 1955	Erste Gipfelkonferenz in Genf
Oktober–November 1956	Revolutionäre Erhebungen in Polen und Ungarn; Eingreifen der Sowjetunion in Ungarn; Intervention Großbritanniens und Frankreichs in Suez
4. Oktober 1957	Sputnik I
16. Dezember 1957	NATO-Konferenz
23. August 1958	Zweite Krise Quemoy-Matsu

November 1958	Erste Berlin-Krise
Januar 1959	Kubanische Revolution
August 1959	Chruschtschow in die USA eingeladen; Ende der Berlin-Krise
September 1959	Chruschtschow besucht die USA; Vereinbarung, neue Gipfelkonferenz abzuhalten
1. Mai 1960	U-2 über der Sowjetunion abgeschossen
15.–17. Mai 1960	Scheitern der zweiten Gipfelkonferenz
November 1960	Kennedy zum Präsidenten der USA gewählt
28. März 1961	Kennedy kurbelt das Raketenprogramm an
25. Mai 1961	Kennedy erhöht noch einmal das Militärbudget
21. Juni 1961	Beginn der zweiten Berlin-Krise
13. August 1961	Bau der Berliner Mauer
September 1961	Sowjets nehmen Kernwaffentests wieder auf
Januar 1962	US-Haushaltsplan spiegelt neue Gegenschlagstrategie wider
März 1962	USA nehmen Kernwaffenversuche wieder auf
22. Oktober 1962	Kuba-Krise
Januar–Februar 1963	USA begrüßen Einstellung von Kernwaffenversuchen
10. Juni 1963	Rede Kennedys an der Amerikanischen Universität
5. August 1963	Unterzeichnung des Atomstoppvertrages

I. Eindämmung und Befreiung

> ... die USA haben es in ihrer Macht, den Druck, unter dem die sowjetische Politik operieren muß, erheblich zu verstärken ... und ... Tendenzen zu fördern, die schließlich entweder zum Zerfall oder zur allmählichen Zermürbung der sowjetischen Stärke führen müssen.
>
> »Mr. X« – George Kennan (1947)

> Alle diese großen Ziele ... die Lösung des Problems der deutschen Wiedervereinigung, die Beseitigung der Spaltung

> des Kontinents im allgemeinen, die Reintegration der mittel- und osteuropäischen Völker in die europäische Gemeinschaft und die Entwicklung einer europäischen Einheit in kontinentalem Maßstab ... wurden mit einem Schlage der Errichtung einer militärischen Verteidigung [NATO] gegen einen Angriff geopfert, den niemand plante ... Eine derart unangebrachte Akzentverschiebung konnte, wie mir scheint, nur dem Gehirn von Leuten entsprungen sein ... die sich zum Schaden aller ernsthaften politischen Erwägungen ausschließlich mit militärischen Problemen beschäftigen, von Leuten, die sich eine günstige Zukunft Europas nur in Verbindung mit einer völligen militärischen Niederlage der Sowjetunion bzw. einem spektakulären, unerklärbaren und gänzlich unwahrscheinlichen Zusammenbruch des politischen Willens ihrer Führung vorzustellen vermögen. Von dem Augenblick an, da man sich für diesen Schritt entschied, wurde die friedliche Lösung der größten europäischen Probleme auf jeder anderen Basis als der ständigen Teilung Deutschlands und des Kontinents mit stillschweigender Einbeziehung der osteuropäischen Völker in den sowjetischen Machtbereich auf unbestimmte Zeit theoretisch fast undenkbar, und heillose Verwirrung bemächtigte sich des Grundprinzips westlicher Politik. George Kennan (1965)

14. *Die Teilung Europas*

> Solange ein ungleiches Kräfteverhältnis besteht, das der einen Seite Verhandlungen als unnötig erscheinen läßt, glauben sie, sie können ihre Absichten ohne solche Verhandlungen erreichen. Dean Acheson

Der historische Ausblick ist ernüchternd. Aus der Distanz einer späteren Zeit betrachtet, sind die Ereignisse nicht mehr mit jener Hysterie erfüllt, die einer unbekannten Zukunft entspringt. Denn diese Zukunft hat sich seitdem enthüllt und uns von den Befürchtungen befreit, die sich im Laufe der Zeit als unbegründet erwiesen haben. Wir leiden also nicht wie die Zeitgenossen an der entstellenden Furcht vor Katastrophen, die nicht eintrafen, oder vor Wegen, die man hätte einschlagen können und die, wie wir heute wissen, nie eingeschlagen wurden. Und das ist der Grund, warum wir die Vergangenheit klarer sehen.

Die Zeit hat uns auch noch auf andere Weise geholfen, denn sie hat uns den umfassenderen Strom der Geschichte verstehen gelehrt, so daß Ereignisse und ihre Folgen, die damals von entscheidender Bedeutung zu sein schienen, sich jetzt als bloßes Wellenspiel in einer größeren Flut abzeichnen.

Im nüchternen Licht einer historischen Perspektive können wir darüber hinaus auf die Handlungsweise zurückblicken, die sich Staatsmänner zu eigen machten, und sie mit den Wegen vergleichen, die sie vermieden. Wir können nicht nur die Gefahren erkennen, die sie hervorzuheben beliebten, sondern auch die günstigen Gelegenheiten, die sie außer acht ließen. Solche Vergleiche sind es, die es uns ermöglichen, die Leistungen von Menschen der Vergangenheit zu bewerten und womöglich ihre Absichten zu ergründen. Auf diese Weise kann Geschichte in der Tat zu einem »weltlichen Gewissen« und damit ein Leitfaden zu einer erfolgreicheren Zukunft werden.

In einer im September 1947 veröffentlichten Reihe bemerkenswerter Aufsätze[1] analysierte Walter Lippmann das Grundproblem, das damals die Welt in den Kalten Krieg führte, kritisierte den Versuch der Engländer und Amerikaner, mit diesem Problem fertig zu werden und schlug eine Alternativlösung vor. Im Mittelpunkt des Konflikts, wie Lippmann ihn sah, stand die Anwesenheit dreier fremder Heere (d. h. russischer, amerikanischer und britischer Truppen) auf dem europäischen Kontinent:

»Dies ist das Problem, das gelöst werden muß, wenn die Unabhängigkeit der europäischen Völker wiederhergestellt werden soll. Ohne diese Lösung besteht keine Möglichkeit eines erträglichen Friedens. Wenn jedoch diese Armeen abziehen, wird in der Welt ein völlig anderes Kräftegleichgewicht herrschen als heute, eines, das nicht leicht gestört werden kann. Dann und erst dann werden nämlich die Völker Europas – einzeln und in Gruppen, vielleicht sogar vereint – aufhören, Einsatz und Pfandobjekt des russisch-amerikanischen Konflikts zu sein. *Die Hauptursache des Konflikts wird dann beseitigt sein.*« [Hervorhebung vom Autor.]

Die fremden Truppen zogen nicht ab, die europäischen Länder blieben auch weiterhin Einsatz und Pfandobjekte im russisch-amerikanischen Konflikt, die Unabhängigkeit dieser Völker (besonders der osteuropäischen) wurde nicht wiederhergestellt, und es gab keinen erträglichen Frieden. Die Verantwortung für diese welthistorische kritische Situation ist komplexer Natur, doch läßt sich über Art und Ursprung des späteren Verlaufs der Ereignisse viel in Erfahrung bringen, wenn man die Reaktion der Westmächte auf das durch den Waffenstillstand aufgeworfene Problem untersucht und sie der von Lippmann vorgeschlagenen Alternativstrategie gegenüberstellt.

»Die Bedingungen des Problems wurden in Jalta im Frühjahr 1945 abgefaßt. Dort, mit einem Sieg über Deutschland in Aussicht, trafen Roosevelt, Churchill und Stalin ein militärisches

Abkommen, das die Grenzen festlegte, wo die aufeinander zu marschierenden Armeen sich begegnen und warten sollten, während die Regierungen über die Friedensbedingungen verhandelten, die den Abzug der Truppen regeln würden. Das Kernproblem der heutigen Welt liegt darin, ob die in Jalta festgelegte *militärische* Grenze, die als provisorisch für die Dauer des Waffenstillstandes gedacht war, die *politische* Grenze zweier feindlicher Koalitionen werden soll.« [Hervorhebung vom Autor.]

Lippmann argumentierte, daß, solange die militärische Grenze in Kraft blieb, eine entsprechende politische Grenze zwangsläufig entstehen würde. Die Politik des Westens durfte seiner Meinung nach an dieser Realität nicht vorbeisehen und mußte ihre Anstrengungen auf den Abschluß von Friedensverträgen konzentrieren, die den Abzug der Besatzungstruppen garantierten. Falls und sobald man sich über die Friedensverträge für Deutschland und Österreich einig war, müßten sie nach Lippmanns Auffassung »eindeutige Klauseln für den Abzug der Besatzungstruppen« enthalten:

»In irgendeiner Form, zu irgendeinem Zeitpunkt, unabhängig davon, welche Überwachungs- und Kontrollmaßnahmen Deutschland auferlegt, welche Garantien Deutschland abgefordert und unter den Alliierten ausgetauscht werden, müssen diese Friedensverträge einen Zeitpunkt festlegen, wann die Rote Armee ... in Mittel- und Osteuropa rechtmäßig nicht länger bleiben kann ...«

»Dies«, betonte Lippmann, »würde eine völlig andere Art von Verpflichtungen bedeuten als die, die in Jalta und Potsdam eingegangen wurden ...«. Über derartige Abkommen und über Fragen, was Demokratie und freie Wahlen seien, »kann man immerhin ehrliche und unehrliche Meinungsverschiedenheiten haben«. Aber ein Abkommen über einen »Abzug fremder Truppen« muß entweder erfüllt oder verletzt werden. »Es handelt sich hier um etwas, was sich nicht hinter einem eisernen Vorhang verbergen läßt. Es handelt sich um eine klare und ganz unmißverständliche Tatsache.«

Natürlich war es möglich, daß Rußland einem Abkommen, das die Räumung Europas vorsah, nicht zustimmen würde. Falls die Sowjetunion, wie unterstellt wurde, die Absicht verfolgte, Europa und einen großen Teil der Welt zu beherrschen, würde sie einem solchen Vertrag nie zustimmen. Denn die militärische Räumung würde kein »taktisches Manöver«, sondern »eine strategische Veränderung im Kräftegleichgewicht« bedeuten:

»Hätte sich die Rote Armee erst einmal hinter die Grenzen der Sowjetunion zurückgezogen, könnte sie Europa nicht wieder betreten, ohne einen offensichtlichen Akt militärischer Aggression zu begehen, der einen allgemeinen Krieg auslösen würde ...«

Der Abzug der Roten Armee stellte daher den Prüfstein für das sowjetische Verhalten dar, »eine unvergleichlich klarere, eindeutigere und auf die praktischen Erfordernisse zugeschnittene Prüfung der sowjetischen Absichten, als es die Einhaltung oder Nichteinhaltung des Jalta-Abkommens in den von den Nazis befreiten, aber noch von der Roten Armee besetzten Ländern je sein konnte«. Verträge wie die von Jalta veränderten nämlich nicht das Kräftegleichgewicht, »wohl aber die militärische Räumung eines ganzen Kontinents«.

Der Kreml würde dies verstehen, und die USA »mußten [daher] annehmen, daß die Sowjetunion für die resultierende Minderung ihrer Macht und ihres Einflusses in Europa den höchsten Preis fordern würde, den sie dafür erhalten konnte, oder, falls sie Europa erobern wollte, jedes Abkommen, jede Einigung zu vereiteln suchen würde, die besagte, daß die sowjetrussischen Armeen Europa verlassen müßten«.

Die sowjetischen Absichten wurden nie auf die von Lippmann vorgeschlagene Probe gestellt. Es wurde nie der Versuch unternommen festzustellen, ob die Russen für den Abzug der Truppen nicht ihren Preis hatten, sei es in Form von Wirtschaftshilfe für ihren Wiederaufbau oder in Form schriftlich niedergelegter Sicherheitsgarantien in einem Deutschlandvertrag.

Statt den von Lippmann vorgeschlagenen Kurs einzuschlagen, verfolgte die Führung der Westmächte weiterhin den schon früher beschrittenen Weg »eines diplomatischen Feldzuges, um Rußland an der Ausdehnung und Konsolidierung seines Machtbereichs zu hindern und *es zu einer Einschränkung seiner Einflußsphäre zu zwingen*«. [Hervorhebung vom Autor.] Dieser diplomatische Feldzug wurde von Truman am 23. April 1945 mit seinen Verbalinjurien gegen Molotow begonnen und in der Öffentlichkeit mit Byrnes' Behauptung über die bulgarischen Wahlen zwei Wochen nach Explosion der Atombombe fortgesetzt. Gegen Ende der Moskauer Konferenz im Dezember 1945 waren Verhandlungen, die Konzessionen beinhalteten, bereits zu einem Synonym für Beschwichtigung geworden.

Diese diplomatische Offensive mit dem Ziel, eine Konsolidierung bzw. Erweiterung der sowjetischen Einflußsphäre zu verhindern und Rußland zu einer Einschränkung seines Machtbereichs zu zwingen, war von Anfang an zum Scheitern verurteilt, weil nach Lippmann »bis zur Räumung Osteuropas durch die Rote Armee keines dieser Ziele erreicht werden konnte«.

»Hätten die Westmächte die Bedeutung der militärischen Lage klar erkannt, hätten sie die USA nicht in irgend etwas in Osteuropa verwickelt, solange die sowjetische Regierung die Macht besaß, dem entgegenzutreten und solange die USA nicht die

Macht besaßen, ihre Absichten durchzusetzen ... Es wäre weitaus besser gewesen, wenn wir unserer Politik die Realitäten des Kräftegleichgewichts zugrunde gelegt und unsere Anstrengungen auf Friedensverträge gerichtet hätten, durch die die Besetzung Europas beendet worden wäre.«

Als Lippmann sich auf »die Realitäten des Kräftegleichgewichts« bezog, ließ er durchblicken, obwohl er dies nicht ausdrücklich betonte, daß der von der Führung Großbritanniens und der USA eingeschlagene Weg sich vielmehr auf juristisch-dogmatische und moralische Erwägungen stütze, die in der traditionellen Leitung der amerikanischen Außenpolitik tief verwurzelt seien. Diesem Idealismus stellte Lippmann eine Politik gegenüber, die sich auf eine realistische Einschätzung der Machtsituation gründete.

Es ist bei der Beurteilung der dieser Kontroverse zugrunde liegenden Konzeption nicht von Bedeutung, in die allgemeine Debatte unter amerikanischen Historikern darüber einzutreten, ob die amerikanische Außenpolitik überhaupt jemals ausschließlich auf moralische und legalistische Erwägungen gegründet war[2]. Denn in der Zeit von 1945 bis 1949, und besonders nach der Explosion der Atombombe, wurde der Machtvorteil der USA gegenüber der Sowjetunion von den meisten amerikanischen Politikern für überwältigend gehalten[3]. Dies erklärt, was die großzügige Implizierung Lippmanns im Hinblick auf die Verfechter der Eindämmungspolitik und des diplomatischen ›Roll-back‹ nicht erklärt, warum nämlich die Taktik einer Verringerung der sowjetischen Macht durch Zwang statt durch Verhandlungen paradoxerweise von solchen »Realisten« wie Dean Acheson, Averell Harriman und James V. Forrestal ausgearbeitet wurde.

Weil er einen nicht unwesentlichen Anteil an Kennans Aufstieg hatte, waren Forrestals Ansichten besonders wichtig, indem er die Idee unterstützte, daß diplomatisches Vorgehen (im Sinne von Verhandlungen) nutzlos war, um mit den Sowjets fertig zu werden, und indem er als erster eine Politik der »Unnachgiebigkeit« verfocht. (Forrestal war bei dem Treffen im Weißen Haus vor Molotows Besuch der einzige politische Berater, der es für besser hielt, »es lieber sofort als später auf eine Kraftprobe mit den Sowjets« ankommen zu lassen.) Er beschleunigte, ja er inspirierte vielleicht sogar die Sonderaktionen in Griechenland und der Türkei, die später in der Truman-Doktrin zusammengefaßt wurden. Er war außerdem der erste amerikanische Verteidigungsminister (ein 1947 geschaffener Posten) und wirkte bei der Gründung des Nationalen Sicherheitsrates mit, unter dessen Ägide die Leitung der Außenpolitik gegen Ende des Jahres 1947 gelangte.

In einem Brief an Chan Gurney, den Vorsitzenden des Aus-

schusses für die gesamten Streitkräfte, faßte Forrestal seine Meinung über die europäische und die Weltlage in prägnanter Weise zusammen. Der Brief datiert vom 8. Dezember 1947:
»Solange wir mehr als die übrige Welt produzieren, die Meere beherrschen und mit der Atombombe Eindruck machen können, können wir gewisse Risiken auf uns nehmen, die sonst unvertretbar wären in dem Bemühen um die Wiederherstellung des Welthandels und des Kräftegleichgewichts – der militärischen Macht – und um die Beseitigung einiger Verhältnisse, die Kriege entstehen lassen.
Die Jahre, die vergehen, ehe eine mögliche Großmacht die Fähigkeit erreicht, uns wirksam mit Massenvernichtungswaffen anzugreifen, sind die Jahre unserer Chance.«
Eine weitere ›realistische‹ Ansicht aus dem gleichen Jahr, die sich wiederum auf das tiefwurzelnde Vertrauen in die Weltmacht der USA stützte, notierte Forrestal in seinem Tagebuch am 15. Juli 1947:
»Traf nach dem Essen mit Mr. Bernard Baruch, Eisenhower, Patterson [Kriegsminister] zusammen. Baruch ist der Meinung, daß wir damit beginnen müssen, sofort alle möglichen wirtschaftlichen Maßnahmen in unseren Beziehungen zu Rußland einzusetzen. Darunter versteht er den vorbeugenden Aufkauf von Mangelwaren. Er würde z. B. den gesamten Überschuß der kubanischen Zuckerernte aufkaufen. Er würde auch Kaffee kaufen und in andere Länder im Austausch für ihre Rohstoffe Gold senden[4] ...« [Die Unterbrechung steht im Original.]
Die Schlüsselelemente der amerikanischen Machtposition, wie sie von Forrestal und Baruch gesehen werden und für jedermann unverkennbar sind, waren das Monopol auf die Atombombe und das wirtschaftliche Übergewicht. Eine Beherrschung aller Meere, die größte Flotte der Welt und ein weltweites Netz von Hunderten von Stützpunkten ließen diese Macht in globaler Weise wirksam werden. Es darf außerdem nicht übersehen werden, daß gerade das Fehlen dieser Faktoren die Grundlage der sowjetischen Schwäche bildete; Baruchs Vorschlag hing in der Tat von der zweifachen Annahme ab, daß die USA leistungsfähig genug waren, ein solches Programm durchzuführen *und* daß der vorbeugende Aufkauf von Rohstoffen sich auf die sowjetische Wirtschaft erheblich auswirken würde.
Es überrascht daher nicht, daß Lippmann seinen Angriff gegen die Eindämmungspolitik nicht mit einer Kritik der legalistischen Einstellung, sondern mit einer Untersuchung der Annahme begann, daß die Sowjetunion schwach sei, ja zusammenbreche und nicht als Großmacht behandelt zu werden *brauche.* Lippmann begann seine Analyse mit folgenden Worten:
»Wir müssen von der beunruhigenden Tatsache ausgehen, daß

Mr. X's[5] Schlußfolgerungen von der optimistischen Voraussage abhängen, daß die ›Sowjetmacht ... in sich den Keim des eigenen Untergangs trägt und daß diese Saat schon sehr weit aufgegangen ist‹, daß, falls ›jemals ein Ereignis eintreten sollte, welches die Einheit und Wirksamkeit der Partei als politisches Instrument zersprengt, die Sowjetunion sich über Nacht *[sic]* von einer der stärksten Nationen in eine der schwächsten und bemitleidenswertesten verwandeln könnte‹; und ›daß die sowjetische Gesellschaft durchaus *[sic]* gewisse Mängel aufweisen mag, die schließlich zu einer Schwächung ihres gesamten Potentials führen werden‹.

Von dieser optimistischen Voraussage sagt Mr. X selber, daß ›sie nicht bewiesen werden kann. Und daß sie nicht widerlegt werden kann.‹ Dennoch zieht er den Schluß, die USA sollten ihre Politik auf der Annahme aufbauen, daß die Sowjetmacht von Natur aus schwach und ohne Dauer sei und daß diese unbewiesene Annahme unseren ›von einiger Zuversicht getragenen Eintritt in eine entschlossene Eindämmungspolitik‹ verbürgt ...« [Hervorhebung im Original.]

Nachdem er die mutmaßliche sowjetische Schwäche als Orientierungsbasis der Eindämmungspolitik hervorgehoben hatte, erklärte Lippmann:

»Ich sehe keine besondere Veranlassung, einer Politik zu vertrauen, die nur dann von Erfolg gekrönt sein kann, wenn die optimistischste Voraussage sich als wahr erweist. Eine vernünftige Politik muß den schlimmsten und härtesten Fall, der nach menschlichem Ermessen wahrscheinlich ist, mit einkalkulieren und darf sich nicht an der bestmöglichen und leichtestmöglichen Situation orientieren.«

Hier liegt der eigentliche Kern der Kontroverse.

In Anbetracht einer funktionsfähigen Hypothese, daß die Sowjetmacht »schwach und ohne Dauer« sei, würde die Notwendigkeit, eine Kompromißlösung zu erzielen, in den Hintergrund treten. Solange das Kernwaffenmonopol nicht angetastet wurde und in den nächsten fünf bis zehn Jahren, was zu erwarten war, auch unangetastet blieb, konnten gewisse Risiken eingegangen werden. Die Situation gab Washington die Möglichkeit, seinen Einfluß im russischen Machtbereich zu behaupten, Rußland in seinen Vorkriegszustand zurückzudrängen und das Sowjetsystem sogar noch weiter zu schwächen.

Den Vorteilen einer ›harten‹ Eindämmungspolitik standen einige Nachteile gegenüber, zumindest vom Standpunkt der amerikanischen Führung aus, wenn man nach einer auf dem Verhandlungswege erzielten Lösung suchte, die die Besetzung Osteuropas durch die Russen beenden würde. Zunächst würde jedwede Lösung, um für die Sowjets annehmbar zu sein, ihnen nicht unerhebliche Vorteile bringen müssen, um sie, wie Lippmann erläuterte, für das zu entschädigen, was »eine tiefgreifende Schmälerung ihrer Macht und ihres Einflusses in Europa« bedeutet hätte.

Jede Entschädigung für den sowjetischen Machtverlust in Europa mußte aber zu einer Stärkung der sowjetischen Macht im eigenen Land führen. Und gerade dies war etwas, was die amerikanischen Politiker nur ungern getan hatten, noch bevor der Zweite Weltkrieg zu Ende gegangen war. Am 3. Januar 1945 hatte die sowjetische Regierung ihren ersten Nachkriegskredit beantragt. Molotows Eingabe ersuchte um die Gewährung langfristiger Kredite in Höhe von sechs Milliarden Dollar, die innerhalb von dreißig Jahren mit 2¹/₄ Prozent Zinsen zurückgezahlt werden sollten.

Das Memorandum wurde Botschafter Harriman übergeben, der Washington empfahl, die USA sollten alles in ihrer Macht Stehende tun, um die Sowjetunion beim Aufbau einer gesunden Wirtschaft durch Kreditgewährung zu unterstützen; denn er war, wie er erklärte, davon überzeugt, »daß die Sowjetunion, je eher sie für ihre Bürger anständige Lebensbedingungen schaffen kann, um so toleranter werden wird[6]«. Leider fand dieser weitblickende Ratschlag weder in Washington Beachtung, noch wurde er von Harriman aufrechterhalten. (Schatzminister Morgenthau stimmte Harrimans Ansicht zu und beeilte sich, seinerseits vorzuschlagen, die USA sollten einen Kredit von zehn Milliarden Dollar zu zwei Prozent gewähren, aber Morgenthau wurde innerhalb kurzer Zeit von seinem Posten verdrängt.) Drei Monate später schilderte Harriman die »enormen Pläne« für die industrielle Expansion Rußlands und erwähnte den Antrag der Sowjets auf Gewährung eines Kredits in Höhe von sechs Milliarden Dollar als Starthilfe für diese riesigen Projekte, warf aber die Frage auf, ob

»unseren grundlegenden Interessen nicht besser gedient ist, wenn wir unseren Handel mit anderen Teilen der Welt verstärken, statt der Sowjetunion den Vorrang einzuräumen ... Unsere Erfahrung hat unwandelbar bewiesen, daß es nicht möglich ist, in Moskau allgemeines Wohlwollen vorauszusetzen, und ich bin mit dem State Department darin einig, daß wir uns eine laufende Kontrolle über die Verwendung dieser Kredite vorbehalten sollten, um lebenswichtige Interessen der USA in der formativen Periode unmittelbar nach dem Krieg schützen zu können[7].«

Das anfängliche Zögern bei der Unterstützung des Sowjetsystems mit amerikanischem Geld wurde zweifellos durch die Eindämmungspolitik verstärkt, die vielmehr auf eine Drosselung der sowjetischen Macht von außen als auf eine Begünstigung der gesunden und positiven Kräfte von innen heraus abzielte. Darüber hinaus würde eine Konzentration auf eine westliche

Truppenzusammenziehung Kräfte unterstützen, deren Freundschaft gewiß war, während ein gleichzeitiger starker Druck auf die Sowjetunion diese einen großen Teil ihrer Kraft für die Schaffung einer Gegenschlagarmee einsetzen lassen würde, besonders in Osteuropa, wo sie damit beschäftigt war, sich gewaltsam das anzueignen, was sie vom Westen nicht geliehen bekommen konnte. Somit versprach die Politik der Eindämmung doppelt vorteilhaft zu sein, indem sie einmal den Westen stärkte und zum anderen die schon gefährlich strapazierte sowjetische Machtposition ermutigte, sich noch weiter auszudehnen und sich selber womöglich zu überfordern und dadurch den endgültigen Zusammenbruch zu beschleunigen.

Will man beurteilen, inwieweit westliche Politiker den Lippmannschen Vorschlag für eine Lösung faktisch nicht befolgten, weil sie den Zusammenbruch des sowjetischen Systems erhofften und zu fördern bestrebt waren, ist es zweckmäßig, sich auf einige konkrete und wesentliche politische Erklärungen und Vorschläge zu konzentrieren, die sich mit dem Kernproblem des Kalten Krieges im Anfangsstadium befassen. Vor allem wird es erforderlich sein herauszufinden, ob die Appelle, die der Westen an die Sowjetunion zwecks Zusammenarbeit im Hinblick auf eine gemeinsame Lösung richtete, nur Scheinmanöver waren oder ob es sich um ehrlich gemeinte Angebote an die sowjetische Führung handelte, ihren eigenen Vorteil vom Atomzeitalter, von internationaler Stabilität und internationalem Frieden wahrzunehmen.

Eine der auffallendsten Behauptungen in dem Artikel Kennans und gewiß auch die, die sich für jeden Strategen als am meisten verlockend erweisen dürfte, war die von Lippmann zitierte Bemerkung, daß, falls »jemals ein Ereignis eintreten sollte, welches die Einheit und Wirksamkeit der Partei als politisches Instrument zersprengt, die Sowjetunion sich über Nacht von einer der stärksten Nationen in eine der schwächsten und bemitleidenswertesten verwandeln könnte«.

Ungeachtet dessen, ob Winston Churchill von dieser Stelle in Kennans Analyse beeindruckt war, ihre zwingende Logik entging ihm nicht. In einer größeren Erklärung zur Außenpolitik auf der Konferenz der Konservativen Partei im Oktober 1948 sagte er:

»Die vierzehn Männer im Kreml, die über fast dreihundert Millionen Menschen mit unumschränkter Machtvollkommenheit herrschen, wie sie seit Iwan dem Schrecklichen kein Zar besaß, und die jetzt nahezu halb Europa durch kommunistische Methoden unterdrücken, diese Männer fürchten die Freundschaft ebenso wie die Feindschaft der freien zivilisierten Welt. Wenn der Eiserne Vorhang beseitigt würde, wenn freier Handelsverkehr und kulturelle Beziehungen zwischen Hunderten von Millionen gutwilliger Menschen, die auf beiden Seiten wohnen, gestattet würden, dann würde die Macht dieser gefährlichen Minderheit in Moskau bald unterhöhlt und der Bann der kommunistischen Doktrin gebrochen sein. Daher dürfen sie um ihrer eigenen Interessen willen und um ihre Haut zu retten, keine gegenseitigen Beziehungen auf wirtschaftlichem oder kulturellem Gebiet zulassen[8].«

Nun würde ein beliebiges Programm, das eine Einigung in Europa im Sinne eines Truppenabzuges und somit einer Befreiung Osteuropas anstrebte, nicht an den auf ihren eigenen Vorteil bedachten Sowjetführern vorbeigehen können. Es ist daher aufschlußreich, daß Churchill nur ein paar Absätze weiter als *Vorbedingung* für ein Abkommen über die Atomwaffenkontrolle die folgende kritische Bemerkung formuliert:

»Sollen sie [die Sowjets] doch endlich ihre riesigen Gebiete unter gleichen Bedingungen allen Menschen für den allgemeinen Reiseverkehr zugänglich machen. Sie sollen anderen die Möglichkeit geben, frei zu atmen und sollen auch selber frei atmen können. Niemand wünscht ihnen etwas wegzunehmen, was sie erworben haben und was ihnen gehört[9].«

Der letzte Teil seiner Erklärung kann kaum als aufrichtig bezeichnet werden, da Churchill seine Zuhörer gerade darüber unterrichtet hatte, daß ein Öffnen der Grenzen Rußlands den sowjetischen Machthabern *alles*, was sie besaßen, wegnehmen würde.

Obwohl der entscheidende Zusammenhang zwischen dem Atomenergieproblem und dem Problem einer Einigung in Europa aus den obigen Zitaten nicht ersichtlich ist, macht die vollständige Darlegung des Churchillschen Standpunktes in dieser Rede nicht nur jenen Zusammenhang klar, sondern enthüllt auch Churchills Konzeption vom Gleichgewicht der Kräfte in der Welt.

»Ich hoffe, daß Sie meinen Worten uneingeschränkte Aufmerksamkeit schenken werden. Ich habe mich nicht immer geirrt. Zwischen dem Europa von heute und der vollständigen Unterwerfung unter die kommunistische Tyrannei steht nichts als die im Besitz der USA befindliche Atombombe. Wenn die sowjetische Regierung eine Internationalisierung der Atomenergie und eine Ächtung ihrer militärischen Verwendung wünscht, müssen sie die Welt nicht nur durch mündliche oder schriftliche Zugeständnisse beruhigen, sondern durch Taten, die eine deutlichere Sprache als Worte sprechen. Sie sollen ihren Würgegriff lockern, mit dem sie die Satellitenstaaten Europas umklammert halten. Sie sollen sich in ihr eigenes Land zurückziehen, das ein Sechstel der Erde ausmacht. Sie sollen die elf Hauptstädte Osteuropas, die sie zur Zeit in ihren Klauen halten, durch ihren Abzug freigeben ...« (Sir Winston Churchill, *Europe Unite*,

1950, S. 412–413. Die *elf* Hauptstädte umfassen vermutlich die der baltischen Staaten. Unter den folgenden Bemerkungen findet sich die absurde und unmögliche Forderung: »Sie sollen aufhören, den abscheulichen und in die Länge gezogenen Bürgerkrieg in China zu schüren.« Stalin hatte bereits versucht, Mao Einhalt zu gebieten, der damals neunzig Millionen Chinesen führte, da ein schwaches China eher seinem Interesse entsprach als ein starkes. Aber er vermochte in dieser Situation nichts auszurichten [vgl. Vladimir Dedijer, *Tito speaks*, 1953.])
Eine Einigung in der Frage des europäischen Friedens wird hier konzipiert als einseitige Aufgabe der hart erkämpften militärischen Positionen durch die Sowjetunion. Churchill erwartete natürlich nicht, daß dies durch die Kraft seiner Rhetorik erreicht würde oder durch seinen Appell an das Prinzip von der Unabhängigkeit aller Völker (besonders da die Russen eine ziemlich lebhafte Vorstellung von dem fragwürdigen Grad seiner eigenen Bindung an das Unabhängigkeitsprinzip in Griechenland hatten). Offensichtlich hatte die Atombombe für Churchill ein derart absolutes Gewicht im Kräfteverhältnis, daß es zur Einigung in Europa lediglich der Forderungen des Westens bedurfte und den Sowjets keine andere Wahl blieb, als nachzugeben oder vernichtet zu werden. Ein Truppenabzug würde sich durch eine Demonstration der Stärke viel eher erreichen lassen als durch Verhandlungen (wobei eine *Anwendung* von Stärke nicht einmal nötig sein würde). In der gleichen Rede macht Churchill dieses Ziel klar:
»Niemand, der seine fünf Sinne beisammen hat, kann glauben, daß wir eine unbegrenzte Spanne Zeit vor uns haben. Wir sollten die Dinge zur Entscheidung bringen und zu einer endgültigen Regelung kommen ... Die Westmächte dürften weit eher ein dauerhaftes Abkommen ohne Blutvergießen erreichen, wenn sie ihre gerechten Forderungen erheben, solange sie über die Atomenergie verfügen und bevor die russischen Kommunisten ebenfalls darüber verfügen. Ich bin daher der Meinung, daß unsere Partei *alle entschlossenen Maßnahmen* unterstützen muß, die die Regierung zu ergreifen imstande ist ...[10]« [Hervorhebung vom Autor.]
»Eine solche Politik konnte«, wie Blackett bemerkte, »nur durch die klare Androhung eines Präventivkrieges realisiert werden[11].« Angesichts der festen Überzeugung, daß die Sowjetunion durch eine Demonstration der Stärke gezwungen werden müsse, klein beizugeben, überrascht es nicht, daß Churchill in derselben Rede die Einstellung der »endlosen Gerichtsverfahren gegen Deutsche, die mit dem ehemaligen Nazi-Regime zu tun hatten«, vorschlug, »besonders gegen die betagten deutschen Feldmarschälle und Generäle«, und zwar nicht nur aus »soldatischen, rechtlichen und humanitären« Gründen, sondern weil es

»so töricht, so sinnlos, ja ich möchte fast sagen, weil es heller Wahnsinn ist, sich ausgiebig an einer derart erbärmlichen, über lange Zeit hingezogenen Rache zu weiden, wenn Deutschland sich vielleicht wieder einmal nicht zwischen dem richtigen und dem falschen Kurs entscheiden kann[10]«.

Der Unterschied zwischen Lippmanns Auffassung, die westliche Politik müsse einen Abzug der Russen auf dem *Verhandlungswege zu erreichen* suchen, und der Ansicht, der Westen müsse einen Abzug zu *erzwingen* bestrebt sein, hätte, wenn unsere Vermutungen richtig gewesen sind, aus ungleichen Einschätzungen des Kräfteverhältnisses, insbesondere der Möglichkeiten der Atombombe stammen müssen. Westliche Politiker handelten, wie wir gesehen haben, eindeutig so, als sei ihr Atomenergiemonopol eine gewichtige Trumpfkarte, die es ihnen ermöglichte, getrost zu warten, bis die politische und wirtschaftliche Lage in Europa es ihnen erlauben würde, »die Dinge zur Entscheidung zu bringen und eine endgültige Regelung herbeizuführen«.

Andererseits hatte Lippmann bereits 1946 eine Analyse der atomaren Möglichkeiten Amerikas verfaßt, in der er die Durchführbarkeit eines nuklearen Präventivkrieges gegen Rußland bestritt und somit die Möglichkeit einer Ultimatumspolitik ernsthaft in Frage stellte:

»Der Abwurf von Atombomben könnte die Rote Armee nicht vernichten, lediglich die Industrie- und Versorgungsbetriebe. Die russische Verteidigungstaktik gegen einen Atombombenangriff ist daher einleuchtend; das kontinentale Europa soll mit Infanterie überschwemmt werden, wodurch wir herausgefordert werden sollen, auf Polen, die Tschechoslowakei, Österreich, die Schweiz, Frankreich, Belgien, die Niederlande und Schweden Atombomben abzuwerfen. Je mehr wir mit der Vernichtung russischer Städte drohen, desto klarer wird es, daß die Russen gemäß ihrem Verteidigungsplan sich in europäischen Städten festsetzen würden, die wir nicht zerstören könnten, ohne Hunderttausende unserer eigenen Freunde umzubringen[12].«

Es ist von erheblicher Bedeutung, daß das einzige Kabinettsmitglied, das sich der diplomatischen Offensive von Truman und Byrnes aktiv widersetzte, Henry Wallace, aus genau den gleichen Gründen genau zur gleichen Ansicht gelangte, die er in seinem berühmten Brief an Truman im Jahre 1946 auseinandersetzte[12].

In den verantwortlichen Regierungskreisen, verlockt von der neu entwickelten Politik, »Situationen der Stärke« zu schaffen, vermochte jedoch nicht einmal die Explosion der sowjetischen Atombombe eine Akzentverschiebung von optimistischer zu realistischer Einstellung zu erzwingen. In einer größeren Rede in Berkeley, Kalifornien im März 1950 widersprach Acheson den von zahlreichen Stellen an die Adresse der USA gerichteten

Appellen, angesichts der veränderten Lage wieder Gipfelgespräche mit der Sowjetunion aufzunehmen.
Aus Achesons Bemerkungen ging hervor, daß die Regierung die allgemein vertretene Ansicht von der bedeutenden Änderung des Kräfteverhältnisses nicht teile. Die Russen konnten keinen großen Kernwaffenvorrat besessen haben und auch keine ausgedehnten Anlagen, um Atombomben auf den amerikanischen Kontinent zu befördern[13]. Außerdem hatten die USA bereits Pläne für eine Wasserstoffbombe in Angriff genommen, die eine tausendmal stärkere Vernichtungskraft haben würde als die gewöhnliche Atombombe. Achesons Auffassung von der Koexistenz mit den Sowjets, wie sie in seiner Rede zum Ausdruck kam, deutete jedenfalls nicht auf seine Befürchtung hin, es könnte sich rasch eine Situation entwickeln, in der ein solcher Kurs eine zwingende Notwendigkeit sein würde.
Wie Churchill bereits, so legte Acheson die Schritte dar, welche die Sowjetunion einseitig unternehmen müßte, »um die ver-vernünftige und friedliche Entwicklung der Koexistenz ihres und unseres System zu ermöglichen *[sic]*«. Die von Acheson vorgeschlagenen Schritte sahen eine Änderung der sowjetischen Haltung zur UNO und zu noch ausstehenden Friedensverträgen vor, einen Abzug der sowjetischen Truppen aus Osteuropa, eine Zustimmung zu »realistischen und wirksamen« Abmachungen über eine Kontrolle der Kernwaffen, eine Unterbindung der Bestrebungen nationaler kommunistischer Parteien, in jedem Land, das der Sowjetunion nur nach außen freundlich gesinnt ist, die Regierung zu stürzen, sowie die Einstellung der bewußten Verdrehung von Zielen und Absichten anderer Völker falsche Propaganda, die von einer »kapitalistischen Einkreisung« und von der insgeheimen und systematischen Vorbereitung eines neuen Weltkrieges durch die USA spricht. Falls die Sowjets, wie James Reston bemerkte, auf diese Bedingungen eingingen, »würden sie praktisch aufhören, Kommunisten zu sein[14]«. Wieder einmal erging an die Sowjetunion die Aufforderung, ihre Position als Vorbedingung für die Aufnahme ernsthafter Verhandlungen aufzugeben. Sie wurde aufgefordert, »mitzuarbeiten«, und zwar nicht an der Erreichung einer Kompromißlösung, sondern an der Durchsetzung westlicher Ziele.
Achesons fortgesetzte Dreistigkeit, sein mangelndes Interesse an Versuchen, den Konflikt mit Rußland beizulegen, seine offensichtliche Gleichgültigkeit gegenüber der wachsenden Konsolidierung der Teilung Europas lassen sich jedoch nicht nur durch das Ausmaß erklären, bis zu welchem amerikanische Regierungsbeamte die unmittelbare Bedeutung des sowjetischen Kernwaffenversuchs herunterspielten. Wollte man nämlich, wie sie es taten (s. Forrestal op. cit. S. 495 f), die sowjetische Leistung um fünf bis zehn Jahre hinausschieben, würde man ein wichtiges

Argument zugunsten sofortiger Verhandlungen in der Gegenwart präsentieren, solange die USA ihre nukleare Überlegenheit als Verhandlungspunkt in die politische Waagschale zu werfen hatten. Ein solches Argument würde andererseits gegenstandslos werden, falls die sowjetische Machtposition zusammenschrumpfen sollte, wie es die These von der Eindämmungspolitik vorausgesagt hatte. Das Versäumnis der amerikanischen Führung, ihren ungeheuren Machtvorteil in den ersten Jahren des Kalten Krieges durch Verhandlung zu nutzen, kann nur bedeuten, daß sie ihre Absichten ohne Verhandlungen zu erreichen hoffte. (Zu dem gleichen Schluß gelangt ein verständnisvoller Kritiker der Achesonschen Doktrin von ›Verhandlungen durch Stärke‹: »Aus Achesons Worten spricht die Hoffnung auf Vereinbarungen, die lediglich die Bejahung einer Situation zum Inhalt haben, die durch andere Mittel verändert wurde ...«) (Coral Bell, *Negotiation from Strength*, 1962, S. 22: »... Verhandeln durch Stärke war keine neue Doktrin, sondern machte Bestrebungen deutlich, die in der Politik des Westens seit 1947 stillschweigend mit enthalten waren« [S. 28]. Bells These geht dahin, daß die demokratischen USA politisch nie in der Lage waren, die zur Durchführung dieser »revisionistischen« Doktrin erforderliche Stärke aufzubringen. [»Revisionistisch« bedeutet hier: den Status quo durch Druck zu verändern.])

Zu dieser Schlußfolgerung gelangt ebenfalls der Historiker William Appleman Williams, der allerdings von etwas anderen Überlegungen ausgeht:

»Der [von der amerikanischen Führung] mit Nachdruck vertretene Standpunkt von der freien Expansion [hinsichtlich des Marshallplans und der Truman-Doktrin] sowie die Voraussetzung eines unvermeidlichen Untergangs der Sowjetunion deuten darauf hin, daß die Beweggründe der amerikanischen Führung nicht nur in der Furcht vor einer russischen Expansion lagen. Ihr Plan für die Möglichkeit, daß die Sowjetunion den Marshallplan billigen würde, wies darauf hin. Kennan war davon überzeugt, daß diese Möglichkeit, selbst wenn sie sich verwirklichen sollte, dadurch erledigt werden könnte, daß man von der Sowjetunion verlangte, sie solle für ihren eigenen Wiederaufbau bestimmte Mittel abzweigen und zur Unterstützung Westeuropas bereitstellen ... Im Hinblick auf seine Annahme [im ›X‹-Artikel], die Macht der USA würde Rußland zum Nachgeben zwingen, deutet Kennans Rat, wie man ›mit offenen Karten‹ zu spielen habe, an, daß die amerikanische Führung es im Grunde für eine Frage der Zeit hielt, bis das russische Problem gelöst war. Ihre fortgesetzten Bemerkungen, die der Wahrscheinlichkeit eines russischen Angriffs nur geringe Bedeutung beimaßen, weisen in die gleiche Richtung[15].«

Indem Williams auf das Gespenst der sowjetischen Expansion

als mögliche Beweggründe der amerikanischen Politik hinweist, kommt er auf das zu sprechen, was man der obigen Beweisführung wahrscheinlich an erster Stelle entgegenhalten wird. In der Tat wird die orthodoxe Auffassung, die die amerikanische Rußlandpolitik als ›Reaktionspolitik‹ begreift, in Frage gestellt, wenn man sorgsam die Hauptereignisse berücksichtigt, die in die Zeit zwischen der Explosion der ersten sowjetischen Atombombe und dem Krieg in Korea fallen.

Zu diesem Zeitpunkt in der Geschichte des Kalten Krieges war das amerikanische Verteidigungsbudget mit 13 Milliarden Dollar das niedrigste nach dem Kriege (jedoch beanspruchte es immerhin noch über dreißig Prozent des Gesamtetats in Höhe von 39,5 Milliarden Dollar). Die Russen hatte ihre Blockade Berlins im vergangenen Mai beendet und damit ihren Druck gegen die schwächste Stelle längs der europäischen NATO-Front gelockert. Der NATO-Vertrag selber war paraphiert und ratifiziert worden, und die ersten amerikanischen Waffenlieferungen waren an die Mitgliedsländer abgegangen.

Die Position des Westens in Europa war nicht nur stärker als während der voraufgegangenen vier Jahre, sondern nach übereinstimmender Auffassung verantwortlicher Beobachter wurde auch im bevorstehenden Ende der amerikanischen Monopolherrschaft über die Atomenergie eine Gelegenheit gesehen, ernsthafte Verhandlungen mit dem Ziel aufzunehmen, dem Wettrüsten Einhalt zu gebieten und den Konflikt des Kalten Krieges beizulegen. Außer Lippmann verlangten auch Senator Tydings und Senator MacMahon (Vorsitzender des vereinten Atomenergieausschusses) ideenreiche diplomatische Schritte, während der *New York Herald Tribune* in einem Leitartikel (im Februar) die Auffassung vertrat, daß »Millionen von Amerikanern« der Meinung seien, »man müsse eine neue Einstellung zur Sowjetunion finden, um die schrecklichen Aussichten ein für allemal zu beenden«. Zur gleichen Zeit durfte Harrison Salisbury aus Rußland melden, daß man in Moskauer diplomatischen Kreisen der Überzeugung Ausdruck verliehen habe, daß die sowjetische Regierung bereit sei, »in gemeinsamer Arbeit mit den USA die beide Länder berührenden Hauptprobleme einschließlich der Frage der Atomkontrolle zu lösen[16]«.

In dieser Situation schlug Acheson die Tür zu Verhandlungen über eine konstruktive Lösung fest und in aller Öffentlichkeit vernehmbar zu, während in Washington eine geheime Entscheidung getroffen wurde, die auf ein umfangreiches Wiederaufrüstungsprogramm abzielte. Bevor wir uns dieser letzteren Entwicklung zuwenden, wollen wir ein wenig ausführlicher bei der Wende der Ereignisse im Frühjahr 1950 und bei ihrer orthodoxen Interpretation verweilen.

Das Versäumnis, »die Gelegenheit zu einer konstruktiven Friedenslösung« im Frühjahr 1950 zu ergreifen, sollte für den weiteren Verlauf des Kalten Krieges entsetzliche Folgen haben. (»... Die Wahrheit ist, daß die aus Demokraten bestehende Regierung auf Grund ihrer unbeugsamen Haltung nicht fähig ist, die Gelegenheit zu einer konstruktiven Friedenslösung zu ergreifen, während die Republikaner alles daran setzen, wenn sie überhaupt etwas tun, der Regierung gegen ein Abkommen mit Rußland den Rücken zu stärken.« Das schrieb der konservative David Lawrence am 3. April 1950 [zitiert in dem bereits erwähnten Werk von Fleming].) Die wirklich schwer zu lösenden Probleme, die im Zusammenhang mit einer europäischen Einigung standen, dürften aus dieser Zeit stammen. Denn zu dem Zeitpunkt, als ein wichtiger, wenn auch kleinmütiger Versuch zu einer Beilegung der strittigen Probleme auf dem Verhandlungswege 1955 auf der Genfer Konferenz unternommen worden war, hatte sich inzwischen der Korea-Krieg ereignet, das amerikanische Verteidigungsbudget hatte sich vervierfacht und die Wiederbewaffnung Deutschlands innerhalb des Gefüges der Nato war bereits im Gange.

Die katastrophale Verkettung von Ereignissen läßt sich in die orthodoxen westlichen Berichte über den Kalten Krieg leicht einbauen, und zwar in einer Art und Weise, daß der ›defensive‹ Charakter und das reaktive Wesen der amerikanischen Politik erhalten bleibt. Dieser geschichtlichen Version zufolge stellte die nordkoreanische Invasion Südkoreas die erste Stufe in einem neuen sowjetischen Expansionsprogramm dar, das durch die seit kurzer Zeit im Besitz des Kreml befindliche Atombombe inspiriert worden war. Unter diesen Umständen ist die Erhöhung des amerikanischen Verteidigungsbudgets in den folgenden beiden Haushaltsjahren um 325 Prozent durchaus verständlich (womit es den Gesamtetat vor der Erhöhung überstieg). Das gleiche Argument würde die Dringlichkeit erklären, mit der die amerikanische Führung die Wiederbewaffnung Westdeutschlands innerhalb des Nato-Bündnisses zu betreiben suchte, anstatt ihm einen neutralen Status zu geben und nach dem Vorbild Österreichs lediglich für den Verteidigungsfall zu bewaffnen. Das Peinliche bei dieser orthodoxen Anschauung – ganz abgesehen von der Tatsache, daß die sowjetische Verantwortung für die nordkoreanische Invasion noch keineswegs feststeht –, ist, daß die Entscheidung der Amerikaner, ihren Widerstand gegen eine Verhandlungslösung aufrechtzuerhalten und ihren friedensmäßigen Militäretat zu vervierfachen, *wenigstens zwei Monate vor der Invasion Südkoreas* getroffen wurde.

Diese hochpolitischen Entscheidungen wurden in Übereinstimmung mit der durch das Papier des Nationalen Sicherheitsrates (NSC–68) vorgeschriebenen und von Präsident Truman im

April 1950 gebilligten Strategie getroffen, die sich mit den internationalen Beziehungen, vor allem zur Sowjetunion, befaßte. Das von Acheson als »eines der großen Dokumente in unserer Geschichte« beschriebene Papier vertrat die Auffassung von der grundlegenden und wahrscheinlich unüberbrückbaren Kluft zwischen der kommunistischen und der demokratischen Weltanschauung, »welche die kommunistische und die nichtkommunistische Welt auf unabsehbare Zeit in Widerstreit halten wird[17]«. In dieser Situation, behauptete das Dokument, könnten die USA sich für eine von vier Alternativlösungen entscheiden (von denen natürlich keine die Aufnahme von Verhandlungen vorsah).

»Amerika konnte nichts über das hinaus tun, was es bereits tat, es konnte seine internationalen Verpflichtungen fallenlassen und sich hinter die ›Festung Amerika‹ zurückziehen; es konnte versuchen, der Gefahr durch einen Präventivkrieg vorzubeugen oder es konnte einen massiven Wiederaufbau des eigenen sowie des Verteidigungssystems der freien Welt durchführen und seinen Feinden gegenüber die Haltung einer unerschütterlichen ›Kampfentschlossenheit‹ annehmen.«

Für den letzteren Kurs entschloß man sich im NSC-Dokument, das ausführlich darlegte, daß »die Nation Waffenausgaben in einer Größenordnung von fünfzig Milliarden Dollar im Jahr erwägen müsse [im Gegensatz zu den gegenwärtigen dreizehn Milliarden]«. (Das amerikanische Militärbudget erreichte in den Nachkriegsjahren folgende Summen: 1945 – 81,2 Milliarden Dollar; 1946 – 43,2 Milliarden Dollar; 1947 – 14,4 Milliarden Dollar; 1948 – 11,771 Milliarden Dollar; 1949 – 12,9 Milliarden Dollar; 1950 – 13 Milliarden Dollar; 1951 – 22,444 Milliarden Dollar; 1952 – 43,9 Milliarden Dollar; die Jahre sind Etatsjahre.)

In einer Zeit verhältnismäßiger internationaler Ruhe, in einer Flut von Aufforderungen und Ermahnungen berühmter Persönlichkeiten, doch endlich Verhandlungen über eine europäische Einigung und das Kernwaffenproblem aufzunehmen, lieferte die amerikanische Führung nicht nur eine erneute Bestätigung der strategischen Entscheidungen der Jahre 1945 bis 1947 gegen Verhandlungen und den Einsatz diplomatischer Mittel, sondern plädierte auch für eine militärische Wiederaufrüstung in einem für Friedenszeiten beispiellosen Umfang.

Der geheime Charakter des NSC-Dokuments setzt den Schlußfolgerungen, die aus Berichten über seinen Inhalt mit Sicherheit gezogen werden können, enge Grenzen. Eine offenbar unvermeidliche Schlußfolgerung ist jedoch die Nichtigkeit der orthodoxen Auffassung, die in der amerikanischen Politik dieser Zeit eine Reihe von Reaktionen auf die sowjetische Strategie erblickt. Denn während der Korea-Konflikt bei der Konzentration des amerikanischen Militärpotentials noch eine Rolle gespielt haben mag, war die *politische Entscheidung*, die Militärausgaben um das Vierfache zu erhöhen – mit allen Konsequenzen, die sich daraus für das Problem des geteilten Europa ergaben – strategischer und nicht defensiver Natur.

In der Retrospektive wird erst klar, daß die vor dem Korea-Krieg getroffene Entscheidung des NSC zugunsten einer Wiederaufrüstung eine tiefgreifende Wirkung auf die Eskalation des Krieges hatte, während der Krieg selber dazu diente, die *globalen* Spannungen zwischen Rußland und den Vereinigten Staaten aufzuheizen, vermutlich um das Wiederaufrüstungsprogramm – zumindest teilweise – zu unterstützen. Ende September 1950, als feststand, daß MacArthurs Truppen die Nordkoreaner aus Südkorea vertreiben, den Status quo ante wiederherstellen und dadurch die vorher festgelegten Ziele der USA und der UNO verwirklichen würden, schlug man in Washington Alarm. Insbesondere wurde es, wie man sich erinnern wird, als größte Gefahr für den Westen bezeichnet, daß im Falle einer plötzlichen Einstellung der Feindseligkeiten das Wiederaufrüstungsprogramm nicht durchgeführt werden könnte. Zur gleichen Zeit, als diese Warnungen laut wurden, unternahm Washington jedoch Schritte, die eine Eskalation des Korea-Konflikts und des Kalten Krieges gewährleisteten.

Im gleichen entscheidenden Monat September ließ Washington vor Konsultationen mit anderen Pazifikmächten verlauten, daß es einen separaten Friedensvertrag mit Japan anstrebte, der keine Beschränkungen bezüglich einer Wiederbewaffnung enthielt. Das State Department gab weiter seinen Wunsch nach einer Wiederbewaffnung Deutschlands bekannt und schlug zehn Divisionen für ein gemeinsames Nato-Oberkommando vor. In die gleiche Zeit fiel die geheime Entscheidung, MacArthur zur Invasion Nordkoreas zu ermächtigen und dadurch den Krieg im Fernen Osten zu eskalieren und zu verlängern.

Als MacArthurs unberechtigter Angriff auf den Jalu-Fluß den defensiven und begrenzten Eintritt Chinas in den Krieg ausgelöst hatte, war es wiederum Washington, das die Bedeutung der chinesischen Reaktion ins falsche Licht rückte, indem es China zum »Aggressor« stempelte und dadurch die Tür zu Verhandlungen zuschlug. Als die chinesischen Truppen nach Süden vorstießen, sickerte aus dem Nationalen Sicherheitsrat der USA ein haarsträubender Bericht durch, nach dem der Rat davon überzeugt war, daß die *Sowjetunion* den ›Zeitpunkt äußerster Gefahr‹ zu dem sie für eine große Aggression gerüstet war, von 1953–1954 auf 1950–1951 vorverlegt hatte. Wie die Journalisten Alsops seinerzeit die Geschichte darstellten, »erwartete die amerikanische Führung einen größeren sowjetischen Angriff jetzt, heute, morgen, im nächsten Monat, nächstes Frühjahr, nächsten Sommer«. Es hatte keinen Zweck »zu behaupten, daß vor der Krise viel erreicht werden kann«, doch wird jeder Mann und jede Waffe »mit Sicherheit irgendwo, irgendwie und vor allem bald benötigt werden[18]«. In Wirklichkeit erwartete Washington nichts dergleichen. Der US-Botschafter in Rußland, Admiral Alan G. Kirk, hatte soeben (im Dezember 1950) der Öffentlichkeit Bericht erstattet, er habe keine Anzeichen wahrgenommen, daß Rußland einen Krieg erwarte oder sich auf einen Krieg vorbereite.

Obwohl diese einander widersprechenden Äußerungen verwirrend erscheinen mögen, stellt ihre Erklärung kein wirkliches Problem dar. Zu dieser Zeit war nämlich die amerikanische Führung selber tief zerspalten. Eine einflußreiche Gruppe, der Mitglieder des Nationalen Sicherheitsrates sowie der Oberkommandierende im Felde, General MacArthur, angehört haben dürften, unterstützte die im NSC-68-Dokument vorgeschlagene dritte Möglichkeit, nämlich einen »Präventivkrieg«. Diese Gruppe, die in kurzer Zeit eine Niederlage erleiden sollte, hatte gewiß ein Interesse daran, die Furcht vor einer drohenden sowjetischen Aggression hochzupeitschen. Die ›gemäßigten‹ und siegreichen Gegner dieser Gruppe, die die vierte Alternative einer umfassenden Wiederbewaffnung und eine ›kampfentschlossene‹ Haltung befürwortete, dürfte kein gleich starkes Motiv für die Beschwichtigung dieser Furcht gehabt haben. Angesichts der Unterstützung MacArthurs durch die breite Öffentlichkeit war es für die ›Gemäßigten‹ – vom innenpolitischen Standpunkt aus – nur diplomatisch, solche schädlichen Gesten wie beispielsweise den erfolgreichen Versuch, China als Aggressor zu brandmarken, stillschweigend zu billigen.

Wenn dadurch einige der aufgezeigten Widersprüche erklärt werden, bleibt die wesentliche Frage immer noch unbeantwortet: Welche Aussichten und strategischen Erwägungen könnten den Nationalen Sicherheitsrat in einer Zeit relativen internationalen Friedens und als Anstalten gemacht wurden, Verhandlungen über eine Lösung aufzunehmen, bewogen haben, sich für den Plan zur ›Vervierfachung‹ einer Truppenstärke zu entscheiden, die die Sowjetmacht bereits ›eingedämmt‹ hatte, soweit sie der ›Eindämmung‹ bedurfte. Solange die Dokumente geheim bleiben, werden die Motive der amerikanischen Strategie natürlich ebenfalls in Dunkel gehüllt bleiben. Wenn wir aber unsere Aufmerksamkeit dem Aufbau der Nato in Westeuropa zuwenden, dürfte ein wesentliches Element in der damaligen Strategie der amerikanischen Führung klar werden.

Als die Nato 1949 gegründet wurde, trat sie nicht als ein Machtfaktor in Erscheinung, der eine sowjetische Aggression zu Lande wirklich einzudämmen imstande sein würde, sondern

vielmehr als eine Art ›Stolperdraht‹, um die USA mit einzubeziehen und die Atommacht Amerika zu binden.
Ursprünglich sollte die Nato nur 22 Divisionen gegenüber den schätzungsweise 180 sowjetischen Divisionen besitzen und hätte somit natürlich die Rote Armee an einem schnellen Vormarsch zum Meer nicht hindern können. Im Februar 1952, vier Jahre nach dem Staatsstreich in der Tschechoslowakei und sechs Monate nach dem Beginn der Waffenstillstandsgespräche in Korea, traten die Natoverbündeten in Lissabon zusammen und billigten einen Plan, nach dem bis Ende 1952 50 Divisionen, bis Ende 1953 70 und bis Ende 1954 97 Divisionen aufgestellt werden sollten. Diese Truppenkontingente wurden nie verwirklicht, weil die europäischen Länder durch die angeblich drohende Gefahr unbeeindruckt blieben und sich damit begnügten, sich im Falle akuter Gefahr auf die abschreckende Wirkung der USA zu verlassen. Man muß annehmen, daß diese Länder über einen hinreichenden militärischen Nachrichtendienst verfügten und daß daher eine unmittelbare Bedrohung ihrer Sicherheit überhaupt nicht gegeben war. Was steckte also hinter dem beschleunigten Ausbau der Nato?
Die Antwort auf diese Frage liegt in der Erkenntnis, wie der Ausbau die Funktion der Nato geändert hätte:
»Eine Aufstellung von Landstreitkräften in noch geringerem Umfang [als geplant] ... gab der militärischen Bedeutung der Nato allmählich eine völlig neue Konzeption. Die europäischen Landstreitkräfte allein dürften zwar nicht imstande sein, einem Angriff sämtlicher sowjetischer Streitkräfte zu Lande zu begegnen oder ihn gar zu verteiteln; doch war die Nato andererseits so stark, daß sie *einen Marsch von Ostdeutschland zum Ärmelkanal durchaus aufzuhalten vermochte*[19].« [Hervorhe- vom Autor.]
Aus der veränderten Konzeption der Nato ergab sich als logische Folge, daß die Sowjets ihr Abschreckungsmittel, d. h. die Besetzung westeuropäischer Großstädte, nicht würden anwenden können und daß somit die Sowjetunion einem Atombombenangriff schutzlos preisgegeben sein würde. Die veränderte militärische Bedeutung der Nato deckt sich haargenau mit den Plänen zur Schaffung einer Situation der Stärke, in der man der Sowjetunion ein Ultimatum stellen konnte:
»Der Einsatzwert im Gegensatz zum Abschreckungswert, den der Westen der Kernenergie beimaß, trat in den letzten Jahren des westlichen Kernwaffenmonopols sehr deutlich zu Tage – etwa in den Jahren 1950 bis 1954. Dies war die Zeit der westlichen Doktrin von der ›massiven Vergeltung‹, obwohl dieser Ausdruck erst gegen Ende des Zeitabschnitts verwendet wurde, und der in einflußreichen amerikanischen Kreisen vorherrschenden politischen Konzeption von der ›Befreiung‹ und dem ›Jahr

der Entscheidung‹. Nach diesem Konzept *sollte das Jahr der Entscheidung dann eintreten, sobald die westliche Wiederaufrüstung zu Lande so weit fortgeschritten war, daß der Westen einen sowjetischen Gegenangriff in Europa zurückschlagen konnte. Wenn der Westen diese Stärke zu Lande erreicht hatte, würde er Kernwaffen einsetzen und die Sowjetunion vor die Wahl stellen können, die westlichen Bedingungen anzunehmen oder durch Atombomben vernichtet zu werden.* Diese Bedingungen sahen ganz allgemein eine Befreiung der Satellitenstaaten und die Wiedervereinigung Deutschlands innerhalb des westlichen Militärsystems vor.« [Hervorhebung vom Autor.] (Blackett, *Studies of War*, S. 157. »Derartige Möglichkeiten wurden mit dem allmählich wachsenden Kernwaffenvorrat der Sowjets immer unwahrscheinlicher; und schließlich mußten sie ganz aufgegeben werden, nachdem im Jahre 1954 Wasserstoffbomben sowohl dem Osten als auch dem Westen zur Verfügung standen. Dieser Zusammenbruch der ›Befreiungs‹politik ließ das Versprechen unerfüllt, Deutschland innerhalb des gegenwärtigen westlichen Militärsystems wieder zu vereinigen.«)
Kurz zusammengefaßt läßt sich sagen, daß die amerikanische Nachkriegspolitik der Eindämmung und der Schaffung von Situationen der Stärke weit davon entfernt war, eine zur Beendigung der Teilung Europas und des Kalten Krieges führende Lösung *auf dem Verhandlungswege* anzustreben und zu erreichen, sondern im Grunde vielmehr darauf abzielte, eine vorhandene militärische und wirtschaftliche *Überlegenheit* in eine absolute *Vormachtsstellung* umzuwandeln, worunter man die Fähigkeit zu verstehen hatte, der Sowjetunion Bedingungen zu diktieren (die terminologische Differenzierung stammt von Walter Lippmann, vgl. Kapitel 25).

15. *Die Atombombe*

> Amerika kann bekommen, was es verlangt, wenn es darauf besteht. Schließlich haben wir sie – die Bombe –, und die anderen haben sie nicht und werden sie auch auf lange Zeit nicht haben.
> Bernard Baruch

Die ersten Bemühungen um eine Kontrolle der Atomenergie deuten auf eine ähnliche Taktik der damaligen US-Führung. Genau wie es zwei abweichende Ansichten über das Europaproblem gab, so bestand in den Kreisen der hohen Politik eine tiefe Kluft darüber, wie der Frage der Atomenergiekontrolle

am besten beizukommen sei. Außerdem beruhte diese Spaltung auch auf einer Einschätzung der Zukunft Rußlands.
Am 11. September 1945 sandte Henry L. Stimson, ausscheidender Kriegsminister (und früherer Außenminister unter Hoover), Präsident Truman ein Memorandum über Vorschläge zur Kontrolle der Atombombe. Stimsons Vorschläge wurden zehn Tage später auf einer entscheidenden Kabinettssitzung erörtert. Da das Memorandum[1] ein wichtiges Dokument bei der Suche nach dem Ursprung des Kalten Krieges darstellt, verdient es ausführlich behandelt zu werden.
Das Auftauchen der Atombombe, schrieb Stimson, »hat die politischen Erwägungen in allen Teilen der Welt tief beeinflußt. Vielerorts wurde die Bombe als Ausgleich für den wachsenden sowjetischen Einfluß auf dem Kontinent angesehen.« Die sowjetische Regierung dürfte diese Entwicklung mit Sicherheit gespürt haben, »und es wird für die politische und militärische Führung der Sowjetunion eine starke Versuchung sein, sich diese Waffe in der kürzestmöglichen Zeit zu beschaffen«.
Großbritannien hatte, wie Stimson bemerkte, infolge seiner Mitarbeit an der Entwicklung der Waffen den Status eines »Partners« der USA erlangt. »Wenn also die Sowjets nicht spontan in die Partnerschaft auf einer Basis der Zusammenarbeit und des gegenseitigen Vertrauens mit einbezogen werden, halten wir den angelsächsischen Machtblock im Gegensatz zum sowjetischen weiterhin im Besitz dieser Waffe«. Ein derartiger Zustand, folgerte Stimson, würde fast mit Sicherheit eine »fieberhafte« Tätigkeit in der Sowjetunion auslösen, um die Bombe ebenfalls zu entwickeln. Dies würde »ein geheimes Wettrüsten schrecklichen Ausmaßes bedeuten«. Es lägen Beweise vor, fügte er hinzu, »daß eine solche Tätigkeit bereits begonnen hat«.
Ob Rußland innerhalb von vier oder zwanzig Jahren in den Besitz der Bombe gelangte, war nach Stimsons Ansicht nicht so wichtig als vielmehr sicherzustellen, daß die Sowjetunion, hatte sie erst einmal die Bombe, sich zu einem willigen und zur Mitarbeit bereiten Partner unter den friedliebenden Nationen der Welt entwickelte. »Um es kurz zu machen«, schrieb er, *»ich bin der Meinung, daß das Problem unserer zufriedenstellenden Beziehungen zu Rußland mit den Problemen der Atombombe nicht nur eng verknüpft, sondern von ihnen praktisch beherrscht wird.«* [Hervorhebung vom Autor.] Mit Ausnahme dieser Probleme sind die Beziehungen zu Rußland wenn auch lebenswichtig, so doch nicht vordringlich. Doch mit der Entdeckung der Bombe sind die Probleme »unmittelbar und dringend« geworden.
»Diese Beziehungen mögen vielleicht durch die Art und Weise, in der wir das Problem der Bombe mit Rußland lösen wollen, unwiderruflich erschwert werden. Denn wenn wir es versäumen,

uns jetzt mit den Russen zu einigen und bloß weiter verhandeln, während uns die Waffe ziemlich locker und auffällig an der Hüfte sitzt, dann wird ihr Argwohn und ihr Mißtrauen gegen unsere Absichten nur noch zunehmen.« [Hervorhebung im Original.]
Das Scheitern eines Versuchs, Rußland Vertrauen einzuflößen, würde es nur zu noch größeren Bemühungen anspornen, das Problem der Bombe zu lösen. Falls eine Lösung in diesem Sinne erreicht würde, »ist es viel weniger wahrscheinlich, daß wir jemals die Art von Vertrag bekommen, die wir in Zukunft vielleicht dringend benötigen«.
Stimson schlug daher vor, daß die USA unmittelbar mit Rußland Kontakt aufnehmen sollten. Sorgfältig unterstrich er seine Auffassung, daß es nicht wie ein anglo-amerikanischer Schritt aussehen dürfe, dem die Russen mit Sicherheit mißtrauen würden, noch als ein Vorhaben einer internationaler Gruppe von Nationen, das vom Kreml nicht ernst genommen würde. »Ich betone *vielleicht über alle anderen Erwägungen hinaus*«, schrieb er, »die Bedeutung, diesen Schritt einer Annäherung an Rußland ausschließlich als Vorschlag der USA zu sehen.« [Hervorhebung vom Autor.]
Stimsons Vorstellung von einer Annäherung an Rußland bestand darin, einen direkten Vorschlag zu unterbreiten, daß die USA bereit sein würden, »mit den Russen ein Abkommen zu treffen, dessen allgemeiner Zweck es wäre, die Verwendung der Atombombe als Mittel der Kriegführung so weit wie möglich unter Kontrolle zu halten und zu beschränken sowie eine Entwicklung der Atomenergie für friedliche und humanitäre Zwecke zu unterstützen«.
Im Lichte dessen, was sich bei den frühen Verhandlungen über die Atomkontrolle als amerikanischer Kurs herauskristallisierte, nehmen die konkreten Schritte, die Stimson zur Durchführung seiner Annäherungsbemühungen vorschlug, eine besondere Bedeutung an.
»Derartige Annäherungsbemühungen [schrieb er] könnten insbesondere zu dem Vorschlag führen, daß wir die Arbeit an weiteren Verbesserungen bzw. die Herstellung der Bombe als militärische Waffe einstellen würden, vorausgesetzt, Russen und Engländer würden sich bereit erklären, ein Gleiches zu tun. Sie könnten ferner bewirken, daß wir gewillt sein würden, alle Bomben, die wir zur Zeit in den USA haben, zu beschlagnahmen, vorausgesetzt, Engländer und Russen würden mit uns darin übereinstimmen, daß weder sie noch wir eine Atombombe als Mittel der Kriegführung einsetzen werden, sofern nicht alle drei Regierungen mit dieser Anwendung einverstanden sind.«
Mit anderen Worten heißt das doch, daß die USA nach Stim-

sons Plan sich damit einverstanden erklärt hätten, ihren zeitweiligen militärischen Vorteil aufzugeben, um ihren guten Willen als die mächtigere der beiden Nationen, die außerdem die Atombombe bei einem militärischen Unternehmen tatsächlich eingesetzt hatte, unter Beweis zu stellen. Dafür wären die ersten Schritte zur Schaffung eines Rahmens für die Zusammenarbeit bei der Weiterentwicklung und Kontrolle der Atomenergie unternommen worden. Der Verlust eines zeitweiligen militärischen Vorteils wäre durch den großen Gewinn für die Menschheit und schließlich auch für die Vereinigten Staaten selber reichlich wettgemacht worden. »Es muß unser Ziel sein«, schrieb Stimson, »einen möglichst vorteilhaften internationalen Vertrag abzuschließen – d. h. einen, der einige Aussicht hat, gehalten zu werden, und der die Zivilisation nicht für fünf oder zwanzig Jahre, sondern für immer vor dem Untergang bewahrt.« Wenn die von ihm umrissene Vereinbarung in die Wege geleitet werden könnte, dachte Stimson, würden die Chancen für eine wirkliche Kontrolle viel größer sein, »als ... wenn die Annäherung als Teil eines allgemeinen internationalen Planes oder nach einer Reihe deutlicher oder verhüllter oder simulierter Drohungen im Laufe unserer Friedensverhandlungen erfolgen würde«.

Die meisten der Kabinettsmitglieder, die an der Sitzung am 21. September teilnahmen, waren sich der Klugheit und vor allem der praktischen Durchführbarkeit dieser Vorschläge voll bewußt. Sieben Kabinettsmitglieder, darunter Dean Acheson, waren für Stimsons Vorschläge; Forrestal, Fred Vinson und Tom Clark stimmten dagegen und zwei Mitglieder wünschten die endgültige Entscheidung auf einen späteren Zeitpunkt zu verschieben[2]. *Dennoch wurden bei jedem folgenden Schritt, den die Truman-Regierung in dieser lebenswichtigen Frage unternahm, die wesentlichen Empfehlungen Stimsons nicht nur ignoriert, sondern geradezu in ihr Gegenteil verkehrt.*

Vor allem hatte Stimson empfohlen, die Annäherungsbemühungen Rußland gegenüber in Sachen der Atomenergiekontrolle ausschließlich als Initiative der USA darzustellen, d.h. weder als einen gemischten englisch-amerikanischen Vorschlag noch als gemeinsamen Schritt einer Gruppe von Nationen. Am 15. November, knapp zwei Monate nach Stimsons nachdrücklichen Ermahnungen, bei der Sowjetunion nicht den Eindruck entstehen zu lassen, daß der angelsächsische Block sich weiter gegen sie behaupten würde, veröffentlichten der Präsident der Vereinigten Staaten, der britische Premierminister (Attlee) und der kanadische Ministerpräsident (King) eine gemeinsame Erklärung, in der die Gründung einer UN-Kommission für die Kontrolle der Atomenergie gefordert wurde. Sie erklärten: »Wir wünschen eine uneingeschränkte und wirksame Zusammenarbeit auf dem Gebiet der Atomenergie zwischen den USA, Großbritannien und Kanada[3].« Und vier Monate später gab Truman in Fulton, Missouri eine Grundsatzerklärung ab, während Churchill ein angelsächsisches Bündnis gegen Sowjetrußland forderte.

Stimsons Warnung vor verhüllten Drohungen gegen die Sowjetunion während der Annäherungsbemühungen in Fragen der Atomkontrolle wie auch seine spezielle Weisung, nicht zu verhandeln, solange die Bombe »ziemlich locker und auffällig an unserer Hüfte sitzt«, wurden ebenfalls völlig ignoriert. Was für die frühere Initiative galt, gilt auch für diese: Lediglich zu behaupten, daß sie ignoriert wurden, kommt einer Untertreibung gleich. Die USA legten ihren ersten Plan zur Atomenergiekontrolle den Vereinten Nationen am 14. Juni 1946 vor, während die Sowjetunion ihre eigenen Vorschläge vier Tage später unterbreitete. *Am 1. Juli, während die Unterredungen noch im Gange waren, zündeten die USA auf dem Bikini-Atoll eine Atombombe: der erste Nachkriegskernwaffenversuch.* Die *Prawda* erhob sogleich die Anschuldigung, daß die USA die Gespräche zu beeinflussen suchten (d. h. durch »verhüllte Drohungen«, vor denen Stimson gerade gewarnt hatte) und behauptete, die Versuche zeigten, daß den USA nicht an einem Abbau von Kernwaffen, sondern vielmehr an ihrer Vervollkommnung gelelegen sei[4].

Selbst die den Vereinten Nationen unterbreiteten Vorschläge stimmen mit diesem bemerkenswerten Schema überein. Die Vorschläge der Russen entsprachen genau der von Stimson und sieben anderen Kabinettsmitgliedern befürworteten Linie, während die amerikanischen Vorschläge eine Haltung erkennen ließen, *die den Empfehlungen Stimsons diametral entgegengesetzt war.*

Der Text des sowjetischen Entwurfs für ein internationales Atomenergie-Abkommen lautet auszugsweise wie folgt[5]:

Artikel 1: Die hohen vertragschließenden Parteien erklären feierlich, die Herstellung und den Einsatz einer Waffe, die auf der Verwendung von Kernenergie beruht, zu verbieten und dementsprechend die folgenden Verpflichtungen zu übernehmen:

a) eine Kernwaffe unter keinen Umständen einzusetzen;

b) die Herstellung und Lagerung einer auf der Verwendung von Kernenergie beruhenden Waffe zu verbieten;

c) innerhalb eines Zeitraums von drei Monaten vom Inkrafttreten dieses Vertrages alle Vorräte an Kernwaffen, gleichgültig ob in fertigem oder halbfertigem Zustand, zu vernichten.

Mit Ausnahme des Vorschlags, bestehende Waffen zu vernichten (Stimson hatte »beschlagnahmen« gesagt) hatte Stimson et-

wa folgendes befürwortet: Die USA sollten ihre Führungsposition in Kernwaffen aufgeben und dadurch die Grundlage für ein funktionsfähiges Abkommen schaffen.
Die anderen wesentlichen Klauseln des sowjetischen Vertragsentwurfs beinhalteten die Bedingungen des ursprünglichen Abkommens und erläuterten die Vorbedingungen für seine Ratifizierung. Der sowjetische Delegierte schlug ferner vor, einen Ausschuß zu bilden, der Empfehlungen über verschiedene Themen ausarbeiten sollte, darunter »die Schaffung von Methoden, um die Herstellung von Kernwaffen zu verbieten und von Maßnahmen bzw. eines Systems oder einer Organisation zur Kontrolle der Verwendung von Atomenergie« sowie die »Ausarbeitung eines Systems von Sanktionen, die gegen die widerrechtliche Anwendung von Atomenergie zu verhängen sind«.
Im Gegensatz dazu lag der Unterschied zwischen dem ursprünglichen Plan der USA (Lilienthal) und dem der UNO vorgelegten Entwurf (Baruch) in der Tatsache, daß die Vereinigten Staaten keine Konzessionen machen würden. Sie würden mit der Erweiterung des Kernwaffenvorrats und der Entwicklung neuer Waffen so lange fortfahren, bis ein wirksames und narrensicheres internationales Kontroll- und Inspektionssystem eingeführt war; dann und nur dann würden die USA sich bereit erklären, ihre eigenen Kernwaffenvorräte einer internationalen Kommission zu übergeben, die befugt sein müßte, die Entwicklung der Kernenergie für friedliche Zwecke in allen Ländern zu überwachen. Diese Kommission müßte naturgemäß eine starke amerikanische Mehrheit aufweisen, und ein Einspruchsrecht würde es nicht geben.
Mit anderen Worten: Man verlangte von der UdSSR, und zwar in einer Weise, die auffallend auf die Erklärungen von Churchill und Acheson hindeutete, ein vom Westen vorgeschlagenes Abkommen zu akzeptieren, das ein Öffnen der Grenzen, sowie eine Preisgabe der militärischen Geheimnisse, der Zielgebiete[6], des niedrigeren Lebensstandards, der polizeistaatlichen Methoden und der Zwangsarbeitslager zur Folge hatte, und dabei zuversichtlich zu hoffen, die USA mit ihrer »absoluten Waffe« würden aus den zweifellos sich ergebenden Schwierigkeiten (vielleicht sogar Aufständen) keinen militärischen oder politischen Vorteil ziehen. In seinem Brief an Truman vom Juli 1946 erhob Wallace gegen den Vorschlag Baruchs Einwände:
»... Wir reden den Russen ein, daß wir, wenn sie nur ›brav‹ sind, ihnen vielleicht unsere Kenntnisse der Atomenergie überlassen... Aber es gibt weder eine feste Norm, nach der sie als ›brav‹ bezeichnet werden könnten, noch einen bestimmten Zeitpunkt, wenn wir unsere Kenntnisse mit ihnen teilen sollen[7].«
Falls andererseits Churchill und Kennan recht hatten, würde

die Erfüllung derartiger Vorbedingungen, die ein Öffnen der sowjetischen Grenzen zur Folge hätten, die Notwendigkeit einer solchen ›Bravheitsbescheinigung‹ von vornherein ausschließen – sie würde die Sowjets *veranlassen*, schlechthin ›brave Kinder‹ zu werden, da sie eine Unterhöhlung des Kontrollsystems der Kommunistischen Partei und somit den Zusammenbruch der Sowjetmacht bedeuten würde. Es überrascht daher nicht, diese Überlegungen in den Köpfen der Männer zu finden, die die Vorschläge ausarbeiteten:

Während der Hearings im Jahre 1954 sagte Oppenheimer aus, daß er damals [1946] nicht erwartete, die Sowjetunion würde den Plan akzeptieren, weil er davon überzeugt war, daß, falls sie dies täte und ihre Grenzen öffnete und dem Westen eine ungehinderte Inspektion gestattete, das bestehende sowjetische System zusammenbrechen würde. Genau die gleiche Ansicht wurde mir 1946 in New York von dem verstorbenen Lord Inverchapel, dem damaligen britischen Botschafter in Washington, gegeben. Ich bin jetzt genauso überrascht wie ich es damals war, daß man es für eine realistische Diplomatie hielt, die Sowjetunion aufzufordern, freiwillig einen Plan gutzuheißen, der nach der Auffassung seines Schöpfers sowie der amerikanischen und britischen Regierung zum Zusammenbruch des Systems führen würde. (P. M. S. Blackett, *Atomic Weapons and East-West Relations*, 1956, S. 90. »Man erzählt sich, daß ein sehr bekannter General, der sich zusammen mit Mr. Baruch bei dem Lilienthal-Plan [der zum Baruch-Plan wurde] eifrig ins Zeug gelegt hatte, geäußert hat ... ›Jetzt haben wir die Forderungen so hochgeschraubt, daß selbst die Russen nicht so dumm sein werden, darauf hereinzufallen‹« [ebenda] S. 91.)

Die Frage der Atomenergiekontrolle wurde jedoch in ihrem Einfluß auf den Verlauf des Kalten Krieges von dem Problem der Sanktionen übertroffen:

»Als ... der Acheson-Lilienthal-Plan sich in den Baruch-Plan verwandelte ... wurde die Konzeption einer ›sofortigen und angemessenen Bestrafung‹ für alle Vergehen gegen die Kontrollbestimmungen hinzugefügt, zu beschließen durch einen Sicherheitsrat ohne Vetorecht, in dem Rußland zwangsläufig in einer Minderheit war ... Zu den unglückseligen Nachwirkungen dieses fehlgeschlagenen Versuchs einer Kontrolle der Atomenergie gehörte die Überzeugung von der Durchführbarkeit eines Präventivkrieges gegen eine Großmacht. Denn gerade dies ist unter der Verhängung einer ›sofortigen und angemessenen Bestrafung‹ durch Atombomben zu verstehen[8].«

Die Verordnung von Sanktionen gab Anlaß zu der falschen Vorstellung, daß einer großen Nation durch Atombomben eine billige und entscheidende Niederlage beigebracht werden könnte, während man gleichzeitig versicherte, daß die Aufrechterhaltung von Sicherheit und die lückenlose Kontrolle der Bombe das vordringlichste Anliegen seien. Auf Grund dieser falsch gesetzten Schwerpunkte entstand in den USA eine beträchtliche Unruhe, vor allem wurde der Furcht vor einem atomaren Angriff der Sowjets Raum gegeben, obwohl diese bis in die Mitte der fünfziger Jahre gar nicht über die Mittel verfügten, Bomben auf den amerikanischen Kontinent hinüberzuschießen, selbst wenn sie im Besitz von Bomben waren. Das Streben nach Sicherheit führte ferner zu der falschen Hoffnung, das ›Geheimnis‹ der Bombe könnte gewahrt bleiben, und umgekehrt zu der irrigen Ansicht, daß die größte unmittelbare Gefahr für die USA in der inneren Bedrohung durch Spionage und Verschwörung lag. Hier war die Hauptursache für die McCarthysche Krankheit zu suchen, die in den nächsten Jahren auf die amerikanische Politik einen so unheilvollen Einfluß ausüben sollte.

Während der Mythos von einer Beibehaltung des amerikanischen Atombombenmonopols durch eigene Fortschritte der Russen auf dem Gebiet der Kerntechnik zerstört wurde, lassen sich die einmal gehegten falschen Vorstellungen von der Vernichtungskraft der ersten Atombomben nicht so leicht beseitigen noch sind die sich daraus ergebenden Folgerungen sonderlich bekannt.

Die Ansicht, daß die Atombombe eine absolute Waffe sei und daß eine atomare Luftmacht allein einer kontinentalen Macht eine entscheidende Niederlage beibringen könnte, wurde von Blackett bereits 1948 in Frage gestellt. Blackett führte quantitative Untersuchungen über die Auswirkungen der Bombardierung kriegswichtiger Ziele durch die Alliierten während des Zweiten Weltkriegs durch, einschließlich der zwei Atombombenabwürfe über Japan. Diese Untersuchungen ließen ihn zu der Überzeugung gelangen, daß das damals bestehende nukleare Potential des Westens in keiner Weise die Möglichkeit bot, gegen die Sowjetunion einen schnellen und entscheidenden Vernichtungsschlag zu führen:

»Als die Bombardierungsoffensive der Angloamerikaner richtig in Schwung kam, d. h. von 1943 bis 1945, mußte Deutschland noch härtere Schläge aus der Luft ›einstecken‹. In diesen zweieinhalb Jahren wurden über deutschen Städten 600 000 Tonnen Bomben abgeworfen; dennoch brach die Moral der deutschen Zivilbevölkerung nicht zusammen und die Rüstungsproduktion stieg ständig bis zum August 1944, als die deutschen Armeen an zwei breiten Landfronten bereits entscheidend geschlagen waren.

Die angloamerikanische Bomberoffensive führte weder die Entscheidung herbei noch war sie billig. Die Verluste an fliegendem Personal betrugen 160 000 Mann; die Verluste an Flugzeugen betrugen 20 000 Bomber und 18 000 Kampf- und Jagdflugzeuge[9].«

Nach dem Gutachten des Strategischen Bomberkommandos der USA führte auch die Wirkung der Atombombe auf die Industrieproduktion in Hiroshima und Nagasaki zu keiner entscheidenden Wende. Nach Schätzungen hätte z. B. die Industrieproduktion in Hiroshima innerhalb von dreißig Tagen zu 74 Prozent wieder aufgenommen werden können[10]. Über die Vernichtungskraft von Atombomben heißt es:

»Aus offiziellen amerikanischen Angaben geht hervor, daß die ersten Atombombentypen etwa die gleiche Zerstörung bewirkten wie rund 2000 Tonnen gewöhnlicher Bomben, die über das gleiche Gebiet gleichmäßig verteilt werden ... Mehr als 1000 Atombomben der Art, wie sie über Hiroshima abgeworfen wurden, wären erforderlich gewesen, um Deutschland und den besetzten Gebieten die gleichen Verluste an Industrieanlagen zuzufügen wie durch die tatsächlich abgeworfenen 2,7 Millionen herkömmlicher Bomben.« (Blackett, *Studies of War*, S. 9, 51. Die USA verfügten weder über solche Vorräte noch über die Trägerraketen, um derartige Mengen vom Bomben nach Rußland zu schießen.)

Blacketts Ansichten über die Möglichkeiten der neuen Atomwaffen wurden 1948 von den Russen[11] und vom Oberbefehlshaber der Strategischen US-Luftwaffe geteilt[12], obwohl es darüber während der ganzen Zeit unter den führenden amerikanischen Militärs erhebliche Meinungsverschiedenheiten gab. Auf Grund seiner Kenntnis der sowjetischen Militärstrategie hatte Blackett vermutet, daß die Russen, was die Wirksamkeit des strategischen Einsatzes von Atomwaffen betraf, zur Skepsis neigen würden. Der Glaube an die »wirkliche Luftmacht« war strenggenommen ein Glaube, den man im westlichen Lager hegte, der nur im Westen praktiziert und von sowjetischen Militärstrategen offen kritisiert worden war[13].

Im Westen führte die irrige Ansicht, der Einsatz nuklearer Waffen könnte eine rasche und billige Entscheidung herbeiführen, einerseits zu dem Schluß, daß die Westmächte ihre Forderungen nur zu formulieren und der Sowjetunion ein Ultimatum zu stellen brauchten und daß andererseits die UdSSR, sobald sie in den Besitz ähnlicher oder überlegener Möglichkeiten gelangt war, ein Gleiches tun würde. Darüber hinaus schien die Tatsache, daß die Russen in der Zeit des amerikanischen Kernwaffenmonopols nicht im geringsten daran dachten, sich einschüchtern zu lassen, den skrupellosen und entschlossenen Charakter der sowjetischen Machthaber nur noch zu unterstreichen. In der früher zitierten Rede Winston Churchills wird diese Ansicht zum Ausdruck gebracht:

»Es stellt sich die Frage: Was wird geschehen, wenn die Russen selber in den Besitz der Atombombe gelangen und sich einen großen Vorrat davon angelegt haben? Sie können das, was geschehen wird, nach dem, was jetzt geschieht, beurteilen. Wenn dies alles schon am grünen Holze geschieht, was wird erst am trockenen geschehen? Wenn sie Monat um Monat im Vertrauen auf unsere christlichen und altruistischen Hemmungen gegen den Einsatz dieser unheimlichen neuen Waffe zu ihrem Nachteil die Welt weiterhin stören und quälen, was werden sie erst unternehmen, wenn ihnen selber große Mengen an Atombomben zur Verfügung stehen? Wie würde Ihrer Meinung nach heute nachmittag die Lage sein, wenn es nicht Amerika mit seiner freien Wirtschaft, sondern das kommunistische Rußland gewesen wäre, das die Atombombe entwickelt hätte? Anstatt ein trauriger Garant für Frieden und Freiheit zu sein, wäre sie unweigerlich ein Instrument zur Versklavung der Menschheit geworden. Niemand, der seine fünf Sinne beisammen hat, kann glauben, daß wir eine begrenzte Spanne Zeit vor uns haben. Wir sollten die Dinge zur Entscheidung bringen und zu einer endgültigen Regelung kommen[14].«

Obwohl sie auf einer Fehleinschätzung der militärischen Lage beruhte, hatte Churchills rhetorische Frage (»Wenn dies alles schon am grünen Holze geschieht, was wird erst am trockenen geschehen?«) ein unerwartetes Echo. Während sich die Sowjets der nuklearen Parität mit dem Westen näherten, wurde ihre Haltung nicht etwa drohender und widerspenstiger, sondern im Gegenteil versöhnlicher. Es liegen Beweise dafür vor, daß eine solche Haltung nicht so sehr einer unterschiedlichen Beurteilung der westlichen Absichten entsprang, die sich in einer Änderung der Verteidigungspolitik niedergeschlagen hätte, als vielmehr einem neugewonnenen Vertrauen zu ihren eigenen Abschreckungsmitteln:

»Obwohl seit dem Tode Stalins eindeutig tiefgreifende innenpolitische Veränderung in der UdSSR stattgefunden haben, ist in der Verteidigungspolitik offenbar kein grundlegender Wechsel eingetreten. Bei dem heutigen Stand unserer Kenntnisse kann es nur geringen Zweifel darüber geben, daß es viele Jahre lang ein wesentliches Element der Stalinschen Politik war, dem Westen durch Erreichen nuklearer Parität die Koexistenz aufzudrängen. Diese Parität wurde dann auch ein halbes Jahr nach Stalins Tod erreicht, kann doch die erste sowjetische Wasserstoffbombe vom August 1953 als Zeichen für den Erfolg dieser Politik gewertet werden.

Insofern als die gegenwärtige Entspannung das Resultat des Vertrauens der jetzigen sowjetischen Führung zu ihrer Stärke darstellt, ist sie nicht eine Folge von Stalins Tod, sondern die Folge der skrupellosen Methoden, mit denen er sein Land zu wissenschaftlichen, technischen und industriellen Hochleistungen antrieb, ohne die die atomare Parität sich um ein beträchtliches verzögert hätte[15].«

Die Tatsache, daß die amerikanische Führung sich keinen Frieden vorstellen konnte, es sei denn nach einem Zusammenbruch oder einer Vernichtung der Sowjetmacht, wird durch nichts stärker verdeutlicht als durch die Reaktion der USA auf diese Entspannungsbemühungen und auf die ersten unmißverständlichen Vorschläge für eine friedliche Koexistenz.

Im Januar 1952 berief die UN-Vollversammlung eine neue Abrüstungskommission ein, wie sie von Dean Acheson vorgeschlagen worden war. Als dieser Vorschlag zum erstenmal unterbreitet wurde, meinte Wyschinski, er habe die »ganze Nacht darüber lachen müssen«. Die Reaktion der Welt auf diese Rede veranlaßte den Kreml jedoch, seine Meinung zu ändern, und der Vorschlag wurde einstimmig angenommen. Während der nächsten zwei Jahre entwarf und verfeinerte der Westen unter der Führung der USA ein allgemeines Abrüstungsprogramm unter internationaler Kontrolle, das darauf abzielte, »den Krieg nicht zu regeln, sondern zu verhindern ... indem es den Krieg als Mittel zur Beilegung von Streitigkeiten zwischen den Völkern von vornherein unmöglich macht[16]«.

Bis zum März-April 1955 enthielten die Vorschläge Maßnahmen für den Abbau der Streitkräfte, die Einschränkung konventioneller Waffen, die völlige Beseitigung aller Massenvernichtungsmittel einschließlich aller bestehenden Kernwaffenvorräte sowie die Schaffung eines einzigen Kontrollorgans mit Entwicklungsmöglichkeiten. »Die amerikanischen Delegierten verlangten auf diese Vorschläge eine klare Antwort. ›Ist sie [die Sowjetunion] bereit, die drastischen Kürzungen zu akzeptieren, die die USA zu akzeptieren bereit sind, wie z. B. die Verringerung der Truppenstärke bis zu einem Maximum von anderthalb bis eine Million Mann[17]?‹«

Am 10. Mai 1955, nach neun Jahren des Widerstandes gegen alle westlichen Pläne, billigte die UdSSR den Plan der Westmächte für einen Abbau der Truppenstärke, eine Reduzierung konventioneller Waffen, den westlichen Zeitplan, das westliche Abkommen für die Beseitigung der Vorräte an Kernwaffen und sonstiger Massenvernichtungsmittel sowie schließlich die Forderung des Westens nach einer entsprechenden Kürzung der von der Regierung für die Streitkräfte und konventionelle Waffen bewilligten Mittel[17].

Was die von den Russen vorgeschlagenen Kontrollen betraf, »hätten sie, falls sie überhaupt etwas bedeuteten, in den Eisernen Vorhang eine ungeheure Bresche geschlagen – Hunderte, wenn nicht Tausende von UN-Inspektoren, die von der UNO ›auf internationaler Basis‹ gewählt wurden und ihren ständigen Wohnsitz in Rußland haben sowie mit weitreichenden

Vollmachten ausgestattet sein würden, die ihnen den Zutritt zu militärischen und anderen Anlagen gestatten, die ferner das Recht besitzen würden, sich über alle Aspekte des russischen Militäretats zu informieren – an sich schon ein machtvolles Kontrollinstrument. Doch um das Maß voll zu machen, legten die Russen auch ihren Plan für die Errichtung von Boden›kontrollstationen‹ an großen Häfen, Eisenbahnverkehrsknotenpunkten, den Hauptautostraßen und Flugplätzen vor. Diese Bodenkontrollstationen sollten gegen die Gefahr eines Überraschungsangriffs mit modernen Waffen schützen und sollten ihre Arbeit aufnehmen, bevor überhaupt Maßnahmen zur Rüstungsbeschränkung eingeleitet werden konnten; es handelte sich um einen spontanen Vorschlag der Russen, der eine weitere große Bresche in den Eisernen Vorhang schlug[17]«.

Am 12. Mai, nach Konsultationen mit seiner Regierung, sagte der amerikanische Delegierte, indem er »als Vertreter der Vereinigten Staaten« sprach:

»Wir stellen mit Genugtuung fest, daß unsere Auffassungen, die wir über einen erheblichen Zeitraum vorgetragen und in den letzten zwei Monaten viele Male wiederholt haben, von der Sowjetunion großenteils akzeptiert wurde[17].«

An diesem Punkt bestand der Westen auf einer Sitzungspause, obwohl die Russen vorankommen und die restlichen Meinungsverschiedenheiten »ausbügeln« wollten. Das erste Gipfeltreffen fand im Juli statt, auf dem Präsident Eisenhower plötzlich seinen berühmten Plan »Offener Himmel« erläuterte, der es den beiden Mächten gestatten sollte, Luftinspektionen über dem Territorium des jeweils anderen Landes durchzuführen. Die meisten westlichen Kommentatoren betrachteten ihn als »einen gewagten, aufregenden, radikalen Plan, der, falls er Zustimmung hätte finden können, auf beiden Seiten des Eisernen Vorhangs das gesamte Gebäude der Geheimhaltung niedergerissen hätte ...[18]«

Eisenhowers Vorschlag war in der Tat ein »gewagter« Plan, stellte er doch eine völlige Abkehr von den bereits vereinbarten Inspektionsvorschlägen (die viel weitreichender und wichtiger waren) und insbesondere von dem Programm für eine allgemeine und vollständige Abrüstung dar, die parallel zu den Kontrollen erfolgen sollte. An Stelle eines Vertrages, der die Bedrohung durch Kernwaffen und das Wettrüsten beendet hätte, verlangten die USA von der UdSSR, einen ihrer wichtigsten militärischen Vorteile (Geheimhaltung) gegen Informationen einzutauschen, die sie im wesentlichen schon besaß, und das ohne Aussicht auf ein Abrüstungsprogramm, das eine Garantie für die Auflösung der Stützpunkte des strategischen Luftkommandos bot, von denen die UdSSR umgeben war.

Am 29. August trat die Abrüstungskommission wieder zusammen, nahm aber ihre Arbeit nicht an der Stelle wieder auf, wo sie sie unterbrochen hatte. Die Russen versuchten zwar, die Kommission »höflich aber beharrlich« dazu zu bewegen; ihre Bemühungen »scheiterten völlig«. Der amerikanische Delegierte plädierte in wiederholten Reden für den ›offenen Himmel‹; dann erklärte er nach einwöchiger Debatte:

»... Die USA melden nunmehr Vorbehalte an gegen alle ihre vor der Genfer Konferenz in diesem Unterausschuß oder in der Abrüstungskommission oder in der UNO hinsichtlich der Höhe der Rüstungsbeschränkungen vertretenen Standpunkte.«

»Mit anderen Worten«, schreibt der bekannte britische Labour-Politiker P. Noel-Baker,

»die Sechs Grundsätze (wesentliche Grundsätze für ein Abrüstungsprogramm) des britisch-französischen Memorandums von 1954, die 50-Prozent-Klausel hinsichtlich der ›Kürzungen‹, die 73-Prozent-Klausel über die Vernichtung von Kernwaffenvorräten, der detaillierte Inspektions- und Kontrollplan, alle anderen Vorschläge, die erst vor drei Monaten mit solchem Nachdruck und solcher Beharrlichkeit vertreten worden waren – sie alle wurden zurückgezogen ...[19]«

Offensichtlich hatten die westlichen Abrüstungsunterhändler an einem wirklichen Abrüstungsprogramm mit zuviel Eifer gearbeitet. »Die Vorschläge wurden widerrufen und blieben bis heute [1958] widerrufen.« 1956 unternahmen die Russen weitere Anstrengungen, dem Westen entgegenzukommen; »in jedem Punkt wurde ihnen eine Abfuhr erteilt[19]«. Und erst am 8. Februar 1960 erklärte der demokratische Senator für Pennsylvania, Joseph Clark, vor dem Senat:

»Die USA sind die einzige Atommacht, die sich nicht zu einer totalen und dauerhaften Abrüstung im Rahmen angemessener internationaler Garantien als Ziel bereit erklärt und einen umfassenden Plan zur Erreichung dieses Ziels vorgelegt hat. Nach meinem Dafürhalten ist das eine Schande. Die Briten haben es getan. Die Russen haben es getan. Nur wir haben es nicht getan ...« (Zitiert in Fred J. Cook, ›Juggernaut: The Warfare State‹, *The Nation* vom 28. Oktober 1961 [veröffentlicht in erweiterter Form als *The Warfare State*, 1963]. Die Situation wurde schließlich im September 1961 von Präsident Kennedy bereinigt.)

Unmittelbar vor der Gipfelkonferenz von 1955 hatte Eisenhower gesagt: »Es gibt keine andere Wahl als den Frieden.« Doch als sich die Aussicht auf einen Frieden im Sinne einer Koexistenz bot, war die Führung der USA nicht bereit, sich damit abzufinden und ließ daher die günstige Gelegenheit verstreichen. Nach der Gipfelkonferenz im August gab die Sowjetunion bekannt, daß sie ihre Streitkräfte bald um 640 000 Mann reduzieren werde. Doch zwei Wochen später erklärte Eisen-

hower, es könne keinen wahren Frieden geben, der die »Billigung eines Status quo vorsieht, in dem ein an vielen Völkern begangenes Unrecht, die Unterdrückung von Menschen in einem unvorstellbaren Maßstab verankert ist ...[9].«
Am nächsten Tag (vier Tage bevor die Abrüstungskommission wieder zusammentrat) forderte Vizepräsident Nixon die Russen auf, »ihre Aufrichtigkeit unter Beweis zu stellen«, indem sie (1) freien Wahlen und der Wiedervereinigung Deutschlands und Koreas zustimmten; (2) Präsident Eisenhowers Luftinspektionsplan akzeptierten; (3) den Eisernen Vorhang demontierten; (4) die europäischen Satellitenstaaten freigaben und (5) die Tätigkeit der von Moskau kontrollierten Organisationen in anderen Ländern einschränkten[20]. Damit hatte sich die Führung der USA von ihrer bei der Gipfelkonferenz vertretenen Ansicht auf den vor der Entspannung vertretenen Standpunkt Churchills (der ihn nicht mehr aufrechterhielt) und Achesons (der es offenbar noch tat) zurückgezogen; ja, man kann sagen, dieser Standpunkt war überhaupt nie aufgegeben worden.
Denn unmittelbar vor der Gipfelkonferenz sagte Dulles vor einem Unterausschuß des Kongresses aus, daß die Wirtschaft Rußlands »im Begriff sei, zusammenzubrechen«. (*New York Times* vom 7. Juli 1955, zitiert in dem erwähnten Werk von Fleming,, S. 747. Als er diese Ansicht im folgenden Februar wiederholte, indem er behauptete, das sowjetische System sei »bankrott« und die Einheit der freien Welt habe zum Scheitern der sowjetischen Politik geführt, erhielt er von George Kennan die schlagfertige Antwort: »Ich kenne die Welt nicht, von der Mr. Dulles spricht.«)
Somit verfolgte die amerikanische Führung in ihrer Einstellung zum Kernwaffenproblem und zum Problem des geteilten Europa zwei deutlich voneinander verschiedene und parallele Wege. In keinem Fall konnte die amerikanische Politik ein ernstes Bemühen verzeichnen, eine Lösung der Probleme auf dem Verhandlungswege zu erreichen oder die in ihnen latenten Konflikte zu vermeiden. Wenn die Führung der USA überhaupt jemals die Absicht hatte, sich um eine solche Lösung z. B. des Kernwaffenproblems ernsthaft zu bemühen, wäre sie bestimmt nicht so weit gegangen, die speziellen Empfehlungen des dienstältesten Politikers im amerikanischen Kabinett zu einem Problem, das seiner Meinung nach für die Beziehungen zwischen den USA und der Sowjetunion »praktisch den Ausschlag gab«, in ihr Gegenteil zu verkehren. Auch hätten sie nicht die Unmöglichkeit, mit der Sowjetunion über eine Einigung zu verhandeln, zur grundlegenden Voraussetzung ihrer Europapolitik gemacht. Daß es damals wenig sachliche Gründe für eine solche Vermutung gab, braucht kaum betont zu werden. »Es ist müßig, mit den Kommunisten vernünftig zu reden oder mit ih-

nen zu streiten«, bemerkte Churchill im Januar 1948; »es ist jedoch möglich, mit ihnen auf einer fairen, realistischen Basis zu verhandeln, und nach meiner Erfahrung *halten sie ihre Verträge, solange dies in ihrem Interesse liegt,* was bei dieser schwerwiegenden Angelegenheit immerhin eine geraume Zeit sein könnte, wenn die Dinge erst einmal geregelt sind«. Doch noch wichtiger als Churchills damaliges Zeugnis ist die allgemeine Tatsache, daß internationale Verträge weder notwendigerweise auf der Bereitschaft der vertragschließenden Parteien basieren müssen noch daß das Aushandeln solcher Verträge unbedingt von der Entwicklung beiderseitigen guten Willens abhängen muß. Wie Präsident Kennedy in seiner Ansprache vor der Amerikanischen Universität am 10. Juni 1963 feststellte: »Man kann sich darauf verlassen, daß selbst die feindlichsten Nationen diejenigen Vertragsverpflichtungen und nur diese Vertragsverpflichtungen akzeptieren und erfüllen, die in ihrem eigenen Interessse liegen.«

Wenn die Strategie der amerikanischen Führung schon keine Lösung des »russischen Problems« auf dem Verhandlungswege anstrebte, ja nicht einmal die Dinge so lassen wollte, wie sie lagen, was war dann ihr Zweck? Als im Herbst 1945 die politischen Konturen sich abzuzeichnen begannen, war dieser Zweck bestimmt nicht die Eindämmung einer angedrohten russischen Aggression. (Am 15. November wurden durch die Erklärung von Truman, Attlee und King Stimsons Empfehlungen umgestoßen, nämlich den Eindruck zu vermeiden, daß der angelsächsische Block gegen Rußland über die Atombombe hinweg bestehen bleiben sollte. Zwei Wochen später verkündete Truman, daß die Führer der Kriegskoalition nicht mehr zusammentreffen würden. Wie der Kolumnist der *New York Times,* Arthur Krock, in seinem Artikel vom 23. März 1947 enthüllt, begann zur gleichen Zeit der in der Truman-Doktrin verkörperte weltumspannende Kreuzzug gegen den Kommunismus in Trumans Vorstellung politisch konkrete Formen anzunehmen, und er machte sich daran, nach einer günstigen Gelegenheit zu suchen, um seine Doktrin zu verkünden.) Kennan, der bis 1946 Botschaftsrat und Gesandter in Moskau war und danach Leiter des außenpolitischen Planungsstabes wurde, gab 1958 zu:

»Ich war nie der Meinung, daß die Sowjetunion zu irgendeinem Zeitpunkt seit 1945 einen allgemeinen Weltkrieg herbeiwünschte oder daß sie aus irgendeinem vernünftigen Grunde geneigt gewesen wäre, einen solchen Krieg zu beginnen, selbst wenn die Atombombe nie erfunden worden wäre. Mit anderen Worten, ich glaube nicht, daß es unser Besitz der Atombombe war, der die Russen daran hinderte, Europa 1948 oder zu irgendeinem anderen Zeitpunkt zu überrennen[21].«

Es bleibt einem lediglich der Schluß, daß die USA mit ihrer

Taktik einer politischen und wirtschaftlichen Isolierung Rußlands, einer Beibehaltung des eigenen Atomwaffenmonopols bei gleichzeitiger Einkreisung Rußland durch Militärstützpunkte und aggressive Militärbündnisse zwei strategische Ziele verfolgte (ein drittes Ziel defensiven Charakters – die Stabilisierung und der Wiederaufbau Westeuropas – hätte mit der von Stimson und Lippmann empfohlenen Politik verwirklicht werden können und ist daher für unsere Analyse an dieser Stelle nicht relevant).

Das angestrebte Mindestziel war es, der Sowjetunion den Einfluß streitig zu machen, den sie als Folge ihrer im Krieg errungenen Siege in Europa gewonnen hatte. Um dies zu erreichen, beschritten die USA einen Weg, der Rußland *zwingen* sollte, seine Positionen in Osteuropa aufzugeben, und zwar ohne die geringste Berücksichtigung seiner Sicherheitsinteressen in den mittel- und osteuropäischen Gebieten. Eine Anerkennung des sowjetischen Sicherheitsbedürfnisses wäre z. B. in einem Friedensvertrag mit Deutschland zum Ausdruck gekommen, zu dessen Abschluß Lippmann amerikanische Politiker vergeblich ermahnt hatte.

Das oberste Ziel der amerikanischen Führung, soweit es sich aus ihren Erklärungen und Handlungen ableiten läßt, ging über den einseitigen Abzug der sowjetischen Streitkräfte aus Osteuropa hinaus bis zum Zusammenbruch der Sowjetmacht selber und darüber hinaus der russischen Revolution. Die beiden Ziele hingen praktisch voneinander ab, da nur der bevorstehende Zusammenbruch die Russen dazu bewegen würde, einen einseitigen Abzug aus ihren europäischen Positionen zu unternehmen.

In den achtzehn Jahren zwischen der Annahme dieser Ziele und ihrer vorläufigen Aufgabe zugunsten einer Politik der Koexistenz und der Entspannung (wenigstens im europäischen Raum) wurden keine nennenswerten Fortschritte zu ihrer Verwirklichung gemacht. Andererseits hatte der einmal beschrittene Weg zur Erreichung dieser Ziele ungeheuerliche Folgen. Nunmehr wollen wir uns den unvorhergesehenen Folgen der Eindämmung sowie der späteren (und ebenfalls unvorhersehbaren) Entwicklung der Eindämmungspolitik zuwenden.

16. *Osteuropa 1949-1956*

Die Behauptung, daß der Frieden die notwendige Vorbedingung für den Fortschritt der Freiheit ist, gilt allgemein ...
John F. Kennedy

Die Eskalation des Kalten Krieges besonders nach dem Ausbruch des Koreakonflikts forderte von Osteuropa schwere Opfer. Teilweise unter dem Vorwand einer unmittelbar bevorstehenden Kriegsdrohung des Westens stiegen die Stalinisten in den osteuropäischen kommunistischen Parteien auf und trieben unter der Leitung Moskaus ihre Länder durch eine Zeit intensiven stalinistischen Aufbaus. Zwischen 1949 und 1953 hatten die Politik und die Taktik Stalins die Wirtschaft dieser Länder an den Rand des Ruins gebracht, ihr innenpolitisches Leben unterdrückt und sie praktisch zu einer Kolonie gemacht. Diese Jahre der politischen Säuberungen und der wirtschaftlichen und nationalen Ausbeutung fachten die Leidenschaften einer nationalistischen Revolte an. Gerade als die Sowjetunion die ersten Ziele ihres Wiederaufbauprogramms, die Sicherheit als Großmacht und nukleare Parität erreicht hatte, hörten die Satellitenstaaten nicht nur auf, für die Sowjets eine wirtschaftliche Notwendigkeit zu sein, sondern wurden auch zu einer ungeheuren politischen Verantwortung.

Als Stalin im März 1953 starb, war eines der zentralen Probleme, denen sich die neue sowjetische Führung gegenübersah, diese Verantwortung in Osteuropa. Der Kern des Problems war die Teilung Deutschlands, die die Spaltung Europas fortbestehen ließ und dazu benutzt wurde, um die Präsenz großer amerikanischer Truppenkontingente auf dem Kontinent zu rechtfertigen, und somit eine militärische Bedrohung des Sowjetblocks darstellte. Die Bedrohung kam konkret in der Weigerung der amerikanischen Führung zum Ausdruck, den Status quo in Osteuropa anzuerkennen, und in ihrer offenen Absicht, die Satellitenstaaten zu ›befreien‹.

Die ›Befreiungspolitik‹ wurde von den Republikanern während des Präsidentschaftswahlfeldzuges proklamiert, als im Anschluß an eine lange Unterredung mit Eisenhower Dulles im August erklärte, daß die Eindämmungspolitik eine »Fahrkarte in den dritten Weltkrieg« darstelle. Er verurteilte die Eindämmung, da sie auf die Hoffnung gegründet sei, »die kommunistischen Diktatoren würden sich mit achthundert Millionen Menschen derart vollstopfen, daß sie bleiben würden, wo sie waren«. Das Angewiesensein auf eine solche Hoffnung bzw. Überzeugung genüge nicht, sagte Dulles. Die USA müßten versuchen, zwischen die Satellitenstaaten und Rußland einen Keil

zu treiben. »Die einzige Möglichkeit, einem Frontalzusammenstoß mit der Sowjetunion Einhalt zu gebieten, besteht darin, sie von innen heraus zu schwächen und schließlich ganz aufzulösen[1].«
Vier Monate vor diesen Äußerungen hatten die Russen ihre Haltung gemäßigt und die Wiederaufnahme ernsthafter Verhandlungen über das Deutschlandproblem vorgeschlagen. Die von ihnen veröffentlichten Vertragsentwürfe enthielten solche unerwarteten sowjetischen Konzessionen wie die Aufnahme Deutschlands in die UNO, das Recht Deutschlands auf den Unterhalt eines eigenen Heeres und die Möglichkeit freier Wahlen. Die Wiedervereinigung der beiden deutschen Staaten sollte den Vertragsentwürfen zufolge unter der Leitung gesamtdeutscher Kommissionen stattfinden, und die einzige Bedingung war, daß ein wiedervereinigtes Deutschland zwischen Ost und West neutral bleiben sollte. Diese Vorschläge führten jedoch nicht zum Beginn ernsthafter Verhandlungen, weil in Anbetracht der Aussicht auf eine Eingliederung Westdeutschlands in das amerikanische Bündnissystem das State Department und das Pentagon »diese Vorschläge nicht wirklich zu sondieren wünschten[2]«.
In Wirklichkeit war es den Russen damals sehr ernst damit, die Wiedervereinigung Deutschlands auf dem Verhandlungswege zu erreichen und den Beitritt Westdeutschlands zur NATO zu verhindern. Sie waren derart eifrig bestrebt, eine Übereinkunft im Sinne einer Neutralität Deutschlands zu erreichen, daß im Frühjahr 1952 »der kommunistischen Führung Ostdeutschlands vom Kreml mitgeteilt wurde, daß ihre Regierung im Interesse einer Wiedervereinigung Deutschlands aufgelöst werden müsse[3]«. Die Weisungen an die Kommunistische Partei Ostdeutschlands ergingen, ehe Moskau im März um Vier-Mächte-Verhandlungen nachsuchte mit dem Ziel, die Besetzung Deutschlands zu beenden, das Land zu vereinigen und einen Friedensvertrag abzuschließen. Das sowjetische Angebot wurde abgelehnt, und »einige Monate später wurde der ostdeutschen Regierung mitgeteilt, daß sie weiterbestehen würde[4]«.
Aber damit waren die sowjetischen Versuche, den Kalten Krieg in Europa während dieser ›mittleren‹ Periode zu beenden, nicht erschöpft. Als im folgenden Frühjahr Stalin starb, unternahm die neue Moskauer Führung dramatische Schritte, »um die Rückzugslinien in Deutschland zu sondieren«. In der einen einzigen Woche, die dem Berliner Juni-Aufstand vorausging, wurde die ganze Politik des Pieck-Ulbricht-Regimes über den Haufen geworfen. Nach der Abberufung des Sowjetgenerals Tschuikow wurde der Eiserne Vorhang zwischen Ost und West fast niedergerissen; die Arbeitspolitik wurde revidiert; der Kampf der Regierung gegen die evangelische Kirche wurde abgeblasen; die Kollektivierung der Landwirtschaft wurde eingestellt, und die-

jenigen, die aus Ostdeutschland geflohen waren, wurden aufgefordert, wieder zurückzukehren, um ihr Eigentum in Besitz zu nehmen. (Isaac Deutscher, *Heretics and Renegades*, 1955, S. 173 ff. Im März 1963 bestätigte Chruschtschow Deutschers Bericht in einer Rede, in der er die Aufmerksamkeit auf seine Verdienste bei der Durchkreuzung der Pläne Malenkows und Berijas zur Liquidierung des ostdeutschen Regimes lenkte [mitgeteilt von Harrison Salisbury in der *New York Times*, Internationale Ausgabe vom 16. März 1963].)

»Vom russischen Standpunkt«, meinte Isaac Deutscher, »waren diese Maßnahmen völlig sinnlos, sofern sie nicht den wesentlichen Bestandteil einer Politik bildeten, die darauf angelegt war, die Wiedervereinigung Deutschlands und den Abzug der Besatzungstruppen herbeizuführen.« In Berlin herrschte kaum Zweifel darüber, daß Moskau tatsächlich bereit war, das Pieck-Ulbricht-Regime preiszugeben.

»So nachhaltig unterstützten sowjetische Vertreter in Berlin diese Überzeugung und so offen verhandelten sie mit nichtkommunistischen Politikern über einen Regierungswechsel, daß die Russen selber schon dadurch unbeabsichtigt die Berliner veranlaßten, auf die Straße zu gehen, lautstark den Rücktritt der kommunistischen Regierung zu fordern und die Verwaltungsgebäude dieser Regierung zu stürmen[5].«

Die Juni-Revolte, bei der deutsche Aufständische mit Steinen in den Fäusten sowjetischen Panzern gegenüberstanden, führte in der Tat zu einem Umschwung: »aber der Umschwung fand in Moskau, nicht in Berlin statt«. Ausgehend von dem Chaos, das die neue Kremlpolitik in Deutschland ausgelöst hatte, konnten die Kritiker der neuen Linie »darauf hinweisen, daß nicht nur Deutschland, sondern der Westen insgesamt die russischen Konzessionen als Beweis der Schwäche Rußlands auffaßte und daß Washington insbesondere diese Zugeständnisse als Ausgangspunkt für einen verstärkten Angriff gegen die ost- und mitteleuropäischen Positionen der Sowjetunion benutzte«.

Die Ereignisse in Ostdeutschland, denen »der vom Westen an die osteuropäischen Länder gerichtete Ruf nach Empörung und Aufruhr folgte«, gab im Kreml den Ausschlag für eine unnachgiebigere, vorsichtigere Politik gegenüber dem Westen. Der Kern der herrschenden Gruppe bestand noch immer aus Männern, die bereit waren, nach Vereinbarungen zu suchen, aber »selbst die Männer der ›Mitte‹ mußten von den Argumenten gegen eine ›Beschwichtigung‹ beeinflußt worden sein ...« Daß der Aufstand in Ostdeutschland jedoch nicht zu einer völligen Wende im Kreml führte, zeigt sich unter anderem darin, daß im gleichen Monat Imre Nagy durch das Politbüro zum ungarischen Ministerpräsidenten ernannt wurde.

Unter Nagy wurden »große und unbestreitbare Fortschritte«

erzielt[6]. Der Lebensstandard verbesserte sich; die politischen Gefangenen wurden freigelassen; privatwirtschaftliche Unternehmen wurden in geringem Umfang wieder zugelassen; die Zwangskollektivierung wurde aufgehoben und 250 000 Mitglieder der Kolchosen durften fortziehen[7]. Nagy wurde an der Weiterverfolgung dieses »Juni-Kurses« durch die Anwesenheit des früheren Ministerpräsidenten Mátyás Rákosi gehindert, den das sowjetische Politbüro (das jetzige Präsidium) an der Spitze der ungarischen Kommunistischen Partei belassen hatte, eine Vorsichtsmaßnahme, die die Ereignisse in Deutschland bewirkt hatten.

In den nächsten anderthalb Jahren spielte sich zwischen diesen Männern und ihren Anhängern ein verborgener Kampf ab, ein Kampf, den Rákosi gewann und der tragische Folgen für das ungarische Volk hatte. Denn als der wachsende Aufstand gegen die Unterdrückung des Rákosi-Regimes Nagy ein zweites Mal an die Macht brachte, waren die Ereignisse über Ungarn bereits hinweggestürmt, so daß eine friedliche Entwicklung im Sinne einer vollständigen nationalen Unabhängigkeit, Neutralität und politischen Freiheit nicht mehr möglich war und das Land in einen Strudel brutaler Gewalt gezogen wurde.

Will man die Bedeutung dieses Kampfes und seine Beziehung zur ›Befreiungs‹politik beurteilen, bietet sich als höchst wichtiger Faktor die politische Zielsetzung Imre Nagys an, in dessen Person die Revolution ihren Anführer und ihre Stimme fand: »Die Forderungen des Volkes paßten ausnehmend gut in die Vorstellungen des Ministerpräsidenten ... Als er die vox populi hörte, muß er den Eindruck gewonnen haben, daß er seine eigene Stimme hörte[8].« Nagy war seit 1917 Kommunist gewesen und hatte sich für den Aufbau des Sozialismus unter Führung der Kommunistischen Partei engagiert. Doch er war davon überzeugt, daß die Kommunistische Partei, war sie erst einmal an der Macht, sich die Führungsrolle verdienen mußte und sie nicht gewaltsam aufrechterhalten durfte, daß die Diktatur des Proletariats eine sichtbare Verbesserung der Lebensbedingungen des Volkes bedeuten müsse. Während der Zeit, als er 1955 in Ungnade gefallen war, schrieb Nagy für das Zentralkomitee der KP Ungarns eine Schrift zur Verteidigung seines Programms, die seine Analyse der ungarischen Krise enthielt:

»Der heftige Gegensatz zwischen Worten und Taten, zwischen Grundsätzen und ihrer Verwirklichung erschüttert die Grundlagen unserer Volksdemokratie, unserer Gesellschaft und unserer Partei ... Das Volk kann nicht verstehen, wie es kommt, daß, je größer die Leistungen auf wirtschaftlichem, politischem, sozialem oder kulturellem Gebiet sind, die Belastungen um so mehr anwachsen ...

In zunehmendem Maße wird die Macht dem Volke entrissen

und brutal gegen das Volk gewendet. Die Volksdemokratie als ein Typus der Diktatur des Proletariats ... wird offenbar von einer Parteidiktatur abgelöst, die sich nicht auf die Parteizugehörigkeit stützt, sondern auf eine persönliche Diktatur und Versuche, den Parteiapparat und damit die Parteimitgliedschaft zu einem bloßen Werkzeug dieser Diktatur zu machen ...
Wie muß es um die politische Moral im öffentlichen Leben bestellt sein, wo gegenteilige Meinungen nicht nur unterdrückt, sondern sogar mit dem Verlust der Existenzmöglichkeit bestraft, wo diejenigen, die anderslautende Meinungen äußern, unter schändlicher Mißachtung der in der Verfassung niedergelegten Menschen- und Bürgerrechte aus der Gesellschaft ausgestoßen werden? ... Dies ist keine sozialistische Moral, sondern eher ein moderner Machiavellismus[9].«

Nagys Schriften wurden natürlich erst nach der Revolution der Öffentlichkeit zugänglich gemacht, da sie für das Zentralkomitee der Kommunistischen Partei bestimmt waren. Nagys Einstellung zeigte sich noch immer in seinem Versuch, die ungarische Gesellschaft zu liberalisieren. Dieser Versuch wurde von den Kräften um Rákosi vereitelt, die an den Hebeln der Macht, d. h. in der Partei, der Geheimpolizei und der Armee saßen. Außerdem hatte der amerikanische Geheimdienst die Entwicklungen in Ungarn und Osteuropa in Erfahrung gebracht. Es war ein Angehöriger des CIA, der Chruschtschows Angriff gegen Stalin aus der geschlossenen Sitzung des XX. Parteitags der KPdSU hinausschmuggelte und dieses Material dem Westen zugänglich machte, einige Jahre bevor es in der Sowjetunion veröffentlicht wurde. Warum widmete sich die amerikanische Politik also nicht der Unterstützung dieser nationalistischen liberalisierenden Kräfte, die sich in Osteuropa in den Jahren nach Stalins Tod und vor der verhängnisvollen Explosion von 1956 bemerkbar gemacht hatten?

Die Frage dürfte diese Ereignisse wohl nicht nur am Rande berühren, da die außenpolitische Situation, in der sich der Sowjetblock befand, ständig von den verschiedenen Parteigruppen zur Rechtfertigung ihrer Standpunkte angeführt wurde. Die Kräfte um Rákosi legten ihrerseits bei ihrer Bekämpfung des Nagy-Programms besonderen Nachdruck auf die »Kriegsgefahr[10]«. Nach Ansicht Nagys selber wurden die Absichten derer, die »die Abschaffung der Demokratie und die Verschärfung der Diktatur des Proletariats anstrebten«, durch eine gespannte internationale Atmosphäre gefestigt, während den Befürwortern einer größeren Liberalisierung neue Impulse aus Ereignissen wie der Gipfelkonferenz von 1955 zuteil wurden.

Es ist daher bezeichnend, daß Dulles sich »lange und heftig« gegen Churchills Vorschlag von 1953 für eine Gipfelkonferenz gestellt hatte, weil sie eine Anerkennung des Status quo in

Europa bewirken würde. Dulles hatte »stets darauf hingewiesen, daß die Photos, auf denen amerikanische und russische Staatsmänner sich zulächelten, zweifellos echt waren. Dann pflegten diese Bilder in sämtlichen sowjetischen Satellitenstaaten verteilt zu werden«, was bedeutete, daß man »alle Hoffnung auf eine Befreiung aufgegeben hatte und daß fortan ein Widerstand gegen die Herrschaft der Kommunisten aussichtslos war[11]«.

Wenn er von Widerstand und Befreiung sprach, dachte Dulles offensichtlich nicht an die Art von evolutionären Kräften, wie sie von Nagy und dem verhafteten polnischen Führer Gomulka repräsentiert wurden, trotz der Tatsache, daß die Programme dieser Männer große Schritte in Richtung auf die Entwicklung von liberaleren politischen und ökonomischen Konzeptionen in ihren Ländern zur Folge gehabt hätten. Dies kommt überdeutlich in der Europapolitik zum Ausdruck, die Dulles in den zwei Jahren nach dem gescheiterten Versuch der neuen sowjetischen Führung verfolgte, die Regierung Ostdeutschlands aufzulösen.

Das Deutschlandproblem war natürlich für die Sowjets von entscheidender Bedeutung, und die wesentlichen Vorstöße der sowjetischen Europapolitik in den Jahren 1952–1955 waren auf den Abschluß eines Vertrages gerichtet, der die Neutralität Deutschlands garantierte. Ein solcher Vertrag im Geiste des Abkommens von Locarno wurde von Churchill in seiner Forderung nach einer Gipfelkonferenz im Mai 1953 vorgeschlagen. Aber Dulles, »der sich an die Strategie der Truman-Regierung hielt ..., wollte alle ernsthaften Verhandlungen mit der Sowjetunion vermeiden, bis der Westen Moskau mit der deutschen Wiederaufrüstung innerhalb eines organisierten europäischen Systems als Fait accompli konfrontieren konnte[12]«.

Die Aussicht auf ein wiederbewaffnetes Deutschland, das dem NATO-Bündnis beitrat, war nicht der einzige Punkt, der die Stellung der »Entstalinisierer« in Osteuropa torpedierte, denn die Politik einer »massiven Vergeltung« führte zu Krisensituationen im Fernen Osten. Während der ersten Spannungen um die Straße von Formosa, als es klar wurde, daß die USA sich auf die Verteidigung der vor der Küste des chinesischen Festlandes liegenden Inseln Quemoy und Matsu festgelegt hatten, selbst wenn es darüber zu einem dritten Weltkrieg kommen sollte, wurde Malenkow gestürzt. Nagy, der in Malenkow seinen hauptsächlichen Fürsprecher gefunden hatte, wurde kurz darauf aus dem Amt entfernt. (Ferenc Váli, *Rift and Revolt in Hungary*, 1961, S. 96–99, 159 ff. Mikojan und Chruschtschow unterstützten Nagy ebenfalls während der Juni-Periode.) Wenn die Amtsenthebung dieser beiden Männer auch nicht in ursächlichen Zusammenhang mit der gespannten

Kriegsstimmung jener Zeit gebracht werden kann, so kann sie aber auch nicht von dieser gespannten Lage isoliert betrachtet werden, da die politischen Konzeptionen dieser beiden Männer ein Nachlassen der Verteidigungsanstrengungen und eine größere Toleranz bei innenpolitischen Auseinandersetzungen mit sich brachten (»Das von Mr. Malenkow vorgetragene Wirtschaftsprogramm basierte offenbar auf einem ziemlich ausgedehnten Abbau der internationalen Spannungen ...« [Richard P. Stebbins, *The US in World Affairs, 1954*, 1956, S. 195].)
Ein mit Deutschland geschlossener Friedensvertrag hätte natürlich eine unverzügliche Stärkung des osteuropäischen und insbesondere des polnischen Nationalismus zur Folge gehabt. Eine auf Gegenseitigkeit beruhende Verringerung der Streitkräfte, wie sie bei wenigstens sieben Gelegenheiten von den Russen zwischen 1947 und 1955[13] vorgeschlagen worden war, eine Bereitschaft, die Möglichkeiten eines vernünftigen Deutschlandabkommens zu sondieren [im Oktober 1954 drückte die sowjetische Regierung die Bereitschaft aus, Edens Plan für freie Wahlen in Deutschland unter der Voraussetzung zu prüfen, daß die Bundesrepublik Deutschland nicht der NATO beitrat] sowie die Förderung kultureller und wirtschaftlicher Beziehungen hätten die stalinistische Position in Osteuropa ebenfalls ins Wanken gebracht und den Drang nach Unabhängigkeit verstärkt. Doch stand diese Politik in diametralem Gegensatz zu der, die sich die USA tatsächlich zu eigen machten: keine Bereitschaft zu Verhandlungen; Weigerung, den Status quo in Osteuropa anzuerkennen; offene Absichten, die Satellitenstaaten zu ›befreien‹, sowie ständige Propagandafeldzüge gegen die osteuropäischen Länder, um in diesen Völkern Stimmung gegen ihre Regierungen zu machen.
Man gelangt also zu dem Schluß, daß die Hoffnung auf einen schließlichen Zusammenbruch der Sowjetunion und die daraus folgende Aussicht auf eine antikommunistische Revolution in Osteuropa die einzige Art von ›Befreiung‹ darstellten, die von der Führung der USA ernsthaft ins Auge gefaßt wurde. Ein weiterer Faktor, der die Unbeugsamkeit der amerikanischen Politik beeinflußt haben mag, war die Art und Struktur der Nachrichtendienste, auf die Washington zwecks Informationen angewiesen war.
Die Hauptquelle an nachrichtendienstlichen Informationen aus Osteuropa stellte für die USA die Organisation Gehlen dar, die von Reinhold Gehlen gegründet und geleitet und vom CIA finanziert wurde[14]. (*New York Times* vom 20. Juli 1955: »Der Hauptstrom der von den USA und dem CIA aus Osteuropa empfangenen Nachrichten stammt von der Organisation Gehlen« [zitiert in *The Nation* vom 24. Juni 1961].) Gehlen, Mitglied der Reichswehr seit 1920, wurde 1942 zum Chef der

Abwehr des deutschen Heeres an der russischen Front ernannt, wo er im Alter von dreiundvierzig Jahren bis zum Rang eines Generalleutnants aufstieg.
Nach dem Krieg wurde General Gehlen von den Amerikanern gefangengenommen, die ihm den Oberbefehl über sein eigenes »Heer« von Privatagenten übertrugen. Ihm unterstand ein persönlich ausgewählter Stab von Mitarbeitern, die in der sowjetischen Zone Deutschlands für die USA im Rahmen des Kalten Krieges Spionage trieben. Gehlen erhielt von den USA jährlich sechs Millionen Dollar, mit denen er seine Operationen finanzierte. Seine Organisation umfaßte die Elite der deutschen Spionageabwehr aus der ehemaligen deutschen Wehrmacht sowie Agenten verschiedener Nationalitäten, die über Osteuropa und die Balkanländer verstreut arbeiteten. »Von [Gehlens] Geheimberichten, die die Ergebnisse des gegen die UdSSR unterhaltenen kostspieligen Spionagenetzes auswerten, das bis nach Sibirien reicht, hängte heute (1953) zugegebenermaßen ein großer Teil der amerikanischen Verteidigungsplanung ab[15].«
Die Tatsache, daß eine Organisation wie die von Gehlen für den CIA die Hauptnachrichtenquelle darstellte, mag bis zu einem gewissen Grade das Versagen der amerikanischen ›Befreiungs‹politik erklären, sich den Realitäten der Situation in Osteuropa zwischen 1953 und 1956 anzupassen; allmählich wird dadurch auch die tragische Rolle klar, die diese Politik während der Oktoberereignisse spielte.
Im Oktober 1956 brachte eine unblutige Revolution in Polen Wladyslaw Gomulka an die Macht. Da Gomulka das polnische Volk hinter sich wußte, konnte er sich dem Präsidium des Obersten Sowjet widersetzen, das (mit Ausnahme von Molotow und Schukow) am 19. Oktober nach Warschau geflogen war und dem Vernehmen nach eine bewaffnete Intervention androhte. Gomulka »gewann« und konnte seine Revolution retten, weil er der Unterstützung des Volkes sicher war und die sowjetische Führung auf die polnische Furcht vor Deutschland bauen konnte, um Polens Loyalität innerhalb des russischen Bündnisses zu gewährleisten.
Bei der Beurteilung der Lage schrieb Walter Lippmann mit einer Voraussicht, die sich bald bewahrheiten sollte, die USA könnten es sich nicht leisten zu vergessen, daß »keine russische Regierung die Existenz eines unfreundlich gesinnten Polens, das ein Bestandteil des westlichen Militärpaktsystems geworden ist, dulden würde, wenn sie es irgend verhindern kann«. Wenn die polnische Krise nicht bereinigt werden konnte, warnte Lippmann, würde eine weiter reichende Krise folgen, denn es würde »keine Macht und Regierung geben – seien es die Sowjets, die Westmächte oder irgendein anderes Land –, um Mitteleuropa aufzubauen«. Das Nachlassen der Furcht vor einem Weltkrieg

lockerte zwar den Griff der Sowjets, aber es lag »nicht in unserem eigenen Interessse, daß die Bewegung in Osteuropa soweit gehen sollte, daß eine Verständigung mit Rußland nicht möglich ist, denn das konnte zu blutigen Taten führen, bei denen wir zur Intervention aufgefordert würden, obwohl wir nicht intervenieren könnten, da wir wissen, daß die Risiken nicht vorausberechenbar sind[16]«.

Am 21.–23. Oktober fanden in Ungarn Demonstrationen statt, denen die gleichen nationalen und demokratischen Forderungen zugrunde lagen, die Polen erschüttert hatten. (Von Anbeginn war jedoch der revolutionäre Elan in Ungarn viel stärker, weil die Ungarn unter dem schändlichen Rákosi-Regime besonders gelitten hatten.) Aber in Ungarn begegnete die stalinistische Führung (in der Person von Ernö Gerö) diesen Forderungen mit Feindseligkeit und ließ in die Menge der Demonstranten feuern, wodurch die Revolution ausgelöst wurde. In dem nun folgenden Regierungsnotstand ernannte Gerö Nagy zum Ministerpräsidenten und rief, ohne Moskau zu konsultieren, sowjetische Truppen zu Hilfe, um den Volksaufstand zu unterdrücken. Suslow und Mikojan (letzterer wütend darüber, daß sowjetische Truppen zu Hilfe gerufen worden waren) trafen ein, entfernten Gerö von seinem Posten und erklärten sich einverstanden, den Abzug der sowjetischen Streitkräfte nach Wiederherstellung der Ordnung zu veranlassen.

Vor diesem Hintergrund muß nunmehr die amerikanische ›Befreiungs‹politik untersucht und beurteilt werden, wie sie sich in den für Ungarn bestimmten Rundfunksendungen westlicher Propagandasender widerspiegelte. Leslie B. Bain, ein ungarisch sprechender Reporter, der sich während der Revolution in Budapest aufhielt und die Sendungen hörte, stellte fest, daß »der Sender Freies Europa und bis zu einem gewissen Grade auch die Stimme Amerikas mit ihren Sendungen die Revolutionsregierung Imre Nagys in Verlegenheit brachten, indem sie ausdrücklich Ziele hervorhoben, die diese Regierung selbst unter Aufbietung aller Phantasie nie hätte erreichen können[17].«

Tibor Méray hat in seinem Augenzeugenbericht die Wirkung dieser Rundfunksendungen noch vernichtender geschildert. Am 24. Oktober hielt Nagy über den Rundfunk eine Rede, in der er zu »Ordnung, Ruhe und Disziplin« aufforderte, doch »von diesem Augenblick an wurde vom Ausland eine heftige Radiokampagne gegen Nagy gestartet – eine Kampagne, die auf alle folgenden Ereignisse eine verhängnisvolle Wirkung hatte[18]«.

Am 29. Oktober sagte der Militärexperte des Senders Freies Europa über den Feuereinstellungsbefehl der Regierung Nagy: »Imre Nagy und seine Anhänger wollen die Geschichte vom trojanischen Pferd revidieren und modernisieren. Sie brauchen eine Einstellung der Feindseligkeiten, damit die in Budapest gegenwärtig die Macht ausübende Regierung ihre Stellung so lange wie möglich halten kann. Diejenigen, die für die Freiheit kämpfen, dürfen auch nicht für eine Minute die Pläne aus den Augen verlieren, die die Regierung bereithält, um sie zu bekämpfen. Andernfalls wird sich die Tragödie mit dem trojanischen Pferd wiederholen.«

Am 31. Oktober verkündete der Sender Freies Europa: »Das Verteidigungsministerium und das Ministerium des Inneren sind noch immer in der Hand der Kommunisten. Laßt es nicht dabei bleiben, Freiheitskämpfer! Hängt eure Waffen nicht an den Nagel! Nicht ein Stück Kohle, nicht ein Tropfen Benzin für die Budapester Regierung, bis das Ministerium des Inneren und das Verteidigungsministerium von euch kontrolliert werden[19]!«

Daß diese Kampagne gegen Nagy in Einklang mit der offiziellen Politik der USA stand, geht aus der Tätigkeit amerikanischer Beamten bei den Vereinten Nationen während der Krise hervor:

»Die amerikanische Delegation bei den Vereinten Nationen trat... unter dem Vorsitz von Henry Cabot Lodge in der Phase vor der russischen Intervention ›auf den Korridoren‹ in Aktion, aber nicht zur Unterstützung der Nagy-Regierung, sondern gegen sie. Amerikanische Beamten pflegten beharrlich zu versichern, daß Nagy ein ebenso bösartiger Kommunist sei wie Chruschtschow, daß der ganze Streit einem Gezänk zwischen Dieben gleiche, daß die Vertreter der Nagy-Regierung bei den Vereinten Nationen eine erschreckende politische Vergangenheit als Kommunisten hätten und so fort. Erst nach der endgültigen Niederwerfung des ungarischen Aufstandes und als keine Möglichkeit oder Gefahr einer wirksamen Intervention durch die UNO oder die USA mehr gegeben war, wurden Nagy und seine Amtskollegen von den gleichen Leuten, die sie beharrlich in den Schmutz gezogen hatten, als man ihnen hätte helfen können, als Helden und Märtyrer gefeiert[20].«

Am 29. Oktober wurde bekanntgegeben, daß die sowjetischen Truppen aus Budapest abziehen würden, und es wurden Appelle an die Aufständischen gerichtet, das Feuer einzustellen, weil sie gesiegt hatten. Aber die Revolution ging weiter. In Györ brach ein Generalstreik aus, dessen Anführer erklärten, er würde erst enden, nachdem der letzte sowjetische Soldat Ungarn verlassen habe. Nagys Dilemma war, »daß er, um seine Stellung zu halten, das Vertrauen der Russen haben und gleichzeitig ihnen gegenüber eine feindliche Haltung einnehmen mußte. Nagy schwamm mit dem Strom und erweiterte sein Kabinett um einige Vertreter der alten politischen Parteien... Er schaffte das Einparteiensystem ab und kündigte an, daß freie Wahlen folgen würden[21]«. Dies geschah am 30. Oktober um 13.28 Uhr. Drei Stunden später wurde Israel und Ägypten ein britisch-französisches Ultimatum als Vorwand für eine bewaffnete Intervention übermittelt, um erneut den Suezkanal zu besetzen. (Über den Einfluß dieses besonderen Vorfalls auf die ungarische Tragödie wurden viele Vermutungen angestellt. Es wurde z. B. festgestellt, daß der Westen und besonders die USA im entscheidenden Augenblick ihre Aufmerksamkeit von den Geschehnissen in Ungarn abwandten. Aber der CIA wußte von der Invasion am Suezkanal im voraus und informierte das Weiße Haus vierundzwanzig Stunden vorher, daß Israel Ägypten angreifen und daß Engländer und Israelis in Suez eindringen würden [Cook, *The CIA*, S. 553]. Es wurden jedoch keine Schritte unternommen, um die Briten oder die Franzosen an der Durchführung dieser Aktion zu hindern.) Im Zusammenhang mit diesen Ereignissen änderten die Sowjets ihre Haltung völlig. Erneut wurden russische Truppen nach Ungarn entsandt, und Mikojan traf abermals in Budapest ein, diesmal jedoch, um Nagy zu stürzen und eine Marionettenregierung unter János Kádar einzusetzen.

»Früh am Morgen des 4. November eröffnete russische Artillerie das Feuer auf Budapest, und sowjetische Panzer dröhnten durch die Stadt und füllten die Straßen wieder mit Trümmern ... Diese Truppen gingen mit einer Brutalität sondersgleichen vor, die die Ausschreitungen von 1945 bei weitem übertraf, indem sie oft in Menschen hineinfeuerten, die nach Lebensmitteln Schlange standen und ein ganzes Gebäude dem Erdboden gleich machten, aus dem ein einziger Schuß abgegeben worden war. Häufig fanden Plünderungen und Vergewaltigungen statt[22] ...«

Nach Wiederherstellung der Ordnung waren 7000 russische Soldaten und 30 000 ungarische Bürger gefallen, und Ungarn war ein besetztes Land. Wie es Isaac Deutscher formulierte, hatten die »Entstalinisierer«, obwohl sie viele der Methoden Stalins aufgegeben hatten, sich jetzt »mit einer moralischen und politischen Verantwortung belastet, die viel schlimmer war als alles, was Stalin ihnen hinterlassen hatte[23]«.

Die sowjetische Behauptung, daß »die blutigen Ereignisse in Budapest durch die provokatorischen Handlungen ... faschistischer Horthy-Banden ausgelöst« und daß »die Ereignisse in Ungarn durch die Reaktion seit langer Zeit sorgfältig vorbereitet« worden seien[24], wird durch die am 1. November gehaltene Rundfunkansprache des Ersten Sekretärs der Kommunistischen Partei und von den Sowjets ernannten Nachfolgers von Imre Nagy, János Kádar, Lügen gestraft:

»Ungarische Arbeiter, Bauern und Intellektuelle! Wir können mit Sicherheit sagen, daß die ideologischen und organisatorischen Führer, die diesen Aufstand vorbereiteten, aus euren Reihen stammten. Ungarns kommunistische Schriftsteller, Journalisten, Universitätsstudenten, die Jugend des Petöfi-Kreises, Tausende und aber Tausende von Arbeitern, Bauern und alten Kämpfern, die auf Grund falscher Anschuldigungen inhaftiert worden waren, fochten in der vorderen Linie gegen die Willkür des Rákosi-Regimes und gegen politisches Rowdytum. Wir sind stolz darauf, daß ihr, durchdrungen von echtem Patriotismus und der Treue zum Sozialismus, eure Stellung behauptet und den bewaffneten Aufstand zum Siege geführt habt[25].« (Am 16. Juni 1958 wurde in einem durch den Moskauer Rundfunk verbreiteten Kommuniqué bekanntgegeben, daß die »ungarischen Gerichtsbehörden das Verfahren gegen eine führende Gruppe von Personen, die am 23. Oktober 1956 einen konterrevolutionären bewaffneten Aufstand begannen, zum Abschluß gebracht hätten«. Unter den zum Tode Verurteilten war auch Imre Nagy. Der Rundfunk gab ferner bekannt, daß »die Todesurteile vollstreckt worden sind«. Auf eine solche Weise schied also dieser außerordentliche Mann aus dem politischen Leben Ungarns. Das Gerichtsverfahren und die Hinrichtungen wurden erst nach dem Vollzug bekanntgegeben, um die politischen Verzweigungen des Aufstands als geringfügig darstellen zu können und auch weil es für die Anklagepunkte keine gesetzliche Basis gab. [Vgl. das zitierte Werk von Váli, S. 443–447.]

Zum gleichen Urteil gelangt Tito, obwohl er die Intervention in gewisser Weise beschönigt:

»... Man sollte nicht vergessen, daß sich jetzt auch die Sowjetunion in einer sehr schwierigen Lage befindet. Ihr wurden die Augen geöffnet, und sie muß erkennen, daß nicht nur die Horthyisten kämpfen, sondern auch die Arbeiter in den Fabriken und Zechen, ja daß die ganze Nation kämpft[26].«

Während der ganzen Zeit sahen die Vereinigten Staaten ruhig zu und versäumten es, auch nur eine der sich anbietenden Initiativen zu ergreifen, die von einer Demonstration der Stärke bis zur Einleitung diplomatischer Schritte reichten:

»... Die erstaunliche russische Ankündigung vom 30. Oktober, die die Zusage einer Revision der Beziehungen Rußlands zu seinen Satellitenstaaten sowie einer Umbildung des Warschauer Pakts enthält, wurde von Washington mit Genugtuung begrüßt, (aber) ... Es gab keine amerikanischen Gegenvorschläge ... Washington ... zeigte einiges, aber nicht genügendes Verständnis für Rußlands strategische Interessen und seine fixe Idee von einer osteuropäischen Satelliten-Pufferzone; und es zeigte absolut keine Bereitschaft, die große Gelegenheit für gegenseitige Abmachungen mit Rußland in Europa zu nutzen. Auch war diese Gelegenheit nicht auf die vierundzwanzig Stunden zwischen der Moskauer Ankündigung vom 30. Oktober und der Politbürositzung vom 31. Oktober beschränkt. Noch am 17. November wurde in einer wichtigen russischen Note die mögliche Revision des Warschauer Pakts vorgeschlagen und die Bereitschaft erwähnt, das Problem der Spaltung Europas erneut zu sondieren. Die amerikanische Regierung stand offenbar unter dem Eindruck der brutalen zweiten Intervention der Sowjets in Ungarn, zog es aber vor, ihre Gefühle lediglich in Form empörter Phrasen kundzutun[27].«

II. Das Ringen um neue Wertungen

> ... Ich glaube ..., daß die von ›Mr. X‹ empfohlene strategische Konzeption im Grunde anfechtbar ist und daß sie nicht funktionieren kann und daß der Versuch, sie funktionsfähig zu machen, zu einer Verschwendung unserer Substanz und unseres Prestiges führt.
>
> Walter Lippmann (1947)

> Zwölf Jahre lang haben die USA unter der Regierung der beiden politischen Parteien eine Politik des Kalten Krieges betrieben. Diese Politik hat uns wiederholt an den Rand einer Katastrophe gebracht ...
> Der Kommunismus wurde nicht eingedämmt. Die Demokratie wurde nicht ausgedehnt. Eine Position der Stärke wurde nicht erreicht ... Wir sind nicht gewillt, zusammen mit den Russen und den Chinesen weiter Opfer des Kalten Krieges zu bleiben ...
> Daher bestehen wir darauf, daß die Regierung und das Volk der Vereinigten Staaten in eine Diskussion eintreten und die gesamte Außenpolitik einer erneuten Prüfung unterziehen.
>
> Eleanor Roosevelt und 43 andere (1958)

17. *Lippmann, Kennan und Sputnik*

Im Herbst 1957, nach zehn Jahren eines offen geführten Kalten Krieges, der mit dem Abschuß des sowjetischen Sputnik einen Höhepunkt erreichte, hielt George Kennan im Rahmen einer Sendereihe der BBC Vorträge, die in Europa beträchtliches Aufsehen erregten. Die Erregung, die Kennans Vorträge auslösten, beruhte zum Teil auf der Tatsache, daß sie sozusagen am Vorabend einer entscheidenden Tagung der NATO-Mächte gehalten wurden, bei der der künftige Kurs des NATO-Bündnisses zur Debatte stand, und zum Teil auf dem, was Kennan über diese Zukunft zu sagen hatte. (Der Sputnik wurde am 4. Oktober 1957 gestartet. Kennans Vorträge wurden in der Zeit vom

14. November bis zum 19. Dezember 1957 gesendet, und die NATO-Konferenz begann am 16. Dezember 1957. Kennan hat seine Vorträge unter dem Titel *Russia, the Atom and the West* 1958 veröffentlicht.) Der Mann, der die Eindämmungspolitik konzipiert hatte, nahm nunmehr eine Neuwertung des Kalten Krieges in Europa vor und schlug eine neue Politik vor, um mit ihm fertig zu werden. Kurz, Kennans Analyse führte ihn zu dem Schluß, daß die Durchsetzung der westlichen Ziele nicht eine weitere Stärkung der NATO, sondern im Gegenteil ein militärisches Disengagement verlangte.

Wie Kennan es sah, war das Problem der Satellitenstaaten und Ostdeutschlands im Grunde der einzige strittige Punkt von »wirklicher Bedeutung zwischen Rußland und dem Westen«. Die unselige ungarische Revolution hatte bewiesen, daß die Präsenz westlicher militärischer Stärke die Unabhängigkeit dieses Landes nicht voranbringen und daß eine zunehmende Stärke des Westens von den Sowjets nur als militärische Drohung ausgelegt werden konnte, die sie im Interesse ihrer eigenen Sicherheit die den Satellitenstaaten angelegten Zügel nur noch fester anziehen ließen, die zu lockern sie aber zunächst bestrebt gewesen waren. »Ich kann mir keinen Ausweg aus diesem Dilemma denken«, sagte Kennan,

»der zu einem baldigen Abzug der sowjetischen Truppen aus den Satellitenländern führt. Die jüngsten Ereignisse haben es vollkommen klar gemacht, daß die Präsenz dieser Truppen in Verbindung mit der allgemeinen militärischen und politischen Lage in Europa den Kern der Schwierigkeit bildet. Erst nach dem Abzug der Truppen zeichnen sich Möglichkeiten ab, diese Nationen in Institutionen und Gesellschaftssysteme umzuwandeln, die ihren Bedürfnissen am besten angepaßt sind ... [aber] es ist klar, daß es keinen Abzug sowjetischer Truppen aus Osteuropa geben kann, wenn dieses ganze Gebiet als ein Gegenstand militärischer Rivalität zwischen den Großmächten nicht auf irgendeine Weise ausgeklammert werden kann[1].«

Da eine größere Demonstration der Stärke mit Sicherheit keinen Abzug der sowjetischen Truppen herbeiführen und die Verwirklichung des erklärten Ziels der westlichen Politik des Kalten Krieges nur noch weiter hinausschieben würde, folgerte Kennan, daß das Osteuropaproblem nur durch eine *auf dem Verhandlungswege zustande gekommene* Regelung des Deutschlandproblems gelöst werden konnte.

»Diese Regelung berührt das Deutschlandproblem, nicht nur weil sie den Abzug der sowjetischen Streitkräfte aus Ostdeutschland beinhaltet, sondern auch weil es den Russen, solange amerikanische und andere westliche Streitkräfte in Westdeutschland verbleiben, unmöglich sein wird, ihr Problem in Osteuropa anders zu sehen als in direkter Beziehung zu dem militärischen Gesamtgleichgewicht zwischen Rußland und dem Westen[1]...«

So war Kennan nach zehn Jahren des Kalten Krieges zu dem Standpunkt gelangt, den Walter Lippmann zehn Jahre früher vertreten hatte. Lippmanns Analyse von 1947 beruhte, wie erinnerlich sein wird, auf der gleichen Einschätzung des allgemeinen Problems: »Das nächstliegende und entscheidende Problem bei unseren Beziehungen zur Sowjetunion ist, ob, wann und unter welchen Bedingungen die Rote Armee dazu gebracht werden kann, Europa zu räumen[2].«

Diese Räumung konnte nur erreicht werden, hatte Lippmann behauptet, wenn ein Friedensvertrag mit Deutschland und Österreich unterzeichnet wurde. »Denn die Friedensverträge über Osteuropa, das zwischen Deutschland und Rußland liegt, können nicht eher in Kraft treten, bis ein Vertrag mit Deutschland und Österreich geschlossen ist.« Lippmann hatte außerdem bereits 1947 vorausgesehen, daß eine Eindämmungspolitik nicht nur das Problem eines geteilten Europa nicht lösen, sondern es vielmehr erheblich komplizieren würde:

»Bei der Betrachtung des Deutschlandproblems, das für den Weltfrieden von entscheidender Bedeutung ist, stoßen wir auf die höchst gefährlichen und vernichtenden Folgen dessen, was Mr. X eine entschlossene Eindämmungspolitik nennt und was der Welt als Truman-Doktrin bekannt ist...

Eine Eindämmungspolitik sieht nämlich die Westzonen Deutschlands als einen wesentlichen Bestandteil der ›unangreifbaren Hindernisse‹ an, die wir Mr. X.'s Meinung nach der Sowjetunion in den Weg legen sollten[3].«

Das Hauptproblem, mit dem die Disengagementpolitik Kennans von 1957 fertig werden mußte, war also das Problem der Neutralisierung eines inzwischen wiederbewaffneten Deutschlands, war ein Problem, das überhaupt erst durch die Eindämmungspolitik Kennans *entstanden* war, die er 1947, als an ein wiederaufgerüstetes Deutschland noch nicht zu denken war, konzipiert hatte.

Den damals von Lippmann vorgeschlagenen Weg zu gehen, das Ziel der amerikanischen Außenpolitik im Abzug aller ausländischen Streitkräfte aus Europa zu sehen »nicht im Sinne eines Deutschlands, das die Sowjetunion eindämmen wollte, sondern zwischen Rußland und dem Westen eine neutrale Rolle spielte«, wäre politisch und militärisch vernünftig gewesen, selbst wenn eine Lösung sich damals als unmöglich erwiesen hätte. Nach Lippmanns Auffassung nämlich hätte dieser Schritt die USA mit einer Politik identifiziert, die sich entschieden gegen ein Wiederaufleben Deutschlands als Militärmacht und potentielle Bedrohung seiner Nachbarn wandte, anstatt mit einer Politik, die die europäischen Völker in einen »deutsch-russischen

Nußknacker« einspannte und sie somit zwang, sich für einen dritten Weltkrieg zu entscheiden und »ihr Territorium in ein Schlachtfeld dieses Weltkrieges« zu verwandeln.
Wenn es sich nun trotzdem herausstellte, daß die sowjetische Regierung nicht geneigt war, einen solchen Vertrag abzuschließen, falls der Preis für eine Einigung sich als untragbar hoch erweisen sollte, falls das »Lösegeld« absichtlich so formuliert sein sollte, daß man daraus auf eine mangelnde Absicht der Russen, Europa zu räumen, schließen konnte, dann wäre die Situation »um nichts gefährlicher« gewesen, »als sie heute ist[4]«.
Jetzt, zehn Jahre später, war die Situation wegen der Präsenz eines wiederbewaffneten Deutschlands in der Tat um einiges gefährlicher geworden, obwohl es in der Sowjetunion ernsthafte und weitreichende innenpolitische Reformen gegeben hatte und die sowjetischen Führer wiederholt ihre Bereitschaft zum Ausdruck gebracht hatten, genau die von Lippmann vorgeschlagene Art einer Einigung anzustreben. Die eine Hälfte der Lippmannschen Empfehlungen von 1947 war bereits in dem Friedensvertrag mit Österreich realisiert worden, der den Abzug sowjetischer Truppen gegen die Verpflichtung Österreichs zur Neutralität ausgehandelt hatte. Man kann daher nur den Schluß ziehen, daß die Verantwortung für die erhöhte Gefahr im Jahre 1957 eindeutig bei der amerikanischen Führung und ihren auf der Eindämmungspolitik basierenden strategischen Konzeptionen lag:
»Vor zehn Jahren sagte unsere Regierung, daß sie sich nie mit einer deutschen Wiederbewaffnung abfinden würde. 1950 forderte unsere Regierung deutsche Truppen für die Nato, sagte aber, sie würde Deutschland nie den Wiederaufbau einer eigenen Rüstungsindustrie gestatten. 1959 erklärte sich unsere Regierung bereit, Deutschland alles zuzugestehen mit Ausnahme von Atomsprengköpfen, und bevollmächtigte unsere Rüstungsindustrie, sich mit Krupp, Klöckner, Heinkel und Messerschmidt zu assoziieren und Deutschland grünes Licht für die Neuproduktion fast aller Rüstungsgüter zu erteilen.
Wenn wir es mit unserem Wunsch, dem Wettrüsten Einhalt zu gebieten und eine europäische Einigung zu erzielen, wirklich ernst und aufrichtig meinen, sollten wir zumindest, solange wir verhandeln, der deutschen Wiederbewaffnung einen Riegel vorschieben.«
Obwohl Kennan in seinen Rundfunkvorträgen von 1957 die Frage der Verantwortung der USA nur am Rande anschnitt, stießen seine Vorschläge, die Nato-Streitkräfte mit Atomwaffen und Raketen zu stärken, auf heftige Kritik:
»Die Abneigung der Sowjets, ihre Truppen aus Ostdeutschland zurückzuziehen und den osteuropäischen Völkern ihre unein-

geschränkte Freiheit zu gewähren, beruht zum Teil auf politischen Überlegungen, die in keiner Weise von einer stärkeren Nato beeinflußt würden, *und zum Teil auf der Existenz der britisch-amerikanischen militärischen Position auf dem Kontinent, die wir nach den jetzigen Vorschlägen verstärken sollen*[6].« [Hervorhebung vom Autor.]

Kennan erkannte also, daß das Militärbündnis ein Hindernis für die Lösung jener politischen Fragen darstellte, die Europa in zwei Lager spalteten und verhinderten, daß die europäischen Völker ihre volle Unabhängigkeit erreichten. Indem er sich einer gewissen Verantwortung für das zu entziehen suchte, was er früher als die »Übermilitarisierung« der amerikanischen Ansicht über den Kalten Krieg bezeichnet hatte, gelangte er zu der Feststellung:

»Ich hatte damals [1947] nicht die geringste Ahnung, daß das militärische Instrument, das wir schufen, sich in den kommenden Jahren zum Hauptmedium der westlichen Politik entwikkeln sollte... [Das Natobündnis sollte lediglich ein Schutzschild sein] und hinter diesem Schutzschild würden wir, wie ich vermutete, zuversichtlich voranschreiten, um der kommunistischen Gefahr in ihrer bedrohlichsten Form – d. h. als ein innenpolitisches Problem der westlichen Gesellschaft – entgegenzutreten, die sich nur durch Wiederbelebung der wirtschaftlichen Aktivität, durch Wiederherstellung des Selbstvertrauens der europäischen Völker und durch deren tatkräftige Unterstützung bei der Suche nach positiven Zielen für die Zukunft bekämpfen ließ ... [Die Nato hatte zwar eine Funktion auszuüben], aber ich glaube, jeder von uns hegte die Hoffnung, daß ihre rein militärische Rolle an Bedeutung verlieren würde, wenn der Fluch der Bipolarität vom Kontinent abfiel, wenn Verhandlungen stattfanden, wenn die Streitkräfte abgezogen wurden, wenn die ideologische Auseinandersetzung andere Formen annahm[7].«

Kennan vergaß jedoch seine Grundprämisse von 1947[8], die besagte, daß eine Beilegung der Kontroversen unmöglich war, daß es keine fruchtbaren Verhandlungen mit der Sowjetunion geben konnte und daß es die Aufgabe der amerikanischen Außenpolitik war, den Sowjets »unangreifbare Hindernisse« (eine militärische Metapher) in den Weg zu legen. Wie sollte dann aber der Fluch der Bipolarität vom Kontinent abfallen, wie sollten die Truppen abgezogen werden und wie sollte die ideologische Auseinandersetzung andere Formen annehmen?

Kennans Meinung über den sowjetischen Regierungsapparat zeugte in der Tat von tiefer Verzweiflung:

»Die akkumulierende Wirkung dieser Faktoren besteht darin, daß sie dem gesamten untergeordneten sowjetischen Machtapparat in seiner Ausrichtung eine unerschütterliche Entschlossen-

heit und Standhaftigkeit verleiht. Diese Ausrichtung kann vom Kreml willkürlich geändert werden, aber von keiner anderen Macht. Ist die Parteilinie zu einem bestimmten politischen Problem erst einmal festgelegt, bewegt sich die ganze sowjetische Regierungsmaschinerie einschließlich des diplomatischen Räderwerks mit unerbittlicher Genauigkeit auf der vorgeschriebenen Bahn wie ein aufgezogenes und beharrlich sich in einer bestimmten Richtung fortbewegendes Spielzeugauto, das erst dann stehenbleibt, wenn es auf einen eindeutigen Widerstand stößt[9].«
Kennan hatte 1947 die Sowjets als Gefangene ihrer eigenen dogmatischen Praktiken bezeichnet. Doch jetzt, zehn Jahre später, mußte das Ausmaß, in dem die amerikanische Führung durch ihre eigenen, mit der Eindämmungspolitik zusammenhängenden Dogmen gebunden war, nachdem Kennan selber zumindest die Konzeption dieser Doktrin »abgestritten« hatte, als Gipfel der Ironie bezeichnet werden.
Der Begriff der Eindämmung, d. h. die Einkreisung der größten Landmasse auf der Erde durch militärische, politische und wirtschaftliche Bastionen, gründete sich auf die Voraussetzung eines unmittelbaren Zerfalls des sowjetischen Staates. Dieses Bild von einem labilen kommunistischen Rußland war verantwortlich für die neue militärische Metaphysik, die während der Nachkriegsjahre in der politischen Leitung die Oberhand gewonnen hatte[10]. Gefestigt durch die Konzeptionen eines manichäischen McCarthyismus, vermochte diese Auffassung das Resultat eines sich anbahnenden weltweiten Kampfes lediglich als militärischen Sieg oder als militärische Niederlage zu sehen, als ob die Eigenschaften der beteiligten Nationen unwandelbar feststünden, ja als ob sie schon durch die Tatsache des bloßen Miteinander-verfeindet-Seins hinreichend definiert seien. Die Weltstrategie der amerikanischen Führung steigerte die Nation in einen Alles-oder-Nichts-Kampf, in eine Entweder/Oder-Auseinandersetzung hinein, die nicht nur die Suche nach raschen, absoluten Lösungen förderte, sondern ironischerweise die Stärkung gerade der Kräfte unterstützte, die jene Strategie zu vernichten bemüht war.
In seinem unter dem Pseudonym ›X‹ veröffentlichten Aufsatz über den Ursprung des sowjetischen Verhaltens hatte Kennan die Aufmerksamkeit auf den »enormen Wert« gelenkt, den die bolschewistischen Machthaber der »ursprünglichen kommunistischen These von dem grundlegenden Gegensatz zwischen der kapitalistischen und der sozialistischen Welt« beimaßen. Es war Kennan zufolge »klar«, daß die Betonung dieses Gegensatzes »in der Wirklichkeit nicht zu finden war[11]«. Die Vorstellung von einer kapitalistischen Einkreisung sah er als reine Fiktion an, die von der sowjetischen Führung begünstigt wurde, um »die Aufrechterhaltung einer Diktatur im eigenen Land zu

rechtfertigen«. Aus der Tatsache, daß die potentielle Opposition gegen das sowjetische Regime in den Jahren 1945–1946 »weitaus größer und gefährlicher war, als sie vor Beginn der Exzesse hätte sein können«, schloß Kennan, daß »*die Machthaber im Kreml am allerwenigsten auf die Fiktion verzichten können, mit der die Aufrechterhaltung eines diktatorischen Regimes bisher gerechtfertigt wurde*«. [Hervorhebung vom Autor.]
Jetzt ist es nicht mehr allzu schwierig, auf Grund der Kennanschen Analyse die Nachkriegsgeschehnisse in Rußland zu rekonstruieren[12]. Die offen erklärte Feindseligkeit der kapitalistischen Nationen (die sich besonders in Churchills Fulton-Rede und in der Truman-Doktrin widerspiegelte) in Verbindung mit der Präsenz amerikanischer Stützpunkte im Umkreis um die Sowjetunion sowie das Wiederaufleben Deutschlands als Wirtschafts- und Militärmacht brachten einem erschöpft darniederliegenden, aber zutiefst national empfindenden Volk, das soeben seine Heimat gegen fremde Invasoren in einem in der Geschichte beispiellosen Kampf verteidigt hatte, eine erneute Verschärfung stalinistischer Methoden und Planerfüllungssolls ein. Dieser zweite Gewaltmarsch des russischen Volkes von seiner Stellung als viert- oder fünftrangige Industrienation[13] bis zu nuklearer Gleichberechtigung mit den Vereinigten Staaten konnte nur im Schatten der ständigen Drohung mit einem Atombombenüberfall und in der Überzeugung durchgeführt werden, daß die Rettung einzig und allein in der Schaffung einer Atommacht als Abschreckungsmittel lag. Molotow ließ 1956 die Bemerkung fallen, daß 1945–1946 im Kreml niemand auch nur im Traum daran gedacht habe, Rußlands Stellung könnte jemals so stark werden, wie sie zehn Jahre später war[14].
»Je härter die Sowjetunion bedrängt wird«, sagte Chester Bowles nach Ablauf dieser Zeit, »desto fester schart sich das russische Volk um seine Führer.« Nichts bereitete den Boden für die amerikanische ›Niederlage‹ im Sputnik-Jahr 1957 mehr als die zehn Jahre früher getroffenen politischen Entscheidungen der USA und die dazu abgegebenen Erklärungen. Die Führung der USA hatte den Kampf festgelegt, und zwar in einer Weise, daß den Vereinigten Staaten die Konfrontation mit ihren enttäuschten Hoffnungen nicht erspart blieb.
Der Abschuß des Sputnik war nicht nur ein Schlag gegen alle spezifischen Analysen der Eindämmungspolitik und gegen die an sie geknüpften Erwartungen, sondern traf auch genau in den Kern jener eigentümlich amerikanischen Geschichtsauffassung von der Hegemonie des ›American Way‹ in der modernen Welt. Im Jahre 1941 hatte Henry Luce in einem Leitartikel der Zeitschrift *Life* das Heraufziehen des »amerikanischen Jahrhunderts« angekündigt. Es sei an der Zeit, schrieb er, »ernst-

haft unsere Aufgabe und unsere Chance als mächtigste und wichtigste Nation in der Welt wahrzunehmen und daher in dieser Welt unseren uneingeschränkten Einfluß geltend zu machen und zwar für Zwecke, die wir für richtig halten, und durch Mittel, die wir für richtig halten[15]«.
Und Außenminister Byrnes teilte 1945 auf der Potsdamer Konferenz in ähnlichem Sinne dem General H. H. Arnold vertraulich mit: »Was wir jetzt tun müssen, ist nicht, die Welt für die Demokratie, sondern für die Vereinigten Staaten sicher zu machen[16].« Was den Präsidenten betrifft,
»machte es Truman bald nach seiner Amtsübernahme klar, daß er eine Umgestaltung der Welt unter amerikanischen Bedingungen anstrebe. Beiläufig erzählte er einem der ersten Besucher, ›daß die Russen bald auf ihren Platz verwiesen würden und daß dann die Vereinigten Staaten die Führung übernehmen und die Welt so regieren würden, wie sie regiert werden sollte ...[17]‹«
Diese Erwartungen wurden durch Kräfte zunichte gemacht, die ihren symbolischen Ausdruck in Sputnik fanden. Wie Lyndon B. Johnson es formulierte: »Wir müssen offen zugeben, daß die Russen uns bei unseren eigenen Plänen geschlagen haben – kühne Fortschritte der Wissenschaft im Atomzeitalter[18].«
Die durch nichts abzuschwächende Hauptbedeutung des Sputnik lag jedoch in der unbestreitbaren Tatsache, daß die Sowjetunion ein entwicklungs- und konkurrenzfähiges Gesellschaftssystem auf fortschrittlicher technologischer Basis darstellte. Die Erkenntnis dieser Realität bewirkte eine Schwächung des amerikanischen Selbstvertrauens und führte zu den ersten Schritten im Ringen um eine Neuwertung der Voraussetzungen, von denen die Politik der USA sich bisher hatte leiten lassen.
Die ›Sputnik-Krise‹ wurde, wie William Appleman Williams bemerkt, nicht durch eine Nachlässigkeit im Waffenprogramm der USA verursacht, denn die Krise hatte sich zu einem Zeitpunkt entwickelt und auch ihren Höhepunkt erreicht, als sich die Amerikaner einer durchaus nicht unbedeutenden Waffenüberlegenheit erfreuten. »Der entscheidende Faktor war die Art und Weise, in der die Amerikaner diesen Vorteil als *absolute* Überlegenheit interpretierten und wie sie ihre vermeintliche Überlegenheit einzusetzen gedachten.«
»Thomas J. Hamilton von der *Times* lieferte eine kurzgefaßte Zusammenstellung der Überlegungen, von denen sich die amerikanischen Politiker in jenen Jahren leiten ließen: 1946, ja bis zum Jahre 1949 hatten die USA ... die Möglichkeit, die Sowjetunion mit einem Präventivkrieg in die Knie zu zwingen. Die Außenminister Acheson und Dulles setzten diese Annahme in ein Zwei-Parteien-Programm ›totaler Diplomatie‹ um, das den Sieg ohne Krieg erringen sollte. Doch die verbesserte Macht-

position der Sowjetunion zerstörte die Logik von Achesons altem Argument, Amerika könne nicht verhandeln, bis es ›Positionen der Stärke‹ errichtet habe. Jetzt ist es völlig klar, daß Amerika in der Annahme, es habe eine Position der Stärke im absoluten Sinne, Verhandlungen in den Jahren ablehnte, als es tatsächlich über eine relative Überlegenheit verfügte ... *Die Annahme, die Vereinigten Staaten besäßen die Macht, die Sowjetunion zu zwingen, vor amerikanischen Bedingungen die Waffen zu strecken, ist der grundlegende schwache Punkt in Amerikas Auffassung von sich selber und der übrigen Welt*[19].« [Hervorhebung im Original.]

Die Saat des Untergangs, die Kennan 1947 in der UdSSR erkannt zu haben glaubte, ging nicht nur nicht auf, sondern war offenbar auch gar nicht mehr vorhanden. Die gesamte Grundlage, auf der der Kalte Krieg der USA beruhte, wurde in ihrer Hohlheit durch einen einzigen dramatischen Akt bloßgestellt, bewies der Abschuß der Sputniks doch die *Unmöglichkeit* eines Sieges, wie ihn die Amerikaner sich vorgestellt hatten: die Zerschlagung der Sowjetmacht, die unbestrittene Überlegenheit der amerikanischen Führung, der Triumph des ›American Way‹.

Es ist daher kein Zufall, daß Kennans Rundfunkvorträge von 1957 mit einer Analyse des Sowjetstaates und seines wirtschaftlichen Wachstums begannen, die er beide als »mächtig und gesund« bezeichnete. Daß das sichtbare Wachstum der inneren Sowjetmacht (und nicht beispielsweise die ›weiche‹ Haltung der sowjetischen Führungsspitze) bei der Neueinschätzung der amerikanischen Politik die Hauptrolle spielte, wird durch Sherman Adams, einen engen Mitarbeiter von Präsident Eisenhower bestätigt:

»Damals, als die Politik des harten Kurses konzipiert und durchgeführt wurde, ließ sich wenig dagegen sagen. Die Beurteilung einer außenpolitischen Linie ist im wesentlichen ein pragmatischer Prozeß. Funktioniert sie, ist sie gut. Versagt sie, ist sie bankrott, gleichgültig, welche blendende Idee ihr anfangs zugrunde gelegen haben mag. Wenn Rußland und China unter dem Druck von Dulles' Widerstand innerlich geschwächt worden wären, hätte es keine Kritik an seinem Vorgehen gegeben. Obwohl er bei den Kommunisten quasi einen ›Würgegriff‹ anzuwenden suchte, machte ihr wirtschaftliches Wachstum weiterhin Fortschritte[20].«

Da die Sowjetunion alle Anzeichen eines stabilen Systems aufwies, war die Akzeptierung der Koexistenz wenig mehr als Realismus in außenpolitischen Fragen. Freilich war der Unterschied zwischen *friedlicher* Koexistenz und einem bloßen Stillstand der Atomgespräche harte Realität und konnte nicht beschönigt werden. Es blieben gefährliche Spannungsherde übrig, die beseitigt werden mußten. Mit der Sowjetunion in Frieden

leben hieß zunächst die diplomatischen Aufgaben übernehmen, die vor zwölf Jahren vernachlässigt worden waren.
Die Mittel, durch die die Diplomatie mit einer Welt fertig wird, in der es rivalisierende Mächte gibt, bestehen, wie Lippmann die Amerikaner 1947 erinnerte, in der Schaffung eines Kräftegleichgewichts, um den Rivalen die Aussicht auf eine erfolgreiche Aggression zu nehmen, ein Vorgang, den ein Diplomat als Beilegung eines Konflikts zwischen rivalisierenden Nationen bezeichnet. »Er will damit sagen, daß unabhängig von ihren Gedanken, ihren Wünschen, ihren ideologischen Absichten das Kräftegleichgewicht so beschaffen ist, daß sie es sich nicht leisten können, eine Aggressionshandlung zu begehen.«
Eine Schlichtungspolitik in der Auseinandersetzung zwischen den Vereinigten Staaten und Rußland, würde, wie Lippmann erläuterte,
»auf eine Wiederherstellung des Kräftegleichgewichts abzielen, was ungewöhnlich und gefährlich ist, weil die Rote Armee auf die britischen und amerikanischen Truppen mitten im Herzen Europas stieß ... Eine den Realitäten gerecht werdende Politik sollte daher als vordringlichstes Ziel eine Lösung anstreben, die den Abzug aller Truppen aus Europa herbeiführt. Dies ist die einzige Lösung, die zu einer Beilegung der als Folge des Krieges entstandenen Kontroverse führen wird.«
Die Kommunisten würden weiterhin Kommunisten sein. Die Russen würden weiterhin Russen sein. »Doch erst wenn die Rote Armee in Rußland ist und nicht mehr an der Elbe steht, wird die Macht der russischen Kommunisten«, etwaige gegen Europa gerichtete Herrschaftsansprüche zu verwirklichen, »entscheidend geschwächt sein«. Daher müssen die USA ihren Einfluß zugunsten einer diplomatisch geschickten Politik geltend machen, »deren konkretes Ziel die Beilegung der Kontroverse im Sinne eines Truppenabzugs ist[21]«.

18. *Dogmen und Disengagement*

Die Diplomatie war durch die auf dem Kontinent betriebene Eindämmungspolitik des Kalten Krieges zwar nicht völlig verschwunden, trat jedoch nur unregelmäßig in Erscheinung. Am 15. Mai 1955 unterzeichneten Dulles, Molotow, Macmillan, Pinay (für Frankreich) und Figl (für Österreich) einen Friedensvertrag, der Österreich die Souveränität wiedergab; als Gegenleistung für den Abzug der Besatzungstruppen verpflichtete sich Österreich, »keinem Militärpakt beizutreten oder militärische Stützpunkte auf seinem Territorium zuzulassen«. Der Weg, der zur Unterzeichnung dieses Vertrages führte, war durch die Unterzeichnung eines Waffenstillstandsabkommens in Korea und durch das Genfer Indochina-Abkommen ermöglicht worden, kurz, dadurch, daß der Diplomatie in wachsendem Maße wieder ihre ureigenste vermittelnde Aufgabe zufiel.

Eine von den Sowjets angebotene ähnliche Regelung für Deutschland wurde jedoch von den westlichen Alliierten abgelehnt. Eisenhower hatte anfangs auf die österreichische Lösung mit vorsichtigem Optimismus reagiert, aber Bundeskanzler Adenauer war zutiefst erschüttert, daß der amerikanische Präsident sich mit dem Gedanken »einer Reihe von neutralen Staaten vom Norden bis zum Süden quer durch Europa« abfinden wollte. Adenauer vertrat die Ansicht, daß die Sowjets schwach seien und dazu bewogen werden könnten, sich härteren Forderungen des Westens zu fügen, und setzte seine Auffassung durch. Am 18. Mai berichtete die *New York Times*, daß »viele wesentliche Punkte in dem Memorandum der Alliierten auf der [vorbereitenden] Genfer Konferenz von Dr. Adenauer stammten und auf sein Betreiben hin angenommen wurden«. Und am 19. Juli bemerkte die *Times*, daß »die Theorie des deutschen Bundeskanzlers über die innere Schwäche der Sowjetunion in Washington akzeptiert wurde und als Erklärung für einige der jüngsten Äußerungen amerikanischer Regierungsbeamten gelten mag[1]«.

Am 18. Juli, dem Tage des Gipfeltreffens, erläuterte Eisenhower die amerikanische Haltung zur Deutschlandfrage wie folgt:

»Zehn Jahre sind seit dem deutschen Waffenstillstand vergangen, und Deutschland ist noch immer geteilt. Diese Spaltung fügt einem Volk schweres Unrecht zu ... sie schafft einen Herd der Instabilität in Europa. Unsere Friedensgespräche haben wenig Sinn, wenn wir gleichzeitig einen Zustand verlängern, der den Frieden gefährdet ... Im Interesse eines dauernden Friedens muß unsere Lösung die legitimen Sicherheitsinteressen aller Beteiligten berücksichtigen. Darum bestehen wir darauf, daß ein vereinigtes Deutschland sein unveräußerliches Recht auf kollektive Selbstverteidigung ausüben können muß[2].«

Mit anderen Worten: Eine »gerechte« Lösung des Deutschlandproblems mußte es einem wiedervereinigten Deutschland freistellen, der Nato beizutreten. Aber eine solche Lösung hätte ein völliges Nachgeben der Sowjets in der Deutschlandfrage bedeutet und hätte überhaupt keiner Verhandlungen bedurft, da die Sowjets Eisenhowers ›Lösung‹ einfach durch den Abzug ihrer Truppen verwirklichen konnten. Dies wurde von Kennan 1957 erkannt:

»... Die westlichen Regierungen haben betont, daß es einer

solchen gesamtdeutschen Regierung völlig freistehen muß, weiterhin dem Nato-Pakt anzugehören ... Die Sowjetunion ist natürlich kein Mitglied der Nato; und während britische, französische und amerikanische Streitkräfte in Deutschland im Rahmen des Nato-Systems vermutlich weiter stationiert bleiben würden, muß man annehmen, daß von der Sowjetunion der Abzug ihrer Truppen aus Deutschland erwartet wurde. Wenn sich dies so verhält, dann wird von Moskau – als Teil eines Abkommens über die deutsche Wiedervereinigung – in der Tat verlangt, die militärische und politische Bastion in Mitteleuropa, die den Sowjets auf Grund ihrer militärischen Leistungen von 1941 bis 1945 zufiel, aufzugeben, und zwar ohne daß die Amerikaner als Gegenleistung dazu bereit waren, ihre Streitkräfte aus dem Mittelpunkt Europas abzuziehen ...
Dies ist nun meines Erachtens etwas, womit sich die Sowjetregierung höchstwahrscheinlich nicht abfinden dürfte, schon aus Gründen der politischen Sicherheit im eigenen Lande wie auch im Ausland ... *Die sowjetische Führung wird daher in diesen Vorschlägen des Westens quasi eine Aufforderung zu bedingungslosem Verzicht auf die sowjetischen Interessen in der Deutschlandfrage ganz allgemein erblicken*, und es wird den Russen sicherlich der Gedanke kommen, daß, falls sie jemals so schwach sein sollten, daß ihnen keine andere Wahl bleibt, als Deutschland unter diesen Bedingungen zu verlassen, es kaum einer Vereinbarung mit den Westmächten bedürfte, um ihnen diesen Schritt zu ermöglichen[3].« [Hervorhebung vom Autor.]
Eine »gerechte« Lösung, die nicht brauchbar ist, stellt natürlich überhaupt keine Lösung dar und vermag daher nur einer Fortsetzung des Unrechtzustandes förderlich zu sein, dessen Beseitigung ursprünglich angestrebt worden war. Aber in einer Welt, in der die wirkenden Kräfte nicht statisch sind, führten die gescheiterten Bemühungen um die Lösung eines Problems wie das der Teilung Deutschlands nicht nur zu einer Verlängerung der gefährlichen und ungerechten Situation, sondern vor allem zu einer Vertiefung der Spaltung selber.
Am 23. Oktober 1954 war in einer sowjetischen, an die Westmächte gerichteten Note eine Novemberkonferenz über Deutschland und Fragen der europäischen Sicherheit vorgeschlagen worden. Eine an dreiundzwanzig europäische Regierungen und die USA gerichtete Note vom 13. November drängte auf eine Konferenz, die am 29. November in Moskau oder Paris abgehalten werden sollte. Als diese Vorschläge zurückgewiesen wurden, berief Moskau Ende November eine Konferenz der Ministerpräsidenten und Außenminister des Sowjetblocks ein, um über Maßnahmen gegen die Pariser Verträge zu beraten, die im Oktober Deutschlands Beitritt zur Nato vorbereitet hatten[4].
Am 6. Mai 1955, drei Wochen nach dem Abkommen mit Öster-

reich, doch noch vor seiner Unterzeichnung, wurde Westdeutschland auf der Pariser Nato-Konferenz in das Bündnis aufgenommen. Acht Tage später erfolgte die Unterzeichnung des Warschauer Pakts als Gegenbündnis, an dessen Spitze Marshall Iwan S. Konjew stand. Diese Situation ließ sich auch durch das spätere Gipfeltreffen im Juli nicht mehr ändern.

Die zwingende Logik der These von der Eindämmung und ihr ›Rezept‹, Hindernisse zu errichten, anstatt nach Lösungen zu suchen, hatten zur Folge, daß die USA die sowjetischen Vorschläge nicht nur zurückwiesen, sondern sich auch außerstande sahen, eigene ernstgemeinte Gegenvorschläge zu unterbreiten. Außerdem sahen die USA darin einen Ansporn ihrer Bemühungen, Deutschlands militärische Stärke auszubauen und dadurch in den bestehenden Machtverhältnissen einen neuen Faktor zu schaffen, der das Zustandekommen einer Einigung in der europäischen Frage noch mehr erschweren sollte.

Diese auf den Ausbau der militärischen Stärke Deutschlands gerichteten Bestrebungen folgten erst, nachdem das vorgebliche Ziel der Eindämmungspolitik, nämlich das ›Mürbemachen‹ der Sowjets, verwirklicht worden war. Nach Stalins Tod hatte in der sowjetischen Gesellschaft ein rascher (jedoch sehr unvollständiger) Entstalinisierungsprozeß stattgefunden. Die neue Führung hatte sich überdies besonders um eine Verständigung mit dem Westen bemüht. Wie Senator William Fulbright den Senat am 20. Juni 1958 erinnerte, bestand die russische Politik »nicht nur aus dem, was in Ungarn geschehen war«.

»Wenn es sich nur um eine Politik militärischer Unterdrückung handelte, würden wir meines Erachtens einen viel leichter zu besiegenden Gegner vor uns haben. Aber die russische Politik umfaßt auch den Truppenabzug aus Finnland, die Unterschrift der Sowjets unter den Friedensvertrag mit Österreich sowie den anschließenden Abzug sowjetischer Truppen aus diesem Land; zur russischen Politik gehört ferner das Nachgeben der Sowjets bei den jüngsten Abweichungen und Tauwettererscheinungen des polnischen Kommunismus, die politische Unterstützung der nichtkommunistischen nationalen Bewegungen in Asien und Afrika und die den Ländern in diesen Erdteilen gewährte Wirtschaftshilfe. Schließlich muß bei einer Würdigung der russischen Politik eine fast unermüdliche Propaganda berücksichtigt werden, die Maßnahmen zur Verringerung der Gefahr eines Atomkrieges fordert und eine große Zahl von Vorschlägen zur Lösung dieses grundlegenden internationalen Problems enthält.«

In Anbetracht dessen fand Fulbright die Tatsache bedauerlich, daß es auf Grund der Struktur der amerikanischen Regierung zwar möglich war, »sowjetische Vorschläge binnen Stundenfrist als Propaganda zu brandmarken«, aber nicht, »die Durchführbarkeit der neuen Vorschläge zu sondieren oder die alten Vorschläge im Hinblick auf die veränderte Machtsituation der letzten Jahre zu analysieren und ihnen dadurch vielleicht einen neuen Inhalt zu geben«. Sollen wir, fragte Fulbright, »das allmähliche Absinken unseres Ansehens als Nation, das ständige Verblassen unserer Botschaft an die Menschheit mit ansehen, nur weil wir uns mit unserer Politik fortwährend im Kreise drehen, nur weil wir nicht die Flexibilität, die Phantasie oder die nationale Entschlossenheit besitzen, diese Untätigkeit zu überwinden und aus diesem Teufelskreis in neue Richtungen auszubrechen[5]?«

Die ›Zermürbung der Sowjetmacht‹ befreite die Strategie der USA nicht aus dem sterilen Bann der Eindämmungspolitik, weil die Sowjetunion nicht so ›weich‹ geworden war, wie es die Eindämmungspolitik vorausgesagt hatte (nämlich aus Schwäche) und folglich überhaupt nicht ›weich‹ geworden war. Die USA hatten auf eine einseitige Aufgabe der sowjetischen Positionen spekuliert, nicht auf Verhandlungen mit einem starken, zähen, oft kompromißlosen, aber ebensooft anpassungsfähigen Gegner. Nichts zeigt vielleicht *deutlich*er, in welchem Maße sich die USA in die eigenen Dogmen des Kalten Krieges verstrickt hatten, als ihre Reaktion auf das Drängen nach einem Disengagement zur Zeit der Vorträge Kennans und des Nato-Treffens im Dezember 1957. Dies geschah zwei Jahre nach dem Friedensvertrag mit Österreich und nachdem Sir Anthony Eden, der damalige britische Premierminister, die ersten Vorschläge für eine atomwaffenfreie Zone unterbreitet hatte. Es war ferner ein Jahr vergangen, seitdem der polnische Außenminister Adam Rapacki einen Plan für eine kernwaffenfreie Zone in Mitteleuropa vorgelegt hatte, und ein Jahr, nachdem die tragischen Ereignisse in Ungarn das Unvermögen der Nato erwiesen hatten, die ›Befreiung‹ der osteuropäischen Völker zu unterstützen. Die Tatsache, daß es der *polnische* Außenminister war, der den Vorschlag unmittelbar nach der polnischen Revolution gemacht hatte, war Hinweis genug, daß ein Auseinanderrücken der Machtblöcke einer weiteren Unabhängigkeit Osteuropas und damit der schließlichen Verwirklichung des von den USA als Ziel des Kalten Krieges proklamierten Gedankens förderlich sein würde.

Darüber hinaus waren den Sowjets im Frühjahr 1957 auf dem Gebiet der Interkontinentalraketen erhebliche Fortschritte gelungen. (Am 30. August gaben Beamte des amerikanischen Verteidigungsministeriums bekannt, daß vier sowjetische Interkontinentalraketen festgestellt worden seien, »wahrscheinlich sogar sechs« – die letzte im Juni. Die Sowjets gaben einen erfolgreichen Raketentest am 27. August bekannt [Fleming, op. cit., S. 863].) Mit der Entwicklung der Interkontinentalraketen war der »Abschreckungswert« der Roten Armee nicht mehr entscheidend oder auch nur von Bedeutung. Folglich gab es auf sowjetischer Seite kein militärisches Hindernis mehr für einen auf dem Verhandlungsweg erreichten Truppenabzug, wie es früher hätte der Fall sein können. Die Zeit schien reif, um in Verhandlungen einzutreten. (Dies bedeutet nicht, daß Lippmanns Vorschlag für eine Lösung im Sinne eines Truppenabzug in der ersten Phase des Kalten Krieges unrealistisch war. Im Gegenteil. Durch den späteren Abzug und Abbau sowjetischer Streitkräfte wird die Auffassung bestätigt, daß die sowjetische Einflußnahme in Osteuropa nicht so sehr durch revolutionäre oder expansionistische Bestrebungen als vielmehr durch verteidigungspolitische Erwägungen herbeigeführt wurde. Wäre Lippmanns Rat rechtzeitig befolgt worden und wären die USA bereit gewesen, eine wirtschaftliche Rolle beim Wiederaufbau der Sowjetunion zu übernehmen, so gibt es keinen ersichtlichen Grund, warum man über einen Truppenabzug nicht hätte verhandeln können.)

Am 2. November 1957 schossen die Sowjets ihren zweiten Sputnik in den Himmel, und drei Tage später deutete Außenminister Dulles an, daß die USA bestrebt seien, ihre Stützpunkte in Übersee mit Mittelstreckenraketen auszurüsten[6]. Am nächsten Tag hielt Ministerpräsident Chruschtschow vor dem Obersten Sowjet eine Rede und verlangte ein neues Treffen, »um ein auf einem echten und gegenseitigen Verständnis basierendes Abkommen« über die Einstellung »des Kalten Krieges und des Wettrüstens« zu erreichen sowie ideologische Auseinandersetzungen durch friedlichen Wettstreit »zur bestmöglichen Befriedigung der menschlichen Bedürfnisse« beizulegen. In Washington reagierte man »mit kühlem Desinteresse, obwohl man darauf bedacht war, den Vorschlag nicht offen und kurzerhand zurückzuweisen[6]«.

Am 11. Dezember empfing Lester Pearson, der frühere kanadische Minister für Auswärtige Angelegenheiten, in Oslo den Friedensnobelpreis. In seiner Dankrede sagte Pearson, daß Krieg als Mittel der Politik zum »totalen Krieg« führen und daß totaler Krieg »totale Vernichtung« bedeuten würde. Daher »ist die beste Verteidigung des Friedens nicht Macht, sondern die Beseitigung der Ursachen des Krieges ... die Lösung der verworrenen, entmutigenden Probleme ..., die die beiden Machtblöcke trennen und dadurch den Frieden gefährden«. Erforderlich war nach Pearsons Auffassung die feste Entschlossenheit, jede Verhandlungstechnik einzusetzen, um die Lösung der Probleme »eines nach dem anderen« und »Stufe für Stufe« zu versuchen, wenn schon nicht auf der Grundlage von Vertrauen und Zusammenarbeit, dann »wenigstens auf der Grundlage gegenseitiger Toleranz und des eigenen Vorteils«.

Hier wurde in deutlichen Worten dem dringenden Verlangen

Ausdruck gegeben, die Vorschläge zu prüfen, die von europäischen Politikern beider Seiten (besonders von Gaitskell und Rapacki) in der Hoffnung unterbreitet worden waren, den Schrekken des Kalten Krieges von Europa abwenden zu können.
Am 10. Dezember, dem Vorabend der NATO-Konferenz, hatte Bulganin an die verschiedenen NATO-Mächte Noten gesandt, in denen er Rußlands Bereitschaft zum Ausdruck brachte, ein Verbot der Lagerung von Kernwaffen in Polen, Ostdeutschland, der Tschechoslowakei und in Westdeutschland zu prüfen. »Meines Erachtens«, schrieb Denis Healey, der spätere Verteidigungsminister in der Wilson-Regierung, »kann dies einen Wendepunkt in der sowjetischen Diplomatie bedeuten«:

»... Dies ist das erste Mal, daß Rußland bereit ist, als Gegenleistung für Konzessionen des Westens, die auf die Bundesrepublik beschränkt sind, Zugeständnisse in Polen und der Tschechoslowakei wie auch in Ostdeutschland zu machen. Rußland hat sogar die territorialen Grenzen anerkannt, die Hugh Gaitskell ... im letzten Frühjahr für ein Disengagementprogramm in Mitteleuropa vorschlug.

Der Gedanke eines allgemeinen militärischen Disengagements kommt auch in den Briefen Bulganins wiederholt zum Ausdruck, und zwar in einer Form, die, wenn sie auch nicht genau dem Gaitskellplan entspricht, doch im wesentlichen brauchbarer ist als alle je zuvor gemachten Vorschläge. Bulganin spricht von der Bereitschaft Rußlands, entweder eine Reduzierung oder einen völligen Abzug der sowjetischen Truppen aus Ostdeutschland und den Ländern des Warschauer Paktes in Erwägung zu ziehen, falls Amerika, Großbritannien und Frankreich sich mit einem vergleichbaren Truppenabzug aus Westdeutschland und dem Territorium der NATO-Partner einverstanden erklären. Eine solche unbestimmte Formulierung stellt offenbar eine Aufforderung zu ernsthaften Verhandlungen dar[7].«

Nach Eröffnung der NATO-Konferenz am 16. Dezember bot Dulles den europäischen Verbündeten Atomraketen an; die Bulganin-Note wurde »vom State Department prompt als Hetzpamphlet zurückgewiesen, ehe der Präsident sie überhaupt zu Gesicht bekommen hatte«. Die Reaktionen, die die Regierungen der NATO-Länder am ersten Tag auf Dulles' Vorschlag bekundeten, waren »lau und nicht recht überzeugend« *(New York Times)* und nahmen am zweiten Tag die Form offenen Aufruhrs an:

»Der erste Schock kam vom norwegischen Ministerpräsidenten Gerhardsen, der ganz offen erklärte, daß Norwegen nicht beabsichtige, ›auf seinem Territorium Vorräte an Atomwaffen lagern ... oder Abschußbasen für Interkontinentalraketen‹ errichten zu lassen. Seiner Meinung nach sei es richtig, die Ent-

scheidung über die Raketen zu verschieben und in Verhandlungen einzutreten.
Der norwegische Ministerpräsident rüttelte seine Kollegen am runden Tisch auf, indem er seine Rede mit ›rauher, leidenschaftlicher Stimme‹ verlas. Wie es einer seiner Zuhörer formulierte: ›Er fand Worte für das, was Millionen einfacher Menschen in ganz Europa denken, und ließ die Staatsoberhäupter den Atem der öffentlichen Meinung spüren‹[8].«
Gerhardsens aufrüttelnde Rede zwang Premierminister Macmillan dazu, sein vorbereitetes Manuskript beiseite zu legen und »mit Zurückhaltung« Verhandlungen zu unterstützen. Die Ministerpräsidenten Kanadas und der Niederlande stärkten ihrem norwegischen Kollegen noch mehr den Rücken, und selbst Bundeskanzler Adenauer trat einen taktischen Rückzug an und empfahl ein »sehr eingehendes Studium« der jüngsten sowjetischen Schritte. Gegen Ende des folgenden Tages »standen die amerikanische und die britische Delegation offenbar unter einem allgemeinen Gefühl der Unsicherheit«. Die Engländer erprobten Churchills Schlagwort »Unser Ziel sind Verhandlungen« und die Amerikaner spielten Variationen von Achesons »Positionen der Stärke« durch, doch waren die Reaktionen auf diese Bemühungen gering.
Das Resultat war ein Kompromiß. Die USA gaben dem europäischen Wunsch, zuerst zu verhandeln, nach, als Gegenleistung für die grundsätzliche Bereitschaft, sich schließlich doch mit der Errichtung von Raketenabschußbasen einverstanden zu erklären. Da die Raketen für die nächsten drei Jahre nicht zur Verfügung stehen würden, war für Verhandlungen genügend Zeit.
Was aus den Verhandlungen wurde, hatte Lester Pearson in seiner Rede anläßlich der Verleihung des Friedensnobelpreises angedeutet, als er darauf aufmerksam machte, daß »unsere Politik und Diplomatie sich immer mehr versteifen und in die Defensive gehen wie der Schützengrabenkrieg vor vierzig Jahren, als sich die beiden Seiten immer tiefer verschanzten und nur noch in ihren Gräben hausten«. In den folgenden Monaten leistete jedoch die eine Seite mehr »Schanzarbeit« als die andere[9].
Am 9. Januar 1958 traf eine neue Note von Bulganin ein, in der er Gipfelgespräche über Kernwaffenversuche und eine kernwaffenfreie Zone in Mitteleuropa sowie Verhandlungen zwischen den beiden deutschen Regierungen vorschlug. Am 12. Januar antwortete Präsident Eisenhower auf eine frühere Note Bulganins vom 10. Dezember und teilte ihm mit, daß er bereit sei, mit dem sowjetischen Staatschef zusammenzutreffen, wenn vorbereitende Gespräche auf unterer Ebene »gute Aussichten« böten, die Sache »des Frieden und der Gerechtigkeit« in der Welt voranzubringen. Er verlangte freie Wahlen in Deutschland, das Selbstbestimmungsrecht für Osteuropa, eine Einschränkung

des Vetorechts in der UNO und gab ferner zu bedenken, daß der Kern des Rüstungsproblems die »Herstellung« von Kernwaffen sei, womit er auf die Unnachgiebigkeit der Sowjets in der Frage der gegenseitigen Atominspektionen anspielte. (Die Sowjetunion lehnte Kontrollen ab, die nicht Teil eines allgemeinen Abrüstungsprogramms waren. Die USA wiederum lehnten eine allgemeine Abrüstung ab.) Bulganins Note vom 9. Januar wurde in ähnlicher Weise innerhalb von knapp zwei Wochen zurückgewiesen.

Am 26. Januar erklärte Chruschtschow, daß eine Konferenz auf höchster Ebene vordringlich sei; zwei Tage später verlangte er noch einmal Gipfelgespräche. Dulles, der zu diesem Zeitpunkt das Ruder der amerikanischen Außenpolitik fest in der Hand hielt, befand sich jedoch auf einer Reise in den Mittleren Osten, um den schlecht konzipierten und fehlgeschlagenen Bagdad-Pakt von neuem zu stärken oder mit anderen Worten: um die Mauer der Eindämmung, über die die Sowjetunion sich unlängst hinweggesetzt hatte, notdürftig zu kitten. Dulles' Hartnäckigkeit, mit der er alte Taktiken auf neue Voraussetzungen anwandte, führte zu einer feindlichen Haltung aus Kreisen, von denen er sie nicht erwartet hatte. John S. Knight, Verleger der Knight-Gruppe republikanischer Zeitungen, schrieb Anfang Februar: »Wie ich es sehe, stehen wir vor der Wahl, mit Rußland zu verhandeln oder einen Krieg zu beginnen ... Ich bin gegen die Dulles-Politik, weil sie sich als steril und unbrauchbar erwiesen hat. Als Mr. Dulles glaubte, wir hielten alle Karten in der Hand, wollte er bluffen und sich wichtigtun. Aber niemand, darunter unsere Verbündeten und Rußland, ließ sich auch nur soviel bluffen ... Mr. Dulles ist eine Gefahr für den Frieden geworden.«

Am 20. Februar schlug Macmillan ein neues Gipfeltreffen vor, und Gaitskell forderte, daß der Premierminister langfristige Verhandlungen unabhängig von den Vereinigten Staaten, und die einseitige Aussetzung der Kernwaffenversuche durch Großbritannien verlangen sollte. Am 1. März gaben die Sowjets ihre ablehnende Haltung gegen Dulles auf und schlugen eine Außenministerkonferenz vor, um eine Gipfelkonferenz zu vereinbaren, aber nicht, um tatsächliche Kernfragen zu erörtern. Dies war eine Enttäuschung für die USA, die auch prompt verlauten ließen, daß die von der Sowjetunion für das Treffen gestellten Vorbedingungen jeglichen Fortschritt unmöglich machten.

Fünf Tage später erbot sich Chruschtschow, in die USA zu kommen. Dulles widersetzte sich mit Nachdruck einer gesellschaftlichen Anerkennung der »Kremlgangster«. Man befürchtete, daß, wenn man den Sowjetführern gesellschaftliche Aufmerksamkeit bezeigte, dies zur »Fiktion vom Ende des Kalten Krieges« beitragen würde. Am 6. März traf eine neue, sechzehn

Seiten umfassende Note von Bulganin ein, einige Stunden bevor das State Department die sowjetische Version des Außenministertreffens offiziell zurückwies. Und so weiter. Am 25. April 1958 stellte der Herausgeber der *Washington Post* im Leitartikel fest, daß »es noch immer Beweise für jene Denkart gibt, die Verhandlungen auf der Basis der Gleichberechtigung nicht akzeptieren will und tatsächlich den Rückzug der Sowjetunion als Vorbedingung verlangt«. Er warnte ferner davor, daß »eine zu starre Haltung ohne versöhnliche Geste die Russen davon überzeugen könnte, daß der Westen in Wirklichkeit gar keine Verhandlungen wünscht ...« Am 18. Mai, drei Tage nachdem die Sowjets ihren dritten Sputnik abgeschossen hatten, schrieb Dana Adams Schmidt in der *New York Times:* »Es gehört im Grunde noch immer zur Politik der USA, gegen die vermeintlich schwache Sowjetunion einen Druck auszuüben, als besäßen die USA die absolute nukleare Überlegenheit.« Dagegen zeigte sich die Ernsthaftigkeit, mit der die Sowjets ihre Forderung nach Verhandlungen zum Abbau der Spannungen in der Welt aufrechterhielten, in ihrer überraschenden Ankündigung vom 31. März, daß sie die Kernwaffenversuche einseitig einstellten.

Monate nach der NATO-Konferenz, während die internationale Lage sich sowohl im Nahen als auch im Fernen Osten erheblich verschlechtert hatte und die Streitkräfte der USA eingesetzt worden waren, bestanden noch immer keine Aussichten auf Verhandlungen über die Frage des europäischen Disengagements. Inzwischen hatten die NATO-Mächte die Zusage geben müssen, auf ihrem Territorium die Lagerung von Mittelstreckenraketen zuzulassen. Der tiefere Sinn dieser Verpflichtung wurde damals von nur wenigen erkannt. Sie als »Anpassung des Atlantischen Bündnisses an das Raketenzeitalter« hinzustellen, wie es allgemein getan wurde, war nach den Worten eines scharfsinnigen Beobachters eine »starke Untertreibung«. Mittelstrekkenraketen mit einem Aktionsradius von 1500 Meilen konnten nach Ansicht dieses Beobachters »beim besten Willen nicht Verteidigungswaffen« genannt werden. »Durch Raketen mit einer Reichweite von 1500 Meilen hört die NATO automatisch auf, ein Verteidigungsbündnis zu sein, und wird zu einem Angriffsbündnis; diese revolutionäre Idee, die NATO zum Instrument eines Angriffskrieges zu machen, hat in Europa eine Gewissenskrise ausgelöst[10].«

Wenn die Verwendung von Angriffsraketenwaffen innerhalb des NATO-Bündnisses in Europa eine »Gewissenskrise« heraufbeschwor, so ging sie mit der sich ständig verschlechternden internationalen Lage und dem fortgesetzten Scheitern einer Aufnahme von Verhandlungen einher, was den Kreml schließlich zu einer anderen Taktik bewog. Am 10. November 1958 gab

Chruschtschow bekannt, daß die Sowjetunion bereit sei, die Kontrolle über Berlin der ostdeutschen Regierung zu übergeben und daß die USA sich ihre Zugangsrechte auf dem Verhandlungswege sichern müßten. Mit dieser Warnung kam die ›Berlin-Krise‹ in Gang. Am 30. November erklärte Chruschtschow, daß er mit der Durchführung seines Vorschlags warten wolle, falls Gespräche innerhalb von sechs Monaten beginnen würden. Am 21. Februar 1959 reiste Macmillan nach Moskau, um mit Chruschtschow zu reden. Dann gab Chruschtschow seine Zurückweisung eines früheren westlichen Vorschlags für eine Außenministerkonferenz bekannt, was weitere Zweifel an der Aussicht auf ein Gipfeltreffen aufkommen ließ. An diesem Punkt fand die in seiner Leningrader Rede formulierte Warnung Macmillans vor den unvorhersehbaren Gefahren ihr amerikanisches Echo in Lyndon B. Johnsons Schlagwort »Der Countdown hat begonnen«. Am 2. März machte Chruschtschow jedoch eine Wendung um einhundertachtzig Grad und schlug eine Außenministerkonferenz vor, an der auch Tschechen und Polen teilnehmen sollten. Am 16. April trat Dulles aus gesundheitlichen Gründen zurück. Im August wurde das akute Stadium der Berlin-Krise zwar beendet, aber offenbar keiner Lösung näher gebracht, als Chruschtschow in die USA eingeladen wurde und es feststand, daß mit Eisenhower und ohne Dulles Gipfelgespräche in absehbarer Zeit zu erwarten waren.

Während der Krise war vielen Beobachtern klar geworden, »daß das Hauptproblem die atomare Bewaffnung Westdeutschlands war. Obwohl Chruschtschow die Situation in Berlin zu ändern wünschte, war sein vordringliches Ziel, der Errichtung von Raketenabschußbasen in Westdeutschland zuvorzukommen... Ebenso klar war es ferner, daß er [Chruschtschow] daran von Bundeskanzler Adenauer gehindert wurde. Die Macht des einen ›starken‹ Mannes am Hebel der westlichen Politik [Dulles] war zu Ende, aber Adenauer lag der Aufbau eines dritten bewaffneten Deutschland in diesem Jahrhundert ebensosehr am Herzen wie seinerzeit Dulles. Er hielt noch immer an dem Glauben fest, daß er mit den Russen fertig werden könnte, sobald er über Kernwaffen verfügte[11]«.

Die Wiederbewaffnung Deutschlands war in der Tat bereits im Gange. Bis 1961 würde die westdeutsche Armee auf zwölf mit Raketen ausgerüstete Divisionen von insgesamt 200 000 Mann anwachsen. Die Machtverhältnisse in Europa wurden immer unübersichtlicher. Die Lösung des einzigen wirklichen Problems von Bedeutung zwischen Rußland und dem Westen, des Problems der Spaltung Deutschlands, war nunmehr weiter denn je zuvor von einer Verwirklichung entfernt.

Im Mai erschien Kennan vor dem Senatsausschuß für Auswärtige Angelegenheiten und distanzierte sich eindeutig von der

Haltung, die er bei seinen BBC-Vorlesungen vertreten hatte. Die Zeit für die praktische Anwendung seiner Gedankengänge dürfte seiner Ansicht nach vorbei sein. Die Pläne für eine Bewaffnung Deutschlands seien bereits zu weit gediehen. Die gleichen Vorbehalte machte John F. Kennedy im Dezember 1959 geltend:
Frage: »Um über Berlin einen Schritt hinauszugehen, sehen Sie eine Möglichkeit für ein teilweises Disengagement in Mitteleuropa im Rahmen der von George Kennan oder Mr. Gaitskell in England oder Rapacki in Polen vorgeschlagenen Pläne?«
Antwort [Kennedy]: »Nun, vor zwei oder drei Jahren glaubte ich noch mehr an reale Möglichkeiten als heute. Meines Erachtens dürfte es ziemlich schwierig sein, die Westdeutschen jetzt von dem Raketenplan abzubringen und überhaupt Deutschland aus der NATO herauszuholen. Wenn sie auch keine Atomsprengköpfe haben, so haben sie doch die Raketen.«
Das Beharren Washingtons, den Partnern des NATO-Bündnisses Raketen zur Verfügung zu stellen und dadurch die militärische Stärke des Westens in Europa zu erhöhen, bewirkte lediglich, daß die europäische Einigung in noch fernere Zukunft rückte, was Kennan 1957 und Lippmann bereits 1947 angekündigt hatte.
Die NATO-Entscheidung war im Zusammenhang mit einer massiven Kritik an Dulles und seiner schlecht verhohlenen Abneigung gegen Verhandlungen gefällt worden. Aber es gab in den USA weder eine entsprechende Opposition gegen die Überlassung von Raketen an die NATO-Länder noch eine nennenswerte Unterstützung der Disengagementbestrebungen. (Am 12. Januar 1958 sagte Acheson, »daß Mr. Kennans Auffassung von keinem verantwortlichen Politiker der Demokratischen Partei in den USA« geteilt werde, und obwohl Stevenson und eine Reihe anderer Demokraten es ablehnten, Achesons Äußerung beizupflichten, fand sich keine beachtenswerte Mehrheit für Kennan.) Die Erklärung dieses Paradoxons erfordert eine eingehende Untersuchung der Entscheidung selber. So handelte es sich beispielsweise nicht um eine Entscheidung, der die Sorge um die Sicherheit der europäischen NATO-Mächte zugrunde lag, die seit den letzten anderthalb Jahren bereits in Reichweite sowjetischer Mittelstreckenraketen gewesen waren. Daher änderte die Entwicklung von Interkontinentalraketen in der Sowjetunion die stretegische Lage in Europa, militärisch gesprochen, überhaupt nicht[12]. Vom Standpunkt Washingtons jedoch schien die strategische Situation sich sehr wohl verändert zu haben und so lange einer Korrektur zu bedürfen, bis das Gleichgewicht an Interkontinentalraketen als wiederhergestellt angesehen werden konnte. Man befürchtete in den USA, daß die sowjetischen Fortschritte auf dem Gebiet der Raketen-

technik den Russen das ermöglichen konnten, was den USA in all den Jahren ihres Kernwaffenmonopols zu erreichen nicht vergönnt war, nämlich von ihren Gegnern die Annahme der eigenen »gerechten Forderungen« zu erpressen.

Die Lagerung von Kurzstreckenraketen auf europäischem Territorium war, gemessen an den militärischen Bedürfnissen Europas, nicht erforderlich, sondern wurde als Behelfsmaßnahme durchgeführt, solange bis die USA ihre gleichberechtigte Stellung zurückgewonnen hatten; sollte sich das Kräftegleichgewicht abermals ändern, würde Europa sich in einer schlechteren Lage als zuvor befinden. Falls nämlich die Mittelstreckenraketen im Verteidigungssystem der USA lediglich für eine kurze Zeitdauer eine bedeutende Rolle spielen sollten*, d. h. bis die USA eine Interkontinentalrakete entwickelten, wie würde es dann um das Bündnis der NATO bestellt sein, wenn die Vereinigten Staaten diese Stützpunkte nicht mehr als notwendigen Teil ihres Verteidigungssystems ansahen? Anstatt Teil eines kernwaffenfreien Europas zu sein, würde Westeuropa noch immer sowjetische Raketen auf sich gerichtet sehen, und seine einzige Verteidigung bestände in Raketen, die von den USA kontrolliert werden.

Tatsächlich waren es in erster Linie nicht militärische, sondern politische Erwägungen, die für die Entscheidung, dem europäischen Bündnis Raketen zur Verfügung zu stellen, den Ausschlag gaben. Das geht daraus hervor, daß Dulles diese Maßnahme vorgeschlagen und sich um Unterstützung seines Antrags bemüht hatte, ehe noch Raketen überhaupt vorhanden waren. Die Dringlichkeit konnte daher nur einer nichtmilitärischen Quelle entstammen.

Zur Zeit des Sputnikabschusses wurden gerade zwei umfassende kritische Stellungnahmen zur Verteidigungspolitik Eisenhowers – bekannt als Gaither- und als Rockefeller-Bericht – vorgelegt. Diese Berichte fanden in der Führungsspitze der beiden politischen Parteien große Zustimmung. Zu den Mitgliedern des Rockefeller-Ausschusses gehörten u. a. Dean Rusk, Chester Bowles, Jacob Potofsky, Henry Kissinger, Henry R. Luce und Lucius Clay.

»Punkt für Punkt stellte der zweite Bericht des Rockefeller-Ausschusses eine öffentliche Zurückweisung der ... Politik dar, die die Regierung Eisenhower ... im Lauf der letzten fünf Jahre aufgebaut und durchgeführt hatte. In dem Bericht wurde

* Tatsache ist, daß sie keinesfalls eine derart bedeutsame Rolle spielten, und zwar nicht nur, weil die »Raketenlücke« nie zustande kam, sondern auch, weil Raketen keine »Endwaffen« darstellten und auch weil sie die Wirksamkeit der Schlagkraft Amerikas damals nicht »bedeutend« änderten; vgl. Blackett, *Atomic Weapons and East-West Relations*, S. 35.

die Vorstellung zurückgewiesen, daß eine gesunde amerikanische Gesellschaft zur Aufrechterhaltung ihrer Institutionen eine strenge Begrenzung der Haushaltsausgaben erfordere. Zurückgewiesen wurden ferner die Vorstellung, daß die Fähigkeit, mit Atomwaffen einen Vergeltungsschlag führen zu können, ein genügendes Abschreckungsmittel für die Stärke der Sowjets darstelle, sowie die Tatsache, daß der NATO fortgesetzt Informationen über Kernwaffen und die Waffen selber vorenthalten wurden ...[12]«
Da diese Berichte auf dem Höhepunkt der Sputnikkrise, als das Vertrauen der Öffentlichkeit zu Eisenhower bereits erschüttert war, vorgelegt wurden, erhielten sie ein erhebliches politisches Gewicht und stellten somit eine ernste Herausforderung der Position Eisenhowers dar. »Die Regierung ... leistete im großen und ganzen erfolgreichen Widerstand gegen den Druck, militärische Angriffs- und Verteidigungsprogramme zu erweitern und zu beschleunigen.« Worin Eisenhower tatsächlich nachgab, war auf dem Gebiet der Neuorganisation des Pentagon[13] und natürlich der Lagerung von Raketen in den Ländern des NATO-Pakts.
Weil nun die Demokratische Partei sich in ihrer Grundsatzerklärung von 1960 die in diesen Berichten dargestellte Auffassung von der Verteidigungspolitik zu eigen machte, die schließlich von der Kennedy-Regierung praktiziert wurde, gewinnt ein Einblick in einige dieser Empfehlungen erhebliche Bedeutung. Ein zentrales Thema war die Befürchtung, daß die USA sich auf ein massives, nicht flexibles Abschreckungsmittel festgelegt hatten. Durch Konzentration auf die strategische Luftmacht hatte die Eisenhower-Regierung den Ausbau der konventionellen Streitkräfte vernachlässigt und darüber hinaus die Entwicklung einer Reihe taktischer Kernwaffen zur Anpassung an wechselnde Verhältnisse versäumt. Aus diesem Grund war das Abschreckungsmittel selber in Gefahr, seine Glaubwürdigkeit zu verlieren. Im Rockefeller-Bericht lautete das so: »Die Welt weiß, daß wir nie einen Präventivkrieg führen würden. Doch müssen wir und die übrige freie Welt darauf vorbereitet sein, jeder der drei Arten von Aggression Widerstand entgegenzusetzen: d. h. einem uneingeschränkten oder totalen Krieg, einem begrenzten Krieg und einer nicht offenkundigen, als innenpolitische Machtübernahme getarnten Aggression in Form eines Staatsstreichs oder eines Bürgerkrieges.
Um einer Aggression wirksam begegnen zu können, müssen wir bereit sein, entweder einen uneingeschränkten oder einen begrenzten Atomkrieg zu führen. Gegenwärtig gibt es allerdings einige wesentliche Nachteile in unserer Einstellung sowohl zu einem uneingeschränkten als auch zu einem begrenzten Krieg[14].«

Im Falle einer begrenzten Aggression, so argumentierten diese Kritiker, würde die Androhung von Vergeltungsmaßnahmen mit Wasserstoffbomben kein glaubwürdiges Abschreckungsmittel darstellen, da es nicht der Wunsch der USA sein könne, in einen totalen Atomkrieg hineingezogen zu werden, sofern die Lage der Dinge es nicht unbedingt erfordert. Die Entwicklung eines »abgestuften Abschreckungssystems« sei erforderlich, damit die Vergeltungsmaßnahmen entsprechend den sie auslösenden Umständen voll angemessen sein können.

Es ist also klar, daß die riskante Politik der massiven Vergeltung von John Foster Dulles keine geringe Rolle als Anstoß zu einer Neubeurteilung der Lage spielte. Es ist ferner klar, daß die liberal eingestellte Führungsschicht einen nicht unbeträchtlichen Anteil daran hatte, diese Kritik zu einem Zeitpunkt zu lancieren, als Kennan für ein Disengagement eintrat, was wiederum teilweise erklärt, warum sie Kennans Vorschläge für eine Politik des Disengagement nicht unterstützte.

Politisch gesehen, bot sich der Sputnik als ein Argument an, die Meinung der Öffentlichkeit im Sinne einer Unterstützung dieses revidierten und wesentlich erweiterten Verteidigungsprogramms zu beeinflussen, das in der Tat eine wieder zum Leben erweckte Eindämmungsstrategie zum Inhalt hatte. Es bedurfte nicht nur des Sputnik, sondern einer ganzen Reihe von diplomatischen Niederlagen, um den Bann Eisenhowers zu brechen und Kennedy zu wählen, der diese Ansichten teilte. Aber der Wunsch, ein politisches Moment auszunutzen, kann nicht völlig ein Versäumnis erklären, das darin bestand, eine Politik nicht unterstützt zu haben, die im Falle des Erfolgs die internationale Lage wesentlich entspannt und schließlich auch die Grundursachen des Konflikts beseitigt hätte.

Die einzige Möglichkeit, dieses Versagen liberaler Kreise zu erklären, besteht zunächst darin, den Wunsch nach einer Ausnutzung der Sputnik-Situation auch als Reaktion *auf* den Sputnik zu begreifen, und zweitens, die Denkweise dieser Kritiker mit dem Kalten Krieg in Verbindung zu bringen, insbesondere ihre Verwandtschaft mit den beiden Komponenten im Schmelztiegel des Kalten Krieges zu erkennen: nämlich mit den Vorstellungen von einer Eindämmungspolitik und mit der psychologischen Reaktion auf die Atombombe.

Während der Entstehungsjahre des Kalten Krieges und solange die USA das Kernwaffenmonopol innehatten, wurde die Androhung eines nuklearen Schlages gegen sowjetische Städte als das einzige Abschreckungsmittel gegen einen möglichen Landangriff der Sowjets in Europa angesehen. Dies bedeutete, wie P. M. S. Blackett bemerkt, daß die meisten offiziellen Führerpersönlichkeiten auf militärischem, religiösem und moralischem

Gebiet im Westen eine Militärdoktrin als gerechtfertigt akzeptierten, die sie vorher als schlecht, unmoralisch und undenkbar als Politik gebrandmarkt hätten. »Wenn nämlich als Antwort auf einen sowjetischen Angriff mit konventionellen Streitkräften die amerikanischen und britischen Atombomber in Bewegung gesetzt worden wären, um die Pläne auszuführen, für die die Besatzungen ausgebildet waren, dann würde man sich an die sechs Millionen Opfer der Gaskammern Hitlers kaum mehr erinnern: Das humane und zivilisierte Abendland wäre unter das Niveau von Dschingis-Khan gesunken.«

Um vor dem Gewissen der westlichen Völker den vorgefaßten Plan zu rechtfertigen, unter gewissen militärischen Umständen Millionen russischer Männer, Frauen und Kinder auszurotten, »war es erforderlich, von der Annahme auszugehen, die UdSSR sei von Natur aus aggressiv und böse. Sobald eine Nation ihre Sicherheit von einer absoluten Waffe abhängig macht, wird es für sie zu einem emotionalen Bedürfnis, auch an einen absoluten Feind zu glauben«.

So entstand allmählich die Vorstellung, die UdSSR könnte den Westen angreifen, sobald sie ihrer Ansicht nach eine militärische Überlegenheit erreicht hatte. Ein noch so geringes Zurückbleiben des westlichen Militärpotentials würde unter diesem Gesichtspunkt eine Katastrophe heraufbeschwören. »Diese beiden gegensätzlichen Überzeugungen waren es«, schreibt Blackett, »die 1957 zu der heftigen Reaktion auf den Sputnik I führten« und danach auch weiterhin eine »übermäßige Beschäftigung mit der genauen Stärke der amerikanischen bzw. sowjetischen nuklearen Schlagkraft« zur Folge hatten[15].

Der Rockefeller-Bericht forderte ferner eine »beschleunigte Unterstützung von Forschungs- und Entwicklungsprojekten ... für solche Schlüsselprogramme wie die schnellere Ausrüstung von Über- und Unterwasserfahrzeugen mit Raketen verschiedenen Typs« sowie die Beschaffung von Flugzeugen, »um bestehende Einheiten zu modernisieren, bei gleichzeitiger Forderung nach einer möglichst raschen Entwicklung einsatzbereiter Mittelstrecken- und Interkontinentalraketen«. All dies (einschließlich eines Blitzprogramms, das weitere drei Milliarden Dollar *jährlich* »für die nächsten Jahre« bereitstellte, um »laufende Defizite« aufzufüllen) trotz der Tatsache, daß die Eisenhower-Regierung über ein ausreichendes Raketenprogramm verfügte, das in der Tat so ausreichend war, daß nie eine ›Raketenlücke‹ eintrat. (»Die ›Raketenlücke‹ wie zuvor die ›Bomberlücke‹ wird jetzt in die Rumpelkammer künstlich konstruierter Probleme verwiesen, wohin sie schon immer gehörte. Die Raketenlücke – die Voraussage einer überwältigenden Überlegenheit der Sowjets an Interkontinentalraketen in den frühen sechziger Jahren – war ein Produkt aus Parteipolitik und aus dem Druck der Waffengattungen [insbesondere der Luftwaffe]« [*New York Times* vom 27. November 1961].)

Wenn die im Rockefeller- und im Gaither-Bericht vertretene übereinstimmende Meinung führender Persönlichkeiten weitgehend durch den apokalyptischen Beiklang der Atomenergie bedingt war, so war sie in nicht geringerem Maße durch die fundamentalen Kategorien der Eindämmungspolitik bestimmt. Neben anderen Empfehlungen wurde im Rockefeller-Bericht nachdrücklich darauf hingewiesen, daß der Nato Kernwaffen zur Verfügung gestellt werden müßten. Ferner wurde erklärt: »Wir müssen uns mit der Tatsache abfinden, daß einer wesentlichen Einschränkung der Rüstungsanstrengungen der Abbau der Spannungen und eine Beilegung noch offener Kontroversen vorausgehen muß, die die Welt seit Ende des Zweiten Weltkriegs in zwei Lager gespalten haben[17].«

Mit anderen Worten: Der Aufbau einer Machtposition, die Demonstration von Stärke mußte selbst in Europa *solange* fortgesetzt werden, *bis* eine Lösung erreicht war, und nur eine solche Lösung offenstehender Probleme würde die Gewähr für einen Abbau der Rüstungsanstrengungen bieten. Doch das hieß, sich auf die Positionen von 1947 bis 1949 zurückziehen und die Erfahrungen der zehn dazwischenliegenden Jahre über den Haufen werfen, nämlich, daß die Kernwaffen selber zu einem Hindernis für eine Einigung geworden waren und daß sie die Lage einer Lösung nicht näherzubringen vermochten. Als sei inzwischen nichts weiter geschehen, schlug also die amerikanische Führung 1957 übereinstimmend als Bestandteil ihrer grundlegend *revidierten* Politik ausgerechnet jenes Dogma vor, das den ganzen ins Stocken geratenen Bemühungen um den Kalten Krieg in Europa zugrunde lag!

Auch war dieses erneute Zurückgreifen auf alte Methoden unmittelbar im Anschluß an die Sputnik-Krise (und die größere, durch die gleichberechtigte Stellung und teilweise Überlegenheit der Sowjets ausgelöste Krise) nicht auf die liberale Oberschicht beschränkt. So brachte *The Nation* am 30. November 1957 einen Leitartikel, in dem zu lesen war:

»Für das Treffen am 16. Dezember in Paris schlägt Mr. Dulles lediglich eine erneute Darlegung unseres Standpunktes von 1949 vor. 1949 wollten wir Luftstützpunkte; jetzt wollen wir Raketenabschußbasen. 1949 wollten wir nicht mit den Sowjets verhandeln, weil wir die Trumpfkarten besaßen; jetzt wollen wir nicht verhandeln, weil die Sowjets sie besitzen.«

Die Erregung über die Militärpolitik, die während der Sputnik-Krise ihren Höhepunkt erreichte und zur Lagerung von Raketen im Bereich des amerikanischen Verteidigungssystems in Europa führte, hatte bereits 1955 einen erheblichen Grad erreicht, basierte diese Militärpolitik doch auf den gleichen Illusionen, die der Westen schon 1945 bei Beginn des Kalten Krieges hegte:

»[1955] formulierte Senator Jackson es so: ›Amerikas *Überlegenheit* in der fortschrittlichen Waffentechnik ist eine *Mindestvoraussetzung* für den Frieden.‹ Wir alle erinnern uns nach Hiroshima an das Gespräch über Atombomben als absolute Waffen, daß nämlich der Besitzer solcher Waffen die Welt beherrschen würde. Dies trat nicht ein. Jetzt sind es die Interkontinentalraketen, die als neue absolute Waffe bezeichnet werden. ›Wer sie zuerst besitzt, kriegt die Welt am Schlafittchen zu pakken‹ – hat Bernard Baruch gesagt ...

Wieder einmal müssen wir feststellen, daß der Westen genötigt ist, seine Überlebenschancen vom Gewinnen eines weiteren technischen Wettlaufs abhängig zu machen[18].« [Hervorhebung vom Autor.]

Ein halbes Jahrzehnt lang glaubten die USA, sie besäßen in der Atombombe eine ›absolute‹ bzw. ›endgültige‹ Waffe, die es ihnen bald (d. h. wenn sich das Gleichgewicht an konventionellen Waffen auf dem Kontinent so verschoben hatte, daß die Sowjets ihres Abschreckungspotentials beraubt werden konnten) erlauben würde, die sowjetische Machtposition auf ultimativem Wege statt durch Verhandlungen zu beschneiden bzw. einzudämmen. Als die Sowjets ihre erste Atombombe zündeten, setzten die USA ihr Vertrauen auf eine Wasserstoffbombe, die eine tausendmal größere Sprengkraft als die Atombombe besaß und die gleiche Art absoluter Vorherrschaft erwarten ließ. Als die Sowjetunion den USA nicht nur auf dem Gebiet der Kerntechnik näherrückte, sondern in der Raketenentwicklung sogar einen kleinen Vorsprung erzielen konnte, stand eindeutig fest, daß die Mentalität in den USA sich nicht geändert hatte. Jetzt waren es die Sowjets, die sich auf dem schmalen Grat einer absoluten Waffe bewegten, mit der sie die USA zu einer Einschränkung ihrer Macht zwingen konnten, ohne darüber verhandeln zu müssen. »Herr Präsident«, warnte Senator Jackson 1955, »vielleicht sehen wir und unsere Verbündeten in der freien Welt uns bald von einer Erpressung durch Raketen bedroht.«

So bewegte sich in einem entscheidenden Augenblick des Kalten Krieges, um Kennans literarische Formulierung zu gebrauchen, »die gesamte [amerikanische] Regierungsmaschinerie, einschließlich des Räderwerks der Diplomatie, mit unerbittlicher Genauigkeit auf der vorgeschriebenen Bahn, wie ein aufgezogenes und beharrlich sich in einer bestimmten Richtung fortbewegendes Spielzeugauto, das erst dann stehenbleibt, wenn es auf einen eindeutigen Widerstand stößt«.

III. Die Jahre unter Eisenhower

... Genau wie die russische Führung der Meinung war, die USA würden irgendwie wirtschaftlich zusammenbrechen, so hielt die Führung der USA an der Auffassung fest, daß das Sowjetsystem politisch ständig im Wanken begriffen sei ... Schließlich ging man von der erwartungsvollen Annahme aus, daß die *Sowjets* um Frieden würden bitten müssen; dann würde Washington Moskau ein Ultimatum stellen, dessen Bedingungen niemand kennt. Das war also der große Traum, der hinter allem steckte – hinter der Eindämmung durch militärische Einkreisung, hinter den vorgetäuschten Versprechungen, »die Satellitenstaaten Osteuropas zu befreien«, hinter der Invasion im Libanon, hinter der törichten Idee einer Unterstützung des Marionettenregimes auf Formosa und allem anderen ...
Kurz: Weder die USA noch der Westen ganz allgemein haben die *Tatsache* des sowjetischen Kommunismus als real oder legitim anerkannt; die Möglichkeit einer ›friedlichen Koexistenz‹ wurde und wird immer noch als reine Propaganda der Kommunisten bezeichnet. Und gegenüber dem Neubeginn im Sowjetblock seit dem Tode Stalins hat sich die amerikanische Politik als wenig anpassungsfähig und schwerfällig erwiesen.
Die Doktrin der Gewalt und der auf ihr basierende untaugliche Opportunismus sind ein Ersatz für politische und wirtschaftliche Programme. Diese Doktrin bildete stets und bildet noch immer die Grundlage der amerikanischen Politik. Und die amerikanische Politik ist jetzt bankrott ...
Wenn der Frieden ein Frieden der Koexistenz ist und nur ein solcher sein kann, dann sind die Mittel, die zu einem solchen Frieden führen, dann können diese Mittel nur Verhandlungen sein. Die Struktur des Friedens hat etwas mit den Bedingungen des nationalen Wettbewerbs zu tun; die Strategie des Friedens erfordert, daß die jetzt herrschenden militärischen Beziehungen durch ökonomische und kulturelle Beziehungen ersetzt werden. C. Wright Mills (1958)

19. *Das Versäumnis, Frieden zu schließen*

Im achten Jahr des Kalten Krieges traten drei Ereignisse ein, die die Möglichkeiten einer europäischen Einigung und den Beginn echter Bemühungen um die Lösung des Abrüstungsproblems in greifbare Nähe zu rücken schienen: der Tod Stalins (mit der unmittelbar danach beginnenden Entstalinisierung), die Wahl Dwight D. Eisenhowers zum Präsidenten der USA (nicht nur ein »Mann des Friedens«, sondern – was viel wichtiger war – ein Mann von unbestreitbarem Patriotismus und Ansehen) und eine sichtbare Annäherung der Sowjetunion an die nukleare Parität mit den USA.

Dieser letzte Faktor deutete auf den bevorstehenden Bankrott der ›Befreiungs‹- und Eindämmungspolitik hin, die von der Voraussetzung eines baldigen Zusammenbruchs der Sowjetunion ausging. Dadurch, daß der Osten von der lastenden Drohung eines atomaren Überaschungsangriffs befreit wurde, stärkte die Sowjetunion als Atommacht auch die inneren Kräfte im Sowjetblock, die nach größerer Flexibilität und Freiheit strebten und ehrliche Versuche einer Koexistenz mit dem Westen unternahmen (z. B. die Gruppe um Malenkow in der UdSSR, die Befürworter des »Juni-Kurses« in Ungarn usw.).

Die eigentliche Entwicklung zur atomar gleichgestellten Nation erfolgte jedoch nicht plötzlich, obwohl der Weg in dieser Richtung klar zu erkennen war. Einer der ersten, der die Bedeutung der neuen Situation erfaßte, war Churchill, der am 11. Mai 1953 ein Gipfeltreffen forderte. Eisenhower reagierte auf diese Forderung 1955 und bequemte sich zu einer Anerkennung der veränderten Lage erst, nachdem zwei Jahre vergangen waren.

Dennoch ergab sich keine Friedensregelung, das Wettrüsten wurde fortgesetzt und der Aufbau neuer Großmächte (Frankreich, Deutschland und China) beschleunigt und dadurch jede zukünftige Lösung kompliziert.

In den Jahren 1955 bis 1957 wurden den USA nicht einer, sondern drei Pläne für eine allgemeine, international kontrollierte und inspizierte Abrüstung vorgelegt. Jedem Plan lag der ursprünglich vom Westen ausgearbeitete Plan zugrunde, in jedem Plan »wurden weitere Anstrengungen unternommen, dem Westen entgegenzukommen[1]«, und jeder Plan wurde vorbehaltlos zurückgewiesen. Als sie mit im wesentlichen ihren eigenen Plänen für eine vollständige und allgemeine Abrüstung konfrontiert wurden, reagierten die USA mit der Feststellung, sie seien gegen *jeden* Plan für eine allgemeine Abrüstung, und zwar trotz der Tatsache, daß sie sich vorher in einer mit den anderen verhandelnden Mächten gegenseitig vereinbarten Grundsatzerklärung auf dieses Ziel festgelegt hatten. (Die sogenannten ›Sechs Grundsätze‹, die von dem amerikanischen Delegierten am 24. April 1952 vorgeschlagen und von den Russen am 10. Mai 1955 akzeptiert worden waren [zitiert in dem erwähnten Werk von Noel-Baker, S. 12–20].)

Die russischen Vorschläge von 1955 wurden darüber hinaus vor einem Hintergrund von »Taten« unterbreitet, die Eisenhower am 16. April 1953[2] verlangt hatte, um die Friedensabsichten der Russen auf die Probe zu stellen. Zu diesen »Taten« gehörten die 1953 erfolgte Unterzeichnung eines Waffenstillstandes

in Korea und der Abschluß eines Friedensvertrages in Südostasien im Jahre 1954. In der gleichen Rede hatte Eisenhower gesagt:
»*Selbst noch so wenige eindeutige Taten wie die Unterschrift der Sowjetunion unter den Friedensvertrag mit Österreich* ... würden als eindrucksvolle Zeichen aufrichtiger Absichten gewertet werden können. Sie würden unvergleichlich mehr überzeugen als noch so viele schöne Reden.« [Hervorhebung vom Autor.] (Nach Sherman Adams »war es die wirksamste Rede in Eisenhowers politischer Laufbahn und gewiß einer der Höhepunkte seiner Präsidentschaft. Später erfuhren wir, daß Menschen hinter dem Eisernen Vorhang, als sie der Rede lauschten, gebetet und geweint hätten ...« [Adams, S. 97].)
Am 15. Mai 1955 unterzeichneten die Russen einen Friedensvertrag mit Österreich. Aber die USA wollten ernsthafte Verhandlungen über eine Abrüstung nicht einmal *in Erwägung ziehen,* auch nicht über ein Disengagement in Mitteleuropa und schon gar nicht über die von 1952 bis 1955 unterbreiteten sowjetischen Vorschläge für einen Abzug der russischen Truppen aus Deutschland auf Grund von ähnlichen Bedingungen, wie sie im Vertrag mit Österreich festgelegt worden waren[3]. Trotz der Tatsache, daß, wie Lippmann schon 1947 bemerkte, »der Truppenabzug einen Prüfstein für das sowjetische Verhalten darstellt«, waren die USA offenbar durchaus nicht gewillt, im ›Bestehen‹ dieser Prüfung durch die Sowjets etwas sehr Positives zu sehen.
Am 14. Mai 1956 wurden neue positiv zu wertende Schritte von den Russen in die Wege geleitet. Ministerpräsident Bulganin kündigte an, daß die Sowjetunion ihre Streitkräfte um weitere 1,2 Millionen Mann – zusätzlich zu den 1955 aus dem Wehrdienst entlassenen 640 000 Mann – reduzieren werde. Er kündigte weiter den Abzug von 30 000 Soldaten aus Ostdeutschland, die Inreservestellung von 375 Kriegsschiffen und die Schließung einiger Militärakademien an[4].
Unter den obersten Repräsentanten der amerikanischen Führung vertrat nur Verteidigungsminister Wilson die Auffassung, daß dies ein »Schritt in der richtigen Richtung« sei. Doch selbst er beeilte sich hinzuzufügen, daß es in den Verteidigungsanstrengungen der USA kein Nachlassen geben dürfe. Der Pressesekretär des Präsidenten äußerte, die USA könnten den Russen viel mehr Vertrauen schenken, wenn sie bei der Abrüstungskonferenz ihre Obstruktionspolitik aufgegeben und Präsident Eisenhowers Vorschlag für einen »offenen Himmel« akzeptiert hätten[5]. Als Außenminister Dulles auf einer Pressekonferenz gefragt wurde, ob er nicht lieber gesehen hätte, daß diese Männer von der sowjetischen Führung in den Streitkräften belassen worden wären, antwortete er: »Nun, ich würde,

aufrichtig gesagt, lieber sehen, daß diese Männer herumstehen und Wache schieben, als daß sie Atombomben herstellen[6].« Andere Kommentatoren und Regierungsbeamte machten sich diese Ansicht zu eigen und wiesen darauf hin, daß die militärische Stärke der Sowjets keineswegs verringert würde, da soviel von Wasserstoffbomben und Raketen abhänge. Niemand in offiziellen Kreisen konnte einen Grund sehen, die Entwicklung der Dinge optimistisch zu beurteilen[6]. Aber dies hieß die Bedeutung des sowjetischen Schritts völlig zu verkennen und zu ignorieren, worum es im Kalten Krieg ursprünglich ging. Natürlich war, auf die Gesamtstärke bezogen, die Reduzierung der Truppenstärke ohne Belang. Menschenmaterial, das an einer Stelle frei wird, muß zwangsläufig an anderer Stelle wieder eingesetzt werden. Doch auf das kritische Problem eines geteilten Europa bezogen, war die Verringerung der Truppenstärke ein entscheidender Schritt zu einer Einigung. Unter diesem Gesichtspunkt stellte der Abbau der Truppenstärke einen Test dafür dar, ob die sowjetische Aufrüstung einen Überfall Westeuropas vorbereitete oder ob sie nur eine Abschreckungsfunktion hatte. Falls es sich wirklich um eine Abschreckung handelte, wie der Truppenabzug anzudeuten schien, dann waren die Sowjets auch in der Lage, den *gemeinsamen* Truppenabzug und die *auf Gegenseitig beruhende* Verringerung der Streitkräfte zu erwägen, die die Teilung und Besetzung Europas beenden würde. Wäre man an die Sowjets mit vorbereitenden Vorschlägen für neue Verhandlungen herangetreten und wäre so eine Atmosphäre der Entspannung eingeleitet worden, hätte dann nicht die Tragödie von Budapest im Herbst des Jahres vermieden werden können? (Nagys an das sowjetische Präsidium 1955 gerichtete Vorschläge, daß Ungarn neutral würde, wären vielleicht besser aufgenommen worden, wenn es Anzeichen gegeben hätte, daß der Westen an einem neutralen Gürtel unter Einbeziehung einiger der eigenen Verbündeten im mitteleuropäischen Raum interessiert war.)

Selbst nach den Ereignissen in Ungarn bestand die Reaktion der USA auf Vorschläge für eine Disengagement-Politik lediglich in einer ablehnenden Haltung; dann sahen sie sich unter alliiertem Druck genötigt, Verhandlungen zuzustimmen, schließlich aber bauten sie den Weg zu Verhandlungen vollends zu, indem sie die NATO in einen Angriffspakt umwandelten.

Was die Vorschläge für Verhandlungen über ein Verbot von Kernwaffenversuchen betraf, folgte die amerikanische Politik einem ähnlichen Schema. Am 21. August 1958 gab ein gemeinsames Team von Wissenschaftlern aus Ost und West nach einundfünfzigtägigen Verhandlungen bekannt, daß ein Verbot von Kernwaffenversuchen wirksam überwacht werden könnte. Zuvor hatten die Sowjets verkündet, daß sie die Versuche einseitig für die Dauer eines Jahres unterbrechen würden. Bis zum 19. Dezember wurden vier Artikel eines Vertragsentwurfs über das Verbot von Kernwaffenversuchen auf Grund der Entscheidung des Wissenschaftler-Teams unterzeichnet. Am 5. Januar 1969 verkündeten die USA jedoch, neue Untersuchungsergebnisse hätten gezeigt, daß unterirdische Versuche schwieriger nachzuweisen seien, als die Genfer Experten geglaubt hätten. Diese Information wurde von der Atomenergiekommission in Abstimmung mit den Militärs veröffentlicht, jedoch von den wissenschaftlichen Mitgliedern des eigenen Verhandlungs-Teams der USA vor dem Senatsunterausschuß für Abrüstung angezweifelt[7]. Wie es Philip J. Farley, Sonderbeauftragter des Außenministeriums für Abrüstungsfragen, formulierte: »Es ist sehr unwahrscheinlich, daß jemand sich in den Besitz eines bedeutenden Kernwaffenpotentials setzen oder sein bestehendes Kernwaffenpotential bedeutend verbessern könnte, ohne das Abkommen eindeutig verletzt oder auf andere Weise umgangen zu haben[7].« Die Verhandlungen nahmen ihren Fortgang, und bis zum September 1959 waren siebzehn Artikel des Vertragswerkes unterzeichnet.

Am 25. November 1959 stellte die US-Delegation eine von Dr. Latter und Dr. Teller ausgearbeitete Theorie auf, nach der die Explosion einer Atombombe mit sehr geringer Sprengkraft (20 Kilotonnen und weniger) dadurch »verheimlicht« werden könne, daß man sie in einem unterirdischen Hohlraum zündet.

Aber um die Explosion einer 20-Kilotonnen-Bombe zu ›dämpfen‹, würde ein kugelförmiger Hohlraum mit einem Durchmesser von 1500 m erforderlich sein. Außerdem müßte dieses Riesenloch sich etwa 9000 m unter der Erdoberfläche befinden. Die riesigen Tropfsteinhöhlen in der Nähe von Carlsbad im Staate Mexiko – sie gehören zu den größten bekannten Höhlen der Welt – würden »nur groß genug sein, um die Explosionswelle einer 10-Kilotonnen-Bombe zu dämpfen[8]«.

Die Verfechter der sogenannten ›Großlochtheorie‹ wiesen darauf hin, ein solcher Hohlraum könne durch Auswaschen eines Salzgewölbes hergestellt werden. Sie gaben zu, daß dazu die Beseitigung von zwanzig Millionen Tonnen Salz (die gesamte Salzproduktion der USA im Jahre 1959 betrug fünf Millionen) mit einem Kostenaufwand von über zehn Millionen Dollar bei einer Arbeitszeit von zwei bis vier Jahren erforderlich sein würde[9]. Die Beseitigung dieser Salzmengen an sich würde schon ein Hauptproblem darstellen. Würde das Salz in einen Fluß so groß wie der Ohio oder der Sankt-Lorenz-Strom geschüttet werden, hätte dies eine Verdopplung des Salzgehalts für die Dauer eines Jahres zur Folge[10] und könnte somit festgestellt werden.

Angenommen, alle diese Schwierigkeiten ließen sich aus dem Weg räumen, so müßte eine Nation, die das Verbot zu umgehen beabsichtigt, um einen bedeutenden militärischen Vorteil zu erringen, dennoch eine Reihe von Versuchen durchführen. »Eine einmalige Verletzung des Abkommens, ein einziger unterirdischer Kernwaffenversuch trägt nicht sonderlich zur Entwicklung von Waffen bei ...« Wenn jedoch eine ganze Versuchsserie an einem einzigen Ort erfolgt, dann würde die Arbeit der Überwachungskommission wesentlich vereinfacht. »Man brauchte lediglich die Schwankungen bzw. Ausschläge eines Seismographen zu registrieren, ja man brauchte sie nicht einmal von Erdbeben zu unterscheiden. Der Tatbestand wiederholter seismischer Störungen, die von ein und derselben Stelle ausgehen ..., würde genügend Verdacht erregen, um die Entsendung einer Inspektionsgruppe an diesen Ort zu rechtfertigen.« Bei dem in Genf gebilligten System von zwanzig Überwachungsstationen »würde es notwendig sein, für praktisch jeden Kernwaffenversuch innerhalb einer Serie einen neuen Versuchsort zu finden«, um nicht entdeckt zu werden[10].
Trotz der enormen Schwierigkeiten, die sich aus der Anwendung eines solchen Verfahrens ergaben, und ungeachtet der sehr beschränkten Vorteile, die sich für die Weiterentwicklung der Atombombe aus Explosionen mit derart geringer Wirkung ziehen ließen, fällten die USA die Entscheidung, daß die Möglichkeit, ein »großes Loch« zwecks Umgehung des Versuchsverbots zu verwenden, ihrer Zustimmung zu dem kurz vor der Ratifizierung stehenden Vertrag im Wege stehe. (»Auf Grund der Tatsache, daß ich gemeinsam mit den russischen Wissenschaftlern bei drei Gelegenheiten an den Verhandlungen in Genf teilgenommen habe, glaube ich sagen zu dürfen, daß sie einen Kernwaffenversuchsstopp aufrichtig wünschen und ein entsprechendes Abkommen nicht brechen würden. So waren beispielsweise im November 1959 die Russen sehr daran interessiert, von den Amerikanern vorgeschlagene Verbesserungen an Registriergeräten aufzugreifen, obwohl sie in vielerlei Beziehung sich mit der amerikanischen Delegation nur widerstrebend einigten. Wenn die Russen das Abkommen verletzen wollten, hätten sie gegen diese Verbesserungen Einwände erhoben« [Hans Bethe, ›The Case for Ending Nuclear Tests‹, *The Atlantic Monthly*, August 1960].) Als die Delegation der USA den Verhandlungsraum verließ, erklärte der Vorsitzende der sowjetischen Delegation, seiner Meinung ziele »ein solches Vorgehen auf die Torpedierung der Beratungen, weil die amerikanische Delegation, sobald eine teilweise Einigung in Aussicht steht, sobald wir zu einer solchen Einigung gelangen, Schritte unternimmt, um die eben erreichte Einigung zunichte zu machen[11].«
Es wäre jedoch falsch, wollte man diese Verschleppung eines

Abkommens über ein Kernwaffenversuchsverbot als einen Fall behandeln, in dem die USA lediglich ihre eigenen Vorteile gegen die der Weltgemeinschaft ausspielte. Vom Standpunkt der militärischen Sicherheit der USA hätten wenige Dinge von größerem Vorteil und nutzbringender sein können als ein auf dem Verhandlungswege zustande gekommener Vertrag über einen Kernwaffenversuchsstopp, besonders zu einem Zeitpunkt, als die USA ein überlegenes Atomwaffenpotential besaßen. Von beiden Seiten fortgesetzte Atomversuche würden unvermeidlich bedeuten, daß das Land, welches ins Hintertreffen gerät, das jeweils andere Land einholen würde, da die weitere Entwicklung von Kernwaffen, wie Hans Bethe betonte, einfach durch die Gesetze der Physik beschränkt ist[10].

Das Versäumnis der USA, sich an einem Versuchsstopp-Abkommen zu beteiligen oder wenigstens ihre Bereitschaft zu zeigen, die sowjetischen Initiativvorschläge über eine Abrüstung und ein Auseinanderrücken der Machtblöcke ernsthaft zu prüfen, beruhte auf Faktoren, die weitaus komplizierterer Natur waren als einfach die auf den eigenen Vorteil spekulierenden Erwägungen einer aggressionslüsternen Weltmacht.

Zu den Hauptfaktoren gehörte das Unvermögen der amerikanischen Führung, zu einer adäquaten Konzeption von der Koexistenz mit der Sowjetunion zu gelangen oder sich überhaupt mit der Idee einer Koexistenz abzufinden. Die Mythen aus der Frühzeit des Kalten Krieges (das absolute Böse des Feindes, die Hoffnungslosigkeit von Verhandlungen, die Möglichkeit eines Sieges) machten sich verschiedene Gruppen zunutze (die Militärs, die von den Militärs abhängige Industrie, der fanatische rechte Flügel), um die »Kriegs«vorbereitungen weiter auf vollen Touren laufen zu lassen und die Opposition gegen eine überholte Politik und gegen die herrschende militärische Metaphysik hinter dieser Politik unwirksam zu machen.

Das Versagen der Führung läßt sich am besten am Falle Eisenhowers studieren, der seine Aufgabe als eine Suche nach »Frieden mit Gerechtigkeit« betrachtete. Wir haben bereits gesehen, wie die Führung der USA in der ersten Phase des Kalten Krieges ihre Anstrengungen nicht so sehr auf den »Frieden« als vielmehr auf »Gerechtigkeit«, d. h. auf ein Programm richtete, das man als »Frieden *durch* Gerechtigkeit« bezeichnen mochte im Gegensatz zu Lippmanns *»Gerechtigkeit durch Frieden«*.

Eisenhowers simple Nebeneinanderstellung der beiden Wertbegriffe führte zu einem konzeptionslosen Regierungsprogramm ohne feste Umrisse, das zur früher bezogenen Position zurückzukehren neigte (Frieden durch Gerechtigkeit).

Dieser neue Akzent konnte keineswegs als Bagatelle abgetan werden, obwohl seine Wirkung sich schwierig beurteilen läßt, da sie von der damaligen spezifischen nationalen Stimmung ab-

hing. Symbolisch kommt diese Stimmung in dem Gegensatz zwischen dem Verhalten von Dulles auf der Genfer Konferenz von 1954 (als er »es gewissenhaft vermied, auch nur einen Blick in die Richtung des rotchinesischen Ministerpräsidenten Tschou En-lai zu werfen«) und der Haltung Eisenhowers im folgenden Jahr am gleichen Verhandlungsort zum Ausdruck:
»Alle Berichte stimmen darin überein, daß er die hervorragendste der auf der Konferenz vertretenen führenden Persönlichkeiten war. Als er zum ersten Mal in den Konferenzsaal kam, standen die Russen abseits und warteten etwas verlegen auf seine Ankunft; als er sie erblickte, zog er sie mit freundschaftlicher Geste an den Konferenztisch[12].«
Daß Eisenhower in einem Augenblick, als das Geschrei der »Kriegspartei« (sowohl Republikaner und Demokraten) seinen Höhepunkt erreichte hatte, die Initiative ergriff, ließ in der amerikanischen Öffentlichkeit den »Geist von Genf« auf fruchtbaren Boden fallen. Wie James Reston im letzten November geschrieben hatte, »ist die vielleicht bedeutendste Tat der heutigen Weltpolitik, daß Mr. Eisenhower den ungeheuren Einfluß des amerikanischen Präsidenten gegen das Risiko einer militärischen Lösung des Kalten Krieges geltend gemacht hat«. Am gleichen Tag berichteten die Alsops, Eisenhower habe in aller Öffentlichkeit gesagt, daß er einen Präventivkrieg rundweg ablehne, ja daß er darüber nicht einmal in privatem Kreise diskutiere. »Er findet den bei einem Entscheidungsschlag gegen die Sowjetunion unvermeidbaren Massenmord moralisch höchst verabscheuungswürdig[13].« Kurz: Eisenhower stellte sein beispielloses persönliches Ansehen wie auch das Prestige des Präsidentenamtes in den Dienst eines Unternehmens, das fast zehn Jahre als Beschwichtigungs- und Verzichtspolitik bezeichnet worden war, nämlich, mit den »atheistischen Despoten« im Kreml Verhandlungen anzuknüpfen.
Doch wie man Eisenhower zutreffend charakterisiert hat, »besaß er zwar die Einsicht, Frieden zu schließen, aber nicht die Eigenschaften und das Format einer politischen Persönlichkeit, um seinen Entschluß durchzufechten[14]«. Eine Maßnahme, die auf seinen »gutartigen Verwirrungszustand« im Bereich der Außenpolitik zurückzuführen war, bildete die Belassung von John Foster Dulles auf dem Posten des Außenministers, obwohl man in breitesten Kreisen auf ein Ausscheiden von Dulles aus der Regierung drängte.
Bei zahlreichen Gelegenheiten zeigte sich Eisenhower gewillt, mit Rußland über wichtige Fragen zu verhandeln, doch riet ihm Dulles jedesmal von seinem Vorhaben ab. So war es beispielsweise Dulles, der Churchills Forderung nach einer Gipfelkonferenz im Jahre 1953 mit ablehnender Haltung begegnete, und wiederum Dulles, der 1955 den Besuch Marschall Schukows in

Washington verhinderte. Im Oktober 1956 wies er zur Zeit des Ungarnaufstandes den Vorschlag zurück, zwei amerikanische Divisionen gegen den Abzug zweier russischer in Ungarn stationierter Divisionen abzuziehen. 1955, also in dem Jahr, als die USA ihre Abrüstungsvorschläge zurückzogen, nachdem sie von den Russen akzeptiert worden waren, stellte Dulles die These auf, daß »man ein Sicherheitssystem nicht auf einen Zusammenschluß von Mächten gründen kann, denen man nicht traut«. Von nun an wurde die Formel vom »Nicht-trauen-Können« das beherrschende Argument der amerikanischen Politik, und es würde ein leichtes sein, wie es ein Beobachter vorschlug, »eine wahre Liturgie von Beispielen zusammenzustellen, wo Mr. Dulles ... eingriff, um alle fortschrittlichen Bemühungen um eine Entspannung zu durchkreuzen[15]«.

Die Situation an der Spitze des amerikanischen Machtapparates wurde von Kennedy im Juni 1960 vor dem Senat mit sarkastischen Worten geschildert. »Als Ersatz für Politik versuchte Mr. Eisenhower, die Russen anzulächeln; unser Außenministerium versuchte, den Russen mit Mißbilligung zu begegnen, und Mr. Nixon hat beides versucht. Keiner hat Erfolg gehabt[16].«

Wenn Eisenhower schon keine fest umrissene politische Linie verfolgte, trug das Verfahren, nach dem er von Tag zu Tag vorging, zur bestehenden Verwirrung noch mehr bei, indem er den widerstreitenden Kräften freien Lauf ließ. Von seiner militärischen Erfahrung als Stabskommandeur brachte er in sein Amt als Präsident eine auf allgemeiner Übereinstimmung beruhende Konzeption von den Aufgaben des obersten Mannes im Staate sowie eine Vorliebe dafür mit, Verantwortung und Vollmachten erfahrenen Experten zu übertragen[17]. Daher waren es Dulles' überlegene Erfahrungen und Kenntnisse im Bereich der Außenpolitik, die ihn, was Eisenhower betraf, befähigten, eine Außenpolitik zu treiben, die den eigenen Absichten des Präsidenten oft diametral entgegengesetzt war. Letztlich spielte diese Vorliebe für allseitige Zustimmung innerhalb des Generalstabes (und im weiteren Sinne innerhalb des westlichen Bündnisses) eine Schlüsselrolle bei Eisenhowers letzten – gescheiterten – Bemühungen um »Frieden« auf der Gipfelkonferenz von 1960 und machte deutlich, wie wenig er seine gewählte Rolle begriffen hatte.

20. *Der Zusammenbruch der Gipfelkonferenz*

Im Frühjahr 1958, also unmittelbar nach dem Start der Sputniks und der NATO-Konferenz vom Dezember 1957, auf der beschlossen wurde, in den NATO-Ländern Raketenwaffen für Angriffszwecke zu lagern, begannen die Russen mit ihrer Forderung nach einem neuen Gipfeltreffen[1]. Eine überwiegend positive Reaktion auf diesen Schritt in der Öffentlichkeit (eine Gallup-Umfrage in zwölf westlichen Hauptstädten ergab im Durchschnitt 62 Prozent befürwortende und nur 17 Prozent ablehnende Stimmen) sowie die Besuche Mikojans und Chruschtschows in den USA, schließlich das Ausscheiden von Dulles, veranlaßten die Vereinigten Staaten, das sowjetische Angebot anzunehmen.

Das Übereinkommen, die Gipfelkonferenz im April (dann im Mai) 1960 abzuhalten, wurde in den Gesprächen zwischen Eisenhower und Chruschtschow in Camp David bekräftigt, wo der Präsident genau wie 1955 bewies, daß er über die durch den Kalten Krieg erzeugte spannungsgeladene Atmosphäre erhaben sein konnte. Im Dezember 1959 unternahm Eisenhower eine Weltreise, deren Höhepunkt sein triumphaler Besuch in Indien war, wo ihn Fahnen mit der Aufschrift »Friedensfürst« willkommen hießen. In einer Rede vor dem indischen Parlament am 10. Dezember erklärte Eisenhower:

»Können wir uns nicht im Namen der Menschheit einem Fünfjahres- oder einem Fünfzigjahresplan gegen das Mißtrauen und den Zweifel und gegen die Fixierung des Unrechts der Vergangenheit anschließen? Können wir uns nicht mit ganzer Kraft der Beseitigung oder dem Abbau der in der Welt bestehenden Spannungsursachen widmen? Denn diese Spannungsursachen werden von Regierungen geschaffen, von Regierungen aufrechterhalten und unterstützt. Die Völker der Welt würden sie nie zu spüren bekommen, wenn man sie nicht mit Propaganda und politischem Druck behelligen würde[2].«

Doch während Eisenhower auf eine Hauptursache für die Ausweglosigkeit des Kalten Kriegs hinwies, waren in seinem eigenen Lager Kräfte am Werk, die eine Änderung des Status quo zu verhindern suchten. Am 26. März schrieb der *Economist*, daß Eisenhower »von Anfang an nicht imstande gewesen ist, genau festzulegen, welche Zugeständnisse die USA« bei den kommenden Gipfelgesprächen »gegebenenfalls zu machen hätten, ferner die notwendige Energie aufzubringen, um die Bevölkerung geschlossen hinter sich zu wissen«. Infolgedessen wurde die Opposition, die nach den Gesprächen von Camp David geschwiegen hatte, wieder aktiv und lautstark, und da diese Stimmen ›entschlossen‹ waren, wo der Präsident sich ›unentschlossen‹ zeigte, gelang es ihnen, »den Manövrierbereich sowohl auf der Gipfelkonferenz als auch später in Moskau erheblich einzuschränken«.

Die Stimmen der Opposition kamen in der Rede von Außenminister Herter am 4. April bzw. in der Rede von Unterstaatssekretär Dillon vom 20. April zum Ausdruck. Noch

wichtiger jedoch war die Widerspenstigkeit der Bündnispartner, die von den USA in den vorangegangenen Jahren mit Milliarden von Dollar unterstützt worden waren. Kanzler Adenauer gab bekannt, daß er gegen eine Erörterung des Berlin-Problems auf der Gipfelkonferenz sei, während Staatspräsident de Gaulle alle Probleme erörtert wissen wollte. Beide Staatsmänner setzten sich für einen Aufschub des Treffens ein, zunächst bis 1960 und dann bis zum späten Frühjahr.
Unterdessen bereitete sich Chruschtschow in ganz anderer Weise auf die kommenden Verhandlungen vor. Von Moskau reiste er nach Ungarn und den anderen Satellitenstaaten, um sicherzugehen, daß keine Störungen die Aussichten auf das bevorstehende Treffen vereitelten; er sandte ferner Anweisungen an die großen kommunistischen Parteien in den westlichen Ländern, auf eine Koexistenz hinzuarbeiten. Die Kommunisten wurden angewiesen, den Besuch Eisenhowers in Italien zu unterstützen, und so ließen sie bei seiner Ankunft »die Zahl der Beifall klatschenden römischen Volksmassen wesentlich ansteigen«. Der sowjetische Ministerpräsident ging soweit, daß er die Kommunistische Partei des Irak anwies, Kassem zu unterstützen, da er befürchtete, daß der angedrohte Aufstand im Irak seine Politik zunichte machen könnte[3]. (Die irakischen Kommunisten fügten sich, was später katastrophale Wirkungen für sie selber zur Folge haben sollte.)
Was Eisenhower betraf, der nicht einmal seinen eigenen Geheimdienst zu überwachen vermochte, um die provozierenden U-2-Flüge über sowjetischem Territorium zu unterbinden, so erwies ihm seine Konzeption von der auf allgemeine Übereinstimmung gegründeten politischen Führung einen schlechten Dienst. Wenn seine Politik Erfolg haben sollte, würde er Sorge tragen müssen, daß noch vor der Gipfelkonferenz wirkliche Fortschritte hinsichtlich einer Einigung über Berlin, der Kernwaffenversuche und des Abrüstungsproblems erzielt wurden. Statt dessen ließ er zu, daß auf endlosen Treffen und Konferenzen beschlossen wurde, in der Berlin-Frage nichts zu unternehmen; die Abrüstungsverhandlungen trieben in eine Sackgasse, ja er konnte nicht einmal seine eigenen Beamten davon abhalten, sich mit der Wiederaufnahme unterirdischer Atomversuche zu beschäftigen. (»Die Russen haben sowohl auf der Genfer Konferenz von 1959 als auch seitdem keinen Zweifel daran gelassen, daß sie einer vom Standpunkt des Westens vernünftigen Regelung [über Berlin] nach wie vor zugänglich sind. Aber der Westen setzte seine altmodische diplomatische Verhandlungstaktik fort, durch die offenbar die Stellung gehalten werden sollte, die uns aber in Berlin in eine zunehmend schlechtere Lage hineinmanövriert hat« [Geoffrey Mc Dermott, *Berlin: Success of a Mission?*, 1963, S. 26; McDer-

mott war während der Berlin-Krise von 1961 britischer Gesandter in Berlin].)

Als Eisenhower durch seine eigenen Verbündeten und Beamten immer mehr die Hände gebunden waren, wurden die Aussichten auf eine erfolgreiche Gipfelkonferenz immer trüber. Wenigstens ein Politiker verstand die Zeichen des aufkommenden Unwetters richtig zu deuten. Am 11. Februar 1960 berichtete Alistair Cooke nach einem Besuch bei Adlai Stevenson: »Er ist allen Ernstes davon überzeugt, daß die Regierung Eisenhower eine verhängnisvolle Dummheit begeht, wenn sie behauptet, daß sie nichts sehnlicher wünsche als den Frieden, und dennoch die Vorstellung verbreitet, daß die einzige brauchbare Basis für Verhandlungen mit der Sowjetunion bedingungslose Kapitulation sei.«

Gleichsam um endgültig zu beweisen, daß der Kalte Krieg das momentane Hauptanliegen sei und die Wende zum Frieden nur einen utopischen Zeitvertreib darstelle, gaben die USA am 16. März bekannt, daß sie für 1961 eine unterirdische Atomexplosion (die den Kernwaffenversuchsstopp durchbrechen würde) für »friedliche Zwecke« planten. Etwa zur gleichen Zeit genehmigte der CIA einen weiteren U-2-Flug über die Sowjetunion, eine eindeutige Verletzung des sowjetischen Hoheitsgebietes und des Völkerrechts, die sich genau zweieinhalb Wochen vor Eröffnung der Konferenz ereignete. Am 7. Mai, neun Tage vor der Konferenz und zwei Tage nach dem Abschuß des U-2-Flugzeugs, gab Präsident Eisenhower eine Reihe unterirdischer Kernwaffenversuche bekannt, um die Entdeckung unterirdischer Explosionen zu verbessern. Als dann die Staatschefs sich in Paris versammelt hatten, genauer am Vorabend der Eröffnung der Konferenz, »gab Verteidigungsminister Gates ... mit Zustimmung des Präsidenten grünes Licht für die Alarmbereitschaft aller amerikanischen strategischen Streitkräfte in der ganzen Welt, und zwar als Zeichen der Stärke und Entschlossenheit und um anzudeuten, daß die Gefahr eines sowjetischen Überraschungsangriffs wirklich gegeben war[4]«. Unter diesen Umständen hätte die Führung der USA kaum mehr tun können, um das Geschrei von Chruschtschows linkem Flügel zu bestätigen, nämlich daß die Vereinigten Staaten fest von ihrem militärischen Establishment kontrolliert würden.

Der sowjetische Ministerpräsident hatte dagegen am 14. Januar bekanntgegeben, daß die Sowjetunion ihre Streitkräfte von 3,6 Millionen auf 2,4 Millionen Mann verringern würde. Dies bedeutete, daß 250 000 Offiziere aus dem Militärdienst entlassen werden sollten. Einen Monat später »bereiste Verteidigungsminister Malinowskij das Land, um den empörten Stabsoffizieren die neue politische Linie zu erläutern«, eine Tatsache, die bewies, daß die Entscheidung »ungeachtet der

Stimmen einer professionellen Opposition durchgeführt wurde[5]«.

Die Behandlung des U-2-Vorfalls, der der eigentliche Grund für das Scheitern der Konferenz war, stand symbolhaft für die exzentrischen und verworrenen Absichten der amerikanischen Führung in jener entscheidungsschweren Stunde.

»Am Vorabend des großen Treffens, auf dem die Nutzlosigkeit seines Kreuzzugs für den Frieden registriert werden sollte, steckte Präsident Eisenhower tief unter der Erde in einer streng geheimen Konferenz der höchsten Regierungsspitzen, als ihm inmitten seiner vermutlichen Geborgenheit vor sowjetischen Bombenangriffen die Nachricht überbracht wurde, daß eins seiner eigenen Spionageflugzeuge über Rußland abgeschossen worden war[5].«

Am 5. Mai gab Chruschtschow in einer Rede vor dem Obersten Sowjet bekannt, daß am 1. Mai über der Sowjetunion ein amerikanisches Flugzeug abgeschossen worden sei, eine »aggressive Provokation mit dem Ziel, die Gipfelkonferenz zu vereiteln«. Er »bezweifelte nicht Präsident Eisenhowers aufrichtigen Wunsch nach Frieden«, doch offenbar werde er von imperialistischen und militaristischen Kreisen an der Verwirklichung dieses Wunsches gehindert. (Harold Stassen, der frühere Abrüstungsberater Eisenhowers, erhob sogar den Vorwurf, das U-2-Flugzeug sei vorsätzlich von »einigen unserer Militärs« geschickt worden, um die Gipfelkonferenz platzen zu lassen [David Wise und Thomas Ross, *The U-2-Affair*, 1962, S. 103].)

Die NASA [oberste Weltraumbehörde der USA] behauptete sofort, bei der U-2-Maschine habe es sich lediglich um ein Wetterflugzeug gehandelt, dessen Pilot beim Überfliegen der Türkei Schwierigkeiten mit der Sauerstoffversorgung gemeldet habe. Chruschtschow gab dagegen bekannt, daß das Flugzeug 1200 Meilen landeinwärts über sowjetischem Hoheitsgebiet abgeschossen worden sei und daß der Pilot zugegeben habe, sich auf einem Bildaufklärungsflug von Pakistan quer über die Sowjetunion bis nach Norwegen befunden zu haben.

Viele Zeitungen gaben der Meinung Ausdruck, daß Eisenhower »mit seinen stümperhaften Untergebenen ins Gericht gehen solle, die sich nahe vor dem Gipfeltreffen solcher Spionagemethoden bedienten«. Das vielleicht Bemerkenswerteste an Chruschtschows Reden, die sich mit dem U-2-Fall beschäftigten, war nach Ansicht des *Manchester Guardin* »ihre wohldurchdachte Mäßigung und seine Bereitschaft, Mr. Eisenhower von jeglicher Schuld, ja von der Kenntnis der Vorgänge, die er bedauert, freizusprechen«.

Am 9. Mai machte Außenminister Herter jedoch das Recht und die Pflicht der Vereinigten Staaten geltend, den sowjetischen

Luftraum und das Völkerrecht zu verletzen, weil sonst »die Regierung der USA sich ihrer Verantwortung nicht nur gegenüber dem amerikanischen Volk entledigen, sondern auch dem Grundsatz untreu würde, den Völkern in aller Welt ihre Freiheit wiederzugeben ... Es ist für uns unannehmbar, wenn dem politischen System der Sowjets eine Gelegenheit gegeben wird, in aller Heimlichkeit Vorbereitungen zu treffen, die darauf abzielen, die freie Welt vor die Wahl eines kriecherischen Verzichts oder eines atomaren Vernichtungsschlages zu stellen[6]«.

Am 11. Mai äußerte Präsident Eisenhower, daß die Sowjetunion »aus der Geheimhaltung einen Fetisch« gemacht habe, was in den USA wiederum Anlaß zur Furcht vor »einem neuen Pearl Harbour« gewesen sei. Daher habe er seit Beginn seiner Amtszeit Direktiven erlassen, »auf jede nur mögliche Art« notwendige Sicherheitsinformationen zu beschaffen, um die USA vor einem »Überraschungsangriff« zu schützen. Aber wie der *St. Louis Post-Dispatch* als fast einziges Blatt darlegte, »fällt die fotografische Aufnahme und das kartographische Erfassen von Bombenzielen aus der Luft aus dem üblichen Rahmen der Spionage. Es handelt sich um eine Aktion, die Kriegszeiten angemessen ist oder kurz vor Ausbruch eines Krieges zu rechtfertigen wäre, die aber zu jedem anderen Zeitpunkt höchst provozierend wirkt[7]«.

»Kein Grundsatz des Völkerrechts war«, wie der Historiker D. F. Fleming schreibt,

»fester verankert als das Recht eines Volkes, Flüge über seinem Luftraum zu kontrollieren. Es wurde in multilateralen Verträgen festgelegt, die auf das Jahr 1919 zurückgehen, und nie in Frage gestellt. Durch die mehr als dreißig U-2-Flüge über der Sowjetunion zur kartographischen Erfassung von Zielen hatten die Vereinigten Staaten vorsätzlich gegen den Grundsatz staatlicher Souveränität verstoßen und der Sowjetunion einen Schlag versetzt, den sie in Friedenszeiten gerade noch ›verkraften‹ konnte[8]«.

An dem Tage, als Eisenhower die Flüge rechtfertigte, wurde Chruschtschow gefragt, ob sich seine Meinung über den amerikanischen Präsidenten geändert habe. »Sie kennen meine freundschaftliche Haltung dem Präsidenten gegenüber«, antwortete er. »Meine Hoffnungen wurden nicht erfüllt ... Ich wußte nicht, daß der Plan, über dem Gebiet der Sowjetunion Luftspionage zu treiben, keine Laune eines verantwortungslosen Offiziers war. Ich bin verantwortlich für die Handlungen meiner Regierung. Ich war entsetzt, als ich erfuhr, daß der Präsident diese Aggressionshandlungen gebilligt hat.«

Am nächsten Tag schrieb James Reston, daß es »noch immer eine geringe Chance« gebe, die Gipfelkonferenz zu retten, jedoch nur dann, wenn der Präsident nicht an seiner gegenwärtigen Auffassung festhalte.

»Dadurch, daß der Präsident für sich das *Recht* forderte, sich in die inneren Angelegenheiten der Sowjetunion einzumischen, forderte er Chruschtschow dazu heraus, ihm Einhalt zu gebieten, warf er Chruschtschow mit den Stalinisten in einen Topf, die stets gegen eine Entspannung waren, brachte er die Verbündeten in Verwirrung, indem er ihre Stützpunkte zur Zielscheibe Chruschtschowscher Wutausbrüche machte, und verleugnete sogar einen von Washingtons Lieblingsgrundsätzen, nämlich daß jedes Volk das Recht hat, seine eigene Regierungsform zu wählen.«

Der Präsident konnte nicht beides haben; er konnte nicht »Chruschtschow herausfordern und ihn gleichzeitig zur Mitarbeit gewinnen[9]«. (»*Einzugestehen*, daß wir sowjetisches Hoheitsgebiet zu verletzen beabsichtigen, heißt praktisch jedermann zu mobilisieren. Es wird der sowjetischen Regierung unmöglich gemacht, den Vorfall zu bagatellisieren, weil sie nunmehr offen vor aller Welt herausgefordert wird. Sie sieht sich zu einer Reaktion gezwungen, weil keine Nation passiv bleiben kann, wenn es zur erklärten Politik eines anderen Landes gehört, ihr Gebiet zu verletzen« [Walter Lippmann, zitiert in Wise und Ross, ebenda, S. 132].)

Dennoch wurde noch immer keine Zusicherung gegeben, daß die Flüge eingestellt würden. Bis zum 12. Mai war dies alles, was die Russen verlangt hatten. Als Chruschtschow jedoch in Paris eintraf, suchte er Staatspräsident de Gaulle als Vorsitzenden der Konferenz auf und teilte ihm mit, daß er an der Konferenz nicht teilnehmen könne, wenn der U-2-Vorfall nicht aufgeklärt und bereinigt werde. Die amerikanische Regierung müsse bereit sein, »die Aktion zu verurteilen, sich ferner zu verpflichten, daß solche Vorkommnisse sich nicht wiederholten, und die Verantwortlichen zur Rechenschaft zu ziehen«. (Am 13. Mai wurde bekanntgegeben, daß Chruschtschow zwei Tage vor Beginn der Konferenz nach Paris kommen werde, um, wie Victor Zorza [vom *Manchester Guardian*] es sah, »dem Präsidenten der USA die Möglichkeit zu geben, auf privater Ebene über den Gegenstand der Kontroverse zu verhandeln und die verlangte Zusicherung zu geben, nämlich daß die Flüge eingestellt würden« [Fleming, S. 1009].)

Tatsächlich hatte Eisenhower am 12. Mai die Einstellung der Flüge angeordnet, aber er gab diese Information nicht einmal an Macmillan weiter, der am 15. Mai Chruschtschow zu besänftigen und die Konferenz zu retten versuchte. (Fleming, S. 1010. Macmillan wurde am Montagmorgen, dem 16. Mai, unterrichtet.) Statt dessen ließ er Chruschtschow am Eröffnungstage der Konferenz (dem 16. Mai) eine vorbereitete Erklärung verlesen, in der der sowjetische Ministerpräsident an Eisenhowers Weigerung erinnerte, unter der Drohung eines Friedensvertrages mit Ostdeutschland zu verhandeln, und stellte die Frage, wie seine Regierung unter der Drohung fortgesetzter Flüge amerikanischer Maschinen über sowjetischem Gebiet verhandeln solle. Die Sowjetunion könne nicht »unter den Verhandlungspartnern sein, wenn einer dieser Verhandlungspartner Treulosigkeit zur Grundlage seiner Rußlandpolitik gemacht habe«. Falls die USA ihre Absicht erklärten, in Zukunft die Grenzen der UdSSR nicht zu verletzen, falls sie die provokatorischen Anschläge der Vergangenheit bedauerten und die unmittelbar Schuldigen bestraften, würde die Sowjetunion bereit sein, an der Konferenz teilzunehmen.

Dann verlas Präsident Eisenhower eine Erklärung, die in Kenntnis dessen, was Chruschtschow sagen würde, vorbereitet worden war. Er bestritt, daß die USA mit der Fortsetzung ihrer Flüge über sowjetisches Gebiet gedroht hätten. »Die USA haben dergleichen nie angedroht... Vielmehr wurden diese Flüge nach dem letzten Zwischenfall eingestellt und sollen nicht wiederaufgenommen werden. Folglich kann dies nicht das eigentliche Problem sein[10].«

Auf diese Weise versuchte Eisenhower, mit Nonchalance darüber hinwegzugehen; aber das Problem war da, und da man es zugelassen hatte, daß Chruschtschow die Würfel warf, konnte Eisenhower nicht einfach so tun, als sei nichts geschehen. De Gaulle schlug eine Vertragung der Konferenz um vierundzwanzig Stunden vor, und ein weiteres Treffen wurde für den 17. Mai anberaumt. »Chruschtschow zeigte keine Absicht, Paris sofort zu verlassen. Noch immer gab er sich als ein Mann, der zu Gesprächen bereit war, vorausgesetzt, der Preis stimmte. Am Morgen unternahm er eine Besichtigungsfahrt zu Malinowskijs altem Schlachtfeld bei Sézanne.« Doch als die drei Westmächte am selben Morgen zusammentraten, »wich Macmillans Vorhaben eines anständigen Begräbnisses einer anderen Zielsetzung, nämlich sicherzustellen, daß die Verantwortung für das Scheitern der Konferenz dem äußeren Anschein nach bei Mr. Chruschtschow lag[11]«.

Dem sowjetischen Ministerpräsidenten wurde eine spontane Einladung zur Teilnahme an dem Gipfeltreffen nachgesandt. »Nach Augenzeugenberichten heiterte sich sein Gesicht auf, als er den Brief sah, und kehrte sofort nach Paris zurück.« Zur gleichen Zeit ließ Eisenhowers Pressesekretär Hagerty eine Erklärung veröffentlichen, in der er behauptete, daß eine Teilnahme der Sowjets an dem für drei Uhr festgesetzten Treffen als eine Zurücknahme der Bedingungen Chruschtschows gewertet würde. Chruschtschow erhielt eine Zweitausfertigung dieser Erklärung, die veröffentlicht worden war, ohne sie mit den

Briten oder den Franzosen abzustimmen, »und an diesem Punkt ging die Konferenz zu Ende«. [*New Statesman.*]
Chruschtschow jedoch begnügte sich nicht damit, die Konferenz zu beenden; er war, wie die Journalisten Alsops am 11. Mai berichteten, » in eine innenpolitische Zwangslage geraten, die nach einer Explosion verlangte«, und so explodierte er denn auch. Am 18. Mai, dem Tag nach dem Scheitern der Konferenz, hielt der sowjetische Ministerpräsident eine Pressekonferenz ab. Er »redete große Töne und spielte sich auf. Er fuchtelte mit den Armen und drohte mit geballter Faust. Er setzte eine finstere Miene auf, und dann lachte er wieder über das ganze Gesicht, wenn er einen derben Witz gerissen hatte«. [*New York Times.*] »Von dem Zwischenfall mit dem Spionageflugzeug schien er geradezu besessen zu sein. Immer wieder kam er auf das gleiche Thema zurück, das er in verächtliche und feindselige Bemerkungen über Amerika und Präsident Eisenhower einflocht.« [*Daily Telegraph.*] Die Heftigkeit der Ausfälle Chruschtschows ließ die gesamte westeuropäische Presse für Präsident Eisenhower Partei ergreifen und »führte zu dem praktisch einstimmigen Schluß, daß Chruschtschow nicht berechtigt war, die Konferenz wegen des U-2-Zwischenfalls abzubrechen[12]«. Wie bei so vielen anderen Gelegenheiten im Laufe des Kalten Krieges hatten es die Russen fertiggebracht, eine Atmosphäre zu schaffen, in der ihre eigenen Absichten gerade jenen Argwohn und jene gefährlichen Ansichten entstehen ließen, die sie ihren Gegnern zu unterstellen versucht hatten.
In den zwei Jahren nach dem Scheitern der Gipfelkonferenz zeichnete sich ein bedeutsamer Umschwung in der sowjetischen Politik der ›friedlichen Koexistenz‹ ab: Rückkehr zu einseitigen Versuchen, das Berlin-Problem zu lösen; Wiederaufnahme des ›Säbelrasselns‹ und der Kernwaffenversuche; ein Zurückweichen in der Frage der Inspektionen an Ort und Stelle hinsichtlich eines Abkommens über das Verbot von Kernwaffenversuchen und schließlich die herausfordernde Lagerung sowjetischer Raketen auf Kuba. Dieser Umschwung scheint Fragen aufzuwerfen über die Bedeutung oder vielleicht sogar die Existenz eines nuklearen Stillstands, und ebenso auch über die sowjetischen Absichten.
Um diese Entwicklung beurteilen zu können, ist es notwendig, das Machtverhältnis, wie es sich in den Jahren 1960 und 1961 herauskristallisierte, zu analysieren und ferner den Amtsantritt einer neuen Regierung in Washington zu berücksichtigen, da die entscheidenden Änderungen in der sowjetischen Außenpolitik in der Richtung auf einen »harten« aggressiven Kurs nach diesem Ereignis eintraten. Im Augenblick wollen wir uns auf eine Untersuchung jener Faktoren beschränken, die schon im Frühjahr der Gipfelkonferenz von 1960 manifest waren.

21. *Kernwaffenstrategie und die Raketenlücke*

Die Entwicklung der sowjetischen Atomstreitmacht während der Jahre 1947 bis 1957 sowie der Fähigkeit, Atombomben gegen Ziele in den USA einzusetzen, machte eine Veränderung in den militärischen Überlegungen der amerikanischen Führung erforderlich. Zwei miteinander konkurrierende strategische Pläne wurden ausgearbeitet, um der neuen Situation gerecht zu werden. Der erste Plan, auch »Gegenschlag«-Theorie genannt, gründete sich auf die Voraussetzung, »daß ein thermonuklearer Krieg möglich, vorstellbar und vertretbar ist und daß er im klassischen Sinne ›gewonnen‹ oder ›verloren‹ werden kann«. Seine Befürworter geben zu, daß es zwar vorzuziehen ist, den Ausbruch eines solchen Krieges zu verhindern, »aber sie sind der Meinung, daß das einzige Mittel zur Verhinderung eines solchen Krieges die Aufstellung einer Streitmacht ist, die imstande wäre, einen thermonuklearen Krieg zu gewinnen und die Kapitulation des Feindes entgegenzunehmen[1]«.
»Gegenschlag« ist, wie der Name sagt, ein strategisches Konzept, das als Ziele ausschließlich feindliche Abschußbasen vorsieht, nicht aber die Städte des Feindes. Obwohl die Gegner dieser Theorie einwandten, daß das Anlegen von Raketenabschußbasen in der Nähe von Städten in Verbindung mit der enormen Zerstörungskraft thermonuklearer Waffen und den Gefahren des radioaktiven Niederschlags eine Unterscheidung zwischen zivilen und militärischen Zielen fast bedeutungslos mache, behaupteten die Gegenschlag-Theoretiker, daß bei hinreichendem Zivilschutz und Atombunkerbau die Zahl der Ausfälle auf amerikanischer Seite im Falle eines totalen Krieges mit der Sowjetunion auf dreißig Millionen gehalten werden könne, was sie für einen »akzeptablen Verlust« hielten.
Im Gegensatz zu den Gegenschlag-Theoretikern traten die Militärstrategen, die hauptsächlich in der Armee und der Flotte tonangebend waren, für eine gegen feindliche Städte gerichtete »begrenzte Abschreckung« ein. Gegründet auf die Annahme, »daß das ›Gewinnen‹ oder ›Verlieren‹ eines thermonuklearen Krieges undenkbar ist«, vertritt die Abschreckungstheorie die Auffassung, »daß ein solcher Krieg verhindert werden muß« und daß die Verhinderung eines solchen Krieges möglich ist durch »Verschärfung seiner abschreckenden Wirkung«.
Im Unterschied zu der gegen das Kernwaffenpotential des Gegners gerichteten Theorie sieht die gegen feindliche Städte gerichtete Theorie der »begrenzten Abschreckung« *ausschließlich* dicht besiedelte Bevölkerungsgebiete als Ziele an. Auf diese Weise ist es beiden Seiten möglich, Städte des Gegners als »Geiseln« festzuhalten. Da keine Seite militärisch imstande ist,

die technischen Mittel der anderen Seite für den Einsatz von Kernwaffen zu zerstören, werden beide Seiten davon absehen, einen Angriff mit Kernwaffen zu beginnen – »denn jedes Land, das unter solchen Umständen als erstes zum Schlag ausholt, würde die eigene Bevölkerung, seine Wirtschaft, seine Regierung, ja seine bloße Existenz zum Tode verurteilen«.

Der gegen feindliche Städte gerichtete strategische Plan ist auch als Theorie von der »begrenzten Abschreckung« bekannt, nicht nur, weil ein relativ geringes Kernwaffenpotential das einzig Erforderliche ist, um der Zivilbevölkerung schwerste Verluste zuzufügen, sondern weil diese Strategie, um wirksam zu sein, eine Begrenzung des Vorrats an Kernwaffen verlangt. Andernfalls entsteht die Gefahr, eine Seite könnte eine solche Schlagkraft entwickeln, daß sie imstande ist, das Bomben- und Raketeneinsatzpotential des Gegners zu vernichten. (Das »Vernichten« einer Stadt ist leichter als das »Vernichten« einer Rakete, die von einem Atomsprengkopf sehr genau getroffen werden muß. Wenn andererseits eine größere Anzahl von Atomsprengköpfen zur Verfügung steht, um gegen eine einzige Rakete eingesetzt zu werden, braucht natürlich die Treffgenauigkeit nicht mehr so groß zu sein. Dies würde dem Abschreckungsmittel seine »abschreckende« Wirkung nehmen und würde diejenige Seite, die das Potential entwickelt hatte, in die Versuchung bringen, zuerst loszuschlagen.

Wenn die gegen Städte gerichtete Strategie von einem begrenzten Kernwaffenvorrat ausgeht, so erfordert die gegen das militärische Potential gerichtete Strategie Höchstanstrengungen auf atomarem Gebiet, weil sich aus der Grundvoraussetzung, daß bei einem thermonuklearen Kriege ein Sieg möglich sei, die Schlußfolgerung ergibt, das Potential mit dem Ziel eines Sieges aufzubauen. Dieses Potential beinhaltet die Fähigkeit, sämtliche technischen Mittel des Feindes, die dieser für den Einsatz von Raketen bzw. Atombomben benötigt, in einem möglichen ersten »Präventiv«-Schlag zu vernichten.

Wie alle militärischen Programme besitzen auch diese strategischen Konzeptionen wichtige politische Verzweigungen. Würde man sich z. B. für die Städtevernichtungstheorie entscheiden, dürfte sich vermutlich ein stabiles Gleichgewicht des Schreckens einpendeln. Die daraus folgende Periode relativer Stabilität würde sich für einen ernsthaften Versuch, über ein weitreichendes Abrüstungsabkommen zu verhandeln, günstig auswirken. Ein solches Abkommen wäre schon aus dem Grunde höchst erwünscht, weil das Gleichgewicht des Schreckens sich gegen irrationale Handlungen oder technische Zwischenfälle nicht als beständig erweisen würde[2].

Dagegen beruht die »Gegenschlag«-Theorie auf der Ansicht, daß das Gleichgewicht des Schreckens zwangsläufig höchst unbeständig ist, weil ein angenommener Feind das Potential entwickeln könnte, um einen »erfolgreichen« Angriffsschlag zu führen, ohne befürchten zu müssen, daß die andere Seite zurückschlägt[3]. Der Schlag gegen militärische Anlagen hängt hinsichtlich seiner Wirkung von raschen Fortschritten in der Kerntechnik ab, weshalb ein Volk, das sich für diese Strategie entschieden hat, dazu neigen dürfte, die Aussichten auf Abrüstung und Kontrolle mit vorsichtiger Skepsis zu betrachten. Außerdem würde die zunehmende Anhäufung von Waffen im Zuge des Aufbaus eines Gegenschlagpotentials die Probleme der Abrüstung und der Atomwaffenkontrolle ungeheuer komplizieren.

Dem Aufbau eines gegen militärische Ziele gerichteten Potentials liegt von vornherein eine Strategie des ersten Schlages zugrunde. Es ist sinnlos, ein riesiges nukleares Potential aufzubauen, um feindliche Raketenabschußbasen zu zerstören, nachdem die Raketen abgefeuert worden sind. Selbst wenn man zugesteht, daß Raketenabschußrampen für den Abschuß einer zweiten Rakete verwendet werden können, sofern der militärische »Gegenschlag« nicht die Fähigkeit des Feindes einschränkt, einen unangenehmen Schlag zu führen, besitzt diese Strategie keinerlei Vorteile gegenüber der Strategie von der begrenzten Abschreckung, die weitaus weniger Kosten verursacht und bei weitem nicht so herausfordernd wirkt. »Bei einem noch so geringen ›Gegenschlag‹-Potential bleibt der Gegner ständig einer atomaren Erpressung ausgesetzt[4].«

Die provozierende Natur der »Gegenschlag«-Theorie wird von Blackett bestätigt:

»... eine gegen das militärische Potential des Gegners gerichtete Theorie beinhaltet die Notwendigkeit einer vielfachen atomaren Überlegenheit über den Feind. Da außerdem ein solcher Schlag, um überhaupt die geringste Aussicht auf Erfolg zu haben, für den Gegner völlig überraschend kommen muß, muß er eo ipso ein ›Erstschlag‹ sein; das heißt aber, daß das Land, das ihn führt, in einem strategischen Atomkrieg der Aggressor sein muß. Diese Politik hat verschiedene Pseudonyme, man kann sie als maximale Abschreckung oder als Potential zur Durchführung des ersten militärischen Schlages oder schlicht und einfach als Möglichkeit zur Vorbereitung eines Angriffskrieges mit Atomwaffen bezeichnen[5].«

Eisenhower gelang es nicht, diesen Streit zwischen den in Armee und Marine sitzenden Befürwortern einer begrenzten Abschreckung und den der Luftwaffe angehörenden Verfechtern der Gegenschlag-Theorie beizulegen. Als jedoch die Stabilität der Wirtschaft nachzugeben begann, suchte die Regierung eine Lösung in zusätzlichen Rüstungsausgaben, die gut zu den an den Aufbau eines Gegenschlagpotentials gestellten Anforderungen paßte. Angesichts des Konjunkturrückgangs von 1958 und im

Anschluß an die Berichte von Rockefeller und Gaither erhöhte Eisenhower das Militärbudget um zwölf Milliarden Dollar. Die Gegenschlag-Theorie paßte auch in das psychologische Muster, das in der Frühzeit des amerikanischen Atommonopols geprägt worden war, nämlich nicht nur zu der Überzeugung, daß die Aufrechterhaltung einer großen militärischen Überlegenheit erforderlich sei, sondern auch zu der strategischen Doktrin, eine »Situation der Stärke« zu schaffen, d. h Überlegenheit in absolute Vorherrschaft umzuwandeln und Rußland zu zwingen, sich den amerikanischen Bedingungen zu fügen. Infolge dieser und anderer Faktoren waren die Vereinigten Staaten im Etatjahr 1960 bereits auf dem Weg zur Entwicklung eines Potentials, um den ersten militärischen Schlag zu führen, »oder schlicht und einfach zur Vorbereitung eines Angriffskrieges mit Atomwaffen«.

Um die Entwicklung dieses Potentials zu ermessen, müssen wir mit der Tatsache beginnen, daß die der Marine angehörenden Verfechter der Theorie von der begrenzten Abschreckung die Ansicht vertraten, 45 Polaris-Unterseeboote mit einer Gesamtzahl von 720 Raketen gleich einer Sprengkraft von 360 Megatonnen würden ein adäquates und unanfechtbares Mindestabschreckungspotential darstellen. Alles, was darüber hinausgehe, so argumentierten sie, würde die Polaris-Unterseeboote zu einer herausfordernden Gegenschlagwaffe machen, weil die Flotte unter Einbeziehung zusätzlicher Unterseeboote imstande sein würde, »so viele Explosionen auf dem Gebiet des Feindes zu konzentrieren, daß das gegnerische Atompotential schon durch Massenabschußtechnik vernichtet würde[6]«.

Jerome B. Wiesner, der Vorsitzende des wissenschaftlichen Beratungsausschusses in der Kennedy-Regierung, hat ein auf 200 Raketen mit 500 Megatonnen begrenztes Abschreckungspotential vorgeschlagen, das diejenigen zufriedenstellen soll, »die behaupten, daß die sowjetische Führung ein Drittel der Bevölkerung und die meisten russischen Städte zu opfern bereit sei, wenn sie dadurch die Weltherrschaft erlangen könne[7]«.

Schließlich hat P. M. S. Blackett angedeutet, daß ein auf 20 Raketen begrenztes Abschreckungspotential ausreichend sei, wenn man von der Annahme ausgehe, daß keine Nation einen Angriffskrieg mit Kernwaffen führen werde, da sie weiß, sie würde über 20 Millionen ihrer Einwohner sowie ihre Hauptindustriezentren schon beim ersten Feuerwechsel verlieren. (Die zwanzig größten Städte der USA haben eine Gesamtbevölkerungszahl von über fünfzig Millionen.)

Bis zum Jahre 1961, als das Waffenprogramm Eisenhowers durch das Kennedy-Programm abgelöst wurde, besaßen die USA schätzungsweise einen Kernwaffenvorrat, der 30 000 Megatonnen oder dem Äquivalent von 10 Tonnen TNT für jeden

Mann, jede Frau und jedes Kind auf der Erdoberfläche entsprach. Die Zahl der Transport- bzw. Abschußmöglichkeiten für Kernwaffen ging, der Auskunft des Verteidigungsministeriums zufolge, »in die Zehntausende«. Dazu gehörten über 100 Interkontinental- und Mittelstreckenraketen, 80 Polaris-Raketen, 1700 Interkontinentalbomber, 300 mit Kernwaffen bestückte Trägerflugzeuge mit Megatonnen-Sprengköpfen sowie annähernd 1000 vom Land aus operierende Überschallflugzeuge mit Atomsprengköpfen.

Somit hatten die USA in den Jahren der Eisenhower-Regierung, und zwar ohne eindeutige strategische Notwendigkeit, ein Kernwaffenpotential von aggressiven Ausmaßen aufgebaut. Viel auffälliger war jedoch die Tatsache, daß auf Grund einer zu Beginn des Jahrzehnts bewußt getroffenen politischen Entscheidung *die Sowjetunion genau das Gegenteil getan hatte:* Sie hatte ein kleines Potential für einen Vergeltungsschlag aufgebaut und sich für eine begrenzte Abschreckung entschieden.

Im Januar 1962 betrug das sowjetische Kernwaffenpotential etwa nur 50 Interkontinentalraketen, 150 Interkontinentalbomber (im Gegensatz zu 1700 amerikanischen) und 400 Mittelstreckenraketen, die auf Übersee- und Nato-Stützpunkte der USA gerichtet waren[8].

Vor diesem Hintergrund einer verhältnismäßig schwachen Sowjetunion und eines starken Amerika gewinnt der U-2-Zwischenfall eine neue Bedeutung. Blackett weist darauf hin, daß die einzige wirkliche Verteidigungsmaßnahme der Sowjets gegen einen auf das Raketenpotential abzielenden Erstangriff das engmaschige Netz der Geheimhaltung war, das den Standort der sowjetischen Raketenabschußbasen umgab. Doch »gerade den Standpunkt der sowjetischen Raketenabschußbasen ausfindig zu machen, war eines der Hauptziele der U-2-Flüge«. Washingtoner Quellen zufolge war es die Tatsache, daß durch diese Flüge keine nennenswerte Anzahl einsatzbereiter Raketenabschußbasen festgestellt werden konnte [vgl. Wise and Ross, *The U-2 Affair*, S. 58], was Präsident Eisenhower veranlaßte, mit der Verringerung der Anzahl der Bomber vom Typ B-47 zu beginnen.

Chruschtschow war es natürlich bekannt, daß die U-2-Flüge schon jahrelang vor dem Frühjahr 1960 stattgefunden hatten. Vermutlich reagierte das sowjetische Oberkommando mit größerer Auflockerung und besserer Tarnung. »Was das sowjetische Oberkommando beunruhigt haben muß«, mutmaßt Blackett, »war die Rechtfertigung dieser Flüge durch Präsident Eisenhower, indem er sie als lebenswichtig für die Sicherheit der USA bezeichnete. Dies bedeutete, daß die Sicherheit der USA nur aufrechterhalten werden konnte, wenn die USA über genügend Informationen hinsichtlich des Standortes russischer Raketen-

abschußbasen verfügten, um einen erfolgreichen Überraschungs- und deshalb Angriffsschlag mit Kernwaffen gegen das sowjetische Raketenabschußsystem zu führen. Mit anderen Worten: Amerika plante offenbar, gegen das sowjetische Raketenpotential einen sogenannten ›Gegenschlag‹ zu führen[9].«
Auf Grund dieser Aussichten dürften beim sowjetischen Oberkommando irgendwann in der zweiten Hälfte des Jahres 1960 oder im Frühjahr 1961 »Zweifel an der Zulänglichkeit des Standpunktes von der begrenzten Abschreckung gegenüber dem viel größeren Kernwaffenpotential der USA aufgetreten sein[2]«. Diese Zweifel wurden nicht nur durch den U-2-Zwischenfall und die Reaktion des Präsidenten, sondern auch durch die auf die Politik der USA wirkenden dynamischen Kräfte ausgelöst.
Links von Eisenhower forderte das Democratic National Committee eine Erhöhung der ohnehin riesigen Verteidigungsausgaben in Höhe von 43 Milliarden Dollar, wie sie Eisenhower beantragt hatte, um weitere sieben Milliarden Dollar (bzw. sechzehn Prozent), wobei der Verteidigungshaushalt allein über fünfzig Prozent des Gesamthaushaltes ausmachte. Rechts vom Präsidenten ließ Senator Goldwater keinen Zweifel an seiner Vorliebe dafür, Probleme des Kalten Krieges mit militärischen Mitteln zu lösen. »Wir müssen bereit sein«, sagte er 1960, »gegen verwundbare, da ungenügend geschützte kommunistische Regierungen militärische Operationen durchzuführen.«
Noch eindrucksvoller mögen für sowjetische Strategen institutionelle Faktoren gewesen sein, vor allem das Wachstum eines riesigen Militär-Industrie-Komplexes während des Nachkriegsjahrzehnts in den USA. Im Mai 1957 ging aus einem unter der Leitung von Ralph J. Cordiner, dem Direktor der General Electric Company, veröffentlichten Bericht hervor, daß das Verteidigungsministerium Vermögen im Werte von 160 Milliarden Dollar besitze. Außerdem beschäftigte das Verteidigungsministerium dreieinhalb Millionen Menschen, davon fast eine Million Zivilisten. Die im Jahr für Löhne und Gehälter aufgewendete Summe betrug elf Milliarden Dollar, das heißt mehr als das Doppelte der in der Autoindustrie zur Auszahlung gelangenden Summe; die Zahl der Personen, deren Arbeitsplatz unmittelbar von den Militärs abhing, betrug rund ein Zehntel sämtlicher Arbeitnehmer in den USA. Das Pentagon besaß in den USA über 32 Millionen Morgen Land und weitere 2,6 Millionen in anderen Ländern[10]. Ein Kongreßbericht aus dem Jahre 1960 zeigte außerdem, daß die hundert Spitzenfirmen, die sich in das 21-Milliarden-Rüstungsprogramm teilten, über 1400 im Ruhestand lebende Offiziere vom Rang eines Majors aufwärts beschäftigten, darunter 260 Generäle oder Admiräle[11].
Eisenhower selber hielt es in seiner Abschiedsrede für erforder-

lich, das amerikanische Volk vor dem Anwachsen dieses Militär-Industrie-Komplexes zu warnen, dessen Einfluß, sich »in jeder Stadt, in jedem Regierungsgebäude, in jedem Büro der amerikanischen Bundesregierung« bemerkbar machte. »Die latente Möglichkeit eines katastrophalen Anwachsens einer unberechtigten Macht besteht«, warnte Eisenhower, »und wird weiter bestehen«.

Dieses sichtbare Anwachsen eines Militär-Industrie-Komplexes, die zunehmende Macht einer radikalen Rechten, die allmähliche Entwicklung eines »Gegenschlag«-Potentials und die Forderung einer »einmütigen Führungsschicht« nach einer weiteren Steigerung des Militärbudgets müssen in Verbindung mit Faktoren der sowjetischen Innenpolitik und Befürchtungen, die aus dem Wissen der sowjetischen Führung um ihre eigene militärische Schwäche resultierten, nach dem Zusammenbruch der Gipfelkonferenz von 1960 zu einer Änderung der sowjetischen Außenpolitik beigetragen haben.

Von noch größerem Interesse als die Art und Weise, in der sich angesichts dieser Tatsachen und Entwicklungstendenzen die Schachzüge der sowjetischen Politik aufklären, ist die Art und Weise, in der bestimmte amerikanische Denkschablonen zu Tage treten. Die wahre Lage hinsichtlich des relativen Kernwaffenpotentials wurde nämlich erst im Februar 1962 in Amerika bekanntgegeben, und zahlreiche Regierungsbeamte dürften davon erst nach Kennedys Amtsantritt als Präsident im Januar 1961 erfahren haben. In der Zwischenzeit, d. h. von etwa 1957 an, herrschte allgemein die Überzeugung, daß das Gegenteil zutraf, daß nämlich auf die Vereinigten Staaten mit Beginn der sechziger Jahre ein Zeitabschnitt zukommen würde, wo die Sowjets auf dem Gebiet der Interkontinentalraketen einen Vorsprung von 4:1 haben würden.

Die Reaktion bestimmter verantwortlicher Stellen in der amerikanischen Führung auf diese ›Lücke‹ ist trotz der Tatsache, daß die damals geplante Schlagkraft der USA schon furchtbar genug war, äußerst aufschlußreich (1200 Interkontinentalbomber [die geringere Anzahl von Bombern war dem Auslaufen der veralteten Bomber vom Typ B-47 zuzuschreiben], 19 Polaris-Unterseeboote mit 304 Raketen, 1000 von Flugzeugträgern und Übersee-Stützpunkten aus operierende Atombombenflugzeuge, Dutzende von Interkontinentalraketen vom Typ »Minuteman« usw.).

Am 14. August 1958 hielt Senator John F. Kennedy vor dem Senat eine Rede über die entscheidende Rolle der »Raketenlücke«. Nach Ansicht des Senators war die Lücke so kritisch, daß sie zehn amerikanische Voraussetzungen »entkräften« konnte, »die wahrscheinlich die Grundlage unseres Denkens im zwanzigsten Jahrhundert sind«. »Warum erkennen wir nicht«, fragte Senator Kennedy, »daß wir in den kommenden Jahren durch diese Lücke mit einer Gefahr konfrontiert werden, *die tödlicher ist als alle Gefahren, die wir jemals in Kriegszeiten bestanden haben?*« [Hervorhebung vom Autor.]

Die einer überlegenen Raketenschlagkraft beigemessene enorme Bedeutung (der Senator kannte die geringe Zahl sowjetischer schwerer Bomber, da diese ›Lücke‹ sich schon früher in Luft aufgelöst hatte) erinnert an das Vertrauen, das der Westen anfangs auf den ungeheuren Vorteil setzte, der dem Besitzer eines Atomwaffenmonopols angeblich erwachsen sollte. Erst wenn man die volle Bedeutung begriffen hat, die der neuen Waffe von der Führung der USA beigemessen wurde, läßt sich das weitaus bedenklichere Scheitern ihrer Perspektiven erklären.

Das auffälligste Merkmal der revidierten Schätzungen des sowjetischen Kernwaffenpotentials war die Art und Weise, in der sie der amerikanischen Führung die Basis für eine erneute Beurteilung der sowjetischen Absichten lieferte. In seiner Rede vor dem Senat über die Raketenlücke zeichnete Senator Kennedy ein Bild der sowjetischen Bedrohung in durchaus herkömmlichen, seiner Meinung nach jedoch auf den neuesten Stand gebrachten Begriffen:

»... eine Zerstörung durch Atombomben stellt nicht die einzige Möglichkeit dar, in der die Sowjets imstande sein werden, ihre überlegene Schlagkraft zu nutzen. Der Krieg ist nicht so sehr ein Ziel der Außenpolitik als vielmehr ein Instrument, ein Mittel zur Sicherung von Macht und Einfluß, ein Mittel, den Ansichten und Interessen eines Volkes Geltung zu verschaffen. In den Jahren der ›Lücke‹ dürften die Sowjets ihre überlegene Schlagkraft einsetzen, um ihre Ziele auf eine Weise zu erreichen, die den Beginn eines wirklichen Angriffs gar nicht erforderlich zu machen braucht. *Ihre Raketenschlagkraft wird der Schild sein, hinter dem sie langsam, aber sicher vordringen – über die Sputnik-Diplomatie, über begrenzte Konfliktsituationen, indirekte, latente Aggression, Einschüchterung und Unterwanderung, innere Revolution, verstärkte Einflußnahme und durch bösartige Erpressung unserer Verbündeten. Die Peripherie der freien Welt wird langsam angefressen ...*[12]« [Hervorhebung vom Autor.]

1961 war es jedoch in Washington klar, daß die Sowjets nicht nur über das militärische Potential nicht verfügten, um die Verwirklichung dieser Ziele zu unterstützen, sondern daß sie die Entwicklung eines solchen Potentials überhaupt nicht *geplant* hatten, ja daß sie ein viel geringeres Potential sich zum Ziel gesetzt hatten, als es ihnen ihre Hilfsquellen ermöglicht hätten. In diesem Fall bildete die Militärpolitik offenbar den Prüfstein für die Absichten der Sowjets. Wenn sie nämlich beispielsweise Europa zu überrennen vorhatten oder die freie Welt an

ihren Grenzen ›anfressen‹ wollten, hätten sie es sich bestimmt nicht leisten können, ihre Armeen zu demobilisieren und zur gleichen Zeit den Aufbau eines der Schlagkraft des Westens unterlegenen Kernwaffenpotentials zu *planen*.
Weil diese Schritte darüber hinaus einer langfristigen Planung bedurften und weil man an der Gesamtstrategie, die sie darstellten, einige Jahre lang trotz der sich verändernden internationalen Lage festhielt und außerdem diese Strategie streng geheimhielt, können sie offenbar nicht als Teil eines zu Propagandazwecken eingefädelten »taktischen Manövers« abgetan werden.
Die einzige plausible Erklärung für diese Strategie der Sowjets, die den messianischen Formulierungen der marxistischen Theorie entspricht, liegt darin, daß die Politik der friedlichen Koexistenz im Sinne eines Sieges des Sozialismus durch wirtschaftlichen Wettstreit mit dem Westen seit einigen Jahren die Strategie der sowjetischen Führung auf lange Sicht war und immer noch ist, und zwar die einzige Strategie, für die sie das erforderliche Militärpotential aufbauten. (Vgl. Isaac Deutscher, *The Great Contest: Russia and the West*, 1960. Die Tatsache, daß die sowjetische Außenpolitik unter Chruschtschow sich nicht streng an die Grundsätze einer friedlichen Koexistenz hielt, steht nicht im Widerspruch zu der Auffassung, daß sie das Hauptziel langfristiger sowjetischer Planungen darstellt. Nach Deutschers Meinung ist die sowjetische Diplomatie bestrebt, die Demarkationslinien zwischen den beiden Machtblöcken so lange einzufrieren, bis der Sowjetblock die wirtschaftliche Gleichstellung mit dem Westen erreicht. Dann wird die Sowjetunion imstande sein, eine Politik der »offenen Türen« einzuschlagen, weil offene Türen »den wohlhabenderen und leistungsfähigeren der beiden Antagonisten begünstigen. Erst dann wird die sowjetische Aufforderung zum ›friedlichen Wettstreit‹ ihr volles Gewicht erlangen«.) Ein ›begrenztes Abschreckungspotential‹ bzw. ein reines Vergeltungspotential ist für eine derartige Strategie ideal, da es bei minimaler Belastung der wirtschaftlichen Quellen des Landes die Möglichkeiten für eine Abrüstung (durch Niedrighalten der Waffenstückzahl) ansteigen läßt, die einem uneingeschränkten Wettbewerb vorausgehen muß.
Nun gehört es zu den wichtigen, aber vernachlässigten Tatsachen der ganzen »Raketenlücken«-Affäre, daß diese einmalige Gelegenheit zur Beurteilung der sowjetischen Absichten verstrich, ohne im Westen eine wirkliche Neueinschätzung der Lage zu bewirken, und auch die Gelegenheit, Entspannungsversuche zu unternehmen, wurde nicht wahrgenommen. Das Versäumnis der Kennedy-Regierung, bei Amtsantritt die politische Lage einer erneuten Beurteilung zu unterziehen und sich von einer solchen Neueinschätzung leiten zu lassen, zeigt sich in der Tat-

sache, daß die neue Führung sofort eine wesentliche Erhöhung der Rüstungsausgaben veranlaßte (eine Erhöhung um 2,3 Milliarden Dollar nach zweimonatiger Amtszeit, eine Erhöhung um eine Viertelmilliarde Dollar nach viermonatiger Amtszeit, eine Erhöhung um dreieinviertel Milliarden Dollar nach sechsmonatiger Amtszeit usw.), und zwar *bevor* sie die sowjetischen Absichten, z. B. hinsichtlich einer allgemeinen Abrüstung, überhaupt zu erkunden und auf die Probe zu stellen versucht hatte. Wesentlichen Anteil an diesem Versäumnis hatte das zähe Festhalten an lange gehegten Vermutungen und Dogmen des Kalten Krieges, nicht nur, wie wir sehen werden, was die Sowjetunion, sondern auch was die Konzeption von den »absoluten Waffen« und den »Positionen der Stärke« betrifft.

III. Die Jahre unter Kennedy

... An jene Völker, die sich zu unserem Feind machen möchten, richten wir eine Bitte: daß beide Seiten von neuem sich auf die Suche nach Frieden begeben mögen, bevor die von der Wissenschaft entfesselten dunklen Mächte der Zerstörung die gesamte Menschheit in geplanter oder unbeabsichtigter Selbstvernichtung verschlingen ...
Mögen beide Seiten zusammenfinden, um an allen Ecken und Enden der Erde das Gebot Jesajas zu befolgen – ›die schwere Bürde abzunehmen und die Unterdrückten zu befreien‹.
Und wenn ein neuer Brückenkopf der Zusammenarbeit das Dickicht des Argwohns und des Mißtrauens zurückdrängt, dann mögen beide Seiten sich vereinen im Bemühen, *nicht ein neues Gleichgewicht der Macht*, sondern eine neue Welt des Rechts zu schaffen, in der die Starken gerecht und die Schwachen sicher sind und der Friede bewahrt bleibt.

John F. Kennedy (Antrittsrede am 20. Januar 1961)
[Hervorhebung vom Autor.]

Wir erwarten – und das ist schon immer unser Problem gewesen –, daß die Stimme des Schreckens nach Wahnsinn klingt und daß die Stimme des Wahnsinns der Vernunft zuwiderläuft. Das ganze Gegenteil ist jedoch der Fall in einer Welt, in der joviale Generale mittleren Alters sich mit pedantisch genauen Soziologen über die Parameter der Todesgleichung und das Problem ihrer höchstmöglichen Steigerung beraten. Die vernunftorientiertesten, methodischsten, diszipliniertesten Geister unserer Zeit arbeiten in unseren leistungsfähigsten Laboratorien lange Stunden an der Aufgabe, uns auszurotten.

Robert Scheer

22. *Situationen der Stärke und ihre Entstehung*

Obwohl er das Ergebnis des Besuchs von Nikita Chruschtschow in den USA im Jahre 1959 etwas skeptisch beurteilte, äußerte sich Senator John F. Kennedy dazu in bezeichnenderweise pragmatischen Begriffen mit vorsichtigem Optimismus. »Es ist viel besser«, sagte er, »daß wir uns ›auf dem Gipfel‹ statt ›am Rande‹ treffen.« Trotz der Gefahr, die ein Überbetonen des Einflusses von Einzelpersonen in der Geschichte mit sich bringt, ist es keineswegs irrelevant, nach den Gründen dafür zu forschen, daß es Eisenhower war, der Chruschtschow ›auf dem Gipfel‹ traf, während Kennedy ihm in verhältnismäßig kurzer Zeit ›am Rande‹ begegnete.

Ein geeigneter Anlaß, mit einer solchen Untersuchung zu beginnen, ist Kennedys Kritik am Scheitern der Gipfelgespräche im Juni 1960. Der Zusammenbruch der Gipfelkonferenz, sagte er, kennzeichne das Ende einer Ära der Illusionen –»der Illusionen, daß Platitüden und Schlagworte ein Ersatz für Stärke und Planung« seien und »persönlicher guter Wille« ein Ersatz für eine »starke schöpferische Führung«. Der Zusammenbruch der Konferenz, fuhr Kennedy fort, »war das unmittelbare Resultat der sowjetischen Entschlossenheit, die Gespräche zu vereiteln«. Es war klar, daß das Bemühen, die Spannungen in der Welt durch eine Gipfelkonferenz abzubauen, »zum Scheitern verurteilt« war, weil »wir es in den vergangenen acht Jahren versäumt haben, die Positionen der Stärke, wie sie für erfolgreiche Verhandlungen wichtig sind, auf lange Sicht auszubauen«. Die Sowjets wußten, daß sie »aus der sich ständig verschlechternden Lage Amerikas in der Welt mehr profitieren konnten als aus irgendeinem in Paris gemachten Zugeständnis«, und deshalb war die Konferenz von vornherein zum Scheitern verurteilt[1].

Das hervorstechendste Merkmal dieser Kritik war ihre Orthodoxie, ihre völlig traditionellen Ansichten im Zusammenhang mit der Debatte um die amerikanische Politik, handelte es sich doch um nichts weiter als um den alten ›neuen Realismus‹ eines Kennan und eines Acheson. Kennedys Bindung an die Acheson-Doktrin kam in derselben Rede zwangsläufig deutlich zum Ausdruck, als der Senator seine Ansichten über Verhandlungen umriß. Er begann mit der Feststellung, daß, »solange Mr. Chruschtschow davon überzeugt ist, das Gleichgewicht der Macht in der Welt verschiebe sich zu seinen Gunsten«, keine diplomatischen Schritte ihn zwingen könnten, »in fruchtbare Verhandlungen einzutreten«, und er endete mit den Worten: »Unsere Aufgabe ist es, unsere Stärke und die Stärke der freien Welt wieder aufzubauen – um den Sowjets zu beweisen, daß

die Zeit und der Lauf der Geschichte nicht auf ihrer Seite sind, daß das Gleichgewicht der Macht sich nicht zu ihren Gunsten verschiebt und daß daher eine friedliche Lösung im Interesse eines gemeinsamen Überlebens von größter Bedeutung ist.«
Da Kennedy nach dieser These handelte, sollte er bald auf ernsthafte Schwierigkeiten stoßen, nicht nur weil seine politische Konzeption in einer Zeit, die nach »Einfallsreichtum, Neuerungen und Phantasie« verlangte, konservativ blieb, sondern weil sie unzureichend war. So vermochte sie z. B. weder den Abzug der Sowjets aus Österreich und Finnland noch den einseitigen Abbau der sowjetischen Streitkräfte in Europa zu erklären (noch die bewußt getroffene Entscheidung der Sowjets, ihre Raketenüberlegenheit nicht auszunutzen, aber Kennedy wußte davon im Juni 1960 vermutlich nichts). Auch ging die Konzeption Kennedys nicht auf das Versäumnis der USA ein, die sowjetischen Absichten hinsichtlich der Abrüstungs- und Disengagementvorschläge zu prüfen; schließlich wurde sie nicht den Problemen gerecht, die sich gerade aus jenen Situationen der Stärke, wie sie durch die frühere praktische Anwendung dieser These entstanden waren, ergeben hatten, also nicht nur dem jedes Vertragswerk komplizierenden Vorhandensein neuer Waffen, sondern auch dem Wiedererstehen eines erstarkten und wiederbewaffneten Deutschland und Frankreich, die sich bereits als ein Hindernis für eine Lösung erwiesen hatten.
Obwohl das Problem der Macht im Mittelpunkt der politischen Einstellung Kennedys stand, als er das Präsidentenamt übernahm (er wurde als »machtorientierter Pragmatiker« geschildert)[2], so konnte gewiß nicht behauptet werden, daß Kennedys Auffassung von der Macht damit erschöpft war. (»Kennedys zwei zentrale persönliche Charakterzüge sind sein Drang zur Macht und seine Angst vor dem Versagen ... Seine Neigung, wichtige Fragen und Probleme auf sich persönlich zu beziehen, wie er es im Zusammenhang mit dem Ansteigen der Stahlpreise 1962 tat, ist selbst für einen Mann ungewöhnlich, der eindeutig versucht, Generationen in den Zeitraum eines Jahrfünfts zusammenzupressen. Seine während des Wahlfeldzuges in Verbindung mit der öffentlichen Meinung des Auslandes über die USA geäußerte freimütige Definition des Prestigebegriffes ist in dieser Hinsicht sehr aufschlußreich. ›Ich definiere Prestige als den Einfluß, als eine Fähigkeit, andere Menschen zur Annahme des eigenen Standpunktes zu überreden.‹ Nicht nur Wertschätzung und Hochachtung vor anderen, sondern Macht über andere Menschen« [Williams, *The U. S., Cuba and Castro*, S. 148].) Kennedys Verständnis der sozialen und nationalen Revolutionen in den Armutsgebieten der Welt war beispielsweise viel stärker entwickelt, viel differenzierter als bei Eisenhower, wie auch die Mittel, die er vorschlug, um mit sol-

chen Revolutionen fertig zu werden. Andererseits war sein Anpassungsvermögen an die Verhältnisse in diesen Ländern wegen der infolge seiner Innenpolitik ihm auferlegten Beschränkungen nur sehr gering; die Conditio sine qua non zur Verwirklichung seiner Programme sah er in der Entfaltung persönlicher Autorität und Macht, die Eisenhower von Natur besessen hatte und die er – Kennedy – durch Kenntnisse und Fähigkeiten zu erlangen haben würde.

Kennedy war nämlich nur mit einem knappen Vorsprung von 0,3 Prozent der Stimmen gewählt worden und stand daher vor der Aufgabe, nach der Wahl weiter zu versuchen, die Wählerschaft für sich zu gewinnen. Die starke Führung, die er für die USA und das westliche Bündnis als besonders dringlich ansah, war ohne ein großes Volksmandat nicht möglich.

Kennedys erster Schritt zur Lösung dieses Problems bestand darin, daß er jede Schlüsselstellung im Kabinett, ausgenommen die des Außenministers, mit Republikanern besetzte. [Walter Lippmann, »Kennedy at Mid-Term«, *Newsweek* vom 21. Januar 1963. Die Republikaner waren C. Douglas Dillon (Finanzen), McNamara (Verteidigung), Allen Dulles – dann McCone (CIA), »und in den Mittelpunkt der hohen Politik setzte er McGeorge Bundy ... einen ›lebenslänglichen‹ Republikaner aus Massachusetts«.] Die wirkliche Spaltung in der damaligen amerikanischen Politik, vor allem über Probleme von internationaler Bedeutung, fand jedoch nicht zwischen Demokraten und Republikanern statt, sondern zwischen den Befürwortern einer starren Haltung hinsichtlich der Teilung der Welt und denjenigen, die bereit waren, für eine größere Flexibilität einzutreten. Der Abgeordnete Walter Judd, Mitglied und Hauptsprecher der Republikanischen Nominierungsversammlung im Jahre 1960, äußerte sich in einer Rede über die politischen Ziele der Opposition, mit denen sich Kennedy während seiner Amtszeit konfrontiert sehen würde. Judd »ließ die Balken sich biegen und die Sitze im Repräsentantenhaus erzittern«, als er fragte:

»Waren es die Republikaner, die 1933 die Sowjetunion anerkannten, als sei sie ein angesehenes und verläßliches Mitglied innerhalb der Gemeinschaft der Völker?

Waren es die Republikaner, die in Teheran gegen den dringenden Rat von Mr. Churchill damit einverstanden waren, den Russen in den Balkanländern freie Hand zu lassen? [›Nein‹, brüllte die Menge.]

Waren es die Republikaner, die Polen heimlich teilten und die eine Hälfte der Sowjetunion schenkten? [›Nein!‹]

War es eine Republikanische Regierung, die Korea spaltete und Nordkorea den Kommunisten überließ?« [›Nein!‹]

Und so weiter[3].

Angesichts einer derart in groben Zügen umrissenen Oppositionspolitik war Kennedy davon überzeugt, daß jeder Versuch zur Neutralisierung eines zerrissenen Landes (wie z. B. Laos oder Vietnam), jeder Schritt zu einem Auseinanderrücken der Machtblöcke in Europa, jede Unterlassung, gegen von linksstehenden Kreisen angeführte bzw. kommunistisch beherrschte soziale Revolutionen einzuschreiten, als Beschwichtigung ausgelegt würde ebenso wie jede Maßnahme, um die Beziehungen zu Ländern wie China und Kuba zu normalisieren und auf diese Weise einem gesunden evolutionären Druck gegen die Demokratie und gegen die industrielle Entwicklung seinen Lauf zu lassen.

In dieser Situation legte Kennedy eine unklare Haltung an den Tag. Auf der einen Seite war er sich der Gefahr einer Reihe von Mythen aus McCarthys Vermächtnis bewußt und setzte sich daher, sobald er sein Amt angetreten hatte, dagegen zur Wehr. In seiner Antrittsrede wandte er sich energisch gegen die Aussicht auf einen totalen Sieg (womit er nur einen militärischen Sieg meinen konnte) und forderte die Nation auf, »bereit zu sein, die Last eines langen Kampfes im Zwielicht jahrein jahraus zu ertragen, ›freudig in der Hoffnung, geduldig im Leiden‹ – eines Kampfes gegen die gemeinsamen Feinde des Menschen: Tyrannei, Armut, Krankheit und Krieg«. (1962 antwortete Senator Goldwater mit einem Buch unter dem Titel *Why Not Victory*? [Warum nicht Sieg?].)

Auf der anderen Seite machte Kennedy sich viele dieser mythischen Voraussetzungen (die Welt kann nicht ertragen, daß »die eine Hälfte frei, die andere versklavt« ist) zu eigen und neigte dazu, in anderen die Hebel zur Macht, die er benötigte, zu erkennen und sie zu diesem Zweck zu verwenden. Es gibt kein deutlicheres Beispiel dafür als seine im Rahmen des Wahlfeldzuges vorgebrachten Angriffe gegen die Kuba-Politik der Eisenhower-Regierung.

Als die Präsidentschaftswahlkampagne in ihre Endphase eintrat, veröffentlichte der von Demokraten beherrschte Senatsunterausschuß für innere Sicherheit einen Bericht, in dem der Regierung vorgeworfen wurde, sie überlasse Kuba Castro und den Kommunisten in der gleichen Weise, wie China den Kommunisten überlassen worden sei. Der Bericht stützte sich zum großen Teil auf die Zeugenaussagen zweier Batista-freundlicher Botschafter in Kuba, Earl T. Smith (ein persönlicher Freund Kennedys) und Arthur Gardner. Nach der Veröffentlichung des Berichts machte Kennedy das Thema Kuba zum Hauptbestandteil seines Wahlfeldzuges.

Am 6. Oktober warf er der Eisenhower-Regierung vor, sie lasse zu, daß Kuba der »erste Stützpunkt des Kommunismus im Karibischen Meer« werde. Zur gleichen Zeit, als er die Regierung wegen ihrer Unterstützung des Batista-Regimes kritisierte, stellte Kennedy anerkennend fest, die Botschafter Gardner und Smith hätten warnend darauf hingewiesen, »daß der Kommunismus eine treibende Kraft in der Regierung Castros« darstelle, aber die Regierung hätte ihre Warnungen und Ratschläge nicht beachtet.

Am 18. Oktober erwiderte Nixon, daß dieses »kommunistische Regime in Kuba« ein »unerträgliches Krebsgeschwür« geworden sei und daß nun die Zeit gekommen sei, »wo Geduld nicht länger eine Tugend ist«. Am nächsten Tage verkündete die Regierung ein umfassendes Embargo gegen den Handel der Vereinigten Staaten mit Kuba. In New York schlug Kennedy mit der Behauptung zurück, daß das Embargo »zu wenig umfassend« sei und »zu spät« erfolge und daß es erst im Anschluß an eine »unglaubliche Geschichte aus Schnitzern, Untätigkeit, Rückziehern und Versagern« verhängt worden sei. Er ging noch weiter und forderte strengere Sanktionen, desgleichen Bemühungen der USA, »die nicht-Batista-freundlichen demokratischen Kräfte sowohl im Exil als auch in Kuba selber zu unterstützen ...«

Am 22. Oktober beschuldigte Nixon Kennedy, einen »schokkierend leichtsinnigen« Vorschlag gemacht zu haben, der geeignet sei, einen dritten Weltkrieg auszulösen. In diesem Augenblick gab Nixon gerade seine eigene Zustimmung zu dem Unternehmen des CIA in Miami ...[4]

Man kann sich nur fragen, ob Kennedy die Schwierigkeit richtig zu beurteilen verstand, die er damals dem Mann bereiten half, der im Januar das Präsidentenamt übernehmen würde; denn in einer so späten Stunde Wendungen zu benutzen, die unmißverständlich auf eine militärische Lösung hindeuteten, hieß gerade den McCarthy-Thesen den Rücken stärken, die der China-Diplomatie vor zehn Jahren die Hände gebunden hatten.

Es überrascht daher nicht, daß Kennedy, als er das Präsidentenamt tatsächlich übernahm, vor einer sich ständig verschlechternden Lage in Laos (wo ein vom CIA inszenierter Putsch rechtsgerichteter Kräfte die neutralistische Regierung Souvanna Phoumas gestürzt und die Machtposition der Kommunisten gestärkt hatte) und in Kuba stand (das nahe daran war, sowjetische MIGs zu erhalten); da er wußte, daß er bald selber beschuldigt werden würde, nichts gegen diese Bedrohung zu unternehmen, entschied er sich für eine gewaltsame Lösung des Problems.

Als die schlecht vorbereitete Invasion Kubas scheiterte, sah sich Kennedy einer unglaublich schwierigen Lage gegenüber, weil er Kuba »verloren« hatte; da er andererseits durch seine Entscheidung eine militärische Lösung gerechtfertigt hatte, würden die Vorhaltungen, daß er nicht weit genug gegangen sei (er hatte beispielsweise versäumt, den Invasionstruppen Deckung durch US-Flugzeuge zu geben) schwierig zu beantworten sein. Daher hielt Kennedy es für erforderlich, sich zu »bewähren«, und zwar aus Beweggründen, die ihn lediglich in die Sterilität und Gefahr der schlimmsten Auswüchse des Kalten Krieges zurückversetzen konnten.

Am 20. April 1961, im Anschluß an das Debakel in der Schweinebucht, hielt Kennedy eine Rede vor der Gesellschaft Amerikanischer Zeitungsverleger. Verstummt waren seine Worte über die komplexen Herausforderungen, denen man sich gegenübersehen würde, über die sozialen, technischen und nationalen Revolutionen, die vielfältigen Wogen, auf denen der Kommunismus zur Macht strebte und über die ebenso vielfältigen Reaktionen, die erforderlich sein würden, um diesen Herausforderungen zu begegnen. Statt dessen erklärte er, merkwürdig genug für den ersten Mann in einer liberalen Demokratie:

»Die Botschaft von Kuba, von Laos, die Botschaft des zunehmenden Lärms kommunistischer Stimmen in Asien und Lateinamerika – diese Botschaften klingen alle gleich. Die selbstzufriedenen, die nachlässigen, die schwachen Gesellschaftsformen werden mit den Trümmern der Geschichte hinweggefegt. Nur die Starken, nur die Fleißigen, nur die Entschlossenen, nur die Mutigen, nur die Vorausschauenden, die die wirkliche Natur unseres Kampfes bestimmen, können möglicherweise überleben.«

Dies war für Kennedy natürlich ein Minuspunkt, ein Augenblick tiefer Niedergeschlagenheit, und es würde ungerecht sein, seine Führungsrolle nach dieser einen Episode zu beurteilen. Dennoch weisen andere Anzeichen darauf hin, daß hier ein zentraler Nerv Kennedys bloßgelegt worden war, was später zu schwerwiegenden Auswirkungen führen sollte:

»Die Krise [vom Oktober 1962] entstand tatsächlich in der Schweinebucht... Im Oktober 1961 ließ Präsident Kennedy, der noch immer von der Katastrophe gezeichnet war, an die Vereinten Stabschefs die geheime Weisung ergehen, einen Invasionsplan für Kuba auszuarbeiten – zwecks Verwendung wann und wenn erforderlich. Die Ausarbeitung des streng geheimen Kriegsplanes dauerte Monate, doch als die Strategen und Computer endlich zu Ende überlegt hatten und jedes Flugzeug, jedes Kriegsschiff und jede Angriffseinheit gleichsam etikettiert, markiert und festgelegt war, nahm man an, daß die ersten Gruppen acht Tage nach dem Signal zum ›Zuschlagen‹ die Küste von Kuba erreichen konnten...[3]«

Sobald Kennedy seine politische Klugheit wirklich einsetzte, wie z. B., als er eine Lösung in Laos akzeptierte, die eine Neutralität des Landes vorsah, sah er sich von seinen Gegnern (und seiner eigenen konservativen Haltung) in die Enge getrieben und außerstande, eine solche Lösung für die sich ständig verschlechternde Lage in Südvietnam auch nur in Erwägung zu ziehen. Man erhob den Einwand, daß dadurch in Südostasien ein Staat nach dem andern neutral werden könnte. Deshalb reagierte Kennedy auf die Schwächung der Diem-Regierung in Vietnam mit einem erhöhten militärischen Engagement der USA in diesem Land (einschließlich einer Verstärkung des amerikanischen Militärpersonals um das Zehnfache).

Im Sommer 1961 warnte Senator Fulbright: »Auf die Dauer ist es durchaus möglich, daß das Hauptproblem der Führung darin bestehen wird, wenn es nicht schon längst darin besteht, das Verlangen des Volkes im Zaum zu halten, die Kommunisten mit allen uns zur Verfügung stehenden Mitteln zu schlagen, besonders wenn es noch mehrere ›Fälle‹ wie Kuba und Laos gibt ...[6]«

Fulbrights Memorandum wurde veröffentlicht, als die Kennedy-Regierung darum kämpfte, die Militärs unter zivile Kontrolle zu bringen und sie daran zu hindern, die Öffentlichkeit mit der Propaganda des rechten Flügels zu beeinflussen. Kennedys siegreiches Hervorgehen aus dieser Schlacht war bedeutsam und hart erkämpft; doch wurde dieser Sieg vor dem Hintergrund der Berlin-Krise ausgefochten, vor einem militanten Eintreten des Präsidenten für die Verteidigung des Status quo in Berlin und vor der Kulisse einer gewaltigen Zusammenziehung amerikanischer Truppen. Es steht außer Frage, daß Kennedy von diesen Faktoren unterstützt wurde und daß umgekehrt sein Verhalten auf der internationalen Bühne bis zu einem gewissen Grade in Abhängigkeit von seiner Innenpolitik beeinflußt wurde.

Als Kennedy sein Amt als Präsident übernahm, stellte er sogleich fest, daß eine »Raketenlücke« überhaupt nicht existierte und daß die durch den Geheimdienst vorgenommenen Schätzungen des sowjetischen Raketenpotentials seit Dezember 1959 bis zu siebzig Prozent revidiert worden waren. Darüber hinaus wurden sie im Juni auf fünfzehn Prozent und im September 1961 auf 3,5 Prozent ihres ursprünglichen Umfangs reduziert[7]. (Somit besaßen die USA allein auf Grund des Eisenhower-Programms im Dezember 1961 gegenüber der Sowjetunion eine Raketenüberlegenheit im Verhältnis von 3:1 und eine Überlegenheit an schweren Bombenflugzeugen im Verhältnis von 10:1[8].) Um nur die Zahl herauszugreifen, die Kennedy bei seinem Amtsantritt erfuhr, sowie die revidierte Zahl schwerer Bomber (die Kennedy bereits 1960 kannte), so konnten diese Zahlen lediglich bedeutet haben, daß die Russen beschlossen hatten, ihren zeitlichen Vorsprung auf dem Gebiet der Raketenentwicklung nicht auszunutzen, sondern sich mit einer Periode der Stabilität zufriedenzugeben, bis ein Abrüstungsplan ausgearbeitet werden konnte. Die Russen dürften ein wirkliches Interesse an einer Abrüstung gehabt haben (da ein derartiges Gleichgewicht nicht nur nicht stabil gegen Zufälle und Akte der Unvernunft war, sondern ein minimales Kernwaffenpotential auch nicht als ein Instrument der Politik gegen ein anderes vergleichbares oder größteres Kernwaffenpotential eingesetzt werden konnte).

Mit der neuen Regierung, unbelastet vom Zusammenbruch der Gipfelgespräche im Vorjahr, bot die allgemeine Lage wieder einmal Gelegenheit, Fortschritte mit dem Ziel eines Abkommens zur Verringerung der Kriegsgefahr zu erreichen. Aber es zeichneten sich keine Fortschritte ab. Als der amerikanische Botschafter Thompson im März mit Chruschtschow zusammentraf, gewann er den Eindruck, daß die Sowjets das Interesse an einem separaten Abkommen über ein Kernwaffenversuchsverbot verloren hatten und nicht mehr bereit waren, ein solches Abkommen vor einem umfassenden Vertrag über eine »allgemeine und vollständige Abrüstung« zu unterzeichnen[9].

Die völlige Änderung in der Haltung der Sowjets leitete sich, wie wir zuvor gesehen haben, von der Befürchtung her, sie könnten die Sicherheit ihrer Kernwaffenstützpunkte verlieren, und weiter von der Befürchtung, daß in den USA Gruppen an die Macht gelangen könnten, die sich möglicherweise versucht fühlten, die große Überlegenheit der Vereinigten Staaten an Kernwaffen einzusetzen und die sowjetischen Raketenabschußbasen anzugreifen. In Anbetracht dieser Befürchtungen, schreibt Blackett, findet die Zurückweisung des britisch-amerikanischen Vertragsentwurfes über ein Kernwaffenversuchsverbot durch die UdSSR im Frühjahr 1961 eine einfache militärische Erklärung.

»Untersucht man dieses Dokument genauer, so wird klar, daß die Einrichtung und praktische Durchführung des vorgeschlagenen internationalen Inspektionssystems durchaus dazu gedient haben könnte, den Standort zumindest einiger der sowjetischen Raketenabschußbasen zu lokalisieren. Jedenfalls würde es sehr schwierig sein, einen Stabsoffizier beliebiger Nationalität davon zu überzeugen, daß diese Möglichkeit außer acht gelassen werden durfte ... Die offensichtliche Furcht der Sowjets vor Inspektionen mag durchaus damit zu erklären sein, daß sie so wenig Inspektionswürdiges aufzuweisen hatten[10].«

Als die Kennedy-Regierung zunächst darum ersuchte, die Wiederaufnahme der Gespräche über ein Verbot von Kernwaffenversuchen bis März zu verschieben, um den Gesprächsgegenstand gründlich zu studieren, stimmten die Sowjets bereitwillig zu. Doch als die USA zu verstehen gaben, daß es ihrer Ansicht nach noch viel wichtiger sei, sich mit der Überprüfung der Abrüstungsprobleme Zeit zu lassen, »zeigte sich die UdSSR

... weniger entgegenkommend«. In einer privaten Unterredung zwischen Stevenson und Gromyko hatte der letztere es offenbar »besonders darauf angelegt, die USA zu einer sofortigen Stellungnahme zum Abrüstungsproblem zu drängen[11]«. (Die USA hatten noch nicht zu ihrer Haltung vom April 1955, in der sie den Grundsatz einer allgemeinen Abrüstung unterstützten, zurückgefunden.) Schon im November 1960 trafen nach Blackett »einzelne Russen die ungeschminkte Feststellung, daß, falls der Westen die Abrüstungsgespräche weiterhin absichtlich verschleppe, die UdSSR zu einer massiven Wiederaufrüstung gezwungen sein würde[12]«.

Als Senator hatte Kennedy seinen Scharfsinn bewiesen, als er das Gleichgewicht des Schreckens als einen *Herd* politischer Spannungen wie auch lediglich als ein Symptom dafür herausstellte. »Hinter vielen politischen Konflikten«, hatte er gesagt, »stehen Probleme des militärischen Kräftegleichgewichts ... Probleme, die ohne das Wettrüsten überhaupt nicht auftauchen würden[13]«. Im Frühjahr des Jahres 1961 befand sich Kennedy gegenüber den Russen auf Grund seiner überlegenen Machtposition in einer sehr sicheren und flexiblen Lage, und es stand ihm mehr als eine Initiative zur Verfügung, die er ergreifen konnte, um den Russen zu beweisen, wie ernst es ihm mit der Abrüstung war und wie sehr er ein Zeichen der Ernsthaftigkeit ihrer Absichten begrüßen würde.

Da Kennedy wußte, daß die Russen weder einen Überraschungsangriff geplant noch ein Potential zur Durchführung eines solchen Angriffs aufgebaut hatten, *wußte* er auch, daß er kein Risiko eingehen würde, sollte er sich zu einem begrenzten Abbau strategischer Kernwaffen oder einfach zu einer »Einfrierung« des bestehenden Kräfteniveaus entschließen. Statt dessen begann er am 28. März 1961 sein während des Wahlfeldzugs gegebenes Versprechen einzulösen, nämlich die Verteidigungsanstrengungen zu *erhöhen*, und zwar trotz der Tatsache, daß seine Zusage auf Grund von Schätzungen des sowjetischen Raketenpotentials gemacht worden war, die, wie er nunmehr wußte, um siebzig Prozent von den wirklichen Verhältnissen abwichen. In einer Sonderbotschaft zu Fragen des Regierungshaushalts legte Kennedy unter demselben Datum dem Senat seine ersten Anträge zur Änderung des Eisenhowerschen Verteidigungsprogramms vor, die eine Steigerung der Ausgaben um rund 2,3 Milliarden Dollar vorsahen und in zwei Hauptgruppen zerfielen.

Zunächst wurden etliche Anträge eingebracht, um die Schlagkraft der USA mit konventionellen Waffen zu verbessern. Darunter fielen die Erforschung, Entwicklung und Beschaffung neuerer und besserer Waffen, verstärkte Anstrengungen zur Modernisierung der Schiffe, eine Erhöhung der Zahl von Jagdflugzeugen sowie eine Heraufsetzung der Mannschaftsstärke in

Armee und Flotte, in erster Linie für den Guerillakrieg. Zweitens wurden Geldmittel verlangt, um den Ausbau des strategischen Kernwaffenpotentials der USA zu beschleunigen und zu verbessern. Zehn Polaris-Unterseeboote mit 160 Raketen wurden denen hinzugefügt, deren Fertigstellung für 1964 erwartet wurde: alles in allem eine über fünfzigprozentige Erhöhung gegenüber der ursprünglichen Gesamtzahl von neunzehn Booten. Innerhalb des ›Minuteman‹-Programms kamen 150 stationäre Interkontinentalraketen hinzu, während man auf 90 mobile Raketen verzichtete, so daß sich eine effektive Verstärkung von 60 Interkontinentalraketen ergab; die Produktionskapazität wurde verdoppelt, um auf eine mögliche zukünftige Erweiterung des Programms vorbereitet zu sein; auch wurden bestimmte konstruktionsmäßige Änderungen in die Wege geleitet. Schließlich wurden zusätzliche Mittel beantragt, um die Entwicklung der Bord-Boden-Rakete vom Typ ›Skybolt‹ mit einem Aktionsradius von 1000 Meilen zu beschleunigen, die Zahl der Flugzeuge des Strategic Air Command mit einer Startbereitschaft von nur fünfzehn Minuten auf rund die Hälfte der gesamten Bomberflotte zu erhöhen sowie die Fähigkeit zu entwickeln, den achten Teil sämtlicher Flugzeuge ständig in der Luft zu halten, falls dies erforderlich sein sollte.

Wie ein Kenner der Kernwaffenstrategie Kennedys schrieb: »Diese beschleunigte Entwicklung unseres strategischen Raketenprogramms, wobei insgesamt 220 Raketen dem bereits beachtlichen Rüstungsprogramm Eisenhowers hinzugefügt wurden, sowie die verdoppelte Produktionskapazität im Rahmen des ›Minuteman‹-Programms sind wohl eine der folgenschwersten ›Verbesserungen‹ unserer ›Verteidigung‹ gewesen, die wir je versucht haben und die der sowjetischen Führung mit ihrer ohnehin weit unterlegenen strategischen Bomberflotte als unverhohlene Drohung erschienen sein muß und deshalb auch zum Sieg der ›härteren‹ Gruppe unter den sowjetischen Politikern beigetragen haben mag, die nacheinander – und mit Erfolg – auf eine Wiederaufnahme der Kernwaffenversuche, eine unnachgiebige Haltung in Wien, eine Erhöhung der eigenen Militärausgaben und auf einen erneuten Druck gegen Berlin drängte[14].«

Daß Kennedy sich der provokatorischen Wirkung einer solchen Entwicklung eindeutig bewußt war, geht aus der Tatsache hervor, daß er nicht weniger als viermal mit Nachdruck betonte: »Unsere Waffen werden niemals eingesetzt werden, um bei einem Angriff den ersten Schlag zu führen.« Zwei Monate später, nach dem Fiasko von Kuba und der wachsenden Unruhe in Südostasien, verlangte Kennedy vor dem Kongreß abermals eine weitere Erhöhung des Militärbudgets um eine Viertelmilliarde Dollar. Mit dieser Summe sollten weitere zwölftausend Marineinfanteristen, bessere konventionelle Waffen, eine Umorganisation der Armee, das Potential zur Führung von Guerillakriegen und ein großer Vorstoß in der Durchführung von Weltraumprojekten finanziert werden.

In dieser Rede vom 25. Mai ersuchte er ferner um die Billigung eines zivilen Verteidigungsprogramms, das dreimal so groß war wie das »verpfuschte« aber »verhältnismäßig harmlose« Programm Eisenhowers. Der Präsident gab sich Mühe zu betonen, daß das zivile Luftschutzprogramm als eine Art Versicherung gegen einen verstandesmäßig nicht erklärbaren Angriff, gegen Rechenfehler bzw. einen Zufallskrieg erforderlich sei und nicht, »wie viele andere innerhalb und außerhalb der Regierung glaubten«, als ein grundlegender Bestandteil der Verteidigungsstrategie[14]. Kennedy sprach auch von der Notwendigkeit, das Potential der NATO an konventionellen Waffen zu erhöhen und machte die Zusage, der NATO fünf Polaris-U-Boote als atomares Abschreckungsmittel zu überlassen.

Die fragwürdige Bedeutung des Zivilschutzprogramms lag darin, daß die Gegenschlag-Strategen Luftschutzräume als wesentlichen Bestandteil eines Gegenschlagpotentials ansahen. Ein massives Luftschutzprogramm sollte die Möglichkeit bieten, die »Geiseln« aus der Reichweite eines gegen Städte gerichteten Schlages herauszuhalten. Falls eine Nation sich mit dem Gedanken trug, gegen die Raketenabschußanlagen eines Feindes den ersten Schlag zu führen, konnte sie zunächst ihre eigenen Bürger in Atombunkern unterbringen und dadurch den Schaden auf einem Minimum halten, der von den dennoch ›durchkommenden‹ Raketen des Feindes verursacht wird. Somit stellte also die Durchführung eines Luftschutzprogramms in Verbindung mit einem im wesentlichen überlegenen Kernwaffenpotential eine denkbar herausfordernde Geste dar.

»Die Kreml-Strategen fragen sich nun vielleicht«, bemerkte der Politologe J. David Singer,

»wie nützlich wohl ein Luftschutzprogramm für eine Nation sein würde, deren politischer Grundsatz ausschließlich auf Vergeltung basiert. Genauer gefragt: Wie viele Menschenleben würden durch ein solches Programm gerettet, wenn wir die Opfer eines Überraschungsangriffs wären? Falls der [Überraschungs-]Angriff gegen unsere Städte gerichtet wäre, würden offenbar nur wenige Menschen die Luftschutzbunker rechtzeitig aufsuchen können, und die, denen es wirklich gelingt, die Bunker zu erreichen, würden feststellen müssen, daß sie keinen besonderen Schutz bieten. Die Sowjets müssen sich [daher] zu fragen beginnen, ob die Luftschutzbunker als Schutz gegen einen Überraschungsangriff gedacht sind oder ob sie nicht vielmehr eine Strategie des ersten Schlages widerspiegeln[15]«.

Vor diesem Hintergrund höchster militärischer Aktivität der

USA trafen sich Chruschtschow und Kennedy Anfang Juni und bekundeten sich gegenseitig ihre Absicht und Entschlossenheit, an dem politischen Kurs, den sie bis dahin eingeschlagen hatten, festzuhalten.

Am 21. Juni zog Ministerpräsident Chruschtschow die Uniform eines Generalleutnants der Roten Armee an, wohnte den Feierlichkeiten zur Erinnerung an den zwanzigsten Jahrestag des Hitlerschen Überfalls auf die Sowjetunion bei und gab bekannt, daß die Zeit gekommen sei, einen Friedensvertrag mit Ostdeutschland zu unterzeichnen. Die zweite Berlin-Krise hatte begonnen.

Am 8. Juli gab der sowjetische Ministerpräsident den Beschluß der sowjetischen Regierung bekannt, mit sofortiger Wirkung ihre Militärausgaben zu erhöhen:

»Genossen, die Regierung der Sowjetunion verfolgt mit großer Aufmerksamkeit die militärischen Maßnahmen, die kürzlich von den USA und ihren NATO-Verbündeten unternommen wurden...

Der Präsident der Vereinigten Staaten, Mr. Kennedy, hat in seinen letzten Botschaften an den amerikanischen Kongreß einen sogenannten ›neuen Kurs‹ proklamiert. Er sieht eine Steigerung des Entwicklungsprogramms für strategische Raketenwaffen vor... Präsident Kennedy hat vorgeschlagen, die für militärische Zwecke bewilligten Mittel zu erhöhen... Die Militärausgaben in der Bundesrepublik Deutschland sind in diesem Jahr um achtzehn Prozent gestiegen.« [Während im Januar 1956 die zahlenmäßige Stärke der Bundeswehr 1500 Mann betrug, erreichte sie Anfang Oktober 1960 270 000 Mann. 1961 wird die zahlenmäßige Stärke der Bundeswehr nach offiziellen Angaben 350 000 Mann betragen.*] »Ein beträchtliches Anwachsen der Militärausgaben ist für England, Frankreich und andere NATO-Länder charakteristisch.

Auf diese Weise reagieren also die Westmächte auf den einseitigen Abbau der sowjetischen Streitkräfte und auf die in den letzten Jahren erfolgte Senkung der Militärausgaben.

* »Diese von übriggebliebenen Hitler-Generälen befehligte Angriffs-Armee wird von den amerikanischen Imperialisten mit Atomraketen und anderen höchstmodernen Massenvernichtungsmitteln ausgerüstet. Dieser Armee werden auf dem Territorium anderer Länder Militärstützpunkte zugestanden. Da sie ihre territorialen Ansprüche an andere Länder nicht aufzugeben bereit sind und ganz offen ihre Absicht zum Ausdruck bringen, die innereuropäischen Grenzen einer Revision zu unterziehen, verstärken die westdeutschen Revanchisten ihre Drohungen gegen die Sache des Friedens und gegen die Sicherheit der Völker« (Oberst A. M. Jowlew, *Roter Stern* vom 5. April 1961; nachgedruckt in *Survival*, Zeitschrift des Instituts für Strategische Studien, September-Oktober 1961).

Würde es unter diesen Umständen richtig sein, daß wir mit dem einseitigen Abbau unserer Streitkräfte fortfahren?
In Anbetracht der gegenwärtigen Lage sieht sich die sowjetische Regierung gezwungen, das Verteidigungsministerium anzuweisen, die für 1961 geplante Reduzierung der sowjetischen Streitkräfte bis auf weiteres aufzuheben.
Angesichts der wachsenden Militärbudgets in den NATO-Ländern hat die sowjetische Regierung beschlossen, die Verteidigungsausgaben im laufenden Jahr zu erhöhen ...[16]«
Nach der Ankündigung Chruschtschows vom Juni, daß die Sowjets die Unterzeichnung eines separaten Friedensvertrages mit Ostdeutschland beschlossen hätten, saß Kennedy in der Klemme:
»Gekränkt durch die Kritik an seiner Kuba- und Laos-Politik und in dem Glauben, Chruschtschow wolle seine Standhaftigkeit prüfen, von Adenauer (der im September Neuwahlen entgegensah) und de Gaulle unter Druck gesetzt, von Acheson und zahlreichen anderen gewarnt, daß ein Nachgeben in Berlin auch nur um einen Zollbreit Boden einer Aufgabe ganz Westeuropas gleichkäme, entschied sich Kennedy gegen ernsthafte Verhandlungen und für eine große Demonstration der Stärke, um Chruschtschow zu überzeugen, daß wir kämpfen und lieber alles riskieren würden, als irgendwelche wesentlichen Veränderungen im mitteleuropäischen Raum hinzunehmen[17].«
Am 25. Juli hielt der Präsident eine Ansprache im Fernsehen, um die Nation über die Berlin-Krise zu informieren und eine Erhöhung der Militärausgaben um 3,25 Milliarden Dollar zu fordern (so daß sich in den sechs Monaten seit seinem Amtsantritt eine Steigerung dieser Ausgaben um insgesamt sechs Milliarden Dollar ergab); dieses Geld wurde fast völlig für den Ausbau konventioneller Streitkräfte bereitgestellt. Als Kennedy jedoch um zusätzliche 207 Millionen Dollar für sein Luftschutzprogramm ersuchte, bediente er sich einer merklich anderen Ausdrucksweise als vorher und übertrug jetzt die Verantwortung für das Programm seinem Verteidigungsminister.
Eine Woche zuvor hatte das *Wall Street Journal* in einem Beitrag auf der Titelseite geschrieben:
»Präsident Kennedy scheint jetzt den Zivilschutz unter dem neuen Aspekt der Dringlichkeit zu betrachten; wenigstens zweimal in den vergangenen drei Wochen bildete die Zivilverteidigung ein Hauptgesprächsthema bei Zusammenkünften im Weißen Haus zwischen Mr. Kennedy und seinen Beratern. Der Präsident erwägt erhöhte Anstrengungen auf dem Sektor der zivilen Verteidigung, deren Zweck es unter anderem sein würde, die Sowjets von der Bereitschaft der USA zu überzeugen, zur Unterstützung ihres Engagements in ... Westberlin das Risiko eines Krieges auf sich zu nehmen.«

Ein Gegenschlagpotential, wie es die Kennedy-Regierung offenbar aufzubauen beabsichtigte, hätte, sobald es zur Verfügung stand, zwei wesentliche »Vorteile« mit sich gebracht: einmal die Fähigkeit, einen massiven Kernwaffenangriff gegen eine andere Atommacht durchzuführen und somit auch die Fähigkeit, unter der impliziten Androhung eines Präemptivkrieges Bedingungen zu diktieren (wobei, wie Blackett bemerkt, der Unterschied zwischen einem »Präemptiv«- und einem »Präventiv«-Krieg in der Praxis aufgehoben ist), und zum anderen eine flexible Kapazität, die es ermöglicht, das strategische Kernwaffenpotential unter verschiedenen Umständen einzusetzen (und – theoretisch – einen allgemeinen Atomkrieg nach seinem Ausbruch zu begrenzen). (Ob aus einem Gegenschlagpotential überhaupt *irgendwelche* Vorteile erwachsen, ist eine strittige Frage. Die Durchführbarkeit eines erfolgreichen ersten Schlages ist von Blackett in seinem Aufsatz »Critique of Some Contemporary Defence Thinking« in *Encounter* vom April 1961, ferner in seinem Buch *Studies of War* bezweifelt worden. Die Doktrin der Flexibilität und der kontrollierten Kernwaffenreaktionen wurde von Arthur Waskow in seinem 1962 erschienenen Buch *The Limits of Defense* angefochten.) Ein weiterer Bestandteil des Kennedyschen Militärprogramms war die Verstärkung der konventionellen Waffen. Auf das Verhältnis zwischen diesen beiden Programmpunkten ging der Abteilungsleiter im Verteidigungsministerium, Paul Nitze, in einer Rede am 7. September 1961 ein:

»Die [gegenwärtige] Erhöhung des Potentials an konventionellen Waffen wird unsere Maßnahmen zur Verhinderung eines Krieges nicht schwächen, sondern vielmehr unterstützen. Denn die Fähigkeit, Waffen im Mittelstreckenbereich einzusetzen, läßt für die UdSSR die Aussicht viel glaubhafter erscheinen, *daß wir unsere nicht-atomaren Waffen durch den Einsatz unseres strategischen Potentials wirkungsmäßig unterstützen werden, sollte dies erforderlich sein*[1].« [Hervorhebung vom Autor.]

Zwei Wochen später griff die Senatorin Margaret Chase Smith Präsident Kennedy vor dem Senat an, daß er angeblich nicht bereit sei, Atomwaffen zur Verteidigung Berlins einzusetzen. Als Antwort auf diesen Angriff erklärte Justizminister Robert Kennedy, es stehe völlig außer Frage, daß der Präsident erforderlichenfalls den Einsatz von Atomwaffen anordnen würde, um Westberlin zu retten[1].

Im September wurden die früheren vom Geheimdienst vorgenommenen Schätzungen der sowjetischen Stärke abermals revidiert, diesmal auf lediglich 3,5 Prozent des Standes von 1959.

Die wirkliche Zahl sowjetischer Interkontinentalraketen zu diesem Zeitpunkt muß im Interesse der öffentlichen Sicherheit geheimgehalten werden, aber die Ausgabe der Zeitschrift *Astronautics* vom Dezember 1961 veranschlagte sie auf 35 bis 50. Das dadurch in amerikanischen Verteidigungskreisen geförderte Vertrauen läßt sich an Bemerkungen des stellvertretenden Verteidigungsministers Roswell Gilpatric vom 21. Oktober 1961 ermessen.

»Tatsache ist, daß diese Nation atomare Vergeltungswaffen von derart verheerender Wirkung besitzt, daß eine Maßnahme des Feindes, die ihren Einsatz auslöst, einem Akt der Selbstvernichtung gleichkäme ... Die Gesamtzahl unserer taktischen wie auch strategischen Atomraketen geht in die Zehntausende; und natürlich steht uns für jede Trägerrakete mehr als ein Atomsprengkopf zur Verfügung.

... Kurz, *wir besitzen ein Potential für den zweiten Schlag, das wenigstens ebenso umfangreich ist wie das Raketenpotential, das die Russen abzufeuern imstande sind, wenn sie den ersten Schlag führen*[2].« [Hervorhebung vom Autor.]

In derselben Rede bediente sich Gilpatric einer Ausdrucksweise, die ausschließlich auf die Gegenschlagtheorie und die Hoffnung, in einem Atomkrieg »die Oberhand zu gewinnen«, abgestimmt war:

»Obwohl wir zuversichtlich sind, daß wir bei einer Kraftprobe am Ende die Oberhand behalten würden, gleichgültig auf welcher Ebene der Konflikt von der Sowjetunion ausgelöst worden sein mag, so ändert dies nicht unsere feste Entschlossenheit, eine friedliche Lösung der Weltprobleme anzustreben ... Doch falls eine gewaltsame Einmischung in unsere Rechte und Verpflichtungen zu einem bewaffneten Konflikt führen sollte – wie es leicht der Fall sein könnte –, dann sind die USA nicht gewillt, eine Niederlage einzustecken.«

Zu diesem Zeitpunkt hatte die Sowjetunion nicht nur ein »Wiederaufrüstungs«programm begonnen, sondern auch die zeitweilige Einstellung der Kernwaffenversuche wieder rückgängig gemacht. (Die sowjetische Entscheidung, die Versuche wieder aufzunehmen, wurde Ende 1960 bzw. in den ersten Monaten des Jahres 1961 getroffen und somit durch die im letzten Kapitel erörterten Faktoren, nicht aber durch die jüngsten Beschlüsse Kennedys beeinflußt.) Diese beiden Maßnahmen waren offenbar als Reaktion gedacht und hielten sich im Rahmen der grundlegenden sowjetischen Strategie und Doktrin einer minimalen bzw. begrenzten Abschreckung:

»Es ist festzustellen, daß selbst jetzt, also im Frühjahr 1962, da das sowjetische Wiederaufrüstungsprogramm ziemlich weit gediehen sein muß, die Kernwaffenplanung immer noch auf eine reine Vergeltungsfunktion abgestellt zu sein scheint ...

Die Wiederaufnahme der Versuche durch die Sowjets im September 1961 läßt sich auf die gleiche Weise begründen. Obgleich der Zeitpunkt dafür durch die Berlin-Krise beeinflußt gewesen sein mag, die Chruschtschow selber zur Entscheidung gebracht hatte, stellte das Erproben von Atomsprengköpfen bis zu fünfzig Megatonnen sowie der gleichzeitige und öffentlich bekanntgegebene Erfolg, sieben Interkontinentalraketen über eine Strecke von rund 7000 Meilen in ihr Zielgebiet im Pazifik gelenkt zu haben, eine äußerst wirkungsvolle Art dar, das Vertrauen der Russen in den Abschreckungswert der wenigen abschußbereiten Interkontinentalraketen erneut zu festigen, die ihre Hauptvergeltungswaffe bildeten, indem sie den USA deren Zielgenauigkeit und die mögliche Zerstörungskraft der Atomsprengköpfe nachdrücklich vor Augen führten[3].«

Präsident Kennedy kannte den defensiven Charakter der sowjetischen Versuche. (Diese Schilderung soll nicht hinwegdeuten über die herausfordernden Erklärungen, die im Verlauf der Versuche abgegeben wurden, und auch nicht über die Schäden, die zahlreichen ungeborenen Generationen durch den radioaktiven Niederschlag zugefügt wurden. Bei der Beurteilung der Wirkung dieser Versuche auf Kennedys spätere haushaltspolitische Entscheidungen kommt es vor allem darauf an, wie die Versuche von ihm, d. h. von den Wissenschaftlern, die er mit der Auswertung der Versuche beauftragt hatte [in diesem Fall Dr. Hans Bethe], interpretiert wurden. Chruschtschows Drohungen konnten Kennedy nur dann »glaubhaft« erscheinen, wenn die Sowjets über eine atomare Überlegenheit verfügten, um diesen Drohungen Nachdruck zu verleihen. Sie besaßen diese Überlegenheit aber nicht, und Kennedy wußte das.) Dr. Bethe schloß nun aus den Versuchen, daß sie der Entwicklung von »Festtreibstoffraketen ähnlich unseren Minuteman-Raketen dienten«, die als Verteidigungswaffe »auf spezialgehärteten Abschußrampen eingesetzt« werden könnten. »Daher dürfte der überwiegende Teil ihrer Versuchsserie«, folgerte Dr. Bethe, »die Kriegsgefahr eher vermindert als erhöht haben[4]«.

Im Herbst 1961, als gerade der Regierungshaushalt für das Etatjahr 1963 erarbeitet wurde, stand Kennedy vor einer wichtigen Entscheidung. Er hatte genügend Zeit gehabt, die Auswirkung seiner teilweisen Wiederaufrüstung auf die sowjetische Politik zu beobachten. Er war sich der noch größeren Überlegenheit der USA auf dem Gebiet der Raketen bewußt geworden, einer Überlegenheit, die sogar im Rahmen des Eisenhower-Programms für die Raketenentwicklung aufrechterhalten worden wäre. Er hatte stichhaltige Gründe anzunehmen, daß die sowjetische Militärpolitik sich in ihrer Einstellung gegenüber der Beibehaltung eines beschränkten Abschreckungspotentials nicht geändert hatte und daß als Folge der sowjetischen Kernwaffenversuche eine größere Stabilität des atomaren Gleichgewichts erzielt worden war. (Die internationale Lage hatte sich ebenfalls verbessert, denn am 16. Oktober gaben die Russen bekannt, daß sie nicht auf eine Entscheidung in der Berlin-Frage im Jahre 1961 drängen würden.) In der Zwischenzeit hatte sich freilich die Situation in Berlin dadurch stabilisiert, daß die Kommunisten eine Mauer errichtet hatten, die den Ostsektor von den Westsektoren abriegelte und auf diese Weise den Flüchtlingsstrom aus Ostdeutschland zum Stillstand brachte.

Am 25. September sprach der Präsident vor der UNO-Vollversammlung und umriß ein von den USA unterstütztes Programm für eine allgemeine Abrüstung, womit er auf das von den USA im August 1955 aufgegebene Ziel einer allgemeinen Abrüstung erneut zurückkam. Er sagte:

»Heute muß jeder Bewohner dieses Planeten an den Tag denken, an dem dieser Planet vielleicht nicht mehr bewohnbar sein wird. Jeder Mann, jede Frau, jedes Kind, alle leben unter einem atomaren Damoklesschwert, das am allerdünnsten Faden aufgehängt ist, der jeden Augenblick durch Zufall, durch einen Rechenfehler oder eine Wahnsinnstat zerschnitten werden kann. Die Waffen des Krieges müssen vernichtet werden, bevor sie uns vernichten.

Die Menschen debattieren nicht mehr darüber, ob Aufrüstung ein Symptom oder eine Ursache von Spannungen ist. Das bloße Vorhandensein moderner Waffen – zehnmillionenmal gewaltiger und zerstörerischer als alles, was die Welt bisher erlebte, und nur Minuten von jedem beliebigen Ziel auf der Erde entfernt – ist eine Quelle des Schreckens, der Zwietracht und des Mißtrauens ... Bei einem spiralig verlaufenden Wettrüsten kann die Sicherheit einer Nation sogar dann zusammenschrumpfen, wenn das Rüstungspotential ständig zunimmt.«

Trotz der Klugheit, die aus diesen Worten sprach, und trotz der Tatsache, daß die Sowjetunion bereits ein Beispiel für atomare Zurückhaltung geliefert hatte, entschied sich Präsident Kennedy *gegen* eine Strategie der begrenzten Abschreckung, die die Zahl der Waffen auf dem ganzen Erdball verringern und zu einer Periode relativer Stabilität führen würde, in der Abrüstungsvereinbarungen leichter erreicht werden könnten. Statt dessen entschied er sich für die Gegenschlag-Strategie, die schon *zu ihrer Aufrechterhaltung eines spiralig verlaufenden Wettrüstens bedurfte* und die Sicherheit der Nation sogar dann zusammenschrumpfen lassen würde, wenn das Rüstungspotential ständig wuchs. (Die Wahl Nixons zum Präsidenten würde die Beibehaltung der Gegenschlag-Theorie durch die USA nicht beeinflußt haben. Während des Wahlfeldzuges verkündete Nixon: »Unsere Abschreckungsmacht muß unverwundbar sein und die

Fähigkeit besitzen, das Kriegspotential eines Gegners zu zerstören« [*New York Times* vom 20. Oktober 1960].)

So sollten nach dem neuen, vom Präsidenten dem Kongreß im Januar 1962 vorgelegten Etat bis zum Juni 1963 13 Atlas-Geschwader mit insgesamt 129 Interkontinentalraketen sowie 12 Titan-Geschwader mit insgesamt 108 Interkontinentalraketen einsatzbereit sein. Es wurden die Mittel für 200 zusätzliche Interkontinentalraketen vom Typ Minuteman bereitgestellt, wodurch sich die geplante Gesamtzahl auf 800 erhöhte. Das Programm sah insgesamt 1037 Interkontinentalraketen in den USA vor, die innerhalb einiger Jahre einsatzbereit sein sollten[5]. Im Januar 1963 wurde im Rahmen des Kennedyschen Haushaltsplanes dieses Programm fortgesetzt. »[Im neuen Etat] sind Mittel vorgesehen, um zu dem jetzigen Programm von Interkontinentalraketen vom Typ Atlas, Titan und Minuteman, das gegenwärtig auf 1300 bis 1400 festgelegt ist, etwa 100 bis 150 Interkontinentalraketen vom Typ Minuteman hinzuzufügen, die sämtlich bis 1965/66 fertiggestellt sein sollen« (Hanson Baldwin, *New York Times,* Internationale Ausgabe vom 19. Januar 1963. Die zusätzlichen Minuteman-Raketen waren bereits im vorigen Etat geplant, doch waren keine Mittel bewilligt worden).

Außer diesen Interkontinentalraketen, mit denen das Gebiet der Sowjetunion erreicht werden konnte, würden 12 Polaris-Unterseeboote mit jeweils 16 Raketen im Juni 1963 (und im Rahmen des Etats des nächsten Jahres 24 weitere bis zum 30. Juni 1964) zur Verfügung stehen, so daß sich in unmittelbarer Zukunft eine Gesamtflotte von 41 Polaris-Unterseebooten ergab. Demnach kamen zu den 1300 Interkontinentalraketen 650 Polaris-Raketen hinzu, ganz zu schweigen von den 1200 Bombern des Strategic Air Command (1000 im Jahre 1963 auf Grund des fortlaufenden ›Ausrangierens‹ der veralteten Mittelstreckenbomber vom Typ B-47) oder den 1300 Flugzeugen, die von Flugzeugträgern und Stützpunkten in Übersee aus Atombomben abwerfen konnten. Mit anderen Worten: Die USA planten den Aufbau eines Raketenabschuß- bzw. Bombenabwurfpotentials mit über 4000 Raketen (von denen fast 3000 bereits einsatzbereit waren), mit denen die Sowjetunion angegriffen werden konnte, und zwar trotz eines bekannten Potentials der Sowjets von nur etwa 300 Raketen (im Januar 1963), die die USA zu erreichen imstande waren.

Will man die Zerstörungskraft dieses Angriffspotentials beurteilen, sollte man nicht vergessen, daß die Atombombe von Hiroshima eine Sprengkraft von 20 Kilotonnen bzw. 20 000 Tonnen TNT besaß. Eine Minuteman-Rakete dürfte einen Atomsprengkopf befördern, der einer Megatonne, d. h. einer Million Tonnen TNT oder 50 Hiroshima-Atombomben entspricht. Die Interkontinentalraketen vom Typ Atlas-Titan befördern zwei- bis fünfmal so große Atomsprengköpfe, die einer Sprengkraft von zwei bis fünf Millionen Tonnen TNT oder 100 bis 250 Hiroshima-Atombomben entsprechen. Die von den B-52-Bombern beförderten Bomben sind sogar noch größer und haben jeweils eine Sprengkraft von 24 Megatonnen, was 1200 Hiroshima-Atombomben entspricht. »Die Atombombenlast, die nur einer unserer B-52-Bomber befördern kann«, bemerkte Kennedy 1959, »soll hinsichtlich ihrer Zerstörungskraft größer sein als alle Sprengstoffe, die in sämtlichen früheren Kriegen in der Geschichte der Menschheit verwendet wurden ...« Nach Schätzungen könnten die USA, wenn alle Flugzeuge ihre Höchstlast trügen, mit einer Nutzbombenlast von 30 000 Megatonnen einen Angriff fliegen. Dies würde 1 500 000 Hiroshima-Atombomben entsprechen[6].

Am 2. Mai 1962 machte es der stellvertretende Verteidigungsminister Gilpatric deutlich, daß die USA die Absicht hatten, ihren damaligen Vorsprung und damit ihre Überlegenheit auf dem Kernwaffensektor bis 1965 aufrechtzuerhalten, und zwar durch Verdoppelung der augenblicklichen Schlagkraft in den nächsten drei Jahren:

»... Auf Grund unserer Studie über unsere strategische Luftmacht hat die strukturelle Zusammensetzung dieser Luftmacht nunmehr, zumindest bis 1965, in unserer Planung ziemlich konkrete Formen angenommen. Wir werden rund 950 Bomber besitzen, die, wie wir hoffen, 800 Raketen zur Bekämpfung von Erd- und Seezielen befördern können, darunter ›Skybolts‹ und ›Hound Dogs‹. Wir werden etwa 1500 Interkontinentalraketen einsatzbereit haben, darunter Atlas-, Titan-, Minuteman- und Polaris-Raketen. Wir werden bis zum Ende des Jahres 1965 *mehr als die doppelte* Zahl von Bereitschaftswaffen haben als die, die wir heute besitzen. Unter Bereitschaftswaffen verstehe ich Atomsprengköpfe in Polaris- und anderen Interkontinentalraketen. Die Atomsprengköpfe werden der *mehr als zweifachen* Megatonnenmenge entsprechen, die unsere derzeitige in Bereitschaft gehaltene Luftstreitmacht befördern kann. Mit anderen Worten: Wir werden bis 1965 *die doppelte Schlagkraft* erreicht haben, die wir am Ende des Etatjahres 1962 besitzen. Deshalb sind wir der Meinung, daß wir auf Grund des uns heute vorliegenden Nachrichtenmaterials, *gleichgültig was die Sowjets auch tun mögen, die Überlegenheit, die wir heute besitzen, beibehalten* werden[7].« [Hervorhebung vom Autor.]

Die Ernsthaftigkeit, mit der die US-Politiker im Frühjahr 1962 sich der Aussicht auf einen thermonuklearen Krieg näherten (bei dem eine Nation »den Sieg davontragen« konnte), kam in einem Aufsatz der *New York Times* vom 12. Mai zum Ausdruck. Stewart L. Pittman, der mit der Durchführung der Zivilschutzmaßnahmen beauftragte Abteilungsleiter im Verteidigungsministerium, soll bemerkt haben, sowohl der Präsident als auch Verteidigungsminister McNamara seien davon überzeugt, daß »diese Arbeit [die zivile Verteidigung] getan werden muß«, um den Fortbestand der Nation im Falle eines Angriffs zu gewährleisten:

»Bei der schlimmsten Form eines atomaren Angriffs, wie er sich Ende der sechziger oder Anfang der siebziger Jahre voraussehen läßt, würden nach Angaben Mr. Pittmans wahrscheinlich 110 Millionen Amerikaner durch Hitzeeinwirkung, Luftdruck oder direkte Strahlung in der Nähe der Explosionsherde den Tod finden.

Außerdem würden wahrscheinlich 40 bis 55 Millionen sterben, falls ihnen keine Schutzräume zur Verfügung stehen; sie würden jedoch überleben, wenn sie sich in Atombunkern aufhalten. Vielleicht 35 Millionen Amerikaner würden ohne Schutzmaßnahmen überleben, da sie sich außerhalb des Wirkungsbereichs der Explosionen bzw. des radioaktiven Niederschlagsgebietes aufhalten. ›Somit‹, sagte Mr. Pittman, ›würden genügend Personen am Leben bleiben, um den Fortbestand der Vereinigten Staaten als Nation zu gewährleisten.‹« (»Es würde recht aufschlußreich sein, Mr. Pittman und andere, die seine Meinung teilen, zu fragen, was sie sich eigentlich unter einer ›Nation‹ vorstellen und ob sie sich schon jemals selber gefragt haben, welcher Teil unserer ererbten Achtung vor dem Individuum, vor dem Gesetz, vor einer demokratisch-parlamentarischen Regierung und vor in geregelten Bahnen verlaufenden gesellschaftlichen Änderungsprozessen es ihrer Meinung nach ist, der in einem Atomkrieg ›fortbestehen‹ wird, in dem 110 Millionen Menschen umgekommen sind ...« [Michael Brower, ›President Kennedy's Choice of Nuclear Strategy‹, *Council for Correspondence Newsletter*, Juni 1962, S. 21].)

In diesem Frühjahr nahmen die USA ferner ihre Kernwaffenversuche in der Atmosphäre wieder auf. Am 3. März erklärte Präsident Kennedy, daß es drei Arten von Versuchen geben werde. Die erste Art von Versuchen würde der Erprobung bestehender Waffen dienen, die zweite Art seien ›Wirkungsversuche‹, die feststellen sollten, »wie sich die Explosion einer feindlichen Kernwaffe« auf stark befestigte Raketenabschußbasen, Radarsysteme und »die Nachrichtenverbindungswege auswirkt, durch die die Raketenzentren zur Einleitung eines Gegenschlages gesteuert und überwacht werden können«. Der Präsident sagte: »Wir geben große Summen für Radarsysteme aus, um unsere Verteidigungsanlagen rechtzeitig zu warnen und mögliche Anti-Raketensysteme zu entwickeln ... Wir können natürlich nicht von vornherein wissen, wie viele dieser Vorbereitungen durch die komplexen Wirkungen einer Kernexplo-

sion nutzlos, gestört, lahmgelegt oder vernichtet werden.«
Durch die dritte Art von Versuchen sollte das Verhältnis von Nutzeffekt und Gewicht verbessert werden, wahrscheinlich damit stärkere Atomsprengköpfe an Minuteman- und Polaris-Raketen eingesetzt werden konnten.

Die angekündigte Art dieser Versuche läßt deutlich erkennen, daß der Beschluß, die Versuche wieder aufzunehmen, »unmittelbar auf unserer Entscheidung zugunsten einer ›gegen militärische Ziele gerichteten Strategie‹ beruhte[8]«. Beispielsweise verwandelte ein vergrößerter Polaris-Sprengkopf diesen von einer gegen Städte des Feindes gerichteten Waffe in eine gegen das militärische Potential gerichtete Waffe; andererseits konnte die Suche nach einer Antiraketen-Rakete kein entscheidender Grund für die Wiederaufnahme der Versuche gewesen sein, weil damals nach Ansicht der meisten Sachverständigen diese Suche ein hoffnungsloses Unterfangen war: Der Feind konnte eine solche Verteidigung stets durchbrechen, indem er sie mit Köderflugkörpern durchsetzte[9].

Der »Hauptgrund technischer Natur, der den Präsidenten überzeugte, Kernwaffenversuchen in der Atmosphäre seine Zustimmung zu geben«, war dem Vernehmen nach »die Notwendigkeit, die ›Wirkungen‹ von Kernexplosionen in großen Höhen zu erforschen[10]«. Anders ausgedrückt, die Versuche wurden durch die Befürchtung ausgelöst, daß eine sowjetische Kernwaffenexplosion in großer Höhe das komplizierte Nachrichtensystem stören könnte, mit dessen Hilfe das Verteidigungsministerium eine Politik der rationalen und wohlüberlegten Entscheidung darüber praktizieren wollte, welche Ziele zuerst anzugreifen und welche für einen zweiten Schlag und für Erpressungszwecke zu »reservieren« seien. »Doch ein begrenztes unangreifbares Abschreckungspotential, das größtenteils aus Polaris-Unterseebooten und Minuteman-Raketen besteht, würde imstande sein, seinen Vergeltungsauftrag auch *ohne* ein kompliziertes Netz von Nachrichten- und Fernmeldeanlagen auszuführen[11].«

Die Gegenschlag-Theorie, die selbst nach dem Eintreten eines atomaren Konflikts militärische Reaktionen kontrollieren zu können vorgab, wurde wiederholt von Kritikern angegriffen, weil ihr Funktionieren von der Aufrechterhaltung einwandfreier Fernmeldeverbindungen zwischen dem Präsidenten, der Führungsspitze des Verteidigungsministeriums und jedem einzelnen Bombenflugzeug, jedem einzelnen Kommandeur eines Unterseeboots und einer Raketenabschußbasis abhängt, und zwar bevor, während und nachdem Bomben über oder in der Nähe von Raketenbasen, Luftstützpunkten und Hauptfernmeldezentralen explodieren bzw. explodiert sind. Unter solchen Umständen, behaupten die Kritiker, »dürften Kontrollen und

Entscheidungen auf nationaler Ebene« vermutlich völlig unmöglich geworden sein.

»Einige Frontkommandeure würden sich dafür entscheiden, ihre Raketen gegen feindliche Städte zu lenken. Andere wieder könnten auf Grund der lokalen Lage glauben, die USA seien bereits besiegt und es gebe keine andere Wahl, als zu kapitulieren. Wieder andere könnten, da sie keine Befehle mehr erhalten und von einem Chaos umgeben sind, unkontrollierbaren Angst- und Haßgefühlen erliegen und am Ende Wasserstoffbomben gegen alles richten, was sich in Sichtweite befindet[12].

Die Geschichte des Krieges im zwanzigsten Jahrhundert deutet darauf hin, daß, wenn die eine Seite ihre bewaffneten Streitkräfte wirksamer einsetzt, die andere Seite mit um so größerer Vehemenz und Stärke zurückschlägt. Wir kennen diesen Prozeß gut genug und haben ihn daher ›totaler Krieg‹ genannt; alles spricht für die Annahme, daß die letzte Phase in diesem Prozeß sich als zwangsläufige Folge einer Anwendung der ›Gegenschlag‹-Theorie ergeben würde[13].«

Trotzdem war die Kennedy-Regierung von der Durchführbarkeit eines Gegenschlag-Krieges so überzeugt, daß sie bereits detaillierte und umfangreiche Vorbereitungen unternommen hatte, um einen solchen Krieg beginnen zu können.

Das Grundprinzip, auf dem die Strategie einer Kontrolle und Flexibilität bei der Zielwahl basiert, selbst unmitten einer thermonuklearen Massenvernichtung, wurde von Verteidigungsminister McNamara offiziell am 17. Februar 1963 erläutert. Die Erklärung des Ministers ließ ferner erkennen, warum die Vereinigten Staaten nicht nur ein *gegen militärische Ziele*, sondern auch *gegen Städte* gerichtetes Potential aufzubauen im Begriff waren:

»Die Atomstreitmacht der USA ... ist imstande, einen nuklearen Überraschungsangriff zu überstehen und mit genügender Wirkung zurückzuschlagen, um die Raketenzielsysteme des Feindes zu zerstören ...

... Unsere Waffen können auf verschiedene Weise eingesetzt werden. Wir können gezwungen sein, mit einem einzigen massiven Angriff einen Vergeltungsschlag zu führen. Oder wir können unsere Vergeltungswaffen einsetzen, um den uns selber und unseren Verbündeten zugefügten Schaden dadurch in Grenzen zu halten, daß wir die Raketenbasen des Feindes unschädlich machen, bevor er Zeit gehabt hat, seine zweiten Salven abzufeuern. Vielleicht müssen wir versuchen, einen Krieg unter günstigen Bedingungen dadurch zu beenden, daß wir unsere Waffen als Verhandlungsmittel einsetzen – indem wir weitere Angriffe androhen[14].«

Nach Ansicht der Sowjets, die sich mehr dafür interessierten, womit die USA ihre Fähigkeit, als *erste* zu handeln, aufbauten und nicht lediglich dafür, was die USA mit flexiblen Reaktionen nach einem sowjetischen Angriff erreichen konnten, mochte die strategische Konzeption McNamaras einige ominöse Folgerungen beinhalten. Denn die sowjetischen Militärstrategen hätten zu dem Schluß kommen können, daß die oberste Führung in Washington zu irgendeinem Zeitpunkt versucht sein würde, zu ihrem eigenen ersten Schlag gegen *militärische Ziele* der Sowjets auszuholen und dann – nach Zerstörung der *militärischen Anlagen* – die sowjetischen Städte als »Geiseln« festzuhalten und Bedingungen nach Art der atomaren Erpressung zu diktieren, von der in der ersten Zeit des amerikanischen Atombombenmonopols die Rede war. Die Sowjetunion hatte einen großen Teil ihrer konventionellen Landstreitkräfte entlassen, so daß sie nicht mehr über dieses Abschreckungsmittel verfügte. Außerdem setzten die USA 1962 bis zum Frühjahr 1963 die europäischen Länder unter Druck, größere konventionelle Armeen auf die Beine zu stellen. Erwarteten die amerikanischen Militärplaner vom sowjetischen Oberkommando etwa, daß es diesen Entwicklungen mit Gleichmut zusah?

Um die Bewilligung eines riesigen Raketenprogramms durch die Kennedy-Regierung zu erläutern (das Institut für Strategische Studien schätzte 1962, daß der Vorsprung der USA an Interkontinentalraketen gegenüber der Sowjetunion bis 1965 im Verhältnis von rund 10:1 ansteigen würde[15]), muß man diese Anstrengungen im Rahmen der politischen Gesamtkonzeptionen des New-Frontier-Programms sehen. Um uns diese Konzeptionen zu vergegenwärtigen, brauchen wir uns nur an Präsident Kennedys Rede (als Senator) über die Aussichten einer Raketenüberlegenheit der Sowjets Anfang der sechziger Jahre zu erinnern:

»... Ihr Raketenpotential wird der Schild sein, hinter dem sie langsam, aber sicher vordringen ... Die Peripherie der freien Welt wird langsam angefressen werden. *Das Kräftegleichgewicht wird sich allmählich zu unseren Ungunsten verschieben.* Die für unsere Sicherheit lebenswichtigen Bereiche werden nach und nach von den Sowjets unterwandert und beherrscht werden. Jeder solcher sowjetischen Schritte führt zu einer Schwächung des Westens, doch ist offenbar keiner, für sich genommen, so bedeutsam, daß der Beginn eines Atomkrieges, der uns alle vernichten könnte, gerechtfertigt ist[16].« [Hervorhebung vom Autor.]

P. M. S. Blackett hat den Ausdruck ›Spiegelstrategen‹ für bestimmte Militärschriftsteller verwendet, die Fähigkeiten der eigenen Seite oder Absichten, die sie selber vielleicht unbewußt hegten, auf einen Gegner projizieren. Kennedys Rede über die ›Raketenlücke‹ gewährt einen aufschlußreichen Einblick in bestimmte Spiegelaspekte seiner eigenen Strategie. Die Überzeugung des Senators, daß eine Überlegenheit auf dem Raketensektor das Kräftegleichgewicht verschieben könnte, hätte dem Präsidenten als stichhaltiges Argument zugunsten einer Erweiterung des Raketenpotentials dienen können, das er bei seinem Amtsantritt vorfand. (Selbst die Strategie des »Annagens« weist vielleicht Aspekte der Spiegelstrategie auf. Die Invasion Kubas wurde nämlich unter der Drohung russischer Raketen durchgeführt; es ist in diesem Zusammenhang von großer Bedeutung, daß Kennedy beim Zusammenbruch der Invasion äußerte: »Wir beabsichtigen nicht, uns von den Russen *Vorhaltungen machen zu lassen*«, sollte die Zeit für eine Intervention der USA kommen. Er sagte nicht, wir beabsichtigen nicht, uns von ihnen *abschrecken* bzw. *abhalten* zu lassen. Seine *eigene* Überlegenheit an Raketen ermöglichte es ihm damals, die russische Drohung als nicht »glaubhaft« anzusehen.) Dies war um so mehr der Fall, als Kennedy einer Verschiebung des Kräftegleichgewichts entscheidendes Gewicht beigemessen hatte – sie war nach den Worten des Senators der Schlüssel zu einer auf dem Verhandlungswege erreichten Einigung mit den Russen, die nicht gewillt waren, in fruchtbare Verhandlungen einzutreten, solange sie davon überzeugt waren, daß sich das Kräfteverhältnis in der Welt zugunsten der Amerikaner verschob.

Aber bereits die Überzeugung, daß in diesem Stadium sich ein Raketenpotential in ein derart entscheidendes politisches Potential ummünzen lassen könnte, war recht fragwürdig und darüber hinaus tief verwurzelt in dem seinerzeit völlig unangebrachten Vertrauen der USA auf die Macht der Atombombe und dann der Wasserstoffbombe, um die Russen zur Aufnahme »fruchtbarer Verhandlungen« zu zwingen. Ein prägnantes Beispiel einer solchen Denkweise unter den Strategen der Kennedy-Regierung zitiert P. M. S. Blackett in seiner kritischen Untersuchung der einst von Henry A. Kissinger, einem Präsidentenberater und jetzt einflußreichen Beamten in der neuen Regierung, vertretenen Ansichten:

»Über die Zeit des nuklearen Monopols, als die USA, wie Kissinger implizit voraussetzt, die UdSSR leicht und billig hätten vernichten können, schreibt er: ›Es gelang uns nie, unsere militärische Überlegenheit in einen politischen Vorteil umzumünzen.‹ Diese Stelle zeigt bei einem geistig so differenzierten Denker eine unerwartet naive Betrachtungsweise. Sie ist symptomatisch für den fast mystischen Glauben der Amerikaner an die Leistungen der Technik; ihre tiefere Bedeutung war, daß man von den Vereinigten Staaten vernünftigerweise den Einsatz ihres Monopols der Bombe hätte erwarten können, um daraus einen dauernden politischen Vorteil zu ziehen, und zwar ohne einen Krieg führen, ja nicht einmal androhen zu müssen[17].«

Wenn die Vermutung, daß Kennedy eine Überlegenheit auf dem Raketensektor im Rahmen traditioneller Machtpolitik in einen politischen Vorteil umzumünzen hoffte, richtig ist und falls er glaubte, daß beim Ausbruch eines Atomkrieges die angerichteten Zerstörungen unter Kontrolle gehalten werden könnten, dann besteht ein eindeutiger Unterschied zwischen seiner und Eisenhowers Ansicht über Verteidigungsangelegenheiten. Auf einer Pressekonferenz am 9. Februar 1956 hatte Eisenhower nämlich ernste Zweifel an der Zweckmäßigkeit eines Raketenwettrüstens geäußert:

»Können Sie sich einen Krieg vorstellen, der mit Atomraketen geführt wird in dem Bewußtsein, daß Atomraketen so gut wie wertlos sind, wenn sie nicht einen Atomsprengkopf von gewaltiger Wirkung haben? Raketen sind nicht so treffsicher, wie ein Gewehr oder wie eine aus einem Flugzeug abgeworfene Bombe, folglich müssen Sie sich diese Dinger in großer Zahl vorstellen unter Verwendung einer Art Minution, und das bedeutet eben totale Vernichtung ... Wollte man plötzlich alles andere stoppen und nur dieses eine tun [d. h. sich auf Raketen konzentrieren], arbeitet man auf eine Hypothese hin, die meines Erachtens keinen Krieg mehr zuläßt, denn der Krieg ist ein Wettkampf, und schließlich gelangt man zu einem Punkt, wo man nur noch von Völkerselbstmord spricht, und von nichts anderem[18].« (Dies hinderte Eisenhower jedoch nicht daran, den Einsatz von Kernwaffen unter solchen Umständen in Erwägung zu ziehen, wo seiner Ansicht nach kein Vergeltungsschlag erfolgen würde [z. B. ein möglicher Angriff gegen China während der Krise von 1958]: »Es kam mir nie der Gedanke, warum die USA eigentlich keine Kernwaffen einsetzen sollten, falls sie damit den Interessen ihres Landes am besten dienen könnten« [*Waging Peace*, 1966].)

Die Kennedy-Regierung setzte sich nicht nur über Eisenhowers Vorbehalte hinweg, als sie im Frühjahr 1961 eine Steigerung ihres Raketenprogramms anordnete, sie versäumte es auch, die Auswirkungen dieser Herausforderung auf die Politik der Sowjetunion einer gewissenhaften Prüfung zu unterziehen. Wie es ein guter Kenner der Atompolitik der Regierung geschildert hat:

»Das Entmutigendste beim Studium der Entwicklung der Kennedyschen Kernwaffenstrategie ist, daß ich nicht ein einziges Mal auf einen der Öffentlichkeit zugänglich gemachten Versuch gestoßen bin, irgendwelche durch unsere eigene Politik ausgelösten Veränderungen im Tempo des sowjetischen Raketenbauprogramms abzuschätzen oder zu berücksichtigen oder wenigstens Vermutungen darüber anzustellen. Man kann natürlich nicht in Erfahrung bringen, was im zensierten Teil der Hearings gesagt worden ist, doch in all den vielen Reden und den vielen hundert Seiten von Protokollen, die ich unlängst gelesen habe, fand ich nicht einen einzigen Hinweis, nicht die geringste Andeutung, daß irgend jemand im Verteidigungsministerium gefragt hat: ›Wie wird sich die Beibehaltung dieser oder jener Strategie auf die sowjetischen Pläne für die Entwicklung, Beschaffung und Installierung weiterer Raketen auswirken?‹

Noch unglaublicher, noch entmutigender ist die Tatsache, daß nicht ein einziger Senator, nicht ein einziges Mitglied des Repräsentantenhauses ermittelt werden konnte, das solche Fragen an Gewährsleute des Verteidigungsministeriums gerichtet hatte.

Es wird offenbar angenommen, daß wir in den Teufelskreis eines Wettrüstens eingeschlossen sind, aus dem schon der Versuch, uns zu befreien, nicht ganz ungefährlich ist, daß jedoch bei diesem Wettrüsten ihre Seite fast völlig unabhängig von dem handelt, was unsere Seite tut[19]!«

Die amerikanischen Planer waren natürlich in einer ausgezeichneten Lage, um die Reaktionen beurteilen zu können, die einzuleiten sich ihre sowjetischen Gegenspieler auf Grund des beschleunigten Rüstungsprogramms der USA veranlaßt sehen mochten. Da sie früher selber angeblich durch die ›Raketenlücke‹ benachteiligt worden waren, konnten sie es nicht allzu schwer finden, die Dinge, wie sie damals standen, »von der anderen Seite aus« zu sehen.

Als Antwort auf die Aussicht, daß die Sowjets eine Überlegenheit an Interkontinentalraketen erlangen könnten, entschlossen sich die USA 1957 zu dem Schritt, in den europäischen Ländern ihrer NATO-Verbündeten Mittelstreckenraketen zu lagern. 1962, als sich die Sowjetunion einem ähnlichen unausgewogenen Verhältnis des Potentials an Interkontinentalraketen gegenübersah, zögerte sie nicht, Mittelstreckenraketen im Lande ihres Verbündeten in der westlichen Hemisphäre, nämlich in Kuba, zu lagern. (Vgl. Charles Bolton, ›Cuba: Pivot to the Future‹, *The Nation* vom 17. November 1962; ferner Lippmann: »Sehr wahrscheinlich entsprang das gewagte Spiel der Sowjets mit den Raketen in Kuba ebenfalls einem verzweifelten Versuch, die Raketenlücke zu schließen« [*Newsweek* vom 21. Januar 1963]. Obwohl mir dies der ausschlaggebende Grund für den sowjetischen Schritt zu sein scheint, liegen stichhaltige Beweise für das Argument vor, daß die Raketen auf Kuba tatsächlich gelagert wurden, um in erster Linie eine amerikanische Invasion zu verhindern. Vgl. Leslie Dewart, ›Kennedy's Missile Crisis: A Second Look‹, *Studies on the Left*, Frühjahr 1965 [wo ebenfalls behauptet wird, Kennedy habe von den

Raketen gewußt und Chruschtschow absichtlich in eine Falle gelockt].
Es liegen Beweise vor, daß eine Invasion zu diesem Zeitpunkt geplant, wenn auch noch nicht gebilligt war. Miró Cardona, dem Führer der Exilkubaner, zufolge hatte Präsident Kennedy am 4. Mai 1961 nach dem Fiasko in der Schweinebucht die volle Unterstützung der USA für eine neue Invasion Kubas zugesagt. Am 10. April 1962 versicherte der Präsident Cardona, »›daß das Problem im wesentlichen militärischer Natur sei und zur Lösung sechs Divisionen erfordere‹, daß der [Rebellen-]Rat das Hauptkontingent an Soldaten stellen würde und daß wir keine einseitige Haltung einnehmen sollten, weil dies auf dem Kontinent kritische Stimmen laut werden lassen würde«. Drei Monate später traf die erste Schiffsladung sowjetischer Waffen in Kuba ein. Der Text der Erklärung Cardonas erschien in der *New York Times* vom 19. April 1963 und wird in dem bereits erwähnten Buch von Scheer und Zeitlin auf den Seiten 219–222 zitiert.)

24. *Die Kraftprobe der Kubakrise*

Die Reaktion der USA auf die Verlagerung bzw. Stationierung sowjetischer Raketen in Kuba war eindeutig, energisch und entscheidend. Am 22. Oktober sprach Präsident Kennedy im Fernsehen, um der Nation, den Russen und der übrigen Welt mitzuteilen, daß er eine Blockade Kubas angeordnet habe, um das Eintreffen weiterer Raketen auf der Insel zu verhindern, und daß, falls die Vorbereitungen für die Errichtung von Raketenabschußbasen nicht eingestellt würden, »weitere Maßnahmen« ergriffen würden. (Das Wort, das der Präsident benutzt hatte, war »Quarantäne«, obwohl während der gesamten Planung die Aktion von allen Beteiligten als »Blockade« bezeichnet wurde, was sie ja auch in Wirklichkeit darstellte. Für diesen Bericht stütze ich mich auf die detaillierte tagweise Darstellung der Krise, wie sie vom Washingtoner Büro der *New York Times* zusammengetragen und in der Internationalen Ausgabe vom 6. November 1962 abgedruckt wurde.) Unter den »weiteren Maßnahmen« konnte man entweder die Ausdehnung des Embargos auf Erdöllieferungen oder aber einen Luftangriff verstehen. Bis zum Ende der kritischen Woche war die letztere Alternative zu einer realen Möglichkeit geworden. (Ebd. Dieser Luftangriff hätte sich wahrscheinlich gegen die kubanischen Fliegerabwehrbatterien gerichtet, die ein U-2-Flugzeug abgeschossen und das Feuer auf andere Flugzeuge eröffnet hatten.)

In seiner Ansprache sagte Präsident Kennedy:
»... Diese heimliche*, rasche**, außergewöhnliche Konzentrierung kommunistischer Raketen – in einem Gebiet, das bekanntermaßen besondere und historisch bedingte Beziehungen zu den Vereinigten Staaten und den Völkern der westlichen Hemisphäre unterhält, unter Verletzung der sowjetischen Zusicherungen*** und ungeachtet der amerikanischen und der westlichen Politik – diese plötzliche, heimliche Entscheidung, zum ersten Mal strategische Waffen außerhalb der Sowjetunion zu stationieren, stellt eine vorsätzliche, provokatorische und ungerechtfertigte Veränderung des Status quo dar, die von den USA nicht hingenommen werden kann, falls unsere Freunde oder Feinde jemals wieder ihr Vertrauen auf unsere Tapferkeit und unsere Verpflichtungen setzen sollen[1].«
Auf diese Weise rechtfertigte Präsident Kennedy das extreme Vorgehen der USA gegen das Manöver der Sowjets, nämlich die Verhängung einer Seeblockade, die eigentlich eine kriegerische Handlung war und daher die UN-Charta und ausgerechnet die Verträge der OAS (Organisation Amerikanischer Staaten) verletzte, die der Präsident als Grundlage für die Besorgnis der Vereinigten Staaten zitierte****. Die Aktion der USA gewann sogar noch an Bedeutung, indem sie sich auf eine Prüfung der sowjetischen Absichten, ja auf das Risiko einer Kraftprobe einließ, die nicht nur das Leben und das Schicksal des sowjetischen und des amerikanischen Volkes aufs Spiel gesetzt hätte, sondern auch das von Hunderten von Millionen Menschen in

* Vgl. jedoch das *Wallstreet Journal* vom 24. Oktober: »... Die Behörden hier sind fast alle zu einer wichtigen Vermutung gekommen, daß nämlich Mr. Chruschtschow angenommen haben muß, seine kubanischen Raketenabschußbasen würden bald entdeckt werden. ›Die Russen, so scheint es fast, haben ganz entgegen ihrer Gewohnheit die Aufmerksamkeit förmlich darauf gelenkt‹, ließ ein Sachverständiger verlauten, der das photographische Beweismaterial geprüft hatte.« Vgl. ferner K. S. Karol, *New Statesman* vom 2. November 1962: »Viele Militärs wunderten sich über die Offenheit, mit der die Sowjets in Kuba ihre Vorbereitungen trafen, wobei sie ständig von amerikanischen Flugzeugen überwacht wurden. In diesem Fall ließe sich die Verschiffung sowjetischer Raketen nach Kuba mit der Verstärkung der amerikanischen Garnison in Berlin zur Zeit der letzten Berlin-Krise vergleichen. In Berlin wollte Kennedy fest zum Ausdruck bringen, daß das Leben von Amerikanern auf dem Spiel stehe und daß er im Falle sowjetischen Drucks einen neuen Weltkrieg riskieren würde.«

** Vgl. jedoch Hanson Baldwin, *New York Times*, Internationale Ausgabe vom 1. November 1962: »Nach Ansicht von Kongreßabgeordneten und Militärs umgibt noch immer ein beachtliches Geheimnis *die plötzliche Entscheidung der Regierung*, über Kuba eine Blockade zu verhängen, nachdem dort Raketen stationiert anderen Ländern, deren Regierungen an den Entscheidungen, die zur Krise geführt oder ihr später konkrete Form verliehen hatten, nicht beteiligt waren.

Daher ist es von mehr als nur vorübergehender Bedeutung, daß das Wesen der sowjetischen Herausforderung richtig verstanden wird, liefert doch die Kuba-Krise die erste reale Grundlage für Anhaltspunkte, wie die atomare Zukunft ohne eine Art allgemeinen Disengagements aussehen würde. Es ist nun interessant festzustellen, daß das Kernproblem, um das es bei der Kuba-Krise ging, damals gar nicht begriffen wurde und daß sich ganz allgemein auch später ein falscher Eindruck mit einer Beharrlichkeit sondersgleichen gehalten hat. Diese Fehleinschätzung der Krise macht geltend, die USA seien beunruhigt gewesen, weil durch das Vorhandensein von Raketen in Kuba das militärische Kräftegleichgewicht, d. h. der nukleare Status quo, aufgehoben bzw. erheblich verändert wurde.

Offenbar war aber in diesem Fall der Wunsch der Vater des Gedankens, nämlich daß die Leute es gern glauben würden, ein thermonuklearer Krieg werde nur dann ausgelöst (ein Zufall ausgenommen), wenn die Sicherheit einer der Großmächte bedroht ist oder wenn eine ähnlich eindeutige Situation, die eine Selbstverteidigung bedingt, auf dem Spiel steht. Zusätzlich zu der durch Wunschdenken angerichteten Verwirrung mögen auch Botschafter Stevensons Bemerkungen vor der UNO am 23. Oktober dazu beigetragen haben, viele Leute zu täuschen:

»Wenn die Sowjetunion Tausende von Militärtechnikern in

wurden, womit schon vor Wochen oder gar Monaten begonnen worden sein muß. ... Die Frage, die sich ergibt ..., ist, ob die diesbezüglichen Tatsachen, die vom Geheimdienst während des ganzen Sommers und im Frühherbst zusammengetragen worden sein müssen, genau ausgewertet wurden oder ob politische Erwägungen die Schätzungen des Geheimdienstes diktierten oder sie zurückwiesen.« [Hervorhebung vom Autor.]

*** D. h. Gromykos Zusagen vom 18. Oktober, daß die Raketen für Verteidigungszwecke bestimmt seien. Dies ist jedoch keineswegs eine eindeutige Formulierung, eine Tatsache, die durch die folgende Stelle aus dem oben erwähnten Aufsatz Baldwins unterstrichen wird: »Militärische Kreise weisen darauf hin, daß zahlreiche Regierungsbeamte, darunter ein hoher Beamter des State Department, mit Nachdruck die Existenz sowjetischer Angriffsraketen in Kuba bis unmittelbar vor der Rede des Präsidenten bestritten.«

**** Arthur Larson und andere haben behauptet, daß der Schritt der USA, weil er ein Akt der Selbstverteidigung gewesen sei, mit den Grundsätzen der UN-Charta in Einklang gestanden habe. Aber dies setzt voraus, daß die Stationierung sowjetischer Raketen auf Kuba das atomare Kräftegleichgewicht änderte. Eine solche Annahme wird durch die Tatsachen nicht bestätigt.

ihren Satellitenstaat in der westlichen Hemisphäre entsendet, wenn sie Düsenbomber entsendet, die Atombomben abwerfen können, wenn sie in Kuba Raketen installiert, die Atomsprengköpfe befördern und den Panama-Kanal, Mexico City und Washington ausradieren können ..., so stellt dies eine eindeutige Bedrohung der westlichen Hemisphäre dar. Und wenn die Sowjetunion auf diese Weise *das prekäre Gleichgewicht in der Welt stört,* stellt dies eine Bedrohung der ganzen Welt dar.« [Hervorhebung vom Autor.]

Stevenson vermied es wohlweislich zu sagen »das prekäre *Gleichgewicht des Schreckens* in der Welt stört« oder auch nur von einem *Kräfte*gleichgewicht zu sprechen, ebenso wie Präsident Kennedy in seiner Erklärung jeglichen Hinweis auf ein *Gleichgewicht* von Atomwaffen vermied, und das mit gutem Grund. Falls sich nämlich die nukleare Lage bis zu diesem Punkt in der von uns geschilderten Weise entwickelte, dann hätten die zweiundvierzig auf Kuba stationierten Raketen[2] auf das nukleare Gesamtgleichgewicht überhaupt keine Wirkung gehabt (es sei denn, um es möglicherweise stabiler zu machen).

Daß dies in der Tat der Fall war, wurde vom stellvertretenden Verteidigungsminister Gilpatric am 11. November im Rahmen einer Fernsehsendung klargemacht. Der *New York Times* vom 12. November zufolge

»... machte Mr. Gilpatric zwei Bemerkungen zum Gesamtraketenpotential der Vereinigten Staaten im Vergleich zu dem der Sowjetunion.

Erstens sind Beamte des Verteidigungsministeriums, wie er sagte, der Meinung, daß die USA einen durchaus meßbaren Vorsprung an strategischen Waffen besitzen.

Zweitens äußerte er sich unter Anspielung auf die Stationierung sowjetischer Raketen in Kuba: *›Ich glaube nicht, daß wir durch die Macht der Sowjetunion in ihrer Gesamtheit danach stärker bedroht waren als zuvor.‹«* [Hervorhebung vom Autor.] (Das Institut für Strategische Studien schätzte Ende Oktober 1962 das Langstreckenraketenpotential der beiden Mächte wie folgt ein: Sowjetunion 75 Interkontinentalraketen; USA 450 bis 500 Raketen mit einer maximalen Reichweite von über 2000 Meilen [*New York Times,* Internationale Ausgabe vom 9. November 1962].)

Was stand also bei der Stationierung sowjetischer Raketen in Kuba auf dem Spiel? Welche Herausforderung oder Drohung machte ein Eingreifen der USA erforderlich, das nicht nur die Grundlagen des Völkerrechts verletzte, sondern auch das Gespenst eines allgemeinen und weltweiten Atomkrieges heraufbeschwor? (Das Hauptrisiko war nicht lediglich mit einer Entscheidung der UdSSR verknüpft, sich in einen solchen Krieg einzulassen, sondern lag vor allem darin, daß die Krise ganz

allgemein außer Kontrolle geriet. So schreibt die *New York Times* in einem Bericht über die Krise, daß am Sonnabend, dem 27. Oktober »die Vernichtung feindlicher Flugzeugabwehrbatterien auf der Insel durchaus im Bereich realer Möglichkeiten lag und *es Zweifel darüber gab, wie lange noch die Krise unter Kontrolle gehalten werden konnte* ... Man saß herum und vertraute auf die nukleare Überlegenheit Amerikas gegenüber der Sowjetunion *[sic]*, aber dies war nur ein geringer Trost, falls die Russen sich entschließen sollten, einen Krieg zu beginnen, den keine Seite gewinnen konnte. Der Präsident ließ an jenem Abend die ernste Bemerkung fallen, daß die Situation seiner Meinung nach auf des Messers Schneide stehe und jetzt jederzeit ›so oder so‹ verlaufen könne.« [Hervorhebung vom Autor.]) Die bloße Tatsache, daß die Sowjets in Kuba ein Raketenpotential aufzubauen sich anschickten, konnte es nicht gewesen sein, da dies bereits seit Juli in vollem Gange war[3]. Es war offenbar nicht die materielle Präsenz von Raketen für »Angriffszwecke«, denn wenn wir dem stellvertretenden Verteidigungsminister Gilpatric und den Beweisen des Instituts für Strategische Studien sowie den früheren Erklärungen Gilpatrics und McNamaras über das Raketenpotential der beiden großen Atommächte Glauben schenken sollen, waren die USA von der sowjetischen Streitmacht in ihrer Gesamtheit nach der Stationierung von Raketen auf Kuba nicht mehr bedroht als vorher. Was also lag der sowjetischen Herausforderung zugrunde?
Die Antwort auf diese Fragen gab Präsident Kennedy selber während eines Fernseh-Interviews am 17. Dezember 1962:
»[Die Russen] planten im November, vor aller Welt zu enthüllen, daß sie diese Raketen in so großer Nähe der Vereinigten Staaten besaßen. Nicht, daß sie beabsichtigten, diese Raketen auch abzufeuern, denn wenn sie eine atomare Auseinandersetzung beginnen wollten, haben sie ihre eigenen Raketen in der Sowjetunion. Aber es hätte *politisch* das Kräftegleichgewicht verändert, *es hätte den Anschein erweckt, als ob – und der Anschein trägt zur Realität bei.*« [Hervorhebung vom Autor.]
Offenbar war es also ein *politisches* Kräftegleichgewicht, dessen Gefährdung man befürchtete[4], und dieses politische Gleichgewicht war eine Frage des äußeren Scheins – des Prestiges vermutlich –, die politischen Folgen einer nach dem Urteil der Welt und der inneren Kritiker der Kennedy-Regierung*, wie es

* Am 15. Oktober hielt Eisenhower eine Rede, in der er die Kennedy-Regierung beschuldigte, keine »entschlossene« Außenpolitik getrieben zu haben. Während der acht Jahre seiner eigenen Regierung, erklärte Eisenhower, »erlebten wir keinen Verzicht auf Verantwortung. Wir fanden uns nicht dazu bereit, unser einmal gegebenes Ehrenwort zu brechen oder von unseren Grundsätzen abzurücken. Es wurde keine Mauer [in Berlin] gebaut. Es wurden

aussah, ungestraft begangenen Herausforderung der Sowjets. Die Russen nicht zum Rückzug gezwungen zu haben, hätte Beschwichtigung bedeutet, wäre ein Zeichen dafür gewesen, daß die USA, wurden sie herausgefordert, der Sowjetmacht entgegenzutreten nicht imstande waren und daß dadurch weiteren Herausforderungen, möglicherweise einer Krisensituation um Berlin, Tür und Tor geöffnet worden wäre. Dies erklärt, warum Chruschtschows Angebot vom 27. Oktober, die Raketenbasen in der Türkei gegen die Stützpunkte in Kuba auszutauschen, abgelehnt wurde. Der in der *New York Times* veröffentlichte Bericht über die Zurückweisung deutet sogar darauf hin, daß der Entscheidung Erwägungen zugrunde lagen, die mit dem politischen Prestige eng verknüpft waren:

»Ein solcher Vorschlag war bereits als unannehmbar zurückgewiesen worden; obwohl die Raketenbasen in der Türkei *keinen großen militärischen* Wert hatten, waren sie für einen starken Verbündeten von *großer symbolischer* Bedeutung. Die Sicherheit der Türkei aufs Spiel zu setzen [d. h. die Sicherheit der Türkei *scheinbar* aufs Spiel zu setzen, D. H.], hätte einen Schlag für das westliche Bündnis bedeutet und es vielleicht sogar ins Wanken gebracht. [Hervorhebung vom Autor.]

Die militärische Bedeutungslosigkeit der Raketenstützpunkte in der Türkei und die symbolische Bedeutung der Tatsache, mit den Sowjets nicht zu verhandeln, wurden in einem Titelseitenbericht der *New York Times* vom 21. Januar 1963, also nicht ganz drei Monate früher, hervorgehoben:

»Die türkische Regierung hat auf Vorschläge der USA, ihre Abschußbasen für Jupiter-Raketen aufzulösen, günstig reagiert ... Diese Jupiter-Raketen abzuziehen, wurde hier bereits *einige Zeit vor* der Krise im letzten Herbst über die Stationierung sowjetischer Raketen in Kuba erwogen.« [Hervorhebung vom Autor.]

Die Tatsache, daß die Auflösung der Raketenbasen in der Tür-

keine ausländischen Stützpunkte [d. h. in Kuba] errichtet. Ein Krieg wurde beendet [d. h. in Guatemala], und Kriege im Anfangsstadium wurden vereitelt« (*New York Times*, Internationale Ausgabe vom 16. Oktober 1962). Auf der anderen Seite sollte der innenpolitische Druck auf Kennedy, etwas in der Kuba-Frage zu unternehmen, nicht überbetont werden. Drei getrennt veranstaltete Umfragen einschließlich einer Umfrage des Gallup-Instituts eine Woche vor der Krise zeigten, daß seit April 1961 (bzw. 15 Monate bevor die Sowjets mit der Stationierung von Raketen auf Kuba begonnen hatten) eine Invasion Kubas in der Öffentlichkeit noch immer keinen weiterreichenden Anklang gefunden hatte. Den Ergebnissen der Gallup-Umfrage zufolge stimmten 24 Prozent für eine Invasion, 63 Prozent waren dagegen und 13 Prozent hatten keine Meinung.

kei *vor* der Kuba-Krise in Erwägung gezogen worden war, wirft die Frage auf, warum es überhaupt zu einer Krise kam. Weshalb wurde beispielsweise dem sowjetischen Botschafter nicht *unter vier Augen* ein ultimativer Vorschlag unterbreitet, ehe die Präsenz sowjetischer Raketen auf Kuba vor der Weltöffentlichkeit enthüllt und das Prestige der USA aufs Spiel gesetzt wurde? (Da sowohl Kuba selber als auch die Kuba anlaufenden Schiffe unter ständiger Überwachung standen, wäre es für die Kennedy-Regierung verhältnismäßig einfach gewesen, bei der Abfassung eines Ultimatums pedantisch korrekt vorzugehen und die Befolgung des Ultimatums durch die Sowjets in aller Seelenruhe nachzuprüfen.) Ein solcher Schritt wäre das *normale* diplomatische Verfahren gewesen (und wurde tatsächlich von Stevenson vorgeschlagen[5]). Wie James Reston am 27. Oktober schrieb:

»Der neue diplomatische Stil Kennedys macht sich jetzt in der Kuba-Krise bemerkbar. Es ist eine sehr personengebundene und nationale Diplomatie. Es handelt sich um Machtdiplomatie im alten klassischen europäischen Stil, die sich schon durchsetzte, ehe die mächtigen Männer sich darum sorgten, Verbündete oder Parlamente oder internationale Organisationen zu konsultieren ...

[Der Präsident] hielt sich nicht an die normalen diplomatischen Gepflogenheiten, seinem Gegenspieler die Möglichkeiten offen zu lassen, sich zu behaupten oder sich unauffällig zurückzuziehen, sondern ließ den sowjetischen Außenminister aus dem Weißen Haus gehen, ohne ihm auch nur den geringsten Hinweis gegeben zu haben, was geplant war, und verkündete dann im Fernsehen, daß über Kuba eine Blockade verhängt worden war[6].«

Obwohl Reston im allgemeinen Kennedys »Spiel mit der Macht« billigte, machte er einige Vorbehalte hinsichtlich der Klugheit eines solchen Manövrierens geltend:

»Diese forsche und unstete Diplomatie läßt sich jedoch nicht ohne Verluste betreiben. Die politische Reaktion innerhalb der Nation und innerhalb der Allianz war der Regierung zwar angenehm, aber sie ist irreführend und täuscht, weil sie als private Reaktion mit der politischen nicht identisch ist.

Im stillen werden einzige Zweifel geäußert. Zunächst ist es für viele Leute schwer zu glauben, daß die Abschußbasen für sowjetische Angriffsraketen auf Kuba gleichsam über das Wochenende wie Pilze aus dem Erdboden schossen, und somit besteht ein erheblicher Verdacht, daß entweder der offizielle Geheimdienst doch nicht so gut arbeitete, wie behauptet wurde, oder aber die Regierung Tatsachen zurückhielt.

Zweitens glauben viele Diplomaten innerhalb der Allianz immer noch, daß es nicht richtig war, Chruschtschow in aller

Öffentlichkeit vor die Wahl zu stellen, zu kämpfen oder sich zurückzuziehen, um so mehr, als die Sicherheit zahlreicher nicht konsultierter Länder auf dem Spiel stand ...«

Die geheimnisvollen Umstände, unter denen die Konzentration von Raketenwaffen auf Kuba entdeckt wurde, die ungewöhnliche Art der Krisendiplomatie sowie das Nichtvorhandensein einer unmittelbaren militärischen Bedrohung weisen sämtlich auf einen bedeutenden dynamischen Faktor in der Planung der US-Politik hin. Einen weiteren Beweis, daß die Motive hinter dem Vorgehen der USA in der Kuba-Krise durchaus dynamischen Charakter hatten und nicht nur Reaktionen waren, lieferte damals eine bemerkenswerte Reihe von Aufsätzen des gut unterrichteten Kommentators der *New York Times*, C. L. Sulzberger (erschienen am 20., 22. und 24. Oktober[7]). Vier Monate später[8] faßte Sulzberger seine früheren Schlußfolgerungen in einem Rückblick wie folgt zusammen:

»Einige Wochen vor der Kuba-Krise kam Washington zu dem Schluß, daß Chruschtschows im Jahre 1957 begonnene Offensive des Kalten Krieges abzuflauen im Begriff war. Daher entschloß man sich zu einer Kraftprobe mit Rußland zu einem Zeitpunkt und an einem Ort, den Washington selber bestimmen wollte. Chruschtschow wollte es mit seinem Raketenplan im Karibischen Meer überraschenderweise offenbar ebenfalls auf eine Kraftprobe ankommen lassen. (»Überraschenderweise« deswegen, weil seine Machtposition so schwach war. Dies deutet darauf hin, daß Chruschtschows Schritt eine Fehlkalkulation war. [Vgl. James Reston, *New York Times*, Internationale Ausgabe vom 24. Oktober, »Khrushchev's Mistake on Cuba«.]) Er wählte einen Zeitpunkt – Oktober –, der offensichtlich auch uns paßte. Die Geschichte wird darüber zu befinden haben, für wen Kuba der richtige Ort war.«

In seinem Aufsatz vom 21. Oktober, den er in Paris *vor* Verkündung der Blockade geschrieben hatte, zeichnete Sulzberger die Geschichte des Kalten Krieges aus der Sicht der Kennedy-Regierung nach und deutete die Gründe dafür an, warum eine Kraftprobe von der Führung der USA für wichtig gehalten wurde (Sulzberger glaubte, die Machtprobe würde in Berlin stattfinden, was auf die Unwahrscheinlichkeit hinweist, daß er von der bevorstehenden Auseinandersetzung um Kuba etwas wußte). »Washington«, schrieb er, »ist davon überzeugt, daß in der Berlin-Frage ein Moment der Entscheidung bevorsteht und daß der Westen es sich nicht leisten kann, dieser Konfrontation auszuweichen, daß, wenn wir jetzt der Krise mit Standhaftigkeit begegnen und sie überwinden, die internationale Waagschale sich allmählich zu unseren Gunsten zu senken beginnen wird.« Auf Grund dieser Überzeugung legt Washington, wie Sulzberger bemerkt, »auf eine unumschränkte Vorrangstellung als Führungsmacht« Wert, die unter den Alliierten, die eine Konfrontation über Berlin zu vermeiden wünschen, »einige Besorgnis« verursacht. »Dennoch sehen wir darin eine Möglichkeit, Rußlands zweite Offensive des Kalten Krieges abzuwenden.«

Rußlands erste ›Offensive‹ wurde, Sulzberger zufolge, vor fünfzehn Jahren von Stalin in Griechenland begonnen, »dort zum Stillstand gebracht, in Berlin verhindert und durch die 1951 auf den Schlachtfeldern von Korea errungenen Siege endgültig unter Kontrolle gebracht« (Sulzbergers Anspielung auf die Siege von 1951 beruht auf seiner Annahme, die Chinesen seien in den Koreakrieg im Rahmen der Stalinschen Offensive und nicht als Folge der Provokation MacArthurs eingetreten. Was Griechenland betrifft, wo Stalin sich den Aufständischen widersetzte, ist diese Hypothese angesichts der Tatsachen unhaltbar). Rußlands zweite oder ›Chruschtschow-Offensive‹ leitete sich aus dem Start des Sputnik her, »als Moskau hoffte, sein Ansehen [*sic, nicht* seine Überlegenheit oder Macht] auf dem Gebiet der Raketenwaffen gegen neuen Grund und Boden einzutauschen«. Bei dieser zweiten Offensive gelang es dem Kommunismus nicht, »die arabische Welt, Guinea oder den Kongo für sich zu gewinnen«. Noch während diese Mißerfolge zur Kenntnis genommen wurden, »entstand innerhalb der kommunistischen Welt ein erheblicher Druck«. Chruschtschow versuchte, mit diesem Druck – Unruhen in den Satellitenstaaten, der Bruch mit China, Schwierigkeiten in Rußlands Lebensmittelversorgung – fertig zu werden, hatte aber bis zum Oktober 1962 »kein Universalheilmittel« gefunden. »Die USA sind infolgedessen davon überzeugt, daß Chruschtschow mit großen Schwierigkeiten zu kämpfen hat und nach einer Art Triumph für seine Propaganda sucht ... Wir glauben, daß es erforderlich ist, Risiken einzugehen, wenn wir Chruschtschow warnen und ihm unmißverständlich vor Augen halten, in welcher Klemme er sich befindet.«

Am 23. Oktober[9] schloß Sulzberger seine Artikelserie mit einer Analyse der Kubakrise, die am Tag zuvor begonnen hatte. »Der in den vorhergehenden Spalten geschilderte neue Trend in der Politik der USA«, begann Sulzberger,

»hat jetzt in einer Machtprobe mit Rußland seinen Höhepunkt erreicht. Präsident Kennedy beschloß, gegen Chruschtschows Offensive des Kalten Krieges etwas zu unternehmen, und zwar zu einem Zeitpunkt und an einem Ort seiner eigenen Wahl ... Dieses beabsichtigte Risiko wurde vermutlich aus den früher analysierten Gründen eingegangen. Washington ist offenbar der Ansicht, daß es Zeit sei, Chruschtschows Offensive des Kalten Krieges unter Kontrolle zu bringen und in ihr Gegenteil zu verkehren. Wir haben uns entschlossen, die Entscheidung selber zu erzwingen, und zwar ohne vorherige Billigung durch unsere Verbündeten, so daß uns noch einige unerfreuliche diplomatische Aktivität bevorsteht ...

... *Einige unserer Politiker haben dies schon seit Wochen angedeutet.«* (Am 24. September erhielt Kennedy die Genehmigung, 150 000 Reservisten einzuberufen. »General Curtis Le May ließ Nachschub nach Florida fliegen; diese Mission sollte bis zum 10. Oktober beendet sein, während das taktische Luftkommando bis zum 20. Oktober kampfbereit sein sollte ... Lassen diese Daten darauf schließen, daß der Stabschef der Luftwaffe die Krise gegen Ende Oktober erwartete?« [Henry M. Pachter, *Collision Course*, 1963, S. 7, Anm.]) *»Sie wußten, wovon sie sprachen. Man muß annehmen, daß sie es waren, die diese Kraftprobe geplant haben.«* [Hervorhebung vom Autor.]

Mit anderen Worten: Nachdem die Kennedy-Regierung ein eigenes beachtliches Raketenpotential aufgebaut und die Pläne für einen raschen Ausbau dieser Überlegenheit in den nächsten Jahren ausgearbeitet hatte, wartete sie lediglich auf eine günstige Gelegenheit, der Welt ihre atomare Überlegenheit zu beweisen und mit dem so gewonnenen Prestige den Vorrang als Weltmacht zu behaupten. Der Probefall sollte in Berlin stattfinden, als Kuba sich anbot (oder, wie Dewart behauptet, als Washington imstande war, einen solchen Testfall im Karibischen Meer zu inszenieren).

Selbst wenn Sulzberger den innenpolitischen Kreisen in Washington nicht so nahe stünde, wie es in Wirklichkeit der Fall ist, würde die Behandlung der Krise durch die USA-Führung auf die gleiche Schlußfolgerung deuten, nämlich daß, sobald die Nachricht von der Stationierung sowjetischer Raketen auf Kuba vorlag, als einzig überhaupt mögliche Reaktion nur die in Frage kam, die ein Aufdecken der Karten erzwang. (»Zu den wichtigsten [Vorschlägen, wie eine Krise zu vermeiden sei], gehörte Stevensons Vorschlag, Chruschtschow ein geheimes Ultimatum zu übermitteln ... Der Unterschied zwischen seiner Denkweise und der Kennedys ... [ist, daß] Kennedy und die Mehrheit des Exekutivausschusses eine offene Machtprobe mit Chruschtschow für erforderlich hielten« [*Pachter*, S. 91–92].)

Nach offiziellen Berichten wurden die wichtigsten Luftaufnahmen am 15. Oktober entwickelt. Am 16. Oktober berief der Präsident eine Sitzung des Exekutivausschusses des Nationalen Sicherheitsrates ein. (Genaugenommen handelte es sich um einen Ad-hoc-Ausschuß, der als Exekutivausschuß bekannt wurde. Zu seinen Mitgliedern zählten Vizepräsident Johnson, Außenminister Rusk, Verteidigungsminister McNamara, Finanzminister Dillon, Justizminister Robert Kennedy, Unterstaatssekretär Ball, der stellvertretende Verteidigungsminister Gilpatric, General Carter, der Abteilungsleiter im State Department Martin, General Taylor, McGeorge Bundy und Theodore Sorensen. Dazu kamen noch Alexis Johnson, John McCone, Dean Acheson und Llewellyn Thompson.) Die Ergebnisse dieser Sitzung wurden in einem Bericht der *New York Times* vom 6. November wie folgt zusammengefaßt:

»Auf dieser ersten Sitzung waren sich der Präsident und seine Ratgeber noch nicht im klaren darüber, wie sie vorgehen sollten, um die Angriffswaffen aus Kuba herauszubekommen. Manche sprachen sogar darüber, wie man Ministerpräsident Castro loswerden könnte ...

Das Treffen erbrachte zwei direkte Entscheidungen. Die eine sah eine verstärkte Luftüberwachung Kubas vor. Die zweite sah vor, daß man mit Maßnahmen bis zum Eintreffen weiterer Informationen warten sollte, daß *diese Maßnahmen jedoch möglichst dicht auf die Enthüllung über die russischen Raketenbasen erfolgen sollten* –, was nicht mehr lange hinausgezögert werden konnte.« [Hervorhebung vom Autor.]

Mit anderen Worten, der Punkt, über den sich alle einig waren, war, daß die Russen auf frischer Tat ertappt, mit einer im voraus festgelegten Demonstration der Stärke konfrontiert und zum Rückzug gezwungen werden sollten. Die einzige offene Frage war die Art der zu ergreifenden Maßnahmen: Luftangriff oder Blockade. (»Eine Invasion wurde als möglicher erster Schritt nicht in Erwägung gezogen. Es würde zu lange dauern, sie in Gang zu setzen. Eine Überrumpelung würde unmöglich sein. Die Auswirkungen auf die Weltmeinung würde mit Sicherheit ungünstig ausfallen. Die sowjetische Reaktion könnte eine rasche ›Eskalation‹ der Angelegenheit bewirken ... Der Plan eines Luftangriffs fand jedoch lebhafte Unterstützung, ebenso eine Blockade« [Bericht in der *New York Times* über die Ereignisse vom 17. Oktober].) Am Freitag, dem 19. Oktober wurde der Plan eines Luftangriffs fallengelassen, und es wurde der Beschluß gefaßt, eine Blockade zu verhängen:

»Justizminister Kennedy erhob gegen einen Luftangriff aus moralischen Gründen Einwände ... Wenn die USA ein kleines Land wie Kuba ohne vorherige Warnung angriffen, sagte er, würde dies unserem Ansehen in der Welt schaden – und unser Gewissen belasten.

Das moralische Argument fand allgemeine Zustimmung ... Man erkannte aber auch, daß der Vorschlag einer Blockade zu höchstgefährlichen Krisensituationen führen konnte. Erst am 6. Oktober hatte Vizepräsident Johnson warnend darauf hingewiesen, daß ›das Anhalten eines russischen Schiffes eine kriegerische Handlung darstellt‹. Gegen Ende der Nachmittagssitzung war eine Blokade Kubas einmütig beschlossen worden.«

Glücklicherweise wurde die drohende Gefahr eines thermonuklearen Krieges abgewendet, und am 28. Oktober endete die

Krise, da sich die Sowjetunion bereit erklärte, ihre Raketen abzuziehen gegen eine Garantie der USA, keine Invasion Kubas zu unternehmen. Auf diese merkwürdige Art erzielten die USA einen Prestigesieg über ihren sowjetischen Gegenspieler.

Durch seine Zustimmung, die Raketen aus Kuba abzuziehen, hob Chruschtschow die auf Millionen von Menschen lastende Drohung einer atomaren Vernichtung auf, von Menschen, deren Völker nicht in die Auseinandersetzung verwickelt und daher geneigt waren, den sowjetischen Stützpunkt in Kuba mit den US-Stützpunkten in der Türkei zu vergleichen, wie auch von Menschen, deren Völker an dem Konflikt unmittelbar beteiligt waren. Und obwohl die von Chruschtschow zunächst angeordnete und durchgeführte Stationierung von Raketen auf Kuba im allgemeinen heftige Kritik auslöste, gab ihm der Abzug der Raketen angesichts der amerikanischen Unnachgiebigkeit [die Vermittlungsvorschläge von UN-Generalsekretär U Thant, sowohl die Raketenvorbereitungen als auch die Blockade sofort einzustellen, wurden von den USA abgelehnt und von der Sowjetunion akzeptiert] eine günstige Gelegenheit, Mäßigung und Vernunft zu beweisen, die sich ihm sonst nicht geboten hätte. Darüber hinaus war der »Preis«, den die USA zahlten, damit die Sowjets ihre Raketen aus Kuba abzogen, nämlich die Verpflichtung, keine Invasion Kubas zu unternehmen, sicherlich einer der merkwürdigsten Gesichtspunkte der ganzen Affäre, bedeutete doch diese Verpflichtung nichts Geringeres, als daß die USA sich mit einer Aggression gegen einen souveränen Staat offiziell abfinden, ja daß sie eine solche in Erwägung ziehen würden und daß daher ein sowjetischer Stützpunkt auf Kuba aus *kubanischer* Sicht legitimen Verteidigungszwecken entsprach. (Vgl. die Washingtoner Blätter *Star* und *Daily News* vom 29. und 30. Oktober. Die erstgenannte Zeitung stellte fest: »Maßgebende Quellen warnten heute vor der Ansicht, daß das Abkommen mit der Sowjetunion zu einer ›friedlichen Koexistenz‹ mit dem Kuba Fidel Castros führen werde ... Sobald die erste Phase eines effektiven Abbaus und Abzugs der sowjetischen Waffen abgeschlossen ist, könnten die westliche Welt und die Kubaner die ›begrenztere‹ Phase in Angriff nehmen, sich sogar das Castro-Regime vom Halse zu schaffen ... Auf einer dreiviertelstündigen Besprechung im State Department forderte Außenminister Rusk gestern die neunzehn lateinamerikanischen Botschafter auf ..., den Umfang der Garantie, daß die USA keine Invasion Kubas unternehmen würden, nicht zu übertreiben« [beide Aufsätze zitiert in *I. F. Stone's Weekly* vom 5. November 1962].) In der Retrospektive sieht es so aus, als habe auch die Sowjetunion einen »Prestigesieg« errungen.

Doch Kennedys Triumph, besonders innerhalb des westlichen

Bündnisses und in den USA, war offensichtlich und eindrucksvoll. Vom Standpunkt Washingtons aus lag der Hauptvorteil darin, daß mit der falschen Vorstellung aufgeräumt worden war, die USA würden nicht für ihre lebenswichtigen Interessen kämpfen, eine Tatsache, von der man sich nicht nur eine Stärkung des Kampfgeistes der Verbündeten erhoffte, sondern die Chruschtschow auch klarmachen sollte, daß sich die USA in Berlin nicht einschüchtern lassen würden.
Es muß ferner darauf hingewiesen werden, daß Kennedy sofort Maßnahmen ergriff, um jene in die Schranken zu verweisen, die gern gesehen hätten, daß der aus der Kubakrise gewonnene Vorteil durch weitere Demonstrationen der Stärke untermauert wurde. Nach einem Interview mit dem Präsidenten am 28. Oktober – der Tag, an dem die Krise endete –, berichtete James Reston:
»Der Präsident zieht ... aus diesem besonderen Fall keine allgemeinen Schlüsse hinsichtlich der Taktik, wie mit der Sowjetunion in Zukunft zu verfahren sei. Um genau zu sein: Obwohl er zur Verteidigung lebenswichtiger nationaler Interessen wieder genau so unerschrocken das Risiko eines Konflikts auf sich zu nehmen bereit sein mag, so weist er doch entschieden die Schlußfolgerung der traditionellen Befürworter einer ›harten Linie‹ zurück, daß die einzige Art und Weise, mit Moskau überall in der Welt fertig zu werden, darin bestehe, genau so unnachgiebig wie in Kuba zu sein ...[10]«
Wenn Kennedy jetzt auch bestrebt sein mochte, die Grenzen der US-Macht in der Auseinandersetzung mit den Kommunisten abzustecken und zu unterstreichen und dadurch einem Druck des rechten Flügels zuvorzukommen, bezog er in den Monaten nach der Kubakrise eine immer anmaßender werdende Haltung gegenüber den westlichen Bündnispartnern. Im Dezember gaben die USA plötzlich die Streichung ihres Programms zum Bau von Skybolt-Raketen bekannt, auf die Großbritannien seine langfristigen Pläne zur Unterhaltung einer unabhängigen atomaren Abschreckungswaffe gegründet hatte. Im Februar wurde die kanadische Regierung in einer diplomatischen Gepflogenheiten widersprechende Note beschuldigt, keinen »praktischen« Plan für eine gemeinsame Verteidigung ausgearbeitet zu haben. Zum Teil als Folge dieser Note und der sich daraus ergebenden Reaktion wurde die kanadische Regierung gestürzt.
Wenn auch die Wirksamkeit der neuen Diplomatie nach den Ereignissen von Kuba kaum außer Frage stand, so gab es zahlreiche Ungewißheiten darüber, welche Richtung sie einschlagen würde. Wie ein europäischer Beobachter schrieb:
»Die Erfolgsserie in den letzten drei Monaten des Jahres 1962 hat die Kennedy-Regierung in ihrer guten Meinung von ihrer

Außenpolitik bestärkt ... Ein berauschendes Gefühl der Machtsicherheit beherrscht die öffentliche Stimmung. Nur wenn spezielle Fragen auftauchen, wie diese Macht in den Beziehungen zu Feinden und Verbündeten eingesetzt werden soll, ergeben sich Zweifel ...

In den Ost-West-Beziehungen ist zwar ein neues Selbstvertrauen zu verzeichnen, aber kaum ein Anzeichen neuer Ideen. Die Regierung, die sich besondere Mühe gab, vor einer drohenden Berlin-Krise zu warnen, glaubt jetzt offenbar, Kuba habe eine Berlin-Krise unwahrscheinlich gemacht oder, falls es dazu kommen sollte, doch zumindest abgeschwächt.

Aber wie Mr. Dean Acheson in seiner Rede ausführte, die in Großbritannien eine solche Empörung hervorrief, beschränkt sich die amerikanische Politik in Mitteleuropa zur Zeit auf die Ermahnung, in Berlin standzuhalten ...[11]«

Wie wir allerdings gesehen haben, war Standhaftigkeit und Machtentfaltung an sich schon eine Politik für Kennedy, der die Ansicht vertrat, daß eine Stärkung der Kräfte des Friedens (um Achesons Ausdruck zu benutzen) die Sowjets dazu bringen würde, »vernünftig« zu werden und eine Lösung unter »vernünftigen« Bedingungen zu akzeptieren.

Kennedys Politik nach dem Debakel von Kuba deckte sich genau mit der Annahme, daß es in Europa nur zwei Machtblöcke (Ost und West) gab und daß, solange die Waagschale des Kräftegleichgewichts nicht angestoßen wurde, sie sich nicht auf einen Status quo einpendeln würde, der nicht praktisch einer Beherrschung gleichkam. Nach Kuba beantragte Kennedy nämlich, den NATO-Mächten Polaris-Unterseeboote zur Verfügung zu stellen, und zwar unter Bedingungen, die diese Länder zu einer Einheit zusammenschweißen und sie als ein Bestandteil der amerikanischen Schlagkraft integrieren sollten. Die Wirkung würde eine stärkere »atlantische« Front gegen den kommunistischen Block sein.

Zu Beginn des neuen Jahres wurde Kennedys Plan für eine mit den USA verflochtene wirtschaftliche und militärische (und schließlich politische) Einheit der europäischen Länder von de Gaulle zurückgewiesen, der erneut seine Absicht bekräftigte, für Frankreich eine unabhängige Atomstreitmacht aufzubauen, und am 14. Januar gegen Großbritanniens Beitritt zum Gemeinsamen Markt sein Veto einlegte.

Kennedys Reaktion auf de Gaulles ablehnende Haltung war insofern bezeichnend, als er nicht die Gefahr unabhängiger Atomstreitmächte und einer Verbreitung von Kernwaffen unterstrich, sondern den Akzent vielmehr auf die Bedrohung des westlichen Bündnisses und der Welt legte, die durch jede Schwächung des westlichen Machtblocks gegeben sei.

»Es würde gut sein, alle, die es angeht, an die harten und

schnell fortschreitenden Realitäten zu erinnern, die die Beziehungen der USA zu Europa ausmachen ...
Die Realität der Gefahr ist, daß alle freien Menschen und alle freien Völker unter der ständigen Bedrohung durch den unaufhaltsam vordringenden Kommunismus stehen. Obwohl der kommunistische Machtapparat zur Zeit sich in einiger Unordnung befindet, kontrolliert er über eine Milliarde Menschen und konfrontiert die USA und Europa täglich aufs neue mit Hunderten von Raketen, Unmengen von Divisionen und seinen Herrschgelüsten.
Die Realität der Macht ist so beschaffen, daß die für die Abwehr dieser Gefahr wichtigen Hilfsquellen zum allergrößten Teil in den Ländern des atlantischen Bündnisses vereinigt sind. Vereint verfügt dieses Bündnis über eine genügende Stärke, um die Ausbreitung des Kommunismus so lange aufzuhalten, bis er seine Stoßkraft verliert. Weder die Vereinigten Staaten noch Europa könnten, würden sie getrennt handeln, eines Erfolges und ihres Weiterbestehens sicher sein. Die Realität der Zwecke lautet demnach, daß das, was unserer Einigung dient, richtig und das, was uns trennen will, falsch ist ...[12]«
Da de Gaulle keine Absicht bekundet hatte, aus der Nato auszutreten oder mit den Sowjets eine separate Vereinbarung zu treffen, stellte Kennedys Bild von der Weltlage eine seltsame Schätzung sowohl des Kräftegleichgewichts als auch der gegenwärtigen Gefahren dar. Denn es ist undenkbar, daß Kennedy die Gefahr eines sowjetischen Vordringens in Europa im militärischen Sinne als real bzw. unmittelbar ansah. Im Januar war die konventionelle Truppenstärke des westlichen Blocks um 0,8 Millionen Mann größer als die des sowjetischen Blocks, der insgesamt über 7,3 Millionen Mann verfügte (Vgl. den Aufsatz von P. M. S. Blackett, ›The First Real Chance for Disarmament‹, *Harper's* vom Januar 1963. »Die Gesamtstreitkräfte des Warschauer Paktes einschließlich der Sowjetunion betragen rund viereinhalb Millionen Mann gegenüber fünf Millionen Mann in den Streitkräften der NATO« [Observer vom 15. Dezember 1963].) Politisch gesehen, war der kommunistische Block auf Grund der chinesisch-sowjetischen Spaltung geteilt; in wirtschaftlicher Hinsicht hatte der Osten mit erheblichen Schwierigkeiten und Problemen zu kämpfen. Als Kennedy sprach, war man sich im westlichen Lager in der Beurteilung der letzten Erklärung Chruschtschows einig, nämlich daß in der Berlin-Frage kein Druck ausgeübt werden würde. Chruschtschow hatte im Anschluß an die Kuba-Episode einen nachdrücklichen Feldzug gegen die militante Haltung der Chinesen und für die Politik einer friedlichen Koexistenz geführt. Einer Schwächung des westlichen Bündnisses konnte also Kennedys Sorge nicht gegolten haben, sondern vielmehr der Tatsache, daß

es sich als nicht stark *genug* erweisen könnte, um die Sowjets zu »fruchtbaren Verhandlungen« zu zwingen. (Zu Kennedys eigenem weitreichendem Optimismus hinsichtlich des damaligen Kräftegleichgewichts in der Welt vergleiche man die Botschaft des Präsidenten über die Lage der Nation vom 14. Januar 1963.)

Andererseits deutete alles darauf hin, daß eine Überlegenheit der USA auf dem Raketensektor 1963 keine weitere Aufgabe sowjetischer Positionen bewirken würde als die, die zuvor durch das Atommonopol bzw. die Wasserstoffbombenüberlegenheit der USA bewirkt worden waren. Wie in früheren Phasen des Kalten Krieges würde dadurch eher ein sowjetischer Schritt ausgelöst werden, um die Überlegenheit der USA auszugleichen. So wurde im Januar aus Washington berichtet, politische Beobachter seien der Meinung,

»die Russen könnten versuchen, ihre geringere Zahl an Raketen mit [einem] ›großen Knall‹ wettzumachen... Sehr wenige [50- bis 100-Megatonnenbomben], in Form eines regellosen Flächenbombardements abgeworfen, könnten jedes Land lahmlegen und alles mit Ausnahme der besonders geschützten militärischen Anlagen vernichten oder zumindest beschädigen. Die Schäden und die Zahl der Todesopfer würden wahrscheinlich so unermeßlich sein, daß das Land in einem Chaos unterginge ... *Jeder Präsident würde zögern, seine Zuflucht zu Kernwaffen zu nehmen, wie auch wir während der Kuba-Krise zögerten, oder auch nur besonders harte Maßnahmen zu ergreifen, selbst wenn er der Meinung sein sollte, daß Waffen von einigen Megatonnen Sprengkraft auf das Gebiet der USA gelenkt werden könnten.*«

Selbst eine geringe Anzahl dieser Waffen, »angepaßt den mächtigen, aber wenigen russischen Interkontinentalraketen«, aber nicht ausreichend, um die Sowjetunion in einem Atomkrieg zu ›retten‹, »könnte also durchaus als Mittel zur Neutralisierung der gegenwärtigen zahlenmäßigen Überlegenheit der USA an Interkontinentalraketen sowie des gesamten Atomwaffenpotentials dienen, wie es ja anscheinend auch beabsichtigt ist[13].« [»Ich werde Ihnen ein Geheimnis verraten: Unsere Wissenschaftler haben eine 100-Megatonnenbombe entwickelt... Wir können eine solche Waffe nur außerhalb der Grenzen Europas einsetzen. Ich sage dies, damit die furchtbaren Vernichtungsmittel, die es gibt, realistischer eingeschätzt werden ... Genossen, ich will mich kurz fassen: Wie ich bereits während der Sitzung des Obersten Sowjets der UdSSR ausgeführt habe, ist es nicht ratsam, es nach der anderen Welt so eilig zu haben. Noch nie ist einer von da zurückgekehrt und hat behauptet, daß man dort besser lebe als hier. Wir wollen kein Königreich im Himmel, sondern ein Königreich auf Erden, ein Königreich der

Arbeit. Dies ist die Art von Königreich, für das wir kämpfen und für das wir unermüdlich weiterkämpfen werden« (Nikita S. Chruschtschow auf dem SED-Parteitag in Ostberlin am 16. Januar 1963; *New York Times*, Internationale Ausgabe vom 17. Januar 1963)]. Und am 22. Februar schrieb die *New York Times*:

»Der Oberkommandierende der sowjetischen strategischen Raketenwaffen sagte heute [21. Februar], daß die Sowjets imstande seien, Raketen von künstlichen Erdsatelliten aus durch Fernsteuerung von der Erde zu starten[14].«

Henry Kissingen hatte bereits im Sommer vorigen Jahres[15] warnend darauf hingewiesen, daß die Zeitspanne, in der sämtliche sowjetischen Raketen durch einen Gegenschlag vernichtet werden könnten, begrenzt sei. Die Auflockerung und Befestigung der Abschußbasen sowie die Entwicklung raketenbestückter Unterseeboote würde es zukünftig unmöglich machen, den Standort aller Raketen des Feindes herauszubekommen und somit der Gefahr eines vernichtenden Vergeltungsschlages auszuweichen.

Zu Beginn des neuen Jahres erschien Verteidigungsminister McNamara vor dem Militärausschuß des Repräsentantenhauses und erklärte, daß »gleichgültig welche Art von strategischen Waffen wir auch bauen, wir Verluste, die in die Zehnmillionen gehen, nicht ausschließen können«. (*Time*, 15. Februar 1963. Die Luftwaffe wies diese Politik des ›Nicht-gewinnen-Könnens‹ sofort als gefährlich zurück. Vgl. *New York Times*, Internationale Ausgabe vom 1. Februar 1963, ferner das Gespräch über diese Erklärung zwischen Verteidigungsminister McNamara und dem Kongreßabgeordneten Gerald Ford aus Michigan, zitiert in Seymour Melman, *Our Depleted Society* [Unsere erschöpfte Gesellschaft], 1965 S. 20–25.)

Kennedys sich über zwei Jahre hinziehender Versuch, im Wettrüsten einen entscheidenden Vorsprung zu erringen (was eine 20%ige Erhöhung des Militäretats erforderlich machte), erbrachte die gleichen Resultate wie frühere Bemühungen in dieser Richtung: eine neue Phase des Wettrüstens, eine weitere Zunahme der Zahl nuklearer Waffen und folglich eine immer schwieriger werdende weltweite Abrüstung. Aber die Kuba-Krise fügte zu den Warnungen der früheren Jahre eine weitere Warnung hinzu, indem sie der Menschheit einen flüchtigen, doch unvergeßlichen Eindruck von einer durch atomare Auseinandersetzungen bestimmten Zukunft vermittelte (man überlege sich einmal, was hätte geschehen können, wenn die »Kraftprobe« um Berlin erfolgt wäre), einer Zukunft, die durch die gewaltige Lücke zwischen den revolutionierenden technischen Mitteln und Möglichkeiten des Menschen einerseits und seinen traditionellen, beschränkten politischen und ethischen Anschauungen andererseits beherrscht wird. Die Kuba-Krise war ein Denkzettel, der die eigene Warnung des Präsidenten vor der UN-Vollversammlung im September 1961 unterstrich, als er sagte: »Die Waffen des Krieges müssen vernichtet werden, bevor sie uns vernichten ... Die Gefahren, die in einer Abrüstung liegen, verblassen neben den Gefahren, die ein unbeschränktes Wettrüsten mit sich bringt.«

V. Die Entspannung und die Zukunft

In Asien, Afrika und Lateinamerika ist der Lebensstandard zum großen Teil auf einer bestimmten Stufe stehengeblieben oder sogar gesunken. Im Laufe der letzten zehn Jahre hat das Sinken der Rohstoffpreise, das die Wohlstandsgesellschaften des Westens zu höchster Blüte emporschießen ließ, nicht nur eine Streichung der gesamten westlichen Hilfsmaßnahmen bewirkt, sondern in vielen Fällen zu einem völligen Absinken des Volkseinkommens geführt. Die eine große Lehre, die sich aus diesem Phänomen ziehen läßt, ist, daß die Welt nicht in Eintracht leben wird, solange zwei Drittel ihrer Bewohner Mühe haben, überhaupt zu leben.

U Thant

Zum ersten Mal seit dem Anbruch der Kultur vor rund fünftausend Jahren sind sich die Massen nunmehr der Möglichkeit bewußt, daß ihre traditionelle Lebensweise zu ihrem Vorteil verändert und daß diese Veränderung durch ihr eigenes Handeln herbeigeführt werden könnte. Dieses Erwachen von Hoffnung und Entschlossenheit in den Herzen und Hirnen der bisher unterdrückten Dreiviertelmehrheit aller Menschen auf der Erde wird, dessen bin ich sicher, rückschauend als das epochemachende Ereignis unserer Zeit herausragen. Das Erschließen der Atomenergie und ihre Anwendung für das Schmieden von Waffen sowie die Erforschung des Weltraums werden vergleichsweise als Bagatellfälle angesehen werden. Was den heutigen Konflikt zwischen konkurrierenden Weltanschauungen betrifft, so wird er für unsere Nachkommen in dreihundert Jahren vermutlich ebenso bedeutungslos sein, wie es die Religionskriege unserer Vorfahren im sechzehnten und siebzehnten Jahrhundert für uns heute schon sind. Auf der anderen Seite wird die Emanzipation der Frauen und und der Fabrikarbeiter und Bauern in aller Welt meines Erachtens immer gewaltigere Ausmaße annehmen; und, soweit dies der westlichen Zivilisation zugeschrieben werden kann, wird diese westliche Zivilisation den Segen der Nachwelt empfangen und verdienen.

Arnold Toynbee

25. *Nuklearer Waffenstillstand*

> Daher spreche ich vom Frieden als dem notwendigen Vernunftziel vernunftbegabter Menschen. Ich sehe ein, daß das Streben nach Frieden nicht so erregend ist wie das Streben nach Krieg – und häufig finden die Worte des ehrlich Strebenden nur taube Ohren. Aber wir haben keine dringlichere Aufgabe zu erfüllen.
>
> John F. Kennedy (10. Juni 1963)

In seiner Rede vor den Vereinten Nationen im Jahre 1961 kam Präsident Kennedy auf das zentrale Paradoxon der Verteidigung im Atomzeitalter zu sprechen, als er sagte: »Bei einem spiralig verlaufenden Wettrüsten kann die Sicherheit einer Nation sogar dann zusammenschrumpfen, wenn das Rüstungspotential ständig wächst«. Als Beweis zur Bestätigung dieses Postulats hätte der Präsident kein besseres Beispiel anführen können als die Sicherheit der Vereinigten Staaten in den zwei Jahrzehnten nach dem zweiten Weltkrieg.

Noch im Mai 1955, als die Sowjetunion dem westlichen Plan für eine allgemeine und umfassende Abrüstung im wesentlichen zustimmte, waren die USA vor einem russischen Angriff verhältnismäßig sicher, weil die Russen nur über begrenzte Möglichkeiten verfügten, die USA mit Atomsprengköpfen zu erreichen[1]. Im März 1957 legten die Sowjets eine neue Fassung dieser Vorschläge von 1955 vor, die eine Klausel zur Vernichtung aller Raketen, d. h. der Interkontinental-, Mittelstrecken- und Kurzstreckenraketen, enthielten. Der Westen war trotzdem nur an einer partiellen Abrüstung interessiert (»Die vorgeschlagenen Maßnahmen waren in der Tat sehr ›partiell‹[2] ...«), so daß ein Abkommen nicht erzielt wurde. Die Folgen dieses Versäumnisses, die in einer Abrüstung liegenden Gefahren zum damaligen Zeitpunkt in Kauf zu nehmen, sollten sich bald danach zeigen, als die Sowjetunion ihre erste Interkontinentalrakete startete und die Vereinigten Staaten plötzlich für eine Waffe anfällig wurden, gegen die es keinen Schutz gab.

In ähnlicher Weise führte die mangelnde Bereitschaft der USA, in den Jahren 1956–1958 einem Kernwaffenversuchsverbot zuzustimmen – angeblich weil unterirdische Versuche mit taktischen Atomwaffen geringer Sprengkraft nicht vollständig überwacht werden konnten –, zur sowjetischen Entwicklung eines Wasserstoffbombensprengkopfes für ihre Interkontinentalraketen und damit zu einer enormen Steigerung des Vernichtungspotentials, das den Sowjets für einen Einsatz gegen die USA zur Verfügung stand. (Nach Wiesner und York ist die Zahl der zu erwartenden Opfer bei einem sowjetischen Atomangriff gegen die USA seit 1950 um etwa das Hundertfache gestiegen.)

Jeder Fortschritt in der Waffentechnik erhöhte nicht nur die Gefahr für die USA, sondern machte das Risiko einer Abrüstung von Tag zu Tag größer und die Probleme komplizierter. Die Geheimhaltung von mit Wasserstoffbombensprengköpfen bestückten Interkontinentalraketen durch eine Macht, die die Abrüstungsvereinbarungen zu umgehen versteht, würde eine weitaus größere Gefahr bedeuten, als es die mögliche Geheimhaltung aller im Jahre 1955 verfügbaren Waffen oder Abschußsysteme darstellte.

Darüber hinaus bedeutete die effektive Indienstnahme der neuen Waffen eine Bedrohung sogar der Mächte, die sie besaßen. Einige dieser Gefahren wurden 1962 von John J. McCloy, dem Berater des Präsidenten in Abrüstungsfragen, näher erläutert:

»Die revolutionäre Entwicklung der Waffentechnik hat zur Schaffung von Trägerraketen bzw. Abschußsystemen mit phantastisch anmutenden Geschwindigkeiten geführt. Bestimmte Raketen, die im Kriegsfall eingesetzt werden könnten, entwickeln eine Geschwindigkeit von rund 16 000 Meilen pro Stunde, was einer Flugzeit von nur dreißig Minuten zwischen der Sowjetunion und den USA entspricht; mit Raketen ausgerüstete Unterseeboote ermöglichen dazu fast keine Vorwarnzeit. Als Gegenmaßnahme werden zur Zeit Abwehrsysteme mit derart schnellen Reaktionszeiten entwickelt, daß die Vorstellung von einem ›Krieg durch Zufall, durch Rechen- oder Mitteilungsfehler‹ eine reale Bedeutung erhält. *Es ist in der Tat fragwürdig, ob der menschliche Geist alle Probleme wirklich erfassen kann, die mit der Kontrolle dieser Vorrichtungen selbst ohne Krieg zu tun haben; es ist durchaus denkbar, daß wir uns ohne Zutun der Russen selber in die Luft sprengen und umgekehrt*[4].« [Hervorhebung vom Autor.]

Diese Gefahren, die aus der bestehenden Situation auf dem Gebiet der Kernwaffen resultierten; die düsteren Aussichten, daß weitere Atommächte sich hinzugesellen könnten; die Unmöglichkeit, einen erfolgreichen ersten Schlag gegen das militärische Potential eines Feindes zu führen (was im Frühjahr 1963 von Verteidigungsminister McNamara öffentlich eingestanden wurde)* und die verspätete Erkenntnis, daß das Kräftegleichgewicht sich nie so gegen eine kontinentale Macht verschieben lassen würde, daß dieser die Bedingungen des Westens aufgezwungen

* »McNamaras Bericht zufolge werden die USA keinen Versuch unternehmen, Waffen zu entwickeln, die sämtliche sowjetischen Abschußbasen für Fernlenkwaffen zu zerstören imstande wären. Er sagte, dies würde nicht durchführbar sein« [*New York Times*, Internationale Ausgabe vom 1. Februar 1963].

werden konnten, führten in Verbindung mit anderen Faktoren (darunter der Gaullismus und die chinesisch-sowjetische Spaltung) zu einer wichtigen Änderung in den Anschauungen führender Kreise der USA.

Am 10. Juni 1963 hielt Präsident Kennedy an der Amerikanischen Universität eine große außenpolitische Rede. Er sprach über den Frieden als »das wichtigste Thema auf der Welt« – nicht einen Frieden, der durch Stärke erzwungen oder durch eine Aufgabe sowjetischer Positionen erreicht wird (»Wir müssen mit der Welt fertig werden, wie sie ist und nicht, wie sie hätte sein können, wäre die Geschichte der letzten achtzehn Jahre anders verlaufen«), sondern einen Frieden, der auf der Basis einer bereits bestehenden Interessengemeinschaft zwischen den beiden Supermächten verwirklicht wird:

»Sollte heute jemals wieder ein totaler Krieg ausbrechen – gleichgültig wie –, würden unsere beiden Länder Hauptziele sein. Die ironische, aber dennoch zutreffende Lage der Dinge ist, daß die beiden stärksten Mächte auch gleichzeitig die beiden Mächte sind, die am meisten Gefahr laufen, vernichtet zu werden ...

Kurz, sowohl die USA und ihre Verbündeten als auch die Sowjetunion und ihre Verbündeten sind gemeinsam an einem gerechten und wirklichen Frieden sowie an einer Einstellung des Wettrüstens interessiert. Entsprechende Vereinbarungen liegen ebenso im Interesse der Sowjetunion wie in unserem eigenen – und selbst Völker, die sich feindlich gesinnt sind, akzeptieren und halten sich an Vertragsabmachungen, die in ihrem eigenen Interesse liegen.«

Kennedys Rede gipfelte in der Ankündigung, daß Gespräche mit den Russen (und den Engländern) auf höchster Ebene in Moskau stattfinden und »eine rasche Einigung über einen umfassenden Vertrag hinsichtlich des Verbots von Kernwaffenversuchen erwarten lassen« sollten. Um ihren »guten Willen in dieser Sache« zu beweisen, verpflichteten sich die USA, »keine Atomversuche in der Atmosphäre durchzuführen, solange andere Staaten nicht ein Gleiches tun«.

Am 5. August 1963, fast auf den Tag genau achtzehn Jahre nachdem die Amerikaner eine Atombombe auf Hiroshima abgeworfen hatten, setzten die Außenminister Großbritanniens, der USA und der Sowjetunion ihre Unterschrift unter einen Vertrag, der Kernwaffenversuche in der Atmosphäre, unter der Meeresoberfläche und im Weltraum verbot. (Das Teilabkommen war im wesentlichen das gleiche, das Eisenhower 1958 vorgeschlagen hatte. In den dazwischenliegenden Jahren hatten die Sowjets sich einem solchen Verbot stets widersetzt mit der Begründung, es sei nur partieller Natur oder nicht an eine allgemeine und vollständige Abrüstung gebunden. Dem Wechsel in der sowjetischen Haltung lagen zum Teil komplizierte wirtschaftliche und politische Faktoren zugrunde. Ein wichtiger militärischer Faktor war, daß die Kernwaffenversuche von 1961 den Sowjets die großen Atomsprengköpfe in die Hand gegeben hatten, die sie benötigten, um die zahlenmäßige Überlegenheit der USA an Raketen abzuwehren. Das Kernwaffenversuchsverbot sah keine Inspektionen an Ort und Stelle vor und war somit keine Gefahr für die Raketenabschußbasen der Sowjets. Darüber hinaus deuteten damalige Berichte darauf hin, daß die Russen Schritte unternahmen, um die Zahl ihrer Interkontinentalraketen bis 1967 auf 1200 zu erhöhen.)

Dean Rusk, der für die Vereinigten Staaten unterzeichnete, sagte: »Unsere drei Regierungen haben heute einen ersten Schritt auf dem Wege zu einer von allen Menschen erhofften sicheren und friedlichen Welt getan.« Zum erstenmal in achtzehn Jahren begannen nüchterne Beobachter von einem »Waffenstillstand«, von einem teilweisen, aber bedeutenden »Tauwetter« im Kalten Krieg zu sprechen.

Um ein adäquates Bild von der Art dieses »Waffenstillstandes« zu zeichnen, ist es erforderlich, einen knappen Überblick über die diplomatische und militärische Aktivität der beiden Mächte in den zehn Jahren vor dem Verbot zu geben. In diesem Jahrzehnt nach dem Tode Stalins und nach dem Korea-Krieg, als der Wiederaufbau und die Stabilisierung Westeuropas eine vollendete Tatsache waren, wurden gewisse fundamentale Aspekte der amerikanischen Politik zum erstenmal völlig klar.

Vom Jahre 1953, d. h. etwa von dem Zeitpunkt an, als die Sowjetunion sich der nuklearen Parität mit den USA näherte, drängten die sowjetischen Machthaber auf eine diplomatische Fühlungnahme mit dem Westen, einschließlich kultureller und wirtschaftlicher Austauschbeziehungen und Verhandlungen auf höchster Ebene, um die anstehenden Probleme zu lösen. In Übereinstimmung mit diesem Vorstoß schlugen die Russen bei verschiedenen Gelegenheiten Schritte für einen Abbau und ein Disengagement der Streitkräfte in Europa vor. Diese beiden diplomatischen Initiativen wurden von den USA zunächst zurückgewiesen, obwohl unter der Führung Eisenhowers und Kennedys eine teilweise Änderung in der ablehnenden Haltung der USA gegen die Idee einer Koexistenz eintrat.

Wägt man die Einstellung der beiden Großmächte zu den entscheidenderen Fragen eines Disengagements und einer Truppenreduzierung in Europa gegeneinander ab, so sollte man sich noch einmal Lippmanns Konzeption von einer ehrlichen Politik zur Beilegung des Kalten Krieges ins Gedächtnis zurückrufen. »In unserer Auseinandersetzung mit Rußland«, schrieb er 1947,

»würde eine Politik der Einigung auf eine Wiederherstellung

des Kräftegleichgewichts ... abzielen, was unnormal und gefährlich ist, weil die Rote Armee den britischen und amerikanischen Truppen im Herzen Europas begegnete ... *Eine ehrliche Politik müßte daher als oberstes Ziel eine Lösung anstreben, die die Räumung Europas zur Folge hätte* ... Macht und Einfluß der USA müssen zur Verfügung stehen ..., um einen wachsenden Druck zugunsten einer diplomatischen Politik auszuüben, deren konkretes Ziel eine Einigung im Sinne eines Truppenabzugs ist[5]«. [Hervorhebung vom Autor.]

Für die Beurteilung der sowjetischen Politik im Kalten Krieg ist es von höchster Wichtigkeit, daß die sowjetischen Machthaber, nachdem die Sowjetunion die atomare Gleichstellung mit den USA erreicht hatte und folglich die Notwendigkeit eines Abschreckungspotentials zu Lande nicht mehr gegeben war, sich bereit zeigten, den Umfang dieser Landstreitkräfte zu reduzieren und die Rote Armee (wie bei dem Abkommen mit Österreich) von ihren strategischen Positionen in Europa abzuziehen. Es ist gleichzeitig der Gipfel der Ironie wie auch äußerst aufschlußreich, daß die USA, die von Lippmann ermahnt worden waren, einen Druck *auf Rußland* zugunsten einer Diplomatie mit dem Ziel eines Truppenabzugs auszuüben, sich einem Disengagement *widersetzen*, ja sich sogar als Haupthindernis für einen solchen Truppenabzug erweisen sollten. Das Ausmaß dieses sogar noch nach dem Kernwaffenversuchsverbot und der Entspannung aufrechterhaltenen Widerstandes faßte George Kennan im Januar 1964 wie folgt zusammen:

»Wenn es um den militärischen Faktor und um die Frage geht, ob ihm ein Gewicht beigemessen werden soll oder nicht, so liegen die nüchternen Tatsachen doch so, daß die Westmächte sich über einen mehrere Jahre zurückreichenden Zeitraum immer mehr gegen alles festgelegt haben, was nach einem militärischen Disengagement in Europa aussieht. Sie lehnen nicht nur die Möglichkeit eines umfassenden Abzugs fremder Truppen aus dem westlichen Teil des Kontinents ab, selbst wenn er im Austausch gegen einen vergleichbaren Abzug sowjetischer Streitkräfte erfolgen sollte, sondern stemmen sich unter den gegenwärtigen Umständen offenbar geradezu gegen alle Bemühungen um einen Europa-Pakt oder einen Nichtangriffspakt zwischen den Mitgliedsstaaten der NATO und des Warschauer Paktes. Sie sind ferner abgeneigt gegen jede Art einer Vereinbarung über einen Verzicht auf Kernwaffen, selbst wenn dieser Verzicht wiederum auf Gegenseitigkeit beruhen würde[6].«

Sowohl die sowjetische Bereitschaft, ein Disengagement zu erwägen, als auch die entschiedene Ablehnung eines Disengagements durch die USA kamen während des zweiten Jahrzehnts des Kalten Krieges in der Militärpolitik der beiden Länder zum

Ausdruck. 1955 begannen die Russen mit dem Abbau ihrer Landstreitkräfte, die bis 1963 auf weniger als die Hälfte reduziert worden waren. (1955 hatten die sowjetischen Streitkräfte 5,75 Millionen Mann, 1963 zwischen 2 und 2,3 Millionen Mann. [*Observer* vom 15. Dezember 1963, *New York Herald Tribune,* Internationale Ausgabe vom 16. Dezember 1963]. Diesen Zahlen lag ein im August veröffentlichter Bericht der amerikanischen Regierung zugrunde: »Die jüngsten amerikanischen Schätzungen der militärischen Bedrohung Europas durch die Russen lassen darauf schließen, daß frühere vom Geheimdienst erstellte Angaben die Stärke der sowjetischen Streitkräfte durchweg überschätzt haben... Experten im Pentagon vertreten jetzt die Ansicht, daß die sowjetische Armee vielleicht nur 2 Millionen Mann stark ist... [*The Times* vom 12. August 1963].) Zur gleichen Zeit jedoch veranlaßten die USA Westdeutschlands Eintritt in die NATO und förderten den Aufbau deutscher Streitkräfte mitten in Europa (von 1000 Mann im Jahre 1956 bis über 300 000 Mann im Jahre 1963), was die Wirkung einer Verdopplung der NATO-Divisionen in Mitteleuropa hatte. Obwohl in den NATO-Plänen seit 1952 genügend Streitkräfte vorgesehen waren, um 175 sowjetischen Divisionen gewachsen zu sein, und obwohl die NATO-Planer auf die Präsenz dieser 175 sowjetischen Divisionen in Europa ausdrücklich hingewiesen hatten, wollte es die Ironie der Geschichte, daß das Pentagon 1963 Studien veröffentlichte, die bewiesen, daß die Sowjets nur sechzig »aktive« Divisionen besaßen und daß die NATO folglich überlegen war. (*New York Times,* Internationale Ausgabe vom 2. Dezember 1963; die Werte für Mitteleuropa liegen für die NATO bei 975 000 Mann gegenüber 665 000 Mann in den Ländern des Warschauer Paktes. Diese revidierten Untersuchungen wurden als Teil einer Kampagne veröffentlicht, die die innenpolitischen Auswirkungen des Verbots von Kernversuchen abfangen sollte.) Eine teilweise Erklärung für diesen ›Rechenfehler‹ war die verspätete Entdeckung, daß eine NATO-Division doppelt so stark war wie eine Division des Warschauer Paktes. Zwei Fachleute am Royal Institute of International Affairs fragten:

»Mußte es fünfzehn Jahre dauern, um die wahre Größe einer sowjetischen Division festzustellen? Ist es so schwierig, zwischen der Stärke auf dem Papier und der Kampfbereitschaft zu unterscheiden? *Entweder sind das NATO-Oberkommando und seine Satelliten-Strategen höchst unfähig gewesen oder sie haben die wahre Lage der Dinge aus politischen Gründen absichtlich vertuscht*[7].« [Hervorhebung vom Autor.]

Am 18. November 1963 gab McNamara öffentlich Zahlenmaterial über die konkurrierenden Truppenstärken bekannt, wonach die NATO-Streitkräfte insgesamt fünf Millionen Mann und die des Warschauer Paktes 4,5 Millionen Mann hatten. (Einen Monat später, am 16. Dezember 1963, berichtete die *New York Herald Tribune*, daß maßgebliche westliche Kreise die Höhe der NATO-Truppen mit 5 818 500 Mann und die der Warschauer-Pakt-Truppen mit 4 354 000 Mann angaben. Sowjetische Streitkräfte: 2 bis 2,3 Millionen und US-Streitkräfte: 2,7 Millionen Mann.) Die Auseinandersetzung zwischen der US-NATO-Politik und der Zielsetzung einer europäischen Einigung beschränkte sich nicht auf den militärischen Aspekt. Denn, wie Kennan bemerkte,

»wenn es sich um die Wirtschaftspolitik dreht, herrscht eine ähnliche Situation. Es bestehen NATO-Abmachungen für Wirtschaftskontrollen (eines Handels mit dem Osten). Da gibt es die verschiedenen, in diesem Lande geltenden gesetzlichen Beschränkungen. Da gibt es schließlich den Gemeinsamen Markt, aufgebaut und fortgeführt nach Grundsätzen, die offenbar keinen Raum für eine mögliche wirtschaftliche Wiedervereinigung Europas lassen.«

Schließlich schien die US-NATO-Politik in der so überaus wichtigen Deutschland-Frage eher geeignet, die Spaltung des europäischen Kontinents in zwei Machtblöcke zu erhalten als sie zu beenden. Mit den Worten Kennans

»haben die Westmächte keinen sehr überzeugenden Beweis ihrer Bereitschaft vorgelegt, der Wiederbewaffnung Westdeutschlands wirksam zu begegnen, wo eine Beschränkung nach der anderen, die in früheren Jahren festgelegt worden waren, stillschweigend ›über Bord ging‹ und wo die Deutschen in den Augen Ostdeutschlands auf dem besten Wege sind, eine selbständige Atommacht zu werden. Doch gleichzeitig sind die Westmächte mit Ausnahme Frankreichs nicht bereit gewesen, die Endgültigkeit der deutschen Ostgrenzen anzuerkennen; und die westdeutsche Regierung betreibt mit dem Segen der anderen eine Politik absoluter Unversöhnlichkeit gegenüber dem ostdeutschen Staat ... Das Gespenst einer gewaltsamen Befreiung Ostdeutschlands ... vereint die Regierungen und Völker Osteuropas in gemeinsamer Reaktion aus Furcht und Schrecken ... Die Völker Osteuropas ... sehen in dieser Möglichkeit nur den Beginn eines wiedererstarkenden deutschen Strebens nach militärischer Vorherrschaft in Osteuropa, und achtzehn Jahre haben nicht ausgereicht, um die Angst vor dieser Vorstellung in ihnen abklingen zu lassen.

Hinter all diesem verbirgt sich das Ausmaß des westlichen Engagements und vor allem die Bindung der Amerikaner und Deutschen an den Grundsatz, den Kommunismus schließlich ganz allgemein zu vernichten. Wir besitzen unsere Resolution über in ›Sklaverei gehaltene Völker‹; und die Satellitenregierungen Osteuropas und Asiens sind darin eigens als solche aufgeführt, zu deren Vernichtung wir uns ausdrücklich verpflichtet haben[8]«.

Diese Verpflichtung »zu einer schließlichen Vernichtung des Kommunismus schlechthin« und die zur Unterstützung dieses Ziels getroffenen politischen Entscheidungen sind es, die den fundamentalen Widerspruch zwischen der Struktur des amerikanischen Programms für den Kalten Krieg und dem strategischen Ziel einer europäischen Einigung im Sinne eines Truppenabzugs klären helfen. (Dadurch wird außerdem der Widerspruch zwischen der amerikanischen Atompolitik und der angestrebten Abrüstung klar. Vgl. die Erörterung einer Gegenschlag-Strategie [die im Januar 1964 zu einer Strategie der »begrenzten Schäden« wurde] an früherer Stelle. Vgl. ferner P. M. S. Blacketts Kritik am russischen und amerikanischen Abrüstungsprogramm, ›The First Real Chance for Disarmament‹.) Diese Klarstellung bezieht sich auf den Widerspruch nicht nur im zweiten Jahrzehnt des Kalten Krieges, sondern umfaßt ihn, wie wir gesehen haben, von Anfang an.

Nachdem die Sowjetunion ihre Entwicklungsfähigkeit, die Dauerhaftigkeit ihrer Machtposition und damit den Bankrott der Eindämmungs- und ›Befreiungs‹politik bewiesen hatte, wurde eine Anpassung der amerikanischen Politik unvermeidlich. Die begrenzte Art dieser Anpassung, die aus der vorstehenden Gesamtdarstellung klar wird, läßt uns auf die Frage nach der Bedeutung des Atomstopps selber zurückkommen. Wenn nämlich der Kernwaffenstopp nicht Ausdruck einer strategischen Entscheidung im Sinne einer Neugestaltung der amerikanischen Politik mit dem Ziel einer auf dem Verhandlungswege erreichten europäischen Einigung war – was lag ihm dann zugrunde?

Falls die vorstehende Analyse der US-Politik des Kalten Krieges in Europa richtig ist, muß die Antwort (wie wir bereits versuchsweise angedeutet haben) darin liegen, daß die Führung der USA die Grenzen der Macht Amerikas und besonders seine Unfähigkeit erkannte, eine Politik zu unterstützen, die der Sowjetunion eine Lösung diktieren sollte. Diese Einsicht dürfte höchstwahrscheinlich durch die wachsenden Gefahren, die eine Fortsetzung des Wettrüstens mit sich gebracht hätte, beschleunigt und in gewissem Sinne sogar erzwungen worden sein.

Ein Jahr nach dem Kernwaffenversuchsstopp legte Walter Lippmann, der in inoffizieller Eigenschaft als Berater Kennedys und Johnsons fungiert hatte, eine Analyse der Entspannung vor[9], die im wesentlichen das auf den vorigen Seiten gezeichnete Bild der amerikanischen Politik bestätigte.

Bei seiner Analyse der gegenwärtigen Rußlandpolitik der USA schrieb Lippmann, daß die Johnson-Regierung ausgehend von dem, was die Kennedy-Regierung erreicht hatte, ihre Bemühungen fortgesetzt habe,

»nämlich von der Tatsache, daß die nukleare Kraftprobe bereits stattgefunden hat... Als Erprobung der Absichten betrachtet, fand die Machtprobe im Rahmen der Kuba-Krise statt; als Erprobung des Atomwaffenpotentials betrachtet, fand die Machtprobe in den dem Kernwaffenversuchsverbot vorausgehenden parallel laufenden Versuchen der Sowjetunion und der USA statt. Im Laufe dieser Kernwaffenversuche gelang es beiden Seiten nicht, den grundlegenden Durchbruch zu erzielen, der das bestehende atomare Kräftegleichgewicht verändert hätte. Die Überlegenheit der USA wurde durch die Versuche nicht in Frage gestellt. *Auch wurde dadurch nicht die Tatsache geändert, daß die Überlegenheit der USA nicht im mindesten an eine absolute Vorherrschaft der USA heranreichte, d. h. an die Fähigkeit der USA, der Sowjetunion ein Abkommen zu diktieren*«. (Es ist interessant, wie tief diese Idee einer »Vorherrschaft« im strategischen Denken der US-Führung schon seit dem Beginn der Auseinandersetzung verwurzelt war. So versetzte 1945 nach Ansicht von Außenminister Byrnes der Besitz der Atombombe »uns in die Lage, bei Kriegsende unsere eigenen Bedingungen diktieren zu können«. [zitiert im erwähnten Werk von Alperovitz, S. 13].)

»Das Ergebnis ist ein atomares Kräftegleichgewicht, bei dem beide Seiten sich gegenseitig abschrecken. Keine Seite kann der anderen ihren Willen aufzwingen. [Auch haben beide Seiten, wie Verteidigungsminister McNamara im Januar 1963 zugab, keine reale Möglichkeit, zu diesem Zweck jemals das erforderliche Atomwaffenpotential zu erlangen, etwa in Form eines angedrohten, gegen militärische Ziele gerichteten ersten Schlages (vgl. auch seinen Jahresbericht vor dem Kongreß im Januar 1964).] Folglich besteht eine Unterbrechung, quasi eine Stille vor dem Sturm, ein unratifizierter Waffenstillstand, der nicht auf drastische Weise durch eine Politik des äußersten Risikos, d. h. durch Androhung eines Atomkrieges, zu unseren Gunsten geändert werden kann. [Die amerikanische Politik nach der Machtprobe] gründete sich auf den Stillstand, die Pause, den unratifizierten Waffenstillstand – nicht auf ewigen Frieden, nicht auf allgemeine Abrüstung, *sondern auf die Herbeiführung eines atomaren Kräftegleichgewichts, das einen Waffenstillstand im Kalten Krieg durchsetzt und erzwingt.*« [Hervorhebung vom Autor.]

Lippmanns Urteil, daß der Waffenstillstand durch Herbeiführung eines atomaren Kräftegleichgewichts durchgesetzt und erzwungen wurde, beinhaltete – so scharfsinnig die Analyse im einzelnen sein mochte – ein auffallendes und vielleicht unbewußtes Zugeständnis eines Mannes, der den inneren politischen

Kreisen in Washington so nahestand. Da nämlich das atomare Potential der USA dem russischen Potential während der ganzen Nachkriegszeit vor dem Waffenstillstand (und auch noch danach) weitaus überlegen war, bleibt aus Lippmanns Analyse die unvermeidliche Schlußfolgerung zu ziehen, daß es die Entwicklung eines sowjetischen atomaren Abschreckungspotentials war, das auf Grund seiner Fähigkeit, die Überlegenheit der US-Streitmacht auszuschalten und das Streben der USA nach absoluter Vorherrschaft zu vereiteln, den Waffenstillstand im Kalten Krieg erzwang. (Vgl. auch den Aufsatz von Jerome B. Wiesner und William York ›National Security and the Nuclear Test Ban‹ in *Scientific American* vom Oktober 1964, wo von der ansteigenden Kurve unvermeidbarer amerikanischer Verluste im Falle eines Atomangriffs die Rede ist.)
Was den Waffenstillstand selber betraf, so ließ sein versuchsweiser und einschränkender Charakter lediglich die Tatsache erkennen, daß die grundlegenden Probleme des Kalten Krieges nicht gelöst und daß die Voraussetzungen für eine Annäherung mit dem Ziel einer Lösung des Konflikts noch nicht geschaffen worden waren. Kurzum, der Waffenstillstand bedeutete nicht, daß der Kalte Krieg zu Ende war oder seine Beendigung unmittelbar bevorstand, sondern daß er lediglich in eine neue und vielleicht weniger gefährliche Phase eingetreten war.

26. *Das einheitliche Programm der USA für den Kalten Krieg*

> ... Zweifellos würde der Friede eine viel größere Gewißheit sein, wenn alle Völker es unterlassen würden, sich in das Selbstbestimmungsrecht anderer einzumischen.
>
> John F. Kennedy

Die vorangegangene Darstellung der Militärpolitik im zweiten Jahrzehnt des Kalten Krieges bezweckt vor allem eines: mit der Vorstellung aufzuräumen, daß das Programm der USA für den Kalten Krieg angemessen als ein Versuch gedeutet werden kann, einer Expansionsdrohung der Sowjets wirksam zu begegnen, d. h. sie einzudämmen. Die Beweise für das Vorhandensein einer solchen Bedrohung waren nie besonders eindrucksvoll; sie waren bedingt durch geflissentliche Ignorierung der machtpolitischen Verhältnisse in der ersten Nachkriegszeit und stützten sich im Grunde auf unvollständige oder oberflächliche Berichte über die Ereignisse im Iran, in Griechenland und Korea in den ersten Jahren des Kalten Krieges. Eine sorgfältige Prüfung der Ereignisse in Griechenland – um ein Beispiel herauszugreifen – zeigt, daß die entscheidende Intervention des Auslands von den Engländern, dann von den Amerikanern ausging. Stalin seinerseits war sehr daran interessiert, den Bürgerkrieg (den die Jugoslawen und Bulgaren unterstützten) zu beenden, um nicht die Militärmacht der USA herauszufordern. Dies war jedoch *vor* der NATO, *vor* dem Marshallplan und zu einer Zeit, als der Militäretat der USA weniger als ein Viertel des Durchschnittsetats in den fünfziger und sechziger Jahren betrug.

Nach 1955 war es einfach unmöglich, bei nüchterner Betrachtung einer militärischen Bedrohung Westeuropas durch die Sowjets noch den geringsten Glauben zu schenken, da die Rote Armee ihre vorgeschobene Stellung in Österreich aufgegeben und ihre Truppenstärke reduziert hatte, während die NATO zur gleichen Zeit unvermindert ihre militärische Aufrüstung fortsetzte. Im August 1963, als die revidierten Angaben über das russische Militärpotential vorlagen, konnte schließlich sogar gemeldet werden:

»[Offizielle] amerikanische Experten auf dem Gebiet der sowjetischen Außenpolitik unterstreichen die jüngsten Schätzungen durch ihre eigene Ansicht, daß die sowjetischen Ziele in Europa eher auf Eindämmung als auf Expansion gerichtet sind und daß die Gefahr eines westlichen Angriffs die Russen in der Tat viel mehr beschäftigt als irgendwelche eigenen aggressiven Absichten[1].«

Dennoch bewirkte diese Beurteilung der Lage durch Experten aus Washington keine sofortige Einstellung des Aufbaus der NATO in Europa. Achtzehn Monate später drängte Verteidigungsminister McNamara sogar darauf, daß die NATO-Bündnispartner ihre Truppenstärke auf den ursprünglich vorgesehenen Stand der NATO-Streitmacht erhöhten, so daß die bereits überlegenen NATO-Armeen um sechs volle NATO-Divisionen verstärkt wurden. (*The Times* vom 16. Dezember 1964. »In den letzten drei Jahren haben wir im Ausland die Zahl der Atomwaffen in unseren strategischen Bereitschaftsstreitkräften verdoppelt; in den letzten drei Jahren haben wir die Zahl der einsatzbereiten Armeedivisionen um fünfundvierzig Prozent erhöht« [Kennedy, Rede vor dem Gewerkschaftskongreß der AFL-CIO im November 1963]. In den Jahren 1963–1964 *verdreifachten* die USA ihr Raketenpotential, und William C. Foster, der Leiter des amerikanischen Amtes für Rüstungskontrolle und Abrüstung, wies warnend darauf hin, daß die USA, sofern der Begriff ›genügend‹ nicht eindeutiger definiert würde, 1965 mehr als achtmal soviel Raketen besitzen würden, wie sie 1962 besaßen [*Observer* vom 13. Dezember 1964].)

Eine gedrängte Übersicht über den Widerspruch zwischen der

offiziellen Darstellung der US-Politik des Kalten Krieges als defensive Eindämmung sowjetischer Expansionsdrohungen und der wirklichen militärischen Lage ist in den Zahlen über die Militärausgaben in den zwei Machtblöcken enthalten. Nach verläßlichen Berichten »geben die NATO-Länder für Rüstungszwecke *fast den doppelten* Betrag wie die Länder des Warschauer Paktes aus. 1963 wendeten die Mitgliedsländer der NATO über 71 Milliarden Dollar für Verteidigungszwecke auf; der Sowjetblock dagegen hat weniger als 37 Milliarden Dollar ausgegeben. *Dieses Verhältnis ist während der zehn Jahre seit Unterzeichnung des Warschauer Pakts im Mai 1955 annähernd konstant geblieben*[2]«. [Hervorhebung vom Autor.]

Der ein Jahrzehnt währende Aufbau der NATO-Streitmacht angesichts der sowjetischen Zurückhaltung in der Produktion von Kernwaffen sowie der Reduzierung und des Abzugs sowjetischer Truppen aus Europa läßt sich unmöglich mit einer Eindämmungspolitik in Einklang bringen, wenn unter Eindämmung der Schutz gegen eine angedrohte militärische Expansion verstanden wird.

George Kennan, der 1947 als Leiter des außenpolitischen Planungsstabes der USA an verantwortlicher Stelle stand, gab zehn Jahre später zu, daß er eine militärische Expansion der Sowjetunion nie als reale Möglichkeit betrachtet habe. Er ging sogar noch weiter und erklärte, daß zur Zeit der NATO-Gründung die politische Planungsabteilung des State Department »die kommunistische Gefahr in ihrer bedrohlichsten Form als ein *inneres* Problem, d. h. als ein Problem der westlichen Gesellschaftsordnung« ansah. Vom Standpunkt des Planungsstabes war also unter Eindämmung eine Eindämmung nicht so sehr der russischen Expansion als vielmehr der kommunistischen Revolutionen (oder Wahlen) zu verstehen. (Um *nichtkommunistische* Revolutionen in Algerien, Kenia, Indochina sowie in den portugiesischen Enklaven in Afrika einzudämmen, floß außerdem ein riesiger Betrag aus NATO-Mitteln durch die Empfangsländer.)

Nachdem die Wirren der ersten Nachkriegszeit vorüber waren, wurde es immer deutlicher, daß die US-Politik des Kalten Krieges *antirevolutionäre* und nicht *antiexpansionistische* Bestrebungen verfolgte und daß die schönen Reden der Opposition gegen eine Aggression lediglich einen Deckmantel darstellten, um innenpolitische Veränderungen im Zaum zu halten. Als 1958 zum Beispiel nationale Revolutionen die Öl-Königreiche des Mittleren Ostens bedrohten, setzte die Eisenhower-Doktrin in diesen Gebieten amerikanische Truppen ein, und zwar unter dem Vorwand, die Unantastbarkeit dieser Länder gegen eine Bedrohung von außen zu schützen. Ähnliche Aktionen wurden unter ähnlichen Vorwänden in den fünfziger

Jahren in Persien und Guatemala wie schon zuvor in Griechenland unternommen.

In den ersten Jahren des Kalten Krieges war es jedoch gar nicht so leicht, zwischen der Eindämmung von Expansionsbestrebungen und der Eindämmung von Revolutionen zu unterscheiden. Diese Schwierigkeit ließ sich unter anderem damit begründen, daß die monolithische Struktur der dem sowjetischen Politbüro unterstehenden internationalen kommunistischen Bewegung der westlichen Propaganda das Rückgrat stärkte und den Anschein erweckte, als würden potentielle kommunistische Revolutionen, falls sie siegreich ausgingen, sowjetische Herrschaft und Kontrolle bedeuten, und schon dadurch die Eindämmung von kommunistischen Revolutionen als gleichbedeutend mit der Eindämmung einer sowjetischen Expansion erscheinen ließ.

Diese Tendenz verstärkte sich auf Grund der ungewöhnlichen Lage hinter der in Jalta festgelegten militärischen Linie in der Zeit von 1945 bis 1949. Hier diente eine Reihe kommunistischer Machtergreifungen, die nur durch die Anwesenheit der Roten Armee ermöglicht worden waren, zwangsläufig dazu, den Anschein zu erwecken, als sei die Ausdehnung des Kommunismus gleichbedeutend mit der Ausbreitung der nationalen Macht der UdSSR. In dieser Periode traf diese Behauptung für Osteuropa tatsächlich zu. Die Verwirrung wurde weiter erhöht durch die Unfähigkeit des Westens, zu unterscheiden zwischen einer Erweiterung der politischen Kontrolle *hinter* den bestehenden militärischen Linien und einer Expansion über sie hinweg. Sowenig die erstere zu verteidigen ist, unterschied sie sich doch von einer Aggression, insbesondere da die russische »Expansion« in Osteuropa, einem Gebiet von großer strategischer Bedeutung für das Sicherheitsbedürfnis der Sowjets, in engem Zusammenhang stand mit der Politik der USA hinsichtlich einer Lösung der Deutschland-Frage, mit der Entscheidung der USA im Jahre 1945, die Atombombe, das angelsächsische Bündnis und die früheren japanischen Luftstützpunkte vor der sibirischen Küste beizubehalten, mit dem Widerstand der USA gegen Bemühungen der Russen, ihren eigenen Sicherheitsgürtel zu schaffen, mit dem Versäumnis der USA, durch Hilfsmaßnahmen zum russischen Wiederaufbauprogramm beizutragen und schließlich mit dem Kreuzzug der USA gegen den Kommunismus schlechthin.

Diese Grundlage, die Unterschiede lediglich verwischen half, dauerte jedoch nicht lange, denn zwei echte kommunistische Revolutionen – in China und in Jugoslawien – (zum Unterschied von Putschen einer Minderheit im Schutz der Roten Armee) ließen es bald deutlich werden, daß die sowjetische Vorherrschaft in der Komintern zum großen Teil darauf beruhte, daß die KPdSU die einzige Partei war, die einen Nationalstaat repräsentierte.

(Die spätere Herrschaft der Sowjets über die osteuropäischen kommunistischen Parteien mit Ausnahme Jugoslawiens war offenbar eine Folge davon, daß die betreffenden Parteien hauptsächlich durch die sowjetischen Machthaber an die Macht gelangt waren.) Sobald wahrhaft nationale kommunistische Staaten zu entstehen begannen, war die Führungsrolle der sowjetischen Kommunisten in Frage gestellt und die bis dahin monolithische Einheit der kommunistischen Bewegung erschüttert. (Lediglich die Feindschaft der USA gegenüber China und der Ausbruch des Koreakrieges waren die Ursache für die Verzögerung des endgültigen chinesisch-sowjetischen Bruchs.) Mit dem Auftauchen ›polyzentristischer‹ Tendenzen im Weltkommunismus war der Identifizierung bzw. Gleichsetzung kommunistischer Revolutionen mit der Ausdehnung sowjetisch nationalen Einflusses der Boden entzogen, woraus sich für eine Beurteilung der Eindämmungspolitik weitreichende Konsequenzen ergeben.

Im Hinblick auf Länder wie das revolutionäre Kuba zum Beispiel dienten diese internen Veränderungen in der kommunistischen Bewegung dazu, die verdrehte Logik offizieller Rechtfertigungsbemühungen für die US-Politik des Kalten Krieges ebenso zu entlarven wie die Art und Weise, in der die Einmischung in die inneren Angelegenheiten souveräner Staaten unter dem Vorwand, eine Bedrohung von außen eindämmen zu wollen, durchgeführt wurde.

Fünf Jahre nach der kubanischen Revolution ließ sich die Kuba-Politik der USA zusammenfassen als »Kalter Krieg mit dem Ziel, die bedingungslose Kapitulation des Castro-Regimes zu erzwingen[3]«. In einer Rede vor dem Interamerikanischen Presseverband rechtfertigte Präsident Kennedy – vier Tage vor seiner tragischen Ermordung – diese Politik wie folgt:

»Es ist wichtig, erneut festzustellen, was Kuba von meinem Land und von den anderen Ländern dieser Hemisphäre trennt. Es ist die Tatsache, daß eine kleine Gruppe von Verschwörern [*sic*] das kubanische Volk seiner Freiheit beraubt und die Unabhängigkeit und Souveränität der kubanischen Nation Mächten außerhalb dieser Hemisphäre überlassen hat. Sie haben Kuba zu einem Opfer des ausländischen Imperialismus, zu einem Instrument der Politik anderer, zu einer Waffe in dem von ausländischen Mächten diktierten Bemühen gemacht, die Regierungen der anderen amerikanischen Republiken zu stürzen.

Die Ähnlichkeit zwischen dieser (durch die Verwechslung von Verschwörung und Revolution geprägten) Auffassung und Dean Achesons unglaubwürdiger positiver Bewertung der chinesischen Revolution vor über zehn Jahren ist zu auffallend, um übersehen zu werden. Eine zusätzliche Schwierigkeit, der sich Kennedy auf Grund seiner eigenen Analyse gegenübersah, war die Aufgabe, den ausländischen Imperialismus genau zu umreißen, zu dessen Agent und Handlanger Kuba angeblich gemacht worden war. Wem diente Kuba als bloßes politisches Instrument?

Präsident Kennedys Antwort auf diese Frage kam in einem vertraulichen Interview zum Ausdruck, das er am 24. Oktober 1963 Jean Daniel gewährte, der es erst nach dem Tode des Präsidenten veröffentlichte:

»... Castro brach sein früher gegebenes Versprechen und erklärte sich damit einverstanden, ein Agent der Sowjets in Lateinamerika zu werden ...

Sie deuten an, daß Sie von der politischen Wirksamkeit einer Blockade nicht überzeugt sind. Sie werden es erleben. Wir können es nicht gestatten, daß kommunistische Umsturzversuche in lateinamerikanischen Ländern Fuß fassen. Wir brauchen zwei Dämme, um die sowjetische Expansion [*sic*] aufzuhalten: einmal die Blockade, zum anderen Bemühungen um einen wirtschaftlichen Aufschwung[4].«

Zwei Wochen zuvor hatte jedoch der US-Delegierte Adlai Stevenson vor der UNO die Tatsache scharf verurteilt, daß Kuba »soeben dem Beispiel des kommunistischen China Folge geleistet« und den Vertrag über ein Verbot von Kernwaffenversuchen abgelehnt hatte. (»Stevensons Anklage erweckte den Anschein, daß die Kuba-Politik der USA offenbar mehr an der feindlichen Einstellung des kommunistischen China gegenüber dem Westen als an den laufenden Bemühungen der Sowjetunion um einen Abbau der internationalen Spannungen orientiert war« [*New York Times*, Internationale Ausgabe vom 8. Oktober 1963].) Erst zwei Wochen davor wurde aus Washington berichtet, daß zwischen den kommunistischen Parteien Lateinamerikas und der Führung Kubas ein Bruch erfolgt war, weil Havanna sich Moskaus Strategie einer ›Volksfront‹ zusammen mit ›bürgerlichen Parteien‹ in Lateinamerika widersetzte. »Kuba steht einem bewaffneten Aufstand wohlwollend gegenüber«, fuhr der Bericht fort; »es wird für bedeutsam gehalten, daß nicht ein einziger wichtiger lateinamerikanischer Kommunistenführer Havanna besuchte, um am 26. Juli an den Feierlichkeiten zum Jahrestag der Revolution teilzunehmen.« Der Bericht fügte hinzu, es sei in Washington bekannt, daß »die Sowjetunion die USA in diesem Jahr wiederholt aufgefordert hat, eine Einigung mit Kuba anzustreben, und zwar unter Bedingungen, die Dr. Castro nicht billigt[5]«.

Wenn Kuba einerseits Unabhängigkeit von Moskau zeigte[6], würde es kaum vernünftig sein, in das andere Extrem zu verfallen und anzudeuten, daß Kubas Souveränität an China abgetreten worden war, um zu einer Waffe in einem von den Chinesen diktierten Bestreben zu werden, »die Regierungen der

anderen amerikanischen Republiken zu stürzen«. Die Sowjetunion unterstützte die kubanische Regierung mit rund einer Million Dollar pro Tag, und die sowjetisch-chinesischen Beziehungen waren äußerst gespannt; man kann sich schwer vorstellen, daß die Sowjetunion oder überhaupt irgendein Land eine Regierung mit Geldmitteln unterstützt, die lediglich als außenpolitisches Instrument einer dritten Macht fungiert.
Dieser Punkt bedarf kaum einer Unterstreichung. Vergegenwärtigt man sich die angespannte Lage Castros und berücksichtigt man seine Abhängigkeit von sowjetischer Wirtschaftshilfe und militärischem Schutz gegen einen möglichen Angriff der USA, lag es klar auf der Hand und war von Anfang an klar gewesen, daß Castro „titoistischer" war als Tito selber. Castro, der nie ein wirklicher Kommunist wie Tito und auch kein Stalinist, wie es vordem Tito war, gewesen ist, hatte bei unzähligen Gelegenheiten die Unabhängigkeit seiner Anschauungen und seiner Politik unter Beweis gestellt (am eindrucksvollsten in seinen Reden vom 13. und 26. März 1962, in denen er die Stalinisten angriff. Vgl. Herbert L. Matthews, *Return to Cuba*, 1964: »Die von Washington und den Exilkubanern unterstützte Überzeugung, Fidel Castro sei ein Gefangener des kubanischen kommunistischen Machtapparates oder eine Marionette Moskaus, ist ein glattes Phantasieprodukt. Er ist charaktermäßig unfähig, Befehle oder selbst Ratschläge anzunehmen. Der Weg, den er gewählt hat, zwingt ihn in eine Übereinstimmung mit den meisten Bedürfnissen und Wünschen des Sowjetblocks, aber das ist eine andere Sache.«) Sein starkes Nationalbewußtsein soll nach Meinung zahlreicher seiner schärfsten Kritiker für seinen Bruch mit den USA ausschlaggebend gewesen sein. Er schien deshalb einer der letzten unter den nationalen Führern zu sein, von denen man mit einiger Wahrscheinlichkeit erwarten konnte, daß sie willig die Rolle eines Handlangers für irgendjemand spielen würden, wie ja auch sein Verhalten während der Kuba-Krise gezeigt hatte. Castro hatte dem sowjetischen Druck bis zu einem gewissen Grade nachgegeben, weil er sich in einer wirtschaftlichen und militärischen Zwangslage befand, aus der die USA ihn freilich leicht hätten befreien können. Das State Department wußte das offenbar, setzte aber seine Politik der Sabotage und der verhüllten Aggression gegen Kuba unter dem peinlich fadenscheinigen Banner des Anti-Imperialismus fort. (»Trotz öffentlicher Erklärungen der Regierung, daß sie keine bewaffneten Expeditionen von Exilkubanern vom Gebiet der USA aus dulden werde, herrscht vielfach die Ansicht, daß ein kontinuierlicher Strom von Waffen an Untergrund- und Guerilla-Gruppen in Kuba geht ...« [*New York Times*, Internationale Ausgabe vom 23. Dezember 1963].)
Der Gegensatz zwischen der USA-Politik gegenüber dem Kuba

Fidel Castros und gegenüber dem Jugoslawien Titos ist auffallend und lehrreich zugleich. Im Zeitraum von 1947–1948 war Tito ein durchaus ehrgeiziger revolutionärer Führer im Bereich der Balkanländer, der freilich im Gegensatz zu Castro nicht von Wasser umgeben war. Tito war es sogar, der die griechischen Rebellen aus dem Ausland am meisten unterstützte. Um sich jedoch die amerikanische Hilfe zu sichern, die er dringend benötigte, um außerhalb des sowjetischen Einflußgebiets weiterbestehen zu können, zog er 1948 seine den Griechen gewährte Unterstützung zurück und verweigerte ihnen die Benutzung jugoslawischen Hoheitsgebietes, wodurch er den Aufstand wirksam beendete. Die USA finanzierten die Entwicklung und Unabhängigkeit Jugoslawiens mit einer Anleihe von über einer Milliarde Dollar. Diese Hilfe wurde Tito gewährt, obwohl er kommunistische Ideen und Praktiken keineswegs aufgegeben hatte.
Obgleich die geopolitische Lage der Vereinigten Staaten ihnen gegenüber Kuba (dessen sämtliche Absatzmärkte in der westlichen Hemisphäre lagen) einen enormen Verhandlungsvorteil verschaffte, obgleich Castro bei vielen Gelegenheiten Angebote zur Beilegung der Kontroverse unterbreitet hatte, darunter Vorschläge zur Bereinigung der Ansprüche beschlagnahmter Firmen, und obgleich die Sowjetunion wiederholt auf eine solche Aussöhnung gedrängt hatte, weigerten sich die USA sogar, eine Koexistenz mit Kuba überhaupt zu erörtern. Die Haltung der USA wurde von Adlai Stevenson am 8. Oktober 1962 vor den Vereinten Nationen eindeutig festgelegt:
»Der kubanische Ministerpräsident erklärt, daß Kuba stets bereit gewesen sei, mit den USA in einen Meinungsaustausch über die Verbesserung der Beziehungen und den Abbau der Spannungen einzutreten. Doch in Wirklichkeit ist er auf etwas ganz anderes aus, nämlich das Vorhandensein eines kommunistischen Regimes in der westlichen Hemisphäre mit unserem Gütesiegel zu versehen, d. h. durch uns genehmigen zu lassen. Die Unterstützung des Kommunismus auf dem amerikanischen Kontinent kann kein Verhandlungsgegenstand sein[7] ...«
Stevensons Erklärung hätte vor der Vollversammlung der Vereinten Nationen kaum unpassender formuliert werden können, da der oberste Grundsatz der UN-Charta ihre Mitglieder verpflichtet, alle entstehenden Kontroversen durch Verhandlungen zu lösen. (In ähnlicher Weise begannen Bemühungen der USA, das Castro-Regime über die Organisation Amerikanischer Staaten zu beseitigen, mit einer Verletzung des Grundprinzips *ihrer* Charta. [»... Kein Staat oder eine Gruppe von Staaten hat das Recht, sich direkt oder indirekt – aus welchen Gründen auch immer – in die inneren oder äußeren Angelegenheiten irgendeines anderen Staates einzumischen. Der vorstehende

Grundsatz verbietet nicht nur den Einsatz bewaffneter Streitkräfte, sondern auch jede andere Form der Einmischung oder der versuchten Drohung gegen die Gesamtheit des Staates oder gegen seine politischen, wirtschaftlichen und kulturellen Organe« – Artikel 15, zitiert in dem erwähnten Werk von Lieuwen, S. 285].) Darüber hinaus war Stevensons Auffassung kaum vereinbar mit der Vorstellung der Kennedy-Regierung von ihrer eigenen Außenpolitik als einem Programm, die Welt vor Ungleichheit zu bewahren, das auf der Achtung vor dem Prinzip der Nichteinmischung in die inneren Angelegenheiten anderer Länder beruht.

Die Kennedy-Regierung rechtfertigte ihre Kuba-Politik damit, daß Castro Kuba zu »einer Waffe in einem durch ausländische Mächte diktierten Bemühen, die Regierungen der anderen amerikanischen Republiken zu stürzen«, gemacht habe. Aber diese Argumentation konnte kaum die politische Linie rechtfertigen, die in der Praxis eingeschlagen wurde.

Zunächst einmal hatte die Erfahrung mit Tito gezeigt, daß unter der Voraussetzung der richtigen Vorbereitungen bestimmte revolutionäre Ideale für andere geopfert werden konnten und daß insbesondere in der Strategie eines »revolutionären« Staates das Fortbestehen und das Wohl der Revolution im eigenen Land entschieden vor dem Erfolg der Revolution im Ausland rangierte. (Chinas freundschaftliche Beziehungen zu dem reaktionären Regime Ayub Khans in Pakistan würden ein zutreffender Fall sein.) Als Castro sich sogar erbot, die Hilfsmaßnahmen für revolutionäre Bewegungen im Ausland als Gegenleistung für eine Normalisierung der Beziehungen zu den USA einzustellen, wurde sein Angebot von Washington schroff zurückgewiesen (Unterwanderungsbestrebungen waren nach Meinung Washingtons kein Verhandlungsgegenstand!), ein untrügliches Zeichen, daß eine derartige vermeintlich subversive Tätigkeit nicht im Mittelpunkt der Auseinandersetzung zwischen den beiden Ländern stand, ja nicht einmal eine Randerscheinung bildete. (*New York Times*, Internationale Ausgabe vom 6. und 7. Juli 1964. Am 27. Juli, nach der Zurückweisung durch Washington, schränkte Castro sein Angebot ein, indem er sagte, »Hilfsmaßnahmen für [revolutionäre] Bewegungen sind kein Verhandlungsgegenstand«. Aber er fügte hinzu, er sehe die Notwendigkeit ein, »daß Länder in Übereinstimmung mit internationalen Normen leben müssen«. »Kuba würde sich die Freiheit nehmen, (sagte Castro), jede revolutionäre Bewegung *in einem beliebigen Land* zu unterstützen, *auch wenn dieses Land Kuba nicht respektiert*« [Hervorhebung vom Autor] [*New York Times*, Internationale Ausgabe vom 28. Juli 1964].)

Dieser Sachverhalt war schon vor der Zurückweisung von Castros Angebot evident, denn das Scheitern des eigenen Subversionsprogramms der USA im kleinen Kuba, das in viel größerem Maßstab durchgeführt wurde als irgendein Unternehmen, das Kuba selber in Lateinamerika in Angriff zu nehmen hoffen konnte, war ein beredter Beweis dafür, daß subversive und verschwörerische Aktivitäten *keine* Revolution machen. Revolutionen sind bedingt – wenn Kuba überhaupt ein Beispiel wäre – durch das Elend der Massen, durch das Vorhandensein einer abgrundtiefen Kluft zwischen dem potentiellen Reichtum der natürlichen Umwelt* und der durch die bestehenden sozialen Verhältnisse bedingten tatsächlichen Armut, durch die Vision einer alternativen Gesellschaftsstruktur, die zu größerer sozialer Gerechtigkeit führen würde, und schließlich durch eine revolutionäre Bewegung, die die verarmten und unterdrückten Massen zu mobilisieren und sie diesem Ziel entgegen zu führen fähig ist.

Sobald man erkennt, daß Revolutionen und nicht Verschwörungen die gesellschaftliche Ordnung verändern (eine besondere Ausnahme bildete Osteuropa in der Zeit nach 1945, als die Rote Armee das Gleichgewicht der gesellschaftlichen Kräfte entscheidend änderte), wird die Art der »Drohung« Kubas klar. Es handelte sich nicht, wie sogar die Presse des Establishments zugeben mußte, um eine aktive Umsturzordnung: »Das eigentliche Problem bei dem vielgefürchteten Umsturz in Lateinamerika durch das marxistisch-leninistische Kuba ist nicht materieller Natur. Ministerpräsident Castro ist nicht in der Lage, irgendeine Opposition in Lateinamerika wirksam mit Waffen auszurüsten, selbst wenn er es wollte[8] ...« Kubas Drohung lag in seiner Rolle als *Musterbeispiel* für einen Kontinent, der durch die bestehende gesellschaftlich-ökonomische Machtstruktur, in der die einflußreichen USA die Hauptrolle spielten, im Teufelskreis von Armut und Elend gefangen war. (Es muß außerdem beiläufig erwähnt werden, daß die Drohung Kubas nicht, wie man vermutete, eine Drohung gegen »Lateinamerika« darstellte und nach Sachlage der Dinge auch gar nicht hätte darstellen können, sondern gegen diese Machtstruktur und jene Klassen gerichtet war, die von ihr profitierten.) Wie von der

* »Lateinamerika ... verfügt über mehr hoch ertragreichen kultivierbaren tropischen Boden als irgendein anderer Kontinent ... In ihm schlummern riesige Vorräte an Erdöl, Eisen, Kupfer, Zinn, Gold, Silber, Zink, Blei: Die Liste ist endlos ... Doch beherbergt Lateinamerika einige der ärmsten und am meisten ausgebeuteten Menschen auf diesem Planeten ... Es ist ein reiches und ausgeplündertes Treibgut geblieben, das auf den Fluten der rivalisierenden Habsucht Europas und Nordamerikas dahintreibt« [Paul Johnson, ›The Plundered Continent‹, *New Statesman* vom 17. September 1960].

New York Times offen zugegeben wurde, war es bereits die Präsenz der kubanischen Regierung, ihr bloßes Weiterbestehen, das das herrschende Machtgefüge in Frage gestellt, die Lebensbedingungen der Massen Kuba verändert und dadurch all jene zuversichtlich gemacht hatte, die sich um eine Veränderung des Status quo auf dem gesamten Kontinent bemühten (denn das Gefühl der Hoffnungslosigkeit ist stets die stärkste Stütze bestehender Ungerechtigkeit); all das hatte Kuba zu einer so furchtbaren Bedrohung werden lassen:
»Die Feierlichkeiten am 26. Juli unterstreichen Dr. Castros Wirksamkeit als subversiver Agent. Es ist die Tatsache, daß er und sein Regime nach über fünfeinhalb Jahren der Unruhe, des wirtschaftlichen Zusammenbruchs, der Abwanderung eines großen Teils des Mittelstandes und der Intelligenz immer noch weiterbestanden, und zwar nach allem, was die USA bis fast zur militärischen Invasion gegen ihn unternahmen – diese Tatsache ist es, der er seinen großen Einfluß in Lateinamerika verdankt. Solange er eine überragende Figur auf der politischen Bühne der westlichen Hemisphäre bleibt – von vielen gehaßt, gefürchtet und verachtet, von einigen geliebt und bewundert – ist er eine ernste Gefahr für Lateinamerika und wegen seiner Beziehungen zu Rußland auch für die Vereinigten Staaten[10].«
Es war jedoch nicht so recht einleuchtend, wenn man auf diese Weise den Beweis erbringen wollte, daß Kubas Verbindungen zu Rußland für die USA eine Gefahr darstellten, da die USA nie versucht hatten, ihren positiven Einfluß geltend zu machen, um Kuba von diesen Beziehungen abzubringen. Vielmehr vertrat Washington die Auffassung, daß »Castros Abhängigkeit von der Sowjetunion kein Verhandlungsgegenstand« war[11]. Anders ausgedrückt, nach Ansicht der USA müßte Castro seine Beziehungen zur Sowjetunion lösen und sich dadurch den USA auf Gnade und Ungnade ausliefern, und das als *Vorbedingung* für die Aufnahme von Verhandlungen mit der gleichen Regierung, die die Vernichtung seines Regimes geschworen hatte!
Ebenso unglaubwürdig war die Annahme, daß Castros Beziehungen zu Rußland die Ursache seiner Kontroverse mit den USA waren (sie waren vielmehr die Folge dieser Kontroverse), so daß es geradezu absurd war, anzudeuten, die Bedrohung der lateinamerikanischen Machtstruktur durch Kuba könne von der Bedrohung der USA getrennt werden. Denn das weitaus größte Interesse am wirtschaftlichen Status quo der westlichen Hemisphäre wurde von privaten US-Kreisen wahrgenommen. Solange Washington darauf bestand, diese privaten Interessen mit den nationalen Interessen der USA gleichzusetzen, würde die revolutionäre Herausforderung in Lateinamerika auch eine Herausforderung an die Vereinigten Staaten darstellen.
In Venezuela zum Beispiel, das ein lehrreiches Beispiel liefert,

erzeugte die in amerikanischem Besitz befindliche Erdölindustrie neunzig Prozent der Gesamtausfuhren des Landes, und das Steueraufkommen machte sechzig Prozent des nationalen Haushaltsplanes aus. Die wichtigen Entscheidungen, die die wirtschaftliche Entwicklung Venezuelas betrafen, wurden daher in New York gefällt und nicht in Caracas, wobei die Beschlüsse so gefaßt wurden, daß sie Firmen zugute kamen, deren Interessen nicht Venezuelas Interessen waren. Vom streng nationalen Standpunkt aus war dies eine unhaltbare Situation, und man hätte eine Reformbewegung erwartet wie die linksgerichtete *Acción Democratica* Rómulo Betancourts, die 1959 an die Macht kam, um die nationale Kontrolle über die Reichtümer des Landes durchzusetzen. Aber Betancourt unternahm keinerlei Schritte in dieser Richtung.
Gleichzeitig wurde die Regierung Betancourts (1959–1964) von der Kennedy-Regierung als eine annehmbare »revolutionäre« Alternative zum Castroismus begrüßt. Amerikanischen Regierungssprechern zufolge lag dieser »Annehmbarkeit« Betancourts Bindung an die Demokratie zugrunde. Da andere extrem antidemokratische lateinamerikanische Regierungen wie das Regime Somozas in Nicaragua jedoch ebenfalls Billigung fanden, konnte die Bindung an die Demokratie kaum ausschlaggebend gewesen sein. Betancourts Bindung an demokratische Grundsätze war dann auch nicht so fest, wie Sprecher der Allianz für den Fortschritt oft weismachen wollten. Als Staatspräsident »verfügte er eine ›Aufhebung der verfassungsmäßigen Garantien‹ für eine Dauer, die insgesamt die Hälfte seiner Amtszeit ausmachte. Während solcher Zeiten herrschte Pressezensur, politische Parteien durften ohne behördliche Genehmigung nicht zusammenkommen, die Büros der Kommunisten – und häufig auch anderer Oppositioneller – wurden geschlossen, und Hunderte wurden ohne richterlichen Haftbefehl in die Gefängnisse geworfen[12].« (John Gerassi, der frühere Korrespondent für *Time* und *Newsweek*, schildert den Terror unter Betancourt in seinem Buch *The Great Fear in Latin America.* Er zitiert einen »unpolitischen Professor für Kolonialgeschichte«: »Die Regierung möchte, daß die Studenten reagieren, daß sie zurückschlagen. Dann hat sie einen Vorwand, in das Universitätsgelände einzudringen, um alle verdächtigen Linken zu erschießen oder zu verhaften. Seit 1960 wurden über dreihundert Studenten getötet. Es ist für einen ehrlichen rechtschaffenen Mann unmöglich geworden, die Regierung zu unterstützen, selbst wenn er konservativ eingestellt ist.«)
Eine weit plausiblere Erklärung für die ›Hoffähigkeit‹ Betancourts war, daß er es im Gegensatz zu Castro vorzog, das bestehende Machtgefüge nicht anzutasten, und daß er vor allem nicht ernstlich bemüht war, die Erdölinteressen der USA einer

Neuregelung zu unterziehen oder den Strom von fünfhundert bis tausend Millionen Dollar pro Jahr, der aus den Öleinnahmen in die USA floß, zu kontrollieren – eine Summe, die die *ganz* Lateinamerikas im Rahmen der Allianz für den Fortschritt gewährte US-Hilfe überstieg.
Während der Amtszeit Betancourts reduzierten die Erdölgesellschaften Neuinvestitionen in Venezuela von rund 579 auf rund 178 Millionen Dollar, so daß die Arbeitslosenziffer sich verdreifachte, obwohl Betancourt bei seinem Wahlfeldzug den Schwerpunkt auf Arbeitsbeschaffung gelegt hatte. Betancourt ließ nicht nur die Erdölgesellschaften unangetastet, sondern sah sich auch außerstande, eine wirksame Bodenreform durchzuführen. [Landbesitz in Größeneinheiten von 1000 ha oder mehr, der vor der ›Reform‹ zusammen 22 Millionen ha ausmachte, beläuft sich noch immer auf mehr als 21 Millionen ha – 75 Prozent der landwirtschaftlich genutzten Fläche (Sidney Lens, *Roadblocks to Reform in Latin America*, 1964).] Die beiden Programme, in denen er dennoch eindrucksvolle Resultate erzielte, deckten sich mit den weniger problematischen Aspekten im Rahmen der Allianz für den Fortschritt und betrafen das Gesundheits- und Erziehungswesen, das freilich für die soziale und wirtschaftliche Gesamtentwicklung von geringerer Bedeutung war. Das Unvermögen, die bestehende Machtstruktur zu ändern, bedeutete für das Land erhöhte Armut und Instabilität und damit ein Anwachsen der »kubanischen« Bedrohung.

Ebenso wie diese kubanische Gefahr in erster Linie in der Tatsache begründet lag, daß Kuba die Interessen der USA angetastet hatte und dennoch weiterbestand, so lag die Duldung Betancourts in seiner Bereitschaft begründet, sich an die für Reformen vorgesehenen Grenzen zu halten und vor allem nicht gegen diese amerikanischen Interessen zu verstoßen. Aber diese Grenzen schränkten auch Betancourts Handlungsfähigkeit ein, den fundamentalen Status quo in Venezuela zu ändern und durch Verbesserung der allgemeinen Lage eine entwicklungsfähige Alternative zur Revolution Castros zu schaffen. So spiegelte seine wenig beneidenswerte Situation den inneren Widerspruch der Allianz für den Fortschritt wider, seine Bindung an eine »Revolution von oben«, an den Versuch einer Umgestaltung des gesamten lateinamerikanischen Kontinents und einer Beseitigung der herrschenden Armut, während er gleichzeitig die wesentlichen politischen Strukturen und die fest begründeten Interessen zu wahren bestrebt war, die in der Vergangenheit das Elend heraufbeschworen und aufrechterhalten hatten. (Das nach Kennedys Tod verabschiedete Auslandshilfegesetz enthielt zahlreiche neue Bestimmungen, die die Ziele der Allianz klarstellten. Um ein Allianz-Darlehen zu erhalten, waren nicht weniger als dreiunddreißig Vorbedingungen zu erfüllen, so z. B., ob das zu finanzierende Projekt sich nachteilig auf die Wirtschaft der USA auswirken könnte, ob es das freie Unternehmertum förderte und ob kleineren amerikanischen Firmen die Gelegenheit zu einer Teilhaberschaft geboten würde. Eine weitere Klausel sah vor, daß mit Wirkung vom 31. Dezember 1965 kein Land weitere Finanzhilfe erhalten würde, das nicht eine Investitionsgarantie mit den Vereinigten Staaten unterzeichnet hatte.)

Die der Allianz für den Fortschritt zugrunde liegende Konzeption war ein Versuch gewesen, die Sterilität der reinen Eindämmungspolitik zu durchbrechen, die in den vorausgegangenen zehn Jahren im großen und ganzen die Politik der USA in den Entwicklungsländern gekennzeichnet hatte. Das Programm der Allianz war ein Reformprogramm, das die Revolution abwehren sollte, indem es sie ersetzte. Als sich nach zweijährigen gescheiterten Bemühungen der Allianz herausstellte, daß diese Aufgabe schwieriger als erwartet war, verlegte man den Schwerpunkt erneut auf die These von der reinen Eindämmungspolitik (die in Wirklichkeit nie aufgegeben worden war). Am 18. Dezember 1963 erklärte Kennedy in seiner Rede vor dem Interamerikanischen Presseverband:

»Wenn die Allianz Erfolg haben soll, müssen wir auch weiterhin Maßnahmen unterstützen, um den kommunistischen Infiltrations- und Umsturzbestrebungen Einhalt zu gebieten und den vom Ausland her bedrohten Regierungen unsere Hilfe zu gewähren. *Die amerikanischen Staaten müssen bereit sein, jeder Regierung, die unsere Hilfe erbittet, zu Hilfe zu kommen, um eine nicht so sehr mit dem Wunsch nach innenpolitischer Veränderung als vielmehr mit den Methoden des ausländischen Kommunismus in Verbindung stehende Regierungsübernahme zu verhindern.*« [Hervorhebung vom Autor.]

In seiner bewußt unklar gehaltenen Form war dieses Angebot offenbar nichts Geringeres als ein Freibrief für eine konterrevolutionäre Intervention der USA in Lateinamerika, lag es doch auf der Hand, daß jede von einem Umsturz bedrohte lateinamerikanische Regierung bereit sein würde, die angedrohte Machtübernahme zum allermindesten als »nicht so sehr mit dem Wunsch nach innenpolitischer Veränderung als vielmehr mit den Methoden des ausländischen Kommunismus in Verbindung stehend« zu bezeichnen.

Wie aus vorstehender Analyse ersichtlich ist, hielt sich die Politik der USA in Lateinamerika während der zwei Jahrzehnte des Kalten Krieges an ein Programm, das vorgeblich die Eindämmung der Expansionsgelüste kommunistischer Mächte, in Wirklichkeit aber die Eindämmung der sozialen Revolution überall da zum Ziel hatte, wo soziale Revolution eine tiefgreifende strukturelle Veränderung außerhalb der von Washington festgelegten Linie bedeutete.

> Abgeordneter Coudert: »Habe ich Sie richtig verstanden, als Sie sagten, daß das Wesen der gegenwärtigen China- und Formosapolitik darin besteht, eine ständige Drohung mit militärischen Aktionen gegen Rotchina aufrechtzuerhalten in der Hoffnung, daß irgendwann einmal ein innerer Zusammenbruch erfolgen wird?«
> Mr. Robertson, Unterstaatssekretär für fernöstliche Angelegenheiten: »Ja, Sir. Das ist meine Auffassung.«
> Abgeordneter Coudert: »Mit anderen Worten, ein unter der Leitung der USA mit ständiger Angriffsdrohung gegen Rotchina veranstalteter, von Formosa und anderen Gruppen im Fernen Osten geführter und von den Vereinigten Staaten militärisch unterstützter Kalter Krieg?«
> Mr. Robertson: »Ja ...«
> Abgeordneter Coudert: »Bedeutet das im Grunde, daß die USA es sich zur Aufgabe machen, die amerikanische Vorherrschaft im Fernen Osten für eine unbestimmte Reihe von Jahren aufrechtzuhalten?«
> Mr. Robertson: »Ja. Genau.«
>
> Repräsentantenhaus (26. Januar 1954)

Im Fernen Osten war ein ähnliches Vorgehen der USA festzustellen, das auf die »Eindämmung Chinas« abzielte. Da außerdem, im Gegensatz zu Kuba, China eine große Weltmacht war, bestanden zwischen der Eindämmung der chinesischen Revolution durch die USA und der frühen Eindämmungspolitik der USA gegenüber Rußland sehr reale Verbindungen. Infolgedessen vermag eine Untersuchung der amerikanischen China-Politik auch die Art und Weise zu beleuchten, in der in der Nachkriegszeit eine umfangreiche Mobilisierung erfolgte, die mit einer angeblich angedrohten sowjetischen Expansion gerechtfertigt wurde, von der George Kennan später zugeben mußte, daß sie »größtenteils ein Phantasieprodukt des Westens« und (wie er hätte hinzufügen können) der amtlichen westlichen Propaganda war.

Washingtons Einstellung zum chinesischen Kommunismus nach dem Kriege war ebenso wie seine Haltung gegenüber Rußland durch ein Höchstmaß an Feindschaft bestimmt (obwohl im Falle Chinas die Feindschaft sofort offen zutage trat). Trotz der Tatsache, daß Tschiang Kai-scheks tyrannisches und völlig korruptes Regime im zweiten Weltkrieg nur ein unbeständiger Verbündeter gewesen war, während Maos Kommunisten die Bildung einer vereinigten nationalen Front gegen Japan erzwungen hatten, und trotz der Tatsache, daß die China-Abteilung des

US-Außenministeriums ein Gutachten vorgelegt hatte, daß Chinas Zukunft den Kommunisten als den Verteidigern des chinesischen Volkes und den Anführern der Agrarrevolution gehörte, pumpte Washington nach dem Kriege Milliarden von Dollar nach China hinein, um die endgültige Machtübernahme durch die Kommunisten zu verhindern. Während des *dreijährigen* Bürgerkriegs nach 1945 gewährte Washington Tschiang Kai-schek die *doppelte* Militär- und Wirtschaftshilfe, die es in den *acht* Jahren des Krieges gegen Japan gewährt hatte. Der Einfluß dieser Unterstützung auf die chinesische Haltung den USA gegenüber war von großer Bedeutung. Wie seinerzeit berichtet wurde:

»Die Amerikaner müssen jetzt eine der unleugbaren Tatsachen der chinesischen Politik erkennen – daß nach Meinung von Millionen Chinesen ihr Bürgerkrieg in Amerika gemacht wurde. Wir waren die Baumeister seiner Strategie; wir flogen Regierungstruppen in das kommunistische Gebiet, wir beförderten und stellten Kuomintang-Armeen bereit, die in das kommunistische Becken des Gelben Flusses und in das Niemandsland der Mandschurei einmarschierten, wir gaben die Befehle an die japanischen Garnisonen, die die Eisenbahnstrecken im Norden dem Bürgerkrieg zum Opfer fallen ließen. Unsere Marineinfanterie wurde nach Nordchina beordert und blieb dort, um Tschiangs Regime zu unterstützen – obgleich ein Märchen dem anderen folgte, um ihre fortgesetzte Präsenz mit edlen Worten zu erklären ...[13]«

Nach dem Erfolg der kommunistischen Revolution folgten die USA einer politischen Linie, die es auf eine maximale Feindschaft der neuen chinesischen Führung abgesehen hatte. Washington begann seine Kampagne damit, daß es zwischen dem Festland und dem besiegten Diktator Tschiang die Siebente Flotte stationierte und dadurch sein Wort brach, sich in den chinesischen Bürgerkrieg nicht einzumischen. Danach verweigerten die USA der neuen chinesischen Regierung die Anerkennung, bezeichneten sie als »illegal« (mit welcher Begründung war Tschiangs Diktatur eigentlich »legal«?), schlossen China vom internationalen Handel und von internationalen Organisationen wie der UNO aus, brandmarkten China als »vorsätzlichen Aggressor« in Korea (nachdem sie Chinas Kriegseintritt zunächst provoziert hatten), halfen der besiegten und in Verruf geratenen Armee Tschiangs wieder auf die Beine, unterstützten seine Bestrebungen, wieder an die Macht zu gelangen und ermutigten dadurch innenpolitische Gegner der neuen chinesischen Regierung, eine solche Entwicklung abzuwarten, und schließlich unterwiesen die USA (über den CIA) die Kuomintang in der Durchführung von Spionageflügen mit U-2-Maschinen über China und von Sabotageaufträgen auf dem

Festland. Außerdem besetzten die USA die strategischen Pazifik-Stützpunkte Japans – des historischen Feindes Chinas –, nachdem sie Japan in diesem Gebiet aus seiner Machtstellung verdrängt hatten. Auf diesen Stützpunkten wurden Atombomber der Strategischen Luftflotte für den möglichen Einsatz auf dem Festland stationiert, lange bevor China selber Atommacht wurde. Im Chinesischen Meer wurde eine Flotte von Polaris-Unterseebooten in Dienst gestellt, und der amerikanische Verteidigungsminister McNamara verkündete bei einigen Gelegenheiten vor dem Atombombenversuch der Chinesen, daß im Falle eines Atomkrieges mit der Sowjetunion die USA über das atomare Potential verfügten, um *sowohl* Rußland *als auch* China als Nation zu vernichten.

Diese Aufzählung feindseliger Handlungen der USA vermittelt quasi die Vorgeschichte bzw. die Hintergründe, die zur Einstellung der chinesischen Führung gegenüber den USA (und folglich gegenüber der sowjetischen Politik einer friedlichen Koexistenz) führten. Eine scharfsinnige Analyse der chinesischen Haltung lieferte der jugoslawische stellvertretende Ministerpräsident Edvard Kardelj in einer frühen Polemik gegen die chinesische Position in der chinesisch-sowjetischen Auseinandersetzung[14].

Chinas wirtschaftliche Rückständigkeit, die »die Revolution unerläßlich machte«, schrieb Kardelj, war zum Haupthindernis jeder Beschleunigung der inneren Entwicklung und zum Hauptgefahrenherd bedingt durch die inneren reaktionären Kräfte geworden, die wieder nach oben strebten und die Einheit des Landes auseinanderreißen wollten. Die Lösung dieser Frage [der wirtschaftlichen Entwicklung] stellt die bloße Existenz der Revolution als solche in Frage ...« Als Folge der amerikanischen Einmischungspolitik, der aktiven Unterstützung konterrevolutionärer Kräfte und der wirtschaftlichen und militärischen Blockade »ist es für China nicht nur unmöglich, einen Platz im Welthandel zu finden, der zu einer normaleren inneren Entwicklung beitragen würde, und erhält China nicht nur keine noch so geringe Hilfe von den Industrieländern der Welt, sondern der Druck gegen China wird eher noch verstärkt, um die wirtschaftlich-materiellen Lasten des Landes zu erhöhen«.

»Alle diese Tatsachen haben die Belastungen wesentlich erhöht, denen die Völker Chinas in ihren Anstrengungen zur Überwindung der Rückständigkeit ausgesetzt sind ... Es ist unter solchen Bedingungen vollkommen natürlich, daß eine Neigung zu der Auffassung besteht, den Ring, den die kapitalistischen Staaten unter Anwendung von Druck und Gewalt um China gelegt haben, durch Gegendruck und notfalls gewaltsam zu sprengen. Unter solchen Umständen mag vielen Chinesen, die nicht in der Lage sind, sich einen Gesamtüberblick über die gesellschaftlichen Entwicklungen in der ganzen Welt zu verschaffen, eine Politik auf der Grundlage der Koexistenz nicht nur als eine höchst unzweckmäßige Politik erscheinen, sondern dürfte ihrer Meinung nach sogar zur Aufrechterhaltung des Zustandes beitragen, in dem die Völker Chinas sich jetzt befinden, d. h. sie sehen eine solche Politik geradezu als Hemmschuh für den Fortschritt in China an.«

Kardeljs Beobachtungen sind lediglich das Gegenstück zu der Lehre, die wir bereits bei unserer Analyse der Eindämmungspolitik gezogen haben, nämlich daß Industrialisierung, wirtschaftlicher Wohlstand und ein Platz in der Gemeinschaft der Völker Regime ›milde stimmen‹, während eine Politik der Eindämmung ihre Militanz nur verstärkt. Diese Lehre, so überdeutlich sie auch nach neunzehn Jahren des Kalten Krieges in Europa zutage trat, lag bereits klar auf der Hand, noch bevor Kennans »X«-Artikel diese Politik ›verkündet‹ hatte. Die Isolierung und Eindämmung Rußlands von 1917 bis 1941 hatte das bolschewistische Regime nicht merklich ›weich gemacht‹. Umgekehrt und als Zeichen dafür, daß die Eindämmungsstrategie eine lediglich für eigensinnige *revolutionäre* Regierungen, nicht aber für »expansionistische« Staaten bestimmte Strategie darstellte, war es ebenso klar, daß die Nachkriegspolitik der USA einem besiegten Deutschland gegenüber auf der Annahme beruhte, daß wirtschaftlicher Wohlstand und ein normaler Platz innerhalb der Gemeinschaft der Völker wesentliche und unerläßliche Faktoren bei dem Versuch darstellten, eine ›gemäßigte‹, weniger ehrgeizige und weniger arrogante nationale Mentalität zu schaffen.

Ein noch bemerkenswerterer Hinweis auf die konterrevolutionäre Art der Eindämmungslogik, wie sie gegen China angewandt wurde, fand sich in einem zustimmenden Aufsatz Kennans über die China-Politik der USA, den er 1964 schrieb[15]. Mit vorsichtiger Skepsis gegen möglicherweise berechtigte Ursachen für die Antipathie der Chinesen gegen die USA, wie er auch in seinem früheren »X«-Aufsatz die russische Furcht vor einer Gegnerschaft der kapitalistischen Länder als reine Fiktion abgetan hatte*, behauptete Kennan, daß die feindliche Einstellung der Chinesen im Grunde auf die Tatsache zurückzuführen sei, daß China »einer Gruppe erbitterter Fanatiker in die Hände gefallen« war. Diese Fanatiker waren

»von unbändigem Haß gegen uns durchdrungen, und zwar nicht nur, weil ihre Ideologie uns alle als Schurken und

* Trotz der westlichen Einmischung in den russischen Bürgerkrieg (1917–1921), trotz des offen eingestandenen Interesses westlicher Politiker, das bolschewistische Regime vernichtet zu sehen, und trotz der militärischen Bedrohung durch die Anti-Komintern-Achse, besonders Deutschland und Japan, in den dreißiger Jahren.

Verbrecher* darstellt, sondern auch, *weil wir mehr als jedes andere Volk so unbesonnen waren, uns ihnen in den Weg zu stellen und die Expansion ihres Einflusses zu verhindern...* Als Teil unserer Eindämmungsbestrebungen (denn darum handelt es sich ja in Wirklichkeit) haben wir versucht, dafür zu sorgen, daß China die Anerkennung verweigert, seine Aufnahme in die UNO vereitelt und die Vorzüge einer Teilnahme am Leben der Gemeinschaft aller Völker China solange vorenthalten wurden, bis seine Führung ihren Ehrgeiz mäßigen, von ihren *expansionistischen Bestrebungen* Abstand nehmen und sich selber dem Fortbestehen wahrhaft unabhängiger Regierungen auf dem asiatischen Kontinent anpassen würde«. [Hervorhebung vom Autor.]

In Kennans Retrospektive war die amerikanische Eindämmung Chinas durch den Ehrgeiz und die expansionistischen Bestrebungen der Chinesen erzwungen worden. Es wäre nun interessant zu erfahren, welche spezifisch *chinesischen* Bestrebungen es laut Kennan waren, die die US-Politik der Nichtanerkennung und der Blockade Chinas in den frühen fünfziger Jahren diktierten, zumal die damaligen Erklärungen Dean Achesons und Dean Rusks keinen Zweifel daran lassen, daß diese Politik der USA nicht gegen eine *chinesische* Regierung gerichtet sein sollte (»Das Peiping-Regime mag vielleicht eine russische Kolonialregierung, ein slawisches Mandschukuo sein. Es ist nicht die Regierung Chinas ... Es ist nicht chinesisch«), sondern vielmehr gegen die Russen, die China »zu einem lächerlich geringen Preis übernommen« hatten. In seiner Analyse von 1964 hatte Kennan die Tatsache übersehen, daß es russische und nicht chinesische Expansionsbestrebungen waren, die 1950 als Vorwand für die feindliche Einstellung zur Revolution gedient hatten.

Obwohl dieser Überblick über den geschichtlichen Sachverhalt an sich schon die brüchigen Fundamente des alles entschuldigenden Zwanges zur Eindämmung bloßlegte, war Kennans Hauptargument in seiner China-Studie von 1964 noch aufschlußreicher. Da Kennan in inoffizieller Eigenschaft schrieb, konnte er es sich leisten, unvoreingenommener und offener zu sein als

* Doch wird allgemein anerkannt, daß die chinesische Propaganda sorgfältig unterscheidet zwischen der verbrecherischen Regierung der USA und dem »ausgebeuteten« amerikanischen Volk. Trotz ihres absurden Dogmatismus im chinesisch-sowjetischen Konflikt legten die chinesischen Kommunisten eine weitaus pragmatischere Einstellung an den Tag als die Russen (vgl. W. W. Rostow, *The Prospects for Communist China*, 1958). Eine ausgezeichnete zusammenfassende Schilderung des chinesischen Standpunkts findet sich in dem Buch von Joan Robinson, *Notes on China*, das 1964 erschien.

in seinem »X«-Artikel, besonders was die langfristigen Ziele betraf, in deren Rahmen eine bestimmte politische Linie bevorzugt wurde. So drückte Kennan seine Sympathie für diejenigen aus, die den Sturz und die Vernichtung der chinesischen Regierung zu einem »Nahziel« der amerikanischen Politik machen würden. »Wenn ein politisches Regime in der Geschichte (schrieb Kennan) jemals seine eigene gewaltsame Vernichtung heraufbeschworen hat, dann ist es diese Gruppe von Männern in Peking...« Eine derartige Politik war aber zur Zeit nicht durchführbar, und Kennan zufolge war unter den gegebenen Umständen die beste Alternativlösung eine Politik der Eindämmung, um die chinesischen »Bestrebungen« zu durchkreuzen – doch dies »bedeutete nicht, daß wir unsere Hoffnung auf die Zukunft zu verlieren brauchen«.

Ebenso offen, wie Kennan sich über die geplanten langfristigen Ziele der amerikanischen Politik ausließ, so gestattete er sich auch größere Freimütigkeit bei der Schilderung der »expansionistischen« Bestrebungen Chinas. Kennan meinte damit keine militärische Expansion, denn das bereits bestehende Militärpotential der USA (einschließlich der Kernwaffen) machte einen derartigen Versuch von vornherein aussichtslos. Nach Kennans Auffassung war das chinesische Problem »nicht ausschließlich, ja nicht einmal vorwiegend ein militärisches Problem«.

»Das Militär spielt zwar eine gewisse Rolle dabei, und es gibt zumindest ein Gebiet – die Insel Taiwan –, wo die chinesischen Kommunisten sich sofort daranmachen würden, mit ausschließlich militärischen Mitteln ihre Ziele zu verwirklichen, wenn ihnen unsere bewaffneten Streitkräfte nicht im Wege stünden.« (Jedoch konnten die USA kaum mit gutem Gewissen die Auffassung vertreten, daß eine chinesische Invasion Taiwans zwecks Beendigung der Revolution eine »Expansion« darstellen würde, da die Vereinigten Staaten während des zweiten Weltkrieges in einigen Abkommen Taiwan als Teil Chinas anerkannt hatten [die *rechtliche Seite* dieser Haltung ist – vom Standpunkt der Einwohner Taiwans aus betrachtet – freilich eine andere Frage]. »Aber in den meisten Fällen *sind chinesische Truppen nicht beteiligt; und selbst direkte militärische Unterstützung von der chinesischen Seite ist wahrscheinlich viel weniger entscheidend, als wir gemeinhin vermuten...«* (Berichte über die militärische Stärke Chinas sprechen von einer sehr kleinen, technisch überholten Luftwaffe [2600 Flugzeuge], einer Flotte mit »buchstäblich nicht dem geringsten amphibischen Potential« sowie von einem ernsthaften Mangel an motorisierter Ausrüstung [Chalmers Johnson, »How Sharp Are the Chinese Dragon's Claws?«, *New York Times*, Internationale Ausgabe vom 31. März 1965].

»*Die Waffen, mit denen die Chinesen hier arbeiten, sind in erster Linie die politischen Reaktionen der Menschen aus den bedrohten Gebieten selber:* ihre ererbten Ressentiments, ihre Befürchtungen, ihr Überdruß sowie sämtliche Irrtümer und Fehlurteile gegen uns und ihre eigenen Regierungen, die sich auf künstlichem Wege in ihre Gehirne hineinpumpen lassen.« Mit anderen Worten, die chinesische Expansionsdrohung war im Kern nichts anderes als eine *chinesische Unterstützung nationalbewußter und revolutionärer Bewegungen, die aus* dem einen oder anderen Grunde gegen die USA und die politischen Regimes (wie das von Ngo Dinh Diem), die die USA ihnen aufgezwungen hatten, feindlich eingestellt waren. (Über das Nationalbewußtsein revolutionärer Bewegungen, die von China unterstützt wurden, sowie die Grenzen einer chinesischen Einflußnahme auf sie wegen dieser und anderer Faktoren vgl. Richard Löwenthals Aufsatz »Has the Revolution a Future?« in *Encounter*, Januar 1965.)

Während Kennan im Hinblick auf die vermutete operative Aktivität der USA weitaus freimütiger war, wich seine Auffassung von der amerikanischen Chinapolitik als einem Programm zur Eindämmung in den wesentlichen Punkten von der Auffassung Washingtons nicht ab:

»Hinter der Entschlossenheit der USA, die Unabhängigkeit Südvietnams zu wahren, steht der langfristige Plan, eine ›Eindämmungs‹politik gegenüber dem kommunistischen China zu entfalten. Führende Experten in der Johnson-Regierung sind fest davon überzeugt, daß die Lage im Fernen Osten mit der in Europa nach dem zweiten Weltkrieg vergleichbar ist, als die UdSSR eine expansionistische Politik begann, die dazu führte, daß der Westen einen Schutzwall in Form der Nato errichtete[16].«

Ein unmittelbarer Unterschied zwischen der Situation in Südostasien und dem Frühstadium des Kalten Krieges in Europa war jedoch die Tatsache, daß die USA in ihrem Bestreben »die Unabhängigkeit Südvietnams zu wahren« (genau als Schilderung einer eindeutigen amerikanischen Politik wie auch in dem Sinne, daß Washington sich einer Wiedervereinigung und Neutralisierung)*, des Landes beharrlich widersetzte unter direk-

* Im Mai 1964 berichtete James Reston aus Washington: »... Es mag ganz nützlich sein, zu definieren, was unter einer unmittelbaren Gefahr [in Südvietnam] zu verstehen ist. Nicht, daß Südvietnam von den Kommunisten überrannt wird. Auch nicht, daß die USA sich darauf vorbereiten, Nordvietnam anzugreifen oder ihre eigenen Truppen in südvietnamesische Einheiten zu schikken. *Die Gefahr besteht vielmehr darin, daß die Regierung Südvietnams durch einen neutralen Staatsstreich gestürzt werden wird und die USA dann zum Verlassen des Landes aufgefordert werden«* [Hervorhebung vom Autor] (*New York Times*, Internationale Ausgabe vom 23./24. Mai).

ter Verletzung des Genfer Abkommens von 1954 handelten. In diesem Abkommen war festgelegt worden, daß der 17. Breitengrad, der Nord- und Südvietnam voneinander trennt, lediglich eine provisorische militärische Demarkationslinie darstellte und »keinesfalls als politische oder territoriale Grenze aufgefaßt werden darf«. Darüber hinaus war die Anwesenheit von US-Truppen in Südvietnam, die dem Aufstand der Nationalen Befreiungsfront NLF lange vorausging, auch insofern illegal, als in den Abmachungen ausdrücklich erwähnt wird, daß »das Einschleusen ausländischer Truppen und von Militärpersonal wie auch aller Arten von Waffen und Munition nach Vietnam verboten ist«.

Abgesehen von rechtlichen Erwägungen war die offizielle amerikanische Behauptung, die USA würden in Vietnam* einer »Aggression« Einhalt gebieten, schwer mit der Tatsache in Einklang zu bringen, daß zuverlässige Quellen erst im März 1964 meldeten, es sei »keine Gefangennahme von Nordvietnamesen im Süden bekannt geworden[17]«, während ebenso zuverlässige Quellen meldeten, daß Überfälle südvietnamesischer Truppen *auf nordvietnamesisches Gebiet* unter Leitung von US-Truppen bereits seit 1961 andauerten[18].

In ähnlicher Weise stimmte die vermeintliche Rechtfertigung der USA für ihr Engagement in Vietnam, nämlich die Eindämmung der chinesischen Expansionsbestrebungen, nicht mit den bekannten Tatsachen überein, vor allem,** daß durch die Fortsetzung des Krieges die kommunistische Minderheit in der NLF gefestigt und die Moskau-hörige Kommunistische Partei Nordvietnams gezwungen worden sei, ihre Ergebenheit, wenn

* In seiner Rede über die Lage der Nation im Jahre 1963 sprach Präsident Kennedy davon, daß die »Speerspitze der Aggression« in Südvietnam »stumpf gemacht« worden sei.

** Einige der zynischer gehaltenen Aspekte strategischen Denkens in Washington wurden in der Internationalen Ausgabe der *New York Times* vom 5./6. Dezember 1964 von C. L. Sulzberger enthüllt: »Einige bedeutende Parteicliquen in Washington befürworten einen beschleunigten Gegenschlag gegen Hanoi in Form von offenen Angriffen und Massenbombardierungen. Eine einflußreiche Gruppe im Pentagon begrüßt sogar das Risiko, daß das kommunistische China mit hineingezogen werden könnte; dadurch hätten amerikanische Bombenflugzeuge die Möglichkeit, die Anlagen in Singkiang zu zerstören, in denen Chinas erste Atombombe gebaut wurde ...
»Ho Chi Minhs kommunistischen Anhängern geht es im Süden beängstigend gut; dennoch macht sich Ho Chi Minh über Washingtons endgültigen Trumpf Sorgen – die Drohung mit einer Eskalation des Krieges in großem Maßstab. Vernichtende Luftangriffe könnten Hos wacklige Wirtschaft erschüttern und das Eingreifen von Infanterietruppen Pekings herausfordern. Das Letzte, was Ho wünscht, ist eine Besetzung Chinas.«

auch widerwillig, auf China zu übertragen, das unter keinem diplomatischen Druck (wie Rußland) stand, seine Hilfsmaßnahmen einzuschränken. (Später bewirkten eine kontinuierliche Eskalation und Chinas Abneigung gegen eine Herausforderung der USA ein erneutes Überwechseln Hanois zu den Russen.) Selbst wenn man diese Faktoren unberücksichtigt läßt, blieb die Tatsache bestehen, daß ein Sieg der Kommunisten (ganz zu schweigen von der NLF) in Südvietnam nicht unbedingt eine Expansion der *chinesischen* Macht bedeuten würde, ebensowenig wie der Sieg der Kommunisten in Jugoslawien oder auch in China eine Expansion des sowjetischen Machtbereichs bedeutet hatte. Dementsprechend mußte die Politik der USA in Südvietnam und in Südostasien ganz allgemein sich an anderen Überlegungen als an der Notwendigkeit einer Eindämmung der chinesischen Expansion orientiert haben.

Zur Zeit des Kernwaffenversuchsverbots hieß es, daß nach Überzeugung der Kennedy-Regierung die Isolierung Chinas »gleich hinter dem primären Ziel der Verhinderung eines Atomkrieges an zweiter Stelle steht... Leitende Regierungsbeamte äußerten, daß die USA ein inneres Interessse an der Isolierung Chinas hätten[19]«. Die vorstehende Analyse macht klar, daß dieses »innere Interesse« an der Isolierung Chinas nichts mit der Bedrohung durch chinesische Expansionsbestrebungen zu tun hatte und daß diese Eindämmungspolitik folglich nur einen Versuch darstellen konnte, Chinas Entfaltung zu einer asiatischen Großmacht zu verhindern und schließlich den endgültigen Zerfall der chinesischen Regierung zu bewirken. Das wahre Interesse der USA, Chinas Entwicklung zu verhindern oder zumindest zu verzögern, war offenkundig, da das Fortbestehen des revolutionären China an sich schon eine Herausforderung an die weitgehende Präsenz der USA in Asien darstellte. Chinas weitere Entwicklung würde unweigerlich eine noch »schrecklichere« Bedrohung der übermäßig ausgedehnten USA nach sich ziehen, deren Verwundbarkeit als weiße nichtasiatische Macht, die in einem weitgespannten Bogen über Asien und die Pazifikgebiete sich auf die Unterstützung reaktionärer politischer und gesellschaftlicher Kräfte festgelegt hatte, in peinlicher Weise deutlich wurde.

Erst in diesem Licht betrachtet, ergab die von amerikanischen Regierungsbeamten zur Erläuterung der Eindämmungsstrategie in Südostasien so häufig herangezogene Theorie der »fallenden Dominosteine« einen Sinn. Denn vom Standpunkt einer militärischen Expansion aus gab es keinen einleuchtenden Grund, warum z. B. selbst eine chinesische Besetzung Südvietnams den »Fall« Malaysias oder Indonesiens eher nach sich ziehen sollte, als die Präsenz der Kommunisten auf dem Festland den Fall Taiwans. (Außerdem ist anzumerken, daß, obwohl die Chi-

nesen ihre Truppen aus Nordkorea schon lange vorher abgezogen hatten, ein entsprechender Abzug von US-Truppen aus Südkorea noch immer nicht erfolgt war.) Doch unter dem Aspekt nationalistischer Erhebungen der einheimischen Bauern bzw. kommunistischer Revolutionen gesehen war es klar, daß ein wachsendes internationales Ansehen Chinas oder ein Sieg der Nationalen Befreiungsfront *tatsächlich* eine Gefahr für die korrupten und potentiell schwachen Diktaturen wie die in Thailand und Südkorea oder die »halbstabilen« Regierungen der in Armut lebenden, aber mineralreichen südostasiatischen Inselgruppe darstellte. Weil nun bei der Stützung und Erhaltung solcher Regierungsformen und der sie repräsentierenden gesellschaftlichen Kräfte Einfluß und Ansehen der USA auf dem Spiel standen, würde ein solcher Prestigegewinn Chinas, ein solcher Sieg der NLF den pro-amerikanischen Status quo unterhöhlen. Dies war die »chinesische Drohung«, wie sie Kennan genau geschildert hatte; die oben erwähnten Entwicklungsprozesse zu verhindern, war der tiefere Sinn der Eindämmung.
In Übereinstimmung mit diesen Beobachtungen ist es aufschlußreich, sich in die Erinnerung zurückzurufen, wie beide am Konflikt in Südvietnam beteiligten Seiten seine wahre Bedeutung beurteilten. In einem Bericht aus Washington (*New York Times*, Internationale Ausgabe vom 29. März 1965) zitierte James Reston die folgende Erklärung des nordvietnamesischen Generals Giap:
»Südvietnam ist das Modell der nationalen Befreiungsbewegung unserer Zeit... Wenn die besondere Kriegführung, die die US-Imperialisten zur Zeit in Südvietnam erproben, überwunden wird, bedeutet dies, daß sie überall auf der Welt vernichtend geschlagen werden können.«
»In diesem Punkt...«, kommentierte James Reston, »geht die Johnson-Regierung konform. Sie sieht den Krieg in Vietnam als eine entscheidende Erprobung der kommunistischen Technik militärischer Unterwanderung an, die jetzt und sofort bekämpft werden muß, sofern man ihr nicht in anderen Teilen der Welt einschließlich der westlichen Hemisphäre erneut begegnen will.«
Das entscheidende Problem konnte kaum noch klarer formuliert werden. (Vgl. C. L. Sulzberger, *New York Times* vom 3. März 1965: »Der Kern der Krise liegt in Wirklichkeit gar nicht in Vietnam. Bei dem Problem geht es im wesentlichen darum, wie ein revolutionärer Volkskrieg niedergeschlagen werden kann.«)
Die umfassende Folgerichtigkeit der Eindämmungspolitik als eine Politik der Konterrevolution kam weiterhin im Auslandshilfeprogramm und in Präsident Kennedys Unfähigkeit zum Ausdruck, mit der Umwandlung dieses Programms von einer Waffe der »Sicherheit« in ein Instrument wirtschaftlichen

Wachstums und wirtschaftlicher Entwicklung auch nur zu beginnen. So unveränderlich waren die Grundlagen der amerikanischen Politik in diesem Bereich, daß schließlich Kennedy selber das Programm als ein Programm konterrevolutionärer Eindämmung verteidigte. Als er in einer Rede am 8. November 1963 für die Auslandshilfe eintrat, sagte der Präsident, auf diese Weise würden 3,5 Millionen alliierte Truppen in anderen Ländern unterhalten werden. (Außerdem waren 1963 eine Million amerikanische Soldaten in Übersee auf über zweihundert Stützpunkten der USA und auf tausend weiteren militärischen ›Anlagen‹ einsatzbereit stationiert.) Das Auslandshilfeprogramm, erklärte Kennedy, »hilft gewissermaßen, das Chaos oder die kommunistische Übernahme der Regierungsgewalt oder einen Angriff der Kommunisten abzuwehren, der gewiß unsere kritische und kostspielige Aufmerksamkeit in Anspruch nehmen würde«. Da die überwiegende Mehrheit der Auslandshilfemittel zur Unterstützung des Militärs diktatorischer Regierungen in armen Ländern verwendet wurde, war die wahre Bedeutung der Präsidentenworte unmißverständlich klar. Wenn die türkische Armee, um nur ein Beispiel zu nennen, auf eine Größe reduziert würde, die im richtigen Verhältnis zu der Armut steht, die in diesem Land von sich ablösenden Diktaturen aufrechterhalten wird, dann würde allerdings ein »Chaos« die Folge sein, das die »kritische und kostspielige Aufmerksamkeit« der USA in Anspruch nähme. Aber es würde kaum ein »Angriff« der Kommunisten erfolgen. Nach den Satzungen des NATO-Paktes (und die USA hatten ähnliche Verträge mit über dreißig Ländern an der Peripherie, d. h. an den Grenzen der Sowjetunion) würde ein Angriff auf die Türkei einem Angriff gegen die Vereinigten Staaten gleichkommen. Falls die sowjetischen Machthaber mit den USA einen Krieg beginnen wollten, würden sie kaum eine so indirekte Methode wählen wie eine Invasion der Türkei. Die zwangsläufige Schlußfolgerung ist, daß die 400 000 türkischen NATO-Truppen, die durch das amerikanische Auslandshilfeprogramm finanziert wurden, nur einem einzigen Zweck dienten, nämlich jedwede innere Revolution im Keime zu ersticken, die in der Türkei durch die infolge jahrzehntelanger amerikanischer Bevormundung fortgesetzte soziale Ungerechtigkeit entstehen könnte.

Die »antirevolutionäre« Tendenz der amerikanischen Politik einer globalen Eindämmung, auf die Toynbee 1961 aufmerksam gemacht hatte, spiegelte sich auch in der neuen Entwicklung der US-Militärpolitik und besonders im Aufbau einer offiziellen Kampftruppe zur Niederwerfung von Aufständen und Revolten wider. (Der Rockefeller-Bericht von 1957 hatte diese Entwicklung vorausgesehen und empfohlen, die USA sollten sich darauf vorbereiten, einer »nicht offenkundigen

Aggression, getarnt als innere Regierungsübernahme nach vorausgegangenem Staatsstreich oder Bürgerkrieg« entgegenzutreten. Diese Formulierung hat den Vorzug einer unmißverständlichen Klarstellung der Tatsache, daß der Hinweis auf eine »Aggression« lediglich ein formaljuristischer Deckmantel für ein durchaus illegales Unternehmen ist.) Die vorerwähnte Entwicklung wurde zum Teil durch die gegenüber der Sowjetunion hoffnungslos festgefahrene militärische Lage (und durch die wachsende Unabhängigkeit Europas), die die Manövrierfähigkeit der USA bei der Fortsetzung ihrer interventionistischen Politik wesentlich einschränkte, sowie durch das Aufkeimen revolutionärer Bewegungen in den unterentwickelten Ländern diktiert. Im November 1963 verkündete Präsident Kennedy, daß in den drei vergangenen Jahren unter seiner Regierung »die Zahl unserer *Kampftruppen zur Niederwerfung von Aufständen* um sechshundert Prozent vermehrt« worden sei ...
1964 belief sich das Programm zur Niederschlagung von Aufständen (von dem die Soldaten nur einen Teil bildeten) bereits auf fünfhundert Millionen Dollar im Jahr »und mit Vietnam vielleicht auf eine runde Milliarde Dollar[20]«. Zu den verantwortlichen Leitern des ›Anti-Rebellen-Programms‹ in der Kennedy-Regierung gehörten der Justizminister, der stellvertretende Verteidigungsminister, der Verwalter der Auslandshilfemittel, der oberste Chef des CIA, der Direktor des amerikanischen Informationsamtes und ein Mitarbeiter des Weißen Hauses.

Die vorbeugenden Maßnahmen gegen ›Aufständische und Rebellen‹ zerfielen ›in zwei Hauptkategorien: militärische Operationen und Einsätze, die, wie es hieß, dem Wohle der Bürger dienen sollten. In Thailand entfallen sechzig Prozent der amerikanischen Hilfsmaßnahmen auf das meist militärisch ausgerichtete ›Anti-Rebellen-Programm‹; die restlichen vierzig Prozent werden im Rahmen des separaten Militärhilfeprogramms gewährt.

Die militärische Seite des Programms umfaßte eine Ausbildung auf dem Gebiet der militärischen Taktik zur Niederschlagung bewaffneter Aufstände »an Ort und Stelle« in Ländern wie Vietnam und Bolivien oder in den USA, wo 24 000 ausländische Soldaten ihre Sonderausbildung erhielten, oder in Spezialschulen in Panama und Okinawa oder in Deutschland, wo Europäer und Amerikaner »für einen möglichen zukünftigen Einsatz in Afrika« ausgebildet wurden.

»Die zivile Seite eines Anti-Rebellen-Einsatzes« wurde vom »Amt für Internationale Entwicklung« geleitet. Im Rahmen des Programms wurde das Militär eines Landes für die Durchführung öffentlicher Arbeiten ausgebildet, angeblich, »um die Sympathien des Volkes zu gewinnen«. Tatsächlich wurde in Thailand im Rahmen dieses Programms Soldaten sogar die Möglichkeit gegeben, in einem unzugänglichen Gebiet eine Straße zu bauen, »damit sie auf diese Weise Stammesangehörige zweifelhafter Loyalität in Schach halten konnten«.

Ein weiteres Programm, das in diese Kategorie fiel, lief unter der offiziellen Bezeichnung »Öffentliche Sicherheit« und bildete Polizisten »in einigen Dutzend Ländern« aus. Es bestand ferner ein Anti-Rebellen-Projekt, das »vom US-Informationsamt bereitgestellte Mittel für die Herausgabe regierungsamtlichen Propagandamaterials« vorsah.

Geheime Operationen, zu denen das Einschleusen »aufständischer Gruppen gehörte, die eine potentielle Bedrohung bzw. Gefahr für etablierte Regierungen darstellten«, wurden vom CIA als Teil des Programms durchgeführt. Andere geheime Unternehmen wurden vom Verteidigungsministerium inszeniert. Schließlich hielt das State Department eigene Kurse für Offiziere und Botschafter ab, die ihren Dienst im Ausland ableisten sollten. Diese Lehrgänge fielen unter die Rubrik »Innere Verteidigung in Übersee«.

Dem Anti-Rebellen-Programm, das als »neue Welle« in den »Verteidigungsanstrengungen« der USA galt, wurde bereits bescheinigt, daß es »im großen und ganzen den Verlauf der Ereignisse im Iran, Guatemala, Südostasien und Zentralafrika geändert« habe. Der erfolgreiche Versuch im Kongo im Jahre 1960 gewährte einen Einblick in die wirklichen Ziele dieses Riesenunternehmens wie auch in den alles durchsetzenden Einfluß seiner weitverzweigten Organisation. Hier im Kongo inszenierte der CIA mit direkter Unterstützung und Intervention des Sekretariats der Vereinten Nationen einen Staatsstreich, stürzte die verfassungsmäßig gewählte Regierung Patrice Lumumbas, die sich zur Beendigung des von den Belgiern betriebenen Abfalls der Katanga-Provinz an die UNO um Hilfe gewandt hatte, und legte die politische Kontrolle des Kongostaates zurück in die Hände von Agenten der belgischen, britischen und amerikanischen Bergwerksbesitzer aus eben dieser Katanga-Provinz. (Der Sold für die Truppen, die den Staatsstreich unter dem Vorwand eines Einsatzes »zur Erhaltung des Friedens« durchführten, wurde ebenfalls von der UNO bereitgestellt.)[21]

Im Gesamtzusammenhang mit der US-Politik einer globalen Eindämmung und vor dem Hintergrund der amerikanischen Aktionen im Kalten Krieg betrachtet, erwies sich das ›Anti-Rebellen-Programm‹ jedoch keineswegs als etwas Neues, im Gegenteil: Es machte lediglich die zugrunde liegende Struktur der strategischen Ziele im Rahmen des amerikanischen Programms für den Kalten Krieg sichtbar. 1967 wie 1947 war Amerika (in der Formulierung Toynbees) die »Führungsmacht

einer weltweiten antirevolutionären Bewegung zur Verteidigung wohlerworbener Rechte«. Wie seinerzeit von Rom konnte von Amerika behauptet werden, daß es »in allen anderen Ländern, die unter seinen Einfluß gerieten, konsequent die Reichen gegen die Armen unterstützte; und da die Armen bis heute stets und überall weitaus zahlreicher als die Reichen waren, förderte [seine] Politik Ungleichheit, Ungerechtigkeit und glücklose Verhältnisse unter den Angehörigen der größeren Zahl«.
In diesen dunklen Zeiten, als die verehrte historische Rolle der Vereinigten Staaten als Licht und Hoffnung für unterdrückte Völker auf tragische Weise in ihr Gegenteil verkehrt wurde und der Koloß der Neuen Welt als eine der mächtigen und verhaßten Unterdrückernationen an ihre Stelle trat, hatte das amerikanische Volk Gelegenheit, mit Verbitterung über die prophetischen Worte nachzusinnen, die der sechste Präsident der USA, John Quincy Adams, in seiner Rede anläßlich des Unabhängigkeitstages im Jahre 1821 äußerte. Obwohl er mit Stolz vermerkte, daß »Amerika in der Fremde nicht nach Ungeheuern Ausschau hält, um sie zu vernichten«, wies er warnend darauf hin, daß Amerika, falls es je diesen Weg beschreiten sollte, »zum Diktator der Welt werden könnte und sich dann nicht mehr von seinem Gewissen leiten lassen würde«. Und in der Tat, als die USA auf ihrem nach dem Krieg eingeschlagenen Weg darangingen, die Revolution in der ganzen Welt einzudämmen, und das immense Gewicht ihrer Macht und ihres Einflusses gegen die wachsende Bewegung für soziale Gerechtigkeit unter den in Armut lebenden zwei Dritteln der Weltbevölkerung in die Waagschale warfen, fielen den amerikanischen Machenschaften ausgerechnet jene Ideale für eine bessere Welt – Freiheit, Gleichheit und Selbstbestimmung – zum Opfer, zu deren Förderung die USA anfangs soviel beigetragen hatten.

Anmerkungen

Vorwort

1 Diese Stelle stammt aus Walter Lippmanns Kritik des »X«-Aufsatzes von George Kennan; Kennan oder »Mr. X« war der Leiter des politischen Planungsstabes im State Department.
2 Walter Lippmann, *The Cold War*, 1947.
3 Arnold Toynbee, *America and the World Revolution*, 1961.
4 David Hotham in *Viet Nam: The First Five Years*, herausgegeben von R. Lindholm, 1959.
5 Dies wurde niedergeschrieben vor der Veröffentlichung des Buches *Atomic Diplomacy: Hiroshima and Potsdam* von Gar Alperovitz, 1965.
6 In den USA als *Fear, War and the Bomb* veröffentlicht.

Einleitung

1 Rede Stevensons vor dem UN-Sicherheitsrat am 23. Oktober 1962.
2 Diese These wird von W. W. Rostow in dem Buch *The United States in the World Arena*, 1960 aufgestellt.
3 Edward Crankshaw, *Observer* vom 3. April 1966.
4 »Philosophy and Strategy in America's Postwar Policy«, ein vervielfältigter Vortrag, der am 11. Mai 1965 vor dem Graduate Institute of International Studies in Genf gehalten wurde.

1. Kapitel: Spannungen und die Gründung der UNO

1 Herbert Feis, *Churchill, Roosevelt, and Stalin*, 1957, S. 596.
2 William F. Leahy, *I Was There*, 1950, S. 351–352.
3 D. F. Fleming, *The Cold War and Its Origins, 1917–1960*, 1961, S. 270.
4 Harry S. Truman, *Memoirs*, I, S. 82.
5 Fleming, op. cit.
6 Robert E. Sherwood, *Roosevelt and Hopkins*, 1948, S. 883.
7 James V. Forrestal, *The Forrestal Diaries*, 1951, S. 48–51.
8 Truman, op. cit., S. 81. Dies ist Trumans Erinnerung an Molotows Erklärung.
9 Forrestal, op. cit. Die Zitate stammen aus Bohlens Aufzeichnungen.
10 James F. Byrnes, *Speaking Frankly*, 1947, S. 31–32.
11 Frank Gervasi, »Watchdog in the White House«, *Collier's*, 9. Oktober 1955.
12 Forrestal, op. cit.
13 Leahy, op. cit. S. 315–316; vgl. auch C. Marzani, *We Can Be Friends: Origins of the Cold War*, 1952. Dieses Buch gewährt zahlreiche nützliche Einblicke in die ersten Nachkriegsbeziehungen zwischen der Sowjetunion und den USA.
14 Forrestal, op. cit.
15 Edward Stettinius, *Roosevelt and the Russians*, 1949, S. 6.
16 Ebenda, S. 301.
17 Zitiert in Fleming, op. cit., S. 207.

18 Arthur H. Vandenberg, Jr. und J. A. Morris (Herausg.), *The Private Papers of Senator Vandenberg*, 1953, S. 175–176.
19 Fleming, op. cit., S. 277.
20 Vgl. Arthur Krock, *New York Times* vom 21. November 1946.
21 Cordell Hull, *Memoirs*, 1948, S. 1408.
22 Ebenda, S. 1405, 1419.
23 Fleming, op. cit., S. 279.
24 Hull, op. cit., S. 1722.
25 *New York Herald Tribune* vom 2. und 15. Mai 1945.
26 Krock, *New York Times* vom 2. Mai 1945.
27 James Reston, *New York Times* vom 12. Juni 1945.
28 Hull, op. cit., S. 1723.

2. *Kapitel:* Die alten und die neuen Beziehungen
1 Sherwood, op. cit., S. 892.
2 Forrestal, op. cit., S. 39–41.
3 Sherwood, op. cit.
4 Truman, op. cit., S. 79.
5 Sherwood, op. cit., S. 581–582.
6 Sir Winston Churchill, *The Second World War*, IV, 1951, S. 832.
7 Fleming, op. cit., S. 196; John Snell, *The Meaning of Yalta*, 1956, S .35.
8 Fleming, ebenda, S. 302.
9 Forrestal, op. cit., S. 39–41.
10 Alperovitz, op. cit., S. 74 ff.
11 Truman, op. cit., S. 79, 78.
12 Vandenberg, op. cit., S. 204–206, 208.
13 Truman, op. cit., S. 262–263.
14 Sherwood, op. cit. S. 923.

3. *Kapitel:* Die Auflösung der Koalition
1 Kenneth Ingram, *History of the Cold War*, 1955, S. 20–21.
2 Truman, op. cit., S. 23.
3 Byrnes, op. cit., S. 21.
4 Ebenda, S. 73.
5 Sumner Welles, *Where Are We Heading?*, 1946, S. 375–379.
6 Vgl. den Aufsatz von Kriegsminister Stimson in *Harper's* vom Februar 1947, ferner das Buch von Henry L. Stimson und McGeorge Bundy, *On Active Service in Peace and War*, 1947, S. 365.
7 Sherwood, op. cit.
8 Byrnes, op. cit., S. 207–208.
9 Snell, op. cit., S. 129 ff.
10 Dies ist Blacketts Schlußfolgerung in *Military and Political Consequences of Atomic Weapons*. Sie wurde unlängst von Williams und Alperovitz erörtert, op. cit.
11 Frederick L. Schumann, »The Devil and Jimmy Byrnes«, *Soviet Russia Today*, 1948, S. 7.
12 Sir Winston Churchill, *The Second World War*, VI, 1954, S. 227–228.
13 Byrnes, op. cit., S. 53.
14 Hugh Seton-Watson, *The East European Revolution*, 1950, S. 193.

15 The Alsops, *The Nashville Tennessean* vom 23. Juli 1951.
16 Zu einem ähnlichen Schluß gelangt Alperovitz, op. cit., S. 29–30.
17 *New York Times* vom 17. August 1945.
18 Byrnes, op. cit., S. 234.
19 Welles, op. cit., S. 67, 380.
20 Byrnes, op. cit., S. 110 ff.
21 Truman, *Memoirs*, II, S. 552.
22 Forrestal, op. cit., S. 135–139.
23 Ebenda, S. 141 (der Text stammt von Millis).
24 Zitiert bei Fleming, op. cit., S. 420–421.
25 Truman, op. cit.
26 Vgl. Fleming, op. cit., S. 348–357.

4. Kapitel: Bürgerkrieg in Griechenland

1 William H. McNeill, *The Greek Dilemma*, 1947, S. 111. Vgl. ferner L. S. Stavrianos, *The Balkans Since 1453*, 1961, S. 807.
2 McNeill, ebenda, S. 132, 138.
3 Howard K. Smith, *The State of Europe*, 1949, S. 232–234.
4 Ebenda, S. 234–235. McNeill, op. cit., S. 150.
5 McNeill, op. cit., S. 197.
6 Smith, ebenda, S. 227–228.
7 Ebenda, S. 236. McNeill, op. cit., S. 198.
8 Smith, op. cit., S. 236.
9 Truman, *Memoirs*, II, S. 101.

5. Kapitel: Offener Konflikt

1 Smith, op. cit., S. 16–18; Fleming, op. cit., S. 429–430.
2 *New York Times* vom 23. März 1947.
3 Vgl. Flemings ausführliche und wichtige Erörterung der Doktrin, op. cit., S. 433–476.
4 Rostow, op. cit., S. 208–210.
5 Der Satz stammt aus dem Buch von Louis J. Halle, *American Foreign Policy*, 1960, S. 296–297. Halle war Beamter im State Department.
6 Smith, op. cit., S. 118–123.
7 Rostow, op. cit., S. 212.
8 Williams A. William, *American-Russian Relations*, 1952, S. 278–279; Lloyd C. Gardner, *Economic Aspects of New Deal Diplomacy*, 1964, S. 313 ff.
9 Ingram, op. cit., S. 60.
10 Smith, op. cit., S. 98, 99.
11 Rostow, op. cit., S. 212.
12 Smith, op. cit., S. 92.
13 Barbara Ward, *The West at Bay*, 1948, S. 6–7.
14 Smith, op. cit., S. 156.
15 Ingram, op. cit , S. 63–64.
16 Zitiert bei Frederick L. Schumann, *Russia Since 1917*, 1957, S. 362–363.
17 Smith, op. cit., S. 38.
18 Ebenda, S. 185.
19 Schumann, *Russia Since 1917*, S. 394.

6. Kapitel: Neue Einschätzung

1 Der vorstehende Bericht basiert auf Smith, op. cit., S. 70–71.
2 Ebenda, S. 204–206.
3 Ingram, op. cit., S. 63.
4 Vgl. Stevensons Rede vor dem UN-Sicherheitsrat am 23. Oktober 1962.
5 Dieser Bericht stammt aus Smith, op. cit., S. 407–408.
6 Dieser Bericht basiert auf Isaac Deutscher, *Russia After Stalin,* 1953, S. 74 ff. Vgl. auch Deutschers Buch *Stalin,* 1966.
7 Deutscher, *Russia After Stalin.*
8 Beispiele findet man bei Fleming, op. cit., S. 391–394.
9 P. M. S. Blackett, *Studies of War,* 1962, S. 151–152.

7. Kapitel: Verschwörung zur Eindämmung

1 Zitiert bei Fleming, op. cit., S. 431.
2 Ebenda; loc. cit. auch in Alan Barth, *The Loyalty of Free Men,* 1952, S. 37–39.
3 Fleming, ebenda, S. 1067, 1068.
4 Truman, *Memoirs,* II, S. 291; vgl. auch S. 270 ff.
5 Ebenda, S. 106.
6 Fleming, op. cit., S. 448–455 ff.
7 Joseph M. Jones, *The Fifteen Weeks,* 1955, S. 155.
8 Lippmann, op. cit., S. 14–16.
9 Über Zweifel an dem offiziellen Urteil siehe Fred J. Cook, *The Unfinished Case of Alger Hiss,* 1957; ferner den Aufsatz »New Doubts on the Hiss Case – The Added Witness« von George Altmann in *The Nation* vom 1. Oktober 1960, S. 201–209.
10 Eric F. Goldman, *The Crucial Decade and After,* 1961, S. 105, 119.
11 Ebenda, S. 116.
12 John Spanier, *The Truman–MacArthur Controversy and the Korean War,* 1959, S. 67.
13 Goldman, op. cit., S. 125.
14 Ebenda, S. 213. Vgl. auch Richard H. Rovere, *Senator Joe McCarthy,* New York: Harcourt, Brace, 1959.
15 *Congressional Record,* 14. Juni 1951, Bd. 97, S. 6556–6602.
16 Theodore H. White, *Fire in the Ashes,* 1953, S. 375.
17 Weißbuch des State Department, *United States Relations with China, 1944–1949,* 1949.
18 Ebenda, S. 565, 566, 567 und 573.
19 Vgl. Fleming, op. cit. S. 528–532, wo sich eine Erörterung dieser Erklärungen sowie damals zur Debatte stehender Alternativvorschläge findet.
20 Ebenda, S .530.
21 Dean Acheson, *Strengthening the Forces of Freedom,* 1950, S. 15–16.
22 Vladimir Dedijer, *Tito Speaks,* 1953, S. 322.
23 Fleming, op. cit., S. 573–574, 576.
24 Rusks Rede ist in den *MacArthur Hearings* abgedruckt, 1951, S. 3191–3192.
25 Acheson, op. cit., S. 164.

8. Kapitel: Von der Eindämmung zur ›Befreiung‹: Korea

1 W. Douglas Reeve, *The Republic of Korea.* 1963, S. 23: Reeve war von 1952 bis 1956 in Korea, die meiste Zeit als Berater des Ministerpräsidenten der südkoreanischen Regierung. Er schrieb sein Buch mit der Förderung des Royal Institute of International Affairs. Über die nachfolgenden Ereignisse siehe Fleming, op. cit., S. 589–660. Vgl. auch I. F. Stones unentbehrlichen Band *The Hidden History of the Korean War*, 1952.

2 E. Grant Meade, *American Military Government in Korea*, 1951, S. 68–72. Meade war Angehöriger der amerikanischen Militärregierung.

3 Ebenda, S. 59–62.

4 Ebenda.

5 George M. McCune, *Korea Today*, 1950, S. 47–52.

6 Mark Gayn, *Japan Diary*, 1948, S. 431.

7 McCune, op. cit., S. 51–52, 201–207.

8 Ebenda, S. 133–138.

9 A. Wigfall Green, *Epic of Korea*, 1950, S. 97.

10 Stone, op. cit., S. 16, 75 ff.

11 McCune, op. cit., S. 229–230.

12 Fleming, op. cit., S. 592. Reeve, op. cit., S. 26–27.

13 Reeve, ebenda, S. 27.

14 Vgl. z. B. die Wahlkampfrede Eisenhowers, *Time* vom 6. Oktober 1952.

15 Spanier, op. cit., S. 51–61. Spanier behandelt auch die Angriffe der Republikaner gegen diese Politik und die resultierende Unnachgiebigkeit der amerikanischen Haltung.

16 Zitiert bei Fleming, op. cit., S. 593–594. Vgl. auch Stone, op. cit., S. 22.

17 *US News and World Report* vom 7. Juli 1950, S. 29.

18 Fleming, op. cit., S. 654.

19 John Gunther, *The Riddle of MacArthur*, 1951, S. 166.

20 Fleming, op. cit.

21 Stone, op. cit., S. 58.

22 Ebenda, S. 35 ff.

23 Ebenda, S. 44.

24 *MacArthur Hearings*, Teil 3, S. 1990–1991.

25 Wilbur W. Hitchcock, »North Korea Jumps the Gun«, *Current History*, März 1951.

26 *New York Herald Tribune* vom 29. September 1950. Vgl. Walter Lippmann, *New York Herald Tribune* vom 5. Oktober 1950, wo sich ähnliche Ansichten finden. Vgl. ferner Stone, op. cit., S. 62 ff., 83 ff., 95 ff.

27 Hitchcock, op. cit. Vgl. ferner Flemings Besprechung dieses Artikels und anderer Punkte, op. cit., S. 604–608. Wegen amerikanischer Schätzungen siehe Spanier, op. cit., S. 15 ff., insbesondere S. 29.

28 *New York Times* vom 31. Juli 1950. Zitiert bei Stone, op. cit., S. 66. Vgl. auch S. 84.

29 Alfred Crofts, »Our Falling Ramparts – The Case of Korea«, *The Nation* vom 25. Juni 1960.

30 Fleming, op. cit., S. 601; Spanier, op. cit., S. 35–36.

31 Spanier, ebenda, S. 39.
32 Weißbuch des State Department, *U. S. Policy in the Korean Crisis*, S. 21–22.
33 Protokolle der Sitzungen des Sicherheitsrates, 5. Jahr, Dokument 5/1501. Vgl. Fleming, op. cit., S. 601.
34 Fleming, ebenda, S. 603–604.
35 Zitiert bei Fleming, ebenda, S. 609 neben anderen Stimmen, die eine »Kraftprobe« mit Rußland verlangten.
36 Stone, op. cit., S. 103.
37 Ebenda, S. 101 ff., wo andere ähnliche Erklärungen zitiert sind, die zu diesem Zeitpunkt abgegeben wurden.
38 Fleming, op. cit., S. 615.
39 Vgl. Spanier, op. cit., S. 91.
40 Courtney Whitney, *MacArthur: His Rendezvous with History*, 1956, S. 397.
41 Spanier, op. cit., S. 88.
42 UN-Dokumente S/1840, S/1843. Zitiert bei Fleming, op. cit., S. 617 und Spanier, op. cit., S. 100.
43 *Time* vom 29. Juni 1953, S. 19.
44 Spanier, op. cit., S. 88. Erklärung des US-Delegierten bei den Vereinten Nationen, Warren Austin.
45 Ebenda, S. 123.
46 Ebenda, S. 100; Whitney, op. cit., S. 399.
47 Whitney, loc. cit.
48 *Time* vom 29. Juni 1953.
49 Spanier, op. cit., S. 99, 97.
50 Ebenda, S. 120.
51 Ebenda, S. 88–89; Bulletin des State Department XXIII (10. Juli 1960), S. 46.
52 Ebenda, S. 86–87.
53 Ebenda, S. 122.
54 *New York Times* vom 29. August 1950.
55 Ebenda, 14. November 1950; *New York Herald Tribune* vom 16./17. November 1950.
56 Fleming, op. cit., S. 621.
57 Spanier, op. cit., S. 122.
58 Fleming, op. cit., S. 630.
59 *The Nation* vom 27. Januar 1951; vgl. Stone, op. cit., S. 263.
60 Zitiert bei Fleming, op. cit., S. 632.
61 Stone, op. cit., S. 312.
62 Zitiert bei Fleming, op. cit., S. 630.
63 René Cutforth im *Manchester Guardian* vom 1. März 1952. Zitiert bei Marzani, op. cit.
64 *Brassey's Anual: The Armed Forces Yearbook*, 1951, zitiert bei Stone, op. cit., S. 313 Anm.
65 *New York Times* vom 29. Juli, 1. und 2. August 1954.
66 Fleming, op. cit., S. 653–654.
67 E. W. Wagner, »Failure in Korea«, *Foreign Affairs*, Oktober 1961, S. 130–132.
68 J. Robinson, »The Korean Miracle«, *Monthly Review*, Januar 1965.
69 Wagner, op. cit., S. 128.
70 Ebenda, S. 132–133.

9. Kapitel: Intervention in Vietnam

1 Vgl. Spanier, op. cit., S. 240 ff.
2 Ebenda, S. 146.
3 Ebenda, S. 161.
4 Goldman, op. cit., S. 203.
5 Spanier, op. cit., S. 95.
6 Rostow, op. cit., S. 301–306.
7 Lippmann, op. cit., S. 13–14.
8 *Life* vom 16. Juni 1952, S. 66–67.
9 Chalmers Roberts, »The Pious Truculence of John Foster Dulles«, *The Reporter* vom 23. Januar 1958.
10 *New York Times* vom 24. März 1964.
11 Vgl. Fleming, op. cit., S. 661–704.
12 Ellen J. Hammer, *The Struggle for Indo-China*, 1954, S. 84–86.
13 Edwin O. Reischauer, *Wanted: An Asian Policy*, 1955, S. 253.
14 Hammer, op. cit., S. 190, 173. Hugh Seton-Watson, *The Pattern of Communist Revolution*, 1960, S. 312.
15 *New York Times* vom 13. April 1952.
16 John F. Kennedy, *The Strategy of Peace*, 1960, S. 89.
17 Hanson Baldwin, *New York Times* vom 7. Februar 1954, zitiert bei Fleming, op. cit.
18 C. Wright Mills, *The Power Élite*, 1956, S. 211.
19 *New York Times* vom 30. März und 4. April 1951.
20 Sherman Adams, *Firsthand Report*, 1961, S. 121, 120, 122.
21 Sir Anthony Eden, *Full Circle*, 1960, S. 104–105.
22 Ebenda, S. 87.
23 Ebenda, S. 121.
24 Marquis Childs, *Eisenhower: Captive Hero*, 1958, S. 203.
25 *Time* vom 12. Juli 1954.
26 Eden, op. cit., S. 142.
27 Ebenda, S. 92.
28 Ebenda, S. 97.
29 Ebenda, S. 108.
30 Fleming, op. cit., S. 693–694.
31 Kennedy, op. cit., S. 88.
32 Eine kurze Schilderung der Sainteny-Mission findet sich in dem Buch von Donald Lancaster, *The Emancipation of French Indo-China*, 1961, S. 364–367. Diese Studie wurde im Auftrag des Royal Institute of International Affairs geschrieben.
33 *New York Times* vom 17. und 25. Januar 1955, Pariser Ausgabe.
34 Lancaster, op. cit., S. 327 Anm. Eine Darstellung der Beteiligung Spellmans ist im Aufsatz von R. Scheer erschienen, »Hang Down Your Head Tom Dooley«, *Ramparts*, Januar–Februar 1965.
35 C. L. Sulzberger, *New York Times* vom 8. Juni 1955.
36 W. Fishel (Herausg.) *Problems of Freedom*, 1961, S. 1x. Es handelt sich um ein Symposion von amtlichen und halbamtlichen Meinungen über ein »Freies Vietnam«.
37 Lancaster, op. cit., S. 370–372; vgl. Fleming, op. cit., S. 699.
38 Lancaster, op. cit.
39 Ebenda, S. 346–347.
40 David Hotham in *Viet Nam: The First Five Years*, herausg. v. Lindholm, S. 346–349.

41 Ebenda, S. 360.
42 Fishel, op. cit., S. 162.
43 Price Gittinger, Bodenreformspezialist bei der US-Botschaft in Saigon von 1955–1959, in *Viet Nam: The First Five Years*, S. 202.
44 Philippe Devillers, »Ngo Dinh Diem and the Struggle for Reunification in Vietnam«, *The China Quarterly*, Januar–März, 1962; Auszüge daraus sind im Buch von Marvin E. Gettleman (Herausg.), *Vietnam*, 1966, abgedruckt.
45 *Toronto Telegram*, zitiert in *The Nation* vom 19. Januar 1963.
46 3. November 1962.
47 *New York Times*, Internationale Ausgabe vom 3. Dezember 1963.
48 Ebenda, 11. September 1963.
49 *Observer* vom 18. August 1963.
50 *New York Times*, Internationale Ausgabe vom 11. September 1963; enthält eine ausführliche Schilderung der Krise.
51 *New York Herald Tribune*, Internationale Ausgabe vom 9. September 1963.
52 *Newsweek* vom 2. September 1963.
53 Roger Hagan in *The Correspondent* (Cambridge, Mass.), November–Dezember 1963.
54 Lindholm, op. cit., S. 361.
55 *New York Times*, Internationale Ausgabe vom 31. August 1963.
56 Ein detaillierter Bericht findet sich in der Internationalen Ausgabe der *New York Times* vom 7. November 1963.
57 *Sunday Times* vom 3. November 1963.
58 *Newsweek* vom 17. Januar 1966.
59 Rede von Senator Wayne Morse in Denver, zitiert in *I. F. Stone's Weekly* vom 21. Dezember 1964.

10. Kapitel: Staatsstreich in Guatemala

1 *Parlamentsdebatten, Unterhaus*, Amtlicher Bericht, 5. Serie, Bd. 530(1954), Spalten 489–490.
2 Weißbuch des State Department, *Intervention of International Communism in Guatemala*, 1954, S. 33.
3 David Wise und Thomas Ross, *The Invisible Government*, 1964, S. 165 ff.
4 *Newsweek* vom 4. März 1963.
5 Die gründlichste Untersuchung stellt das Buch *Communism in Guatemala* von Ronald M. Schneider dar, das er im Auftrag des Außenpolitischen Forschungsinstituts der Universität von Pennsylvania 1959 verfaßte.
6 Weißbuch, S. 47.
7 Schneider, op. cit., S. 185.
8 Ebenda, S. 317.
9 Weißbuch, S. 41.
10 Philip B. Taylor, Jr. »The Guatemalan Affair: A Critique of United States Foreign Policy«, *The American Political Science Review*, Organ der Amerikanischen Politologischen Vereinigung, September 1956, S. 788.
11 Weißbuch, S. 36.
12 Bernard Rosen, »Counter-Revolution: Guatamala's Tragedy« in *The Nation* vom 31. Juli 1964. Rosen lehrte einige Jahre Ge-

schichte und Nationalökonomie an der Amerikanischen Schule in Guatemala City und leitete im Jahre 1952 ein vom State Department durchgeführtes Seminar für guatemaltekische Lehrer.

13 Schneider, op. cit., S. 36–37.

14 Vgl. die maßgebende Untersuchung von Edwin Lieuwen im Auftrage des Rates für Auswärtige Beziehungen, *Arms and Politics in Latin America*, 1961.

15 Schneider, op. cit., S. 316–317.

16 Tad Szulc und Karl E. Meyer, *The Cuban Invasion*, 1962, S. 75.

17 Nach einer in *The Nation* vom 10. Juli 1964 zitierten Depesche der amerikanischen Nachrichtenagentur Associated Press.

18 *Time* vom 12. Juli 1964; Schneider, op. cit., S. 43.

19 *Time*, loc. cit.

20 Schneider, op. cit., S. 303.

21 C. Wright Mills, *Listen Yankee*, 1960, S. 69.

22 Schneider, op. cit., S. 21 Anm.

23 UN-Bericht, Ausländisches Kapital in Lateinamerika, 1955, S. 97.

24 *New York Times* vom 4. Juli 1954.

25 UN-Bericht, op. cit., S. 99.

26 Schneider, op. cit., S. 48–49.

27 UN-Bericht, op. cit., S. 98.

28 Donald M. Dozer, *Are We Good Neighbors?*, 1959, S. 342.

29 Zitiert von Taylor, op. cit., S. 791 Anm. Guillermo Toriello, *La Batalla de Guatamala*, 1955.

30 Weißbuch, S. 8–9.

31 Richard P. Stebbins, *The US in World Affairs*, 1954, veröffentlicht unter dem Protektorat des Rates für Auswärtige Beziehungen, 1956, S. 376.

32 Ebenda, S. 373.

33 Taylor, op. cit., S. 791.

34 Vgl. die UN-Resolution 626 (VII) der Vollversammlung.

35 Hinsichtlich des Textes siehe Dokument 95 (Englisch), SP–23 der 10. Interamerikanischen Konferenz der Organisation Amerikanischer Staaten, 5. März 1954. Ferner Toriello, op. cit.

36 *New York Times* vom 16. März 1954.

37 Weißbuch, S. 12.

38 Vgl. Szulc und Meyer, S. 93.

39 Weißbuch, S. 12; vgl. Dulles' übrige Bemerkungen auf dieser Pressekonferenz, ferner Weißbuch, S. 95.

40 Betty Kirk, »U.S. in Latin America – Policy of the Suction Pump«, in *The Nation* vom 5. Oktober 1957.

41 Taylor, op. cit., S. 794 Anm.; *New York Times* vom 26. Mai 1954.

42 Lieuwen, op. cit., S. 210; Eden, op. cit., S. 136.

43 Eden, op. cit., S. 134.

44 *New York Times* vom 18. Juli 1954.

45 Weißbuch, S. 12.

46 Eden, op. cit., S. 134.

47 *New York Times* vom 24. Mai 1954; Taylor, op. cit., S. 794 Anm.

48 Dozer, op. cit., S. 342.

49 Taylor, op. cit., S. 795.

50 Schneider, op. cit., S. 311, 312.

51 Weißbuch, S. 18.
52 *New York Times* vom 18. Juni 1964.
53 Weißbuch, S. 14.
54 Eden, op. cit., S. 136.
55 Weißbuch, S. 16–17.
56 Schneider, op. cit., S. 312.
57 Vgl. Eden, op. cit., S. 136–137.
58 Lieuwen, op. cit., S. 76, 88, 231
59 Weißbuch, S. 18–19, 22–23.
60 Zitiert in *The Nation* vom 10. Juli 1954.
61 *Time* vom 12. Juli 1954.
62 Schneider, op. cit., S. 302–303.
63 Weißbuch, S. 32–34.
64 Betty Kirk, op. cit.
65 *The Nation* vom 17. Juli 1954.
66 David Graham, »Liberated Guatemala«, in *The Nation* vom 17. Juli 1956.
67 Charles O. Porter und Robert J. Alexander, *The Struggle for Democracy in Latin America*, 1961, S. 70.
68 Lieuwen, op. cit., S. 165.
69 *New York Times* vom 14. Oktober 1962.
70 *New York Times*, Int. Ausgabe vom 1. und 2. April 1963.
71 Bericht in der *New York Times* vom 16. März 1966.

11. Kapitel: Rückblick auf die Anfänge der Eindämmungspolitik
1 *Kongreßbericht*, 1956, zitiert bei Robert Engler, *The Politics of Oil*, 1961, S. 203.
2 Eden, op. cit., S. 194.
3 Fred J. Cook, »The CIA«, in *The Nation* vom 24. Juni 1961.
4 Eden, op. cit., S. 201.
5 Zitiert bei Engler, op. cit., S. 205.
6 Cook, op. cit., Fleming, op. cit., S. 926. Vgl. auch Wise und Ross, op, cit., S. 110 ff.
7 Zitiert bei Engler, op. cit., S. 206.
8 Cook, op. cit.
9 Eden, op. cit., S. 218. Engler, op. cit., S. 207.
10 Cook, Engler, op. cit.
11 Cook, op. cit.
12 Fleming, op. cit., S. 920.
13 Ebenda, S. 922.
14 Eden, op. cit., S. 578.
15 C. Wright Mills, *The Causes of World War III*, 1958, S. 65–67. In seinem Bericht führt Mills ein wichtiges Kongreßdokument an, in dem bestätigt wird, daß es bei der Kontroverse nicht um den Kommunismus, sondern um Öl ging.
16 Manolis Korakas, »Greek Communists Stage a Comeback«, in *New Leader* vom 26. Mai 1958.
17 *Amnesty*, Nr. 4, 1963. Bericht des Parlamentsmitgliedes Reg Sorensen.
18 Zitiert bei Fleming, op. cit., S. 1028.
19 Walter Lippmann, *The Communist World and Ours*, 1959, S. 36–37.

20 Zitiert in *The Nation* vom 24. Juni 1961, S. 534.
21 Fleming, op. cit., S. 1088.

12. Kapitel: Konterrevolution in Kuba

1 William A. Williams, *The U.S., Cuba and Castro*, 1962, S. 34–35.
2 Ebenda, S. 37.
3 A. A. Berle, Jr., »The Cuban Crisis«, in *Foreign Affairs*, Oktober 1960.
4 *The Cuban Invasion*, 1962; Szulc gehört dem Washingtoner Büro der *New York Times* an, während Meyer als Redaktionsmitglied der *Washington Post* tätig ist.
5 Javier Pazos, in *Cambridge Opinion 51*.
6 Zitiert bei Mills, *Listen Yankee*, S. 98.
7 Williams, *The U.S., Cuba and Castro*, S. 21–22.
8 Zitiert bei Williams, ebenda, S. 67–68.
9 Castros Rede vor den Vereinten Nationen am 26. September 1960, vgl. Robert Scheer und Maurice Zeitlin, *Cuba: An American Tragedy*, 1964, Kapitel 1.
10 Zitiert bei Williams, op. cit., S. 85. Vgl. Scheer und Zeitlin, op. cit., Kapitel 3.
11 *New York Times* vom 4. April 1959.
12 *New York Times* vom 26. April 1959.
13 Paul Johnson, »The Plundered Continent«, in *New Statesman* vom 17. September 1960.
14 *New York Times* vom 22. April 1959.
15 Williams, op. cit., S. 102.
16 Ebenda, S. 109. Auszüge aus Castros Rede finden sich bei Scheer und Zeitlin, op. cit., S. 89–90. Der vollständige Wortlaut wurde unter dem Titel *Plan for the Advancement of Latin America* 1959 in Havanna gedruckt.
17 Williams, op. cit., S. 112; Scheer und Zeitlin, op. cit., Kapitel 6.
18 Lieuwen, op. cit., S. 271–272. Vgl. Scheer und Zeitlin, op. cit., Kapitel 5.
19 *New York Times* vom 9. August 1959; zitiert bei Williams, op. cit., S. 131, 133.
20 Szulc und Meyer, op. cit., S. 74.
21 Ebenda, S. 77.
22 Scheer und Zeitlin, op. cit., S. 215.
23 Eine Analyse dieses Weißbuches ist bei Scheer und Zeitlin, ebenda, enthalten, Anhang 3.
24 Szulc und Meyer, op. cit., S. 112–113.
25 Ebenda, S. 107.
26 Ebenda, S. 119.
27 Ebenda, S. 92, 93, 94.
28 Ebenda, S. 95–96.

13. Kapitel: Die USA und die Weltrevolution

1 Arnold J. Toynbee, *The Economy of the Western Hemisphere*, 1962, S. 3–4.
2 Ebenda, S. 20–21.
3 Ebenda, S. 53.
4 Ebenda, S. 54.

5 Howard Rusk, *New York Times*, Internationale Ausgabe vom 5. April 1963.
6 *New York Times*, Internationale Ausgabe vom 17. und 25. März 1963.
7 Ebenda, 4. April 1963.
8 *Sunday Times* vom 22. Dezember 1963; *New York Times*, Internationale Ausgabe vom 23. Dezember 1963.
9 *Sunday Times, op. cit.*
10 *New York Times*, Internationale Ausgabe vom 9. November 1963.
11 Ebenda, 4. April 1963.
12 *Observer* vom 8. Dezember 1963.
13 Eine ausführlichere Analyse der Allianz und der Rolle, die die USA in der Wirtschaft Lateinamerikas spielen, findet sich bei John Gerassi, *The Great Fear in Latin America*, 1965, besonders in Teil V und VI. Dies ist ohne Frage das beste Einzelwerk über das Thema.
14 Johnson, op. cit.
15 Toynbee, *The Economy of the Western Hemisphere*, S. 31.
16 *New York Times* vom 29. April 1963.
17 Bericht vom September 1962.
18 *New York Times* vom 13. November 1962.
19 Vgl. Leo Huberman und Paul Sweezy, *Cuba: Anatomy of a Revolution*, 1960, S. 108–109.
20 Toynbee, op. cit., S. 34.
21 Ebenda, S. 30–31.
22 *New York Times*, Internationale Ausgabe vom 18. August 1963.
23 Toynbee, op. cit., S. 13.
24 Andrew Gunder Frank, »Varieties of Land Reform«, in *Monthly Review*, April 1963.
25 Toynbee, op. cit., S. 34.
26 Sidney Lens, »Building on Quicksand«, in *The Commonweal* vom 1. November 1963.
27 *New York Times*, Internationale Ausgabe vom 23. Dezember 1963.
28 Ebenda, 12. November 1963.
29 Brief an die *New York Times*, Internationale Ausgabe vom 23. Dezember 1963.
30 *New York Times* vom 23. April 1962.
31 William Manger (Herausg.), *The Alliance for Progress: A Critical Appraisal*, 1963, S. 45–47.
32 *Congressional Record*, 87. Kongreß, 10. und 11. Mai 1962, Zitiert in *Monthly Review*, Oktober 1962.
33 Lens, op. cit.
34 *New York Times*, Internationale Ausgabe vom 9. Februar und 9. April 1963.
35 Der folgende Bericht stützt sich auf den Artikel von N. Gordon Levin, Jr. »Our Men in Honduras«, erschienen in *Dissent*, Herbst 1963.
36 *Congressional Record*, 87. Kongreß, Zweite Sitzung, S. 20457–60, zitiert bei Levin, op. cit.
37 *New York Times*, Internationale Ausgabe vom 12. und 16. November 1963.

38 Alonso Aguilar, *Latin America and the Alliance for Progress* (Broschüre), 1963. Aguilar ist Professor für Volkswirtschaft an der Universität Mexiko.
39 Scheer und Zeitlin, op. cit., S. 29–33.
40 *New York Times* vom 31. März 1962.
41 *Newsweek* vom 25. November 1963.
42 *Survey of Current Business*, Oktober 1964, zitiert in »Foreign Investment«, *Monthly Review*, Januar 1965.
43 UN-Wirtschaftskommission für Lateinamerika, Bericht vom Mai 1963.
44 Robert J. Alexander, »Latin American Communism«, in *Soviet Survey*, August 1962. Klammern im Original.
45 *Time* vom 11. Oktober 1963.
46 Zitiert bei Lieuwen, op. cit., S. 238–239.
47 Johnson, op. cit.; vgl. Lieuwen, op. cit., wo sich eine ausführliche Dokumentaion über die Rolle der Armee in der lateinamerikanischen Politik findet.
48 Tad Szulc in *New York Times*, Internationale Ausgabe vom 23. Dezember 1963.
49 *New York Times*, Internationale Ausgabe vom 26. September; Boschs Sieg war »überwältigend«.
50 Ebenda, op. cit.
51 Ebenda, 23. Dezember 1963.
52 Ebenda, 18. Dezember 1963.
53 Rede am 13. März 1962 anläßlich des ersten Jahrestages der Allianz.
54 *New York Times*, Internationale Ausgabe vom 20. März 1964.
55 *Washington Post* vom 25. Mai 1965.
56 Gerassi, op. cit., S. 254 ff.

14. Kapitel: Die Teilung Europas

1 Lippmann, *The Cold War*.
2 Vgl. George F. Kennan, *American Diplomacy, 1900–1950*, 1951 und William A. Williams, *The Tragedy of American Diplomacy*, 1962 wegen der gegensätzlichen Ansichten.
3 Vgl. Alperovitz, op. cit.
4 Forrestal, op. cit., S. 291.
5 Lippmanns Kritik an der Eindämmungspolitik war zum großen Teil im Sinne von George Kennans »X«-Aufsatz gehalten, der 1947 in der Juli-Ausgabe von *Foreign Affairs* unter dem Titel ›The Sources of Soviet Conduct‹ erschien.
6 Feis, op. cit., S. 646.
7 Forrestal, op. cit., S. 41.
8 Sir Winston Churchill, *Europe Unite*, 1950, S. 411.
9 Ebenda, S. 413.
10 Ebenda, S. 414–415, 416.
11 P. M. S. Blackett, *Atomic Weapons and East-West Relations*, 1956, S. 86.
12 Zitiert bei P. M. S. Blackett, *Military and Political Consequences of Atomic Weapons*, 1948, S. 74.
13 Blackett, *Atomic Weapons and East-West Relations*, S. 49–53.

14 *New York Times* vom 19. März 1950.
15 Williams, *The Tragedy of American Diplomacy*, 1959, S. 179–180.
16 Fleming, op. cit., S. 527 und 528.
17 *New York Times*, Internationale Ausgabe vom 13. April 1964.
18 Zitiert bei Fleming, op. cit., S. 626.
19 Rostow, op. cit., S. 332.

15. Kapitel: Die Atombombe

1 Stimson und Bundy, op. cit., S. 642–646.
2 Truman, *Memoirs*, I, S. 526–527; Acheson vertrat Byrnes.
3 Ebenda, S. 542–544.
4 *New York Times* vom 4. Juli 1946.
5 Blackett, *Military and Political Consequences of Atomic Weapons*, S. 153.
6 Vgl. Blackett, ebenda; dort findet sich eine ausführliche Erörterung dieses und anderer Aspekte des Baruch-Planes.
7 Ebenda, S. 167.
8 Blackett, *Atomic Weapons and East-West Relations*, S. 90–92.
9 Blackett, *Studies of War*, S. 7.
10 Zitiert bei Blackett, *Military and Political Consequences of Atomic Weapons*, S. 39.
11 Vgl. Forrestal, op. cit., S. 497.
12 Blackett, *Studies of War*, S. 11–14.
13 Blackett, *Military and Political Consequences of Atomic Weapons*, S. 68–69, 146–149.
14 Churchill, *Europe Unite*, S. 414.
15 Blackett, *Atomic Weapons and East-West Relations*, S. 82–83.
16 Philip Noel-Baker, *The Arms Race*, 1958, S. 12. Hier liegt ein schon klassisch zu nennendes Werk über das Problem der Abrüstung vor. In Anerkennung der Tatsache, daß er sich zeit seines Lebens um die Verwirklichung der Abrüstung verdient gemacht hat, wurde Noel-Baker 1958 der Friedensnobelpreis verliehen.
17 Ebenda, S. 19–22.
18 Childs, op. cit., S. 209.
19 Noel-Baker, op. cit., S. 22–24.
20 Zitiert und zusammengefaßt bei Fleming, op. cit., S. 760.
21 George F. Kennan, *Russia, the Atom and the West*, 1958, S. 53.

16. Kapitel: Osteuropa: 1949–1956

1 Fleming, op. cit., S. 806.
2 John Lukacs, *A History of the Cold War*, 1961, S. 103–104.
3 Harrison Salisbury in der *New York Times*, Internationale Ausgabe vom 16. März 1963. Die Nachricht wurde von Pietro Nenni, dem italienischen Sozialistenführer, mitgeteilt.
4 Salisbury, ebenda.
5 Isaac Deutscher, *Heretics and Renegades*, 1955.
6 George Mikes, *The Hungarian Revolution*, 1957, S. 60.
7 Die letztere Ziffer stammt aus dem Buch von Ferenc Váli, *Rift and Revolt in Hungary*, 1961, S. 131.
8 Ebenda, S. 378.
9 *Imre Nagy on Communism*, 1957, S. 46, 50, 55–56.
10 Nagy, ebenda.

11 Stewart Alsop, berichtet bei Fleming, op. cit., S. 750.
12 Rostow, op. cit., S. 344–345.
13 Eugene Hinterhoff, ›The Case for Disengagement‹ in *The Correspondent*, November–Dezember 1963.
14 Diesem Bericht liegt der Aufsatz von Fred J. Cook ›The CIA‹ in *The Nation* vom 24. Juni 1961 zugrunde. Cooks Artikel ist eine Zusammenstellung früher veröffentlichter Berichte. Vgl. ferner T. H. Tetens, *The New Germany and the Old Nazis*, 1962, S. 41 ff.
15 Daniel De Luce für Associated Press, zitiert von Cook. Der Aufsatz von De Luce erschien im Herbst 1963.
16 Zitiert bei Fleming, op. cit., S. 793.
17 Leslie B. Bain, ›Have We Failed in Hungary?‹, in *The Reporter* vom 24. Januar 1957.
18 Tibor Méray, *Thirteen Days that Shook the Kremlin*, 1959, S. 98.
19 Ebenda.
20 Conor Cruise O'Brien, ›Conflicting Concepts of the United Nations‹, Vortrag über Internationale Beziehungen, 1964, nachgedruckt in O'Brien, *Writers and Politics*, 1965.
21 Fleming, op. cit., S. 800.
22 Ebenda, S. 803.
23 Isaac Deutscher, ›October Revolution, New Style‹, in *The Reporter* vom 15. November 1956.
24 Paul E. Zinner, *National Communism and Popular Revolt in Eastern Europe* (eine Auswahl von Dokumenten), 1956, S. 546–556; *Prawda* vom 23. November 1956.
25 Zinner, op. cit., S. 465.
26 Ebenda, S. 529.
27 Lukacs, op. cit., S. 134–135.

17. Kapitel: Lippmann, Kennan und Sputnik

1 Kennan, *Russia, the Atom, and the West*, S. 37.
2 Lippmann, *The Cold War*, S. 26.
3 Ebenda, S. 35.
4 Ebenda, S. 39.
5 James P. Warburg, in *The Liberal Papers*, herausg. v. James Roosevelt, 1959, S. 70.
6 Kennan, *Russia, the Atom, and the West*, S. 90.
7 Ebenda, S. 92–94.
8 Lippmann, *The Cold War*, S. 46.
9 Kennan, *American Diplomacy, 1900–1950*, S. 97.
10 Vgl. Mills, *The Power Elite*, Kapitel 9 und 12.
11 Vgl. Williams, *American-Russian Relations*, S. 281 ff., wo sich eine Kritik der Kennanschen Auffassung zu diesem Punkt findet.
12 Vgl. William A. Williams, ›The Irony of Containment‹, in *The Nation* vom 5. Mai 1956.
13 Deutscher, *Heretics and Renegades*, S. 115.
14 Williams, ›The Irony of Containment‹.
15 *Life* vom 17. Februar 1941.
16 H. H. Arnold, *Global Mission*, 1949, S. 589.
17 Williams, *The Tragedy of American Diplomacy*, S. 168.
18 Fleming, op. cit., S. 885.

19 William A. Williams, ›The American Century: 1941–1957‹, in *The Nation* vom 2. November 1957, S. 297–301.
20 Sherman Adams, op. cit., S. 88–89.
21 Lippmann, *The Cold War*, S. 47–48.

18. Kapitel: Dogmen und Disengagement

1 Zitiert bei Fleming, op. cit., S. 745, 749.
2 Dwight D. Eisenhower, *Peace with Justice*, 1953, S. 124–125.
3 Kennan, *Russia, the Atom, and the West*, S. 38–40.
4 Schuman, *Russia Since 1917*, S. 436.
5 Fleming, op. cit., S. 941–942.
6 Ebenda, S. 893–894.
7 *New Leader* vom 30. Dezember 1957.
8 Fleming, op. cit., S. 897–898.
9 Eine ausführlichere Schilderung dieser Ereignisse findet sich bei Fleming, op. cit., S. 898–968.
10 Geoffrey Barraclough, *The Nation* vom 4. Januar 1958.
11 Fleming, op. cit., S. 957–959.
12 Rostow, op. cit., S. 377.
13 Ebenda, S. 372–374.
14 Zitiert bei Rostow, ebenda, S. 371–372. Eine 1958 geschriebene kritische Stellungnahme zur Theorie eines begrenzten Atomkrieges findet sich bei Blackett, *Studies of War*, S. 54 ff., ›Nuclear Weapons and Defence: Comments on Kissinger, Kennan and King-Hall‹.
15 Blackett, *Studies of War*, S. 94.
16 Schlagwort Rostows.
17 Rostow, op. cit., S. 372.
18 Blackett, *Atomic Weapons and East-West Relations*, S. 65–66.

19. Kapitel: Das Versäumnis, Frieden zu schließen

1 Noel-Baker, op. cit., S. 24. Vgl. Diskussion S. 274 ff.
2 Eisenhower, ›Towards a Golden Age of Peace‹, *Peace With Justice*, S. 34–44.
3 Sebastian Haffner, ›Germany, Russia and the West‹, in *Encounter*, Oktober 1961.
4 Fred J. Cook, ›Juggernaut: The Warfare State‹, in *The Nation* vom 28. Oktober 1961, S. 313.
5 Ebenda, S. 313–314.
6 Fleming, op. cit., S. 789.
7 Cook, ›Juggernaut: The Warfare State‹, S. 316.
8 Hans Bethe, ›The Case for Ending Nuclear Tests‹, in *The Atlantic Monthly*, August 1960. Dr. Bethe gehörte der amerikanischen Verhandlungsgruppe an.
9 Bethe, ebenda; Cook, ›Juggernaut: The Warfare State‹, S. 317.
10 Bethe, ebenda.
11 Cook, ›Juggernaut: The Warfare State‹, S. 347.
12 Fleming, op. cit., S. 750–751.
13 *New York Times* vom 28. November 1954.
14 Fleming, op. cit., S. 1020.
15 Geoffrey Barraclough, ›More Than Dulles Must Go‹, in *The Nation* vom 25. Januar 1958.

16 Kennedy, op. cit., S. VIII.
17 Vgl. Adams, op. cit., S. 50; Rostow, op. cit., S. 389–400.

20. Kapitel: Der Zusammenbruch der Gipfelkonferenz

1 Ein sehr ausführlicher Bericht über die Vorgeschichte der Gipfelkonferenz sowie über die vorausgehenden Sondierungsbesuche Chruschtschows und Mikojans ist bei Fleming, op. cit., S. 903–1023 enthalten.
2 Eisenhower, *Peace With Justice*, S. 189.
3 Fleming, op. cit., S. 986, 996–999.
4 Fleming, op. cit., S. 992, 994, 1005–1006, 1012; ferner David Wise und Thomas Ross, *The U-2 Affair*, 1962, S. 100.
5 Fleming, op. cit., S. 991, 1001.
6 Ebenda, S. 1003; Wise und Ross, *The U-2 Affair*, S. 117.
7 Wise und Ross, ebenda, S. 131.
8 Fleming, op. cit., S. 1005.
9 Ebenda, S. 1007 ff.
10 Ebenda, S. 1011; Wise und Ross, *The U-2 Affair*, S. 154.
11 Paul Johnson, *New Statesman* vom 28. Mai 1960 und Robert Stephens, *Observer* vom 22. Mai 1960.
12 Fleming, op. cit., S. 1014.

21. Kapitel: Kernwaffenstrategien und die Raketenlücke

1 Diese Darstellung fußt hauptsächlich auf dem ausgezeichneten Aufsatz von Arthur Waskow, ›The Theory and Practice of Deterrence‹, veröffentlicht in *The Liberal Papers*, herausgegeben von James Roosevelt. Eine etwas abweichende Meinung über den Ursprung dieser beiden Theorien findet sich bei Blackett, *Studies of War*, S. 128–146, 152–154.
2 Blackett, *Studies of War*, S. 153.
3 Ebenda, S. 154; vgl. auch S. 128 ff., wo sich eine kritische Untersuchung dieser Auffassung findet.
4 Charles Bolton, ›Cuba: Pivot to the Future‹, in *The Nation* vom 17. November 1962.
5 Blackett, *Studies of War*, S. 154.
6 Waskow, op. cit., S. 131–132.
7 Jerome B. Wiesner, ›Comprehensive Arms Limitation Systems‹, in *Daedalus*, Herbst 1960.
8 *New York Times* vom 20. November 1961 und 6. Januar 1962; zitiert bei Blackett, *Studies of War*, S. 149.
9 Blackett, ebenda, S. 158–159.
10 Cook, ›Juggernaut: The Warfare State‹.
11 Ebenda; vgl. auch Mills, *The Power Elite*.
12 Kennedy, op. cit., S. 65.

22. Kapitel: Situationen der Stärke und ihre Entstehung

1 Kennedy, op. cit., S. V.
2 William V. Shannon, ›The Kennedy Administration: The Early Months‹, in *The American Scholar*, Herbst 1961.
3 Zitiert bei Theodore H. White, *The Making of the President, 1960*, S. 206.
4 Diese Darstellung stützt sich auf Szulc und Meyer, op. cit.

5 Fletcher Knebel, ›Washington in Crisis‹, in *Look* vom 18. Dezember 1962.
6 Zitiert bei Cook, ›Juggernaut: The Warfare State‹, S. 322.
7 P. M. S. Blackett, ›Steps Towards Disarmament‹, in *Scientific American*, April 1962. Die Zahlen stammen aus einem maßgebenden Artikel von Senator Stuart Symington in *The Reporter* vom 15. Februar 1962.
8 *US News and World Report* vom 6. November 1961.
9 Richard Löwenthal, ›The Dangerous Year‹, in *Encounter*, Juni 1961.
10 Blackett, ›Steps Towards Disarmement‹, S. 161–162.
11 Richard Stebbins, *The US in World Affairs, 1961*, 1962, S. 70–71.
12 Blackett, ›Steps Towards Disarmament‹, S. 160.
13 Kennedy, op. cit., S. 52.
14 Michael Brower, ›President Kennedy's Choice of Nuclear Strategy‹. Brower ist Dozent am Massachusetts Institute of Technology. Dieser Aufsatz erschien als Sonderbeilage zum Informationsrundschreiben des Council for Correspondence im Juni 1962. Das Informationsbulletin wird herausgegeben von H. Stuart Hughes, David Riesman, A. J. Muste und Roger Hagan.
15 *Bulletin of the Atomic Scientists*, Oktober 1961.
16 *Survival*, September–Oktober 1961.
17 Brower, op. cit.

23. Kapitel: Das Zünglein an der Waage der Macht

1 Zitiert bei Brower, op. cit., S. 7.
2 Ebenda, S. 8.
3 Blackett, *Studies of War*, S. 156–157, 161.
4 Aus einem Vortrag Bethes an der Cornell-Universität am 5. Januar 1962; vgl. *The Congressional Record*, 26.–27. Februar, S. A1397 und A1450. Zitiert in *I. F. Stone's Weekly* vom 21. März 1962. Vgl. ferner Brower, op. cit., S. 23 und *Astronautics* vom Dezember 1961.
5 Brower, op. cit., S. 9–10.
6 Die Schätzungen stammen aus dem Aufsatz von Dr. Ralph E. Lapp, ›Nuclear Weapons Systems‹, *Bulletin of the Atomic Scientists*, März 1961. Vgl. auch Dr. Lapps Buch *Kill and Overkill: The Strategy of Annihilation*, 1962.
7 Zitiert bei Brower, op. cit., S. 12.
8 Ebenda, S. 24.
9 Interview mit dem US-Luftwaffenstabschef General Curtis LeMay in *US News and World Report* vom 27. November 1961; vgl. auch Kennedys Erklärungen in seinem Fernsehinterview am 17. Dezember 1962. Eine Erörterung der fraglichen Faktoren findet sich bei Jerome B. Wiesner und William York, ›National Security and the Nuclear-Test Ban‹, *Scientific American*, Oktober 1964.
10 John Finney in der *New York Times* vom 3. März 1962.
11 Brower, op. cit., S. 24.
12 Arthur Waskow, *The Limits of Defense*, 1962; zitiert bei Brower, ebenda, S. 18.
13 Waskow in *The Liberal Papers*, herausgegeben von James Roosevelt, S. 128.

14 Zitiert bei Brower, op. cit., S. 12–13.
15 *The Nation* vom 8. Dezember 1962.
16 Kennedy, op. cit., S. 65.
17 Blackett, *Studies of War*, S. 57.
18 Zitiert in dem Buch von James Tracy Crown und James Penty, *Kennedy in Power*, 1961, S. 139–140.
19 Brower, op. cit., S. 25.

24. *Kapitel:* Die Kraftprobe der Kuba-Krise

1 *New York Times*, Internationale Ausgabe vom 23. Oktober 1962.
2 Stellvertretender Verteidigungsminister Gilpatric, zitiert in der *New York Times*, Inter. Ausgabe vom 12. November 1962.
3 *New York Times*, Internationale Ausgabe vom 6. November 1962.
4 Nachdem die erste Auflage des vorliegenden Buches erschienen war, veröffentlichte Arthur Schlesinger eine Darstellung der Krise, die diese Analyse bestätigte. Vgl. *A Thousand Days*, S. 796.
5 Henry M. Pachter, *Collision Course*, 1963, S. 30.
6 *New York Times*, Internationale Ausgabe vom 26. Oktober 1962.
7 Ebenda, Pariser Korrespondentenbericht vom 19., 21. und 23. Oktober 1962.
8 Ebenda, 25. Februar 1963, Korrespondentenbericht vom 24. Februar.
9 Ebenda, 24. Oktober 1962.
10 Ebenda, 29. Oktober 1962.
11 Godfrey Hodgson im *Observer* vom 30. Dezember 1962; vgl. auch James Reston in der *New York Times*, Internationale Ausgabe vom 27. Dezember 1962.
12 *New York Times*, Internationale Ausgabe vom 25. Januar 1963.
13 Hanson Baldwin, *New York Times*, Internationale Ausgabe vom 10. Januar 1963.
14 Eine bestätigende Darstellung sowie eine Erörterung der sich aus dieser neuen Waffe ergebenden Folgen findet sich in dem Artikel von Tom Margerison in der *Sunday Times* vom 24. Februar 1963.
15 Henry A. Kissinger, ›The Unsolved Problems of European Defense‹, in *Foreign Affairs*, Juli 1962.

25. *Kapitel:* Nuklearer Waffenstillstand

1 Blackett, *Studies of War*, S. 141. Vgl. auch Wiesner und York, op. cit.
2 Noel-Baker, op. cit., S. 24.
3 Bethe, op. cit.
4 John J. McCloy, ›Balance Sheet on Disarmament‹, in *Foreign Affairs*, April 1962. McCloy, ein Republikaner, war stellvertretender Kriegsminister (1941–1945), Hoher Kommissar für Deutschland (1949–1952) und Vorsitzender des Aufsichtsrates der Chase Manhattan Bank (1953–1961), ehe er in die Kennedy-Regierung berufen wurde.
5 Lippmann, *The Cold War*.
6 George F. Kennan, ›Polycentrism and Western Policy‹, in *Foreign Affairs*, Januar 1964.
7 Richard Gott und Joh Gittings, ›Nato's Final Decade‹, *Views* (London), Sommer 1964.

8 Kennan, ›Polycentrism and Western Policy‹.
9 Walter Lippmann, ›Goldwater vs. Johnson‹, in der *New York Herald Tribune*, Internationale Ausgabe vom 29. Juli 1964.

26. *Kapitel:* Das einheitliche Programm der USA für den Kalten Krieg

1 *The Times* vom 12. August 1963.
2 Sulzberger, *New York Times*, Internationale Ausgabe vom 16. Dezember 1964.
3 *New York Times*, Internationale Ausgabe (Leitartikel) vom 14. August 1964.
4 *Observer* vom 8. Dezember 1963.
5 *New York Times*, Internationale Ausgabe vom 24. September 1963.
6 Die dokumentarischen Belege dafür aus den ein oder zwei Jahren vor den Bemerkungen des Präsidenten sind Legion. Die wichtigste Darstellung der Spannungen zwischen Havanna und Moskau vom Standpunkt der regierungsamtlichen Auffassungen ist Theodore Drapers ausführlicher Aufsatz in *The Reporter* vom 17. Januar 1963, ›Castro and Communism‹. Drapers früher erschienene Artikel über die Revolution Castros lieferten das grundlegende Thema für das Weißbuch des State Department.
7 *New York Times* vom 9. Oktober 1962.
8 *New York Times*, Internationale Ausgabe (Leitartikel) vom 28. Juli 1964.
9 Vgl. z. B. Herbert L. Matthews, *Return to Cuba*, 1964.
10 *New York Times*, Internationale Ausgabe (Leitartikel) vom 28. Juli 1964.
11 *New York Times*, Internationale Ausgabe vom 7. Juli 1964.
12 Sidney Lens, ›Roadblocks to Reform in Latin America‹, in *The Anatomy of Foreign Aid* (Broschüre), 1964.
13 Theodore H. White and Annalee Jacoby, *Thunder Out of China*, 1946, S. 318–319.
14 Edvard Kardelj, *Socialism and War*, 1961, S. 187–188.
15 George F. Kennan, ›A Fresh Look at Our China Policy‹, im *New York Times* Magazine vom 22. November 1964.
16 *Sunday Times* vom 29. November 1964.
17 *New York Times* vom 6. März 1964.
18 *New York Times*, Internationale Ausgabe vom 5./6. Dezember 1964.
19 *The Times* vom 5. August 1963.
20 Dies und die folgenden Zitate sind dem Artikel von Roger Hagan, ›Counter-Insurgency and the New Foreign Relations‹, in *The Correspondent*, Herbst 1964, entnommen. Das Material für diesen Artikel findet sich in dem Buch von Arthur Herzog, *The War-Peace Establishment*, 1965.
21 Conor Cruise O'Brien, ›The Congo: A Balance Sheet‹, in *New Left Review*, *31*, Mai–Juni 1965.

Bibliographie

Acheson, Dean, *Strengthening the Forces of Freedom*, Washington D. C.: Government Printing Office, 1950.

Adams, Sherman, *Firsthand Report*, New York: Harper, 1961.

Aguilar, Alonso, *Latin America and the Alliance for Progress* (Broschüre), New York: Monthly Review Press, 1963.

Alexander, Robert J., ›Latin American Communism‹, *Soviet Survey*, August 1962.

Alexander, Robert J. und Charles O. Porter, *The Struggle for Democracy in Latin America*, New York: Macmillan, 1961.

Alperovitz, Gar, *Atomic Diplomacy: Hiroshima and Potsdam*, New York: Simon & Schuster, und London: Secker & Warburg, 1965.

Altman, George, ›New Doubts on the Hiss Case‹, *The Nation*, 1. Oktober 1960.

Arnold, H. H., *Global Mission*, New York: Harper, 1949.

Bain, Leslie B., ›Have We Failed in Hungary?‹, *The Reporter*, 24. Januar 1957.

Barraclough, Geoffrey, ›More Than Dulles Must Go‹, *The Nation*, 25. Januar 1958.

Barth, Alan, *The Loyalty of Free Men*, New York: Viking Press, 1952.

Bell, Coral, *Negotiations from Strength*, Chatto & Windus, 1962.

Berle, Jr. A. A., ›The Cuban Crisis‹, *Foreign Affairs*, Oktober 1960.

Bethe, Hans, ›The Case for Ending Nuclear Tests‹, *The Atlantic Monthly*, August 1960.

Blackett, P. M. S., *Military and Political Consequences of Atomic Weapons*, Turnstile Press, 1948. Veröffentlicht in USA unter dem Titel *Fear, War and the Bomb*, New York: McGraw–Hill, 1949.

Blackett, P. M. S., *Atomic Weapons and East-West Relations*, Cambridge University Press, 1956.

Blackett, P. M. S., *Studies of War*, New York: Hill & Wang, und London: Oliver & Boyd, 1962.

Blackett, P. M. S., ›The First Real Chance for Disarmament‹, *Harper's*, Januar 1963.

Bolton, Charles, ›Cuba: Pivot to the Future‹, *The Nation* vom 17. November 1962.

Brower, Michael, ›President Kennedy's Choice of Nuclear Strategy‹, *Council for Correspondence Newsletter* (Cambridge, Massachusetts), Juni 1962.

Buck, Pearl, ›What Asians Want‹, in *The Christian Century*, 27. Juni 1951.

Bundy, McGeorge und Henry L. Stimson, *On Active Service in Peace and War*, New York: Harper, 1947.

Bundy, McGeorge, ›Appeasement, Provocation and Policy‹, *The Reporter*, 9. Januar 1951.

Byrnes, James F., *Speaking Frankly*, New York: Harper, 1947.

Castro, Fidel, *Plan for the Advancement of Latin America* (Broschüre), Havanna, 1959.

Childs, Marquis, *Eisenhower: Captive Hero*, New York: Harcourt, Brace, 1958 und London: Hammond, 1959.

Churchill, Winston, *Europe Unite*, Cassell, 1950.

Churchill, Winston, *The Second World War*, IV, VI, Cassell, 1951 und 1954.

Cook, Fred J., *The Unfinished Case of Alger Hiss*, New York: Morrow, 1957.

Cook, Fred J., ›The CIA‹, *The Nation*, 24. Juni 1961.

Cook, Fred J., ›Juggernaut: The Warfare State‹, *The Nation*, 28. Oktober 1961.

Crofts, Alfred, ›Our Falling Ramparts – The Case of Korea‹, *The Nation*, 25. Juni 1960.

Crown, James Tracy und James Penty, *Kennedy in Power*, New York: Ballantine, 1961.

Dedijer, Vladimir, *Tito Speaks*, Weidenfeld & Nicolson, 1953.

Deutscher, Isaac, *Stalin: A Political Biography*, Oxford University Press, 1949. Neu durchgesehene und erweiterte Auflage, Penguin Books, 1966.

Deutscher, Isaac, *Russia After Stalin*, Hamish Hamilton, 1953.

Deutscher, Isaac, *Heretics and Renegades*, Hamish Hamilton, 1955.

Deutscher, Isaac, ›October Revolution, New Style‹, *The Reporter*, 15. November 1956.

Deutscher Isaac, *The Great Contest: Russia and the West*, Oxford University Press, 1960.

Devillers, Philippe, ›Ngo Dinh Diem and the Struggle for Reunification in Vietnam‹, *The China Quarterly* (London), Januar–März 1962. Aufgenommen in *Vietnam* (herausg. v. Gettleman).

Dewart, Leslie, ›Kennedy's Missile Crisis: A Second Look‹, *Studies on the Left*, Frühjahr 1965.

Djilas, Milovan, *Conversations With Stalin*, Rupert Hart-Davis, 1962 und Penguin Books, 1963.

Dozer, Donald M., *Are We Good Neighbors?*, University of Florida Press, 1959.

Draper, Theodore, *Castro's Revolution: Myths and Realities*, New York: Praeger, und London: Thames & Hudson, 1962.

Draper, Theodore, ›Castro and Communism‹, *The Reporter*, 17. Januar 1963.

Eden, Anthony, *Full Circle* (Memoiren), Cassell, 1960.

Edwardes, Michael, *Asia in the Balance*, Penguin Books, 1962.

Eisenhower, Dwight D., *Peace With Justice*, Columbia University Press, 1963.

Eisenhower, Dwight D., *Mandate for Change*, Heinemann, 1963.

Eisenhower, Dwight D., *Waging Peace*, Heinemann, 1966.

Engler, Robert, *The Politics of Oil*, New York und London: Macmillan, 1961.

Fall, Bernard B., ›Anti-Americanism: Will South Viet Nam Be Next?‹, *The Nation*, 31. Mai 1958.

Feis, Herbert, *Churchill, Roosevelt, and Stalin*, Princeton und Oxford University Press, 1957.

Fishel, W. (Herausg.), *Problems of Freedom*, Michigan State University Press, und London: Collier-Macmillan, 1961.
Fleming, D. F., *The Cold War and Its Origins, 1917–1960*, 2 Bände, New York: Doubleday, und London: Allen & Unwin, 1961.
Forrestal, James V., *The Forrestal Diaries* (Herausg. Walter Millis), New York: Viking Press, 1951.
Frank, André Gunder, ›Varieties of Land Reform‹, *Monthly Review*, April 1963.
Furniss, Jr., Edgar S., ›Some Perspectives on American Military Assistance‹, Center of International Studies, Princeton University, 1957.

Gardner, Lloyd C., *Economic Aspects of New Deal Diplomacy*, University of Wisconsin Press, 1964.
Gayn, Mark, *Japan Diary*, New York: Sloane Associates, 1948.
Gerassi, John, *The Great Fear in Latin America*, New York: Macmillan, 1965.
Gervasi, Frank, ›Watchdog in the White House‹, *Colliers'*, 9. Oktober 1955.
Gettleman, Marvin E. (Herausg.), *Vietnam*, Penguin Books, 1966.
Goldman, Eric F., *The Crucial Decade and After*, New York: Vintage, 1961.
Gott, Richard und John Gittings, ›Nato's Final Decade‹, *Views* (London), Sommer 1964.
Graham, David, ›Liberated Guatemala‹, *The Nation*, 14. Juli 1956.
Green, A. Wigfall, *Epic of Korea*, Washington: Public Affairs Press, 1950.
Gunther, John, *The Riddle of MacArthur*, Hamish Hamilton, 1951.

Haffner, Sebastian, ›Germany, Russia and the West‹, *Encounter*, Oktober 1961.
Hagan, Roger, ›Counter-Insurgency and the New Foreign Relations‹, *The Correspondent*, Herbst 1964.
Halle, Louis J., *American Foreign Policy*, Allen & Unwin, 1960.
Hammer, Ellen J., *The Struggle for Indo-China*, Stanford University Press und Oxford University Press, 1954.
Herzog, Arthur, *The War-Peace Establishment*, New York: Harper, 1965.
Hinterhoff, Eugene, ›The Case for Disengagement‹, *The Correspondent*, November–Dezember 1963.
Hitchcock, Wilbur, ›North Korea Jumps the Gun‹, *Current History*, März 1951.
Huberman, Leo und Paul Sweezy, *Cuba: Anatomy of a Revolution*, New York: Monthly Review Press, 1960.
Hull, Cordell, *Memoirs*, 2 Bände, New York: Macmillan, 1948.

Ingram, Kenneth, *History of the Cold War*, London: Darwen Finlayson, 1955.

Jacoby, Annalee und Theodore H. White, *Thunder out of China*, New York: Sloane Associates, 1946.

Johnson, Paul, ›The Plundered Continent‹, *New Statesman*, 17. September 1960.
Jones, Joseph M., *The Fifteen Weeks*, New York: Viking Press, 1955.

Kardelj, Edvard, *Socialism and War*, Methuen, 1961.
Kennan, George F., ›The Sources of Soviet Conduct‹, von »X«, *Foreign Affairs*, Juli 1947.
Kennan, George F., *American Diplomacy, 1900–1950*, University of Chicago, 1951.
Kennan, George F., *Russia, the Atom and the West*, Oxford University Press, 1958.
Kennan, George F., *Russia and the West Under Lenin and Stalin*, Hutchinson, 1961.
Kennan, George F., ›Polycentrism and Western Policy‹, *Foreign Affairs*, Januar 1964.
Kennan, George F., ›A Fresh Look at Our China Policy‹, *New York Times* Magazine, 22. November 1964.
Kennan, George F., ›Philosophy and Strategy in America's Postwar Policy‹, vervielfältigter Vortrag, gehalten am 11. Mai 1965 am Graduate Institute of International Studies in Genf.
Kennedy, John F., *The Strategy of Peace*, Hamish Hamilton, 1960.
Kirk, Betty, ›U.S. in Latin America – Policy of the Suction Pump‹, *The Nation*, 5. Oktober 1957.
Kissinger, Henry A., ›The Unsolved Problems of European Defense‹, *Foreign Affairs*, Juli 1962.
Knebel, Fletcher, ›Washington in Crisis‹, *Look*, 18. Dezember 1962.
Korakas, Manolis, ›Greek Communists Stage a Comeback‹, *New Leader*, 26. Mai 1958.

Lancaster, Donald, *The Emancipation of French Indo-China*, Oxford University Press, 1961.
Lapp, Ralph E., ›Nuclear Weapons Systems‹, *Bulletin of the Atomic Scientists*, März 1961.
Lapp, Ralph E., *Kill and Overkill: The Strategy of Annihilation*, New York: Basic Books, 1962 und London: Weidenfeld & Nicolson, 1963.
Leahy, William F., *I Was There*, Victor Gollancz, 1950.
Leckie, Robert, *The Korean War*, New York: Putnam, 1962 und London: Pall Mall, 1963.
Lens, Sidney, ›Building on Quicksand‹, *The Commonweal*, 1. November 1963.
Lens, Sidney, ›Roadblocks to Reform in Latin America‹, *The Anatomy of Foreign Aid* (Broschüre), London: Housmans, 1964.
Lens, Sidney, ›The Unfinished Revolution, *The Nation*, 2. Mai 1963.
Levin, Jr., N. Gordon, ›Our Men in Honduras‹, *Dissent*, Herbst 1963.
Lieuwen, Edwin, *Arms and Politics in Latin America*, New York: Praeger, 1961 und London: Pall Mall, 1963.
Lindholm, R. (Herausg.), *Viet Nam: The First Five Years*, Michigan University Press und London: Angus Robertson, 1959.
Lippmann, Walter, *The Cold War*, New York: Harper und London: Hamish Hamilton, 1947.

Lippmann, Walter, *The Communist World and Ours*, Hamish Hamilton, 1959.

Lippmann, Walter, ›Kennedy At Mid-Term‹, *Newsweek*, 21. Januar 1963.

Lippmann, Walter, ›Goldwater vs. Johnson‹, *New York Herald Tribune*, 29. Juli 1964.

Löwenthal, Richard, ›The Dangerous Year‹, *Encounter*, Juni 1964.

Löwenthal, Richard, ›Has the Revolution a Future?‹, *Encounter*, Januar 1965.

Lukacs, John, *A History of the Cold War*, New York: Doubleday, 1961.

Lukacs, John, *Decline and Rise of Europe*, New York: Doubleday, 1965.

Manger, William (Herausg.), *The Alliance for Progress: A Critical Appraisal*, Washington, 1963.

Marzani, Carl, *We Can Be Friends: Origins of the Cold War*, New York: Topical Books, 1952.

Matthews, Herbert L., *Return to Cuba*, Hispanic-American Report, Special Issue, Stanford, 1964.

McCloy, John J., ›Balance Sheet on Disarmament‹, *Foreign Affairs*, April 1962.

McCune, George M., *Korea Today*, Harvard University Press, 1950.

McDermott, Geoffrey, *Berlin: Success of a Mission?*, Deutsch, 1963.

McNeill, William H., *The Greek Dilemma*, Philadelphia: J. B. Lippincott, 1947.

Meade, E. Grant, *American Military Government in Korea*, Oxford University Press, 1951.

Melman, Seymour, *Our Depleted Society*, New York: Holt, Rinehart, 1965.

Méray, Tibor, *Thirteen Days that Shook the Kremlin*, Thames & Hudson, 1959.

Meyer, Karl E. und Tad Szulc, *The Cuban Invasion*, New York: Ballantine und Praeger, 1962.

Mikes, George, *The Hungarian Revolution*, Deutsch, 1957.

Mikes, George, *A Study in Infamy*, Deutsch, 1959.

Millis, Walter (Herausg.) *The Forrestal Diaries*, New York: Viking Press, 1951.

Mills, C. Wright, *The Power Elite*, Oxford University Press, 1956.

Mills, C. Wright, *The Causes of World War III*, New York: Ballantine, 1958.

Mills, C. Wright, *Listen Yankee*, New York: Ballantine und McGraw-Hill, 1960.

Nagy, Imre, *Imre Nagy on Communism*, Thames & Hudson, 1957.

Nkrumah, Kwame, *Neo-Colonialism*, Nelson, 1965.

Noel-Baker, Philip, *The Arms Race*, London: Atlantic, 1958.

O'Ballance, Edgar, *The Red Army*, Faber, 1964.

O'Brien, Conor Cruise, *To Katanga and Back*, Hutchinson, 1962.

O'Brian, Conor Cruise, ›The Congo: A. Balance Sheet‹, *New Left Review, 31*, Mai–Juni 1965.

O'Brien, Conor Cruise, *Writers and Politics*, Chatto & Windus, 1965.

Pachter, Henry M., *Collision Course*, New York: Praeger, 1963 und London: Pall Mall, 1964.
Penty, James und James Tracy Crown, *Kennedy in Power*, New York: Ballantine, 1961.
Porter, Charles O. und Robert J. Alexander, *The Struggle for Democracy in Latin America*, New York: Macmillan, 1961

Reeve, W. Douglas, *The Republic of Korea*, Oxford University Press, 1963.
Reischauer, Edwin O., *Wanted: An Asian Policy*, New York: Knopf, 1955.
Riggs, E., *Politics in the U. N.*, Illinois University Press, 1958.
Roberts, Chalmers, ›The Pious Truculence of John Foster Dulles‹, *The Reporter*, 23. Januar 1958.
Robinson, Joan, *Notes on China*, Oxford: Blackwell's und New York: Monthly Review Press, 1964.
Robinson, Joan, ›The Korean Miracle‹, *Monthly Review*, Januar 1965.
Roosevelt, James (Herausg.), *The Liberal Papers*, New York: Doubleday, 1959.
Rosen, Bernard, ›Counter-Revolution: Guatemal's Tragedy‹, *The Nation*, 31. Juli 1954.
Ross, Thomas und David Wise, *The U-2 Affair*, New York: Random House, 1962.
Ross, Thomas und David Wise, *The Invisible Government*, New York: Knopf, 1964 und London: Jonathan Cape, 1965.
Rostow, W. W., *The Prospects for Communist China*, New York: Wiley, 1958.
Rostow, W. W., *The US in the World Arena*, New York: Harper, 1960.

Scheer, Robert und Maurice Zeitlin, *Cuba: Tragedy in Our Hemisphere*, New York: Grove, 1963. In England veröffentlicht unter dem Titel *Cuba: An American Tragedy*, Penguin Books, 1964.
Scheer, Robert, ›Hang Down Your Head Tom Dooley‹, *Ramparts* (Kalifornien), Januar–Februar 1965.
Schlesinger, Arthur, *A Thousand Days*, Deutsch, 1965.
Schneider, Ronald M., *Communism in Guatemala*, New York: Praeger, 1959.
Schuman, Frederick L., ›The Devil and Jimmy Byrnes‹, *Soviet Russia Today*, New York, 1948.
Schuman, Frederick L., *Russia Since 1917*, New York: Knopf, 1957.
Seton-Watson, Hugh, *The East European Revolution*, Methuen, 1950.
Seton-Watson, Hugh, *The Pattern of Communist Revolution*, Methuen, 1960.
Shannon, William V., ›The Kennedy Administration: The Early Months‹, *The American Scholar*, Herbst 1961.
Shapiro, Samuel, ›Peru and the Alianza‹, *Studies on the Left*, III, 2, 1962.
Sherwood, Robert E., *Roosevelt and Hopkins*, New York: Harper, 1948.
Smith, Howard K., *The State of Europe*, New York: Knopf, 1949.

Snell, John, *The Meaning of Yalta*, Louisiana State University Press, 1956.

Spanier, John, *The Truman-MacArthur Controversy and the Korean War*, Harvard University Press, 1959.

Stark, H., *Modern Latin America*, Florida: 1957.

Stavrianos, L. S., *The Balkans Since 1453*, New York: Holt, Rinehart, 3. Auflage, 1961.

Stebbins, Richard P., *The US in World Affairs, 1954*, New York: Harper, 1956.

Stebbins, Richard P., *The US in World Affairs, 1961*, New York: Harper, 1962.

Stettinius, Edward, *Roosevelt and the Russians*, New York: Doubleday, 1949.

Stimson, Henry L. und McGeorge Bundy, *On Active Service in Peace and War*, New York: Harper, 1947.

Stone, I. F., *The Hidden History of the Korean War*, New York: Monthly Review Press, 1952.

Stone, I. F., ›A Reply to the White Paper‹, *I. F. Stones' Weekly*, 16. März 1965.

Sweezy, Paul und Leo Huberman, *Cuba: Anatomy of a Revolution*, New York: Monthly Review Press, 1960.

Szulc, Tad und Karl E. Meyer, *The Cuban Invasion*, New York: Ballantine und Praeger, 1962.

Taylor, Jr., Philip B., ›The Guatemalan Affair: A Critique of United States Foreign Policy‹, *The American Political Science Review*, September 1956.

Tetens, T. H., *The New Germany and the Old Nazis*, Secker & Warburg, 1962.

Toynbee, Arnold J., *America and the World Revolution*, Oxford University Press, 1961.

Toynbee, Arnold J., *The Economy of the Western Hemisphere*, Oxford University Press, 1962.

Truman, Harry S., *Memoirs*, 2 Bände, New York: Doubleday, 1955 und 1956.

Váli, Ferenc, *Rift and Revolt in Hungary*, Harvard University Press und Oxford University Press, 1961.

Vandenberg, Jr., Arthur H. und J. A. Morris (Herausg.), *The Private Papers of Senator Vandenberg*, Boston: 1953.

Wagner, E. W., ›Failure in Korea‹, *Foreign Affairs*, Oktober 1961.

Ward, Barbara, *The West at Bay*, Allen & Unwin, 1948.

Waskow, Arthur, *The Limits of Defense*, New York: Doubleday, 1962.

Welles, Sumner, *Where Are We Heading?*, New York: Haprer, 1946.

White, Theodore H., *Fire in the Ashes*, New York: Sloane Associates, 1953.

White, Theodore H., *The Making of the President 1960*, New York: Atheneum, 1962.

White, Theodore H. und Annalee Jacoby, *Thunder out of China*, New York: Sloane Associates, 1946.

Whitney, Courtney, *MacArthur: His Rendezvous with History*, New York: Knopf, 1956.
Wiesner, Jerome B., ›Comprehensive Arms Limitation Systems‹, *Daedalus*, Herbst 1960.
Wiesner, Jerome B. und William York, ›National Security and the Nuclear Test Ban‹, *Scientific American*, Oktober 1964.
Williams, William A., *American-Russian Relations*, New York: Holt, Rinehart, 1952.
Williams, William A., ›The Irony of Containment‹, *The Nation*, 5. Mai 1956.
Williams, William A., ›The American Century: 1941–1957‹, *The Nation*, 2. November 1957.
Williams, William A., *The Tragedy of American Diplomacy*, Cleveland: World, 1959. Überarbeitete und ergänzte Neuausgabe, New York: Delta Books, 1962.
Williams, William A., *The U. S., Cuba and Castro*, New York: Monthly Review Press, 1962.
Wise, David und Thomas Ross, *The U-2 Affair*, New York: Random House, 1962.
Wise, David und Thomas Ross, *The Invisible Government*, New York: Knopf, 1964 und London: Jonathan Cape, 1965.

Ydigoras Fuentes, Miguel, *My War With Communism*, New Jersey, Prentice Hall, 1963.
York, William und Jerome B. Wiesner, ›National Security and the Nuclear Test Ban‹, *Scientific American*, Oktober 1964.

Zeitlin, Maurice und Robert Scheer, *Cuba: Tragedy in Our Hemisphere*, New York: Grove Press, 1963. In England veröffentlicht unter dem Titel *Cuba: An American Tragedy*, Penguin Books, 1964.
Zinner, Paul E., *National Communism and Popular Revolt in Eastern Europe*, Columbia University Press, 1956.

Erich Fried

und Vietnam und
Gedichte. Mit einer Chronik. Quartheft 14. 72 Seiten. DM 14.80

Anfechtungen
Gedichte. Quartheft 22. 84 Seiten. DM 14.80

Die Freiheit den Mund aufzumachen
Gedichte. Quartheft 58. 72 Seiten. DM 14.80

Fast alles Mögliche
Wahre Geschichten und gültige Lügen. Quartheft 75/76. 144 S. DM 17.80

Die Beine der größeren Lügen / Unter Nebenfeinden / Gegengift
Drei Gedichtsammlungen. Quartheft 83. 168 Seiten. DM 19.80

Die bunten Getüme
Gedichte. Quartheft 90. 80 Seiten. DM 14.80

Liebesgedichte
Quartheft 103. 112 Seiten. DM 15.80

Lebensschatten
Gedichte. Quartheft 111. 112 Seiten. DM 15.80

Das Unmaß aller Dinge
Erzählungen. Quartheft 116. 96 Seiten. DM 14.80

Das Nahe suchen
Gedichte. Quartheft 119. 96 Seiten. DM 14.80

100 Gedichte ohne Vaterland
Wagenbachs Taschenbücherei 44. 128 Seiten. DM 9.50

Kinder und Narren
Erzählungen. Wagenbachs Taschenbücherei 83. 160 Seiten. DM 10.–

Quarthefte

Kurt Wolff Autoren, Bücher, Abenteuer. Erinnerungen eines Verlegers
Ingeborg Bachmann Ein Ort für Zufälle. Prosa
Erich Fried und Vietnam und. 41 Gedichte
Johannes Bobrowski Wetterzeichen. Gedichte
Erich Fried Anfechtungen. Fünfzig Gedichte
Walter Höllerer / Renate von Mangoldt Außerhalb der Saison. Gedichte und Photos
Jakov Lind Angst und Hunger. Zwei Hörspiele
Marina Zwetajewa Gedichte. Aus dem Russischen von Christa Reinig
Wolf Biermann Mit Marx- und Engelszungen. Gedichte, Balladen, Lieder
Johannes Schenk Zwiebeln und Präsidenten. Gedichte
Giorgio Manganelli Omegabet. Prosa. A. d. Ital. von Toni Kienlechner
Aimé Césaire Ein Sturm. Stück für ein schwarzes Theater
Wolf Biermann Der Dra-Dra. Die große Drachentöterschau
Peter Schneider Ansprachen. Reden, Notizen, Gedichte
Peter Rühmkorf Lombard gibt den Letzten. Theaterstück
Wolfgang Deichsel Frankenstein. 59 Szenen aus dem Leben der Angestellten
Erich Fried Die Freiheit den Mund aufzumachen. Gedichte
Wolf Biermann Für meine Genossen. Hetzlieder, Gedichte, Balladen
Wolf Biermann Deutschland. Ein Wintermärchen. Poem
Peter Rühmkorf Die Handwerker kommen. Ein Familiendrama
Rainer Kirsch Kopien nach Originalen. Vier Portraits aus der DDR
Werner Kofler Guggile: vom Bravsein und vom Schweinigeln
Adolf Endler Nackt mit Brille. Gedichte
Erich Fried Fast alles Mögliche. Wahre Geschichten und gültige Lügen.
Hans Christoph Buch Aus der Neuen Welt. Nachrichten u. Geschichten
Heinar Kipphardt Leben des schizophrenen Dichters Alexander M. Ein Film
Wolf Biermann Die Drahtharfe. Balladen, Gedichte, Lieder
Erich Fried Die Beine der größeren Lügen / Unter Nebenfeinden / Gegengift. Drei Gedichtsammlungen
Tintenfisch 12 Thema: Natur. Hrsg. von Hans Christoph Buch
Brendan Behan Die Geisel und andere Stücke. Mit einer Nachbemerkung von Heinrich Böll. Hrsg. von Ute Nyssen
Erich Fried Die bunten Getüme. 70 Gedichte
Tintenfisch 13 Thema: Alltag des Wahnsinns. Hrsg. von Hans-Jürgen Heinrichs, Michael Krüger und Klaus Wagenbach
Giorgio Manganelli Unschluß (Sconclusione). Prosa. Aus dem Italienischen von Iris Schnebel-Kaschnitz
Werner Kofler Ida H. – Eine Krankengeschichte

ROBERT WOLFGANG SCHNELL Die heitere Freiheit und Gleichheit. Vier Geschichten von der festen Bindung

PIER PAOLO PASOLINI Freibeuterschriften. Die Zerstörung des Einzelnen durch die Konsumgesellschaft. Aufsätze und Polemiken. Aus dem Italienischen von Thomas Eisenhardt

TINTENFISCH 15 Thema: Deutschland. Das Kind mit den zwei Köpfen. Hrsg. von Hans Christoph Buch

TINTENFISCH 16 Literatur in Österreich. Rot, ich weiß, rot. Hrsg. von Gustav Ernst und Klaus Wagenbach

VATERLAND, MUTTERSPRACHE Deutsche Schriftsteller und ihr Staat seit 1945. Hrsg. von Klaus Wagenbach, Winfried Stephan u. Michael Krüger

STEPHAN HERMLIN Abendlicht. Prosa

ERICH FRIED Liebesgedichte

CARMELO SAMONÀ Brüder. Prosa. Aus dem Ital. von Marianne Galanti

GIORGIO MANGANELLI Irrläufe. Hundert Romane in Pillenform

WERNER KOFLER Aus der Wildnis. Zwei Fragmente

TINTENFISCH 19 Jahrbuch: Deutsche Literatur 1980. Hrsg. von Michael Krüger und Klaus Wagenbach

STEPHAN HERMLIN Lebensfrist. Gesammelte Erzählungen

ERICH FRIED Lebensschatten. Gedichte

PIER PAOLO PASOLINI Unter freiem Himmel. Ausgewählte Gedichte. Aus dem Italienischen von Toni und Sabine Kienlechner

JOHANNES BOBROWSKI Mäusefest/Der Mahner. Zweiundzwanzig Erzählungen

TINTENFISCH 20 Jahrbuch: Deutsche Literatur 1981. Hrsg. von Michael Krüger und Klaus Wagenbach

VOLKER VON TÖRNE Im Lande Vogelfrei. Gesammelte Gedichte

ERICH FRIED Das Unmaß aller Dinge. Erzählungen

TINTENFISCH 21 Jahrbuch: Deutsche Literatur 1982. Hrsg. von Michael Krüger und Klaus Wagenbach

GIORGIO MANGANELLI Amore. Prosa. Aus dem Italienischen von Iris Schnebel-Kaschnitz

ERICH FRIED Das Nahe suchen. Gedichte

PIER Paolo PASOLINI Barbarische Erinnerungen. La Divina Mimesis. Aus dem Italienischen von Maja Pflug

TINTENFISCH 22 Jahrbuch: Deutsche Literatur 1983. Hrsg. von Michael Krüger und Klaus Wagenbach

NICOLÒ FERJANCIC Polonia. Ein nomadischer, nicht zufälliger Roman Aus dem Italienischen von Marianne Schneider

GIORGIO MANGANELLI An künftige Götter. Sechs Geschichten Aus dem Italienischen von Toni Kienlechner

ERICH FRIED Es ist was es ist. Gedichte